U0865146

让法律被信仰

中国人民大学重大规划项目
“《民法典》新规则适用要旨研究”（批准号：22XNLG01）
阶段性成果

民法典新规则解读与适用

人格权编

王利明 等 编著

法律出版社 LAW PRESS · CHINA
北京

图书在版编目(CIP)数据

民法典新规则解读与适用. 人格权编 / 王利明等编著. -- 北京 : 法律出版社, 2024
ISBN 978 - 7 - 5197 - 8700 - 4

Ⅰ. ①民… Ⅱ. ①王… Ⅲ. ①人格－权利－法律解释－中国②人格－权利－法律适用－中国 Ⅳ. ①D923.15

中国国家版本馆 CIP 数据核字(2024)第 014633 号

民法典新规则解读与适用(人格权编)
MINFADIAN XIN GUIZE JIEDU YU SHIYONG (RENGEQUANBIAN)

王利明 等编著

策划编辑 沈小英
责任编辑 毛镜澄 任 娜 常 锋 王 鸿
装帧设计 汪奇峰

出版发行 法律出版社
编辑统筹 法治与经济出版分社
责任校对 王 丰
责任印制 吕亚莉
经　　销 新华书店

开本 710 毫米×1000 毫米 1/16
印张 48.75 **字数** 799 千
版本 2024 年 3 月第 1 版
印次 2024 年 3 月第 1 次印刷
印刷 天津嘉恒印务有限公司

地址:北京市丰台区莲花池西里 7 号(100073)
网址:www.lawpress.com.cn
投稿邮箱:info@lawpress.com.cn
举报盗版邮箱:jbwq@lawpress.com.cn
销售电话:010 - 83938349
客服电话:010 - 83938350
咨询电话:010 - 63939796
版权所有·侵权必究

书号:ISBN 978 - 7 - 5197 - 8700 - 4
定价:268.00 元
凡购买本社图书,如有印装错误,我社负责退换。电话:010 - 83938349

作者简介

王利明　中国人民大学一级教授、博士生导师

石佳友　中国人民大学法学院教授、博士生导师

程　啸　清华大学法学院副院长，教授、博士生导师

张　红　武汉大学法学院教授、博士生导师

石冠彬　华东师范大学法学院教授、博士生导师

王叶刚　中央财经大学法学院副教授、博士生导师

杨显滨　华东政法大学中国法治战略研究院副教授

王　苑　东南大学法学院助理教授

阮神裕　中国人民大学法学院助理教授

边　琪　中国人民大学法学院博士后、讲师

缩 略 语*

序号	全称	简称
1	《中华人民共和国侵权责任法》(已失效)	《侵权责任法》
2	《中华人民共和国民法典》	《民法典》
3	《中华人民共和国网络安全法》	《网络安全法》
4	《中华人民共和国民法通则》(已失效)	《民法通则》
5	《中华人民共和国个人信息保护法》	《个人信息保护法》
6	《中华人民共和国物权法》(已失效)	《物权法》
7	《中华人民共和国反家庭暴力法》	《反家庭暴力法》
8	《中华人民共和国民事诉讼法》	《民事诉讼法》
9	最高人民法院《关于适用〈中华人民共和国民事诉讼法〉的解释》(法释〔2022〕11 号)	《民事诉讼法解释》
10	《中华人民共和国专利法》	《专利法》
11	《中华人民共和国宪法》	《宪法》
12	最高人民法院《关于确定民事侵权精神损害赔偿责任若干问题的解释》(法释〔2020〕17 号)	《精神损害赔偿司法解释》
13	《中华人民共和国民法总则》(已失效)	《民法总则》
14	《中华人民共和国民法(草案)》(已失效)	《民法草案》
15	《中华人民共和国反不当竞争法》	《反不当竞争法》
16	最高人民法院《关于审理名誉权案件若干问题的解答》(法发〔1993〕15 号,已失效)	《名誉权解答》

* 规范性文件顺序以在正文中第一次出现页码为序。

续表

序号	全称	简称
17	《中华人民共和国英雄烈士保护法》	《英雄烈士保护法》
18	《中华人民共和国商标法》	《商标法》
19	最高人民法院《关于审理利用信息网络侵害人身权益民事纠纷案件适用法律若干问题的规定》(法释〔2020〕17号)	《利用信息网络侵害人身权益规定》
20	《中华人民共和国著作权法》	《著作权法》
21	最高人民法院《关于适用〈中华人民共和国民法典〉时间效力的若干规定》(法释〔2020〕15号)	《民法典时间效力规定》
22	最高人民法院《关于贯彻执行〈中华人民共和国民法通则〉若干问题的意见(试行)》[法(办)发〔1988〕6号,已失效]	《民通意见》
23	《中华人民共和国人民警察法》	《人民警察法》
24	《中华人民共和国企业破产法》	《企业破产法》
25	《中华人民共和国海商法》	《海商法》
26	《中华人民共和国执业医师法》(已失效)	《执业医师法》
27	《中华人民共和国人民武装警察法》	《人民武装警察法》
28	《中华人民共和国老年人权益保障法》	《老年人权益保障法》
29	《中华人民共和国基本医疗卫生与健康促进法》	《基本医疗卫生与健康促进法》
30	《中华人民共和国国家赔偿法》	《国家赔偿法》
31	《中华人民共和国妇女权益保障法》	《妇女权益保障法》
32	《中华人民共和国禁毒法》	《禁毒法》
33	《中华人民共和国生物安全法》	《生物安全法》
34	《中华人民共和国人类遗传资源管理条例》	《人类遗传资源管理条例》
35	《中华人民共和国科学技术进步法》	《科学技术进步法》
36	《中华人民共和国刑法》	《刑法》
37	《中华人民共和国刑法修正案(十一)》	《刑法修正案(十一)》
38	《中华人民共和国立法法》	《立法法》

续表

序号	全称	简称
39	《中华人民共和国固体废物污染环境防治法》	《固体废物污染环境防治法》
40	《中华人民共和国反不正当竞争法》	《反不正当竞争法》
41	《中华人民共和国居民身份证法》	《居民身份证法》
42	《中华人民共和国户口登记条例》	《户口登记条例》
43	公安部三局1958年《关于执行户口登记条例的初步意见》	公安部三局1958年意见
44	公安部《关于父母一方亡故另一方再婚未成年子女姓名变更有关问题处理意见的通知》(公治〔2006〕304号)	公安部2006年通知
45	公安部《关于父母一方亡故另一方再婚后未成年子女姓名变更有关问题处理意见的通知》(公治〔2006〕304号)	公安部2006年通知
46	《中华人民共和国婚姻法》(已失效)	《婚姻法》
47	《中华人民共和国消费者权益保护法》	《消费者权益保护法》
48	《中华人民共和国澳门特别行政区基本法》	《澳门特别行政区基本法》
49	最高人民法院《关于审理名誉权案件若干问题的解释》(法释〔1998〕26号,已失效)	《名誉权解释》
50	最高人民法院《关于审理使用人脸识别技术处理个人信息相关民事案件适用法律若干问题的规定》(法释〔2021〕15号)	《人脸识别司法解释》
51	《中华人民共和国律师法》	《律师法》
52	《中华人民共和国社会信用体系建设法(征求意见稿)》	《社会信用体系建设法(征求意见稿)》
53	《中华人民共和国个人信息网络安全法》	《网络安全法》
54	《中华人民共和国未成年人保护法》	《未成年人保护法》
55	《中华人民共和国治安管理处罚法》	《治安管理处罚法》
56	《中华人民共和国残疾人保障法》	《残疾人保障法》
57	《中华人民共和国数据安全法》	《数据安全法》

续表

序号	全称	简称
58	《中华人民共和国电子商务法》	《电子商务法》
59	《中华人民共和国社会保险法》	《社会保险法》
60	《中华人民共和国劳动合同法》	《劳动合同法》
61	《中华人民共和国劳动法》	《劳动法》
62	《中华人民共和国刑事诉讼法》	《刑事诉讼法》
63	《中华人民共和国道路交通安全法》	《道路交通安全法》
64	《中华人民共和国统计法》	《统计法》
65	《中华人民共和国反洗钱法》	《反洗钱法》
66	《中华人民共和国突发事件应对法》	《突发事件应对法》
67	《中华人民共和国传染病防治法》	《传染病防治法》
68	《中华人民共和国土地管理法》	《土地管理法》
69	《中华人民共和国国家情报法》	《国家情报法》
70	《中华人民共和国国家安全法》	《国家安全法》
71	《中华人民共和国反间谍法》	《反间谍法》
72	最高人民法院《关于民事诉讼证据的若干规定》(法释〔2019〕19 号)	《证据规定》

序　言

《民法典》的颁布是习近平法治思想的生动实践，是党的十八大以来全面依法治国的重要成果。《民法典》完善了我国民商事法律体系，形成了以《民法典》为中心的、具有内在价值一致性的、完整的制度规则体系。《民法典》已于2021年1月1日正式施行，与之配套的系列司法解释也陆续颁行实施，我国正式迈入了民法典时代。习近平总书记指出，“民法典在中国特色社会主义法律体系中具有重要地位，是一部固根本、稳预期、利长远的基础性法律，对推进全面依法治国、加快建设社会主义法治国家，对发展社会主义市场经济、巩固社会主义基本经济制度，对坚持以人民为中心的发展思想、依法维护人民权益、推动我国人权事业发展，对推进国家治理体系和治理能力现代化，都具有重大意义”。[①]《民法典》是全面推进依法治国的重要成果，必须准确理解和把握《民法典》特别是其中新规则的意旨和内涵、针对《民法典》实施中遇到的新问题、新情况进行全方位研究，从而全面理解好、实施好、贯彻好《民法典》。

一、贯彻实施好《民法典》必须加强对《民法典》新规则的解读

《民法典》的颁布和实施使我们正式进入民法典时代，几代民法学人的梦想得以实现，中国特色社会主义法律体系已经形成。随着《民法典》的颁布，大规模创设民事法律规则的时代已经结束，法治建设的任务应当是使“纸面上的法律”变为“行动中的法律”，最大限度地发挥法律适用的效果，因而我们需要从重视立法论向重视解释论转化，尤其需要重视对民法典新规则的解释适用。

---

① 习近平：《论坚持全面依法治国》，中央文献出版社2020年版，第278页。

(一)以《民法典》为依据找法

《民法典》在民事法律体系中具有基础性地位,也是民事法律适用的基本依据。以《民法典》为中心,要求将《民法典》置于找法释法过程中的核心地位,因为,一方面,《民法典》作为调整民事关系的基础性法律,统摄各个民事单行法;另一方面,只有从《民法典》出发寻找法律依据,才能节省执法和司法成本。迄今为止,我国已有279部法律,其中许多单行法都包含民事法律规范,在寻找解决民事纠纷的裁判依据时,不宜直接以单行法为依据,而应当树立以《民法典》为中心的民事实体法律适用理念。① 只有从《民法典》入手寻找法律依据,才能起到纲举目张的效果,提高执法和司法效率,保障法律适用的统一。当然,《民法典》也设置了一些引致条款,如果需要依据这些引致条款适用单行法,才应当适用单行法的规定。

(二)以《民法典》为基准适用单行法

以《民法典》为中心,要求在法律解释中处理好《民法典》与单行法的关系。《民法典》第11条规定:“其他法律对民事关系有特别规定的,依照其规定。”该条规定是《民法典》对其与单行法之间关系的直接表达,必须准确理解。从字面上看,该条可能意味着,只要其他法律与民法典规定不一致,就要适用其他法律的规定。但这种理解并不妥当,只要单行法有规定,就都优先适用单行法的规定,如此可能使《民法典》的规定沦为具文。虽然单行法相对《民法典》是特殊、具体的规定,但在《民法典》已经对单行法的规则作出修改的情况下,按照“新法优先于旧法”的原则,应当适用《民法典》。从性质上看,《民法典》第11条属于引致规范,其有效衔接了《民法典》与各民事单行法之间的关系,从而形成调整民事关系的法律整体。②

(三)以《民法典》为准绳规范释法

全面贯彻实施《民法典》,要求法官应当严格从《民法典》文本出发,准确解释

---

① 参见2021年最高人民法院《全国法院贯彻实施民法典工作会议纪要》第20条。

② 王利明:《正确适用民法典应处理好三种关系》,载《现代法学》2020年第6期。

《民法典》,把握《民法典》的立法目的和宗旨。在对《民法典》进行解释时,要始终以《民法典》的立法目的作为解释工作的指引,从文本中挖掘立法者的立法目的,从而确保立法目的的实现。在《民法典》的适用过程中,必然需要借助各种法律解释的方法,探求立法目的和意旨,从而准确适用《民法典》。《民法典》不仅为法律解释方法的运用提供了基础,而且提供了前所未有的实定法基础。《民法典》本身是法律解释的对象,其也为法律解释方法的形成和发展提供了重要依据。因此,全面贯彻实施《民法典》,必须要以《民法典》为基准和依据,运用正确的解释方法和解释规则,从而理解好、贯彻好、实施好《民法典》。由于《民法典》是目前法律体系中条文最多、体量最大、编纂结构最复杂的一部法律,要完成上述任务,必须准确解释好《民法典》,特别是其中的新规则,因为这些新规则内容复杂,在适用中会遇到各种新问题,都需要我们展开深入研究。

二、准确解释、适用《民法典》新规则

法律解释,是一个探寻立法目的和宗旨的过程,也是法官探寻法律规则立法目的和宗旨的过程。法律解释工作的重要任务是探寻立法者的意志,其根本目的就是要探求制定法的目的,通过立法目的的考量,将现行规定适用于待决案件。解释并非机械式的解释,而要依据《民法典》,实现规范储存、查漏补缺、消除矛盾冲突等多元化的法律解释功能。

(一)统一法律

法典化就是体系化,德国法学家科殷说:"统一的观点也是法学解释的基本规则之一,对契约的解释也好,对法律的解释也好,无不如此。"①《民法典》的制定起到了统一法律规则的作用。长期以来,我国在立法上采取的是"成熟一部,制定一部"的原则,单行立法模式形成了规则的不统一,甚至产生不协调的情况。而《民法典》将分散的民事法律制度整合在一起,形成一个体系化的集合体,"由法到典"也就是一个体系化的过程。《民法典》的颁布促进了民商事法律的体系化,有助于实现民事立

① [德]科殷:《法哲学》,林荣远译,华夏出版社2002年版,第211页。

法外在规则体系的一致性、内在价值体系的一致性、逻辑上的自足性以及内容上的全面性,形成在特定价值指导下的统一法律术语、法律规则和法律制度,保持法律各部分内容的相互协调和相互配合,形成严谨的体系结构。① 可以说,在《民法典》的统率下,我国民商事法律有了统一的基本规则,构成了完整的、系统化的整体。

在解释《民法典》新规则的过程中,应当始终秉持规则统一性的原则。如果确实存在用语有多义、表述不一致的现象,也要通过运用各种法律解释方法消除矛盾。例如,《民法典》总则编关于人格权以外的其他民事权利的规定,采用"依法享有"的表述(如第114条第1款规定,"民事主体依法享有物权";第118条第1款规定,"民事主体依法享有债权")。但在人格权的规定中,没有采用"依法"2字的表述,立法目的在于,人格权保护应当保持开放性。立法者实际上是为了表明自然人的人格权,不能仅仅限于法律列举的权利,即使对于法律没有规定的新型人格权益,也要进行保护。这就意味着,必须借助体系解释等方法消除矛盾。另外,需要妥当衔接《民法典》新规则与单行法的规定。例如,对于网络侵权中的"通知—删除"规则,《信息网络传播权保护条例》第15条规定:"网络服务提供者接到权利人的通知书后,应当立即删除涉嫌侵权的作品、表演、录音录像制品,或者断开与涉嫌侵权的作品、表演、录音录像制品的链接,并同时将通知书转送提供作品、表演、录音录像制品的服务对象;服务对象网络地址不明、无法转送的,应当将通知书的内容同时在信息网络上公告。"依据这一规定,网络服务提供者在接到通知后,应当立即删除。《民法典》第1195条第2款规定,"网络服务提供者接到通知后,应当及时将该通知转送相关网络用户,并根据构成侵权的初步证据和服务类型采取必要措施;未及时采取必要措施的,对损害的扩大部分与该网络用户承担连带责任"。上述《信息网络传播权保护条例》的规定与《民法典》的规定不相协调。此时,应当按照上位法优先于下位法的规则,优先适用《民法典》的规则。

(二)规范储存

法典化所带来的体系化的重要功能之一就是规范存储功能,而这一功能的实

① 参见许中缘:《政治性、民族性、体系性与中国民法典》,载《法学家》2018年第6期。

现，必须以法律解释为媒介。在单行法时代，往往只能针对某一具体行为进行规范，这就难免挂一漏万。但在《民法典》颁行后，对于实践中出现的新情况、新问题，不能完全依赖制定司法解释予以调整，而应当借助法律解释的方法，充分发挥《民法典》的规范储存功能，使《民法典》作为正确处理民事关系、解决民事纠纷的基本准则发挥更大作用。

《民法典》的规范储存功能往往通过引致条款和参照适用条款予以实现，此时就要求解释者准确对这些条款进行解释，以辨明哪些案件事实对应适用哪些裁判规范。《民法典》中存有大量相互援引适用的规则。据粗略统计，《民法典》有 40 多个条款属于引致条款，此类规范极大地克服了单行法难以相互引致的困难。由于单行法自成体系、相互隔离，很难通过引致形成这种互动关系。《民法典》颁布后，引致就较便利了。例如，当人格权请求权与物权请求权、侵权请求权相分离时，如果涉及侵害人格权与物权的损害赔偿，就需要引致侵权责任编的相关规定，从而形成了人格权编、物权编与侵权编规则的互动。甚至形成《民法典》与单行法之间的互动。如《民法典》第 363 条规定："宅基地使用权的取得、行使和转让，适用土地管理的法律和国家有关规定。"

《民法典》的参照适用条款（据统计约有 27 条）极大增强了民法的体系性，不仅简化了法律条文的规定，而且极大地丰富了法律适用的规则，弥补了法律适用的空白。具体而言：一是协调了《民法典》与特别法的关系，增进了民法自身的体系性。《民法典》中的参照规范不仅包括对法典内部各项制度之间、编与编之间的相互参照，还包括依据《民法典》的规定，参照适用《民法典》之外的单行法规范。例如，《民法典》第 71 条规定："法人的清算程序和清算组职权，依照有关法律的规定；没有规定的，参照适用公司法律的有关规定。"此类参照规则进一步密切了《民法典》与特别法的关系。二是沟通了《民法典》各编内部的关系，增进了《民法典》各编自身的体系性。例如，《民法典》第 468 条规定，非因合同产生的债权债务关系可以参照适用合同编通则的有关规定，就增强了合同编通则的体系性，充分发挥了合同编替代债法总则的功能。三是沟通了各编之间的关系，形成了强大的规范储备功能，增进了《民法典》整体的体系性。① 例如，《民法典》第 464 条第 2 款将婚姻、收养、监护等

① Hans Schneider, Gesetzgebung, 3. Aufl. 2002, S. 234 – 251.

有关身份关系的协议,可以参照适用合同编的规定;《民法典》第 1001 条规定,对自然人因婚姻家庭关系等产生的身份权利保护可以参照适用人格权保护的规定。借助这样一种参照适用,使各编之间形成完整的体系,并可以查漏补缺,弥补大量的规则缺陷。由于参照适用条款本身大都是《民法典》的新规则,如何准确适用于司法实践,必须展开深入研究。

(三)填补不足

如前所述,《民法典》所规定的引致条款、参照适用条款为查漏补缺提供了依据,在实践中应当注重充分发挥此类条款的作用。尤其应当看到,即便运用这些方法,仍然难以避免不足的存在,这就需要借助法律解释,尤其是填补不足的方法,帮助我们发现不足。对于开放的不足来说,一般较容易发现。但是,往往难以发现隐藏的不足。由于隐藏的不足多体现为法律体系内部的评价矛盾,因此,其发现需要建立在对法律规则的解释和比较的基础之上。① 在发现漏洞之后,也要以《民法典》为依据,准确运用类推适用、目的性扩张、目的性限缩等解释方法,有效地填补不足。②

(四)消除矛盾

拉伦茨指出:"法律科学最为重要的任务之一就是发现单个的法规范之间和规则体相互之间,以及它们与法秩序的主导原则之间的意义脉络,并将该意义脉络以可被概观的方式,即以体系的形式表现出来。"③可以说,法律解释的重要目的在于,要使法律相互之间形成一种有机的和谐。体系化要求"在法条可能的文义范围内和意义脉络范围内进行解释时应尽可能避免评价矛盾"。④《民法典》虽然具有极强的体系性,无论是制度层面还是价值层面,其都保持了极强的逻辑性,但这并不意味着

---

① Canaris, Die Feststellung von Lücken im Gesetz, 2. Aufl. 1983, S. 40.

② 这些解释方法的具体运用,参见王利明:《法律解释学导论——以民法为视角》(第 2 版),法律出版社 2017 年版,第 585 ~ 628 页。

③ [德]卡尔·拉伦茨:《法学方法论》,黄家镇译,商务印书馆 2020 年版,第 549 页。

④ [德]卡尔·拉伦茨:《法学方法论》,黄家镇译,商务印书馆 2020 年版,第 421 页。

民法内部不存在任何冲突和矛盾。事实上,在《民法典》和单行法之间仍然存在不少冲突。即便是就《民法典》内部而言,也仍然存在规则不一致的现象,这就需要通过解释来消除这种矛盾,尽可能地避免此种规范矛盾发生。例如,《民法典》第 209 条第 1 款规定:"不动产物权的设立、变更、转让和消灭,经依法登记,发生效力;未经登记,不发生效力,但是法律另有规定的除外。"依据该规定,除法律另有规定的情形外,不动产物权的变动需要办理登记,否则不发生物权变动的效力。而依据《民法典》第 397 条的规定,在建筑物抵押的情形下,该建筑物占用范围内的建设用地使用权一并抵押,抵押人未一并抵押的,视为一并抵押。依据该条规定,建设用地使用权抵押权的设立并不需要办理抵押登记,此种情形并不属于法律规定的不需要办理登记的例外情形,这就与《民法典》第 209 条第 1 款的规定存在一定的冲突,在解释上,应当将上述建设用地使用权抵押权解释为法定抵押权,其设立不需要办理抵押登记,从而消除上述规定之间的冲突。

三、准确解释《民法典》新规则、不断完善和发展民事立法

《民法典》确立了许多新的制度规则,在许多领域无法可依的局面已经基本结束,但这并不意味着民法的发展就此终止。事实上,立法者的理性总是有限的,不可能预见未来发生的一切,尤其是随着社会生活的日新月异,可能出现大量的新情况、新问题。卡纳里斯指出:"体系不是静态的,而是动态的,因此表现出历史性的结构。"①因此,解释《民法典》新规则也不能用一种封闭、僵化的立场来解释,而应当秉持一种开放立场。就《民法典》所确立的新规则而言,我们应当充分发挥法律解释的功能,以提高其立法效用。

一方面,应当根据社会发展需要,对《民法典》新规则进行合理解释。解释者应该在法律的各种可能文义之中选择最符合客观理性的语义,而不是探究立法者当时的意思。② 正如霍姆斯指出:"我们并不探求立法者的意思,我们只探求法律文本的

---

① [德]卡尔·拉伦茨:《法学方法论》,黄家镇译,商务印书馆 2020 年版,第 610 页。

② 参见[德]齐佩利乌斯:《法学方法论》,金振豹译,法律出版社 2009 年版,第 29 页。

含义。”[①]更确切地讲,解释者应当探求文本在当下的意义,而不仅仅是探求文本在立法时的意义。例如,《民法典》第994条规定:“死者的姓名、肖像、名誉、荣誉、隐私、遗体等受到侵害的,其配偶、子女、父母有权依法请求行为人承担民事责任……”关于死者人格利益中的财产利益是否受法律保护,《民法典》并未作出明确规定,立法者的意旨也不明确,但从《民法典》第994条的规定来看,在死者人格利益遭受侵害的情形下,相关主体有权请求行为人承担民事责任,而民事责任具有多种责任承担方式,其也包含了财产损害赔偿。因此,在解释上可以认为,《民法典》第994条也对死者人格利益中的财产利益提供保护。这就在一定程度上需要从有利于保护当事人的合法权益出发,准确解释相关的法律规则。

另一方面,应当用发展的观点观察《民法典》的新规则。民法的许多概念和制度本身会随着社会的发展而产生新的内涵,《民法典》所确立的新规则也不例外。诚如郑玉波先生所言,“从时间着眼,法文之解释应注意其进化性,因文字之含义每随时代之进化而变迁,一法律虽不能万古长存,然亦不可朝令夕改,因此法文之意义,自亦应与时代而俱新,否则不足以应社会之需要,但辞典在学说上颇有争议”。[②] 法律解释可以为新的规范提供经验积累,[③]新的制度体系的形成离不开既有法律解释经验的总结。所以,正是在填补不足的过程中,能够使《民法典》不断发展与完善。此外,在填补不足和消除矛盾的过程中,法律解释也成为法律体系中新规范的生长起点。

《民法典》新规则是《民法典》的亮点,也是《民法典》之特色所在,更是贯彻实施《民法典》之难点所在,因此,必须加强深入研究。为此,中国人民大学民商事法律科学研究中心申报了中国人民大学重大规划项目“《民法典》新规则适用要旨研究”(批准号:22XNLG01),组织全国一些知名的民法学者展开研究并形成本书。由于时间仓促,加上对《民法典》新规则在适用中新情况的了解不够,因此,书中的缺点和错误在所难免,恳请广大读者不吝指正。

---

① Oliver Wendell Holmes, *The Theory of Legal Interpretation*, Harvard Law Review, Vol. 12, No. 6, p. 419 (1899).

② 郑玉波:《法学绪论》,台北,三民书局2008年版,第73页。

③ 参见徐向华主编:《立法学教程》,上海交通大学出版社2011年版,第227页。

目　录

第一部分　人格权总论

第二部分 人格权分论

第三部分　个人信息保护

第一部分　人格权总论

专题一　人格权请求权

本专题撰写人：王利明

【《民法典》及相关法律法规的新规则】

《民法典》第 995 条

人格权受到侵害的，受害人有权依照本法和其他法律的规定请求行为人承担民事责任。受害人的停止侵害、排除妨碍、消除危险、消除影响、恢复名誉、赔礼道歉请求权，不适用诉讼时效的规定。

【规则由来】

《民法典》第 995 条是本次民法典编纂中具有体系意义的重要新规则，其确立了与侵权损害赔偿请求权相分离的、独立的人格权请求权制度，是人格权独立成编的基础性规则。在此之前，我国原《侵权责任法》采用"大侵权模式"，人格权请求权为侵权责任形式所包含。

【规范意旨】

人格权请求权在性质上属于绝对权请求权的一种类型，在停止侵害、排除妨碍、消除危险等绝对权请求权的共通内容之外，为加强人格权保护、基于人格权的特殊性,该条还规定了消除影响、恢复名誉、赔礼道歉等具体的特殊内容。人格权请求权是民事主体在人格权受到或将要受到侵犯时所享有的防御性或恢复性权能,其适用的根本目的在于使人格权保持或恢复至圆满状态。随着个人信息、隐私保护等法律制度的发展,受害人在其个人信息、隐私权受侵害时有权要求采取更正、删除、封锁、补充等措施以保护其权利,性质上亦属于人格权请求权。

人格权请求权在性质和功能上有别于侵权损害赔偿请求权;在构成要件上,人格权请求权也不要求行为人存在过错和造成损害。① 损害赔偿不能为人格权请求权所包含,其属于侵权责任编的范畴。根据《民法典》总则编第 179 条规定,人格权请求权与侵权损害赔偿请求权可以单独适用,也可以合并适用,以适应不同情形中人格权的全面保护。与《民法典》第 196 条关于不适用诉讼时效的情形相对应,《民法典》第 995 条明确人格权请求权中各项内容均不适用诉讼时效的规定。

【典型案例】

案例一:肖像权、姓名权纠纷中人格权请求权与侵权损害赔偿请求权的区分

刘某是我国具有较高知名度的影视演员,参演多部电影、电视剧。甲公司作为涉案产品标注的生产者,何某作为商标的权利人,乙、丙公司作为涉案产品的销售者,以营利为目的,在未获得刘某授权的情况下,生产、销售带有刘某肖像图及姓名的涉案产品,侵犯了刘某的肖像权、姓名权。

在判决中,法院区分了人格权请求权与侵权损害赔偿请求权及其各自的法律依据。

依照《民法典》人格权编第 995 条的规定,人格权受到侵害的,受害人有权依照本法和其他法律的规定请求行为人承担民事责任。受害人的停止侵害、排除妨碍、消除危险、消除影响、恢复名誉、赔礼道歉请求权,不适用诉讼时效的规定。关于停止侵害,甲公司、何某作为生产方、品牌方,乙公司、丙公司作为销售方,应立即停止

① 参见黄薇主编:《中华人民共和国民法典人格权编释义》,法律出版社 2020 年版,第 32 页。

生产、销售侵害刘某姓名权、肖像权的产品。关于赔礼道歉，根据各被告侵权范围和影响程度，刘某要求赔礼道歉的方式合理，法院予以支持。

依据《民法典》侵权责任编第 1182 条的规定，侵害他人人身权益造成财产损失的，按照被侵权人因此受到的损失或者侵权人因此获得的利益赔偿；被侵权人因此受到的损失以及侵权人因此获得的利益难以确定，被侵权人和侵权人就赔偿数额协商不一致，向人民法院提起诉讼的，由人民法院根据实际情况确定赔偿数额。在本案中，甲、乙、丙公司以及何某侵犯了刘某的肖像权、姓名权，刘某要求其赔偿经济损失和合理费用的诉讼请求于法有据，法院予以支持。①

案例二：请求删除不当信用评价属于人格权请求权

中国工商银行股份有限公司某分行签发有原告李某甲名下尾号为 4360 信用卡一张，额度为 5000 元。2009 年 4 月 24 日为最后一次还款日期，案涉信用卡于 2015 年 11 月 30 日被核销，信用卡账户显示核销本金为 4965 元，表外利息 34,611 元，表外违约金 35,528.67 元，核销后应计利息 6966.34 元。截至 2015 年 11 月 30 日，原告李某甲名下尾号为 4360 信用卡显示应还金额为 75,106 元。后李某甲发现其被登上中国人民银行征信黑名单，故提起本案名誉权诉讼。

原告、被告双方均未向法庭提交案涉信用卡激活启用、交易明细等。原告李某甲称自己从未将身份证交与第三人办理信用卡，申请表中所有签字均非李某甲本人所签，李某甲从未涉案信用卡，亦未使用该卡进行过消费。第三人李某乙则陈述信用卡申请表上签字确非李某甲本人所签，因当时系单位批量办工商银行信用卡，信用卡申请表上签名系案外人统一代签，家庭住址、配偶等信息也是代填的，不是李某甲本人的真实信息。信用卡申请表上预留电话号码是案外人李某丙提供的，李某甲的信用卡也是案外人代领并于领取当天交给了李某丙。

法院认为，根据《民法典》第 1029 条的规定，信用评价关涉个人名誉，民事主体享有维护自己的信用评价不受他人侵害的权利，有权对不当信用评价提出异议并请

① 参见刘某、郑州某电子商务有限公司等一般人格权纠纷民事二审民事判决书，广东省广州市中级人民法院（2023）粤 01 民终 15840 号民事判决书。

求采取更正、删除等必要措施。根据《民法典》第995条的规定,公民的名誉权受到侵害的,有权要求停止侵害,现李某甲请求消除不良征信符合法律规定,法院予以支持。①

【理论阐释】

所谓人格权请求权,是指民事主体在其人格权受到侵害、妨害或者有妨害之虞时,有权向加害人或者人民法院请求加害人承担停止侵害、排除妨害、消除危险、恢复名誉、赔礼道歉等责任,以恢复人格权的圆满状态的权利。我国《民法典》第995条第一次在人格权编中对此作出了明确规定,通过人格权请求权与侵权请求权的配合,从而全面强化了对人格权的保护。

但在《民法典》颁布施行前,原《侵权责任法》采用"大侵权模式",该法第15条规定了多种侵权责任形式,其中包括了人格权请求权,此种模式可称之为"吸收模式",即在侵权请求权中吸收人格权请求权。正因为这一原因,在人格权立法过程中,关于是否存在独立的人格权请求权,存在不同观点。

《民法典》侵权责任编中继续保留"大侵权模式",同时在人格权编中对人格权请求权作出系统规定,使人格权请求权与侵权损害赔偿请求权相分离,此种模式可称之为"分离模式"。此种"分离模式"是人格权独立成编的关键和核心问题,而对"分离模式"的采用也是区分人格权编与侵权责任编的重要基础。"分离模式"的理论基础以及人格权请求权与侵权损害赔偿请求权的区别仍然值得理论上的深入探讨。

一、人格权请求权的独立性

在民法中,基础性的民事权利都有相应的请求权,并因基础权利的功能差异而各自独立,物权请求权与债权请求权的区隔就是适例。人格权不同于其他民事权

① 参见李某与中国工商银行股份有限公司某支行名誉权纠纷二审民事判决书,湖南省张家界市中级人民法院(2022)湘08民终829号民事判决书。

利,人格权请求权因此也具有独立性。具体说来,人格权是绝对权,具有支配性和排他性,这一点与物权、知识产权等绝对权无异。基于人格权,权利人对其人格利益享有支配的权能,并可以对抗第三人,只要权利人对其人格利益的圆满支配状态受到了不法侵害,其都有权提出相关请求,以恢复此种圆满支配状态,而且,权利人在提出此种请求时,不以行为人的行为构成侵权为前提。正如拉伦茨指出的,人格权请求权使人格权主体能够排除行为人的不法侵害行为,以恢复人格权的圆满状态。① 尤其是,与其他绝对权一样,人格权不仅具有积极行使的功能,而且具有保护人格权权能的消极效力。这就是说,当人格权的行使受到不当妨害时,权利人有权依据人格权请求权请求行为人停止侵害、排除妨害、消除危险,以维护人格权的圆满支配状态。可见,人格权请求权也正是人格权消极效力的具体体现,在保护人格权方面具有独特的功能。一言以蔽之,作为保护人格利益的绝对权,人格权和其他绝对权一样,也具有自身独立的请求权。②

上述认识在比较法上也有先例可循。《瑞士民法典》最早规定了人格权的一般保护规则,开创了人格权请求权的先河,该法典第28a条规定"原告可以向法官申请:(1)禁止即将面临的侵害行为;(2)除去已经发生的侵害行为……"。根据瑞士学者的解释,《瑞士民法典》和《瑞士债法》规定了两种不同类型的人格权诉讼,确立了绝对权请求权诉讼与侵权诉讼并列的二元诉讼模式。③ 一是防御性诉讼,即由《瑞士民法典》第28a条第1款规定的三类防御性诉讼,包括妨害预防诉讼(对即将发生的、对人格权的不法妨害而提起的诉讼)、妨害排除诉讼(针对正在持续的不法妨害行为而提起的诉讼)以及确认权利之诉(针对侵害行为虽已结束但造成损害仍未完全消除,权利人所提起的请求确认侵害行为不法性的诉讼)。二是损害赔偿诉讼,即针对人格权遭受侵害所造成的损失所提起的诉讼,此类诉讼由《瑞士债法典》第41条(侵权一般条款)和第49条(侵害人格权)所规定。损害赔偿诉讼

---

① 参见[德]卡尔·拉伦茨:《德国民法通论》(上册),谢怀栻等译,法律出版社2004年版,第326~328页。

② Vgl. Roland Rixecker, in: Münchener Kommentar zum BGB, Band 1, 9. Aufl., 2021, §12 Anh., Rn. 58ff.

③ See Olivier Guillod, *Droit des personnes*, Helbing Lichtenhahn, 4e éd., Basel, 2015, p. 135–143.

既包括财产损害赔偿诉讼、精神损害赔偿诉讼,还包括返还侵权得利诉讼。① 由此可见,在瑞士法中,人格权请求权与包括侵权损害请求权在内的其他请求权是相分离的。

其他大陆法国家民法虽然没有规定人格权请求权,而主要通过侵权法规则来保护人格权,但这种立法模式已不足以应对实际需求,各国不得不通过司法来创设人格权请求权。比如,德国法院认为,物权以外的其他绝对权,由于缺少类似于物权请求权的保护方法,存在一项立法的漏洞,因此,基于正义的要求,司法实践中的法官法在一定程度上填补了这一漏洞,即通过整体地类推适用《德国民法典》第 12 条、第 862 条、第 1004 条,承认排除妨碍和消除危险请求权,以对抗那些仅仅在客观上不法的对受法律保护的权利的侵害。② 2005 年 10 月 25 日,德国联邦宪法法院发布裁定,明确指出,针对一项损害他人名誉的言论,应当适用不作为请求权保护一般人格权,其规范基础是《德国民法典》第 1004 条第 1 款、第 823 条第 2 款以及《德国刑法典》第 186 条。③

法国法并没有在立法中明确规定人格权请求权,但在 1970 年《法国民法典》修订时增加了第 9 条规定:"每个人均享有其私生活受到尊重的权利。"基于这一规定,法国法院对于侵害私生活受尊重权利的民事责任的构成要件进行了明确。法国最高法院在判决中确认,该条独立于《法国民法典》第 1382 条规定的侵权责任,构成一项独立的诉讼,不需要过错等要件。法国最高法院在 1996 年 11 月 5 日的一个著名判例中指出:"根据民法典第 9 条,证实损害的存在就足以授予受害人以赔偿";④这就是说,对他人私生活一切任意性的干涉都是非法的,对他人私生活的不法调查应受到法律制裁。有论者指出,这是对主张侵权责任一般原则吸收《法国民法典》第 9 条论点的彻底推翻。⑤ 正是通过对私生活受保护的解释,法国法逐渐形成了不同于《法国民法典》第 1382 条过错侵权责任的特殊构成要件,从而也表明了人格权请求

---

① 参见石佳友:《人格权立法的历史演进及其趋势》,载《中国政法大学学报》2018 年第 4 期。

② Vgl. Frank Spohnheimer, in: beck-online. GROSSKOMMENTAR zum Zivilrecht, 2017, § 1004, Rn. 13.

③ Vgl. BVerfG NJW 2006, 207 (208).

④ Cass. Civ. 1 ère, le 5 novembre 1996, in Bulletin Civil, I, n°378.

⑤ Cass. Civ. 1 ère, le 25 février 1997, in JCP, G., 1997, Ⅱ, p. 22783, note J. Ravanas.

权的特殊性。

日本民法虽然也没有在立法中承认人格权请求权，但日本最高法院在“北方杂志案”的判决中明确指出，名誉遭受违法侵害者，除可要求损害赔偿及恢复名誉外，对于作为人格权的名誉权，出于排除现实进行的侵害行为或预防将来会发生的侵害的目的，应解释为还可以要求加害者停止侵害。可见，日本法上在名誉权遭受侵害的情况下，权利人除可以要求损害赔偿及恢复名誉外，对于现实的侵害行为和将来可能发生的侵害行为，权利人还可以请求行为人停止侵害。① 此外，日本的学说总体上也倾向于支持本国法院的判例，承认人格权请求权具有独立性，否认侵权请求权包括停止行为请求权。②

在《民法典》颁布施行前，我国法律未单独规定人格权请求权，在人格权遭受侵害的情形下，主要通过侵权请求权对权利人提供救济。原《侵权责任法》第 15 条规定采用了“吸收模式”，此种模式的优点是：在一定程度上便利当事人同时利用多种责任形式实现对权利的全面救济，并可以通过一次侵权诉讼同时解决损害赔偿和权利的防御性保护问题。但是，此种模式没有区分绝对权请求权和侵权损害赔偿请求权，在人格权保护领域，此种模式也没有区分人格权请求权与侵权损害赔偿请求权。然而，无论从人格权自身的特点来看，还是从域外立法来看，人格权请求权都具有独立性，这种独立性表现在：第一，人格权请求权依附于人格权，是基于人格权效力而产生的人格权独有的保护方式。只要人格权确定存在，人格权请求权即随之产生，一旦人格权的行使受到或者可能受到妨碍，无论是否构成侵权，权利人都可以主张人格权请求权；人格权请求权附随于人格权，具有强烈的人身专属性，不能与人格权相分离而独立存在，只能由人格权主体享有，权利人不能将其单独转让或者允许他人继承；权利人死亡时，人格权请求权也一并消灭。③ 第二，人格权请求权的功能具有独立性。侵权损害赔偿请求权的主要功能是损害填补和损害预防，人格权请求权虽然也具有损害预防的功能，但其主要功能在于维护权利人对其人格利益的圆满支

---

① 姚辉：《民法上的“停止侵害请求权”——从两个日本判例看人格权保护》，载《检察日报》2002 年 6 月 25 日。

② 参见杨立新：《人格权法》，中国法制出版社 2006 年版，第 63 页。

③ Artur Teichmann, in: Jauernig, Kommentar zum BGB, 12. Aufl. 2007, § 823, Rn. 64ff.

配状态。第三,人格权请求权的适用条件具有独特性,尤其是其适用不以行为人构成侵权为条件,即使在没有构成侵权的情形下,只要是妨害了人格权或者可能妨害人格权,权利人都可以行使人格权请求权。① 第四,人格权请求权的适用对象具有特殊性。人格权请求权适用于各种妨害人格权或者可能妨害人格权的行为,不论此类行为是否造成了现实的损害后果,权利人都有权主张人格权请求权。正因如此,人格权请求权不能被包括侵权损害赔偿请求权在内的其他请求权所包容,这是其与侵权损害赔偿请求权分离的基础。

二、人格权请求权与侵权损害赔偿请求权的区别

人格权请求权是基于人格权的效力而产生的,是对作为绝对权的人格权进行保护的特有方法。人格权因侵权行为而受损害,受害人也可以请求侵权损害赔偿,包括财产损害赔偿和精神损害赔偿。② 从性质上看,侵权损害赔偿请求权适用于所有的侵权案件,它不是基于绝对权的效力而产生的,其本身具有债权的性质。我国《民法典》侵权责任编第 1165 条、第 1166 条对侵权责任归责原则的表述使用了“损害”的概念,表明其归责原则主要是损害赔偿的归责原则,而不是各种侵权责任形式的归责原则,侵权责任编所规定的过错责任,只是针对侵权损害赔偿请求权而言的。③ 对损害赔偿之外的责任形式,如停止侵害、排除妨碍、消除危险等请求权而言,并不当然适用过错归责原则,这也为区分侵权损害赔偿请求权与人格权请求权等其他绝对权请求权提供了依据。

侵权损害赔偿请求权是针对所有民事权益的救济方法,也就是说,任何民事权益因侵权而遭受损害,受害人都可以主张侵权损害赔偿请求权。但是人格权请求权则是专门针对人格权的救济方法。在人格权遭受侵害后,人格权请求权的作用在于恢复人格权的圆满状态,而不是为了填补权利人的实际损害。正是因为人格权具有特殊性,所以要恢复其圆满状态,就必然要采取与救济财产权不同的救济方式。

---

① 参见王泽鉴:《人格权法:法释义学、比较法、案例研究》,北京大学出版社 2013 年版,第 387 页。
② 参见王泽鉴:《人格权法:法教义学、比较法、案例研究》,北京大学出版社 2013 年版,第 396 页。
③ 参见程啸:《侵权责任法》(第 2 版),法律出版社 2015 年版,第 83 页。

通常,侵害人格权的损害赔偿不同于侵害物权等财产权的损害赔偿,难以通过损害赔偿的一般规则("差额说")来界定人格权被侵害时受害人所遭受的损害。尤其应当看到,在人格权遭受侵害的情形下,侵权损害赔偿不能对受害人提供充分的救济:损害赔偿是一种事后救济,而且对精神利益的侵害,仅仅通过金钱的支付可能难以实现有效补救。而恢复名誉、消除影响、赔礼道歉等方式,在救济精神损害方面可能比金钱赔偿更为有效。早在 100 多年前,德国学者耶林曾经抨击罗马法中赔偿制度广泛采用的不合理性:当损害难以举证,或受害人提起诉讼不是为了获得金钱利益而是"为了主张人格本身及其法感情这一理想目的"时,盲目采用损害赔偿则无助于对权利的充分保护。① 此外,还要看到,在人格权遭受侵害的情形,受害人往往难以证明损害的具体程度和数额,甚至难以证明遭受了现实的损害。例如,在未经许可擅自利用他人的肖像、无正当理由拒绝他人的姓名变更请求、个人信息记录不准确、个人信息被不当共享等情形中,权利人往往难以证明其遭受了何种损害。这些情形都表明,在遭受侵害的情形下,人格权具有不同于财产权的特殊救济方式,这就是人格权请求权。

具体而言,人格权请求权与侵权损害赔偿请求权的区别主要体现为:

第一,是否考虑过错不同。侵权损害赔偿责任的成立需要行为人主观上存在一定的过错。侵权损害赔偿也是救济人格权的重要方法,但此种责任形式在构成要件上原则要求满足过错要件,以保障一般行为自由,实现行为的可预期性。而人格权请求权在性质上属于绝对权请求权,绝对权请求权的目的在于恢复个人对其绝对权利益的圆满支配状态,人格权请求权也不例外,因此该请求权的行使并不要求行为人具有过错。正如《瑞士民法典》起草人胡贝尔教授在解释该法所设立的人格权请求权制度时所指出,妨害排除诉讼的目的就在于排除妨害行为,而不考虑行为人是否存有过错。② 比较法上的司法实践经验也可证明这一点,例如,在德国法中,排除妨碍并不需要直接证明妨碍人具有主观上的过错,只要妨碍人格权益等绝对权益的事由是客观存在的,就可以基于《德国民法典》第 1004 条请求排除对权利人所带来

---

① 参见耶林:《为权利而斗争》,载梁慧星主编:《民商法论丛》第 2 卷,法律出版社 1994 年版,第 21 页。

② 参见石佳友:《人格权立法的历史演进及其趋势》,载《中国政法大学学报》2018 年第 4 期。

的实体以及精神上的影响;[①]根据法国最高法院的判例,请求排除对隐私权的侵害同样不要求过错的存在。[②] 我国《民法典》侵权责任编第1165条第1款规定了过错责任的归责原则,但事实上,这一归责原则很难适用于停止侵害、排除妨害等责任形式,其适用对象主要是侵权损害赔偿。由此可见,在人格权遭受侵害或者有遭受侵害的危险时,赋予权利人人格权请求权,并且不考虑行为人是否具有过错,有利于防止损害的发生或者扩大,更有利于人格权的保护。也就是说,只要行为人的行为影响到了权利人对其人格利益的圆满支配状态,权利人即有权主张人格权请求权,以消除相关的危险或者制止不法侵害行为,而不需要证明行为人主观上具有过错,这显然更有利于减轻权利人的举证负担。

第二,是否具有对人格权侵害的预防功能不同。在瑞士法中,人格权请求权被纳入防御性诉讼(actions défensives)中,就是因为人格权请求权具有损害预防功能。侵权损害赔偿主要是一种事后的救济,是在各种绝对权遭受侵害的情况下对受害人的事后补救。而人格权请求权并不完全侧重于对损害的事后救济,而主要侧重于对损害的事先预防:一方面,在行为人妨害他人人格权但不构成侵权时,权利人虽无法主张侵权损害赔偿请求权,但仍然可以主张人格权请求权,在此情形下,人格权请求权就可以发挥损害预防的功能;另一方面,人格权请求权包含了各种责任形式,就停止侵害、消除危险等预防性的侵权责任形式而言,其本身可以起到预防的作用。因为许多人格权一旦遭受侵害,其损害后果具有不可逆转性,很难恢复到如同损害没有发生的状态(例如,某个名人的隐私照片被公布,就不能再恢复到受侵害以前的状态),所以,许多学者认为,人格权的保护要注重"防患于未然"。[③] 此外,还应该看到,按照传统观点,人格权在性质上属于消极防御性的权利,只有在遭受侵害时,权利人才能主张权利,而人格权请求权则具有积极主动的特点,尤其是随着个人信息保护、隐私保护等的发展,人格权请求权主动性的特点更有利于有效地维护人格权的完整性。例如,在隐私和个人信息权遭受侵害时,受害人有权要求采取更正、删除、封锁、补充等措施,以保护其权利。可见,侵权损害赔偿制度侧重提供事后的救

---

① Vgl. BGH NJW 2011, 1005 (1006).

② Cass. Civ. 1 ère, le 5 novembre 1996, Op. cit. 8.

③ Ludwig Enneccerus/Heinrich Lehmann, Recht der Schuldverhältnisse, 15. Aufl., 1958, S. 1008f.

济,其一般以发生实际损害为前提,而人格权请求权制度则更注重事前的预防,其不以损害的实际发生为前提,而仅需要人格权受到妨害或者有受到妨害的可能。

第三,是否要求证明实际损害不同。在法律上之所以确认人格权请求权,一方面,是因为在人格权遭受侵害的情形下,受害人往往面临损害举证的困难,或者难以确定损害的具体数额,必须寻求侵权损害赔偿责任之外的救济方式;另一方面,在妨害人格权行使的情形下,虽然没有发生实际损害,但通过允许权利人行使人格权请求权,有利于制止损害的发生,从而达到"防患于未然"的目的。正是因为上述原因,人格权请求权的行使并不要求损害已经实际发生:在人格权益有遭受损害之虞时,权利人即可以要求行为人消除危险;而当侵害行为正在进行时,虽然侵害结果还没有发生,权利人也可以要求行为人排除妨害。而由于侵权损害赔偿之债以填补受害人实际损害为主要目的,因此,其适用需要受害人证明其遭受了实际损害。可见,人格权请求权与损害赔偿请求权在是否要求证明实际损害方面存在区别。

第四,是否以构成侵权为适用条件不同。对侵权损害赔偿请求权而言,其适用前提是行为人的行为已经构成侵权;而人格权请求权的功能在于维护权利人对其人格利益的圆满支配状态,其适用并不需要行为人的行为已经构成侵权。我国《民法典》之所以规定人格权请求权,是因为人格权请求权的适用不以构成侵权为前提,在保护人格权方面具有独特的功能。例如,有关新闻媒体、网站所刊载的报道内容失实或有明显错误,侵害他人人格权的,权利人有权要求有关新闻媒体、网站及时更正。上述情形中并不一定要求行为人的行为构成侵权,也不要求权利人必须证明行为人的行为应当承担侵权责任。

第五,是否适用诉讼时效制度不同。侵权损害赔偿之债作为一种债的关系,应当适用诉讼时效制度,也就是说,如果权利人没有在时效期间内主张权利,债务人将享有时效利益,可以基于此对权利人提出的履行债务的请求提出抗辩。当然,除损害赔偿责任以外,许多责任形式也难以适用诉讼时效制度。例如,就停止侵害、排除妨害等责任形式而言,由于相关的侵害行为处于持续状态,因此难以适用诉讼时效制度。对此,我国《民法典》总则编第 196 条第 1 项也规定,"请求停止侵害、排除妨碍、消除危险"的请求权不适用诉讼时效的规定,此处所说的"请求停止侵害、排除妨碍、消除危险"的请求权本身也是人格权请求权的主要内容。关于人格权请求权是否适用诉讼时效的规定,存在一定争议。《民法典》第995条第2句规定:"受害人的停止侵害、排除妨碍、消除危险、消除影响、恢复名誉、赔礼道歉请求权,不适用诉讼时效的规定。"作出此种规定的主要理由在于:一方面,人格权请求权作为一种绝对权请求权属性的权利,本身不应受到诉讼时效的限制。在人格权受到妨害或者可能受到妨害的情形下,权利人应当有权随时提出请求,以恢复权利人对其人格利益的圆满支配状态,因此该请求权不应当受到诉讼时效的限制。人格权请求权的功能在于保护民事主体对其人格利益的圆满支配,只要该圆满支配的状态受到不当影响,权利人即有权主张人格权请求权。只要对人格权的侵害和妨碍仍处于持续状态,则权利人即应当享有人格权请求权,以消除相应的不利影响。而且从保护权利人的角度出发,只要权利人能举证证明其人格权处于受到妨害或者可能受到妨害的状态,则其就应当享有人格权请求权,该权利不应当受诉讼时效的限制。另一方面,我国《民法典》第196条第1项规定,"请求停止侵害、排除妨碍、消除危险"的请求权不适用诉讼时效,而停止侵害、排除妨碍、消除危险本身也是人格权请求权的主要内容,在这些情形下,由于行为人的行为一直处于持续状态,诉讼时效无法确定起算点,因此,不应当适用诉讼时效制度。以生命权、健康权为例,只要侵害或者妨碍生命权、健康权的行为一直持续,则权利人即应当有权主张人格权请求权。

正是因为人格权请求权与侵权损害赔偿请求权存在上述不同,因此,有必要在人格权编中设立专门条文对人格权请求权作出明确规定。

三、充分有效保护人格权是人格权请求权与侵权损害赔偿请求权分离的目的

人格权以维护人之尊严为其核心价值,充分有效保护人格权是现代民法的重要价值目标,也是我国《民法典》编纂所要达到的基本目标之一。① 正如前述,人格权请求权与侵权损害赔偿请求权存在本质差异,单靠后者来保护人格权,不仅不能实

① 2018年8月27日,全国人大常委会法工委主任沈春耀在《关于〈民法典各分编(草案)〉的说明》中指出,全国人大常委会法工委研究认为,人格权是民事主体对其特定的人格利益享有的权利,关系每个人的人格尊严,是民事主体最基本、最重要的权利。保护人格权、维护人格尊严,是我国法治建设的重要任务。参见《民法典分编草案首次提请审议》,载《人民日报》2018年8月28日,第6版。

现充分有效保护,反而会削弱对人格权的保护。为了充分有效保护人格权,人格权请求权必须与侵权损害赔偿请求权分离。

(一)弥补现行法在人格权保护制度方面的不足

如前所述,原《侵权责任法》所采取的"吸收模式"在保护人格权等权利方面具有其独特性,但由于其没有区分侵权损害赔偿请求权与人格权请求权,难以适应人格权保护的特殊需要。侵权损害赔偿请求权一般适用过错责任原则,要求受害人不仅要证明行为人具有过错,而且要证明自己的损害,还必须证明行为人的行为构成侵权。而在人格权的行使受到妨害时,权利人往往会遇到各种举证困难。例如,在行为人无正当理由拒绝权利人的名称和姓名的变更请求、行为人无正当理由拒绝对简称进行保护、征信机构收集的信用信息不准确但拒绝更正等情形下,要求权利人证明自己遭受了现实的损害,并证明行为人的行为已经构成侵权,确实是十分困难的。此外,人格权请求权不适用诉讼时效制度,但在"吸收模式"之下,难以解释为何某些类型的侵权责任不适用诉讼时效制度。

而通过人格权请求权与侵权损害赔偿请求权的分离,既可进一步明确请求权的逻辑体系,又能更充分有效地保护人格权,前文提及的域外经验也验证了这一点。针对人格权保护的特殊性,就人格权的保护设置与物权请求权相类似的人格权请求权,该请求权的行使并不要求行为人的行为构成侵权,只要其可能侵害人格权,影响人格权的实现,权利人即可提出人格权请求权,且不受诉讼时效限制,显然更有利于人格权的保护,①也可以使权利保护的规则更加精细化。

(二)强化对人格权侵害的有效预防

人格权请求权具有突出的损害预防的功能,主要原因在于:一是在出现妨害而没有造成实际损害后果的情形下,可以通过人格权请求权对权利人提供救济,这就有利于及时防止损害后果的发生和扩大。二是在行使人格权请求权时,权利人不需要证明自身的损害和行为人的过错,即使是在没有构成侵权的情形下,只要有可能

---

① 参见石佳友:《人格权法立法的历史演进及其趋势》,载《中国政法大学学报》2018年第4期。

将要造成对人格权的侵害,权利人就可以主张人格权请求权,预防未来发生损害。三是人格权请求权的一些责任形式,如停止侵害、排除妨害、消除危险等,与作为事后救济受害人的责任形式(损害赔偿责任)相比,本身具有强烈的预防损害发生的功能。正如德国学者拉伦茨所指出的,人格权请求权的内容具有特殊性,即司法实践在人格权有受到侵害之虞时,准许权利人请求消除危险;在继续受到侵害时,准许权利人请求停止侵害。① 四是人格权请求权的各种表现形式,如更正、撤回、删除、补充、回应等,都具有预防损害发生的功能和作用,人格权请求权之所以应当与侵权损害赔偿请求权相分离,正是为了适应现代社会发展对侵害人格权行为进行预防的特殊需求。

在互联网、大数据时代,强化对侵害人格权损害后果的预防更加重要。网络技术在给我们带来极大便利的同时,也给我们的生活带来了一些负面影响。与传统社会的信息传播方式不同,网络信息的传播具有即时性,而且网络的无边界性以及受众的无限性,也使得网络环境对信息的传播具有一种无限放大效应,网络信息一经发布,可以瞬间实现全球范围的传播。在网络环境下,侵害人格权的损害后果具有不可逆性,损害一旦发生,即难以恢复原状。网络环境下损害后果的易扩散性,也使得人格权,特别是名誉、隐私、肖像、姓名等精神性人格权,在现代社会显得十分脆弱,极易遭受侵害。② 这些都使网络侵害人格权的行为具有易发性、其损害后果具有不可逆性。考虑到人格权在遭受侵害后,很难恢复原状,因此,就人格权保护而言,应当更加重视对损害后果的预防。但“吸收模式”并不是专门针对人格权保护而设计的,而是针对所有权益受侵害的情形,所以,其无法满足人格权保护在损害预防方面的特殊需要。

如前所述,德国、法国、日本等大陆法系国家都在司法实践中,基于人格权请求权的作用而强化了其预防功能,从而使之与侵权损害赔偿请求权相分离。在我国司法实践中,有的法院也基于现代社会发展的需求,于相关的人格权纠纷中,在侵权责任承担方式之外运用了预防性的救济方式。例如,在著名的“钱钟书书信案”中,北

① 参见[德]卡尔·拉伦茨:《德国民法通论》(上册),谢怀栻等译,法律出版社 2004 年版,第 169~170 页。

② Kenneth C. Creech, *Electronic Media Law and Regulation*, Taylor & Francis Group, 2007, p. 288.

京市第二中级人民法院在充分考虑该案对隐私权可能造成的侵害后，准确地作出了司法禁令，禁止被告从事拍卖书信的行为，既有效保护了著作权人权利，又保护了原告的隐私权。① 可见，虽然我国立法主要通过侵权法规则保护人格权，没有单独规定人格权请求权，但从司法实践来看，人格权纠纷的解决并非只能按照侵权处理，在人格权可能遭受侵害的情形下，也可能通过人格权请求权对权利人进行救济。

（三）有利于法律规则的准确适用和裁判的统一

我国原《侵权责任法》第 15 条统一规定各种责任承担方式，似乎各种责任承担方式的适用条件是相同的，而没有必要区分不同侵权责任形式的适用条件。这就导致“吸收模式”在适用中存在一个突出问题，即极易使法官产生一种误解，即所有侵权责任承担方式的适用要件都是相同的，都必须构成侵权才能适用，且权利人需要证明行为人有过错，甚至也不考虑在时效方面是否存在区别，这就不利于一些责任形式的准确适用。但事实上，人格权请求权与侵权损害赔偿请求权在构成要件、诉讼时效的适用等方面存在差异。在构成要件上，人格权请求权也不要求存在过错和造成损害。② 例如，就停止侵害而言，作为侵权责任承担方式的停止侵害请求权，其适用以行为人构成侵权为前提；而作为人格权请求权的停止侵害，其适用并不要求行为人构成侵权。采取人格权请求权与侵权损害赔偿请求权相分离的模式，将人格权请求权单独规定，进而与侵权损害赔偿请求权相区分，有助于明确两种请求权构成要件的不同，避免混淆，更有利于法官的适用。

采取人格权请求权与侵权损害赔偿请求权相分离的模式，有利于实现“同案同判”，维护司法裁判的统一。我国原《侵权责任法》虽然规定了各种责任形式，但并没有规定各项责任形式的适用条件，这就可能导致司法裁判的不统一。从司法实践看，就排除妨碍、消除危险的法律适用而言，有的法院要求原告证明被告有过错，有的法院并未作此要求。以信用权纠纷为例，针对个人的信用记录不实造成个人损害的案件，有的法院认为行为人构成对权利人名誉权的侵害且具有过错，应当承担删

---

① 参见李恩树：《钱钟书书信案引出新民诉法首例诉前禁令》，载《法制日报》2014 年 2 月 26 日，第 5 版。

② 参见黄薇主编：《中华人民共和国民法典人格权编释义》，法律出版社 2020 年版，第 32 页。

除不良信用记录、张贴书面道歉声明、送达书面道歉说明等责任;[①]而有的法院则认为,“商业银行应当遵守中国人民银行发布的个人信用数据库标准及其有关要求,准确、完整、及时地向个人信用数据库报送个人信用信息”,行为人将权利人的相关信用信息报送至中国人民银行征信中心时未能做到准确、及时、完整,构成对权利人名誉权的侵害,应当予以消除,[②]但法院在认定行为人构成对权利人名誉权的侵害并应当承担消除相关不良影响后果的责任时,并没有提及是否要求行为人具有过错。必须看到,司法实践中的同案不同判,会严重损害法律的权威性。所以,将人格权请求权独立出来,明确其适用并不要求满足过错要件,也不需要当事人证明行为人是否具有过错,这也有利于统一司法裁判。

(四)有效应对现代社会发展中出现的人格权保护的新问题

人格权是不断发展的权利,随着经济社会发展,人格权的类型也日益丰富,而人格权请求权与人格权有不可分性,人格权作为绝对权的发展,必然导致人格权请求权的发展。将人格权请求权与侵权损害赔偿请求权分离,能更好地适应人格权发展的新趋势,解决人格权保护的新问题。具体说来,随着人格权的变化发展,人格权请求权出现了其独立存在的新局面:一是广泛采用停止侵害的方式,预防侵害人格权行为的发生。例如,如果相关出版、发行的作品可能侵害他人的人格权,则在最终判决作出之前,法官还可以作出预先裁决,责令行为人停止出版、禁止发行流通,或责令将出版物全部或部分予以查禁。[③] 二是请求撤回声明权利的行使。所谓撤回,是指存在侵害名誉的情形时,将侵害人所作的陈述撤回。在德国,近几十年来,司法实践在《德国民法典》第 1004 条所规定的物权请求权的基础上发展出了撤回请求权

① 参见河南省高级人民法院(2015)豫法立二民申字第 00159 号民事裁定书。

② 参见山西省临汾市中级人民法院(2015)临民终字第 1209 号民事判决书。

③ 参见[奥]赫尔穆特·考茨欧、亚历山大·瓦齐莱克:《针对大众媒体侵害人格权的保护:各种制度与实践》,匡敦校、余佳楠等译,中国法制出版社 2012 年版,第 170 页。

(Widerrufsanspruch),此种请求权具有一定的独立性,旨在保护权利人的名誉。① 按照德国通说见解,撤回属于排除妨害的一种具体情形,其以侵害行为具有违法性为要件,以侵害人有故意或过失为前提。② 三是发展了补充、更正等请求权。例如,欧盟《通用数据保护条例》(以下简称 GDPR)第 17 条规定的更正权、删除权等,很大程度上都是人格权保护请求权的具体表现形式。四是回应权的发展。回应权是指有关报刊、网络等媒体报道的信息可能损害他人名誉的事实,权利人有权请求在发布相关信息的媒体、平台中予以回应。该项制度回应了互联网、高科技时代名誉权保护的现实需求,并为许多国家法律所确认。

另外,人格权请求权在一定程度上也能促成新型人格权的生成和发展,即一旦立法规定了人格权请求权,法官就可以依据这一制度,促进人格权本身的发展,促成新类型人格权的形成。例如,我国现行立法并没有对声音的保护作出规定,但通过人格权请求权的适用,声音的保护也逐渐得到认可,并可能最终成为一种新型人格权。在瑞士,由泰尔西耶(Tercier)教授主持的人格权立法草案的理由报告中也指出,"人格的范围不能也不应该以严格的方式去界定。应该交由法官根据社会观念和对人格的各种危害的变化,来逐渐填补其内容"。③ 所以,在人格权编中明确规定人格权请求权,法官就可以援引这些规则,来丰富和发展人格权的类型,强化对人格权的保护。

四、人格权请求权可适用于未构成侵权的情形是其与侵权损害赔偿请求权相分离的重要表现

民法典之所以要承认人格权请求权,并使其与侵权损害赔偿请求权相分离,一方面,是因为其具有较为宽泛的适用范围,在侵害人格权的情形下,如果尚未造成实际的损害(包括财产损失和精神损害),或者即便有损害但权利人要主张损害赔偿之

---

① Vgl. BeckOGK/Spohnheimer BGB, 2017, § 1004 Rn. 14. 司法实践在适用该请求权时有时直接适用第 1004 条,有时类推适用第 1004 条,有时直接适用 1004 条和第 823 条,有时又类推适用第 823 条和第 1004 条,虽然路径不一,但结果基本一致,即不要求行为人具有过错。Vgl. Frank Spohnheimer, in: beck-online. GROSSKOMMENTAR zum Zivilrecht, 2017, § 1004, Rn. 326.

② 参见王泽鉴:《人格权法:法释义学、比较法、案例研究》,北京大学出版社 2013 年版,第 431 页。

③ 参见石佳友:《人格权立法的历史演进及其趋势》,载《中国政法大学学报》2018 年第 4 期。

外的责任形式,权利人都可以主张人格权请求权;另一方面,人格权请求权不仅可以适用于侵权的情形,而且在妨害人格权的情形下,即便没有构成侵权,也可以适用。由于侵权责任形式必须以构成侵权为适用前提,这就决定了侵权责任编不能完全包含人格权请求权。

诚然,我国《民法典》侵权责任编将停止侵害、排除妨碍等作为其责任形式,似乎意味着只有构成侵权才能适用这些责任形式,如果未构成侵权,则不能适用。笔者认为,在《民法典》颁布施行前、未承认独立的人格权请求权时,这种理解是正确的,但是如果承认独立的人格权请求权,将停止侵害等责任形式纳入其中,则这种理解就未必准确。因为在适用人格权请求权的情形下,未必一定以行为人构成侵权为前提。例如,受害人基于人格权请求权要求行为人停止侵害,其并不需要证明行为人具有过错或者造成了实际损害,从这一意义上说,人格权请求权的适用并不当然以行为人构成侵权为前提。

人格权请求权之所以可适用于未构成侵权的情形,主要原因在于:

第一,人格权请求权的效力作用决定了其可适用于未构成侵权的情形。如前所述,人格权具有积极效力和消极效力两个方面。人格权与其他的绝对权一样,有积极行使的功能,积极效力是指人格权所具有的支配、控制、依法利用等权能。消极效力是指人格权受到侵害或可能受到侵害时,权利人享有的保护其权利的权能,即所谓的排他效力。基于人格权请求权的效力,当人格权受到侵害或者有受侵害之虞时,权利人即有权主张人格权请求权。例如,在权利人的姓名变更请求权被无理拒绝、征信机构记载的信用记录有误、行为人对他人实施轻微性骚扰等情形下,虽然无法确定行为人是否构成侵权,但只要权利人的权利行使有障碍,就可以主动行使人格权请求权,以消除障碍。

第二,人格权请求权所具有的维持人格权圆满支配状态的功能决定了其可适用于未构成侵权的情形。侵害财产权大多可以通过金钱赔偿而恢复原状,侵权损害赔偿请求权的目的则是填补损害。而侵害人格权的损害后果往往具有不可逆转性(如隐私一旦公开就无法恢复原状),所以需要更多地强调对损害的预防,即需要通过停止侵害、恢复名誉、消除影响等方式为人格权提供救济。人格权请求权的功能在于维持权利人对其人格权的圆满支配状态,只要行为人不当妨害了权利人对其人格利益的圆满支配状态,即便不构成侵权,权利人也可以主张人格权请求权。例如,信息控制者所收集、公开的个人信息不准确,权利人请求其及时更正时,并不需要证明信息控制者构成侵权。

第三,人格权请求权预防功能的发挥也决定了其可适用于未构成侵权的情形。人格权请求权是直接针对侵害人格权的行为所采取的预防和保护措施,权利人在主张人格权请求权时,并不需要证明行为人具有过错,也不需要证明自己遭受了现实的损害,只要人格权的行使或权利人对其人格利益的圆满支配状态受到了不当影响,权利人均可以主张人格权请求权,以积极主动地保护人格权、预防侵害人格权的行为。由于人格权请求权可以适用于不构成侵权的情形,因此,并不需要通过法院确定行为人是否构成侵权,而可以直接向行为人提出请求,这就更有利于对人格权的救济。由于人格权请求权可适用于未构成侵权的情形,可以将损害预防的时间提前,更有利于及时制止侵害人格权的行为。

尤其应当看到,人格权请求权形式的多样化决定了其可以针对各种妨害人格权的行为行使,而不仅仅针对已构成侵权行为的侵害人格权的情形。如前述,人格权请求权的发展已呈现出多种形式,我国《民法典》人格权编也顺应了这一发展趋势,在总结既有经验的基础上,也对多种形式的人格权请求权作出了规定。具体而言,人格权请求权适用于未构成侵权的情形包括:

一是更正权的行使。所谓更正权,是指报刊、网络等媒体刊载的报道内容失实或有关信息控制者记载、公开的信息有误,侵害他人人格权益的,受害人有权请求该媒体或信息控制者及时更正。从比较法上看,许多国家如法国、丹麦、芬兰、泰国以及塞内加尔等国的新闻法,都对更正与答辩权作出了规定。① 在德国法中,在人格权保护(尤其是名誉权的保护)的司法实践中,大量采用了更正请求权(Berichtigungsanspruch)和撤回请求权(Widerrufsanspruch)。正如一些德国学者所指出,更正请求权系非财产性请求权,但与不作为请求权指向未来的不法行为不同,更正请求权指向的是在

① 参见《法国新闻自由法》第2章第2节,《丹麦新闻法》第9条、第10条,《芬兰新闻自由法》第25条,《泰国新闻法》第40条至第43条,《塞内加尔新闻刊物和记者职业法》第1篇第3章第3节。

过去已经出现且还在持续的妨害。① 我国《网络安全法》第43条对更正权作出了规定:"个人发现网络运营者违反法律、行政法规的规定或者双方的约定收集、使用其个人信息的,有权要求网络运营者删除其个人信息;发现网络运营者收集、存储的其个人信息有错误的,有权要求网络运营者予以更正。网络运营者应当采取措施予以删除或者更正。"国务院《出版管理条例》第27条也对更正与答辩权作出了规定:"出版物的内容不真实或者不公正,致使公民、法人或者其他组织的合法权益受到侵害的,其出版单位应当公开更正,消除影响,并依法承担其他民事责任。报纸、期刊发表的作品内容不真实或者不公正,致使公民、法人或者其他组织的合法权益受到侵害的,当事人有权要求有关出版单位更正或者答辩,有关出版单位应当在其近期出版的报纸、期刊上予以发表;拒绝发表的,当事人可以向人民法院提起诉讼。"

我国《民法典》就更正权作出了较系统的规定。一是征信机构对他人的信用评价发生错误,权利人有权要求更正。《民法典》第1029条规定:"民事主体可以依法查询自己的信用评价;发现信用评价不当的,有权提出异议并请求采取更正、删除等必要措施。信用评价人应当及时核查,经核查属实的,应当及时采取必要措施。"二是信息处理者收集或处理的他人信息发生错误,权利人有权请求更正。《民法典》第1037条第1款规定"自然人可以依法向信息处理者查阅或者复制其个人信息;发现信息有错误的,有权提出异议并请求及时采取更正等必要措施"。依据该条规定,只要权利人发现信息有错误,就有权请求及时更正。三是信息处理者有确保信息安全的义务,根据《民法典》第1038条规定,当发生或可能发生个人信息泄露、篡改、丢失的,应当及时采取补救措施、告知权利人,这也就当然包括允许权利人对篡改信息请求及时更正的权利。总之,在行使更正权的情形下,权利人并不需要证明侵权发生,也不需要证明其已遭受现实的损害,而只需要证明信息有错误,即可行使这一权利,尤其是不需要证明信息的收集者、控制者、发布者存在过错,即使被请求人没有过错,其也应当及时更正。

二是删除权的行使。所谓删除权,是指在信息的收集发生错误,或者信息收集的目的已经达到等情形下,权利人有权请求相关的信息收集者、持有者及时清除相

---

① Horst-Peter Götting/Christian Schertz/Walter Seitz (Hrsg.), Handbuch Persönlichkeitsrecht, 1. Aufl., 2008, §49 Rn. 4f.

关的信息。从比较法上来看，许多国家承认了权利人的删除权。例如，德国联邦宪法法院在“人口普查案”中创设了“个人信息自主权”，即主体对自己信息的控制、知悉、查阅、修改和删除的权利；[①]欧盟 GDPR 第 17 条也承认该项权利。我国《网络安全法》第 43 条在更正权之外也规定了删除权。依据该条规定，个人发现网络运营者违反法律、行政法规的规定或者双方的约定收集使用其个人信息的，有权要求网络运营者删除其个人信息；发现网络运营者收集、存储的其个人信息有错误的，有权要求网络运营者予以更正。权利人更正权、删除权的行使并不需要网络运营者的行为构成侵权，也不要求权利人必须通过诉讼的方式向网络运营者提出更正、删除的请求。我国其他相关立法也对信息主体的删除权作出了规定，例如，《征信业管理条例》第 16 条第 1 款规定：“征信机构对个人不良信息的保存期限，自不良行为或者事件终止之日起为 5 年；超过 5 年的，应当予以删除。”《民法典》第 1037 条第 2 款明确“自然人发现信息处理者违反法律、行政法规的规定或者双方的约定处理其个人信息的，有权请求信息处理者及时删除”。删除权的行使不以构成侵权为必要，权利人在行使删除权时，无须证明其遭受了现实的损害，也不需要证明信息的收集者、持有者具有过错。

三是回应权(droit de réponse)的行使。所谓回应权，是指当有关报刊、网络等媒体披露、报道的信息包含直接涉及他人名誉的事实时，权利人有权请求该媒体及时采取合理的方式免费发布其针对相关事实的必要回应。例如，某人在网上披露某明星通过签订“阴阳合同”的方式偷税漏税，该明星如果认为披露的事实有误，则其有权请求该网站刊载其回应的文章，以澄清事实。一方面，法律规定回应权有利于及时更正有关信息、消除不良影响，因为其可使媒体受众在较短时间内获取当事人的正反陈述，从而及时消除不实报道的影响；另一方面，回应权制度有助于及时解决纠纷，[②]因为通过回应的方式更正信息有助于快速解决纠纷，而不再需要借助诉讼途径予以解决。从这个意义上讲，回应权具有预防损害发生的功能，而且与损害赔偿等责任承担方式相比，回应权对于恢复受害人良好的声誉可能更为有效。[③] 从比较法

---

① 参见《德国联邦宪法法院裁判选辑》(一)，萧文生译，《司法周刊》1995 年版，第 288～384 页。

② Ursula Kerpen, Das Internationale Privatrecht der Persönlichkeitsrechtsverletzungen, 2004, S. 134.

③ P. J. Visser, J. Neethling & J. M. Potgieter, Law of Personality, LexisNexis, 2005, S. 221.

上看,回应权最早由法国在1822年的《新闻法》中予以确立,其被称为“反驳权制度”,该制度被许多国家立法和判例所采纳。例如,1983年修订的《瑞士民法典》在第28g-1条规定了“回应权制度”,并明确规定了回应权的成立条件,依照规定,当参加政府的公共讨论时,对于忠于事实的报道,如果当事人也参加了讨论,则回应权不能成立。同时,瑞士法还对回应权的行使规则作出了细化规定,如规定当事人只能通过简洁的方式针对有异议的事实进行回应,如果当事人的回应违背事实、违反法律或者公序良俗,则相关媒体有权拒绝其回应请求。[①] 德国司法实践也承认了回应权制度。[②] 此外,《汉堡新闻法》第11条规定,如果相关主体受到新闻报道的影响,无论其是个人还是机构,均应当享有回应权。[③] 在我国,前述《出版管理条例》第27条第2款中规定的“答辩”,其实就是回应,从该条规定来看,回应权的行使以权利人合法权益受到侵害为要件,但从有效保护权利人的人格权出发,只要权利人认为事实有误,为了澄清事实,其就有权作出回应,而不需要证明行为人的行为已构成侵权,也不需要证明自身遭受了一定的损害。我国《民法典》虽未直接规定回应权,但在解释上,回应权是《民法典》第995条关于排除妨碍、消除影响请求权的具体化,同时,《民法典》第1028条规定:“民事主体有证据证明报刊、网络等媒体报道的内容失实,侵害其名誉权的,有权请求该媒体及时采取更正或者删除等必要措施。”该条采“等必要措施”的表述,表明民事主体所享有的权利不限于更正、删除权,还应当包括其他权利。根据同类解释规则,作为消除影响的必要措施之一,回应权同样可以为该条的开放式表述所包含。在行使回应权时,权利人只需提出初步证据证明行为人报道的事实有误,并不需要证明行为人有过错以及造成实际损害,就可以在相关媒体上作出回应。

上述权利的行使是人格权请求权行使的具体体现,彰显了人格权的效力。正是因为上述权利的行使不需要权利人证明行为人构成侵权,由此也表明,人格权请求权可适用于未构成侵权的情形,因而,侵权请求权不能完全涵盖人格权请求权,这也是人格权请求权应当与侵权损害赔偿请求权相分离的重要原因。

---

① 参见[日]五十岚清:《人格权法》,[日]铃木贤、葛敏译,北京大学出版社2009年版,第214页。

② Vgl. Rüdiger Klüber, Persönlichkeitsschutz und Kommerzialisierung, 2007, S. 118.

③ 参见靳羽:《域外回应权制度及其启示》,载《中共南京市委党校学报》2013年第3期。

五、《民法典》关于人格权请求权与侵权损害赔偿请求权分离的立法选择

如前所述,在我国《民法典》编纂前,原《侵权责任法》采纳了“吸收模式”,以侵权请求权涵盖人格权请求权,这一模式的优点在于,在侵权发生之后,可以为受害人提供多元化的救济方式,可以由受害人自由选择,因而有利于对受害人权利的充分救济。从这一意义出发,笔者曾将其称为公民维权的“百宝囊”。但“吸收模式”并非一种精细化的权利保护模式,尤其是对于人格权保护而言,因其没有区分侵权与非侵权,以及人格权请求权与侵权损害赔偿请求权所具有的不同构成要件和时效适用的情形,无法实现对人格权的精细化保护,因而有必要对“吸收模式”进行必要的调整。

笔者认为,在民法典人格权编规定人格权请求权后,仍然应当保留原《侵权责任法》所确立的“大侵权模式”。我国《民法典》第 1167 条规定:“侵权行为危及他人人身、财产安全的,被侵权人有权请求侵权人承担停止侵害、排除妨碍、消除危险等侵权责任。”从该条规定来看,《民法典》仍然保留了停止侵害等预防性的责任形式,这在一定程度上也延续了原《侵权责任法》所确立的“大侵权模式”。之所以需要保留这一模式,是因为《民法典》侵权责任编保护的范围极为宽泛,依据该编第 1164 条的规定,“本编调整因侵害民事权益产生的民事关系”。除绝对权外,侵权责任编还保护股权、继承权等各种民事权益,而且随着社会的发展,除人格权、物权、知识产权外,将来还有可能出现新型的绝对权益,在这些绝对权益遭受侵害的情形下,都需要借助多元化的责任方式予以救济。从这个意义上讲,即便人格权请求权与侵权损害赔偿请求权发生了分离,但侵权责任编中关于侵权责任的预防性承担方式的规定仍然具有兜底性。

但在保留“大侵权模式”的前提下,必须采纳“分离模式”,使人格权请求权与侵权损害赔偿请求权发生分离,使侵权责任编的规则聚焦于侵权损害赔偿。原《侵权责任法》第二章所规定的“责任构成和责任方式”,其中的“责任方式”未出现在《民法典》侵权责任编中,而是被规定在总则编民事责任一节中。也就是说,侵权责任编虽然仍然保留“大侵权模式”,但其规则主要围绕侵权损害赔偿责任而展开。换言之,侵权责任主要是对已经造成的实际损害的救济,而对其他侵权行为,如妨害、正

在进行的侵害和危险等,可以适用人格权请求权等绝对权请求权。

事实上,我国《民法典》在侵权责任编中已经区分了损害和侵害,且主要是以损害赔偿为中心构建责任体系。一方面,《民法典》第1165条在原《侵权责任法》第6条第1款中的"侵害"之外增加了"损害"要件,这实际上是将过错归责原则界定为损害的归责原则,而不是所有绝对权遭受侵害的不利后果的归责原则。[①] 因为在妨害、危险以及正在持续的侵害还没有造成实际的损害后果,或者虽然产生了一定的后果,但损害仍在持续的情形下,不能适用过错责任,而应当适用严格责任,且不能计算时效,因此不能适用过错责任原则,这也说明有必要规定独立的人格权请求权。侵权责任编的此种修改虽然只是一字之差的改动,但实际上是对归责原则适用范围的重新界定:原《侵权责任法》的过错责任原则应当聚焦于损害,而损害之外的绝对权遭受的妨害等不利后果,则应当交由绝对权请求权予以调整。这也为人格权请求权与侵权损害赔偿请求权的区分提供了有力支撑。另一方面,《民法典》侵权责任编中的多个条款都强调了造成损害应承担侵权责任。尤其应当看到,《民法典》在人格权编和物权编中分别规定了人格权请求权和物权请求权,使这两项请求权与侵权损害赔偿请求权发生了分离,此种立法模式符合我国现行立法的做法,值得肯定。

总之,《民法典》侵权责任编虽仍需要保留"大侵权模式",但就人格权保护而言,将要区分侵权损害赔偿请求权与人格权请求权。笔者认为,准确适用两种请求权应当注意如下问题:

(一)区分损害和妨害的不同情形,分别适用人格权请求权和侵权损害赔偿请求权

在人格权受到侵害或者妨害的情形,究竟应当适用人格权请求权还是侵权损害赔偿请求权,需要明确两个请求权制度各自的适用范围。原则上来说,人格权受到妨害(或持续的侵害)或可能受到妨害时,应当适用人格权请求权;而人格权受到侵害并且造成了损害时,就应当适用侵权损害赔偿请求权。这里的关键就是要区分妨害和损害,为人格权请求权和侵权损害赔偿请求权寻找各自的适用领域。从德国法

---

① 原《侵权责任法》第6条第1款规定:"行为人因过错侵害他人民事权益,应当承担侵权责任。"《民法典》第1165条第1款规定:"行为人因过错侵害他人民事权益造成损害的,应当承担侵权责任。"

的经验来看，德国学界通过一系列的判决扩张适用了《德国民法典》第 1004 条的规定。[①] 该条规定于物权编之中，其原本的规范意旨仅仅是为了排除物权人（特别是所有权人）行使物上权利的障碍，但为了填补人格权益保护的需要，德国法院通过类推的方式，将第 1004 条的适用范围扩张到了保护人格权益（特别是一般人格权）的情况中。具体来说，在损害名誉、侵害肖像以及公开个人隐私之类的情况中，法院都会通过适用第 1004 条而非传统的第 823 条以下，来制止和排除对于人格权益的现实的和正在发生的侵害。[②] 排除妨害请求权解决的是为将来排除损害源（Schadenquelle）或妨害源（Störungsquelle）的问题，而不是赔偿已经造成的损害，其所适用的是严格责任，而非过错责任。

这一实践的启示在于，可以通过区分损害和妨害，而分别适用侵权损害赔偿请求权和人格权请求权。所谓损害，是指因侵权行为而造成受害人的不利益，此种不利益往往可以通过金钱价值予以评价，所以，可以通过"差额说"予以估算，并对受害人提供准确的救济；[③]而妨害行为常常无法用金钱价值予以衡量，其表现为对受害人绝对权的圆满支配状态构成持续性的干涉。损害是已经现实发生的、客观存在的，受害人请求行为人承担损害赔偿责任时，应当证明损害的具体程度和数额，否则可能难以获得救济；而妨害则是正在持续的侵害状态，其最终损害的具体程度和数额尚不确定，还没有形成最终的结果状态。损害是已经结束的侵害状态；而妨害不一定造成实际的损害后果，它是一种持续性的不利影响，是正在进行、尚未结束的一种侵害状态。通常，在造成损害的情形下，可以纳入侵权损害赔偿请求权予以救济；而在单纯构成妨害的情形下，由于并未造成实际的损害，只可以适用人格权请求权。

区分侵权损害赔偿请求权与人格权请求权等绝对权请求权的关键在于，将损害与妨害进行必要的区分。由于损害和妨害的分离是客观存在的，也决定了人格权请求权与侵权损害赔偿请求权的分离是必要的，而且是可行的。就人格权保护而言，将妨害作为人格权请求权的救济对象是十分必要的，因为在人格权受妨害的情形

---

① Vgl. Gerhard Wagner, Perspektiven des Privatrechts am Anfang des 21. Jahrhunderts, FS Medicus, 2009, S. 589ff.

② Vgl. Christian Baldus, in: Münchener Kommentar zum BGB, Band 8, 9. Aufl., 2021, § 1004, Rn. 35.

③ 参见程啸：《侵权责任法》（第 2 版），法律出版社 2015 年版，第 217 页。

下,权利人往往难以证明其客观上遭受了何种实际损失,此时,允许权利人主张人格权请求权,以除去其遭受的妨害,具有十分重要的意义。例如,在行为人在自己创作的作品上擅自写上他人的姓名,擅自将他人的语音合成演讲视频,擅自对他人肖像进行商业利用等情形下,相关权利人往往难以证明自身遭受了何种实际损害。因此,凡是因侵权行为致他人损害的情形,应当统一适用侵权损害赔偿请求权,而损害之外的其他妨害,则应当分别适用各种绝对权请求权。正如德国一些学者所指出的,侵权损害赔偿请求权以补偿功能(Kompensationsfunktion)为主要功能,妨碍排除请求权更强调预防功能(Präventionsfunktion),一般不具有补偿功能。①

在区分侵权损害赔偿请求权与人格权请求权的模式下,准确适用人格权请求权与侵权损害赔偿请求权,需要区分损害和妨害的不同存在情形,具体而言:

一是妨害和损害并存。在人格权既受到妨害又受到侵害并导致损害的情形,仅仅适用人格权请求权,不能对损害提供救济,还必须要适用侵权损害赔偿请求权,因为侵权损害赔偿请求权旨在对受害人提供事后的救济,而人格权请求权则侧重对受害人提供事前的预防。此时,将发生人格权请求权和侵权损害赔偿请求权的聚合。这就是说,权利人既可以主张侵权损害赔偿请求权,又可以主张人格权请求权。例如,某人在网络上非法披露他人隐私,受害人既遭受了损害,又因信息仍然存在于网络上而受到了对其人格权的妨害。虽然从表面上看,权利人既要主张人格权请求权,又要主张侵权损害赔偿请求权,似乎比较烦琐,不如原有"吸收模式"简便,但这是法律科学性和法律准确适用的必然要求。在既有损害又有妨害的情形下,适用"吸收模式"可能产生一定的问题:如果对损害和妨害都不要求行为人具有过错,则可能不当妨害行为自由;反之,如果都要求行为人具有过错,则可能不利于人格权益的保护。因此,在妨害和损害并存时,应当综合考虑责任形式的适用。例如,在"马某林诉沈某波模仿其字体制作铭牌并署其名侵犯姓名权纠纷案"中,被告模仿原告的字体为学校做铜字铭牌,并署了原告的姓名,法院认为,该行为构成对原告姓名权的侵害,被告应当承担赔礼道歉、消除影响的责任,并赔偿原告的财产损失。② 笔者

① Karl-Heinz Gursky, in: Staudingers Kommentar zum BHG, 16. Aufl., 2012, §1004, Rn.139.

② 参见最高人民法院中国应用法学研究所编:《人民法院案例选》(民事卷6),人民法院出版社2017年版,第3152页。

认为,对此种情形,由于《民法典》人格权编已经规定了人格权请求权,对妨害应当适用人格权请求权,而对受害人所遭受的损害,则应当适用侵权损害赔偿请求权。

二是仅有损害而无妨害。在仅有损害而无妨害的情形下,通过侵权损害赔偿请求权已经足以对权利人提供救济,此时,也就没有必要再行使人格权请求权。再如,被告驾驶机动车导致受害人受伤,就属于仅有损害而无妨害的情形,此时,侵权损害赔偿请求权已经足以对权利人提供救济,权利人无权再主张人格权请求权。例如,在"吴某、张某某生命权、健康权、身体权纠纷案"中,吴某侵害张某某的身体,致张某某的健康及精神遭受损害,法院判决被告应当赔偿原告的损失。① 在该案中,权利人仅遭受损害而并未遭受妨害,此种情形下,侵权损害赔偿请求权已经足以对权利人提供充分救济,权利人无权再主张人格权请求权。

三是仅有妨害而无损害。在此种情况下,权利人的人格权只是受到一定的妨害,而未遭受现实的损害,此时,通过人格权请求权已经足以对权利人提供救济。例如,行为人将他人的隐私非法制作成视频,即将在网上发布,受害人知道后要求立即停止。在此情形下,权利人的人格权只是受到一定的妨害,此时,人格权请求权就已经足以对权利人提供充分的救济,由于权利人并没有遭受现实的损害,因此,其无权主张侵权损害赔偿请求权。再如,在"文某诉张某隐私权纠纷案"中,被告作为小区业委会副主任,擅自在小区业主微信群中公告原告起诉小区业委会的信息,并在微信群内发布了原告起诉小区业委会的起诉书,其中包括了原告的姓名、住址、身份证号、电话等隐私内容,法院认为,被告侵害了原告的隐私权,应当承担排除妨害、删除帖子、赔礼道歉等责任,但原告无法证明自身遭受了严重的精神损害后果,因此无权主张精神损害赔偿。② 笔者认为,本案中,原告仅遭受了妨害,并未遭受现实的损害,权利人主张人格权请求权就已足以救济其权利,而无须再主张侵权损害赔偿请求权。

人格权请求权所对应的责任承担方式具有显著的多样性,③重点救济对人格权益的妨害,但在行为人侵害他人人格权造成权利人损害的情形下,人格权请求权难

---

① 参见河南省郑州市中级人民法院(2018)豫01民终6899号民事判决书。

② 参见北京市昌平区人民法院(2017)京0114民初15482号民事判决书。

③ Artur Teichmann, in: Jauernig, Kommentar zum BGB, 12. Aufl. 2007, §823, Rn. 64ff.

以为权利人的损害提供有效救济,而应当交由侵权损害赔偿请求权提供救济;侵权责任则主要聚焦于损害,侧重救济现实的损害。即便侵权责任编对停止侵害等预防性的责任承担方式作出了规定,而且某些人格权请求权在形式上似乎是一些预防性的责任形式的具体化,也不宜将人格权请求权与此类预防性的责任承担方式的关系认定为特别法与一般法的关系。因为,一方面,人格权请求权是绝对权的保护方式,在性质上不同于侵权责任承担方式;另一方面,某些人格权请求权是一些人格权所特有的保护方式,无法被预防性的侵权责任承担方式所涵盖。此外,人格权请求权的适用并不需要行为人的行为构成侵权,而对预防性的侵权责任承担方式来说,其适用以行为人构成侵权为前提。

基于人格权请求权与侵权损害赔偿请求权的分离,我国民事立法中已经形成了完整的绝对权请求权体系,这就是由物权请求权、人格权请求权和知识产权请求权组成的体系。绝对权请求权与侵权损害赔偿请求权相分离使我国民法权利保障制度更加完善。

(二)区分侵害行为是否持续且是否产生损害后果

如果侵害人格权的行为已经终结,并产生了实际的损害后果,此时,主要应当适用侵权损害赔偿请求权对受害人提供救济。但如果侵害行为处于持续状态,尚未产生实际损害后果,或者损害后果难以判断,此时,应当通过人格权请求权对权利人提供救济。需要指出的是,由于人格权请求权是一种概括性的权利,在适用时必须注重具体情形,并根据不同情形来准确适用人格权请求权,只有这样,才能实现其充分有效保护人格权的功能。例如,针对可能发生的妨害,要考虑不同情形而分别适用人格权请求权。正如王泽鉴教授所指出的,“第一次侵害后,其后有侵害之虞,得为推定。对生命、身体、健康、自由(如绑架)的侵害之虞应从宽认定。对名誉、隐私(包括姓名、肖像)等的侵害,多涉及言论自由,事先干预应更审慎”。①

① 参见王泽鉴:《人格权法:法释义学、比较法、案例研究》,北京大学出版社2013年版,第390页。

（三）区分是否针对侵权诉讼而适用

区分损害和妨害的不同情形，有利于界分两种请求权的适用条件。侵权损害赔偿请求权以造成损害为前提，以行为人具有过错为要件。而人格权请求权则并不要求受害人证明自身损害，也不需要证明行为人具有过错，正是因为这一原因，该项请求权的行使并不需要行为人的行为构成侵权，也不需要权利人必须通过诉讼的方式行使权利。

需要指出的是，虽然人格权请求权可以在诉讼外行使，但与侵权损害赔偿请求权类似，权利人在行使人格权请求权时，也应当负有容忍轻微妨害的义务。因为任何人都必须容忍来自他人的轻微妨害，以维护社会安定及人与人之间的和睦、团结。冯·巴尔教授所指出，人格权保护必须基于侵害的非轻微性，否则不得行使人格权之排除妨害请求权，排斥他人的轻微妨害。此外，权利人在提出请求权以后，如果相对人具有正当的抗辩事由，如相对人是在正当地行使新闻自由等权利，那么其也可以阻止权利人人格权请求权的行使。因此，人格权请求权的行使也应当遵循诚实信用原则和公平原则，对于轻微的妨害，权利人应当予以容忍。

（四）充分尊重当事人对请求权的选择

虽然应区分损害和妨害的不同情形而适用不同的请求权，但具体如何适用，则应当根据私法自治原则，尊重当事人对请求权的选择。在人格权请求权与停止侵害、排除妨碍等预防性的侵权责任承担方式并存的情形下，当行为人侵害他人人格权时，权利人能否同时主张人格权请求权与侵权损害赔偿请求权？此时究竟发生请求权的竞合还是聚合？笔者认为，此种情形应当构成请求权的竞合而非聚合，权利人有权选择主张人格权请求权或者侵权损害赔偿请求权，按照私法自治原则，依据何种请求权提出请求，应当由权利人自由选择，法官也应当尊重当事人的选择。当然，在权利人选择依据侵权请求权提出请求时，其应当举证证明行为人构成侵权，而且应当通过诉讼的方式主张权利，从这一意义上说，主张人格权请求权对权利人人格权的救济更为有利。

结　语

王泽鉴教授指出："人格权是构成法秩序的基石。"[①]设置独立的人格权编突出了人格权保护的重要价值，是对民法典体系的重大完善，也是保障人民美好幸福生活的重要内容。我国《民法典》第995条已经规定了独立的人格权请求权，但有关人格权请求权与侵权损害赔偿请求权的关系，在理论界还存在许多模糊认识，不从理论上加以澄清，会影响对人格权编的正确理解和适用。因此，只有在综合既有理论、实践发展和域外法律经验的基础上，科学论证人格权请求权与侵权损害赔偿请求权的分离，才能为人格权编提供坚实的理论基础，也才有助于对人格权编的正确理解和准确适用。

---

① 参见王泽鉴：《人格权法：法释义学、比较法、案例研究》，北京大学出版社2013年版，第1页。

专题二　人格权禁令

本专题撰写人:程　啸

【《民法典》及相关法律法规的新规则】

《民法典》第997条

民事主体有证据证明行为人正在实施或者即将实施侵害其人格权的违法行为,不及时制止将使其合法权益受到难以弥补的损害的,有权依法向人民法院申请采取责令行为人停止有关行为的措施。

【规则由来】

本条是本次《民法典》编纂中确立的新规则,首次系统性地明确了人格权禁令制度。

【规范意旨】

《民法典》第997条规定了人格权禁令制度,旨在为人格权提供更全面的保护,即通过建立一种高效快捷的人格权请求权的程序实现机制,以及时制止侵害人格权的行为,为权利人提供高效的救济,避免侵害行为给人格权主体造成难以弥补的损害。人格权禁令属于人格权请求权的独立实现程序,该程序性质上属于非讼程序。

人格权禁令程序是对我国《反家庭暴力法》规定的人身安全保护令的程序的一般化,二者属于一般与特殊的适用关系。人格权禁令程序与行为保全程序存在差异,不可互相替代,申请人可自由选择适用。人格权禁令仅适用于人格权而非所有人格权益的预防性保护。适用人格权禁令的一项重要要件即“合法权益受到难以弥补的损害”应从被侵害人格权的类型及人格权主体遭受的损害类型的角度加以理解。人格权禁令不以网络侵权责任中的通知规则的适用为前置程序,法院审查申请时亦无须考虑申请人的胜诉率。人格权禁令申请错误的,申请人不应承担民事责任。法院采取责令行为人停止有关行为的措施的类型,应当依据被侵害人格权的种类及违法行为的类型等因素并遵循比例原则加以确定。

【典型案例】

最高人民法院依法惩治网络暴力违法犯罪典型案例:“李某某申请人格权侵害禁令案”

自2022年5月至2023年4月,被告张某某使用其拥有40万名粉丝的网络账号直播40余次,发布针对李某某的视频,其中含有大量谩骂和人身攻击言辞。引发网民围观,跟进评论、嘲讽、诋毁。同时,张某某还组建粉丝群,煽动他人辱骂李某某。李某某据此向法院提起网络侵权责任纠纷诉讼。案件审理期间,经法庭释明后,张某某仍每晚定时直播,继续针对李某某发布相关侵权言论,并公开李某某数位身份证号码。2023年7月6日,李某某向法院提出人格权侵害禁令申请。

北京互联网法院裁定认为,结合张某某既往行为和本案实际情况,其正在实施侵权行为,且继续实施侵权行为的可能性较大。涉案直播视频播放量较高,若不及时制止,将极大地增加原告李某某的维权负担,导致侵权影响范围、损害后果进一步扩大。据此,依法作出裁定,责令张某某立即停止在涉案账号中发布侵害李某某名誉权的内容。法院根据原告申请,在一周内即作出人格权侵害禁令,及时制止了被告继续实施相关行为。

【理论阐释】

对于《民法典》第997条确立这一新制度,理论界有的称之为“侵害人格权的禁令制度”或“人格权侵权行为禁令制度”,[①]有的称为“人格权行为禁令制度”,[②]本专题将其称为“人格权禁令”。《民法典》颁布前,学界对人格权禁令的研究很少。[③] 2020年5月28日《民法典》颁布以来,一些民事诉讼法学者已开展了对人格权禁令制度的研究。[④] 但是,由该制度横跨民事实体法与程序法两大领域,涉及的问题复杂且比较法上也无直接对应的制度。[⑤] 故此,对我国民法典中的人格权禁令制度的研究仍有待深入。具体来说,有以下问题尚需研究:首先,人格权禁令制度的性质如何?《民法典》第997条是仅对实体权利要件的规定抑或确立了人格权请求权的一种新的、独特的实现程序?如果是后者,该程序的性质如何?是诉讼程序、非讼程序抑或二者的混合?人格权禁令程序与现行法上的行为保全、人身安全保护令是什么关系?其次,怎样理解人格权禁令制度的各项适用要件,如人格权禁令仅适用于人格权还是适用于所有的人格权益的预先保护?《民法典》第997条中“正在实施或者即将实施侵害其人格权的违法行为”应作何解?如何判断“合法权益受到难以弥补的损害”?最后,人格权禁令的程序怎样设计,是否需要设置某种前置程序?法院在审查时应否考虑申请人的胜诉率?“责令行为人停止有关行为的措施”具体有哪些?申请人是否要对申请错误给被申请人造成的损害承担赔偿责任?本专题将对上述

---

① 王利明、程啸:《中国民法典释评:人格权编》,中国人民大学出版社2020年版,第108页(本部分由王利明教授撰写);张鸣起:《民法典分编的编纂》,载《中国法学》2020年第3期;最高人民法院民法典贯彻实施工作领导小组:《中华人民共和国民法典人格权编理解与适用》,人民法院出版社2020年版,第88页。

② 张卫平:《民法典的实施与民事诉讼法的协调和对接》,载《中外法学》2020年第4期。

③ 相关文献,参见王利明:《论侵害人格权的诉前禁令制度》,载《财经法学》2019年第4期。

④ 参见张卫平:《民法典的实施与民事诉讼法的协调和对接》,载《中外法学》2020年第4期;吴英姿:《人格权禁令程序研究》,载《法律科学(西北政法学院学报)》2021年第2期;郭小冬:《人格权禁令的基本原理与程序法落实》,载《法律科学(西北政法学院学报)》2021年第2期。

⑤ 在比较法上,以德国为代表的大陆法系的假处分中的保全性假处分(Sicherungsverfuegung)旨在保全某个不以金钱为内容的请求权。至于普通法上经由衡平法发展出来的禁令制度(injunction)种类繁多,却又并非对应作为实体权利的绝对权请求权的实现程序。故此,在比较法上很难找到对应我国法律中人格权禁令制度的类似制度。

问题进行系统研究。

一、人格权禁令制度的性质

《民法典》第997条确立的人格权禁令究竟只是对民事实体法上请求权要件的规定,还是确立了人格权请求权的独特的程序实现机制?如果是后者,性质如何?与《民事诉讼法》规定的行为保全及《反家庭暴力法》规定的人身安全保护令的关系怎样?如果认为人格权禁令制度只是对民事实体法上权利要件的规定,没有建立新的或独立的程序制度,就完全可以利用或改造现有的行为保全程序或人身安全保护令程序作为人格权禁令的具体程序规则。倘若认为《民法典》第997条的人格权禁令制度本身就是独立的、新的程序,则不能简单地将人格权禁令强行纳入行为保全或人身安全保护令程序中,而应单独设计程序规则并实现三者间的协调与对接。

目前,学说上对人格权禁令制度的性质问题有两种观点。第一种观点认为,《民法典》第997条只是规定了民事主体除了通过请求人民法院判决外还可向法院申请采取责令行为人停止有关行为的措施,属于实体法的规定,至于如何通过程序加以具体实现,其他法律对此有规定的,应当适用其他法律的规定,如《民事诉讼法》第103条关于行为保全的规定以及《反家庭暴力法》第4章关于"人身安全保护令"的规定等,皆可适用于人格权禁令。① 此观点是由全国人大常委会法制工作委员会民法室在撰写的民法典释义书中提出的,可惜并未详述理由。第二种观点是目前多数学者的观点,认为人格权禁令是我国民法典所规定的独特制度,是人格权请求权发生作用的方式之一,性质上属于实体法上的禁令,与《民事诉讼法》第103条规定的行为保全程序并不相同。首先,二者性质不同。诉前行为保全的请求权基础是诉权,其法律属性是诉讼(行为)保全制度;人格权禁令的请求权基础是人格权请求权,本质上属于实体法上权利保护请求权的产物,是人格权的自我防卫功能的外化,其正当性则来自人格权自我保护的必要性,以恢复权利主体对人身自由、人格尊严的自我控制为目的。② 故此,立法者将人格权禁令规定在《民法典》的人格权编而非

① 黄薇主编:《中华人民共和国民法典人格权编解读》,中国法制出版社2020年版,第43~44页。

② 吴英姿:《人格权禁令程序研究》,载《法律科学》2021年第2期。

《民事诉讼法》中。其次,二者目的不同。民事诉讼法上的行为保全(无论是诉前保全还是诉中保全)制度的初衷以及行为保全概念本身都是以保全裁判结果的实现为目的,是一项程序上或程序性措施。但是,《民法典》规定的人格权禁令制度并不是以保全裁判结果为目的的。① 最后,二者在与诉讼程序的有无关联方面也有不同。人格权禁令的适用并不必然伴随着诉讼程序,即民事主体申请禁令后,只是请求通过法院颁发禁令,采取责令行为人停止有关行为的措施,达到制止侵害人格权行为的目的。法院颁布禁令后,该禁令即可生效,权利人在申请禁令后并不负有提起诉讼的义务,而不提起诉讼也并不影响禁令的生效。② 换言之,人格权禁令并不需要依托人格权诉讼而独立存在,《民法典》的制定者也将人格权禁令设计为一种独立的、无须通过诉讼判决程序就可以获得的命令。③

笔者赞同第二种观点。从《民法典》第997条的起草过程来看,立法机关显然是吸收借鉴了我国法律中已有的行为保全、人身安全保护令以及知识产权诉前禁令等相关制度的规定,但不能据此认为,《民法典》第997条只是人格权请求权的实体法要件的规定,从文义解释、目的解释等各角度来看,都应当认为人格权禁令属于《民法典》规定的一种新的、独特的人格权请求权的实现程序,具体理由阐述如下。

(一)《民法典》第997条不是对作为实体权利的人格权请求权的规定

人格权属于绝对权。所谓绝对权,是指权利人之外的任何人都负有不得侵害、妨碍权利人享有和行使权利的义务。绝对权意味着权利人有权要求所有的人尊重其合法利益,它具有绝对的和排他的效力。从积极方面看,绝对权的权利人可以自行采取积极的行为(行使权能)以实现权利的价值;从消极方面看,绝对权人也有权采取相应的措施抵御对权利圆满状态的侵害或妨碍。④ 人格权以维护人的尊严和自由为目的,保护民事主体对其各类人格要素享有的人格利益,权利人之外的一切人

① 张卫平:《民法典的实施与民事诉讼法的协调和对接》,载《中外法学》2020年第4期。

② 王利明、程啸:《中国民法典释评:人格权编》,中国人民大学出版社2020年版,第111~112页(本部分由王利明教授撰写)。

③ 郭小冬:《人格权禁令的基本原理与程序法落实》,载《法律科学(西北政法学院学报)》2021年第2期。

④ Vgl. Heinrich Hubmann, Das Persönlichkeitsrecht, 1967, S. 140.

都有不得侵害的义务。《民法典》第991条规定:“民事主体的人格权受法律保护,任何组织或者个人不得侵害。”第995条规定:“人格权受到侵害的,受害人有权依照本法和其他法律的规定请求行为人承担民事责任。受害人的停止侵害、排除妨碍、消除危险、消除影响、恢复名誉、赔礼道歉请求权,不适用诉讼时效的规定。”虽然理论界就该条中的消除影响、恢复名誉与赔礼道歉这两类请求权是否属于人格权请求权尚存争议,[①]但均认可停止侵害、排除妨碍和消除危险这3类请求权属于人格权请求权。这3类请求权本身也属于我国法律规定的侵权责任的3种承担方式(《民法典》第179条第1款)。故此,《民法典》第1167条规定:“侵权行为危及他人人身、财产安全的,被侵权人有权请求侵权人承担停止侵害、排除妨碍、消除危险等侵权责任。”既然《民法典》第995条和第1167条都已经对人格权请求权作出了规定,很显然,第997条就完全没有理由再重复规定了。况且,从《民法典》第997条的内容来看,也并未对停止侵害等人格权请求权的实体构成要件作出规定。如果该条真是对人格权请求权实体要件的规定的话,至少其应当明确停止侵害等人格权请求权不以过错和损害为要件。但从该条的文字表述来看,完全没有这样的规定。所以,仅从第997条的文义来看,不能将其理解为对实体权利要件的规定。

(二)人格权禁令程序是人格权请求权的一种特殊实现程序

从立法目的来看,《民法典》规定第997条的根本原因是为了更加全面地保护民事主体的人格权,为人格权的保护提供一种较之以往更高效、更便捷的预防性保护措施。[②] 自然人等民事主体在其人格权遭受侵害或即将遭受侵害时,虽然有权行使停止侵害、排除妨碍、消除危险等人格权请求权,但是,权利人以往实现此等请求权的途径实际上只有一种,即向法院起诉,请求法院判决被告承担停止侵害、排除妨碍或消除危险等侵权责任。通过诉讼的方式实现人格权请求权,不仅存在成本高、时

---

① 不同观点,参见王利明:《论人格权请求权与侵权损害赔偿请求权的分离》,载《中国法学》2019年第1期;崔建远:《债法总则与中国民法典的制定——兼论赔礼道歉、恢复名誉、消除影响的定位》,载《清华大学学报(哲学社会科学版)》2003年第4期;杨立新、袁雪石:《论人格权请求权》,载《法学研究》2003年第6期;张新宝:《民法分则侵权责任编立法研究》,载《中国法学》2017年第3期;程啸:《我国民法典中的人格权请求权》,载《人民法院报》2020年10月22日,第5版。

② 黄薇主编:《中华人民共和国民法典人格权编解读》,中国法制出版社2020年版,第41页。

间长的缺点，还很容易造成判决生效后侵害已经造成了损害或者损害被扩大，致使权利人遭受难以弥补的损害的弊端。为了解决这个问题，我国于2012年修订《民事诉讼法》时特别增加了行为保全制度，使包括人格权主体在内的民事主体在起诉前或起诉后可以向法院申请行为保全，由法院责令被告作出一定行为或禁止其作出一定的行为。[①] 但是，行为保全仍不足以高效快捷地预防和制止侵害人格权的行为。理由在于：(1)由于行为保全属于临时性的救济措施，倘若申请错误，则申请人要赔偿被保全人因此遭受的损失。为了避免赔偿落空，故此对于诉前保全（包括诉前行为保全和诉前财产保全），依据《民事诉讼法解释》第152条第2款，申请人必须提供担保，如不提供担保，法院将裁定驳回申请。这样一来，就增加了人格权的预先保护措施的实现成本。(2)法院对行为保全必要性的审查带有鲜明的"本案审理"特征，[②]也就是说，在审查是否采取行为保全措施时，法院原则上奉行的是两造对立言词辩论审理原则，要根据双方当事人提出的事实和证据情况，要求当事人双方言词辩论，从而作出行为保全的裁定。只有因为情况紧急而法院认为不适宜两造陈述意见或对立辩论的，才可以采用书面审理。[③] 如此一来，人格权请求权实现的效率就会降低。(3)作为临时性的救济措施，人格权最终能否得到保护还是要取决于最后的诉讼结果。如果申请行为保全的人格权主体不起诉或者其起诉后诉讼请求被驳回的，法院将裁定解除保全措施。[④] 不仅如此，申请人还可能因为法院采取了诉前行为保全措施而自己没有及时起诉或申请仲裁而需要向被申请人承担赔偿责任。[⑤] 由此可见，行为保全虽然在一定程度上增加了对人格权的预先保护的力度，但仍然存在成本高、效率低的缺点，无法满足在急迫且必需的情形下对人格权预先保护的现实需要。那么，在行为保全程序之外，是否还有其他更高效便捷的程序制度来保护民

---

① 王胜明主编：《中华人民共和国民事诉讼法释义》，法律出版社2012年版，第231页。

② 王亚新、陈杭平、刘君博：《中国民事诉讼法重点讲义》，高等教育出版社2010年版，第252～253页。

③ 江伟主编：《民事诉讼法》（第4版），中国人民大学出版社2013年版，第238页。

④ 我国民事诉讼法及相关司法解释未就此作出明确规定，但《民事诉讼法解释》第250条规定："人民法院裁定准许诉前财产保全后，申请人应当在三十日内提起诉讼。逾期不起诉的，人民法院应当解除财产保全。"司法实践中法院在裁定准许行为保全后也准许办理。

⑤ 例如，最高人民法院《关于审查知识产权纠纷行为保全案件适用法律若干问题的规定》第16条第1项规定，申请人在采取行为保全措施后30日内不依法提起诉讼或者申请仲裁的，应当认定属于《民事诉讼法》第105条规定的"申请有错误"。

事主体的人格权?《民法典》颁行前,《反家庭暴力法》就确立了这样的一种程序——人身安全保护令。人身安全保护令的程序不同于行为保全,其既可以在诉讼程序中适用,也可以完全与诉讼程序脱离;既不以申请人此后须提起家事诉讼为前提,也无须申请人提供担保。故此,理论界认为,人身安全保护令的申请、审查、执行、变更和撤销均具有一定的独立性;如果是在诉讼中申请人身安全保护令,则可将其理解为行为保全;如果独立于诉讼单独申请,人身安全保护令又可以视为一种特别程序。[①] 由此可见,人身安全保护令实际上是从《民事诉讼法》中的行为保全制度发展出来的一项新的法律制度。[②] 正是看到人身安全保护令程序的这种独特之处,《民法典》第997条才以人身安全保护令程序为样本,建立了适用范围更广、能够为所有的人格权在急迫且必要的情形下提供高效便捷的预先保护的程序机制,即人格权禁令制度。换言之,《民法典》上的人格权禁令制度实际上是借鉴了人身安全保护令而将其一般化,这就使原本仅适用于家庭暴力行为,只是保护遭受家暴行为的家庭成员"生命权、健康权和身体权"的人身安全保护令程序,被一般化为保护所有民事主体的人格权(无论他们遭受来自何人的侵害行为)的更一般化的程序。在人格权禁令制度建立后,原本产生在先的人身安全保护令反而成了人格权禁令的一种特殊适用程序。

(三)人格权禁令程序性质上属于非讼程序

民事诉讼程序和非讼程序的根本区别在于:前者解决的是当事人之间民事权利义务的纠纷,法院通过对该纠纷进行裁判以保护民事权利,维护私法秩序,解决纠纷。后者原则上并不具有争讼性,强调的是迅速、裁量权及展望性之决定。[③] 既然人格权禁令程序属于人格权请求权的特殊实现程序,那么该程序究竟是诉讼程序还是非讼程序?一种观点认为,人格权禁令程序应当以准诉讼程序或准司法程序来建构,即该程序的基本属性是诉讼性质的,故此在程序的设置上必须给予双方当事人

---

① 王亚新、陈杭平、刘君博:《中国民事诉讼法重点讲义》,高等教育出版社2001年版,第256页。

② 全国人大常委会法制工作委员会社会法室编:《中华人民共和国反家庭暴力法解读》,中国法制出版社2016年版,第104~105页。

③ 姜世明:《民事诉讼法》(上册),台北,新学林出版股份有限公司2012年版,第5页。

尤其是相对方当事人最低限度的程序保障，确保禁令能够准确、及时、顺畅地送达相对人并给予相对人陈述意见和表达观点的机会。① 另一种观点认为，人格权禁令程序兼具诉讼程序和非讼程序的特点。一方面，法院处理人格权禁令申请的核心在于判断申请人的请求是否具备实体法上规定的要件，该审查过程是法律事实的确认过程，而非居中裁判的过程。人格权禁令程序的简便与高效的要求与非讼程序遵循的职权主义、自由证明、简易主义的程序法理相互契合。另一方面，在人格权禁令程序中也要遵循程序规则，给予被申请人最低限度程序保障，即赋予被申请人和其他关系人参与、提出异议的权利，包括陈述权、知悉权、申请证据调查权、查阅笔录权等。其中，被申请人的听审和异议权是程序保障的重心。②

笔者认为，人格权禁令程序属于非讼程序，未来我国在修订《民事诉讼法》时应将人格权禁令程序作为一类特别程序加以明确规定。

首先，人格权禁令程序本质上并非要求解决人格权纠纷，也就是说，这一程序不是为了认定侵害人格权的民事责任是否成立以及如何承担民事责任，而是要高效快捷地预防侵害人格权的行为，以免给人格权主体造成难以弥补的损害。被申请人的行为是否构成侵害申请人人格权的侵权行为及如何承担侵权责任的问题，应当交由此后申请人(可能)提起的人格权侵权诉讼加以解决。如果将人格权禁令程序理解为诉讼程序，进而引入诉讼程序的两造对立言词辩论等原则，赋予被申请人以陈述权、听审权和异议权等各种程序性权利，就混淆了人格权禁令程序与人格权诉讼程序，直接导致人格权禁令程序的效率低下、手续烦琐。因为一旦引入被申请人的各种程序性权利，就必然会导致时间的拖延，使法院不可能在较短的时间内作出裁定。如此一来，《民法典》建立人格权禁令程序的目的将无法实现。

其次，一些学者之所以要将人格权禁令程序界定为诉讼程序(准诉讼程序)或认为需要引入诉讼程序的一些规则，根本原因在于，担心人格权禁令程序可能产生限制被申请人的言论自由、损害其正当权益以及危害公共利益的弊端。笔者认为，这种担心是没有必要的。一方面，人格权禁令程序中法院应当依职权对申请人的申请

① 张卫平：《民法典的实施与民事诉讼法的协调和对接》，载《中外法学》2020 年第 4 期；郭小冬：《人格权禁令的基本原理与程序法落实》，载《法律科学》2021 年第 2 期。

② 吴英姿：《人格权禁令程序研究》，载《法律科学(西北政法学院学报)》2021 年第 2 期。

进行主动的、全面的审查,尤其是要对申请人是否“有证据证明行为人正在实施或者即将实施侵害其人格权的违法行为”且“不及时制止将使其合法权益受到难以弥补的损害”这两个要件进行审查。对此,申请人负有全面的举证责任,即其必须提供足够的证据使得法院确信上述构成要件是满足的,否则法院就要裁定驳回申请。事实上,法院审查申请人的证据时,要进行各种利益的权衡包括考虑是否损害公共利益的问题。法院当然也可以在规定的时间内依职权对被申请人进行询问调查,但这并非必需的,也不属于被申请人在人格权禁令程序中依法享有并必须加以保障的程序性权利。另一方面,即便法院作出裁定,发出人格权禁令,该裁定也不具有既判力,不是对侵害人格权的侵权责任的确认(在此后的人格权侵权诉讼中,审理法院不受该裁定确认的事实的约束)。此外,若被申请人对人格权禁令不服,法律可以比照《反家庭暴力法》第31条的规定赋予其向法院申请复议一次的权利,无非复议期间不停止人格权禁令的执行而已。

再次,人格权禁令的作出并非都是对被申请人不利的。在有些情形下,法院作出了人格权禁令会在客观上使得被申请人免除了此后可能产生的人格权侵权责任。这一点在名誉权纠纷中体现得非常明显。《民法典》第1028条规定:“民事主体有证据证明报刊、网络等媒体报道的内容失实,侵害其名誉权的,有权请求该媒体及时采取更正或者删除等必要措施。”所谓请求该媒体及时采取更正或删除等必要的措施,就包括了民事主体在有证据证明媒体报道失实的情况下依据《民法典》第997条请求人民法院责令该媒体限期更正。一旦该媒体限期更正了,只要其不存在《民法典》第1025条规定的“捏造、歪曲事实”、“对他人提供的严重失实内容未尽到合理核实义务”或“使用侮辱性言辞等贬损他人名誉”3种情形,媒体就可以无须为采取更正措施前的不实报道造成的损害向民事主体承担民事责任。[①] 此外,人格权禁令本身是存在有效期的,是临时性的,不会永久存在,申请人也可以申请撤销或变更。

最后,在将人格权禁令程序定性为非讼程序时,通过科学合理地设置其与诉讼程序的转换衔接,也可以有效地避免损害被申请人的合法权益。这方面可以借鉴《民事诉讼法》及其司法解释中担保物权实现程序的规定,从而建立人格权禁令程序

① 黄薇主编:《中华人民共和国民法典人格权编解读》,中国法制出版社2020年版,第180页。

与人格权侵权诉讼程序（包括行为保全程序）的转换。换言之，如果法院在审查申请人提交的人格权禁令的申请时，发现并不符合《民法典》第997条规定的要件，那么法院在作出裁定驳回申请的同时，可以告知申请人向人民法院提起侵害人格权的诉讼，同时申请人也可以依据《民事诉讼法》的规定申请诉前行为保全。

在将人格权禁令程序定性为非讼程序后，需要考虑的是协调其与行为保全程序、人身安全保护令程序之间的关系。对此，笔者认为，首先，人格权禁令程序与行为保全程序最大的区别在于：人格权禁令程序不与诉讼程序相关联，申请人不需要提供担保。此点必须予以明确，否则人格权禁令程序就将丧失独立性。在适用关系上，人格权禁令程序与行为保全程序应当属于选择关系。具体来说，人格权主体在其人格权遭受侵害或有侵害的危险时，可以根据具体情形（如证据的多少、情况的紧急程度等）自行选择适用人格权禁令程序或者行为保全程序。如果人格权主体在选择人格权禁令而提出申请后，未被法院支持的，可以继续选择适用行为保全程序。其次，人格权禁令程序与人身安全保护令程序属于相同性质的程序，都属于非讼程序，二者在适用上属于一般与特殊的关系。一方面，人身安全保护令虽然是为了保护自然人的人身权益，如生命权、身体权和健康权，也不需要提供担保，①但其仅适用于当事人“因遭受家庭暴力或者面临家庭暴力的现实危险”（《反家庭暴力法》第23条第1款）。所谓家庭暴力，是指家庭成员之间以殴打、捆绑、残害、限制人身自由以及经常性谩骂、恐吓等方式实施的身体、精神等侵害行为（《反家庭暴力法》第2条）。人格权禁令则不仅适用于侵害生命权、健康权、身体权的情形，也适用于侵害其他人格权如名誉权、肖像权、隐私权领域。人格权禁令所针对的行为人不限于家庭成员，更不限于自然人，其包括实施侵害人格权行为的任何主体，如自然人、法人或者非法人组织。另一方面，人格权禁令的申请人可能是各种人格权主体，包括自然人、法人或者非法人组织，而人身安全保护令的申请人原则上只能是遭受家庭暴力的自然人，且当其属于无民事行为能力人、限制民事行为能力人或者其因受到强制、威吓等原因无法申请人身安全保护令的时候，其近亲属、公安机关、妇女联合会、

---

① 最高人民法院《关于人身安全保护令案件相关程序问题的批复》第2条规定：“关于申请人身安全保护令是否需要提供担保的问题。同意你院倾向性意见，即根据《中华人民共和国反家庭暴力法》请求人民法院作出人身安全保护令的，申请人不需要提供担保。”

居民委员会、村民委员会、救助管理机构可以代为申请(《反家庭暴力法》第23条第2款)。由于《反家庭暴力法》是预防和制止家庭暴力的特别法,故因遭受家庭暴力或面临家庭暴力危险的,只能依据《反家庭暴力法》申请人身安全保护令,不能适用人格权禁令程序。

二、人格权禁令适用的要件

(一)人格权禁令的保护范围

人格权益包括人格权和人格利益,二者都受到法律保护,但受保护的强度有所不同。人格权属于绝对权、支配权,具有排他效力和支配效力;而人格利益只是受到法律一定程度的保护,免受特定方式的侵害。《民法典》仅在第990条第2款使用了"人格权益"的表述。其他地方使用的都是"人格权"一词,甚至《民法典》第989条在界定人格权编的调整范围时,也仅规定:"本编调整因人格权的享有和保护产生的民事关系。"①同样,《民法典》第997条只是规定"人格权"被侵害时可以适用人格权禁令。如此一来,就产生了人格权禁令适用范围上的3个具体问题:其一,个人信息权益是否适用人格权禁令?《民法典》人格权编在第六章"隐私权和个人信息保护"中对个人信息的保护作出了规定,虽然《民法典》考虑个人信息受保护的权利与其他人格权在考量因素上有所不同,为平衡信息主体的利益与数据共享利用的关系而没有使用"个人信息权"的表述,但可以肯定的是,《民法典》中规定的个人信息受保护的权利应当属于人格权益。② 那么,自然人的个人信息正在遭受侵害或即将遭受侵害时,其能否向法院申请人格权禁令?其二,《民法典》第185条对英雄烈士的姓名、肖像、名誉等的保护作出了规定,同时,在第994条还对死者的姓名、肖像、名誉、荣誉、隐私、遗体等的保护进行了规定。死者不享有人格权,通说认为,法律保护的是

---

① 在《民法典》编纂的过程中,不少学者都认为,应将《民法典》第989条修改为"本编调整因人格权益的享有和保护产生的民事关系",从而使人格权编的调整范围得到扩大,表明人格权编调整的是所有的人格权益而非单纯的人格权。参见《民法典立法背景与观点全集》编写组:《民法典立法背景与观点全集》,法律出版社2020年版,第455页。

② 程啸:《论我国民法典中个人信息权益的性质》,载《政治与法律》2020年第8期。

死者的人格利益。值得研究的是,死者的配偶、父母或子女等近亲属能否适用《民法典》第997条申请人格权禁令?其三,《民法典》第990条第2款规定了自然人除了享有该条第1款所列的具体人格权外,还享有基于人身自由、人格尊严产生的其他人格权益。这是我国民法典对一般人格权的规定。司法实践中,一般人格权纠纷主要包括就业歧视纠纷、侵害性自主权(贞操权)纠纷、侵害人格尊严纠纷等。那么,在自然人的上述其他人格权益受到侵害时,其能否申请人格权禁令?

有观点认为,由于《民法典》第990条第1款列举了人格权的具体类型,而第2款规定了人格权益的一般条款,故此《民法典》"人格权编第1章关于人格权的一般规定中所出现的'人格权'这个语词,一般就包括了法律所明确列举的人格权,也包括了自然人所享有的除明确列举的人格权之外的,基于人身自由、人格尊严产生的其他人格权益"。[①] 显然,依据该观点,《民法典》人格权编中的"人格权"一词就是指"人格权益",既包括人格权,也包括人格利益。倘如此,则无论是个人信息权益、死者的人格利益还是自然人享有的基于人身自由、人格尊严产生的其他人格权益,皆可适用人格权禁令。笔者认为,从基本的文义解释规则来看,上述观点显然无法成立,毕竟"人格权"不等于"人格权益"。即便不考虑这一点,将人格权禁令的适用范围扩大到个人信息、死者的人格利益甚至基于人身自由、人格尊严产生的其他人格权益,也会抹杀人格权与受保护的人格利益的区分,过分强化人格利益的法律保护强度,可能对人们的行为自由构成不当限制。一方面,就死者人格利益的保护而言,申请人显然只能是死者的配偶、父母或子女,而这与《民法典》第997条关于"民事主体有证据证明行为人正在实施或者即将实施侵害其人格权的违法行为"的要求不符。从该条的文字表述可知,申请人必须是其自身的人格权遭受侵害或即将遭受侵害的民事主体。故不应当由死者的近亲属来申请人格权禁令。况且,死者的近亲属也完全可以依据《民事诉讼法》的规定,通过诉前行为保全或诉讼行为保全来实现提前预防和制止侵害的目的,不是只能适用人格权禁令程序。另一方面,在一般人格权受侵害的场合,申请人享有的基于人身自由、人格尊严而产生的其他人格权益并非法律明确规定的人格权,而只是新产生的需要保护的人格利益。自然人究竟是否

---

① 黄薇主编:《中华人民共和国民法典人格权编解读》,中国法制出版社2020年版,第18页。

享有此等人格权益,本身就是一个很重大的问题,必须交由法院通过审判程序确定,而不能在人格权禁令中予以确认。故此,笔者认为,作为一种高效便捷的人格权请求权的实现程序,人格权禁令程序的适用范围不应被任意扩大,不应直接将其适用于那些保护强度较弱的人格利益。

(二)侵害人格权的违法行为的含义

在《民法典》中,"侵害"一词通常意味着行为的非法性或违法性,这一点在人格权编中体现得特别明显。例如,《民法典》第 1002 条至第 1004 条分别明确规定了任何组织或者个人不得侵害他人的生命权、身体权、健康权。此后,在关于姓名权、名称权、肖像权、名誉权和隐私权的规定中,也都只使用了不得"侵害"的表述。然而奇怪的是,《民法典》第 997 条在表述侵害人格权的行为时,却有一个特别的限定——"违法"行为,似乎侵害人格权的行为中既有合法的行为也有违法行为。从立法资料来看,本条出现"违法行为"的表述可能与人格权编草案征求意见时有的单位提出的下列意见有关,即有单位认为,"有些侵害是合法的,如受害人同意、正当防卫、攻击性紧急避险等,此时无法适用人格权请求权",草案关于人格权禁令的规定没有强调"违法性要件",不利于该制度的准确适用。[①] 笔者认为,受害人同意、正当防卫等本身就是违法阻却事由。存在这些事由时,所谓的"侵害"行为就不再具有违法性,该行为也就不构成"侵害"行为。因此,在性质上已经被界定为违法行为的侵害行为前,再加上"违法"的限定,毫无必要,也与《民法典》的其他规定矛盾。在适用人格权禁令时,应当将《民法典》第 997 条关于违法行为的表述仅仅看作是一个提示性的规定,即"违法行为"一词提示了法院在审查当事人的申请时应当考虑被申请人是否存在阻却违法性的事由。

(三)合法权益受到难以弥补的损害的判断

《民法典》第 997 条规定的人格权禁令的最重要的一个适用要件就是,申请人必

---

① 《民法典立法背景与观点全集》编写组:《民法典立法背景与观点全集》,法律出版社 2020 年版,第 400 页。

须证明“不及时制止将使其合法权益受到难以弥补的损害”。该表述借鉴自我国民事诉讼法、著作权法、专利法等法律的规定。[①]《民法典》第997条的规定凸显了人格权禁令的适用以必要性与急迫性为前提。如果不是非常必要和非常急迫,人格权主体完全可以通过起诉来请求法院判决被告承担侵害人格权的责任。就如何理解“难以弥补的损害”,多数观点认为,所谓损害后果难以弥补是指这种对人格权益的侵害无法通过金钱弥补或者说这种损失具有不可逆性,无法通过金钱赔偿予以恢复原状或者事后的恢复已经属于不可能或者极为困难。如果损失能够通过金钱方式在事后进行充分赔偿,则不认为该损失是不可弥补的。[②]

笔者认为,要正确理解“难以弥补的损害”,就不应笼统地看待侵害人格权所造成的损害,而应当从被侵害的人格权类型以及申请人可能因此遭受的损害类型等方面加以认识。就生命权、身体权、健康权这3类物质性人格权而言,一旦遭受侵害而未及时制止,就会导致人身伤亡(死亡、残疾或身体健康受损)。虽然就人身伤亡的财产损害(如医疗费、护理费、交通费、营养费、住院伙食补助费等为治疗和康复支出的合理费用,以及因误工减少的收入,赔偿辅助器具费和残疾赔偿金以及死亡赔偿金),通过赔偿可以得到弥补,但生命的失去、肢体的残疾和身心健康的损害,对受害人及其近亲属来说,主观认识上当然属于难以弥补的损害。毕竟,无论财产损害赔偿还是精神损害赔偿,都不可能使死者复生或人身伤害恢复如初。故此,只要是对这3类人格权实施和即将实施的侵害可能产生人身伤亡后果的,就应当认定构成“不及时制止将造成难以弥补的损害”。至于姓名权、名称权、肖像权、名誉权、名誉权和隐私权等精神性或社会性人格权,所谓难以弥补的损害,主要是指因侵害这些

---

① 2017年《民事诉讼法》第101条第1款第1句规定:“利害关系人因情况紧急,不立即申请保全将会使其合法权益受到难以弥补的损害的,可以在提起诉讼或者申请仲裁前向被保全财产所在地、被申请人住所地或者对案件有管辖权的人民法院申请采取保全措施。”《著作权法》第56条规定:“著作权人或者与著作权有关的权利人有证据证明他人正在实施或者即将实施侵犯其权利、妨碍其实现权利的行为,如不及时制止将会使其合法权益受到难以弥补的损害的,可以在起诉前依法向人民法院申请采取财产保全、责令作出一定行为或者禁止作出一定行为等措施。”《专利法》第72条规定:“专利权人或者利害关系人有证据证明他人正在实施或者即将实施侵犯专利权、妨碍其实现权利的行为,如不及时制止将会使其合法权益受到难以弥补的损害的,可以在起诉前依法向人民法院申请采取财产保全、责令作出一定行为或者禁止作出一定行为的措施。”

② 王利明:《论侵害人格权的诉前禁令制度》,载《财经法学》2019年第4期;黄薇主编:《中华人民共和国民法典人格权编解读》,中国法制出版社2020年版,第42页。

人格权而给受害人造成的精神损害。因为精神损害一旦发生,无论是精神损害赔偿或者赔礼道歉、恢复名誉、消除影响,实际上都难以完全弥补损害,使受害人恢复到侵权行为没有发生时其所处的状态。比如,泄露受害人隐私的行为一旦发生,就覆水难收,精神损害赔偿、赔礼道歉等民事责任充其量只是事后对受害人的抚慰或替代意义上的补偿而已,①此种精神损害是难以弥补的。故此,在侵害上述精神性或社会性人格权时,只要具有造成精神损害的可能,就可以认定存在难以弥补的损害。至于因侵害精神性或社会性人格权造成的财产损失,尤其是对那些能够商业化使用的人格权(如姓名权、名称权、肖像权),通过财产损害赔偿就完全可以实现使被侵权人处于倘若侵权行为没有发生时其应处的状态,不存在难以弥补的损害。即便这些损害本身可能难以计算,也可以依据《民法典》第1182条的规定,即按照被侵权人因此受到的损失或者侵权人因此获得的利益赔偿,或者由人民法院根据实际情况确定赔偿数额。因此,不能仅仅因损害难以计算或确定就认定构成难以弥补的损害。

三、人格权禁令适用的程序法问题

(一)人格权禁令不应设置前置程序

在网络侵权责任中,我国《民法典》第1195条以下确立了所谓的“通知规则”,也称“通知移除规则”、“通知删除规则”或“通知与取下程序”,②即网络用户利用网络服务提供者所提供的网络服务实施侵权行为的,如果网络服务提供者不知道且不应知道该侵权行为时,其负有在接到权利人的侵权通知后及时采取必要措施等义务;如果没有履行该等义务,网络服务提供者就需要对被侵权人损害的扩大部分与网络用户承担连带责任。通知规则原本只是《信息网络传播权保护条例》规定的适用于特定类型的网络服务提供者涉嫌侵害著作权的规则,但是我国2010年施行的原《侵

---

① 精神损害赔偿的补偿功能的实现机制不是如财产损害赔偿那样遵循等价的原则,而只是通过对受害人的赔偿使受害人或其近亲属获得与所遭受的痛苦和丧失的生活乐趣大体相当的生活愉悦与舒适便利而已。Dieter Medicus/Stephan Lorenz, Schuldrecht I, 18. Aufl., 2008, Rn. 624.

② 王利明、周友军、高圣平:《中国侵权责任法教程》,人民法院出版社2010年版,第440页;黄薇主编:《中华人民共和国民法典侵权责任编解读》,中国法制出版社2020年版,第123页。

权责任法》将该规则创造性地转换为适用于所有网络服务提供者承担侵权责任的一项基本规则。因此,无论是利用信息网络侵害人格权、知识产权,抑或是其他人身财产权益,皆可适用该规则。就人格权禁令制度的适用而言,值得研究的问题是,当侵害人利用互联网实施侵害人格权的行为时,申请人在向法院申请禁令前,是否必须先依据《民法典》第1195条以下规定的通知规则,要求网络服务提供者删除侵权内容或断开链接?该规则的适用应否确定为人格权禁令的前置程序?有观点认为,应当将通知规则的适用作为人格权禁令的前置程序,理由在于:如果民事主体未经"通知删除"程序而是直接申请人格权禁令,即使人民法院依法及时作出禁令裁定,仍然需要网络服务提供者协助执行删除或断链等行为,反倒延长了救济的期限。因此,对于网络侵犯人格权的行为,应当设置必要的前置救济程序,如果民事主体未经前置程序而直接申请人格权禁令,难以认定情况紧急,人民法院应当裁定驳回其禁令申请。①

笔者不赞同上述观点。人格权禁令与网络侵权中的通知删除规则具有共性,如都可以高效便捷地预防和制止利用网络侵害人格权的行为,但它们仍然存在以下明显的差别:首先,主体不同。依据通知规则,应当由网络服务提供者采取删除等必要措施,而人格权禁令是由法院以裁定的方式作出,要求行为人停止有关行为。其次,适用要件不同。人格权禁令的适用要件非常严格,申请人必须有证据(有相当的证明力而非初步证据)证明行为人正在实施或即将实施侵害其人格权的违法行为,倘不及时制止则将使申请人的合法权益受到难以弥补的损害。法院对该申请进行的是实质性审查。但是,通知规则中,权利人只需要在发给网络服务提供者的侵权通知中提供构成侵权的初步证据和权利人的真实身份信息即可,网络服务提供者只需要进行形式审查;如果网络服务提供者自行确立过高的审查义务,就可能会使其因此拖延或未采取必要措施,从而要向权利人承担相应的侵权责任。再次,法律效力不同。网络服务提供者依据权利人发出的侵权通知而采取的必要措施并非终局的、确定的。因为依据《民法典》第1196条,网络服务提供者在将网络用户不侵权的声

---

① 北京市第二中级人民法院课题组:《人格权侵害禁令制度研究》,2021年3月(课题主持人:董建中;课题负责人:邹治;课题组成员:王磊、袁芳、董红、龙立)。

明转送给权利人后的合理期限内,如果没有收到该权利人已经向有关部门投诉或向法院起诉的通知的,就必须及时终止所采取的措施。但是,在人格权禁令中,人民法院作出的裁定是终局性的,无论权利人是否提起诉讼,都不影响其效力。最后,有无赔偿责任不同。《民法典》第 1195 条第 3 款第 1 句明确规定了权利人错误通知的赔偿责任,即“权利人因错误通知造成网络用户或者网络服务提供者损害的,应当承担侵权责任”。但是,《民法典》并未规定人格权禁令申请错误时的赔偿责任。有鉴于此,笔者认为,在网络侵害人格权的场合,人格权主体有权自主决定究竟是适用通知删除规则,还是直接向人民法院申请人格权禁令。在《民法典》同时规定了通知规则与人格权禁令且并未对它们的适用关系作出特别规定的情形下,不应当任意剥夺民事主体的选择自由,不应将通知规则作为人格权禁令适用的前置程序。

(二)法院审查中无须考虑申请人的胜诉率

在行为保全的审查中,法院在判断行为保全的必要性主要应当考虑申请人的胜诉可能性等因素。[①] 例如,最高人民法院关于《审查知识产权纠纷行为保全案件适用法律若干问题的规定》第 7 条第 1 项就把“申请人的请求是否具有事实基础和法律依据,包括请求保护的知识产权效力是否稳定”作为人民法院审查行为保全申请应当综合考量的第一个因素。在比较法上,美国法院发布所谓预先禁令时最关注的问题也是原告在实体上胜诉的可能性,也就是说,法院要站在发布永久性禁令的角度,对于致害倾向、无法弥补的损害和政策考虑等问题进行初步的审查。此外,还要考虑错误的风险以及公共利益。例如,在“Winter v. National Resources Defense Council, Inc. 案”中,美国联邦最高法院认为:“寻求预先禁令的原告必须确定他能够在实体方面胜诉,在没有预先禁令时他会遭受无法弥补的损害,平衡的天平会倾向于他,并且禁令符合公共利益。”[②]在英国,自 1891 年的“Bonnard v. Perryman 案”起,法院认为,如果侵害名誉权的案件中被告可以举证涉案言论大体上是真实的,除非原告可以证明被告没有胜诉的希望,那么就不得颁发临时禁令。[③] 1998 年英国制

---

① 王亚新、陈杭平、刘君博:《中国民事诉讼法重点讲义》,高等教育出版社 2001 年版,第 253 页。

② [美]理查德·L. 哈森:《民事救济法案例和解释》,吴国喆译,商务印书馆 2020 年版,第 208 ~ 209 页。

③ Bonnard v. Perryman [1891] 2 Ch 269.

定《人权法案》以后，该法第 12 条第 3 款对于申请者申请临时禁令提出的证明胜诉的可能性有不同于“Bonnard v. Perryman 案”的要求。在“Bonnard v. Perryman 案”中要求，如果申请人想要获得禁令，就必须证明被告并无胜诉的希望，而依据《人权法案》第 12 条第 3 款，原告只要证明自己有可能胜诉就行。针对这一区别，英国上诉法院在“Greene v. Associated Newspapers 案”中认为，在侵害名誉权案件中不应当用《人权法案》第 12 条第 3 款的可能性标准来替代“Bonnard v. Perryman 案”的严格标准。① 这种在行为保全程序考虑申请人未来胜诉率的要求是否也同样适用于人格权禁令？换言之，法院在审查人格权禁令申请时，是否必须考虑申请人在取得禁令后提起的人格权诉讼的胜诉率？对此，有学者持肯定的观点，即法院应当对胜诉的可能性进行初步判断，只有当权利人所申请禁止实施的行为确有可能构成侵权，而且行为人将依法承担法律责任时，法院才有必要颁发诉前禁令。否则，人格权禁令可能损害正当的言论自由或行为自由，也可能使被申请人遭受难以弥补的损失，特别是当禁令与最终的判决不一致时，更可能损害司法的权威性。②

对上述观点，笔者难以苟同。首先，人格权禁令的申请人在取得禁令后，可能向法院提起诉讼，也可能不起诉。尤其是对于即将实施的侵害人格权的行为，只要通过禁令予以阻止，也就不会再发生诉讼，甚至如前所述，法律上就免除了媒体的此前失实报道的侵权责任。这与行为保全显然不同。行为保全（以及财产保全）之所以必要，就是因为只有在申请人会胜诉的情形下，才可能出现因为被申请人一方的行为或其他原因导致将来的判决难以执行或者造成申请人的其他损害。故此，法院在审查是否采取行为保全措施时，当然要考虑申请人的胜诉率，否则保全的目的就不存在。但是，我国法律规定的人格权禁令程序与诉讼程序并无关联性，简单地类比行为保全而要求法院审查申请人胜诉的概率，正当性明显不足。其次，《民法典》第 997 条已经规定了法院作出禁令的各种要件，这些要件充分凸显了人格权禁令的急迫性和必要性，其中，就包括了被申请人是否正在实施或即将实施侵害人格权的违法行为的认定等。只有符合《民法典》第 997 条规定的要件，法院才应当裁定作出人

---

① Greene v Associated Newspapers Ltd [2004] EWCA Civ 1462.

② 王利明：《论侵害人格权的诉前禁令制度》，载《财经法学》2019 年第 4 期。

格权禁令。故此,不应当额外考虑所谓的胜诉率。最后,要求法院在审查人格权禁令时就作出预判,强人所难,究竟胜诉率达到90%以上抑或有50%以上的胜诉率即可,难以确定。因为人格权禁令本身是非讼程序,不是诉讼程序,并不以两造对立言词辩论为原则,法院很难在短时间内且信息不充分的情形下作出胜诉率的预判。

(三)责令行为人停止有关行为的措施的类型

《民法典》第997条只是规定了法院采取责令行为人停止有关行为的措施,这些措施究竟包括哪些?从文字来看,一方面,所谓有关行为,应当是指侵害人格权的行为或即将侵害人格权的行为,而责令行为人停止有关行为意味着法院通过人格权禁令来实现停止侵害、排除妨碍和消除危险请求权。另一方面,该措施仅限于"责令行为人停止有关行为",即要求行为人消极的不作为。值得研究的是,法院能否要求被申请人采取某种积极的行为?

笔者认为,由于《民法典》第997条的人格权禁令程序主要是实现停止侵害、排除妨碍和消除危险请求权的,故此,不能脱离这3类请求权来过分扩大地解释"责令行为人停止有关行为",认为法院可以责令行为人向申请人进行赔礼道歉等积极行为。这已经超出了人格权禁令程序的适用范围。法院只能在实现停止侵害、消除危险和排除妨碍的目的范围内要求行为人采取积极行为而消除此前行为的危险或对人格权主体行使权利造成的妨碍。综上所述,责令行为人停止有关行为的措施应当依据被侵害人格权的种类及违法行为的类型等因素,遵循比例原则加以确定,具体而言,至少以下措施可以包括在内:其一,对于正在实施或即将实施侵害人格权的行为的,可以责令侵害人停止实施该行为。例如,在校园霸凌事件中,责令经常欺负申请人的被申请人停止欺负行为;即将发表的文章或著作或举办的活动将侵害他人的隐私权、肖像权、名誉权的,可以责令报纸杂志社或出版社暂停发表或活动举办者暂停举办该活动;以发送微信、短信等文字、图像或以言语、肢体行为等方式对他人实施性骚扰的,责令骚扰者停止实施该行为。其二,依据《民法典》第1028条的规定,民事主体有证据证明报刊、网络等媒体报道的内容失实,侵害其名誉权的,有权请求该媒体及时采取更正或者删除等必要措施。据此,名誉权主体可以通过人格权禁令程序请求法院要求媒体及时采取更正或者删除等必要措施。其三,其他能够实现停止侵害、排除妨碍、消除危险等人格权请求权的必要措施。

（四）人格权禁令裁定的法律效力

作为非讼程序的人格权禁令，应当由法院以裁定的方式作出，一经作出即发生效力，当事人即便可以申请复议，也不停止执行。至于该禁令的期限多长，《民法典》和其他法律没有规定。笔者认为，可以由法官根据具体情形加以裁量，但是原则上不应当超过六个月。因为在家暴而侵害生命权、身体权与健康权这些严重侵害人格权的情形下，人身安全保护令的最长期限也不超过6个月（《反家庭暴力法》第30条），侵害其他人格权的情形不可能比这更严重，所以，将6个月作为人格权禁令的最长有效期限具有一定合理性。当然，申请人可以申请撤销、变更或者延长期限。值得研究的是，人格权禁令的裁定是否产生既判力？一般来说，我国法律中的裁定主要是针对程序问题，多数裁定不涉及既判力的问题，与既判力有关的裁定只有两类，即不予受理和驳回起诉。[①] 人格权禁令的裁定与前述对程序问题作出的裁定不同，其涉及对实体事项的处理，是对实体法上停止侵害、排除妨碍等人格权请求权的认可。该裁定的目的是预防和制止侵害或即将侵害人格权的行为，但是由于人格权禁令属于非讼程序，并无被申请人的参与，所以人格权禁令的裁定不应当具有既判力。也就是说，即便法院作出了人格权禁令的裁定，该裁定认定的侵害人格权的违法行为这一事实在此后的人格权侵权纠纷中也不发生约束作用，当事人对这一事项在人格权侵权诉讼中可以继续争议。

（五）申请错误时申请人无须承担赔偿责任

《民法典》第997条并未如2017年《民事诉讼法》第105条那样规定申请错误时申请人应当赔偿被申请人的损失。在民法典人格权编起草过程中，曾有观点提出，应当在关于人格权禁令的规定中明确申请错误时申请人应当承担民事法律责任。[②]

---

① 张卫平：《民事诉讼法》，法律出版社2019年版，第460页；王亚新、陈杭平、刘君博：《中国民事诉讼法重点讲义》，高等教育出版社2001年版，第344页。

② 《民法典立法背景与观点全集》编写组：《民法典立法背景与观点全集》，法律出版社2020年版，第416页。

但是,最终《民法典》第997条没有规定申请错误时申请人的民事赔偿责任。但是,理论界有观点认为,错误申请人格权禁令的,申请人也要承担相应的法律责任,受害人可以另行起诉申请人赔偿。[①] 对此,笔者难以认同。首先,从人格权的法益位阶来看,应当认为申请人在申请错误时无须承担赔偿责任。人格权在法益位阶中处于很高的位阶,尤其是生命权、身体权和健康权更是处于整个民事权益体系中的最高位阶。更加全面充分地保护人格权是贯彻落实我国宪法保护人格尊严以及党的十九大关于“保护公民人身权、财产权、人格权”的要求,人格权禁令本来就是在急迫且必要的情形下实现对人格权预先保护的特殊程序,倘若还要规定申请错误的民事责任,势必会使申请人在申请时产生顾虑,无法真正实现人格权禁令制度的立法目的。其次,如果要求申请人就错误申请承担赔偿责任,势必产生以下难以解决的问题:申请人在申请人格权禁令时应否提供担保?如果要求申请人提供担保,那么人格权禁令程序与行为保全程序有何区别?如果不要求提供担保,申请人即便申请错误给被申请人造成了损害,却没有能力承担赔偿责任,规定赔偿责任有何意义?最后,通过法院对当事人的申请人进行审查,尤其是对申请人提供的证据以及对“难以弥补的损害”的要件的判断,也不会因为人格权禁令而对被申请人造成损害。特别要注意的是,人格权禁令的主要内容是法院采取责令行为人停止有关行为的措施,法院在确定采取何种措施时,应当依据比例原则(der Grundsatz der Verhaeltnismaessigkeit),[②]选择既有利于保护申请人人格权,又能避免出现因错误申请给被申请人造成损害的最缓和的方式。

结　论

综上所述,人格权禁令程序是我国《民法典》为了贯彻落实《宪法》保护人格尊严的规定、党的十九大报告关于保护公民人格权的要求,而确立的一种旨在高效快捷地保护人格权的新型程序,不能将其与《民事诉讼法》上的行为保全程序相互混淆,更不能通过设置不合理的要件使之成为解决人格权纠纷的普通诉讼程序。《民

---

① 王利明、程啸:《中国民法典释评:人格权编》,中国人民大学出版社2020年版,第121页(本部分由王利明教授撰写)。

② Karl Larenz/Manfred Wolf, Allgemeiner Teil des Bürgerlichen Rechts, 9. Aufl., 2004, §1, Rn. 4.

事诉讼法》应当将人格权禁令程序规定为一种非讼程序。此外,既不应当为人格权禁令程序的适用设置任何前置程序,也不应当要求申请人提供担保。法院审查时也无须考虑申请人的胜诉率。从实体要件上说,人格权禁令程序仅适用于作为绝对权的人格权,而不适用于对人格利益的保护,尤其不应当适用于对基于人格尊严和人身自由产生的其他人格权益的保护。但是,法院在决定是否适用人格权禁令程序时应当认真考察《民法典》第997条的要件是否满足,尤其是申请人必须证明"不及时制止将使其合法权益受到难以弥补的损害"。在决定适用人格权禁令程序后,法院应当依据被侵害的人格权的种类以及违法行为的类型等因素,遵循比例原则确定所采取的责令行为人停止有关行为的具体措施。总之,人格权禁令程序能否实现立法者的预期目标,既有待于民事程序法中配套且细致的规定,也应当根据司法实践中出现的新问题与新情况不断加以调整和优化。

专题三　人格权排除妨碍请求权*

本专题撰稿人：阮神裕

【《民法典》及相关法律法规的新规则】

《民法典》第995条

人格权受到侵害的，受害人有权依照本法和其他法律的规定请求行为人承担民事责任。受害人的停止侵害、排除妨碍、消除危险、消除影响、恢复名誉、赔礼道歉请求权，不适用诉讼时效的规定。

【规则由来】

原《民法通则》第120条第1款规定："公民的姓名权、肖像权、名誉权、荣誉权受到侵害的，有权要求停止侵害，恢复名誉，消除影响，赔礼道歉，并可以要求赔偿损失。"《民法典》第995条第1句整体上延续这一规定，在此基础上将"姓名权、肖像权、名誉权、荣誉权受到侵害的"抽象为"人格权受到侵害的"，并将"有权要求停止侵害，恢复名誉，消除影响，赔礼道歉"抽象为"受害人有权依照本法和其他法律的规定请求行为人承担民事责任"。

原《民法总则》第196条第1项规定"请求停止侵害、排除妨碍、消除危险"的请

* 本文系国家社科基金重点项目"网络环境下民事权利的侵权法保护研究"（项目编号：18AFX016）阶段性成果。

求权不适用诉讼时效的规定。《民法典》第196条第1款延续了这一规定，并在“人格权编”中第995条第2句进一步明确“受害人的停止侵害、排除妨碍、消除危险、消除影响、恢复名誉、赔礼道歉请求权，不适用诉讼时效的规定”，即除了“停止侵害、排除妨碍、消除影响”以外，基于人格权的“消除影响、恢复名誉、赔礼道歉请求权”也不适用诉讼时效的规定。

【规范意旨】

《民法典》第995条第1句是关于人格权保护的规定。该句一般性地规定了，人格权受到侵害的，受害人有权依照本法和其他法律的规定请求行为人承担民事责任。其中，“民事责任”包括《民法典》第179条规定的各种承担民事责任的方式，当然也就包括本专题所要讨论的排除妨碍请求权。

《民法典》第995条第2句旨在规定受害人的停止侵害、排除妨碍、消除危险、消除影响、恢复名誉、赔礼道歉请求权，不适用诉讼时效的规定。与本专题讨论密切相关的是，该句明确规定了受害人可以基于人格权遭受妨碍而提出排除妨碍请求权。

相比于原《民法通则》第120条第1款，《民法典》第995条的规定的变化之处，在于增加了人格权的排除妨碍请求权。但是，人格权的排除妨碍请求权究竟适用于哪些情形，对此国内理论界和实务界均未作过详细的讨论。

【典型案例】

案例一：“姓名权纠纷案”

杨某在设立玛雅公司时，委托庞某办理工商登记手续，但是庞某所雇佣的员工傅某某却擅自使用万某的姓名和身份信息，将万某登记为玛雅公司的股东，后来，万某偶然知悉自己的姓名被登记为玛雅公司股东的情况，提起诉讼要求停止侵害其姓名权。但是，玛雅公司的法定代表人杨某某提出抗辩称，其对此毫不知情，其也不认识万某。

法院认为，自然人享有姓名权等权利。干涉、假冒、盗用他人姓名造成损害的，应当认定为侵犯姓名权的行为。本案中,根据庭审中查明的事实,被告庞某在未取得原告许可的情况下,擅自将原告作为被告玛雅公司的股东之一进行工商登记,此行为应当被认定为盗用他人姓名的侵权行为。虽然直接办理此工商登记的系被告傅某某,但被告傅某某系被告庞某所雇佣的员工,相应的法律责任应由被告庞某承担。而被告杨某某明确表示不认识原告,其作为被告玛雅公司的法定代表人,应当认定为其知道或者应当知道原告的姓名被盗用一事,但其既未向工商行政主管部门提出异议,也未及时通知原告以求变更工商登记中的股东信息,故被告杨某某及被告玛雅公司放任了原告姓名权被侵犯这一状态的持续,同样应当承担本案的侵权责任。①

案例二:"肖像权纠纷案"

4 位原告之母孙某某在被告松堂关怀医院治疗期间,被告松堂关怀医院曾为孙某某拍了一些照片。在孙某某去世后,被告松堂关怀医院与被告公交广告公司约定将照片用于汽车广告。松堂关怀医院向公交广告公司提供了材料,公交广告公司选定照片,该照片为孙某某坐在轮椅上,松堂关怀医院院长李某推着轮椅,孙某某身边围着 3 名外国青年。随后,被告公交广告公司经被告松堂关怀医院同意,于 1999 年 1 月 16 日将该照片安装在第七客运分公司所属的 110 路汽车第 4835 号汽车车身上。原告于 1999 年 1 月底发现该汽车广告,遂与松堂关怀医院交涉,要求摘下该广告。孙某某近亲属提起诉讼要求 3 名被告停止侵害、赔礼道歉、销毁复件和赔偿损失。

法院认为,肖像权系公民的一项人身权利,该项权利随着公民的出生而产生,随着公民的死亡而消灭。公民死亡后,其肖像的使用权应当由谁来行使,根据原《民法通则》第 5 条"公民、法人的合法的民事权益受法律保护,任何组织和个人不得侵犯"的规定,参照最高人民法院有关人身权保护的有关司法解释的精神,应该对死亡公民的肖像使用权予以保护。死亡公民的肖像使用权应由死亡公民的近亲属来行使。因为死亡公民的肖像对其近亲属有着精神、情感及经济上的特定利益。未经死亡公

① 重庆市九龙坡区人民法院(2017)渝 0107 民初 17761 号民事判决书。

民生前授权或其近亲属同意，擅自使用死亡公民肖像的行为，违反法律规定，应当予以禁止。被告松堂关怀医院作为广告主，事先未取得孙某某或其近亲属的书面同意，即擅自使用孙某某的肖像作广告，被告公交广告公司作为广告的经营者、发布者，未按法律规定查验有关文件，核实广告内容，即为被告松堂关怀医院设计制作并发布广告，被告松堂关怀医院、公交广告公司擅自使用孙某某肖像作广告的行为，给原告 4 人造成了精神损害，侵犯了原告四人对孙某某肖像的使用权。

就被告第七客运分公司是否需要承担侵权责任，法院认为，由于被告第七客运分公司对公交广告公司在其所属汽车的车身上设置广告没有决定权，故其不应承担本案的民事责任。①

【理论阐释】

《民法典》第 995 条规定，人格权受到侵害的，受害人有权请求行为人承担民事责任，包括停止侵害、排除妨碍、消除危险等请求权。然而，在《民法典》颁布之前，司法实践中几乎没有什么案件明确认定某项人格权受到妨碍而适用排除妨碍请求权的，②理论上也对何谓人格权妨碍存在不同观点。③ 若不厘清排除妨碍的含义，赋予其在人格权保护中独特的意义和功能，那么《民法典》第 995 条在人格权编中明确规定的排除妨碍的实效性将大打折扣，甚至成为一条具文。故此，笔者将对人格权的排除妨碍请求权展开研究，探究排除妨碍在人格权领域中的适用场景。为此，需要厘清以下几个方面的问题：第一，在司法实践中，排除妨碍请求权难以适用于人格权领域的理论障碍是什么？第二，为了化解排除妨碍请求权在人格权领域中的适用难题，应当如何重述排除妨碍请求权的制度构造，厘清其与排除妨害、停止侵害等人格

① 北京市原崇文区人民法院民事判决书（1999）崇民初字第 1189 号。

② 参见程啸：《侵权责任法》（第 3 版），法律出版社 2021 年版，第 751 页。

③ 例如，王利明教授早期认为，对人格利益通常只能侵害，很难产生妨害，因而在人格权领域，排除妨害和停止侵害很难区分。这一观点后来修正为，人格权妨碍，是指受害人无法正常行使自己的人身权利。从中足见排除妨碍在人格权中的意义与定位较模糊。参见王利明：《人格权法研究》（第 1 版），中国人民大学出版社 2005 年版，第 256 页；王利明：《人格权法研究》（第 3 版），中国人民大学出版社 2018 年版，第 678 页。

权请求权之间的关系，从而赋予排除妨碍请求权不可替代的功能？第三，基于排除妨碍请求权的独特功能，人格权纠纷中的哪些场景只能交由该请求权加以解决？本专题旨在对如上问题作出解答。

一、人格权排除妨碍请求权的适用困境及其成因

在《民法典》颁布之前，尽管原《民法通则》第 134 条以及原《侵权责任法》第 15 条规定，排除妨碍是侵权责任或民事责任的承担方式之一，但是当时的法律法规还没有哪一条将排除妨碍与人格权联系起来，也没有哪一规范直接地将排除妨碍作为人格权的救济方式，因此司法实践没有认定人格权遭受妨碍的情形，也就情有可原。

随着《民法典》第 995 条明确规定，排除妨碍是人格权遭受侵害的救济方式之一，在《民法典》的实施过程中，司法实践中或许会出现人格权妨碍的案件。[①] 然而，这一期待并未实现，至少在《民法典》实施 1 年之后，实践中还是没有出现人格权妨碍的案件。笔者使用威科先行数据库，在以"人格权纠纷"案由中的案件中，全文检索"排除妨害"或"排除妨碍"，以及"民法典"，截至 2022 年 8 月 1 日，搜索结果仅有 205 例；若以引用了《民法典》第 995 条的裁判文书作为研究对象，截至相同日期只有共计 1031 例案件。在这些案件中：(1)没有哪一个案件直接认定被告妨碍了原告的人格权。(2)只有在极其少数的案件中，法官不加区分地支持了原告人格权受到侵犯之后的停止侵害和排除妨碍请求权。而且这些案件全部都是被告擅自安装摄像头，既侵害原告的所有权或所谓相邻权，也侵害原告的隐私权或个人信息的案件。[②] 这似乎表明，只有在物权也受到妨碍时，排除妨碍请求权才有适用余地。(3)在绝大多数案件中，法官虽然援引了《民法典》第 995 条，但是只支持了停止侵

---

① 参见程啸：《侵权责任法》（第 3 版），法律出版社 2021 年版，第 751 页。

② 例如，监控摄像头"拍摄、照射的角度将原告 109 号房屋进门户一带置于摄像监控范围内，原告方的日常生活因此得以被摄录，隐私权受到侵害，原告有权要求停止相关侵害、排除妨碍"。参见上海市浦东新区人民法院（2021）沪 0115 民初 25371 号民事判决书，上海市长宁区人民法院（2020）沪 0105 民初 20099 号民事判决书，江苏省泰州市中级人民法院（2021）苏 12 民终 2096 号民事判决书。

害、赔礼道歉等请求权，忽略了《民法典》第 995 条明确列举的排除妨碍请求权。[①] 总之，排除妨碍请求权在人格权领域仍然处于沉寂之中。

之所以出现这样的现象，恐怕与排除妨碍请求权之意义和功能模糊有关。

第一，受我国民事立法进程的影响，妨碍（妨害）的定义，首先出现在物权领域，随后才被转用于人格权领域。然而，人格权的特性决定了传统的物权妨碍的定义不适用于人格权。

尽管原《民法通则》第 134 条将排除妨碍作为民事责任的承担方式加以规定，但是，该法只在第 83 条有关相邻关系的条款中进一步规定了排除妨碍请求权，而在第 120 条涉及姓名权、肖像权、名誉权和荣誉权的保护中，只规定停止侵害、恢复名誉、消除影响、赔礼道歉和赔偿损失，没有规定排除妨碍。当时的主流观点认为，排除妨碍适用于对所有权、占有等物权的保护，停止侵害适合于对人身权和知识产权的保护。[②] 其中，所谓妨碍是指行为人的行为妨碍了权利人行使民事权利的情形。例如，在他人门前堆放物品，妨碍来往通道等，在这种情况下，所有人可以提出排除妨碍的请求。[③] 这一物权妨碍的定义一直延续到了今天，成为现在的主流观点。[④]

传统学说对物权妨碍的定义，着眼于物权的积极权能。当物权的积极权能受到阻碍时，可以认定物权受到妨碍。这一定义有其合理之处：一是十分契合“妨碍”的日常语义。二是符合《民法典》对物权的定义——《民法典》第 114 条第 2 款规定，“物权是权利人依法对特定的物享有直接支配和排他的权利”；第 205 条规定，“本编调整因物的归属和利用产生的民事关系”。由此可见，物权具有支配性，物权制度所要解决的就是人们如何利用有体物的法律问题，当物权的支配或利用受到阻碍时，

---

① 例如，同德智公司未经鸿晔公司、柯某某同意，擅自使用柯某某的建筑工程类资质证件，侵害了柯某某的姓名权，法院根据《民法典》第 1012 条和第 995 条的规定判决“本院对鸿晔公司、柯某某要求同德智公司停止侵权、赔礼道歉的诉讼请求，予以支持”。参见四川省成都市锦江区人民法院（2021）川 0104 民初 9607 号民事判决书，湖南省宜章县人民法院（2021）湘 1022 民初 1398 号民事判决书等。

② 参见佟柔主编：《民法原理》（第 2 版），法律出版社 1986 年版，第 48 页、第 49 页；宿迟：《民事责任》，法律出版社 1987 年版，第 34 页。

③ 参见佟柔主编：《民法原理》（第 2 版），法律出版社 1986 年版，第 148 页。又如，有的观点认为，停止侵害是行为人直接侵害他人的某项权利，而排除妨碍则在于行为人并没有直接侵害他人的权利，而是用自己的行为妨碍了他人行使权利。参见王跃龙等编著：《民事法律责任》，华东化工学院出版社 1989 年，第 40 页。

④ 参见黄薇主编：《中华人民共和国民法典物权编解读》，中国法制出版社 2020 年版，第 70 页。

法律秩序理应为权利人提供防御手段。有的学者认为:“妨害物权包含侵害物权与妨害物权行使两种状态。例如,甲擅自在乙的外墙上悬挂广告牌,无疑在侵害乙的房屋所有权,同时,此举妨害了乙拟利用外墙绘画,构成妨害乙对其房屋的支配状态”。① 德国民法学说在界定所有权妨碍时,也着眼所有权的积极权能受到阻碍。只要他人对所有人的支配范围进行了侵犯,并妨碍所有人使用所有物等,这些人就“阻碍了这个绝对权的行使”,此时,所有人就可以要求这些人排除对所有权的持续侵害。②

若是始终保持原《民法通则》的立法模式和当时观点,即排除妨碍适用于物权领域,停止侵害适用于人格权、知识产权领域,那也不会出现《民法典》第995条明确规定的排除妨碍在人格权领域没有适用空间的现象了。我国民法学说从什么时候开始,基于何种考虑,将排除妨碍作为人格权请求权,难以准确考据。至晚在张俊浩教授于1991年出版的《民法学原理》一书中,身体自由权与名誉权遭受侵害时,受害人可以主张的请求权就包括了排除妨碍。③ 随后,越来越多的观点认为,人格权既然属于绝对权,其理应受到排除妨碍的保护。④ 这就打破了原《民法通则》以及当时民法学说将停止侵害用于救济人身权、知识产权,而将排除妨碍用于救济物权的传统见解。时至今日,如同《民法典》第995条所显示的,排除妨碍可以用来保护人格权,似乎已经成为普遍共识。

然而,我国民法学说还未对人格权妨碍(妨害)作出清晰定义。⑤ 有的观点认

---

① 崔建远:《中国民法典释评·物权编》(上卷),中国人民大学出版社2020年版,第210页。

② Karl Larenz, Allgemeiner Teil des deutschen Bürgerlichen Rechts, 7. Aufl., 1988, S. 247.

③ 参见张俊浩:《民法学原理》(第1版),中国政法大学出版社1991年版,第153页、第154页;但是,同样是在1991年出版的其他几部著作认为,停止侵害适用于财产权、人身权和知识产权,但是排除妨碍通常适用于财产权,参见刘复之:《中华人民共和国法律大辞书》,长春出版社1991年版,第1462页;孙亚明主编:《民法通则要论》,法律出版社1991年版,第245页。

④ 参见姚辉:《关于人格权的两个日本判例》,载中国人民大学法学院《人大法律评论》编辑委员会:《人大法律评论》2001年卷·第1辑,中国人民大学出版社2001年版,第367页;唐昭红:《论人格权请求权与知识产权请求权的确立——对侵权的民事责任制度的再次诘难》,载《法商研究(中南政法学院学报)》2002年第2期;杨立新、袁雪石:《论人格权请求权》,载《法学研究》2003年第6期;马特、袁雪石:《人格权法教程》,中国人民大学出版社2007年版,第165页;姚辉:《人格权法论》,中国人民大学出版社2011年版,第230页;程啸:《人格权研究》,中国人民大学出版社2022年版,第657页。

⑤ 马俊驹教授认为,无论是在物权领域,还是在人格权领域,何谓妨害,学说上并不具有明确的构成,概念的外延也极为模糊。参见马俊驹:《人格和人格权理论讲稿》,法律出版社2009年版,第351页。

为，排除妨害请求权的要件之一是“民事主体的人格权受到不法妨害，该不法妨害可以是持续行为，也可以是可能重复发生的行为”，[①]这一表述实际上根本没有定义什么是人格权妨害。有的观点认为，所谓人格权妨碍与物权妨碍一样，是指权利人对自己人格权益的积极利用受到了阻碍。[②] 但是，人格权的特性决定了物权妨碍的定义难以适用于人格权领域，这是因为：一方面，对于姓名权、名称权、肖像权以及个人信息等精神性人格权而言，其客体并非有体物，而是信息。信息利用不具有竞争性，一人对信息的利用并不影响另一人对同一信息的利用，故此他人擅自利用权利人的姓名、名称、肖像和个人信息时，往往并不影响权利人自己对这些人格要素的积极利用。例如，当某甲的肖像被他人擅自用于广告时，其实并不影响某甲正常使用自己的肖像。另一方面，有一些人格权的核心内容就是消极防御而非积极利用，例如，很难想象权利人可以积极利用自己的生命权，也很难想象名誉可以成为积极利用的客体。对于这些没有积极权能的人格权来说，将妨碍定义为权利人不能正常行使权利的观点，似乎难以适用于这些没有积极权能的人格权。

第二，停止侵害与排除妨碍之间的关系以及各自的适用领域，始终暧昧不清。

如前所述，在原《民法通则》颁布前后，主流观点认为，停止侵害与排除妨碍之间的差异体现在保护客体上，停止侵害保护的是知识产权和人身权，排除妨碍保护的则是物权。但是，后来我国民法学说的发展摒弃了这一区分方式。现在《民法典》第995条更是在人格权编中直接规定了排除妨碍请求权，根据保护客体区分停止侵害与排除妨碍，在今天看来已经行不通了。

的确，严格区分停止侵害与排除妨碍存在一定的困难，因为两者的构成要件十分相似，均不以过错为要件，也不要求损害的存在。至少与损害赔偿相比，停止侵害与排除妨碍之间的共性明显多于差异。而且在具体个案中，无论适用停止侵害还是排除妨碍，都可以达到大致相同的救济效果，法官也就没有必要耗费心思论证停止

---

① 参见马特、袁雪石：《人格权法教程》，中国人民大学出版社2007年版，第165页。

② 参见王利明：《人格权法研究》（第3版），中国人民大学出版社2018年版，第678页。

侵害与排除妨碍之间的差异了,因此有的观点认为没有必要区分二者。[①] 但是,相反观点认为有必要区分停止侵害和排除妨碍,例如有的学者可以从以下几个方面区分二者:其一,排除妨碍涉及的是权利行使的问题,而停止侵害涉及权利本身持续性受害的问题;其二,侵害本身意味着,是因人的行为而导致他人权利的不圆满状态,而妨碍没有要求必须是人的行为所致,也可能是其物件导致了妨害;其三,妨害通常要达到实际影响权利人行使权利的程度,被妨碍人才能要求排除妨碍,至于停止侵害,"只要侵害实际影响到权利的行使,构成了侵害,而且此种侵害还在持续,就可以要求停止侵害,并不要求侵害达到严重的程度"。[②] 这一观点其实没有摒弃以权利人的权利行使是否受到妨碍为标准判断是否存在妨碍,然而正如上文所述,这一标准恐怕难以适用于人格权领域。如此一来,这一区分停止侵害和排除妨碍的标准,天然地压缩了排除妨碍在人格权领域的适用空间,导致《民法典》第995条规定的排除妨碍面临成为具文的危险。

二、排除妨碍的制度构造与独特功能

排除妨碍之所以在人格权领域中难以得到适用,是因为存在以下两个理论障碍:一是基于物权的支配性或积极权能受到阻碍定义的妨害难以适用于人格权;二是停止侵害与排除妨碍两个请求权之间的界分模糊不清。为了消除这些障碍,有必要重新检讨一下:何为绝对权妨害,如何认定人格权妨害?排除妨害和停止侵害、排除妨碍之间究竟具有何种关系?

(一)妨害的本质与人格权妨害之认定

排除妨害请求权作为绝对权请求权,具有实现权利圆满性的功能。一旦权利圆满性遭到破坏,排除妨害就应发挥防御功能,恢复权利的圆满状态。[③] 据此,排除妨

---

① 例如,有的学者认为,当行为人的侵害行为已作用于人格权人,人格权处于被侵害状态时,人格权人有权请求行为人停止侵害行为,将妨碍加以排除。这一观点其实没有区分停止侵害与排除妨碍。参见张红:《论〈民法典〉之人格权请求权体系》,载《广东社会科学》2021年第3期。

② 参见王利明:《侵权责任法研究》(上卷),中国人民大学出版社2016年版,第642页。

③ Vgl. Dieter Medicus/Jens Petersen, Bürgerliches Recht, 27. Aufl., 2019, Rn. 436.

害的核心问题是:在什么情况下,权利圆满性遭到破坏?

我国传统学说在定义绝对权妨害时,着眼绝对权的积极权能,其言下之意是,绝对权是权利主体与客体之间的关系,因此绝对权妨害就是权利主体对客体的支配或利用(积极权能)是否受到阻碍。然而,上文已经指出,这一妨害定义并不适用于人格权领域。事实上,即使是在物权领域,物权妨害的成立并不总是以权利人的积极权能受到阻碍为前提条件。例如,《民法典》第279条规定,业主不得违反法律、法规以及管理规约,将住宅改为经营性用房,即便这种改造没有产生噪音、震动、臭味等,也没有影响其他业主的正常生活,其他业主也可以要求排除妨害。[①] 又如,重庆某电力公司把电线杆修建在谢某某的宅基地内,尽管该宅基地已经废弃不用,法院依然认为:"虽然该房屋已废置,但其房屋宅基地的使用权人系本案原告,被告理应征得其使用权人同意后才能栽设电杆。"[②]若是严格按照传统的妨害学说,当权利人提起排除妨害之诉时,不仅要证明妨害人使用了权利人的不动产,还要证明权利人自己想要利用不动产却受到了阻碍。妨害人甚至可以抗辩称,权利人事实上不想利用,或者没有能力利用该不动产,因而妨害人利用外墙不仅没有阻碍权利人的权利行使,还增加了社会财富,因而妨害人不必排除妨害。但是,这样的观点并不符合社会的一般观念。

事实上,绝对权所要调整的,并非权利主体与客体之间的事实关系,而是权利主体与其他主体之间的法律关系。[③] 相应地,绝对权妨害不应当聚焦权利主体对客体的积极权能是否受到阻碍,而是应当关注绝对权作为法律关系所蕴含的规范秩序。通说认为,绝对权具有对世性、支配性与排他性。[④] 其中,对世性表明了绝对权的法律关系是权利人与不特定多数人之间的法律关系,只描述了法律关系的主体。支配性,其实只是对权利人利用客体的事实描述,[⑤]然而在以信息为客体的绝对权中,权

① "张某诉郑某某、中国联合网络通信有限公司武汉市分公司建筑物区分所有权纠纷案",载《最高人民法院公报》2014年第11期。

② 重庆市第二中级人民法院(2020)渝02民终2319号民事判决书。

③ 参见[德]迪特尔·施瓦布:《民法导论》,郑冲译,法律出版社2006年版,第141页。

④ 参见王利明:《民法总则研究》(第3版),中国人民大学出版社2018年版,第438页。

⑤ 参见袁野:《物权支配性之教义重述》,载《法制与社会发展》2021年第4期,第197页。

利人对客体可能没有支配性,例如人们很难支配名誉权的客体。① 真正对绝对权作为人与人之间的法律关系的内容作出规定的,乃是“排他性”。排他性意味着,当法律秩序把某一外在客体分配给权利人之后,其他人未经同意不得利用专属于权利人之客体。这是因为:法律秩序对外在客体进行分配时,必须以排他性的方式进行赋权,当法律秩序将外在客体分配给某一主体之后,其他主体均不得积极利用或者消极享受这一外在客体。否则的话,外在客体的分配制度就是没有意义的。倘若某一外在客体的归属没有排他性,他人可以随意使用,那么这一外在客体本质上就是公共资源,而非私人财产。② 正如康德所言:“法权上的‘我的’是这样的东西,我与它如此结合在一起,以至于一个他人未经我的许可而使用它就会伤害我。”③由此可见,绝对权制度承载着对外在客体进行分配的功能,由此形成“我的和你的”权利秩序,任何未经同意使用他人之物的行为和状态,就将破坏这种权利秩序。据此,所谓权利圆满性遭到破坏,不应当等到权利人对客体的支配受到阻碍之时方能成立,而应在他人擅自进入权利人权利领域的一瞬间即告成立。换言之,权利人对客体享有排他地位,即如同“守门人”一样有权决定同意或者不同意他人利用该客体。④ 一旦他人未经同意积极利用或者消极享受本该归属于权利人的权利客体,就是对权利圆满性的破坏,也就构成妨害。⑤

根据绝对权的排他性提出的妨害理论,同样适用于人格权领域。这是因为,《民法典》将人格要素作为外在客体分配给了人格主体,人格主体作为权利人对人格要

① 例如,胡伯曼(Hubmann)教授认为,尽管积极权能和消极权能经常相互依存,但是消极权能本身足以构成绝对权,人格权即属此例。Vgl. Heinrich Hubmann, Das Persönlichkeitsrecht, 1967, S. 140.

② 在英美法系,不少观点认为排他性是财产权的本质属性。See J. E. Penner, The Idea of Property in Law, Oxford University Press 1997, p. 25 – 32; Felix Cohen, Dialogue on Private Property, 9 Rutgers Law Review (1954), p. 374.

③ 参见[德]康德:《道德形而上学》(注释本),张荣、李秋零译注,中国人民大学出版社 2013 年版,第 40 页。

④ See Thomas W. Merrill, Property and the Right to Exclude, 77 Neb. L. Rev. 730 (1998), p. 731.

⑤ 皮克尔(Picker)教授提出了“权利僭越理论”。该理论认为,妨害的本质,是指妨害人通过其行为或者物之状态,事实上擅自行使了本该归属于权利人的所有权,而权利人的所有权正好因此受到限制,也即“妨害人之所得,即受害人之所失”。但是笔者认为,无论受害人对客体的利用是否受到影响,只要其他人擅自进入受害人的权利领域,就足以成立妨害。Vgl. Eduard Picker, Der negatorische Beseitigungsanspruch, 1972, S. 49.

素享有排他权,未经权利人同意,他人不得利用人格要素。但是,权利人对其人格要素享有的排他权却有程度之别。有的人格权是将人格要素直接分配给了权利人,权利人对人格要素享有类似所有权的完全排他的地位;相反,有的人格权则是针对人格要素的利用行为加以规定,只是禁止他人以特定的方式利用人格要素。具体而言:

一方面,有一些人格权主要是以客体为中心定义的,权利人对其人格要素(客体)原则上享有完全排他的地位。例如,只有在少数情况下,他人可以合理使用这些人格要素,权利人对此负有容忍义务。当然,无论是合理使用还是容忍义务,又是以行为规范的模式加以规定的。就这类人格权而言,他人行为或者状态若是擅自利用人格要素的,就构成妨害,除非他人可以证明自己的行为或状态属于合理使用或容忍义务的情形。具体而言:(1)《民法典》第1002条、第1003条和第1004条赋予自然人对自己生命、身体、健康以完全排他的权利,生命权、身体权与健康权的权利边界就是以人之身体为衡量标准的物理边界,这些权利的排他性主要是通过客体本身加以确定的。[①] 但是,根据《民法典》第181条和第182条的规定,人们在遭受特定危险时,可以实施正当防卫或紧急避险,从而伤害他人的身体与健康(但不包括生命),后者应当对此进行容忍。这些条款以行为规范的模式,对特定客体(身体与健康)的"合理使用"作出规定。(2)《民法典》第1032条和第1033条赋予权利人对"隐私"以全面排他的地位,只有在权利人明确同意和法律另有规定的情况下,他人才能侵扰或者使用权利人的隐私。《民法典》第999条在规定人格要素的合理使用时,没有列明"隐私",这意味着隐私权人享有的排他地位甚至强于所有权,因为所有权人还要容忍相邻他方的合理使用(《民法典》第290条第1款、第291条和第292条)。(3)《民法典》第1019条第1款也赋予肖像权人对肖像以完全排他的法律地位,肖像权人像"守门人"一样有权决定他人是否可以,以及按照何种方式利用其肖像信息。

① 《民法典》第1002条至第1004条3个条款的第2句分别规定,任何组织或者个人不得侵害他人生命权、身体权、健康权,乃是从客体本身的角度规定了这些权利的排他性。这些条款与《德国民法典》第903条第1句中的"可以排除他人一切干涉"具有异曲同工之妙。事实上,这些规定均属权利分配规范,而非权利救济规范。它们既是排除妨碍等人格权请求权的基础,也是侵权损害赔偿请求权的基础。故此,这些条款本身无法区分是侵权责任请求权还是人格权请求权,似乎并无大碍。参见李永军:《论〈民法典〉人格权编的请求权基础规范》,载《当代法学》2022年第2期。

但是,《民法典》第 1020 条规定了若干合理使用的情形。

另一方面,有一些人格权主要是针对涉及人格要素的利用行为加以描述和规定的,权利人对其人格要素仅享有有限排他的地位,只有他人行为或者状态符合法律的禁止性规定时,才构成人格权妨害。(1)姓名权没有赋予权利人对姓名符号以完全排他的地位,否则将限制他人指称权利人的姓名,从而违背姓名的标表功能。[①]《民法典》第 1014 条只是赋予权利人禁止他人实施盗用或假冒等可能引发"归属混淆"的行为。可以说,姓名权人对姓名只享有"有限排他"的地位——只有当他人所实施的行为或状态符合法律的禁止性规定时,才构成妨害。(2)《民法典》对名誉权的保护也采取了行为规范的模式,即他人原则上可以在公共领域随意发表有关名誉权人的事实或者意见,但是这些言论不得包括不实陈述或者侮辱表达。[②]《民法典》中信用保护与荣誉权,也是通过行为规范的模式实现的,即禁止信用评价不当、禁止诋毁、贬损他人的荣誉。在这一点上它们与名誉权没有本质区别。(3)《民法典》和《个人信息保护法》也没有赋予信息主体对个人信息以完全排他的地位,原则上人们可以在公众领域中使用他人个人信息,只有当信息处理者非因个人或家庭事务处理个人信息时,才需要经过信息主体的同意。[③] 即便如此,根据《个人信息保护法》第 13 条第 1 款第 2 项至第 7 项的规定,信息处理者仍然在多种情形下享有合理使用个人信息的特权。由此可见,信息主体对个人信息的控制权限的确是很弱的,故此有的学者反对将个人信息权益定位为控制性人格权益。[④] 但是,哪怕权利人只对某一客体享有一种特定的法律权能(a stick of right),该权利人也对这一法律权能享有排他地位。[⑤] 因此,尽管信息主体对个人信息的控制权限十分有限,但在这有限的范围内,信息主体对个人信息确实享有相应的排他地位。在这一限度内,信息处理者若

---

① 参见温世扬:《论"标表型人格权"》,载《政治与法律》2014 年第 4 期。

② Vgl. Heike Altenhain, Negatorischer Ehrschutz, 2003, S. 93.

③ 有的观点认为,个人享有同意或拒绝处理者处理其个人信息的权利,体现出对其个人信息的"支配力"。笔者认为,这种同意或不同意的权限称为"排他力"或许更加合理。参见张新宝:《论个人信息权益的构造》,载《中外法学》2021 年第 5 期。

④ 参见王锡锌:《个人信息权益的三层构造及保护机制》,载《现代法学》2021 年第 5 期。

⑤ See Richard A. Posner, Economic Analysis of Law, Wolters Kluwer 4th ed. 1992, p. 35.

想处理个人信息，应取得信息主体的同意，此乃我国个人信息保护制度的基石。① 故此，任何未经信息主体同意，同时也不符合其他合法性基础擅自处理个人信息的行为或状态，均构成了对个人信息权益的妨害。(4)在《民法典》人格权编中，最靠近行为规范这一端的恐怕是《民法典》第1010条对“性骚扰”的禁止性规定，这一条款舍弃了“客体”要素，直接规定了人们不得实施以言语、文字、图像、肢体行为等性骚扰行为。只有当他人实施了法律禁止的特定行为时，才构成妨害。

（二）排除妨害与停止侵害、排除妨碍之辨别

我国传统学说和实务似乎没有仔细辨别排除妨害与停止侵害、排除妨碍之间的差别。② 但这不仅使《民法典》第995条所规定的排除妨碍成为具文，影响《民法典》的权威性，而且实质上也忽视了排除妨碍的独特功能，这一功能恰恰是停止侵害无法替代的。笔者认为，排除妨害作为上位概念，应当包括停止侵害与排除妨碍，其中停止侵害只能针对受人的意志支配的侵害行为(包括作为和不作为)，而排除妨碍针对的则是那些人的行为无关的、但是权利圆满性又遭到破坏的情形(妨碍状态)。具体理由如下：

第一，依历史解释，从原《民法通则》《物权法》，再到《民法典》的表述变化，表明立法者有意将排除妨害作为停止侵害与排除妨碍的上位概念。原《民法通则》第134条规定的是“停止侵害”与“排除妨碍”。但是原《物权法》第35条规定的却是“妨害物权或者可能妨害物权的，权利人可以请求排除妨害或者消除危险”。在《民法典》的一审稿、二审稿和三审稿中，该条款又被改为“妨害物权或者可能妨害物权的，权利人可以请求停止侵害、排除妨碍和消除危险”。最后《民法典》第236条使用的仍然是排除妨害的法律概念。从《民法典》第236条所使用的法律概念的演变过程中，可以发现立法者在一定程度上承认，“排除妨害”与“停止侵害、排除妨碍”可作相同处理。

第二，依文义解释，《民法典》中的“侵害”有其独特意义，应当仅指人之行为，即

---

① 参见常宇豪：《论信息主体的知情同意及其实现》，载《财经法学》2022年第3期。

② 有的观点主张弃用“停止侵害”的法律概念，使用排除妨害和消除危险。但这一立法论建议没有被《民法典》所采纳。参见茅少伟：《防御性请求权相关语词使用辨析》，载《法学》2016年第4期。

受意思支配而表现出来的活动,故停止侵害所针对的只是行为人实施的持续性的侵害行为。这是因为侵权责任法的任务是协调"权益保护"与"行为自由"之间的关系,故此侵权责任的成立,必须以行为人实施了受意思支配的行为为前提条件,若是权利人所遭受的损害,是与人无关的单纯自然活动引起的,将不会引发侵权责任的法律关系。① 在这个意义上,《民法典》第 1164 条对侵权责任编调整对象作出规定时,使用的是"因侵害民事权益产生的民事关系"的表述,其中的"侵害"就应当解释为受人的意思支配的侵害行为。

事实上,《民法典》对民事权益遭受不利影响的场景进行规定时,所使用的"侵害"一词,基本上是指加害人实施了行为的情形。② 当然,《民法典》中也有一些条款中的"侵害",不能仅限于人之行为,而应当包括其他非因人之行为引起的民事权益遭受不利影响的情形,否则就会导致民事权益的保护存在漏洞。例如,《民法典》第 233 条和第 239 条对物权纠纷的解决途径进行规定时,使用的是"物权受到侵害的"与"权利被侵害的情形"表达方式。这里所规定的"侵害"不能狭义地解释为人之行为。否则那些非因人之行为(如自然因素)引起的物权圆满性遭到破坏的情形就无法得到救济。又如,《民法典》人格权编中第 995 条等条款所使用的"侵害"也不能简单地解释为人所实施的行为,因为人格权的权利圆满性遭到破坏,并不必然与人的行为有关。

第三,依目的解释,绝对权请求权的制度功能旨在实现权利圆满性,而在日常生活中,破坏权利圆满性造成妨害的原因,可能与人的行为有关,例如,重庆某电力公司的工作人员在谢某某的宅基地内栽设电线杆的行为;也可能与人的行为无关,例如大雨导致围墙倒塌在他人庭院时,③假定围墙不存在修缮不足的情况,围墙所有人事实上没有实施任何行为,但也侵入了庭院所有人的排他领域。不管妨害是因人的行为引起,还是非因人的行为引起,只要受害人想要自行排除妨害就不得不干涉妨

① 参见程啸:《侵权责任法》(第 3 版),法律出版社 2021 年版,第 27 页、第 217 页。

② 除侵权责任编和人格权编外,《民法典》使用"侵害"一词基本可以解释为侵害行为。第 36 条第 1 款第 3 项、第 44 条第 1 款、第 120 条、第 185 条、第 191 条、第 239 条、第 265 条第 2 款、第 280 条、第 287 条、第 663 条第 1 项、第 874 条、第 1054 条第 1 款第 3 句、第 1114 条第 2 款。此外,还有其他规定了"停止侵害"的条款(第 179 条、第 196 条、第 286 条),也应当作相同解释。

③ 参见王利明:《物权法研究》(上卷),中国人民大学出版社 2016 年版,第 208 页。

害人的权利领域时,法律秩序就应当赋予受害人请求妨害人排除妨害的请求权。

既然《民法典》中的“侵害”与“停止侵害”通常是指受人的意志支配的行为,那么法律秩序就应当针对与人的意志无关的妨害状态特别规定一项救济制度。这就是排除妨碍请求权。换言之,排除妨碍所要救济的,就是那些与人的意志无关,或者至少与被告的意志无关的妨害状态。例如,被告杨某已经半年没有居住在其所有的房屋中,在这期间,该房屋内发生公共管道污水返水,随后渗透到楼下王某的房内,造成王某家具受损。王某起诉要求杨某修复管道避免进一步漏水。① 在这一案件中,法院认定被告杨某没有作为义务,妨害的发生与被告杨某的行为无关,判决被告承担“停止侵害”的民事责任,似乎与人们的价值观念不符;但是,由于漏水源头位于杨某的房屋之内,当王某想要自行排除妨害时,将不得不干涉杨某的权利领域,故此判决杨某承担“排除妨碍”的民事责任,更加契合人们的价值观念。在人格权领域,也存在类似情况,即受害人的人格权受到妨碍实际上与妨害人的行为毫无关系。

第四,依比较法解释,德国民法通说在讨论排除妨害时,也区分了行为妨害(Handlungsstörung)和状态妨害(Zustandsstörung)两种不同的类型,其中,行为妨害人,是指通过其行为(积极作为或违反义务的消极不作为)造成妨害的民事主体;而状态妨害人是指其虽然没有引发妨害,但是通过其意思维持了妨害状态的民事主体。② 德国的权利僭越理论在讨论妨害类型时,也区分了行为妨害人和状态妨害人,只不过其含义有所不同,行为妨害人,是指其行为仍在持续性地越权行使本该归属于权利人之法律权能的民事主体,而状态妨害人是指其所属之物或设施正处于持续性越权状态的民事主体。③ 由此可见,无论采取何种学说定义妨害,妨害均应当包括行为妨害与状态妨害两种不同的类型。

三、人格权排除妨碍请求权的适用场景

上文的分析已经基本破除了排除妨碍适用于人格权领域中的理论困境,即对于

---

① 南京市中级人民法院(2019)苏01民终7523号民事判决书。

② 参见[德]鲍尔、[德]施蒂尔纳:《德国物权法》,张双根译,法律出版社2004年版,第233页;Vgl. Thomas Raff, in: Münchener Kommentar zum BGB, Band 8, 9. Aufl., 2023, § 1004, Rn. 165, Rn. 179.

③ Vgl. Karl-Heinz Gursky, in: Staudingers Kommentar zum BHG, 16. Aufl., 2012, § 1004, Rn. 99, Rn. 102.

那些不存在持续性的侵害行为、但绝对权的权利圆满性却遭到破坏的情形(妨碍状态),只能交由排除妨碍请求权加以救济。但是,需要检讨的是,在人格权领域中存在所谓的妨碍状态吗?

(一)妨碍人没有作为义务的情形

倘若妨碍人之物存在妨碍受害人人格权的情况,并且其对妨碍状态没有任何作为义务,而受害人难以找到实施具体侵害行为的行为人时,受害人只能根据排除妨碍请求权寻求救济。这种情况在现实生活和司法实践中是存在的。例如,某甲的房屋外墙上忽然出现了一段侮辱某乙的不当言论,而且无法查明谁是写下这段文字的行为人。倘若放任这些言论留在墙上,将构成对名誉权的妨碍,即使房屋所有人没有任何义务防范涂鸦行为,该名誉权人也可以依排除妨碍请求房屋所有人涂销不当言论。[①] 又如,孙某在医院治疗期间,被告医院曾为孙某拍了一张照片。在孙某去世后,该医院与被告公交广告公司约定将该照片用于汽车广告,随后发布在被告第七客运分公司的公交车上。孙某近亲属提起诉讼要求3名被告停止侵害、赔礼道歉、销毁复件和赔偿损失。由于第七客运分公司对其公交车上的广告内容没有决定权,法院判决该公司不必承担民事责任。[②] 但在笔者看来,尽管第七客运分公司没有实施侵害行为,但是放任这些肖像留在公交车上将构成对死者肖像的持续性妨碍,而且被告医院和被告公交广告公司承担停止侵害的民事责任时,也应消除已经发布的汽车广告,因而不得不干涉第七客运分公司的权利领域,因而法院判决第七客运分公司应当承担排除妨碍的民事责任。[③]

这种类型的排除妨碍在《民法典》中业已存在:根据《民法典》第1195条的规定,

---

① Vgl. Sören Wollin, Störerhaftung im Immaterialgüter-und Persönlichkeitsrecht: Zustandshaftung analog § 1004 I BGB, 2018, S. 236.

② 北京市原崇文区人民法院(1999)崇民初字第1189号民事判决书。

③ 排除妨害的费用或成本应当由谁承担,这是一个需要单独讨论的问题。因篇幅所限,这里无法展开,简述如下:假定妨害人与受害人均无过错时,原则上应由妨害人承担费用。妨害人之所以承担排除妨害的民事责任,是因为由妨害人在自己的权利领域中采取排除妨害的措施,可以作出最有效率的安排。若是妨害人或者受害人任何一方对妨害的发生具有过错时,排除妨害的费用分配就应当予以调整,由存在过错的一方承担。

网络服务提供者在接到权利人的通知后，有义务“根据构成侵权的初步证据和服务类型采取必要措施”。我国民法学说倾向将该条款解释为网络服务提供者的归责事由的特殊规定，将未采取必要措施直接视为存在过错，[①]或者将未采取措施看作过错判断的参考因素。[②] 但是该义务的性质为何，还未得到细致讨论。笔者认为，网络服务提供者根据权利人的通知采取必要措施，正是排除妨碍请求权的特别规定。[③] 具体理由如下：

首先，排除妨碍的成立，须以妨碍人没有作为义务为前提条件，否则妨碍人的静止状态将构成不作为的侵害行为。就此而言，网络服务提供者恰恰原则上不对网络用户是否利用前者的网络服务实施侵害行为承担一般性的审查义务。网络用户发布的侵权信息留存于网络服务提供者的运营网页或储存空间中，网络服务提供者没有主动删除的，不能评价为违反审查义务的不作为侵害行为。此时，权利人要求网络服务提供者采取删除、屏蔽与断开链接等必要措施，就有解释为排除妨碍请求权的理论可能。就此而言，根据上文提出的妨害理论，倘若某一信息在互联网中的持续存在，须取得权利人的同意而未取得同意的（如一则信息擅自利用了某人的肖像），这些信息的持续存在就侵犯了权利人的排他地位，因而构成妨碍。此时，该信息得以持续存在所依托的网络服务的提供者，就事实上通过该网络服务利用了权利人的人格要素，因此可以认为，网络服务提供者根据通知采取的必要措施，乃排除妨碍的具体表现。[④]

其次，有的观点指出，《民法典》第 1195 条第 2 款所规定的采取必要措施的效果大约等同排除妨碍行使的效果，但是将该规定理解为排除妨碍请求权，可能对网络用户和网络服务提供者的行为自由产生不合理的约束，这是因为对于权利边界并不

---

① 参见程啸：《侵权责任法》（第 3 版），法律出版社 2021 年版，第 510 页。

② 参见薛军：《民法典网络侵权条款研究：以法解释论框架的重构为中心》，载《比较法研究》2020 年第 4 期。

③ 持相同见解者，参见余佳楠：《网络服务提供者的妨害人责任 以合比例为中心》，载《中外法学》2021 年第 6 期。

④ Vgl. Sören Wollin, Störerhaftung im Immaterialgüter-und Persönlichkeitsrecht: Zustandshaftung analog § 1004 I BGB, 2018, S. 45.

清晰的权利类型,相关行为的违法性、非该当性的特征不容易判断。① 但是这一担心是没有必要的。这是因为,网络服务提供者并不当然地必须采取必要措施,而是享有自主判断的空间。详言之,根据《民法典》第1195条第2款第1句的规定,网络服务提供者接到通知后负有两项义务:一是“应当及时将该通知转送相关网络用户”;二是“根据构成侵权的初步证据和服务类型采取必要措施”。依文义解释,前一义务是绝对的,网络服务提供者不必且不能根据通知内容判断是否进行转送;相反,后一义务并非绝对,是否采取以及采取何种必要措施,网络服务提供者享有根据侵权的初步证据和服务类型进行判断的余地。这一判断余地的存在,符合请求权制度的一般结构——任何人都可以为其自认为拥有的请求权而向另一人提出主张,至于请求权是否确实存在,可能因后者的承认和履行而被确认,或者在法院的判决中予以确定。② 当人们在网络空间中受到侵犯,或者认为遭受侵犯时,不管其是否确实享有实体法上的请求权,都可以向网络服务提供者发出通知,要求后者采取某些必要措施。但是,这一请求权是否确实存在,被请求人即网络服务提供者可以作出自主判断。③

最后,一旦赋予网络服务提供者对是否采取必要措施进行自主判断的权限后,网络服务提供者就要面临权利边界并不清晰,涉案信息是否构成侵权行为不易判断的窘境;相应地,权利人的通知究竟应当包含哪些内容,也就成了难以“一刀切”加以规定的问题。对此,有的学者坦言不可能也不应该创设一个针对所有场景、所有类型的权益侵害都统一适用的标准,立法者应当放弃针对“合格通知”制定更加详细的法定标准的努力;而法院则要“综合考虑各种情况”判断网络服务提供者采取或者不采取必要措施的决策是否存在过错。④ 但是,法院究竟要考虑“哪些情况”? 上述观

---

① 参见薛军:《民法典网络侵权条款研究:以法解释论框架的重构为中心》,载《比较法研究》2020年第4期。

② 当事人提出主张或提起诉讼的权利并不以实体法上确实存在请求权为前提。参见[德]迪特尔·施瓦布:《民法导论》,郑冲译,法律出版社2006年版,第153页。

③ 在这个意义上,2013年修订的《信息网络传播权保护条例》第15条第1句要求网络服务提供者接到通知书后“应当立即删除”,实质上将采取必要措施理解为严格的、绝对的法定要求,这一规定与2021年颁布的《民法典》第1195条第2款第1句的规定有所冲突,应当根据“新法优先于旧法”的原则,适用《民法典》所确立的规则。

④ 参见薛军:《民法典网络侵权条款研究:以法解释论框架的重构为中心》,载《比较法研究》2020年第4期。

点似乎将这一问题笼统地交给法院自由裁量。

正是在这个问题上，倘若将《民法典》第1195条第2款的规定理解为排除妨碍的特别规定，并以本文的妨害理论加以阐释，那么权利人所要提供的构成侵权的初步证据应当包括哪些，以及网络服务提供者是否应当采取必要措施等问题，也就有了明确的落脚点——权利人所要证明的、网络服务提供者所要审查的，正是涉案信息是否侵入了权利人的排他领域。在人格权领域，具体表现为涉案信息是否擅自利用了权利人的人格要素。例如，权利人主张涉案信息侵犯肖像权的，那么，权利人需要提供的构成侵权的初步证据就是涉案信息擅自利用了权利人之肖像。至于肖像权人是否因此无法正常行使权利、是否因此遭受损害以及网络用户是否存在过错，均非权利人必须证明的对象。

（二）妨碍人的合法行为引起妨碍状态的情形

假设妨碍人尽管负有作为义务，但是其已经尽到相应的作为义务，然而妨碍状态仍然存在的，或者妨碍人实施特定行为时享有合法性基础，但该合法性基础嗣后消灭的，只要该妨碍人事实上仍在利用受害人的人格要素，该民事主体须对此承担排除妨碍的民事责任。

例如，在某案例中，伍某在浏阳市一建材工厂作业时被电锯割伤了左手指，由该厂同事周某陪同到医院进行治疗。由于伍某刚入职该公司，尚未办理保险手续，但公司为周某购买了保险，于是伍某在医院以周某的名义接受治疗，并提供了周某的身份证件。事后，伍某因申请工伤认定受阻，便与医院协商更正病历本名字，遭到医院拒绝。因此伍某起诉要求对病历名字进行更改。法院驳回了伍某的诉讼请求，理由是医院并无审核患者真实身份的法定义务，而且从引导社会诚信出发也不应当支持伍某的诉讼请求。[①] 在本案中，若是周某提起诉讼要求医院变更姓名，是否可以得到支持？按照本文见解，尽管周某的姓名被记载于病历本上系周某与伍某一致协商所致，医院没有义务核查患者的真实身份因而实施的是合法行为，但是周某姓名记

---

① 参见《为骗保冒用他人信息住院，事后无法认定工伤，患者起诉医院，法院判了！》，载微信公众号“湖南高院”2022年2月8日，https://mp. weixin. qq. com/s/PLxmXwvJyPTPgCrC0OweVw。

载于病历上的状态确实导致了身份归属混淆,构成对姓名权的妨碍,因此周某可以向医院主张姓名权的排除妨碍请求权。

又如,某甲和某乙都是从事理疗服务的经营者,某甲从顾客某丙口中得知,某乙可能擅自留存医生开具的医疗证明,多次用于违规办理理疗手续,某甲便向相关主管机构举报某乙,但是事后查明并无此事。某乙起诉要求某甲承担撤回责任(Widerruf)。[①] 这一德国判例的争议焦点在于,按照当时的德国法,为了维护正当利益而传播言论者,只有在其明知言论不实时,才须承担侵权责任,[②]故此某甲的举报行为本身属于合法行为。如此一来,在事后查明举报不实后,某甲是否应当承担撤回责任?这一问题之所以存在,是因为德国主流观点认为,人格权的妨碍须由不法行为引起,而须承担排除妨碍责任的,也是不法行为人。[③] 故此,实施合法行为的行为人是否应当对由此引起的妨碍状态承担责任,就存在争议。这个问题在我国《民法典》关于名誉权的规定中也可能出现,这是因为:一方面,根据《民法典》第 1025 条的规定,行为人为公共利益实施新闻报道、舆论监督等行为,影响他人名誉的,不承担民事责任,但是行为人对他人提供的内容应当尽到第 1026 条所要求的合理核实义务。据此,倘若某一行为人可以证明自己对他人提供的内容已尽合理核实义务,但这些内容仍有严重失实之处的,该行为人"不承担民事责任"——依体系解释,这里的"民事责任"理应包括停止侵害、排除妨碍等绝对权请求权(《民法典》第 179 条)。另一方面,根据《民法典》第 1028 条的规定,只要报刊、网络等媒体报道的内容失实,侵害名誉权的,权利人有权请求该媒体及时采取更正或者删除等必要措施,该条款似乎又赋予了权利人实现权利圆满性的救济手段。[④] 如此一来,就一项合法行为引发的不实报道,行为人是否应当加以更正或删除,《民法典》第 1025 条、第 1026 条与第 1028 条的规定似乎存在评价矛盾。

根据本文提出的妨害理论,人格权妨碍的成立,并不需要追溯到某一民事主体

① BGH, NJW 1958, 1043 (1045).

② 就此而言,我国《民法典》第 1025 条和第 1026 条还要求行为人对其传播的言论尽到合理核实义务,这与当时德国判例所遵循的法律原则有所不同。

③ Vgl. Roland Rixecker, in: Münchener Kommentar zum BGB, Band 1, 9. Aufl., 2021, § 12 Anh., Rn. 333.

④ 参见王利明、程啸:《中国民法典释评 · 人格权编》,中国人民大学出版社 2020 年版,第 359 页。

在过去实施的特定行为是否具有违法性;而是取决于某一状态的存在是否逾越了权利人排他地位。在这个意义上,无论是由于行为人对他人提供内容没有审核义务因而行为人的不实举报属于合法行为(如上述德国判例),还是因为行为人对他人提供内容已尽合理核实义务因而不具有违法性,只要不实言论持续存在,那么这些不实言论在公共领域中的流通,将会持续影响社会公众对名誉权人的特征、本质以及整体人格所构建的想象。① 因此,发表这些言论的行为人,或者这些言论得以存在的依托媒体,均须按照名誉权人的主张排除妨碍,即采取更正或者删除等必要措施。

在这个意义上,《民法典》第1025条所规定的"不承担民事责任"语义范围过广,应当目的性限缩为"不承担损害赔偿责任";相应地,《民法典》第1028条所规定的"及时采取更正或者删除等必要措施"的义务,本质上也是排除妨碍请求权的特别规定。这种解释方案明确了《民法典》第1028条中的必要措施的规范目的是排除妨碍,那么实现这一目的的具体措施,可以由法官在个案中进行自由裁量(第1000条第1款)。例如,在名誉权领域,想要实现排除妨碍的效果,直接删除内容失实的报道恐怕并非最佳方案,因为社会公众往往相信他们愿意相信的内容,②删除言论的做法,只会让"谣言"具有可乘之机。为了实现排除妨碍的效果,法官可以在具体个案中,要求有关媒体赋予名誉权人对失实报道进行回应的机会。

(三)妨碍人是否负有作为义务存在疑问的情形

倘若某一民事主体是否负有或是否尽到作为义务存在争议,该民事主体之物或设施的有关状态侵犯权利人的排他地位的,权利人针对该民事主体的不作为主张停止侵害可能难以获得法院的支持。但是,权利人可以对该妨碍状态主张排除妨碍,

① Vgl. Heike Altenhain, Negatorischer Ehrschutz, 2003, S. 93.

② [法]让-诺埃尔·卡普费雷:《谣言:世界最古老的传媒》,郑若麟译,上海人民出版社2018年版,第288页。

从而实现权利的圆满性。①

例如,杨某在设立玛雅公司时,委托庞某办理工商登记手续,但是庞某却擅自使用万某的姓名和身份信息,将万某登记为玛雅公司的股东,后来,万某偶然知悉自己的姓名被登记为玛雅公司股东的情况,提起诉讼要求停止侵害其姓名权。但是,玛雅公司的法定代表人杨某提出抗辩称,其对此毫不知情,其也不认识万某。法院认为:“被告庞某在未取得原告许可的情况下,擅自将原告作为被告玛雅公司的股东之一进行工商登记,此行为应当被认定为盗用他人姓名的侵权行为……而被告杨某明确表示不认识原告,其作为被告玛雅公司的法定代表人,应当认定为其知道或者应当知道原告的姓名被盗用一事,但其既未向工商行政主管部门提出异议,也未及时通知原告以求变更工商登记中的股东信息,故被告杨某及被告玛雅公司放任了原告姓名权被侵犯这一状态的持续,同样应当承担本案的侵权责任。”②由此可见,法院为了论证杨某和玛雅公司有义务变更工商登记中的股东信息,要求杨某作为法定代表人负有注意义务应当知道登记有误,从而要求杨某和玛雅公司承担停止侵害(不作为的侵害行为)的民事责任。

在这一案件中,倘若万某主张停止侵害请求权,那么其不得不证明杨某和玛雅公司存在某种作为义务并且没有及时履行该作为义务,因而构成不作为的侵权行为,万某的主张方可得到支持。倘若万某主张的是排除妨碍请求权,其只需要证明玛雅公司的工商登记未经同意使用了万某的姓名,并且这一状态可能引发身份“归属混淆”,即可证明该登记状态构成妨碍。至于这一登记状态是如何形成的,杨某和玛雅公司是否应当知道工商登记的信息有误,以及是否尽到相应的作为义务,均非万某的证明对象。

这种解释方案意味着,排除妨碍是否成立,不再取决于某一民事主体在过去所实施的行为,也不必对这些行为进行法律评价,看其是否违反了某种作为义务;而是

① 这一现象在物权领域更加明显,例如,郑某将房屋入户门改为向外开,后来将该房屋卖给严某,高某购买了相邻房屋后,感到涉案入户门影响其通行,因此起诉要求严某排除妨碍。严某抗辩称这是郑某改造的。法院还是判决严某承担排除妨碍的责任。在这样的案件中,难以认定严某实施了作为的侵害行为,其是否负有作为义务主动将入户门改造成向内开,在价值判断上恐怕会有争议。此时,高某可以针对这一状态主张排除妨碍,参见北京市第二中级人民法院(2021)京02民终12258号民事判决书。

② 重庆市九龙坡区人民法院(2017)渝0107民初17761号民事判决书。

取决于与该状态有关的民事主体，是否通过该状态擅自利用或者享受了本该归属于权利人的人格要素，这极大地减轻了权利人的举证和论证的负担。

结　论

上述研究表明，尽管停止侵害与排除妨碍最终所要实现的效果十分相似，即对违背绝对权排他性之行为或状态提供防御措施，但是它们分别适用于不同的场景：停止侵害针对的是受人的意志支配的持续性侵害行为，而排除妨碍针对的是持续性的妨碍状态。妨碍状态的成立，不以妨碍人实施了某种积极作为或消极不作为为前提条件。对于那些没有作为义务的、实施合法行为引起妨碍状态的、究竟是否存在作为义务存有疑问的民事主体而言，他们也要为自己的物（设备设施）之状态承担排除妨碍的民事责任。如此一来，停止侵害与排除妨碍各司其职，各有专门的适用领域。

专题四　一般人格权

本专题撰写人:王利明

【《民法典》及相关法律法规的新规则】

《民法典》第990条第2款

除前款规定的人格权外,自然人享有基于人身自由、人格尊严产生的其他人格权益。

【规则由来】

一般人格权的概念最早出现在2001年《精神损害赔偿司法解释》,该解释第1条规定:“自然人因下列人格权利遭受非法侵害,向人民法院起诉请求赔偿精神损害的,人民法院应当依法予以受理:(一)生命权、健康权、身体权;(二)姓名权、肖像权、名誉权、荣誉权;(三)人格尊严权、人身自由权。违反社会公共利益、社会公德侵害他人隐私或者其他人格利益,受害人以侵权为由向人民法院起诉请求赔偿精神损害的,人民法院应当依法予以受理。”该司法解释正式将人身自由权和人格尊严权作为精神损害赔偿制度保护的对象。司法解释起草者认为,“人格尊严权、人身自由权”在理论上被称为“一般人格权”,是人格权利一般价值的集中体现,因此,它具有补充法律规定的具体人格权利立法不足的重要作用。在处理具体案件时，可以将人格尊严作为一般人格权以补充具体人格权。①2017 年颁行的原《民法总则》第 109 条规定："自然人的人身自由、人格尊严受法律保护。"《民法典》第 990 条第 2 款是此次民法典编纂中的新规则，在我国法上首次明确了"除前款规定的人格权外，自然人享有基于人身自由、人格尊严产生的其他人格权益"。一般认为，该规则确立了一般人格权制度。

【规范意旨】

在《民法典》第 990 条第 1 款列举了具体人格权之后，在实践中，尚有大量的新型人格利益未能包括在其中，且需要法律予以保护，因而《民法典》第 990 条第 2 款确立了一般人格权制度，实现了对人格利益的兜底保护。《民法典》对一般人格权作出规定，不仅使人格权编的规范体系更完善、周延，也保持了人格权益保护范围的开放性，为充分而全面地保护个人所享有的各项人格利益提供了法律依据，有利于更好地回应社会发展中出现的新型人格权益的保护需求。同时，该规则不仅为法官保护人格利益提供了价值指引，同时也为法官判断人格利益提供了考量依据。

【典型案例】

案例一：祭奠权益

楼甲与楼乙系兄弟关系，两人的父母长期随楼乙定居国外。后父母相继因病在国外去世，但楼甲未获知父母去世的消息。楼甲认为，楼乙未及时告知父母患病、去世的有关事实，导致楼甲未能见到父母最后一面，使其精神健康受到损害，因此诉至法院请求判令楼乙书面赔礼道歉，并支付精神损害抚慰金 50, 000 元。

上海市第一中级人民法院认为，我国法律虽未明确规定祭奠权，但对逝世亲人进行祭奠是我国一项悠久的传统习俗，符合民法的公序良俗原则。祭奠权的实质是

① 陈现杰：《〈关于确定民事侵权精神损害赔偿责任若干问题的解释〉的理解与适用》，载《人民司法》2001 年第 4 期。

基于传统习俗而产生的自然人为逝世亲人祭奠的权利。权利人通过祭奠行为表达对逝世亲人的哀思及怀念,也缓解因亲人去世而产生的精神痛苦,其权能表现为举行追悼、葬礼、遗体处理、办理丧葬事宜等。如果权利人未按照传统习俗对逝世亲人进行祭奠,则可能导致社会及他人对其产生负面评价。因此祭奠权属于人格利益范畴。一审认定,楼乙向楼甲赔礼道歉并支付精神损害赔偿金并无不当,但判令楼乙承担精神损害抚慰金 50,000 元数额过高,故二审酌情调整为 3000 元。①

案例二:"隐婚交往案"

被告与原告交往恋爱时隐瞒了自身已婚的情况,根据双方的微信聊天记录,被告于 2021 年 11 月 24 日曾向原告发送了一张伪造的《离婚证》,该《离婚证》上记载被告早在 2018 年就已登记离婚,然而实际情况是被告当时仍在已婚状态,尚未与前妻离婚。法院认为:"被告发送伪造的《离婚证》的行为属于故意隐瞒与欺骗的行为,明显存在过错。被告的欺骗行为,导致原告误以为被告系单身,原告在这一错误认识下与被告长期交往,建立恋爱关系,发生性关系,直至谈婚论嫁,进而导致原告的人格权遭受损害。对此,本院认为,原告之后发现被告欺骗行为,现诉称其一般人格权及精神遭受损害,合理可信,本院可予认定。被告应对其行为承担相应的法律责任。结合被告行为的过错程度以及原告遭受损害的实际情况,本院酌情确定被告应向原告书面赔礼道歉,并支付精神损害赔偿金 20,000 元。"②

【理论阐释】

一般人格权(Das allgemeine Persönlichkeitsrecht),是相对于具体人格权而言的。所谓具体人格权,又称为个别人格权(Einzelne Persönlichkeitsrecht),是指法律具体列举的由自然人等民事主体享有的各项人格权,如生命权、健康权、姓名权、肖像权、名

① 2022 年上海市第一中级人民法院发布十件人格权保护典型案例之一:"楼甲与楼乙人格权纠纷上诉案"——祭奠权涉及一般人格权益,应纳入人格利益范畴加以保护。

② 参见上海市浦东新区人民法院(2022)沪 0115 民初 74148 号民事判决书;相似案例,参见西安市碑林区人民法院(2022)陕 0103 民初 20495 号民事判决书。

誉权等。而一般人格权概念则是法律以高度概括的方式赋予自然人享有的具有权益集合性特点的人格权,是关于人的存在价值及尊严的权利。① 在我国,一般人格权的产生和发展是司法实践经验的总结。在司法实践中,民事主体往往会提出各种新型“权利”诉求,如“安葬权”“亲吻权”“悼念权”“祭奠权”“生育权”“被遗忘权”等。法院在相关案例中确认了一些非法定的新兴人格权利,这表明人民群众的权利意识不断提高。法院通过法律续造的方式创设新型权利,也在一定程度上满足了人们的维权需求。由于这些新型权益基本上都涉及人格利益的保护问题,这就需要立法者将某些成熟的权益予以确认,并通过立法表达为法官的法律续造提供合法依据。在这一背景下,《民法典》人格权编第 990 条第 2 款关于一般人格权的规定应运而生。该条不仅保持了人格权保护的开放性,设立了人格权益兜底保护条款,还确立了一般人格权概念,并为一般人格权的认定提供了重要的价值判断标准。② 然而,《民法典》第 990 条第 2 款的规定在适用中涉及诸多问题。因此,有必要围绕我国《民法典》第 990 条第 2 款对一般人格权的规定,对我国法律中一般人格权所保护的人格利益的范围、运用一般人格权保护新型人格权益的价值判断标准、一般人格权与具体人格权的关系以及一般人格权的保护基础等问题作出探讨。

一、作为一般人格权的“其他人格权益”

(一)一般人格权是法定权益之外的“其他人格权益”

一般人格权(Allgemeines Persönlichkeitsrecht/AGB)产生于德国。在德国法中,一般人格权属于“框架性权利”,具有母权的性质,可以通过具体化解释出各种受保护的特殊人格权,如名誉、隐私、信息自主等。③ 尽管这一概念已经被我国民法学界和司法实践广泛使用,但是在不同的学说讨论与司法实践中,它的含义却存在差异。总体而言,在我国,一般人格权包括两种不同的含义。

第一,一般人格权是指由自然人享有的人格尊严与人身自由,此乃“母权”,可以

---

① 王泽鉴:《民法总则》,中国政法大学出版社 2001 年版,第 126 页。

② 参见黄薇主编:《中华人民共和国民法典人格权编解读》,中国法制出版社 2020 年版,第 16—17 页。

③ 参见王泽鉴:《人格权:法释义学、比较法、案例研究》,北京大学出版社 2013 年版,第 67 页。

据此产生具体人格权。在德国民法中,一般人格权确实有其不确定性(Unbestimmtheit),但是这种不确定性也让其能够发展出各项具有特殊保护对象的具体权利,并且对新的保护内容保持开放,因此有观点也将一般人格权视为一种源权利(Quellrecht)。[①] 从这个源权利中能够不断"流出"更多的具体权利,所以也被称为框架性权利(Rahmenrecht)。[②] 对于这种框架性权利来说,其只有外部的框架范围被确定下来,其在个案当中的具体内容,则需要和其他权利以及利益进行平衡和比较才能确定。[③] 由于一般人格权这种内容上的不确定性,德国法学界对将其视为绝对权持有批评意见。有观点认为,只有那些有确定客体的人格权,如姓名权、肖像权等才能够被视为绝对权。[④] 也有观点将一般人格权视为《德国民法典》第 823 条第 2 款意义上的保护性法律(Schutzgesetz)。[⑤]

我国法律中的一般人格权,是指自然人享有的基于人身自由、人格尊严所产生的其他人格权益,这与德国法中的一般人格权概念并不相同,后者不限于自然人所享有的人格权益。而我国法律中的一般人格权主体仅限于自然人。

第二,一般人格权仅指法定权益之外的"其他人格权益"。《民法典》第 990 条第 2 款意义上的"其他人格权益",实际上就是指没有得到法律明文规定的,但是应当受到法律保护的人格利益。在我国,一般人格权的概念最早出现在 2001 年《精神损害赔偿司法解释》,该解释第 1 条正式将人身自由权和人格尊严权作为精神损害赔偿制度保护的对象。司法解释起草者认为,"人格尊严权、人身自由权"在理论上被称为"一般人格权",是人格权利一般价值的集中体现。因此,它具有补充法律规定的具体人格权利立法不足的重要作用。在处理具体案件时,可以将人格尊严作为

---

① Vgl. BGHZ 24, 72 (78).

② Vgl. Wolfgang Fikentscher/Andreas Heinemann, Schuldrecht, 12. Aufl., 2022, Rn. 1216; BGH, NJW 1994, 124 (125).

③ Vgl. Karl Larenz/Manfred Wolf, Allgemeiner Teil des Bürgerlichen Rechts, 9. Aufl., 2004, § 8, Rn. 28.

④ Vgl. Ernst Wolf, Lehrbuch des Schuldrechts: Allgemeiner Teil, Bd. 1, 1978, S. 144ff; Karl Larenz, Das "allgemeine Persönlichkeitsrecht" im Recht der unerlaubten Handlungen, NJW 1955, 521 (523).

⑤ Vgl. Horst Ehmann in: Erman, Kommentar zum BGB, 12. Aufl. 2008, Anhang zu § 12, Rn. 14.

一般人格权以补充具体人格权。① 2017 年颁行的原《民法总则》第 109 条规定:“自然人的人身自由、人格尊严受法律保护。”该条对一般人格权作出了规定,但没有采用“权利”的表述。原《民法总则》这一规定被编纂成为《民法典》第 109 条。

《民法典》在第 990 条第 1 款列举了各项具体人格权后,于第 2 款对一般人格权作出专门规定,不仅弥补了我国因一般人格权制度欠缺而导致的人格权制度的不足,而且保持了人格权益保护范围的开放性,为充分而全面地保护个人所享有的各项人格利益提供了依据。把该条两款作为整体进行解释,显然《民法典》第 990 条第 2 款所规定的“其他人格权益”不属于《民法典》第 990 条第 1 款所规定的法定人格权益。我国《民法典》人格权编已经列举并规定了九项自然人的具体人格权益,分别是生命权、身体权、健康权、姓名权、肖像权、名誉权、荣誉权、隐私权与个人信息权益。《民法典》第 990 条第 1 款和第 110 条有所不同的是:《民法典》第 110 条第 1 款规定了“婚姻自主权”,但是第 990 条第 1 款没有规定“婚姻自主权”。不过,该条款使用了“等”字,表明人格权编并没有排斥婚姻自主权。此乃立法者对我国立法经验与司法实践的总结,这意味着这些人格利益可以被类型化为具体人格权。但是,目前没有被类型化为权利的人格利益,则属于《民法典》第 990 条规定的“其他人格权益”范畴。《民法典》之后,这些其他利益不能再被冠以“权利”的概念,且不属于法定的人格权益的范畴。据此,可将一般人格权理解为《民法典》第 990 条第 2 款所规定的“其他人格权益”。

这种理解的正当性在于:一方面,应当看到,尽管《民法典》第 990 条第 2 款中承认了一般人格权,但实际上该条款并没有规定法定的人格权利,采用的是“人格权益”的表述,表明《民法典》第 990 条第 2 款规定的一般人格权所要保护的对象是人格利益,从而与《民法典》第 990 条第 1 款规定的具体人格权相区别。换言之,《民法典》第 990 条第 1 款规定的是法定人格权益,而第 990 条第 2 款则是赋予法官一定权限在具体个案中保护尚未得到法律明确规定的、彰显人身自由与人格尊严的人格利益。

---

① 陈现杰:《〈最高人民法院关于确定民事侵权精神损害赔偿责任若干问题〉的解释的理解与适用》,载《人民司法》2001 年第 4 期。

另一方面,德国民法学说与判例之所以以“一般人格权”作为母权,讨论新型人格权益是否受到法律保护,是因为《德国民法典》没有专门创设“人格权编”,也没有专门规定一条类似我国《民法典》第990条第2款的“其他人格权益”,而只是在《德国民法典》第823条第1款中规定了“其他权利”受到法律保护。故此,德国民法学说与判例不得不根据《德国基本法》所规定的人格尊严与人格自由发展的权利发展出“一般人格权”,并将“一般人格权”认定为《德国民法典》第823条第1款中的“其他权利”,从而允许新型人格权益受到法律保护。这是《德国民法典》重物轻人,未将人格权独立成编的体系性缺陷。但是,在我国《民法典》第990条第2款明文规定“自然人享有基于人身自由、人格尊严产生的其他人格权益”的情况下,立法者已经承认了人身自由、人格尊严可以产生“其他人格权益”。在这样的法律框架中,法官只需要根据《民法典》第990条第2款的规定,即可判断哪些新型人格权益应当受到法律保护。在这个意义上,来自德国民法的“一般人格权”的概念所要发挥的功能,已经被我国《民法典》第990条第2款的“其他人格权益”所实现。故此,笔者主张在我国法律语境下,“一般人格权”应当是指《民法典》第990条第2款的“其他人格权益”。也就是说,“一般人格权”是指我国《民法典》明确规定的10种法定人格权益之外的“其他人格权益”,其内在的价值理念是人身自由与人格尊严。在这个意义上,我国民法中的一般人格权乃是基于人身自由与人格尊严产生的其他人格权益。

(二)一般人格权属于广义的人格权范畴

为了厘清这一问题,需要对以下两个问题进行探讨:一是《民法典》第四编标题所使用的“人格权”这一法律概念应当如何理解?人格权,是指具体人格权,还是同时包括一般人格权?二是《民法典》第990条第1款与第2款之间的关系应当如何理解?笔者认为,应当区分《民法典》在不同条款中使用的两种“人格权”概念的不同含义,具体而言:

一是广义的人格权。所谓广义的人格权,包括以人格尊严、人身自由为基础产生的、与人格不可分离的各种法益。广义的人格权包括具体人格权与一般人格权。与广义的人格权处于同一抽象层次的法律概念,是《民法典》第112条规定的“人身权利”、第113条规定的“财产权利”等民事权利。例如,《民法典》第四编的编名“人格权”毫无疑问属于广义的人格权。此外,《民法典》第989条、第991条、第992条等条款所使用的“人格权”也属广义的人格权范畴。有的学者对一般人格权是否可以适用人格权禁令制度提出质疑,其理由是《民法典》第997条只规定了“人格权”而未规定“人格权益”,似乎表明只有具体人格权可以适用人格权禁令。笔者认为,由于《民法典》使用“人格权”一词时,在大多数情况下均是指广义的人格权,因此不能简单地根据《民法典》第997条的文义否认一般人格权适用人格权禁令的可能性。

二是狭义的人格权。所谓狭义的人格权,是指《民法典》第990条第1款规定:“人格权是民事主体享有的生命权、身体权、健康权、姓名权、名称权、肖像权、名誉权、荣誉权、隐私权等权利。”《民法典》第990条第1款所规定的“人格权”的特征是,它们均由法律明文规定,法官在具体个案中应当援引法律的明确规定加以裁判。相比之下,《民法典》第990条第2款规定的是“除前款规定的人格权外,自然人享有基于人身自由、人格尊严产生的其他人格权益”,这一条款赋予法官在具体个案中承认和保护新型人格权益的可能性。故此,《民法典》第990条第1款中所使用的“人格权”应作狭义理解,仅是指法定的具体人格权。与这一狭义的“人格权”概念相对的是法律规定的人格权益之外的权益。《民法典》第990条第2款之所以采用“除前款规定的人格权外”的表述,表明从狭义上理解的人格权仅指法定的权益,并不包括基于人身自由与人格尊严产生的“其他人格权益”,也即笔者所称的一般人格权。

在广义的人格权概念中,可以将《民法典》第990条第2款所规定的基于人身自由与人格尊严产生的其他人格权益理解为一般人格权,并将该条第1款理解为具体人格权,由此形成具体人格权与一般人格权的二元体系。将一般人格权纳入广义的人格权范畴,一方面,有利于构建人格权法体系,这一体系就是由具体人格权与一般人格权所构建的权利体系,它与在物权法定模式下所形成的物权体系存在区别,即此种体系包括了法官依据《民法典》第990条第2款并通过法律续造的方式所形成的人格权益体系。申言之,虽然《民法典》第990条第2款中使用了“人格权益”的表述,但是一般人格权所保护的只能是人格利益,而不包括法定的人格权利。只要是人格权利,无论是《民法典》还是其他法律规定的具体人格权,都完全没有必要再通过一般人格权加以保护。一般人格权所保护的只能是无法为具体人格权涵盖的、值得保护的新型人格利益。另一方面,将一般人格权纳入广义的人格权范畴,也有利于加强对一般人格权的保护,这就是说,有关人格权的特殊保护方法,如人格权请求权、侵害人格权禁令、侵害人格权的精神损害赔偿等都可以适用于一般人格权的保护。

二、一般人格权的价值基础

无论是具体人格权,还是一般人格权,其价值基础都是人格尊严,基于这一价值而形成了人格权的体系性。但依据《民法典》第 990 条第 2 款的规定,一般人格权自身具有其独特的价值基础。

(一)《民法典》第 990 条第 2 款具有独特的价值判断功能

《民法典》第 990 条第 2 款所规定的“其他人格权益”,即本文所称一般人格权,既然是兜底性、开放性的,那么其势必面临保护的人格利益范围过宽的问题,故此,必须要寻找一项判断标准,决定哪些利益可以纳入一般人格权而受到法律保护,进而适用《民法典》对人格权的保护规定,如精神损害赔偿请求权、人格权请求权等特殊保护制度。在现实中,往往存在各种各样的精神性利益,但是并非每一项精神性利益均可成为《民法典》第 990 条第 2 款所规定的一般人格权。为了区分一般人格权与其他精神性利益,需要基本的价值判断标准,从而将值得《民法典》第 990 条第 2 款保护的精神性利益识别出来,并将其认定为一般人格权。既然一般人格权本质上是一种利益,那么这种利益何以受到保护,需要借助一定的价值基础进行评价。

在德国法中,一般人格权产生的基础在于《德国基本法》的第 1 条和第 2 条,而人格尊严在德国宪法中也被视为全面受保护的权利。① 换言之,一般人格权乃是保护人格尊严、人格发展利益的权利。因为在德国传统民事法律规范中,并没有一项权利能够对人格尊严、人格发展进行保护,所以通过学理和司法判决产生了一项框架性权利,即一般人格权,以保护这些人格利益。②

在我国《民法典》中,规定一般人格权的条文有两个。一个是第 109 条,该条规

① Vgl. BGHZ 13, 334 (338). 法官在判决中的相关表述为“基本法认可了保护人格尊严的权利和人格自由发展的权利,在私法关系中也必须要尊重这些权利”。

② Vgl. Roland Rixecker, in: Münchener Kommentar zum BGB, Band 1, 9. Aufl., 2021, § 12 Anh., Rn. 1.

定在总则编“民事权利”一章当中，宣示了自然人的人身自由、人格尊严受法律保护。这一条款揭示了人格权法保护自然人人格权的立法目的与宗旨，即维护自然人的人身自由和人格尊严。这也是所有人格权益保护应遵循的基本价值；同时，该条款也确立了作为自然人的一般人格权的价值基础。另一个条文就是《民法典》第 990 条第 2 款规定：“除前款规定的人格权外，自然人享有基于人身自由、人格尊严产生的其他人格权益”。从《民法典》第 990 条第 2 款规定可知，人身自由和人格尊严乃是所有人格权益的“核心权利”（core rights），而其他人格权益则是这些“核心权利”的“衍生性权利”。这些衍生性权利来自更加基础的核心权利。①

尽管《民法典》第 109 条和第 990 条第 2 款都规定了人身自由与人格尊严，但是这两个条款的体系功能有所不同，二者并非重复规定。具体而言：

首先，适用范围不同。从体系上说，《民法典》第 109 条位于总则编之中，因此其承载了贯穿整个《民法典》的价值倡导功能，即民法典各编的规范都必须尊重对人身自由和人格尊严的保护。而第 990 条第 2 款作为人格权编的规范，是对一般人格权的确认，主要针对人格权益的保护。

其次，制度功能存在区别。《民法典》第 109 条是《宪法》规定的基本权利和自由在民法中的体现。该条与《宪法》中的基本权利条款实现了交互，起到链接民法与宪法的功能。② 而《民法典》第 990 条第 2 款作为第 109 条在人格权制度中的具体落实，旨在确认一般人格权，以为无法纳入具体人格权的人格利益提供保护。从这一角度而言，第 990 条第 2 款以及人格权编的其他条款共同完成了第 109 条在人格权编的具体化任务。

最后，提供法律续造依据的作用不同。《民法典》第 109 条的规定重在强调人格权益的价值基础在于人身自由与人格尊严，具有更强的价值宣示功能。第 109 条可以为相关规则的解释提供指引；在其他各编规则的适用中，第 109 条也起到限制规则恣意解释的功能，即其他各编规则适用不得违反人身自由和人格尊严保护。由于

---

① 参见［英］约瑟夫·拉兹：《自由的道德》，孙晓春、曹海军、郑维东、王欧译，吉林人民出版社 2011 年版，第 156 页。

② 参见上官丕亮、薛洁：《宪法上人格尊严与民法上人格尊严的相异与交互》，载《湘潭大学学报（哲学社会科学版）》2019 年第 6 期。

《民法典》第109条的作用不在于直接创设一般人格权,并为一般人格权的保护提供依据。因此,法官在裁判一般人格权案件中,并不需要直接援引第109条作为裁判依据。

相比之下,《民法典》第990条第2款重在体现“基于”人身自由与人格尊严产生的其他人格权益;该条作为对于一般人格权的确认条款,可以直接为裁判者所援引,并作为一般人格权范围确定的依据而得到直接适用。该条对于法官提供法律续造的依据具有独特功能,表现在:一是价值判断作用,即法官在面临当事人所诉求的精神性利益时,应当对该精神性利益进行价值评价,以便判断其是否符合第990条第2款所规定的人身自由、人格尊严价值。二是确立利益的正当性。如果符合《民法典》第109条所宣示的人身自由与人格尊严的价值,也符合法律保护此种新型人格利益的正当性基础。因此,该条赋予法官根据这一价值理念对“其他人格权益”进行法律保护的权利。三是范围约束的作用,即以人身自由和人格尊严作为价值判断标准,判断哪些精神性利益属于该条款规定的一般性人格权;倘若没有该条款的限制,司法实践中可能随意地将精神性利益认定为一般人格权,造成一般人格权的“泛化”,导致原本不应当受到法律保护的精神性利益也会产生精神损害赔偿。四是兜底保护作用。由于人格权益是不断生成和发展的,该条便赋予法官在具体个案中解释其他人格权益的功能,从而起到补充、发展和兜底的作用。

(二)“其他人格权益”的判断价值:人身自由与人格尊严

《民法典》第990条第2款规定,“除前款规定的人格权外,自然人享有基于人身自由、人格尊严产生的其他人格权益”。如何理解此处所说的“基于”?它是指其他人格权益产生的基础就是人身自由、人格尊严;如果某项人格权益并没有体现人身自由、人格尊严价值,则不应当属于“其他人格权益”。据此,对于法律没有明确规定的利益,在认定其是否为人格利益、是否应当受到法律保护时,应当依据《民法典》第990条第2款规定,判断该项人格利益是否体现了人身自由和人格尊严价值。换言之,该条规定的人身自由和人格尊严价值,不仅具有识别“其他人格权益”的功能,而且具有排除功能,即将无法体现人身自由和人格尊严价值的利益排除在人格利益的范畴之外,这也有利于准确认定当事人之间的权利义务关系,保护个人的行为自由。

1. 人身自由

所谓人身自由，包括身体行动的自由和自主决定的自由，它是自然人参与各种社会关系，行使其他人身权和财产权的基本保障，是行使其他的一切权利的基础和前提；[①]也有人认为是移动自由、来去自由，即权利主体所享有的决定是否离开某个地方的自由。[②] 笔者认为，理解该条必须与具体人格权的规定结合起来。在人格权编，由于身体自由已为《民法典》第1003条作为具体人格权予以规定，就不宜包括在一般人格权中，更不宜将一般人格权等同于身体自由。因此对人身自由应作更广义理解，它主要是指自然人依法享有的从事民事活动等行为的自由或自由发展人格的自由，但主要是指民法上的自由，不宜包括言论自由、集会自由、出版自由等公民基本政治权利方面的内容。[③]

人身自由的意义应当扩大解释，包含人格自由发展的意义。人身自由的意义并不限于人的行动自由，还应当包括人格自由。人身自由作为价值基础，事实上包括了身体的活动自由，也包括了人格的自由发展。而《民法典》第1011条所体现的是人身自由中的身体活动自由，此时已经作为身体权加以保护；但是，人格的自由发展无法涵盖于第1011条中，因此应当通过第990条第2款中的人身自由解释得出。《民法典》第990条第2款将基于“人身自由”和“人格尊严”而享有的其他人格利益以一般人格权的方式进行保护。与此同时，《民法典》第1011条直接规定了对于行动自由的保护。虽然《民法典》第990条第2款中的“人身自由”和《民法典》第1011条中的“行动自由”都是对于民事主体尤其是自然人的关于自由的人格权益的保护，也都是宪法中公民基本权利在民法中的体现，但是二者仍然存在区别。

第一，《民法典》第1011条中的“行动自由”含义较单一。其主要针对的是自然人身体的物理位移，即比较法上的“离开所在地的权利和不被强迫前往特定地点权利”，[④]而并不涉及精神活动自由和内心自由的问题。也正是因为这一原因，有学者

① 黄薇主编：《中华人民共和国民法典人格权编解读》，中国法制出版社2020年版，第16页。

② 陈甦、谢鸿飞主编：《民法典评注　人格权编》，中国法制出版社2020年版，第16页。

③ 程啸：《人格权研究》，中国人民大学出版社2022年版，第149页。

④ Christian von Bar & Eric Clive(eds.), *Principles, Definitions and Model Rules of European Private Law: Draft Common Frame of Reference* (*DCFR*), Vol. 4, Sellier, 2009, p. 3138.

将第1011条中的“行动自由”称为狭义的人身自由。[①] 基于这一规范,“行动自由”取得了一项具体人格权的地位,可以直接适用权利保护的相关规则。《民法典》之所以仅对行动自由在身体权中进行明确规定,是因为自由是民事主体普遍享有,行动自由与身体权关系密切,需要被类型化为权利进行保护,而对于其他自由则可通过利益的方式进行保护。[②]

第二,相较“行动自由”而言,《民法典》第990条第2款中“人身自由”的范围更加宽泛。如果认为本款中的“人身自由”与《民法典》第1011条中的“行动自由”含义等同,那么第990条将沦为具文,因此必须在更广的层面上理解第990条第2款中的“人身自由”,而不能将其局限于身体的物理位移。一般认为,除身体行动的自由外,自主决定的自由也可以为本条的人身自由所包含。[③] 由于本款所规定的一般人格权起到了对于非典型人格法益进行兜底保护的功能,[④]因此,本条中的“人身自由”不仅范围更加宽泛,而且必须具有一定的开放性,以应对实践不断发展所带来的与人身自由相关的新型人格利益的保护问题。就这一点而言,本条中的人身自由与人格尊严共同发挥承载人格权益不断发展的载体功能。

第三,《民法典》第990条第2款中“人身自由”同时具备价值引领的功能。该款中的“人身自由”是对尊重民事主体人格自由发展价值理念的贯彻,构成了一般人格权的价值基础。[⑤] 因此,有关民事主体人格自由发展所涉及的人格利益,可以为本款所涵盖。例如,针对实践中争议较大的探视权问题,实际上就涉及未成年人的人格发展,基于对未成年人人格发展的保护,虽然《民法典》未将探视权规定为一项具体人格权,但仍可将其作为一项关系“人身自由”的利益,通过一般人格权的方式加以保护。

第四,两者在法律适用上存在先后顺序。就法律适用而言,具体人格权条款应当优先于一般人格权条款适用;当具体人格权保护条款不足以实现对于人身自由和

① 参见温世扬:《民法典视域下的“人身自由”》,载《法制与社会发展》2022年第3期。
② 参见陈甦、谢鸿飞主编:《民法典评注　人格权编》,中国法制出版社2020年版,第181页。
③ 参见黄薇主编:《中华人民共和国民法典人格权编释义》,法律出版社2020年版,第15页。
④ 参见温世扬:《〈民法典〉视域下的一般人格权》,载《中国法学》2022年第4期。
⑤ 参见朱晓峰:《人身自由作为一般人格权价值基础的规范内涵》,载《浙江大学学报(人文社会科学版)》2021年第2期。

人格尊严的一般保护要求时,才有可能在具体人格权条款存在的情况下适用一般人格权条款。[①] 因此,在权利人的权利符合《民法典》第 1011 条的规定时,应优先适用《民法典》第 1011 条的规定。因为《民法典》第 1011 条在性质上属于具体人格权的条款,其为行动自由提供了更明确的保护,因而无须借助《民法典》第 990 条第 2 款中对于一般人格权的保护。而《民法典》第 990 条第 2 款虽然保护人身自由,但其因为具有兜底性质,而必须后于具体人格权条款适用。

2. 人格尊严

所谓人格尊严,是指作为法律主体得到承认和尊重,换言之,是人作为人应当受到的尊重。人在社会中生存,不仅要维持生命,还要过上有尊严的生活。因此,人格尊严是人作为社会关系主体的一项基本前提,其是指公民作为一个人所应有的最基本的社会地位并且应当受到社会和他人最基本的尊重,是公民基于自己所处的社会环境、地位、声望、工作环境、家庭关系等各种客观条件而对自己和他人的人格价值和社会价值的认识和尊重。

人格尊严原则作为一般人格权的重要内容,具有弥补具体人格权因明示列举而难以满足对人格利益全面保护的功能要求,即人格尊严原则具有补充性。许多学者认为,对人格尊严权的保护就是对一般人格权的保护。[②] 因为人格尊严是具体人格权立法的基础,公民的各项人格权都在不同程度上体现了人格尊严的要求,表现了我国法律对人格尊严的尊重。事实上,许多侵害人格权的行为,如侮辱和诽谤他人、宣扬他人隐私、毁损他人肖像、虐待他人等,均有损他人的人格尊严。另外,人格尊严作为一般人格权可以弥补我国民法关于具体人格权规定的不足。有关司法解释曾提出了人格尊严权的概念,但这并非意味着人格尊严就成为一项具体的人格权。实际上,人格尊严应当属于一般人格权的内容,而不应当成为一种具体的人格权。人格尊严除了基于原子化的个人产生的尊严,还有基于社会关系产生的尊严,因此应当将个人置于社会关系中,理解个人的人格尊严。在这个意义上,祭奠权是基于

---

① 参见朱晓峰:《论一般人格权条款与具体人格权条款的规范适用关系》,载《比较法研究》2021 年第 3 期。

② 参见杨立新主编:《民商法理论争议问题——精神损害赔偿》,中国人民大学出版社 2004 年版,第 8 页。

家庭身份关系产生的人格尊严。这里的人不能仅仅理解为孤立的、原子化的个人,而是处于一定社会关系中的个人。这里就体现出社会与个人的整体性,社会是个人组成的,个人也是社会的组成部分。

我国司法实践也历来注重以人格尊严作为判断一般人格权受到保护的依据。2000年,在"徐某诉北京燕莎公司人格尊严侵权案"中,原告欲去北京燕莎公司所属饭店东花园休息并就餐,遭到保安驱赶。原告认为,驱赶行为是对中国公民的歧视,并在法院提起诉讼。法院认为,人格尊严是人格权的内涵之一,包含权利主体自身的人格、社会价值得到他人的认识和尊重。消费者在接受服务时,人格尊严应当受到尊重。① 再如,在"吴某波等诉鄱阳县殡仪馆人身损害赔偿纠纷案"中,原告的父亲去世后,原告与殡仪馆协商好了火化时间,但嗣后因为设备故障,导致原告父亲的遗体没有按照约定时间火化,也影响原告父亲的按时安葬。法院认为,"关于侵犯死者的人格尊严权方面:就人格尊严权这个概念在民法上来说,不是一个具体的人格权,属于一般人格权范畴"。② 笔者认为,此种观点不无道理。从社会一般人的观念来看,被告的行为虽然没有造成原告财产损失,但造成了原告人格尊严的损害。我国现行立法没有规定此种行为侵害了原告的何种人格利益,此时,即可通过一般人格权对原告进行兜底保护。

在《民法典》人格权编中,一方面,人格尊严具有价值上的统领性。马克思主义倡导人的解放,实现人的全面发展,归根结底是为了人。③ 康德认为,"人格"就意味着必须遵从这样的法则,即"不论是谁在任何时候都不应把自己和他人仅仅当作工具,而应该永远视为自身就是目的"。④ 人格权是民事主体对其人格利益享有的排斥他人干涉的权利,关乎每个人的人格尊严,是民事主体最基本、最重要的权利。另一方面,人格尊严具有适用上的指导性。维护人性和人格尊严的价值追求是指引权利秩序建构的基石。近年来,各地法院受理的侵害祭奠利益案件不断增加。具体的

---

① 参见"徐某诉北京燕莎公司人格尊严侵权案",北京市朝阳区人民法院(2000)朝民初字第120号民事裁决书。

② 参见"吴某波等诉鄱阳县殡仪馆人身损害赔偿纠纷案",江西省鄱阳县人民法院(2006)鄱民一初字第951号民事裁决书。

③ 丰子义:《历史唯物主义与马克思主义哲学主题》,载《中国社会科学》2012年第3期。

④ [德]康德:《道德形而上学原理》,苗力田译,上海人民出版社2023年版,第52页。

案件类型包括养女在过世养父母墓碑上的刻名权益①、亲人死亡情况的知情权、安葬权、墓碑署名权、保持墓碑及坟墓完整权等。这些新型人格利益也受到一般人格权规则的保护。例如,在“韩某生诉中铁六局北京铁路建设有限公司一般人格权案”②中,原告韩某生的父母、祖父母等8人共计6处墓穴在被告北京铁路建设有限公司的施工范围内;被告在施工过程中,对上述墓穴及墓穴周围的地貌造成了改变。法院认为,民事活动应当尊重社会公德,对已故亲人进行祭奠是中华民族的传统习俗。在本案中,被告的施工行为致使韩某生家位于施工范围内的墓穴及墓穴周围地貌发生了改变,现行法律虽然没有对此作出明确规定,但由于墓穴涉及死者人格利益和生者人格尊严的保护问题,因而其应当受到一般人格权的保护。

人格尊严的保护不仅适用于新型人格利益的保护,而且适用于对人格物的保护。例如,对人体胚胎、遗体、墓碑等的保护,侵害这些特殊物时,不能仅仅将其视为侵害一般的财产,而应当注重保护这些特殊类型的物所体现的人格尊严的价值。而且“生命尊严”不仅适用于活着的人,还可以扩展适用至对人体胚胎等的保护;③也就是说,对于这些特殊存在的“物”,仍然要以有利于保护人格尊严的方式去对待和处理。例如,就人体胚胎而言,生命尊严是人格尊严的重要组成部分。

三、一般人格权与具体人格权的关系

如前所述,我国民法典列举了9项人格权和1项人格利益(个人信息)。《民法典》第990条第1款明确了具体人格权的保护,而第990条第2款则规定了一般人格权。由此产生的疑问是,一般人格权与具体人格权之间的关系为何?

(一)具体人格权与一般人格权的差异

首先,明确权益的位阶。从我国《民法典》相关规定来看,权利的位阶要高于利

① 参见2022年4月26日最高人民法院“民法典颁布后人格权司法保护典型民事案例”之二,载违法和不良信息举报中心官网,https://www.12377.cn/jsal/2022/5bd2152e_web.html,2022年10月19日访问。

② “韩某生诉中铁六局北京铁路建设有限公司一般人格权案”,北京市门头沟区人民法院(2008)门民初字第771号民事判决书。

③ 例如,经1994年7月29日的法律修订后,《法国民法典》第16条规定:“法律确保人的优先性(primauté),禁止对尊严的一切侵害,其生命伊始(dès le commencement de sa vie)即确保对人的尊重”。该条源自1975年1月17日的法律,后者规定:“自生命伊始确保对所有人的尊重。”

益。权利与利益之间发生冲突时,权利规则应当优先于利益规则。《民法典》第1034条第3款规定,隐私权与个人信息发生竞合时,要优先保护隐私权。权利和利益的不同体现在法律保护效力上。一般认为,对权利的保护程度要高于对利益的保护程度。因为权利是明确的、具体的,较之单纯的利益具有更高的位阶。①

其次,受到法律保护的利益可能也蕴含指向性义务,但是与权利不同的是,受法律保护的利益的指向性义务可能并不明确,通常需要利益衡量方可作出最后判断。例如,在"陶女士诉吴某侵犯'亲吻权'案"中,加害人的加害行为导致受害人的嘴唇遭受不可修复的伤害,即便是在治疗之后,也无法享受亲吻的正常体验。因此,受害人主张加害人的行为侵害其"亲吻权"。法院认为,"原告主张亲吻权是自然人享有与爱人亲吻时产生的一种性的愉悦,并由此而获得的一种美好的精神感受的权利,属人格权中细化的一种独立的权利。但是,一切权利必有法律依据,任何一种人格权,无论是一般人格权还是具体人格权,都源于法律的确认,即权利法定。纵观我国现有的法律、行政法规,均无亲吻权之规定,故亲吻权的提出于法无据。被告认为'亲吻'是人体组织某种功能,法律上身体权和健康权的保护已将其涵盖的抗辩,本院也不予支持"。② 在本案中,受害人想要享受亲吻体验,固然是一项利益,但是这项利益是否产生相应的指向性义务,要求加害人保障这项利益得以实现,在现行法律框架中并无明确规定,因此法官不得不在此个案中通过利益衡量的方式,判断加害人是否真的负有此项指向性义务。由此可见,在民法中,权利和利益的区分,主要体现在他人是否负有某项指向性义务是否明确上。倘若这一指向性义务十分明确,那么其对应的就是权利。而指向性义务不明确时,其对应的是利益。倘若利益受到某一判决的保护,那么这一判决实际上已经确立了他人应当尊重这一利益的指向性义务。在我国司法实践中,虽然不是每一个具体的司法判决都能成为指导性案例,很难对其他判决产生法律约束力,但是这些判决中确立的指向性义务也可能会对其他后续的纠纷解决产生实质影响。

最后,利益的边界具有不确定性,权利的边界是清晰的。对于一般人格权来说,

---

① 张红:《人格权法总论》(第2版),法律出版社2022年版,第413页。

② "陶某萍诉吴某道路交通事故人身损害赔偿纠纷案",四川省广汉市人民法院(2001)广汉民初字第832号民事判决书。

其之所以没有上升为权利，是因为一般人格权的边界并不确定，通常具有一定的开放性。有学者认为，权利只能设定于特定的客体之上，而利益一般没有客体或者客体并不确定。① 据此可知，一般人格权的边界之所以不明确，是因为其客体并不确定，还未如同姓名、肖像、隐私、名誉或者个人信息一样成为确定的客体。除此之外，一般人格权的性质是一种框架性权利，其权利的作用范围并没有完全确定。② 正如在"任某玉案"中法院所指出的："我国现行法中并无法定称谓为'被遗忘权'的权利类型，'被遗忘权'只是在国外有关法律及判例中有所涉及，但其不能成为我国此类权利保护的法律渊源……人格权或一般人格权保护的对象是人格利益，既包括已经类型化的法定权利中所指向的人格利益，也包括未被类型化但应受法律保护的正当法益。就后者而言，必须不能涵盖到既有类型化权利之中，且具有利益的正当性及保护的必要性，三者必须同时具备。"③新型利益需要经过一段时间的发展，明晰其边界之后，方可上升为权利。由此决定了通过侵权责任对利益的保护，不能简单适用侵权责任的构成要件，还必须借助于动态系统论进行综合考虑，确定利益保护的必要性以及一般人格权的保护范围。法官在确定是否应当保护一般人格权时，还要在裁判中对上述问题进行说理论证。换言之，《民法典》第 990 条第 2 款所规定的兜底保护，其中涉及的利益还有一个更强的论证义务，需要根据具体的案件情况进行论证。相比之下，权利保护的构成要件应当比利益保护的构成要件更为宽松。

（二）厘清《民法典》第 990 条第 1 款与第 2 款的适用关系

《民法典》第 990 条第 2 款与第 1 款在适用上是什么关系？笔者认为，《民法典》第 990 条第 2 款的功能，乃是法官在具体个案中认定尚未得到实证法（the positive law）明文规定的其他人格权益（一般人格权）的法律依据与价值基点；而《民法典》第 990 条第 1 款则是对法定人格权的定义性和宣示性条款。故此，《民法典》第 990 条第 2 款与第 1 款的关系呈现如下特征：

---

① 李永军：《民法总则》，中国法制出版社 2018 年版，第 544 页。

② Vgl. BGH, NJW 1994, 124(125).

③ 参见"任某玉与北京百度网讯科技有限公司名誉权、姓名权、一般人格权纠纷上诉案"，北京市第一中级人民法院（2015）一中民终字第 09558 号民事判决书。

第一,是否具有法定性。一般人格权与具体人格权的区分在于,是否对人格利益予以法定化、固定化,是否存在有法律规范的明确规定。具体而言,一般人格权所保护的人格利益应当区分为两种:一是法律明确规定的人格利益;二是法律没有明确规定的人格利益。对于法律已经作出规定的人格利益,如个人信息、死者人格利益等,由于已经有法律的明确规定,应当适用该法律的具体规定,而非适用《民法典》第990条第2款的规定。进言之,此种法律的具体规定又包括如下两种类型:一是法律直接规定了相关保护规则的人格利益,如个人信息保护;二是法律没有直接规定保护规则,但规定了参照适用的规则,如声音利益(参见《民法典》第1023条第2款)。对于法律已经明确规定保护规则的人格利益,应适用相关的具体法律规则,而不再适用《民法典》第990条第2款规定。

《民法典》第990条第2款的功能是赋予法官在具体个案中对尚未得到法律明文规定的人格权益进行法律续造的权力,并且针对彰显了人身自由和人格尊严的其他人格权益提供保护,以此保持人格权益的开放性。因为现代社会进入了一个互联网、大数据时代,科学技术发展日新月异,这也使得许多新型人格利益不断涌现,亟须法律作出应对。许多新型人格利益遭受侵害后,都可以借助一般人格权加以调整。需要指出的是,某些人格利益在司法实践中已经受到保护,如祭奠利益,但由于此类人格利益的保护并没有明确的法律依据,没有具体的法条可供适用,因此其在性质上并不是法定化的人格利益,其仍然属于《民法典》第990条第2款所规定的其他人格权益。

根据上述区分,《民法典》第990条第2款适用的前提是在法律未对特定人格权益作出明确规定,也没有作出参照适用的规定。例如,《民法典》关于声音利益保护规定了参照适用条款,以及网名艺名也有参照适用条款,则不适用《民法典》第990条第2款。① 又如,当法律对人格权或者新型人格利益作出明确规定,则应当适用法律规定。例如,对于个人信息,虽然未将其纳入人格权的范畴,但是作为一种值得保护的人格利益,《民法典》《个人信息保护法》对此作出明确规定,则应当适用这些规定,而不适用第990条第2款的规定。

---

① 参见黄薇主编:《中华人民共和国民法典人格权编解读》,中国法制出版社2020年版,第16页。

第二,主体是否限定性。我国法律中的一般人格权与德国的有所不同,其权利主体只能是自然人。① 一方面,我国《民法典》明确规定法人、非法人组织享有某些人格权。例如,名称权、名誉权的享有主体也可包括法人、非法人组织。但是,《民法典》第 990 条第 2 款规定的一般人格权只能为自然人享有,其权利主体不包括法人、非法人组织,该条的条文表述明确限定于自然人。② 依据《民法典》第 110 条的规定,法人、非法人组织享有名称权、名誉权、荣誉权。从该规定来看,法人和非法人组织享有 3 项人格权,由于该条采取了封闭列举的方式,表明法人、非法人组织所享有的人格权类型具有封闭性,这显然不同于自然人人格权类型的开放性。因此,法人、非法人组织不享有一般人格权。另一方面,民法典之所以将一般人格权限定于自然人,主要是考虑只有自然人才享有人身自由、人格尊严这样的价值所产生的一般人格利益,这也是对宪法上保护人格尊严价值的具体落实。

第三,是否可以参照适用或者类推适用具体人格权的规则。新型人格利益出现后,除非法律有特别规定,一般不宜类推适用其他具体人格权的规则,而应当作为一般人格权予以保护。从我国《民法典》人格权编的规定来看,在特定情形下,人格权编规定了准用的情形,如第 1001 条规定:"对自然人因婚姻家庭关系等产生的身份权利的保护,适用本法第一编、第五编和其他法律的相关规定;没有规定的,可以根据其性质参照适用本编人格权保护的有关规定。"同时,也规定了参照适用条款,例如,《民法典》第 1023 条第 2 款规定:"对自然人声音的保护,参照适用肖像权保护的有关规定。"该条规定,肖像的保护规则可以准用于声音的保护。因此,在法律已经作出规定的情形下,可以参照适用相关具体人格权的规则保护特定的人格利益。但对特定新型人格利益的保护,在法律没有作出特别规定的情形下,不宜参照适用或者类推适用相关具体人格权的规则,而应当适用一般人格权的规则对其提供保护。因为,一方面,类推适用给法官过大的自由裁量权,容易造成法律适用的不安定性。各种新型人格利益是大量存在的,很难完全借助法官的自由裁量权予以判断。另一方面,某些新型人格利益往往可能超出具体人格权的涵盖范围,此时类推适用有可

① 参见程啸:《人格权研究》,中国人民大学出版社 2022 年版,第 99 页。

② 参见黄薇主编:《中华人民共和国民法典人格权编解读》,中国法制出版社 2020 年版,第 17 页。

能牵强附会、造成体系上的不和谐。我国《民法典》之所以规定一般人格权,目的就在于解决新型人格利益的保护问题,并保持人格权益保护范围的开放性。因此,在出现新型的人格利益时,应当通过一般人格权对其进行保护,而不宜类推适用其他具体人格权的规则。

如果受一般人格权保护的人格利益与具体人格权发生冲突,按照《民法典》第1034条所规定的隐私权优先于个人信息的立法理念,应当优先保护具体人格权。

四、一般人格权的法律救济

《民法典》第990条第2款属于赋权规范,即权利分配规范,该条款明确了一般人格权的法律地位,明确了一般人格权也属于人格权的范畴。以此为基础,《民法典》第995条所规定的人格权请求权、第997条所规定的人格权禁令制度,以及第1165条等条款所规定的侵权损害赔偿请求权等权利救济规范就可以与第990条第2款的权利分配规范相衔接。

(一)动态系统论与一般人格权的保护

在法律列举的人格权中,对具体人格权都有权利的具体内涵、外延以及特定的行为义务的规定,而一般人格权没有明确的指向。因此,较之具体人格权,一般人格权的保护要更为注重利益衡量,要更为注重动态系统。动态系统论最早由奥地利学者威尔伯格(Walter Wilburg)于20世纪40年代提出,其基本观点是:调整特定领域法律关系的法律规范包含诸多构成因素,但在具体的法律关系中,相应规范所需因素的数量和因素的强度有所不同;也就是说,调整各个具体关系的规范因素是一个动态的系统。① 因此,应当在具体法律关系中通过对动态因素的考量认定责任。通过动态系统论来准确认定侵害一般人格权的责任,原因在于:一方面,《民法典》第990条第2款只是一个一般条款,较原则和抽象,需要借助价值补充予以具体化,这个过程实际上就要考虑各种因素。新型人格利益体现了人身自由、人格尊严价值,

① 参见[日]山本敬三:《民法中的动态系统论——有关法评价及方法的绪论性考察》,解亘译,载梁慧星主编:《民商法论丛》第23卷,法律出版社2002年版,第177页。

法官还应当结合具体案件的情况,通过衡平考虑各种应受法律保护的利益和价值判断受害人的利益是否需要保护。另一方面,比较法中也存在此种做法。例如,在德国,现在普遍认为一般人格权是一项框架性权利,其在受侵权法规则保护时,既考虑结果的不法,也考虑行为的不法。① 对一般人格权的侵害,不仅需要考虑不法行为是否侵害了人格利益,还需要通过利益衡量来勾勒出其保护范围,并且在个案中进行具体化。② 只要一般人格权的保护范围能够在各个具体类型下进行界定,对其义务违反就能够如其他绝对权那样进行检视。③

问题在于,对利益的保护需要考虑哪些因素?在库奇奥(Koziol)教授主持起草的《欧洲侵权法原则》第2:102条中确立了利益保护所应考虑的多重因素,主要包括:利益的性质、利益的价值、利益的定义是否精确与明显,行为人与受害人的接近程度、责任性质,行为人的利益(尤其是该行为人行动与行使权利的自由)以及公共利益。④ 依据《民法典》第998条规定,认定行为人承担侵害除生命权、身体权和健康权之外的人格权的民事责任,应当考虑行为人和受害人的职业、影响范围、过错程度,以及行为的目的、方式、后果等因素,可以借鉴该条的规定,确定动态系统论所要考虑的因素。当然,由于整个动态系统论的运用本身是一个法官的自由心证过程,更应当是一个说理论证过程,法官应当阐明其是如何考虑法定的因素,包括这些因素是否成立,对这些因素如何综合考量,是否采纳比例原则;对于特定责任形式的采取,法官是否考虑了受害人的职业、影响范围、过错程度,以及行为的目的、方式、后果等多种因素,等等。这些说理论证越充分,则责任认定及其责任范围的确定就越合理。

(二)一般人格权的人格权请求权

由于《民法典》第995条规定的是“人格权受到侵害的”,受害人有权依照本法

---

① Vgl. BGHZ 169, 193 Rn. 13f.; Vgl. Wolfgang Fikentscher/Andreas Heinemann, Schuldrecht, 12. Aufl., 2022, Rn. 1584; Dirk Looschelders, Schuldrecht Besonderer Teil: Schuldrecht BT, 18. Aufl., 2023, Rn. 1174, Rn. 1238, Rn. 1250.

② Vgl. BGH, NJW 2012, 2197 (2199).

③ Gerhard Wagner, in: Münchener Kommentar zum BGB, Band 7, 9. Aufl., 2021, § 823, Rn. 417.

④ European Group on Tort Law, *Principles of European Tort Law: Text and ommentary*, Springer, 2005, p. 191.

和其他法律的规定请求行为人承担民事责任；再加上传统民法教义学认为，只有绝对权可以产生绝对权请求权，但是一般人格权属于“利益”的范畴，不属于“绝对权”，因此有论者主张《民法典》第995条所列举的人格权请求权只适用于具体人格权，不能适用于一般人格权。①

笔者认为这一观点值得商榷。一方面，上文论证表明，《民法典》人格权编使用了广义人格权概念，包括具体人格权和一般人格权。从这个意义上理解的人格权，包括了一般人格权，因此人格权的保护方法包括人格权请求权可以适用于一般人格权的保护。另一方面，人格权请求权乃是权利实现请求权，即在人格权的圆满性遭到破坏时，权利人可以主张停止侵害、排除妨碍和消除危险，从而恢复人格权的圆满状态。承上文所述，具体人格权与一般人格权均是基于人身自由与人格尊严产生的人格权益。既然具体人格权的权利人可以要求他人停止侵害、排除妨碍和消除危险，从而实现权利的圆满性，那么一般人格权也应当具有相似的权利实现请求权；否则，法律秩序承认一般人格权就没有意义。此外，《民法典》第995条作为引致性条款，规定了人格权受到侵害时，受害人有权依照本法和其他法律的规定请求行为人承担民事责任，这里的“请求行为人承担民事责任”不仅包括人格权请求权，也包括损害赔偿请求权。倘若将该条款中的“人格权”解释为狭义的人格权，即仅指具体人格权，似乎容易让人以为一般人格权受到侵害时，受害人不仅不得主张人格权请求权，也不能主张损害赔偿请求权。如此一来，将会造成法律秩序一方面承认一般人格权，另一方面又不加以保护的结论，显然不妥。故此，《民法典》第995条的“人格权”应当解释为广义的人格权。换言之，无论是具体人格权，还是一般人格权，既可以受到人格权请求权的保护，也可以受到损害赔偿请求权的保护。

（三）人格权禁令制度的适用

《民法典》第997条规定：“民事主体有证据证明行为人正在实施或者即将实施侵害其人格权的违法行为，不及时制止将使其合法权益受到难以弥补的损害的，有权依法向人民法院申请采取责令行为人停止有关行为的措施。”依据《民法典》第

① 参见程啸：《论我国民法典中的人格权禁令制度》，载《比较法研究》2021年第3期。

997 条的规定，针对侵害人格权行为的禁令制度适用于正在实施或即将实施的侵害“人格权”的违法行为。在此，对于保护的对象立法者使用了“人格权”的表述。然而，在第 990 条第 2 款中，立法者则将基于人身自由和人格尊严产生的一般人格权称为“其他人格利益”；那么，对于侵害一般人格权的情形，能否适用禁令制度就将产生疑问。

正如上文指出，《民法典》在使用“人格权”这一法律概念时，采纳广义的人格权概念，因此，人格权禁令的规定可以适用于一般人格权；此外，《民法典》第 997 条可以适用于一般人格权还具有如下理由：

第一，从体系解释的层面看，《民法典》第 109 条规定：“自然人的人身自由、人格尊严受法律保护。”该条作为对人格权的宣示性规定，被规定于“民事权利”一章之中。而《民法典》第 126 条对于权利和利益的保护进行了一并规定，该条也被统摄于“民事权利”一章之下。此外，在《民法典》的其他规则中，立法者使用“权利”时也并未排除利益。例如，《民法典》第 132 条规定了权利禁止滥用规则，然而此处禁止的不应限于狭义权利的滥用，对于利益的滥用也同样为立法者所禁止。基于以上体系解释可以发现，立法者在适用“权利”这一表述时，并不具有刻意排除利益的目的；在一些情形下，立法者将狭义的权利和利益一并统摄于“权利”概念表述之下。因此，基于体系解释，同样应当认为人格权禁令制度可以适用于一般人格权的保护之中。

第二，从目的解释上来看，人格权的主要目的是维护人格尊严。因此，将人格权编第一章中规定的“人格权”解释为包括法定人格权和一般人格权，更有利于实现立法目的。从目的解释来看，由于侵害人格权的后果往往难以弥补，且损害蔓延迅速，因而立法者设置禁令制度以避免损害的发生或扩大。① 一般人格权与具体人格权一样，都具有损害难以弥补和损害蔓延迅速的特征，而且二者在性质上均属于人身权益。因此，从立法目的角度考虑，同样作为人格权益的一般人格权也应当具有适用人格权禁令制度的余地。

第三，从整体法秩序统一的层面看，在《民法典》体系外，在知识产权单行法中也同样规定了禁令制度。这些知识产权同人格权益一样，都具有损害难以弥补和蔓延

---

① 参见黄薇主编：《中华人民共和国民法典人格权编释义》，法律出版社 2020 年版，第 37 ~ 38 页。

迅速的特征。因此,就整体法秩序统一的角度而言,也不应当将同样具有上述特征的一般人格权排除于禁令制度的适用范围之外。

(四)精神损害赔偿责任的适用

在侵害一般人格权的情形下,受害人既可以依据人格权编关于人格权请求权的规定获得救济,也可以依据侵权责任编的规则获得救济。《民法典》第1183条规定:"侵害自然人人身权益造成严重精神损害的,被侵权人有权请求精神损害赔偿。"对于侵害一般人格权的情形,虽然受侵害的仅是一种法益,但是法律也为受害人提供了充分的救济。因此,受害人可以按照侵权法的一般规则,请求获得救济。例如,受害人因此遭受的财产损失,加害人应当予以赔偿。再如,受害人主张加害人赔礼道歉、消除影响的,法院也可以支持。

在一般人格权遭受侵害的情形下,受害人能否主张精神损害赔偿?从比较法上看,1959年德国联邦政府向联邦议院提呈了《关于修订民法中保护人格与名誉的法律草案》,其中建议肯定侵害一般人格权的精神损害赔偿责任,但该草案受到了强烈批评。有观点认为,这一规定可能使媒体的新闻自由受到单方面限制,将不当影响信息的传播,后该草案并没有获得通过。① 到目前为止,关于一般人格权遭受侵害后权利人能否主张精神损害赔偿责任,立法中并不明确,但司法实践中肯定了受害人的精神损害赔偿请求权。笔者认为,侵害一般人格权也应当适用精神损害赔偿,这是因为精神损害赔偿是对人格利益侵害的特殊救济,普遍适用所有的自然人人格利益被侵害的情形。之所以在法律上要判断某种遭受侵害的人格权益属于人格利益,乃是因为该项权益可以通过精神损害赔偿的方式予以救济。从实践来看,受害人在一般人格权遭受侵害时,往往因为人格尊严受损而遭受痛苦,如果不允许受害人主张精神损害赔偿,不利于对受害人的充分救济。

我国《民法典》第1183条第1款规定:"侵害自然人人身权益造成严重精神损害的,被侵权人有权请求精神损害赔偿。"该条将精神损害赔偿规则的保护对象限定为

---

① 参见《德国民法人格与名誉保护新规则法草案》,王洪亮译,载王洪亮等主编:《中德私法研究》2015年·总第12卷,北京大学出版社2016年版,第317~324页。

“人身权益”,不限于人格权,显然包括一般人格权在内。因此,在行为人侵害他人一般人格权,符合精神损害赔偿责任适用条件的情形下,受害人应当有权依法主张精神损害赔偿责任。

结　语

“‘其他人格法益’的创设,系一种因应社会变迁及层出不穷的侵害方式而发展形成的,扩大了人格权的保护范围,促进维护人格尊严及人格自由。”[①]《民法典》第990条第2款规定虽然简短,但内容丰富,它“是框架性的,有待价值填充的,不确定性的一般条款。被侵犯的人格权益在个案中是否值得保护,必须在个案中顾及所有情况,并通过以比例原则为导引的利益权衡予以确定”。[②] 其所体现的对于人格权益保护的开放性、兜底性、价值确定性等功能极为重要。由于新型人格权益不断发展,而人格权又不能如物权那样实行法定主义,因此,法官从事法律续造在所难免。然而,如果允许法官任意创设新型的人格权益,看似形成了权利的勃兴与扩张保护的样态,但或将冲击既有的权利体系,并可能严重限制第三人的行为自由,造成权利泛滥。因此,法官在对一般人格权进行承认和保护时,必须严格依据《民法典》第990条第2款所规定的“人身自由和人格尊严”的价值基础进行利益衡量,确定某种人格利益是否纳入一般人格权的保护范围,并且在裁判中充分地进行说理论证。

---

① 王泽鉴:《人格权法》,北京大学出版社2013年版,第251页。

② 黄薇主编:《中华人民共和国民法典人格权编解读》,中国法制出版社2020年版,第16~17页。

专题五　法人人格权

本专题撰写人：边　琪

【《民法典》及其配套司法解释的新规则】

《民法典》第 110 条第 2 款

法人、非法人组织享有名称权、名誉权和荣誉权。

【规则由来】

《民法典》第 110 条第 2 款来自原《民法总则》第 110 条第 2 款。在内容上，两者皆继承了 1986 年出台的原《民法通则》第 99 条第 2 款、第 101 条和第 102 条的相关内容。

【规范意旨】

《民法典》第 110 条第 2 款是关于法人、非法人组织具体人格权的规定。和原《民法总则》第 110 条第 2 款相比，《民法典》第 110 条第 2 款去掉了“等权利”的表述，《民法典》第 110 条第 2 款去掉了“等权利”的表述，意味着其对法人具体人格权作了封闭式列举，法人具体人格权仅限列举的名称权、名誉权和荣誉权 3 类。此外，法人、非法人组织不享有其他法定的具体人格权，也不享有一般人格权。和 1986 年原《民法通则》的相关规定相比，《民法典》第 110 条第 2 款最大的变化，是将非法人组织也纳入了具体人格权的权利主体范围。

上述具体人格权对于法人、非法人组织涉及名称、名誉、信用、荣誉等方面的利益发挥了保护作用，有助于法人、非法人组织特定目的和功能的满足。特别是在市场经济交往和其他社会交往中，法人、非法人组织也有被认识、承认和尊重的需求。只有这些需求被满足，法人、非法人组织才能充分自由发展，满足其特定目的和功能。上述相关利益对此起到了不可替代的作用。当然，该条作为总则编中的一条，仅系对法人、非法人组织具体人格权的简单列举，未对每项具体人格权给出定义，也没有规定相关的民事责任。更详细的相关规定载于《民法典》人格权编中。法人、非法人组织是否仅得享有上述 3 项具体人格权，在法理上尚有进一步探讨的空间。现有规定在很大程度上系迄今为止的司法实践之结果。

【典型案例】

案例一："未经许可使用他人名称进行商业宣传案"

2020 年，信诺鉴定所发现，托莱斯公司未经自己许可，在其运营的严选好基因网站中鉴定机构一栏使用了信诺鉴定所的名称。其主页显示，医院地址为信诺鉴定所地址，可预约 2739 元起的检测，该网站还附有信诺鉴定所的详细介绍。信诺鉴定所的工作人员从涉案网站信诺鉴定所机构处点击进入聊天窗口，提出进行亲子鉴定。客服"鉴定中心—张法医"以申请低价、避免孩子知道等原因劝说信诺鉴定所工作人员前往其指定的机构"华大中医院"处进行 DNA 亲子鉴定。此后，信诺鉴定所提起诉讼，并要求对方赔偿损失。

一审法院认为，法人、非法人组织享有名称权，依法享有决定、使用、改变自己名称，并排除他人干涉、盗用或冒用的权利。本案中，托莱斯公司未经许可，使用信诺鉴定所名称在自己运营的网站上进行商业宣传，让人产生误导，并以此为托莱斯公司运营网站吸引客户，带来一定的经济利益。因此，托莱斯公司的行为同时构成侵犯名称权和不正当竞争行为，产生请求权竞合。信诺鉴定所以侵犯名称权为由主张权利，符合法律规定，法院予以支持。信诺鉴定所要求托莱斯公司赔礼道歉的诉讼请求,于法有据,予以支持,具体道歉内容及方式由一审法院根据托莱斯公司侵权行为影响范围予以确定。对于信诺鉴定所主张赔偿经济损失的诉讼请求,因信诺鉴定所并未提交充分证据证明其因本案侵权行为造成的财产损失或托莱斯公司获得的利益,一审法院综合考虑涉案服务的预约价格、预约人次、点击量、侵权行为持续时间、影响力等因素,酌定托莱斯公司赔偿信诺鉴定所经济损失10万元。

二审法院认为,法人依法享有名称权,有权依法决定使用、许可他人使用自己的名称,任何组织或个人不得以假冒、盗用等方式侵害法人的名称权。本案中,上诉人未经被上诉人许可,擅自在自己经营的网站上设置被上诉人的业务专栏信息,并同时对外开展具有同业性质的咨询服务,以此获取利益,不仅严重损害了被上诉人的名称权等正当利益,也在一定程度上误导了消费者、扰乱了正常的市场经营秩序,一审法院根据上诉人的侵权情节等酌情确定的赔偿金额并无不妥,对于上诉人的上诉请求,不予支持。①

案例二:“离职员工批评公司案”

被告于2021年12月28日入职原告科拉斯公司,岗位为行政前台。2022年1月19日,因为个人原因,被告提出辞职申请,原告为其正常办理了离职手续。2022年1月20日,被告离职后向原告公司及29名在职员工群发了标题为《领导甩锅员工担责说明》的邮件,为此提交了员工登记表照片和《领导甩锅员工担责说明》邮件截图。邮件中包含如下言论:“每天上班心情跟上坟一样”“如果还没覆灭,那只是时间的问题”“各种理由甩锅”“先用员工福利、绩效工资吸引住优秀人才,再弃之如敝履……”“给一家公司蒙羞”“连最起码的职场素养、基本常识都没有”。原告主张,因被告群发邮件行为导致公司多名员工离职、影响公司经营管理。根据原告提交证据表明,2022年1月19日至2022年3月31日,科拉斯公司包括原告在内共9人离职。对此,原告提起诉讼,并要求被告赔偿损失。

关于被告是否构成侵犯名誉权,法院认为,名誉权,是指公民或法人就其自身属性和价值所获得的社会评价,良好的名誉是公民、法人参与社会生产生活的重要条

① 参见北京市第四中级人民法院(2021)京04民终863号民事判决书。

件。公民具有批评和表达意见的权利，被告对于其个人在履行劳动合同过程中产生的工作纠纷，可合理合法地主张权利、发表言论。判断某种言论是否侵害名誉权，应当根据受害人是否有名誉被损害的事实，行为人行为违法、违法行为与损害之间是否存在因果关系、行为人主观上是否有过错来认定。本案中，被告邮件中表达的“各种理由甩锅”“连最起码的职场素养、基本常识都没有”“先用员工福利、绩效工资吸引住优秀人才，再弃之如敝履……”等言论，均可以直接指向原告，而被告未能提供证据证明原告用员工福利、绩效工资吸引人才后解雇，即无证据证明原告无故解雇员工。被告发表“每天上班心情跟上坟一样”“如果还没覆灭，那只是时间的问题”“给一家公司蒙羞”等言论，使用过度渲染性词汇，超出被告就工作纠纷表达意见的合理限度。被告采取对原告部分员工群发邮件的形式，必然会导致原告在一定范围内社会评价降低，被告具有主观过错，其行为已经侵犯科拉斯公司名誉权，应依法承担侵权责任。关于原告主张赔礼道歉、消除影响、恢复名誉的诉讼请求，于法有据，法院予以支持。但赔礼道歉、消除影响、恢复名誉的方式应与侵权的具体方式和所造成的影响范围相当。关于经济损失部分，原告未能提交证据证明其经济损失以及被告的违法所得，对该诉讼请求本院不予支持。①

案例三：“装饰装修服务纠纷案”

王某于 2020 年 9 月 12 日与豪庭装饰公司签订《装饰工程施工合同》，约定由豪庭装饰公司为王某提供装饰装修服务，王某支付相应款项。装修过程中，王某家中出现下水管道返水情况，排泄物等污水自王某家中卫生间地漏及坐便返出到地面。事发后，双方对发生事件的原因各执己见，就事件原因及赔偿问题未能达成一致。2022 年 6 月起，王某将一辆印有“豪庭装修公司如此装修”“卫生间下水排管错误造成粪便 5 次倒流”“卫生间过门石渗水造成墙体潮湿长毛返碱”的标语及照片的车辆停放于豪庭装饰公司经营场所门口、中天首府楼盘销售中心门口等处。该车辆的视频及照片并被上传转载至抖音、微信平台，获得 200 余个点赞及 100 余条评论。豪庭装饰公司遂提起诉讼，要求赔偿损失。

① 参见北京互联网法院(2022)京 0491 民初 8730 号民事判决书。

一审法院认为,民事主体享有名誉权,任何组织或者个人不得以侮辱等方式侵害他人的名誉权。本案中,王某将印有贬损性言词及配图的车辆停放于豪庭装饰公司经营场所、房屋销售中心等公共场所,该车辆照片及视频并被上传转发至互联网,对豪庭装饰公司的名誉造成一定影响。王某不能提供证据证明其言论的真实性,且即便相关事实真实,其也应当通过合法途径解决纠纷。故豪庭装饰公司要求王某停止侵权,为其恢复名誉、消除影响、赔礼道歉的诉求有法律及事实依据,法院予以支持。综合豪庭装饰公司名誉权受到侵害的程度及范围,王某应在抚顺市市级报纸发布为豪庭装饰公司恢复名誉、消除影响、赔礼道歉的信息,刊登时间因豪庭装饰公司未能提供证据证明侵权持续时间,本院酌定为10日。关于豪庭装饰公司主张的经济损失赔偿,虽然其未能提供证据证明实际损失金额,但王某不当言论在公共领域传播,势必对豪庭装饰公司经营造成一定影响,结合本案具体情况,法院酌定王某赔偿豪庭装饰公司1万元。

二审法院认为,王某的相关言论明显带有倾向性,而且无法提交证据证明其发表言论的客观真实性,主观过错明显。从网络平台的反应及网络信息传播特点看,涉案言论确易引发公众对豪庭装饰公司及其所经营企业的猜测和误解,对其产生负面认识并造成豪庭装饰公司及其所经营的企业产品或服务的社会评价降低。王某损害行为和豪庭装饰公司及其所经营企业名誉受损之间存在因果关系,故王某行为构成名誉权侵权。对于豪庭装饰公司要求王某停止侵害、赔礼道歉并恢复名誉,符合法律规定,应予以支持。就赔偿损失,一审法院判决赔偿1万元并无不当,予以支持。

案例四:"信用评级案"

知大公司为一家2017年成立的国家知识产权局商标局备案代理机构。普众公司为一家2009年成立的提供计算机软、硬件和网络专业领域内的技术开发、技术咨询、技术服务的公司,并为"企业信用网"的主办方。2018年9月,知大公司在百度搜索引擎上搜索其公司名称,发现第一条记录显示在普众公司主办的"企业信用网"上,知大公司被评价为信用等级B级,信用状况为信誉及形象较差。普众公司网站公示的等级文字说明记载,B级表示绝大多数网民认为该企业信用程度差、债务有很大违约风险、有较多负面信息,表现投资意愿较弱。2019 年 10 月 10 日,“企业信用网”删除了关于知大公司的评级信息,但在“企业信用网”上搜索知大公司名称,显示“您正查询的企业可能未在国家工商部门注册,请谨慎与其往来”。

一审法院认为,名誉权是公民或法人所享有的、有关自己的社会评价不受他人侵犯的一种人身权利。是否构成侵害名誉权的责任,应该根据受害人确有名誉被损害的事实、行为人行为违法、违法行为与损害后果之间有因果关系、行为人主观上有过错来认定。本案中,普众公司开办的企业信用网系公开性平台,受众具有不特定性和广泛性,普众公司经营范围不含企业信用评级等涉信业务且未经相关部门授权即在开办的网站上将知大公司信用评级评定为 B 级且认定知大公司信誉及形象较差,普众公司具有主观过错,其行为足以导致知大公司的社会评价度降低,对知大公司的名誉造成了不利影响,故法院认定普众公司侵犯了知大公司名誉权。另外,普众公司在本案审理中删除了对知大公司的评级及信用评价信息,但在删除后网站出现“您正查询的企业可能未在国家工商部门注册,请谨慎与其往来”字样,结合前述信用评级行为,该字样足以对网站用户进行误导,同样降低对知大公司的社会评价,故知大公司要求普众公司删除上述字样、停止侵权行为并在《新民晚报》上道歉的诉讼请求应予支持。关于知大公司主张赔偿经济损失一节,法院认为当事人没有足够证据证明相关利益受损的事实,不予支持。

二审法院驳回上诉,维持原判。①

【理论阐释】

一、法人人格权的历史发展

(一)法人人格权在德国的发展情况

法人人格权作为一个理论问题出现的前提,是法人制度被全面承认。通常,人

① 参见上海市第二中级人民法院(2020)沪 02 民终 2356 号民事判决书。

们认为,“法人”(juristische Person)这一概念起源于历史法学派的胡果(Hugo)。[①] 这位法学家在考察罗马法的相关原则和制度时,首次提出了“法人”和“法律行为”(Rechtsgeschäft)这两个重要概念。[②] 但是,胡果对于“法人”概念缺乏进一步的解释。最终“法人”这一概念成为法律术语并为人们所接受的贡献者是萨维尼。萨维尼在《现代罗马法体系》中表明了使用“法人”概念的理由,是因为当时为学者所使用的另一个概念“道德人”(moralische Person)在其看来存在两个问题:第一,这一概念没有触及概念的本质,它和道德实际上没有关系。第二,它容易误导人们,指向与“不道德”相反的内容。[③] 此后,法人概念逐渐被大陆法系各个国家的法学家们和法律规定所接受。它使团体有了成为法律主体的可能,并对自己的法律行为负责。然而,法人到底是什么?法人的本质究竟为何?尽管许多法学家都参与讨论中,但至今尚无一个让人满意的统一答案。

法人制度得到确立以后,法人权利在不同法域内缓慢扩张。这种扩张背后的驱动根源,是社会变化和法人自身需求的变化。具体而言,是法人越来越多参与到了社会生活中,乃至成为社会组织中不可或缺的一部分。法人本身的存在,已经变为一种社会现实。[④] 在社会交往中,为了确保自身成立目的的实现以及自身功能的充分发挥,法人对于各项权利的需求也逐渐增加,特别是法人可能也在面临一些自然人所面临的典型危险。在此种情况下,法人在这些领域内获得和自然人一样的权利,就成为大势所趋。此外,社会交往中技术与媒体的发展变化,给自然人和法人都带来了许多新型危险,对此,法律的相关规定是滞后的,许多漏洞由此产生。相较自然人,法人相关权利保护之法律供给更不足。鉴于此,亟须打开一条道路,解决法人应当保护之利益在法律依据上不足的问题。对此,各国的做法不同。比如,德国在

---

① Vgl. Werner Flume, Allgemeiner Teil des bürgerlichen Rechts, Band I, Teil 2, Die juristische Person, 1983, S. 1.

② 参见何勤华:《西方法学史》,中国政法大学出版社 1996 年版,第 232 ~ 247 页。

③ See Friedrich Carl von Savigny, Jural Relation; or, the Roman Law of Persons as Subject of Jural Relations: being a Translation of the Second Book of Savigny's System of Modern Roman Law, translated by William Henry Rattigan, Wildy & sons, 1884, p. 179.

④ Vgl. Alfons Kraft, Gedanken zum allgemeinen Persönlichkeitsrecht juristischer Person, FS Hubmann, 1985, S. 216.

基本法中为法人设置了一般性保护条款，再通过间接第三方效力理论（mittelbare Drittwirkungstheorie）投射到民法领域。瑞士、奥地利则直接在民法典中为法人设置了这样的一般性保护条款。

在德国，法人人格权的问题与法人基本权利问题紧密关联。早在1890年，贝纳茨克（Bernatzik）就提出了一个问题，即法人是否可以享有基本权利。① 在此之前，学理上已经承认，法人可以享有个别基本权利。② 但是，法人是否能全面享有基本权利，或者法人能够享有哪些基本权利的问题，在学理上尚缺乏答案。③ 1919年的《魏玛宪法》第153条第2款第4句第一次从立法上规定，法人可以部分享有基本权利，特别是财产方面的基本权利。但学理上依旧存在较大反对意见。卡尔·施密特（Carl Schmitt）认为，基本权利涉及个体天赋之自由，作为国家法产品的法人无法享有。④ 1948年12月的基本法修订中，法人基本权利的问题被重提。但是当时法学家争论不休的是，在基本法中，对法人基本权利的新增条文，到底应当采取列举法还是设立一个一般条款。⑤ 最终所新增的条文，针对法人享有的基本权利作了一般性规定，它最初被规定在《德国基本法》第20a条中，目前则为基本法第19条第3款，内容为："基本权利亦适用于国内法人，但以依其性质得适用者为限。"《德国基本法》第19条第3款为法人人格权打开了道路。它不仅体现在法人宪法人格权上，也根据间接第三方效力理论体现在法人民法人格权上。因为《德国民法典》仅在第12条规定了姓名权，除此之外并无条款涉及一般人格权或具体人格权。

在德国司法实践中，较早承认了法人的名称权和名誉权。但是，德国司法实践早期对法人名誉权的承认，是依据《德国民法典》第823条第1款和《德国刑法典》第185条、第186条的名誉保护之规定。⑥《德国刑法典》第185条、第186条所规定的

① Vgl. Manfred Oechsle, Zur wesensmäßigen Anwendung der Grundrechte auf juristische Person des Zivilrechts, 1960, S. 5.

② Vgl. § 165 Reichsverfassung von 1849; Art. 42 Preußische Verfassung von 1850.

③ Vgl. Barbara Remmert, in: Maunz/Dürig, Kommentar zum GG, 90. Aufl., 2020, Art. 19 Abs. 3 Rn. 4.

④ Vgl. Carl Schmitt, Verfassungslehre, 1928, S. 170 ff.

⑤ Vgl. Barbara Remmert, in: Maunz/Dürig, Kommentar zum GG, 90. Aufl., 2020, Art. 19 Abs. 3 Rn. 11.

⑥ Vgl. BGH NJW 1975, 1882 (1882).

名誉保护,和《德国基本法》第2条第1款、第1条第1款规定的一般人格权并非同源。真正从一般人格权角度出发,使法人得以被承认除名称权之外的人格权的,是1975年以后的一系列案件,如"KSB公司案"①"科学教案"②"卡雷拉案"③"劳斯莱斯案"④等。这些案件在民法领域内承认了法人享有一般人格权。在司法实践中,一般人格权对于法人在人格权领域内的相关利益主要发挥着补充保护的功能。它曾经在德国《商标法》《反不正当竞争法》修订之前,发挥填补涉及名称和商标领域权利空白的作用。此后,它主要体现为名誉权和社会效力请求权(der soziale Geltungsanspruch),以及企业自我决定权。

(二)法人人格权在中国的产生与发展

法人人格权在中国的产生与发展则有完全不同的历史背景。我国《宪法》在基本权利的设计上仅规定了自然人为唯一主体。虽然其没有明确规定排除法人享有宪法基本权利,但是由于其在基本权利表述上围绕着自然人而展开,这意味着现有的宪法基本权利结构体系在设置上排除了自然人以外的其他主体。⑤ 这种情况无法通过宪法上的扩大解释来改变。

我国首先在民法领域内确立了法人的具体人格权。1986年原《民法通则》规定了法人的名称权、名誉权和荣誉权。但是,回顾原《民法通则》中的相关规定,可知在当时,"人格权"的概念定位并不清晰。"一般人格权"的概念在当时亦并未出现。原《民法通则》之所以承认法人享有名称、名誉、荣誉这几类具体人格权,是满足改革开放和我国发展商品经济的需要,⑥也是为了更好地利用法律手段来管理经济。⑦彼时,经济体制改革刚开始,民事法律的制定也在不成熟的摸索中,无论是法人制度

① Vgl. BGH GRUR 1976, 379 (379).
② Vgl. BGH NJW 1981, 675 (675).
③ Vgl. BGH NJW 1981, 2402 (2402).
④ Vgl. BGH NJW 1983, 1431 (1432).
⑤ 杜强强:《论法人的基本权利主体地位》,载《法学家》2009年第2期。
⑥ 参见孙宪忠:《民法通则的回顾与展望》,载《法学研究》1991年第3期。
⑦ 王汉斌(全国人大常委会原秘书长、法制工作委员会原主任):《关于〈中华人民共和国民法通则(草案)〉的说明》,1986年4月2日在第六届全国人民代表大会第四次会议上。

还是法人所享有的“人身权利”，都是为改革开放和经济发展提供民事法律制度基本依据，[1]是作为基本要素而存在的。所以，法人人格权的确立，在很大程度上是因为某些具体人格权对法人的兼容在世界范围内已经较为成熟和普遍的做法，它们同时也为我国改革开放和发展商品经济所需要。法人具体人格权被确立以后，司法实践积累了大量相关案例，特别是法人名称权和法人名誉权方面的案例。此外，司法实践中还独立发展出了法人信用权。但是，信用权是并入名誉权，还是独立成为一类具体人格权的争议和分歧也长期存在。学界对此的代表性观点主要有两种：第一种是对信用利益采用名誉权的保护方式进行保护，[2]第二种是赞成信用权独立作为一项独立的权益放在一般人格权下进行保护。[3] 最终，我国《民法典》采纳了第一种观点，即采用名誉权的保护方式来保护信用利益，不单独设立信用权。

2020 年 5 月 28 日通过的《民法典》规定法人享有名称权、名誉权和荣誉权 3 类具体人格权。和原《民法总则》第 110 条第 2 款相比，《民法典》第 110 条第 2 款去掉了“等权利”的表述，意味着其对法人具体人格权作了封闭式列举，法人具体人格权仅限列举的 3 类。同时，法人也不享有基于人身自由、人格尊严的一般人格权，后者仅为自然人所享有。但是，法人名誉权在内容上似仍有发展之空间，在一定程度上能通过对法人“名誉”的扩大解释，使法人名誉权部分发挥一般人格权的功能。和原《民法通则》相关内容相比，《民法典》除在法人具体人格权的相关规定上更详细，如专门设置了“人格权编”外，还扩大了非自然人享有人格权的范围，即将非法人组织也纳入其中。在具体人格权的享有上，非法人组织和法人的地位、内容基本是相同的。

二、法人一般人格权之惑

原《民法通则》规定了非自然人民事主体的具体人格权，但是未涉及非自然人的“人格”问题，也未采纳“一般人格权”的概念。对此，2002 年全国人大常委会法制工作委员会发布的《民法草案》进行了补充，其在第四编“人格权法”第 2 条规定，“自

---

① 参见王利明：《回顾与展望：中国民法立法四十年》，载《法学》2018 年第 6 期。

② 周云涛：《信用权之反思与重构》，载《北方法学》2010 年第 6 期。

③ 何国强：《论作为独立人格权的信用权》，载《社会科学家》2012 年第 7 期。

然人、法人的人格尊严和人身自由不受侵犯”。该条在伦理人格与非自然人民事主体之间直接建立了联系,超越了此前《宪法》第37条、第38条之规定,也引发了新一轮的非自然人民事主体人格权之学理争议。由于当时没有将非法人组织规定为民事主体,所以学理争议集中在法人这一典型的非自然人民事主体上。

对2020年《民法草案》第2条的规定,以尹田为代表的否定派进行了批判,认为法人不享有人格权,核心观点为:(1)法律人格仅表明法人的民事主体地位,并不能证明法人拥有人格权,因为人格权所要求的是“伦理人格”。① (2)法人的人格权实质上是财产权。② 以薛军为代表的肯定派则认为,法人可以享有人格权,其主要观点为:(1)法人享有人格权是立法政策的判断,是对法人加强保护的体现。③ (2)法人具有团体人格,表明法人可以享有人格性利益。④ (3)法人人格权是一种法律技术,是为了以法人名义保护其成员的人格利益。⑤ 在绝对的肯定派和绝对的否定派之间,还存在以王利明教授为代表的折中派。折中派的核心观点为:法人可以享有几类具体人格权,但是不享有一般人格权,因为一般人格权的基础是人格尊严和人格发展自由,这只能被自然人享有。⑥

否定派和肯定派的观点都有明显缺陷。否定派认为,法人的人格权实质上是财产权,这是对法人权利能力的一种不必要的限制,并且这种观点已经过时。从理论角度看,萨维尼之所以认为法人仅享有财产权,是因为萨维尼反对人格权本身的存在。⑦ 19世纪以后,法学家们在承认人格权的基础上,一般也承认法人享有人格权,并且对法人可以享有的具体人格权种类进行了探索。⑧ 从权利能力的角度限制法人人格权并不可信,瑞士联邦法院明确指出,法人权利能力就是法人获得人格权保护的一种表达。⑨ 而且,人格权并非都和人格尊严保持着紧密关系,有些和人格尊严关

---

① 参见尹田:《论法人人格权》,载《法学研究》2004年第4期。

② 参见郑永宽:《法人人格权否定论》,载《现代法学》2005年第3期。

③ 参见薛军:《法人人格权的基本理论问题探析》,载《法律科学(西北政法学院学报)》2004年第1期。

④ 参见薛军:《法人人格权的基本理论问题探析》,载《法律科学(西北政法学院学报)》2004年第1期。

⑤ 参见薛军:《法人人格权理论的展开》,载《上海财经大学学报》2011年第6期。

⑥ 参见王利明:《人格权法》,中国人民大学出版社2016年版,第74页。

⑦ 参见[德]萨维尼:《当代罗马法体系Ⅰ》,朱虎译,中国法制出版社2010年,第261页。

⑧ Vgl. Otto von Gierke, Deutsches Privatrecht, Band 1, 3. Aufl., 1936, S. 710 ff.

⑨ Vgl. BGE 95 Ⅱ 481 (489).

系较远的人格权也可以为法人所享有。通说一般认为，法人享有社会领域方面的人格利益，比如针对其整体财产、名称或名誉方面的人格权。① 肯定派的观点局限性在于：首先，它在论述法人人格权和自然人人格权的时候，在多个层面运用人格和人格权的概念，并将一般人格权和具体人格权混为一谈，在一定程度上导致许多讨论较泛化，未集中对法人和一般人格权的关系深入探讨。其次，肯定派既认为法人享有人格权，又认为法人人格权是为了保护自然人人格利益，这一观点在一定程度上自我矛盾，否定了法人人格权对于法人单独的价值，也违背了法人和自然人之间的区分原则。

相较而言，最终为我国《民法典》所采纳的折中派观点，既在理论上比较自洽，也是我国法人人格权司法实践发展之自然结果，是外国法律理论经过本土实践和改造后的结果。折中派整体而言赞同法人享有人格权。但是和赞同派不同的是，它在理论内部做了更精细的建构，消除了一些理论上的不自洽。特别是在我国接受了来自德国法的“一般人格权”概念后，折中派对自然人人格权和法人人格权作了清晰区分，在理论上明确指出，只有自然人人格权才遵循人格尊严、人格发展自由的理念路径，法人人格权是一种法定的、与人格尊严关系较远的权利。所以，“一般人格权”的概念在我国专属于自然人。而这也避免了我国相关理论发展走弯路。折中派观点的合理性如下：

第一，我国在概念上将一般人格权限于自然人的范畴，和德国法相比，它避免了概念混淆，使理论构建体系更为清晰。德国法通说虽然支持法人一般人格权，但实际上法人一般人格权和自然人一般人格权是不同的。就法律依据看，自然人一般人格权依据《德国基本法》第 1 条第 1 款人的尊严和第 2 条第 1 款人格自由发展，法人一般人格权依据《德国基本法》第 2 条第 1 款人格自由发展和第 19 条第 3 款“国内法人基本权利适用以依其性质得适用者为限”。就一般人格权内容看，自然人一般人格权的内容十分丰富，法人一般人格权的内容比较有限，主要为法人话语权（das

---

① ［瑞］贝蒂娜·许莉蔓-高朴、狄安娜·奥斯瓦尔德：《瑞士民法上的人格权保护》，金可可译，载《东方法学》2013 年第 3 期。

Recht am gesprochenen Wort)[①]和法人信息自决权,[②]相关司法案例也较少。此种情况下,法人和自然人仍旧共用“一般人格权”的概念,弊大于利,容易造成很多不必要的混淆和理论构建的困境,如试图论证法人的“人格尊严”。所以近年来德国司法实践中常常用“企业人格权”(Unternehmenspersönlichkeitsrecht)的概念来表达企业的一般人格权,以和自然人一般人格权进行区分。[③] 我国在立法上有后发优势,可以提前避免这种概念混淆和由此导致的理论复杂性。

第二,《民法典》规定了法人具体人格权以后,人格权的框架性条款也不再为法人所必须。德国之所以在基本法中先发展出自然人一般人格权,又发展出法人一般人格权,是因为《德国民法典》没有对两者的人格权提供足够保护,甚至都没有涉及法人人格权的法律规定,这才导致司法实践中因为法律规定供给不足而另辟蹊径,不得不在德国基本法层面为其寻找法律依据。实际上,如果当时《德国民法典》能够落实法人的几项具体人格权,法人就无须在基本法层面以一般人格权模式来实现相关保护。所以,德国基本法中发展出来的法人一般人格权具有一定的偶然性,[④]我国并不存在相似背景。

第三,《民法典》规定3类法人的具体人格权也是我国司法实践自然发展的结果。各国对具体人格权的设定很大程度上也依赖司法实践情况。我国司法实践经过多年发展,在法人的3类具体人格权之外,仅发展出了法人信用权。法人信用权是单独作为一项具体人格权存在,还是纳入名誉权中,在学理上和司法实践中曾经有较大分歧。[⑤] 但是,学理上总体倾向于认为,信用权作为一项单独的人格权不够成熟,将“信用”纳入名誉权中,运用《民法典》内在体系的自洽系统,对“信用”规范内涵进行价值填补与规则指引,是更好的方式。[⑥] 这也表明,法人名誉权中的“名誉”

① Vgl. BVerfG NJW 2002, 3619 (3619).

② Vgl. BVerfG NJW 2007, 2464 (2464).

③ Vgl. Ansgar Koreng, Das „Unternehmenspersönlichkeitsrecht“ als Element des gewerblichen Reputationsschutzes, GRUR 2010, S. 1065 ff; Patricia Cronemeyer, Das Unternehmenspersönlichkeitsrecht in der gerichtlichen Praxis, AfP 2014, S. 111 ff.

④ 参见沈建峰:《德国法上的法人一般人格权制度及其反思》,载《政治与法律》2012年第1期。

⑤ 参见张继红:《个人信用权益保护的司法困境及其解决之道——以个人信用权益纠纷的司法案例(2009—2017)为研究对象》,载《法学论坛》2018年第3期。

⑥ 参见李晓安:《〈民法典〉之“信用”的规范性分析》,载《理论探索》2020年第4期。

包含了法人社会评价的多个方面,具备较大的灵活性。法人人格权在我国司法实践的结果表明,已有的 3 类具体人格权已经能够满足我国当下法人人格权的保护需求。至于法人在信息数据方面的人格权,虽然德国法曾经在一般人格权领域内试图发展法人的信息自决权,但是欧盟层面在《一般数据保护法案》(General Data Protection Regulation)中仅规定了对自然人数据的保护,而排除了法人。总体而言,由于信息数据本身的复杂性,法人信息数据方面的保护在未来时机成熟的时候单独立法,似乎更可行。

三、法人的具体人格权

(一)名称权

1. 法人名称与名称权概述

名称是标示特定团体,从而使之区别于其他团体的文字符号。法人名称存在的最重要功能,是法人在社会活动中确定和代表自己,并将自己区别于他人。在学理上此类权利也被称为标表型人格权,即能自我表示和区别于他人的一种标记符号。①由于法人缺乏肖像权、形象权、声音权等,名称权是法人区别于其他主体的最重要的一类标表型人格权。关于法人名称如何构成,我国的相关规定散布在不同法规中。其中最典型的是对企业法人名称构成的规定。根据国家市场监督管理总局 2018 年发布的《企业名称登记管理条例(征求意见稿)》第 8 条规定,企业名称应当由行政区划、字号、行业或者经营特点、组织形式依次组成。第 19 条规定,企业分支机构的名称应当冠以其所从属企业的名称,并后缀"分公司""分厂""分店"以及其他组织形式等字词。2020 年修订的国家工商行政管理局发布的《企业名称登记管理规定》相关内容与其一致。值得注意的是,由于现有法律没有规定名称权的含义,而从语义学角度看,名称有广义和狭义之分。从狭义角度看,法人名称应当是指由法律所规定的完整名称;从广义角度看,日常生活中人们对法人名称的使用和称呼则可能仅仅为字号(商号),或者字号加行业。此外,人们也可能以法人名称的简称来称呼

① 参见温世扬:《论"标表型人格权"》,载《政治与法律》2014 年第 4 期。

法人。对此是否都应当纳入名称权的保护,以往司法实践中存在一定分歧,下文将展开分析。

所谓法人名称权,是法人依法享有的决定、使用、改变、转让自己名称,并排除他人干涉的权利。[①] 法人名称权究竟是财产权,还是单纯的人格权,抑或是两者的混合,对此学界长期存在争议。早期学者认为法人名称权是一项财产权。当时由于其他类型的法人并不发达,提出者主要以企业为考察对象,认为企业名称权是一项财产权。[②] 随后,也有学者认为企业名称权是一项无形财产权,与商标、专利等工业产权性质相同。因为《保护工业产权巴黎公约》第 8 条将厂商名称纳入了工业产权的范畴。[③] 后期,学者逐渐认为,法人名称权是单纯的人格权,而拒绝了名称权为财产权和人格权之混合,理由为:从最基本功能看,名称权是团体组织成为民事主体的前提条件,是其作为特定组织的标志;从时间维度看,名称权最初出现的时候几乎不具有或很少具有财产性质,名称权的财产价值是随着法人的经营活动逐渐积累的,所以名称权的财产价值是在其人格权功能之外被附加的。它本质上是一项人格权,但可能具有财产价值。[④] 学界主流观点认为,法人名称权的财产属性属于派生性质,并非本质属性,其本质属性仍旧为人格权。[⑤] 人格权商业化现象进一步表明,名称权的商业化,并非体现名称权的财产属性,而是表明名称权的利用权能发生扩张,它仍旧涵摄于人格权概念内涵之下。

2. 法人名称权内容

根据《民法典》第 1013 条的规定,法人名称权的内容通常包括名称设定权、名称变更权、名称使用权、名称许可使用权与名称转让权。这里值得探讨的主要是法人名称许可使用权与名称转让权。

法人名称许可使用权,是指法人有权许可他人使用自己的名称。法人名称转让权,是指法人有权转让其名称。《民法典》第 1013 条规定的名称许可权和名称转让

---

① 参见张俊浩:《民法学原理》,中国政法大学出版社 2000 年版,第 146 页。

② 参见江平:《法人制度论》,中国政法大学出版社 1994 年版,第 190 页。

③ 参见杨立新:《人格权法》,法律出版社 2015 年,第 186 页。

④ 参见马俊驹:《人格和人格权理论讲稿》,法律出版社 2009 年版,第 296 页。

⑤ 参见杨立新:《人格权法》,法律出版社 2015 年,第 186 页;黄薇主编:《中华人民共和国民法典人格权编解读》,中国法制出版社 2020 年,第 114 页。

权系对原《民法通则》相关规定的重大改变。原《民法通则》仅规定了企业法人享有名称转让权，对此，《民法典》扩大到了所有类型的法人享有名称许可使用权与名称转让权。实践中实际上早已对原《民法通则》中的名称转让权进行了扩大解释，将其解释为名称许可使用权和名称转让权。① 一般而言，法人行使名称许可使用权，需要与受让人签订合同，就许可使用的内容、期限和对价进行具体规定。一般而言，许可使用权中的对象是完整法人名称中的部分，许可使用具有一定期限、范围和使用方式上的限制，它往往和商标、专利、技术、经营方式等一起被许可使用。和法人名称许可使用权不同，法人名称转让权的行使，譬如企业名称转让权的行使，根据2012年《企业名称登记管理规定》第23条的规定，“企业名称可以随企业或者企业的一部分一并转让”。但是，2020年修订的《企业名称登记管理规定》已将该内容删去，而在第19条规定，“企业名称转让的，相关企业应当依法通过国家企业信用信息公示系统向社会公示”。这表明，企业转让自己名称时是否一并转让营业，已不再被关注。这里更强调的是，这种转让关系应当向社会公示，为相关人等所知。企业转让名称时是否要一并转让营业，对此有一种学理观点认为，如果企业转让名称时不转让营业，就无法和许可名称的行为相区分。所以，企业如果转让自己的名称，就必须和营业一并转让。② 在司法实践中，存在企业名称权利人将企业字号无偿转让给他人的情况。③ 此时实际上并非真正的企业名称转让，而更接近企业名称的变更，即双方企业名称都进行了变更。

3. 侵害法人名称权的行为类型

从《民法典》第1014条规定中可知，侵犯法人名称权的典型行为类型主要有干涉、盗用、假冒等方式。

干涉他人对名称权的使用，往往是对他人行使名称权设定、变更、使用、许可使用和转让等权能的非法干预和限制。对名称权的盗用，是擅自使用他人名称从事违法活动的行为，严重情况下其可能构成诈骗罪，典型例子如“泉州市服装总校诉陈某

① 参见罗昆：《名称转让制度刍议》，载《财经法学》2019年第4期。
② 参见罗昆：《名称转让制度刍议》，载《财经法学》2019年第4期。
③ 河北省沧州市中级人民法院(2017)冀09执复132号执行裁定书。

等侵害名称权案”。[①] 对名称权的假冒,是未经他人许可擅自使用他人名称进行民事行为,使得公众误认为自己的商品、服务或经营是被假冒企业的商品、服务或经营,比如,“北京市正义律师事务所诉朱某侵犯企业名称权纠纷案”。[②] 盗用和假冒的区别在于,前者常利用他人名称进行招摇撞骗等不法行为,情节严重的构成诈骗;后者则是利用他人名称进行一般民事活动,情节较之前者更轻微。[③] 两者可以统归于“对法人名称权的擅自使用”之下。

此外,《民法典》没有明确规定,但是在司法实践中还存在的侵犯法人名称权的行为有仿冒。仿冒是指使用与他人企业名称相近似的企业名称的行为。常见的情形是两个同行业企业的名称中商号在字音、字形及字词义方面非常接近或完全相同,容易使公众造成混淆。仿冒者的意图在于使公众对商品的生产者或服务的提供者产生误解,利用被仿冒者的商誉,推销自己的产品。[④] 有学者认为,其他影响名称和主体之间正确联系的行为也可以构成侵害名称权的行为,比如,故意或者过失将名称读错、写错等。[⑤]

4. 法人名称权保护范围的扩张

在司法实践中,经历了一个对法人名称权保护范围不断扩张的历程,这一司法实践成果最终也体现在了《民法典》中。原《民法通则》对于法人名称权的保护范围并未具体说明,未规定在法人完整名称之外的相关字号和简称是否同样受到法律保护。而在实际生活中,对法人名称的擅自使用,较少是针对完整名称,更多的是针对法人字号、名称的核心字段或简称,从而使公众产生一种混淆和误会,认为擅自使用者的经营、商品和服务与被使用者之间存在某种关联。这种典型的“搭便车”行为,在早期司法实践中未得到重视。当时,一种司法裁判思路认为,法律对法人名称权的保护系对其完整名称的保护,不包括法人名称的字号和简称。对此,如《最高人民法院公报》2008 年发布的指导性案例“河北三河福成养牛集团总公司诉哈尔滨福成

① 福建省泉州市鲤城区人民法院(1994)鲤民初字第 80 号民事裁定书。

② 北京市东城区人民法院(2011)年东民初字第 3537 号民事判决书。

③ 参见王利明:《人格权法》,中国人民大学出版社 2016 年版,第 244 ~ 245 页。

④ 最高人民法院民法典贯彻实施工作领导小组主编:《中华人民共和国民法典人格权编理解与适用》,人民法院出版社 2020 版,第 200 页。

⑤ 陈甦、谢鸿飞主编:《民法典评注人格权编》,中国法制出版社 2020 年版,第 206 页。

饮食有限公司昆明分公司案”，本案中，二审法院认为，企业名称应当被规范使用，被告对自己的企业名称没有在经营场所规范、完整使用，不受法律保护。① 这种裁判思路存在一定问题，因为它回避了更为深层次的市场秩序和被告使用相关名称的全部或者部分的动机和造成的影响。

与此同时，另一种裁判思路认为，他人如果使用了法人名称中的字号、简称，是否构成违法使用，需要进一步具体考察法人的字号、简称是否被视同为法人的名称。比如，“避风塘公司诉德荣唐公司不正当竞争纠纷案”中，一审法院认为，虽然被告广告宣传中有“避风塘”一词，但不会让消费者对两者的识别产生混淆或者产生两家经营者存在关联关系的误解。② 而“西安安琪儿妇产医院有限公司与陈某某、李某某侵害企业名称权纠纷案”中，法院认为，字号是企业名称中最重要的组成部分，在企业名称中具有显著性和识别性，与企业商业信誉、产品或服务质量紧密相连，可以被视为企业名称，被告对其字号的擅自使用，符合《反不正当竞争法》第5条第(三)项所禁止的“擅自使用他人的企业名称或者姓名，引人误认为是他人的商品”的行为，构成对安琪儿公司企业名称权的侵害。③ 最高人民法院公报2014年6月发布的第29批指导案例“天津中国青年履行社诉天津国青国际旅行社擅自使用他人企业名称纠纷案”中指出，对具有一定市场知名度、为相关公众所知悉，已实际具有商号作用的企业名称简称，可以视为企业名称予以保护。

立法者最终采取了第二种裁判思路。2017年修订的《反不正当竞争法》第6条将“擅自使用他人有一定影响的企业名称（包括简称、字号等）”导致引人误认是他人商品或与他人存在特定联系也视为一种不正当竞争意义上的混淆行为。《民法典》第1017条继承了《反不正当竞争法》第6条规定，并对其适用范围进一步扩大。第1017条规定，具有一定社会知名度，被他人使用足以造成公众混淆的字号、名称的简称，都可以参照适用名称权保护的有关规定。这表明不仅企业，而且所有法人的名称的字号和简称，都可参照法人名称权被保护，但该字号和简称需要具有一定社会知名度，被他人使用足以造成公众混淆。《民法典》第1017条所表述的“具有一

① 参见《最高人民法院公报》2008年第6期。

② 参见《最高人民法院公报》2004年第6期。

③ 西安市中级人民法院(2013)西民四初字第00183号民事判决书。

定社会知名度”和《反不正当竞争法》第6条所表述的“有一定影响的”应当为相同的意思。对其认定标准,在司法实践中倾向采取非数字化的综合判定标准,即公众对其认知的广度和深度。[①] 而在判定是否引起混淆的问题上,在司法实践中的考察和标准主要为关联度,关联度越高,消费者产生误认误购的可能性就越大。[②] 此外,值得注意的是,《民法典》第1017条还保护法人名称的译名,这里针对的主要是国外法人进入中国以后,其法人名称的中文译名。该条明确规定,这一中文译名同样受到《民法典》的保护。这一规定也应当扩大到《反不正当竞争法》第6条中。

(二)名誉权

1. 法人名誉与名誉权概述

《民法典》第1024条将名誉界定为对民事主体品德、声望、才能、信用等的社会评价。从该定义的表达看,品德、声望、才能都更倾向于自然人,而非法人。大多数学者将名誉视为一种良好的社会评价。如杨孜认为,名誉是好的名声和好的声誉,是社会的一种综合性的评价。[③] 罗东川认为,名誉是对特定人的人格价值的一种社会评价。[④] 马俊驹认为,名誉是一种客观的社会评价。[⑤] 王利明教授认为,名誉是一种良好的、客观的社会评价。[⑥] 有学者认为,名誉还可以被划分为内部名誉和外部名誉。内部名誉即名誉感,不是法律对象。外部名誉才是法律对象。[⑦]

具体到法人身上,早期学者对法人名誉的认识,主要集中在营利法人的商业信誉上。如王艳宁认为,法人的名誉权是指法人享有社会对其信誉以及生产、经营、销售产品和社会服务过程给予良好评价的权利。[⑧] 魏振瀛认为,对法人来说,名誉是指

---

① 最高人民法院民法典贯彻实施工作领导小组主编:《中华人民共和国民法典人格权编理解与适用》,人民法院出版社2020版,第227页。

② 最高人民法院民法典贯彻实施工作领导小组主编:《中华人民共和国民法典人格权编理解与适用》,人民法院出版社2020版,第227页。

③ 杨孜:《法人名誉权问题探讨》,载《政治与法律》1988年第4期。

④ 罗东川:《论名誉权的概念和特征》,载《政治与法律》1993年第2期。

⑤ 马俊驹:《人格和人格权理论讲稿》,法律出版社2009年版,第298页。

⑥ 王利明:《人格权法》,中国人民大学出版社2016版,第272页。

⑦ Heike Altenhain, Negatorischer Ehrschutz, 2003, S. 91.

⑧ 王艳宁:《法人名誉权法律保护的几个问题》,载《河北法学》1993年第2期。

主体就其经营能力、履约能力、经济效益等状况所获得的社会评价。[①] 这些定义也深刻影响了司法实践,[②]但是它们不能完整体现所有类型法人的名誉。《民法典》出台后,最高人民法院民法典贯彻实施工作领导小组将法人的名誉定义为法人全部活动所产生的社会评价。[③] 这一定义符合《民法典》第1024条的规定,并未局限在营利法人的经营活动上,较为妥帖。

法人的名誉权,则是法人对其全部活动所产生的社会评价享有不被侵犯的权利。[④] 和自然人名誉权相比,法人名誉权遭受侵害的典型方式不同,其主要呈现为损害法人商业信誉、商品声誉和对法人的产品、服务进行超越合理限度的尖刻批评等方式。此外,法人名誉权与财产联系得更密切,特别是对营利法人来说,良好的名誉能够转化为无形财产,为其创造收益。

2. 法人名誉权遭受侵害的认定标准

《民法典》出台之前,司法实践中对法人名誉权遭受侵害的认定标准,主要参考1993年《名誉权解答》,其确立了侵害名誉权责任认定的"四要件"体系,即将侵害名誉权的行为作为一项侵权行为,对其认定采用损害事实、违法行为、违法行为与损害后果之间存在因果关系、主观过错四个构成要件。这一"四要件"体系用来认定名誉权之侵害,存在许多问题。

首先,如何理解"违法行为",在学理上存在争议。[⑤] 一种观点认为,违法行为仅仅是一个行为,违法性要放在主观过错的要件中去判定。这种看法深受法国民法影响,因为法国民法中的过错包括违法性。[⑥] 另一种观点认为,违法行为实际上就是违法性,它意味着责任之归属。[⑦] 从司法实践的情况看,法院对违法性的审查,到底是落在行为本身上,还是在主观过错范围内对其进行审查,是不清晰的。审判实践中

---

① 魏振瀛:《民法》,北京大学出版社2007年版,第81页。

② 参见自杨立新:《企业法人名誉权侵权责任的界限判定》,载《人民司法》2015年第16期。

③ 最高人民法院民法典贯彻实施工作领导小组主编:《中华人民共和国民法典人格权编理解与适用》,人民法院出版社2020年,第267页。

④ 张俊浩:《民法学原理》,中国政法大学2000年,第153页。

⑤ 参见王利明:《人格权法》,中国人民大学2016年版,第306页。

⑥ 参见程啸:《侵权行为法中的过错与违法性》,载《人大法律评论》2003年卷(总第5辑),第195页。

⑦ 参见[德]埃尔温·多伊奇:《德国侵权法——侵权行为、损害赔偿及痛苦抚慰金》,叶名怡等译,中国人民大学出版社2016年版,第82页以下。

既强调区分违法行为和其他正常行为,①也同时关注行为人的主观状态。② 其次,在主观过错是否吸收行为的违法性这个问题上,学界至今尚未达成一致意见。③ 我国在名誉权侵权认定案件中,对加害人主观状态认定上既包括故意,也包括过失,如此广泛的主观状态认定区间一定程度上确实可以吸收行为的违法性。但这并不意味着行为违法性无独立之必要。特别是在人格权法中,违法行为认定客观化是一个整体趋势。最后,损害事实的认定也存在困难。④ 因为在涉及名誉权侵害的案件中,行为和行为结果之间很难明确分离。对此,司法实践中常混淆侵害事实和损害事实。侵害事实意指行为侵害结果,损害事实则体现在财产性利益损失上。对于侵害事实,司法实践的认定规则是公布加推定标准,即只要贬损法人名誉的言论为社会公众所知晓,则推定构成对法人名誉权的侵害。如需推翻,则由被告举证证明虽有贬损法人名誉的言论,但并未造成侵害效果。⑤ 在损害事实认定上,司法实践要求必须存在财产性利益的损失,证明责任或者由主张者承担,或者由法院酌情认定,但法院对此倾向于采取从严认定的方式。⑥ 然而有时候,法院没有对侵害事实和损害事实进行严格区分,在损害事实不存在的情况下,法院可能会继而否认侵害事实的存在。总体而言,侵权"四要件"体系已经不适合《民法典》人格权编的需要,但是后者未在相关规定中明确建立自己的侵害认定标准。

《民法典》人格权编对名誉权侵害判定未进行具体规定,而仅在第 1024 条中对两种典型侵害行为进行了列举:侮辱、诽谤。此外,第 1025 条在新闻报道、舆论监督的范围内对侵害名誉权的行为分为事实性言论和评价性言论两类:事实性言论侵害名誉权体现为捏造、歪曲事实和对他人提供的严重失实内容未尽到合理核实义务;评价性言论则为使用侮辱性言辞等贬损他人名誉。第 1027 条是在文学、艺术作品领域再次细化如何判定侮辱、诽谤内容的存在。但司法实践中所面临的情况更复

---

① 参见冯小光:《侵犯法人名誉权的司法认定》,载《人民司法》2009 年第 6 期。

② 参见冯浩:《名誉侵权违法性的认定标准》,载《法律适用》2004 年第 7 期。

③ 参见张红:《民法典之名誉权立法论》,载《东方法学》2020 年第 1 期。

④ 参见杨晔:《法人名誉权及其侵权责任法保护研究》,吉林大学 2017 年博士学位论文,第 89 页。

⑤ 徐俊、俞硒:《产品网络测评文章侵害法人名誉权的认定》,载《人民司法》2016 年第 14 期。

⑥ 参见最高人民法院民事审判第一庭编著:《最高人民法院利用网络侵害人身权益司法解释理解与适用》,人民法院出版社 2014 年版,第 162 页。

杂,远多于侮辱、诽谤两种典型行为,例如,在实施新闻报道、舆论监督行为之外涉及他人名誉的事实性言论失实和评价性言论超过合理限度,对此如何认定,其是否侵害名誉权,仍旧是一个难题。上述“四要件”体系即是在试图对侮辱、诽谤之外的其他行为是否构成侵害行为进行判定。但是,其本身存在重大缺陷,因此,对名誉权侵害的认定构建新的侵害认定标准是有必要的。

主流观点认为,名誉权侵害认定的构成要件要和侵权法中的损害赔偿认定构成要件相分离。① 也即,名誉权侵害认定的核心是侵害行为的成立,是否存在损害结果和对其进行损害赔偿,在名誉权侵害认定中在所不问。根据王泽鉴、王利明、程啸等的观点,非属侵权行为法上的请求权,如人格权请求权,均不以故意或过失为要件,只需要行为本身具有违法性。② 名誉权侵害认定实际上就是认定行为违法性。另一种观点则认为,侵害名誉权的案件中,应当保留受害人确有名誉被损害的事实、违法行为与损害后果之间有因果关系、行为人主观上有过错三要件,而去掉“行为违法性”这一要件。③ 理由在于:违法性要件在名誉权的认定中,没有起到特殊作用;名誉权与其他具体人格权在受侵害方面,没有体现出实质差别。民法典以体系化为目标,需要处理法典内部不协调部分,没有必要将违法性要件作为特例保留。④ 从学理角度看,无疑主流观点在论理上更自洽。虽然第二种观点区分人格权侵害中的侵害事实和损害赔偿中的损害事实,认为前者是社会公众评价的降低,而不是财产性损失。其所表述的“名誉被损害的事实”实际上是名誉侵害,但是试图以主观过错要件来涵盖行为违法性的做法,在人格权侵害中不容易被认定。譬如,在司法实践中常见的一种类型,是小区业主对物业公司的怠工行为不满,通过过激言论或行为在公共场所中对此予以揭露。判定小区业主的主观过错状态比直接判定其行为的违法性更为困难。然而,尽管如此,《民法典》出台以后,司法实践中许多法院仍旧适用“四要件”体系判定名誉权侵害。

---

① 参见王利明:《论人格权请求权与侵权损害赔偿请求权的分离》,载《中国法学》2019 年第 1 期。

② 参见王泽鉴:《人格权法》,北京大学出版社 2013 年版,第 387 页;王利明:《论人格权请求权与侵权损害赔偿请求权的分离》,载《中国法学》2019 年第 1 期;程啸:《侵权责任法教程》,中国人民大学出版社 2020 年版,第 102 ~ 103 页。

③ 参见张红:《民法典之名誉权立法论》,载《东方法学》2020 年第 1 期。

④ 参见张红:《民法典之名誉权立法论》,载《东方法学》2020 年第 1 期。

3. 法人的信用利益

《民法典》第1024条第2款第一次将信用利益纳入了名誉权的内容中。这表明,《民法典》的立场,是采用名誉权保护模式来对民事主体的信用利益进行保护。《民法典》第1029条列举了民事主体信用利益的一种情形——信用评价不当的情形,这是对司法实践中案例经验的总结。第1030条则规定了民事主体与征信机构等信用信息处理者之间的关系适用人格权编有关个人信息保护的规定和其他法律、行政法规的有关规定。《民法典》的立场改变了2002年《民法草案》中增加信用权的做法。①

从定义上看,信用主要是从经济活动角度对民事主体进行评价。我国民法学界对信用的诠释主要有如下几种:(1)是他人对当事人自我经济评价的信赖性,也称为信誉;②(2)信用是关于主体客观上的履约能力和主观上的履约品质的综合评价;③(3)是对民事主体偿债能力的一种社会评价;④(4)信用是对民事主体经济活动能力的社会评价。⑤ 相关诠释展现了信用作为一种社会评价在自身范围的认定上存在较大的弹性。从全球观之,世界各国对信用的内涵认定以及对信用的保护模式无论方式还是力度上都有极大不同。⑥ 我国《民法典》以名誉权保护模式来间接保护信用,并且仅在第1029条规定了信用保护的一种情形——信用评价不当情形,表明信用利益的保护在我国司法实践中的成果并不足够丰富。

《民法典》出台之前,司法实践中对法人信用利益的保护主要采取名誉权保护模式和一般人格权保护模式。⑦ 2019年的"凌海市信用合作联社、辽宁万旗建设工程有限公司一般人格权纠纷案"中,被告人被告凌海市信用社的工作人员因为自己的工作失误,在查询计算利益的时候少算了一天,导致其告知原告万旗公司偿还的利

① 《中华人民共和国民法(草案)》第四编第五章规定了名誉权、荣誉权,第六章规定了信用权。
② 参见张俊浩:《民法学原理》,中国政法大学出版社1991年版,第158页。
③ 参见周云涛:《信用权之反思与重构》,载《北方法学》2010年第6期,第56页。
④ 参见吴汉东:《论信用权》,载《法学》2001年第1期。
⑤ 参见王利明:《人格权法》,中国人民大学出版社2016年版,第302页。
⑥ 参见赵万一、胡大武:《信用权保护立法研究》,载《现代法学》2008年第2期。
⑦ 参见张继红:《个人信用权益保护的司法困境及其解决之道——以个人信用权益纠纷的司法案例(2009—2017)为研究对象》,载《法学论坛》2018年第3期。

息数额少于其应还的利息数额。随后，在银行关于该企业的信用报告中显示该企业存在逾期还款的记录。法院认为，在此过程中被告行为存在过错，侵害了原告的人格权。① 2020 年“南阳建设集团总公司与中国工商银行股份有限公司名誉权纠纷案”中，由于被告中国工商银行未及时对原告南阳建设集团的已还贷款进行停息处理，导致计算机系统继续计算利息，产生了原告欠息 579 万元的不良信用记录，导致原告向金融机构贷款时被拒绝。对此，法官认为，法人的名誉权也表现为其社会信誉，原告在信用记录相关工作上存在过错，侵犯了被告的名誉权，应当承担相应责任。② 总体而言，信用记录错误和信用评价不当是司法实践中较为常见的信用利益遭受侵害的情形。

总之，从我国《民法典》人格权编的设置看，法定具体人格权相比于基于人身自由、人格尊严的其他人格权益而言，请求权基础更为明确，在保护力度上也更强。考虑此种背景，将信用规定为名誉的一种，用名誉权进行保护，实际上加强了信用利益的保护力度。信用利益的保护，可以被视为名誉权保护中的特殊一类。

（三）荣誉权

荣誉权作为一项非常具有中国特色的人格权，学界长久以来对其有很大的理论争议。③ 从《民法典》第 1031 条看，其相关内容如荣誉称号的非法剥夺、未记载和记载错误，主要涉及的是行政机关的行政行为。对此，有学者指出，荣誉权的规定，可能更多系当时立法者对于苏联民法中该词理解上的偏差。④ 还有学者认为，荣誉权被列为具体人格权之一的时代背景，是当时荣誉称号被作为一项社会资源由权力机关分配，它是一种重要的奖励方式，带来的不仅是精神鼓励，而且背后有一定的物质待遇，所以当时对其上升为权利加以保护。⑤ 学界主流观点认为，荣誉权无作为一项

---

① 辽宁省锦州市中级人民法院(2019)辽 07 民终 881 号民事判决书。

② 河南省南阳市卧龙区人民法院(2020)豫 1303 民初 2899 号民事判决书。

③ 参见最高人民法院民法典贯彻实施工作领导小组主编：《中华人民共和国民法典人格权编理解与适用》，人民法院出版社 2020 年，第 328 页。

④ 参见满洪杰：《荣誉权——一个巴别塔式的谬误？——“Right to Honour”的比较法考察》，载《法律科学(西北大学学报)》2012 年第 4 期，第 86 页。

⑤ 参见欧世龙、尹琴容：《荣誉权之否定》，载《社科纵横》2004 年第 6 期。

独立法定人格权存在的必要。[1] 从司法实践看,被归于"荣誉权纠纷"项下的案件实际上系多种不同法律关系的混合,纯粹的荣誉权案件进入司法裁判的极少,涉及法人的更几乎没有。

值得一提的一个案例,是2012年的"西安艺术学校诉渭南新华培训学院等荣誉权纠纷案"。本案中,被告未经许可使用原告所获奖杯等资料照片印制招生宣传广告,被法院判定构成荣誉权侵权,应当停止侵权,赔偿原告损失。[2] 实际上这里亦可用虚假宣传行为的相关规定来处理。

从具体人格权的横向比较看,荣誉权的相关内容和情形非常单薄,并且其存在和立意的最初时代背景与功能已经不复存在。将荣誉权直接并入名誉权,将荣誉利益的保护作为名誉权内的一个面向处理,似乎更合理。

---

① 参见唐启光:《荣誉权质疑》,载《华东政法学院学报》2004年第2期;欧世龙、尹琴容:《荣誉权之否定》,载《社科纵横》2004年第6期;姚明斌:《褪去权利的外衣——"荣誉权"三思》,载《中国政法大学学报》2009年第6期;满洪杰:《荣誉权——一个巴别塔式的谬误?——"Right to Honour"的比较法考察》,载《法律科学(西北大学学报)》2012年第4期;满洪杰:《荣誉权作为独立人格利益之质疑——基于案例的实证分析》,载《法商研究》2012年第5期;姚辉、叶翔:《荣誉权的前世今生及其未来——兼评民法典各分编(草案)中的相关规定》,载《浙江社会科学》2020年第3期。

② 参见满洪杰:《荣誉权作为独立人格利益之质疑——基于案例的实证分析》,载《法商研究》2012年第5期。

专题六　死者人格利益的保护

本专题撰写人：王叶刚

【《民法典》及相关法律法规的新规则】

《民法典》第994条

死者的姓名、肖像、名誉、荣誉、隐私、遗体等受到侵害的，其配偶、子女、父母有权依法请求行为人承担民事责任；死者没有配偶、子女且父母已经死亡的，其他近亲属有权依法请求行为人承担民事责任。

【规则由来】

《民法典》第994条是《民法典》的新增条文。

【规范意旨】

本条是关于死者人格利益保护的规定，该条明确了受保护的死者人格利益的范围，即姓名、肖像、名誉、荣誉、隐私、遗体等人格利益，该条在列举受保护的死者人格利益的范围时使用了“等”这一兜底规则，表明受法律保护的死者人格利益的范围具有开放性，而不限于本条所明确列举的6项人格利益。同时，本条也规定了死者人格利益遭受侵害时的请求权主体，从该条规定来看，该条将侵害死者人格利益的请求权主体范围限于死者近亲属,而且该条对可以主张民事责任的近亲属进行了一定的排序,即在死者人格利益遭受侵害时,首先应当由其配偶、子女、父母依法请求行为人承担民事责任;在死者没有配偶、子女且父母已经死亡的情形下,其他近亲属才能依法请求行为人承担民事责任。

《民法典》第994条对侵害死者人格利益的民事责任规则作出规定,为死者人格利益保护提供了民事基本法层面的依据,具有重要意义,当然,该条规定在理论上仍有继续解释的空间,同时,该条严格限定死者人格利益遭受侵害时其近亲属主张民事责任的顺序,也可能在一定程度上影响其制度功能的实现,该规则仍有进一步解释与完善的必要。

【典型案例】

案例一:"陈某某诉魏某某、《今晚报》社侵害名誉权纠纷案"①

吉某某曾是红极一时的艺人,于1944年病故。1985年起,魏某某拟以吉某某为原型人物创作小说。创作中,魏某某曾几次寻访了陈某某(吉某某之母)和其他亲属,了解吉某某生平及其从艺情况,并索要了其生前照片。1987年初,由魏某某创作的小说《荷花女》完稿,并被投稿于《今晚报》。《今晚报》副刊自1987年4月18日至同年6月12日对小说配插图进行连载,每日一篇,共计56篇。小说在内容中使用了吉某某的真实姓名和艺名,内容除部分写实外,还虚构了部分有关生活作风、道德品质的情节。在小说连载过程中,陈某某及其亲属以小说损害了吉某某的名誉为由,要求报社停载。报社以报纸要对广大读者负责为由拒绝,并在同年8月召开的小说笔会上授予该小说荣誉奖。1987年6月,陈某某向天津市中级人民法院起诉,以魏某某未经其同意在小说《荷花女》中故意歪曲并捏造事实,侵害了已故艺人吉某某和自己的名誉,《今晚报》未尽审查义务致使损害扩大为由,提起诉讼,要求停止侵害,恢复名誉,赔偿损失。魏某某认为,小说《荷花女》虽然虚构了部分情节,但并没有降低"荷花女"本人形象,反而使其形象得到了提高;另"荷花女"本人已死,陈某某不

① 参见《最高人民法院公报》1990年第2期。

是正当原告，无权起诉。《今晚报》报社认为，报社按照"文责自负"的原则，不负有核实文学作品内容是否真实的义务。

天津市中级人民法院认为，公民享有名誉权，公民死亡后的名誉仍应受法律保护。陈某某系已故吉某某之母，在其女儿及本人名誉受到侵害的情况下，有权提起诉讼，请求法律保护。魏某某所著《荷花女》体裁虽为小说，但作者使用了吉某某和陈某某的真实姓名，其中虚构了有损吉某某和陈某某名誉的一些情况，其行为侵害了吉某某和陈某某的名誉权，应承担民事责任。《今晚报》报社对使用真实姓名的小说《荷花女》未作认真审查即予登载，致使损害吉某某和陈某某名誉的不良影响扩散，也应承担相应的民事责任。因此，法院判决魏某某和《今晚报》报社停止侵害、赔礼道歉、消除影响，并向陈某某赔偿损失。魏某某和《今晚报》报社不服，提起上诉。二审法院驳回上诉，维持原判。

案例二："姚某1等与上海寻梦信息技术有限公司等网络侵权责任纠纷案"①

姚某某生前是新中国成立前入党、为革命事业作出过特殊贡献的某部委离休老干部，于2018年1月12日去世。其在2017年8月接受了《环球人物》杂志记者的独家专访，并拍摄了本人照片用于报道文章中。赵某某是拼多多平台店铺的经营者，其在2021年宣传店铺商品时使用了姚某某的照片，并配上宣传文字"严重糖尿病，隔夜就降，万人火爆，不满意分文不收，不白花钱"。姚某某的子女姚某1等认为，赵某某未经同意使用姚某某的照片用于营利，侵害了姚某某的肖像。同时，赵某某在姚某某照片上添加的宣传文字内容严重地玷污、丑化、歪曲了姚某某的社会形象，侵害了姚某某的名誉。网络交易平台拼多多的经营者上海寻梦公司监管失职，为赵某某的侵权行为提供了便利条件，应该与赵某某承担连带责任。因此，姚某某的子女以赵某某和上海寻梦公司的行为侵害了姚某某的肖像和名誉为由，向北京互联网法院提起了诉讼，要求二者停止侵害、赔礼道歉、消除影响并赔偿损失。上海寻梦公司认为，其法律地位是电子商务平台经营者，仅负责拼多多平台的日常维护、技术支

① 参见北京互联网法院(2022)京0491民初1349号民事判决书。

持,保证平台的正常运作,对涉案商品标签的广告信息并没有参与制作、编辑或者给予推荐,也不参与买卖交易,并未实施侵权行为,不应承担责任。

北京互联网法院认为,死者的人格利益受到我国法律的明确保护。涉案图片系姚某某肖像,其子女在认为父亲生前肖像受到侵害时,有权依据法律规定依法提起民事诉讼。第一,赵某某的责任。关于侵害肖像,过世者肖像作为受法律保护的人格利益,任何人不得未经许可擅自使用。被告赵某某在其拼多多店铺中使用了姚某某生前照片作为商品背景配图并配上对商品宣传推广内容的文字,且无法证明其事先已获授权,可认定其使用行为已侵犯了姚某某的肖像,应承担相应责任。关于侵害名誉,赵某某在使用姚某某照片时未对肖像篡改、丑化,且肖像图及商品页面中未见有“姚某某”字样,即赵某某对涉案肖像的使用行为并不能直接引导普通社会公众定位指向姚某某,且鉴于糖尿病是中老年人群常见病,此种使用行为也并不必然对姚某某的社会评价造成负面影响,因此法院对于侵害了姚某某名誉的主张不予支持。第二,上海寻梦公司的责任。现有证据无法证明上海寻梦公司与赵某某就涉案侵权行为有共同故意,且姚某某的子女在庭审中自认其在起诉之前并未向上海寻梦公司发出过包括删除链接等内容的通知,亦未提交相关证据证明上海寻梦公司事先对此行为知道或者应当知道,故而对于要求上海寻梦公司对涉案侵权行为承担连带责任的主张,法院不予支持。最终,法院判决赵某某停止侵害、赔礼道歉、消除影响并赔偿损失。

案例三:“李某某等侵权责任纠纷案”①

李某某的父亲、母亲、弟弟和弟媳早年去世,被安葬在沁水县张山村内。2019～2020年,华英合作社在沁水县张山村修建养鸡场,为便于出行,经张山村委与华英合作社协商,由华英合作社对原有土路硬化。该道路下行方向直通李某某家坟地。张山村未被华英合作社开发前,雨水大都顺山势自由扩散而流。鸡场建成后,雨水大都顺鸡场沿道路向下流。2021年7月,沁水县范围内连续强降雨。2021年7月21日下午,洪水从华英合作社硬化道路上倾泻而下,致李某某家坟地被洪水冲毁,坟地内安葬的棺木被冲到百米之外的泥塘,李某某父亲棺木遗失、部分尸骨缺失,母亲棺

① 参见山西省沁水县人民法院(2021)晋0521民初1150号民事判决书。

木受损,弟弟、弟媳棺木受损及尸骨部分缺失。李某某认为,华英合作社自行修建道路但未修建排水设施,致使雨天洪水从坡上倾泻而下,冲毁李某某家坟地,造成李某某父母、弟弟、弟媳坟头损坏、四口棺木严重受损、尸骨不全等严重后果。因此,李某某向沁水县人民法院提起诉讼,请求华英合作社重新提供坟地一块,并赔偿经济损失和精神抚慰金。华英合作社认为,李某某的损失是由自然灾害引起,且硬化道路系惠民工程,华英合作社不应承担赔偿责任。

沁水县人民法院认为,根据我国《民法典》的规定,死者的姓名、肖像、名誉、荣誉、隐私、遗体等受到侵害的,其配偶、子女、父母有权依法请求行为人承担民事责任;死者没有配偶、子女且父母已经死亡的,其他近亲属有权依法请求行为人承担民事责任。李某某家坟地因连续雨水冲刷致损属实,造成这一损害结果发生的主要原因在于,一方面,坟地地势相比鸡场较低,鸡场建成后雨水大都顺鸡场沿道路向下流,鸡场的建成人为改变了原先雨水顺山势自由扩散而流的状况。另一方面,2021年7月降雨量增大,坟地及尸骨受损确有极端天气这一客观原因。因此,法院酌情认定华英合作社赔偿李某某70%的损失。赔偿范围包括:第一,财产损失。坟墓是一种特殊的财产,李某某家坟地毁损,需重新购置坟地、棺木、入殓并安葬亲人遗骸,必然产生相应费用。第二,精神损失。中国历来讲究入土为安,华英合作社的侵权行为致李某某亲属尸骨丢失、残缺,给李某某造成极大精神伤害。关于主张华英合作社重新提供坟地一块的诉讼请求,因其不是张山村集体组织成员,无权占有该村集体土地,无法提供新的坟地。法院已支持李某某关于财产损失的请求,相关坟地使用的费用已包含在其中。故对重新提供坟地的请求,法院不予支持。最终,法院判决华英合作社向李某某赔偿经济损失和精神抚慰金。

【理论阐释】

一、死者人格利益的保护模式

所谓死者人格利益,是指自然人死亡后,其姓名、肖像、名誉、隐私等利益。[①] 除

① 参见王利明:《人格权重大疑难问题研究》,法律出版社2019年版,第262页。

前述案例外,近年来,侵害死者人格利益的纠纷频频见诸报端,如"潘金莲案"[①]"叶挺后人诉'暴走漫画'案"[②]等。关于死者人格利益受法律保护的必要性,学界已形成广泛共识,但在死者人格利益受到侵害时,哪些主体有权提出人格利益保护请求,则存在一定的争议。在死者人格利益遭受侵害的情形下,学者所主张的死者人格利益法律保护模式不同,有权提出请求的主体也存在差异,具体而言:

一是直接保护模式,持此种观点的学者认为,应当通过肯定死者享有人格权的方式实现对死者人格权益的保护。[③] 按照直接保护模式,在死者人格利益遭受侵害的情形下,有权提出请求的应当是死者本人,而死者的近亲属等主体实际上充当的是死者保护人的角色。[④]

二是间接保护模式,此种观点认为,自然人死亡后,其民事权利能力终止,并不享有人格权,在死者人格利益遭受侵害的情形下,法律通过保护死者近亲属等主体利益的方式间接保护死者人格利益。[⑤] 按照间接保护模式,自然人死亡后,即不再具有民事主体资格,在其人格利益遭受侵害的情形下,有权提出请求的应当是死者的近亲属等主体,而非死者本人。

从我国司法实践来看,死者人格利益保护经历了从直接保护模式向间接保护模

---

① 在该案中,电影《我不是潘金莲》上映后,引发了全国潘氏宗亲及广东省增城市民潘金莲的不满,潘金莲主张该电影的预告、宣传以及上映不仅侵害了其名誉权,而且给其家人、家族名誉造成了重大损害,导致其社会评价降低,其认为,根据中华书局出版的《清河县志》记载,潘金莲是千金小姐、贤妻良母,被告刘震云歪曲历史事实,写作《我不是潘金莲》一书,将潘金莲丑化成不正经女人的代名词,因此请求冯小刚等人承担侵权责任。参见"潘金莲与冯小刚、刘震云等名誉权纠纷案",北京市朝阳区人民法院(2016)京0105民初65899号民事裁定书。

② 在该案中,被告西安摩摩公司在其制作的视频中将叶挺烈士生前创作的《囚歌》"为人进出的门紧锁着,为狗爬出的洞敞开着,一个声音高叫着:爬出来吧,给你自由"篡改为"为人进出的门紧锁着!为狗爬出的洞敞开着!一个声音高叫着!爬出来吧!无痛人流!"。该视频在网络平台上发布并传播,引发社会公众的关注及网民的评论,造成了一定的社会影响。叶挺的后人提起诉讼,请求被告停止侵权行为、赔礼道歉,并承担精神损害赔偿责任。参见"叶某光、叶某鹰等与西安摩摩信息技术有限公司名誉权纠纷案",西安市雁塔区人民法院(2018)陕0113民初8937号民事判决书。

③ 参见刘召成:《论死者人格的立法保护》,载《首都师范大学学报(社会科学版)》2013年第5期。

④ 按照持直接保护模式的学者的观点,为保护死者人格利益,应当参照德国法的做法,设置死者保护人制度。参见刘召成:《论死者人格的立法保护》,载《首都师范大学学报(社会科学版)》2013年第5期。

⑤ 参见魏振瀛:《侵害名誉权的认定》,载《中外法学》1990年第1期。

式的转变。[①] 按照间接保护模式，在死者人格利益遭受侵害的情形下，有权提出请求的主体主要是死者的近亲属，这一司法实践经验也被我国《民法典》所采纳，该法第994条规定："死者的姓名、肖像、名誉、荣誉、隐私、遗体等受到侵害的，其配偶、子女、父母有权依法请求行为人承担民事责任；死者没有配偶、子女且父母已经死亡的，其他近亲属有权依法请求行为人承担民事责任。"该条第一次从民事基本法的层面规定了死者人格利益保护规则，[②]对于强化死者人格利益保护具有重要意义。从该条规定来看，在死者人格利益遭受侵害的情形下，有权提出请求的是死者的近亲属，而非死者本人，这显然是采取了前述间接保护模式。此种基本立场值得赞同，但死者人格利益不仅包含精神利益，而且包含财产利益，不仅涉及死者近亲属等主体私益的保护，而且关系到社会公共利益的保护，该条将侵害死者人格利益的请求权主体严格限定为死者的近亲属，并不完全符合死者人格利益的保护特点，有进一步完善的必要。

二、死者人格利益的保护法益

一般而言，死者人格利益仅涉及死者近亲属等主体利益的保护，与社会公共利益并不存在直接关联，从我国司法实践来看，侵害死者人格利益的案件主要有如下两大类：

一是侵害死者名誉、隐私、遗体、遗骨等人格利益，造成死者近亲属等主体的精神损害。此类侵权通常体现为行为人通过报纸、网络等方式披露死者的隐私，损害

---

① 早期的死者人格利益保护主要采取直接保护模式，肯定死者享有名誉权。参见最高人民法院《关于死亡人的名誉权应受法律保护的函》（〔1988〕民他字第52号，已失效）；最高人民法院《关于范应莲诉敬永祥等侵害海灯法师名誉权一案有关诉讼程序问题的复函》（〔90〕民他字第30号）。例如，在最高人民法院《关于死亡人的名誉权应受法律保护的函》（已失效）中，最高人民法院认为，"吉文贞（艺名荷花女）死亡后，其名誉权应依法保护，其母陈秀琴亦有权向人民法院提起诉讼"。可见，最高人民法院承认了死者享有名誉权，对死者人格利益保护显然是采取了直接保护。而近年来，死者人格利益保护逐步转变为间接保护模式，即否定死者享有人格权，转而通过保护死者近亲属人格利益的方式，间接实现对死者人格利益的保护。参见《名誉权解答》《精神损害赔偿司法解释》。

② 当然，也有学者认为，我国《民法总则》第185条在性质上属于死者人格利益保护规则。参见杨立新主编：《中华人民共和国民法总则要义与案例解读》，中国法制出版社2017年版，第687页。但笔者认为，原《民法总则》第185条虽然也涉及死者人格利益保护，但从该条规定来看，其保护的侧重点在于英雄烈士，而且其规范目的在于保护社会公共利益，并非专门的死者人格利益保护规则。

死者名誉,或者破坏死者的遗体、遗骨等,[1]并造成死者近亲属的精神痛苦。早期的"荷花女案""海灯法师案"等,均属于此类纠纷。例如,在著名的"荷花女案"中,吉某某以"荷花女"的艺名参加天津"庆云"戏院成立的"兄弟剧团"演出,在天津红极一时,但在1944年病故,小说《荷花女》的作者以其为主人公写小说,虚构吉某某从17岁至19岁病逝前的两年间,先后同3人恋爱、商谈婚姻,并3次接受对方聘礼之事,并虚构了吉某某先后被当时天津帮会头头、大恶霸袁某某和刘某奸污而忍气吞声、不予抗争等情节,原告陈某某向法院起诉,认为小说作者侵害了已故艺人荷花女和原告的名誉。[2] 在此类侵权纠纷中,行为人侵害死者人格利益还可能同时侵害死者近亲属等主体的人格权益。例如,行为人擅自披露死者隐私,或者侵害死者名誉,也可能构成对死者近亲属隐私权、名誉权等人格权益的侵害。从我国司法实践来看,多数死者人格利益纠纷属于此类纠纷,在此类死者人格利益纠纷中,死者近亲属主要是主张精神损害赔偿。

二是以获利为目的利用死者的肖像、姓名等人格标识。例如,在"周某某诉梁华计算机网络域名侵权案"中,原告周某某于2008年初发现被告注册了以"鲁迅"命名的中文域名,即"鲁迅. cn"及"鲁迅. 中国"并将该域名出卖,原告主张,被告的行为严重侵害了鲁迅先生的姓名等人格权益,因此请求法院判令被告立即停止使用相关域名,并请求法院依法判令上述域名移转由原告注册使用,并赔偿相关损失。[3] 在此类纠纷中,行为人一般是将死者的相关人格标识用于经济活动,行为人通常具有获利的目的,行为人的行为通常并不会造成死者的社会评价降低,一些利用行为反而可能增加死者的社会知名度,扩大死者的社会影响。例如,将死者的姓名、肖像等用于重大节日的纪念活动,或者用于学校等事业单位的名称之中,可能使死者的社会影响远大于其生前的社会影响。在此类纠纷中,死者近亲属等主体通常并不会遭受严重的精神痛苦,因此,其主要请求行为人承担财产损失赔偿责任。

---

① 例如,我国有些地方有配"阴婚"的习俗,行为人盗取尸体并售卖给其他人的行为,即属于侵害死者遗体、遗骨的行为。参见《山西芮城3人盗女尸配阴婚 1具尸体卖25000元》,载环球网,https://society. huanqiu. com/article/9CaKrnJQzYH,最后访问时间:2023年11月30日。

② 参见天津市高级人民法院《关于处理〈荷花女〉名誉权纠纷案的请示报告》。

③ 参见北京市高级人民法院(2011)高民终字第76号民事判决书。

在上述两类纠纷中,行为人的行为虽然可能导致死者近亲属等主体的精神损害或者财产损失,但侵害的主要是当事人的私益,通常并不会损害社会公共利益,但在特殊情形下,侵害死者人格利益也可能同时损害社会公共利益。[①] 例如,公开辱骂历史文化名人,或者侮辱英雄烈士,也可能影响社会道德风尚,损害社会公共利益。例如,在"邱少云案"[②]"狼牙山五壮士案"[③]中,行为人侵害烈士的人格利益,即可能有损社会道德风尚,损害社会公共利益。有学者甚至主张,有些死者人格利益本身就是社会公共利益的组成部分,尤其是对于已故领袖、伟人的人格利益来说,其本身就是国家利益和社会公共利益的组成部分。[④] 死者人格利益具有可归属性和可救济性,侵害死者人格利益通常会对死者近亲属以及社会公共利益产生不利影响。[⑤] 此种观点值得赞同。[⑥] 与仅涉及死者近亲属等主体私益保护的情形不同,在涉及社会公共利益时,死者人格利益保护也因此具有一定的特殊性,具体而言:

1. 在保护期限方面,在不涉及社会公共利益时,死者人格利益的保护期限通常以死者近亲属等主体的生存期限为限。依据我国《民法典》第994条的规定,在侵害死者人格利益的情形下,仅死者近亲属有权提出请求,如果死者没有近亲属或者近亲属已经死亡,则其他主体无权向行为人提出请求,此时,死者人格利益客观上将难以受到法律保护,这实际上是将死者人格利益的保护期限限于死者近亲属的生存期限。而在涉及社会公共利益时,死者人格利益的保护期限就不再限于死者近亲属的生存期限;也就是说,在侵害死者人格利益同时损害社会公共利益时,即便死者的近

---

① 参见程啸:《中国侵权法四十年》,载《法学评论》2019年第2期。

② 参见"邱少云烈士之弟诉孙某、加多宝公司案",北京市大兴区人民法院(2015)大民初字第10012号民事判决书。

③ 参见"葛某生、宋某宝分别诉洪振快名誉权侵权纠纷系列案",北京市第二中级人民法院(2016)京02民终6272号民事判决书。

④ 参见王利明:《人格权重大疑难问题研究》,法律出版社2019年版,第265页。

⑤ 参见温世扬:《略论侵权法保护的民事法益》,载《河南省政法管理干部学院学报》2011年第1期。

⑥ 在我国司法实践中,有的法院也认为,革命烈士所表现出的崇高革命气节和伟大爱国精神获得了全民族的广泛认同,已经成为中华民族共同记忆的一部分,是中华民族宝贵的精神财富和社会主义核心价值观的重要内容,行为人侵害烈士的名誉,也会伤害社会公众的民族和历史感情,会损害社会公共利益。参见"叶某光、叶某鹰等与西安摩摩信息技术有限公司名誉权纠纷案",陕西省西安市雁塔区人民法院(2018)陕0113民初8937号民事判决书。

亲属已经死亡,有关机关也应当有权提起诉讼,以维护社会公共利益。①

2. 在请求权主体方面,在行为人侵害死者人格利益并不损害社会公共利益时,仅遭受损害的死者近亲属等主体有权提出请求,其他主体由于并未遭受损害,无权向行为人提出请求,有关机关也无权请求行为人承担民事责任。而在侵害死者人格利益并同时损害社会公共利益时,有关机关应当有权请求行为人承担民事责任,以维护社会公共利益。

3. 在责任承担方式方面,在行为人侵害死者人格利益并不损害社会公共利益时,死者近亲属等主体有权请求行为人承担停止侵害、赔偿财产损失等责任,在遭受精神损害时,死者近亲属等主体还有权请求行为人承担精神损害赔偿责任。而在侵害死者人格利益同时损害社会公共利益时,就社会公共利益的损害而言,有关机关虽然有权请求行为人承担停止侵害等侵权责任,但即便行为人的行为损害了社会公众的民族和历史感情,有关机关也无权请求行为人承担精神损害赔偿责任。

可见,是否涉及社会公共利益将会对死者人格利益的保护方式产生重要影响,有必要在区分是否涉及社会公共利益的基础上,进一步具体确定请求权主体。当然,并非所有侵害死者人格利益的情形均构成对社会公共利益的侵害。有观点认为,从尊重现实人情风俗的角度出发,应当认定,侵害死者人格利益中精神利益的行为构成对社会公益的侵害。②

笔者认为,此种观点值得商榷,因为,一方面,我国虽然具有"死后为大"的历史传统和社会风俗,但不宜据此认为,所有侵害死者人格利益中精神利益的行为均构成对社会公益的侵害,否则会不当限制个人的行为自由,使个人动辄得咎,尤其是对一些涉及死者的科学研究、文学创作等活动而言,可能无法避免对死者的生前活动进行考察并对死者进行评价等,一概认定侵害死者人格利益的行为构成对社会公共利益的侵害,可能使得上述活动无法开展。同时,为保障个人的行为自由,在认定行为人侵害死者人格利益同时损害社会公共利益时,也应当对社会公共利益的范围进行严格限定,并明确相应的不承担责任和减轻责任的事由;而且侵害死者人格利益

① 参见亓培冰:《死者肖像权的保护及其法律适用》,载《人民司法》2000年第5期。

② 参见张红:《死者人格精神利益保护:案例比较与法官造法》,载《法商研究》2010年第4期。

是否构成损害社会公共利益,也不应当由提出请求的有关机关认定,而应当由法院予以认定。

另一方面,从我国司法实践来看,其在保护死者人格利益时也区分了死者人格利益与公共利益,而没有一概认定侵害死者人格利益中的精神利益均构成对社会公共利益的侵害。依据《精神损害赔偿司法解释》第 3 条的规定,侵害死者人格利益的方式主要包括两大类:一是侮辱、诽谤、贬损、非法披露、非法利用等方式;二是违反社会公共利益、社会公德的其他方式。该司法解释将侵害死者人格利益的行为区分为违反社会公共利益的方式以及非违反社会公共利益的方式,显然也是明确区分了死者人格利益与社会公共利益,而没有将死者人格利益等同社会公共利益。《民法典》颁行后,最高人民法院修改了该司法解释中的死者人格利益保护规则,现行《精神损害赔偿司法解释》第 3 条在规定死者人格利益保护规则时,虽然没有将侵害死者人格利益的方式区分为违反社会公共利益的方式以及非违反社会公共利益的方式,但在解释上也不应当将死者人格利益等同于公共利益,更不能认为侵害死者人格利益均构成对社会公共利益的侵害。此外,一概认定侵害死者人格利益中精神利益的行为均构成对社会公共利益的侵害,在立法政策上也不可取,因为自然人死亡后,其民事权利能力和民事行为能力终止,无法享有权利,也无法履行义务,因此,从立法政策上看,虽然应当对死者人格利益提供保护,但对死者人格利益的保护程度应当弱于其生前人格权益的保护,不应当对死者人格利益进行过于长久的保护。正如有学者所指出的,“当逝者归去的时候,他们也许可以长留于人们的记忆,可是却不得不从法律的视野中消失”。[①] 而一概认定侵害死者人格利益中精神利益的行为均构成对社会公共利益的侵害,在某种程度上将死者人格利益保护等同于社会公共利益保护,变相对所有死者人格利益进行长期保护,甚至进行永久保护,显然并不可取。

---

① 葛云松:《死者生前人格利益的民法保护》,载《比较法研究》2002 年第 4 期。

三、侵害死者人格利益并未损害社会公共利益时的请求权主体

(一)应区分死者人格利益中的精神利益与财产利益分别确定请求权主体

按照传统观点,人格权属于纯粹精神性的权利,并不包含财产利益,不可转让和继承,人格权在性质上并不是一项主观权利(the subjective right),①无法积极行使和利用。也就是说,在人格权未遭受侵害时,权利人无法积极行使权利,在遭受侵害时,即便行为人是出于获利目的实施侵权行为,由于人格权中财产利益并未受到法律的认可与保护,权利人也仅能主张精神损害赔偿责任,而无权请求行为人赔偿财产损失。以肖像权为例,德国《艺术著作权法》对肖像权作出了规定,早期虽然有学者主张,肖像权不仅保护个人肖像中的精神利益,还应当保护肖像中的经济价值,但一般认为,行为人在利用他人肖像权时虽然需要得到权利人的同意,但肖像权中的经济价值并没有得到法律的完全肯定。② 法院针对侵害肖像权的案件,一般会考虑原告名誉是否受到侵害,但并不会考虑原告的经济损失,即便针对涉及肖像权商业化利用的纠纷,法院也不承认肖像权中包含的经济价值。例如,在"Zeppelin 案"中,行为人未经许可将原告的肖像用在其烟草产品上,法院认为原告的名誉受到了侵害,并认定原告的法律利益(berechtigter Interessen)受到了侵害,但在判决中并没有提及肖像权中经济价值的保护问题。③ 再如,在"骑士案"中,被告未经允许将原告的肖像、姓名等用于商业广告,用于推广增强性能力的产品,法院主要通过类推适用《德国民法典》原第 847 条的规定,为受害人的精神自由受侵害等提供救济,主要目的在于为侵害人格权的非财产损害提供救济,并没有过多关注人格权强制商业化利用情形下的财产损失。④ 美国法通过隐私权保护个人的人格利益,从早期的隐私权纠纷来看,在行为人未经许可对他人人格标识进行利用的情形下,法院也大多通过

① Neethling, JM Potgieter & PJ Visser, *Neethling's Law of Personality*, LexisNexis South Africa, 2005, p. 5-6.

② Michael Hartl, *Persönlichkeitsrechte als verkehrsfähige Vermögensgüter*, University of Konstanz, 2005, S. 26.

③ RGZ 74, 308 - Graf Zeppelin.

④ BGHZ 26, 349 - Herrenreiter.

精神损害赔偿责任对受害人提供救济。例如,在"Roberson v. Rochester 案"中,被告未经允许将原告的肖像用于其面粉广告中,并且在旁边配上"面粉之家"的标题,总共印发了25,000份广告,原告主张,由于很多人都能从该广告中认出自己,自己受到了极大的侮辱,名誉也受到了影响,自己的身心也受到了极大的损害,甚至必须请一名医生对其进行照顾,被告的行为侵害了其隐私权,因此主张精神损害赔偿,纽约州最高法院部分肯定了原告的请求。① 可见,从早期的人格权益纠纷来看,即便在典型的人格利益经济利用纠纷中,人格权中的经济价值也并未受到广泛关注。

随着经济社会的发展,人格权中经济价值逐步受到法律保护,目前比较法上大多认为,人格权中同时包含精神利益与财产价值。② 例如,在德国,随着大众传媒的发展和肖像商业利用现象的日益普遍,德国帝国法院认为,将肖像权界定为纯粹的精神性权利忽略了肖像权商业化利用的客观事实,可能存在一定的保护漏洞。③ 最先肯定肖像权中经济价值的案件是著名的"Paul Dahlke 案",在该案中,被告未经允许拍摄原告的照片,后该照片被用于摩托车的广告中,原告请求被告停止利用行为并赔偿损失,德国联邦法院认为,根据《艺术著作权法》第22条的规定,被告未经许可利用原告肖像的行为侵害了原告的肖像权,肖像权是具有财产价值的排他性权利,对肖像权的保护不仅体现在行为人未经许可利用他人肖像权时的经济赔偿责任,还体现在赋予权利人对其肖像享有"经济价值的专有权"(vermögenswertes Ausschliesslichkeitsrecht),即权利人有权据此许可他人有偿使用其肖像权,被告应当赔偿原告遭受的损失,该损失按照被告取得原告许可使用其肖像权所应当支付的费用计算。④ 这就正式肯定了肖像权中包含一定的经济价值。在权利人同意的情况下,行为人可以复制、传播其肖像。⑤ 权利人的同意既可以以明示的方式作出,也可以默示的方式作出,个人既可以对他人利用其肖像的行为设定限制条件,也可以不

---

① 当然,纽约州上诉法院认为,原告的精神损害赔偿请求缺乏相应的普通法原则,且出于防止诉讼泛滥的需要,最终推翻了这一判决。See Roberson v. Rochester [1902] 171 NY 542.

② 参见王泽鉴:《人格权法》,台北,三民书局2012年版,第302页。

③ Michael Hartl, *Persönlichkeitsrechte als verkehrsfähige Vermögensgüter*, University of Konstanz, 2005, S. 27.

④ BGHZ 20, 345 – Paul Dahlke.

⑤ Rixecker, in: Münchener Kommentar BGB, Aufl., 2021, § 12, Rn. 51.

设定限制条件。[①] 在该案之后,许多判决都采纳了该案判决的观点,肯定了肖像权中的经济价值。例如,在“妮娜(Nena)案”中,妮娜是一名女歌手,其通过授权许可使用合同,许可经纪公司专有使用其肖像权,联邦最高法院肯定了该许可使用合同的效力,并且认为,在专有许可使用的情形下,第三人未经许可商业化利用妮娜的肖像的,经纪公司有权请求行为人返还不当得利,具体数额按照拟制的许可费进行计算。[②] 在人格权中经济价值受到法律保护的情形下,权利人可以许可他人利用其人格权,并据此获取经济利益;[③]在人格权遭受侵害的情形下,受害人既可以请求行为人承担精神损害赔偿责任,也可以主张财产损失赔偿。[④]

自然人死亡后,其人格利益中的精神利益与财产利益仍应受法律保护。死者人格利益中的精神利益是指死者姓名、肖像、名誉、荣誉、遗体、遗骨等所体现的精神性利益。[⑤] 我国司法实践历来重视对死者人格利益中精神利益的保护,尤其是对死者名誉的保护,甚至可以说,我国司法实践对死者人格利益的保护主要是围绕死者人格利益中精神利益的保护而展开的。死者人格利益中的财产利益,是指死者生前人格权益中所包含的财产利益。自然人死亡后,虽然其民事主体资格消灭,但其生前人格利益中所包含的财产利益仍然客观存在。例如,死者姓名、肖像等,客观上仍然具有一定的经济利用价值,可以成为经济利用的对象,此种财产利益也应当受到法律保护,而不宜认定此种财产利益随着自然人的死亡而当然进入社会公共领域,人人皆可随意使用。[⑥]

从比较法上看,各国也大多对死者人格利益中的财产利益提供保护。如前所述,美国法通过隐私权保护个人精神性的人格利益,个人人格标识中的财产利益则

---

① Rixecker, in: Münchener Kommentar BGB, Aufl., 2021, §12, Rn. 51.

② BGH GRUR 1987, 128.

③ 也有学者主张,人格权主要具有消极性(防御性),具有支配属性的人格权主要是标表型人格权,人格权在整体上并不具有支配属性与积极利用属性。参见温世扬:《民法典人格权编草案评议》,载《政治与法律》2019 年第 3 期。

④ 我国原《侵权责任法》第 20 条专门规定了侵害人身权益的财产损失赔偿责任,其主要适用对象即为人格权益。参见王胜明主编:《中华人民共和国侵权责任法释义》,法律出版社 2010 年版,第 102 ~ 104 页。

⑤ 参见王利明:《人格权重大疑难问题研究》,法律出版社 2019 年版,第 269 ~ 273 页。

⑥ 参见张红:《死者生前人格上财产利益之保护》,载《法学研究》2011 年第 2 期。

由公开权予以保护。[1] 一般认为,在个人死亡后,其隐私权也随之消灭,[2]而公开权则并不当然随个人的死亡而消灭。由于公开权保护的是个人对其姓名、肖像等商业价值进行利用的权利,因此,公开权往往被认为是一种财产权,[3]具有可继承性。[4]例如,在著名的"'猫王'公开权案"中,田纳西州法院也承认了公开权的可继承性。在本案中,"猫王"(Elvis Presley)是田纳西州人,其在成名之初就对汤姆帕克公司进行了独家授权,允许 Parker 对其姓名、照片、肖像等进行专属性商业化利用,1974 年,Parker 与"猫王"又将该独家使用的权利全部转让给了博克斯卡公司;在"猫王"去世后,博克斯卡公司又以书面形式将其权利转让给了被告法克特斯公司,被告随即制造了一些与"猫王"有关的产品,其中包括一些"猫王"的锡制小雕像;原告是田纳西州的一家基金会,在"猫王"去世不久,原告为了纪念猫王而委托埃里克公园(Erick Park)建造了一座"猫王"的铜像,并制作了一些"猫王"铜像的小仿制品,用于回馈捐款超过一定数额的捐赠者,被告制止了原告的行为。原告认为,对个人姓名、肖像进行商业化利用的权利在普通法中属于隐私权的范畴,公开权在性质上并不是财产权,其并不具有可继承性,因此,在"猫王"死亡后,被告对"猫王"的姓名、肖像进行商业化利用的权利也应当终止,其利用"猫王"小雕像的行为不需要取得被告的许可;而被告则认为,其对"猫王"的姓名、肖像等进行商业化利用的权利并不随"猫王"的死亡而终止。法院最终认定,"'猫王'生前享有公开权,并据此获得经济利

---

① 从美国法的司法实践来看,在公开权产生之前,美国法也通过隐私权调整个人姓名、肖像等人格标志商业化利用的现象。例如,在"Edison v. Edison Polyform Mfg Co. 案"中,被告 Edison Polyform Mfg 多年前从著名发明家爱迪生处购得一套医学设备,后该公司未经爱迪生本人许可将其名字用作自己公司的名称,并且在该医疗设备中使用爱迪生的姓名与肖像。爱迪生提出两项主张:一是禁止被告将其姓名用作其公司名称;二是禁止被告将其姓名与肖像用在该医疗设备中。法院认为,行为人未经许可对他人的姓名、肖像进行商业化利用的行为构成对他人隐私权的侵害,法院肯定了个人姓名、肖像等包含一定的经济价值,隐私权同样可以用于对个人人格标志中经济价值的保护,虽然法院并没有对相关的财产损失进行说明,但肯定了个人有权基于隐私权而制止相关未经许可的利用行为。See Edison v. Edison Polyform Mfg Co. [1907] 67 A 392.

② Peter L. Felchert and Edward L. Rubin, *The Descendibility of the Right of Publicity: Is There Commercial Life After Death?*, 89 Yale Law Journal, 1980, p. 1125.

③ See Memphis Development Foundation v. Factors Etc., Inc. [1977] 441 F. Supp. 1323.

④ Peter L. Felchert and Edward L. Rubin, *The Descendibility of the Right of Publicity: Is There Commercial Life After Death?*, 89 Yale Law Journal, 1980, p. 1125.

益,在其死后,没有理由否认该权利可以像其他无形财产权一样成为继承的对象”。[①] 在本案中,法院区分了公开权与隐私权,认为公开权属于无形财产权,具有可继承性。而在“普莱斯诉哈罗奇制片厂案”中,法官更是直接指出,公开权在性质上属于财产权,个人生前享有该权利,在个人生前已经对其公开权进行利用的情形下,在其死后,该权利也不当然随之终止,行为人未经许可的利用行为可能构成不当得利或者侵权。[②] 此种裁判立场也代表了美国法中公开权保护的主流做法。据学者考证,到目前为止,美国有31个州承认了公开权这一概念,在这31个州中,仅有9个州将公开权视为从隐私权中分离出来的产物,在个人死亡后,其隐私权消灭,公开权也随之消灭;而剩下的22个州则将公开权视为独立的财产权,这也意味着在个人死亡后的一定期间内,公开权将继续存在,而不论死者生前是否已经利用其公开权。[③]

面对人格权商业化利用的实践,德国法并没有像美国法那样创设公开权,而是通过扩张既有人格权内涵与效力的方式保护人格权中的财产利益。按照德国法,人格权中的财产利益虽然可以与人格权的精神利益相区分,但却无法与人格权的精神利益相脱离,也无法完全脱离人格权。但在自然人死亡后,由于其人格标识(如姓名、肖像等)中的经济价值是客观存在的,因此,司法实践中也对死者人格利益中的财产利益提供保护。例如,在“Marlene Dietrich 案”中,行为人未经死者继承人允许而擅自以死者的姓名、肖像推销商品,德国联邦法院认为,人格权中所包含的经济价值可能是个人努力的结果,法律既保护人格权中的精神利益,也保护其经济价值,未经许可将他人人格权进行商业化利用的行为,既侵害了其精神利益,也侵害了其个人财产利益,在死者人格精神利益受保护的期限内,其人格权中的财产价值仍应当受到法律的保护。[④]

有的国家还从立法层面对死者人格利益中财产利益的保护作出了规定,例如,

---

① See Memphis Development Foundation v. Factors Etc., Inc. [1977] 441 F. Supp. 1323.

② See Price v. HalRoach Studios, Inc. [1975] 400 F. Supp. 836.

③ Loren Cheri Shokes, *Life After Death: How to Protect Artists' Post – Mortem Rights*, 9 Harvard Journal of Sports and Entertainment Law, 2018, p. 27.

④ BGHZ 143, 214 – Marlene Dietrich.

《秘鲁共和国新民法典》第15条第1款规定："未取得本人明确授权的，不得利用其肖像和声音，或在本人已死亡时，只能按顺位经其配偶、卑亲属、尊血亲或兄弟姐妹同意，方可利用之。"从该条规定来看，在自然人死亡后，其肖像和声音仍然受到法律保护，而且该条所规定的"利用"也当然包含了对死者的肖像、声音进行经济利用，该利用行为应当得到死者亲属的同意，这实际上是肯定了死者人格利益中财产利益的保护。

可以看出，各国大多认可了人格权中同时包含精神利益与财产价值，而且在自然人死亡后，各国也大多对死者人格利益中的精神利益与财产利益提供保护。从我国《民法典》第994条的规定来看，其虽然没有明确规定对死者人格利益中财产利益的保护，但也没有明确将死者人格利益的保护范围限于精神利益；同时，从该条规定看，在侵害死者人格利益的情形下，死者近亲属有权请求行为人承担"民事责任"，民事责任包含多种形式，既包括预防性的责任形式（如停止侵害），也包括损害填补性的责任形式（如赔偿损失）；赔偿损失既包括财产损害赔偿责任，也包括精神损害赔偿责任，该条并没有将民事责任的形式限于精神损害赔偿责任，①因此，在解释上可以认为，该条规定也涵盖了对死者人格利益中财产利益的保护。从《民法典》颁行前的司法实践来看，一些法院在裁判中也采取了此种立场。例如，在"朱某荣与朱某增姓名权纠纷案"中，行为人未经死者女儿许可，将死者的乳名用于自己的店面牌匾和产品包装袋上，法院认为，"虽然朱某已去世，但其乳名'傻宝'在当地仍有一定的商业价值，其女儿朱某荣虽不能直接继承朱某（乳名"傻宝"）的姓名权，但可享受因姓名权所延伸出的财产性利益"，行为人的行为构成侵权。② 在本案中，法院认为，自然人死亡后，其姓名权消灭，但死者女儿仍可以享有因死者姓名所延伸出的财产性利益，显然是承认了死者人格利益中财产利益的相对独立性。

在自然人生存期间内，其人格权中精神利益与财产利益属于人格权的组成部分，二者不可分离，而在自然人死亡后，死者人格利益中的精神利益与财产价值将发生分离，死者人格利益中精神利益主要通过保护死者近亲属的人格利益得到保护，

---

① 有学者认为，在侵害死者的肖像、隐私、名誉等人格利益时，可以适用赔礼道歉这一责任形式。参见程啸：《民法典侵权责任编的体系结构及总则部分的完善》，载《财经法学》2018年第6期。

② 参见河南省周口市中级人民法院（2016）豫16民终1414号民事判决书。

而死者生前人格权益中的财产利益仍客观存在,应当可以成为继承的对象。有学者认为,生者人格上财产利益保护应采用德国法上一元论的人格权保护模式,二者都属于人格权的组成部分,而对死者人格上财产利益保护而言,美国法上的公开权模式是,死者人格上财产利益在性质上是一种无形财产权,应当由死者的继承人继承。① 此种观点值得赞同。鉴于死者人格利益中的精神利益与财产利益的保护对象不同,在死者人格利益遭受侵害时,应当对二者进行必要的区分,并分别确定请求权主体,具体而言:

一是在死者人格利益中精神利益遭受侵害时,请求权主体原则上限于死者近亲属。如前所述,我国法上的死者人格利益保护模式为间接保护模式,即主要通过保护死者近亲属的方式实现对死者人格利益的保护。2020 年《精神损害赔偿司法解释》第 3 条与《民法典》第 994 条均将侵害死者人格利益的请求权主体规定为死者近亲属,在死者人格利益中精神利益遭受侵害的情形下,最有可能遭受精神痛苦的主体是死者近亲属,因此,将死者人格利益中精神利益遭受侵害时的请求权主体限定为死者近亲属,总体而言是合理的。而且由于死者近亲属的主体范围有限,将请求权主体限定为死者近亲属,就可以间接对死者人格利益的保护期限进行限定,避免对死者人格利益进行永久保护。关于死者人格利益中精神利益间接保护的学理基础,有观点认为,应当将死者"遗族对故人敬爱追慕之情"解释为死者近亲属的一种人格利益。② 此种观点具有一定的合理性,将死者近亲属对死者的追思之情解释为一种人格利益,在行为人侵害死者人格利益中精神利益时,死者近亲属可以以自己人格利益遭受侵害为由向行为人提出请求,在权利救济方面更便利。当然,如果行为人侵害死者人格利益时同时侵害了死者近亲属的人格权益,如宣扬死者隐私、侵害死者名誉同时侵害了死者近亲属的隐私权、名誉权等,死者近亲属也有权就其隐私权、名誉权等人格权益的损害向行为人提出请求。

当然,在死者人格利益中精神利益遭受侵害的情形下,将请求权主体严格限定为死者近亲属,也存在一定的问题,因为在侵害死者人格利益的情形下,遭受精神痛

① 参见张红:《死者生前人格上财产利益之保护》,载《法学研究》2011 年第 2 期。
② 参见王泽鉴:《人格权法》,台北,三民书局 2012 年版,第 63 页。

苦的主体并不当然限于死者近亲属,与死者生前共同生活的人以及其他亲属也可能遭受严重的精神痛苦,对此类主体遭受的损害完全不予以救济,也不妥当。正如有学者所指出的,“为什么与其(死者)关系不太和睦的配偶可以作为原告,而其深爱的情人或最疼爱的侄儿却不能作为原告?”[①]此种观点值得认可,即除死者近亲属外,还应当设置一定的例外,将其他与死者关系密切的人纳入请求权主体范围。

二是在死者人格利益中财产利益遭受侵害时,请求权主体原则上限于死者的继承人。如前所述,死者人格利益中的财产利益原则上可以成为继承的对象,行为人利用死者姓名、肖像等人格标识时,应当经死者继承人的同意,否则构成对死者继承人利益的侵害,死者的继承人有权请求行为人承担侵权责任。此种情形主要发生在前述利用死者的肖像、姓名等人格标识的案件类型中。长期以来,由于我国立法并未规定死者人格利益中的财产利益的保护规则,死者生前通常也并不会通过遗嘱的方式对其人格利益中财产利益的继承问题作出安排,因此,一般而言,在死者人格利益中的财产利益遭受侵害时,通常由死者的法定继承人主张权利。而在立法将来确认死者人格利益中的财产利益保护之后,应当允许死者生前通过遗嘱的方式对其死后人格利益中的财产利益进行安排,死者人格利益中的财产利益应当可以成为遗嘱继承和遗赠的对象。当然,在遗赠的情形下,受遗赠人并不当然是自然人,而有可能是法人或者非法人组织,其存续期间可能较长,此时,应当对继承人请求行为人承担侵权责任的期限进行必要的限定,而不应当对其进行永久保护。此时,可以考虑将其权利保护期限限定为死者死亡后的一定期间(如50年)。[②]也就是说,死者人格利益中的财产利益遭受侵害时,如果该财产利益的继承人为自然人,则在其生存期间内,其都是适格的请求权主体;而在该财产利益的继承人为法人或者非法人组织时,则其仅在死者死亡后的一定期间内(如50年)是适格的请求权主体。

如果行为人的行为同时侵害了死者人格利益中的精神利益与财产利益,例如,行为人擅自将死者的姓名、肖像用于低俗的广告宣传中,此时,死者的近亲属与继承人应当分别有权请求行为人承担精神损害赔偿责任与财产损失赔偿责任,而且两种

---

① 参见张红:《死者人格精神利益保护:案例比较与法官造法》,载《法商研究》2010年第4期。

② 参见刘召成:《论死者人格的立法保护》,载《首都师范大学学报(社会科学版)》2013年第5期。

请求权的救济对象不同,应当可以同时主张。

(二)死者人格利益遭受侵害时,权利人提出请求是否有顺序限制

从《民法典》第994条规定来看,其对死者人格利益遭受侵害时的请求权主体进行了一定的排序,该条将死者近亲属分为两个顺序,第一顺序是死者的配偶、子女、父母,第二顺序是死者的其他近亲属。在死者人格利益遭受侵害的情形下,首先由第一顺序的近亲属提出请求,在没有第一顺序的近亲属时,第二顺序的近亲属才能提出请求。也就是说,只有在死者没有配偶、子女并且父母已经死亡时,才由其他近亲属向行为人提出请求,这也就意味着,在死者有第一顺序的近亲属时,即便第一顺序的近亲属怠于提出请求或者客观上无法提出请求,第二顺序的近亲属也无权请求行为人承担责任。笔者认为,在死者人格利益遭受侵害时,不宜对各请求权主体的权利行使顺序进行限制,主要理由在于:

1. 在侵害死者人格利益中精神利益的情形下,严格限制各请求权主体的权利行使顺序,既不利于保护死者近亲属的利益,也不利于保护死者的人格利益。一方面,在行为人侵害死者人格利益但并未造成现实损害时,如果死者的配偶、子女、父母积极行使权利,请求行为人承担停止侵害等预防性的侵权责任,可以有效制止不法侵害行为,此时,死者的其他近亲属即无须向行为人提出请求。但如果行为人恶意侵害死者人格利益,如侵害死者的遗体、遗骨、恶意诋毁死者的名誉等,将造成死者近亲属的严重精神痛苦,此时,即便死者的配偶、子女、父母已经请求行为人承担精神损害赔偿责任,也并不当然意味着死者其他近亲属的精神损害已经得到抚慰,此时,不允许其他近亲属向行为人提出请求,显然不足以保护死者其他近亲属的利益。[①] 也就是说,在侵害死者人格利益中精神利益的情形下,既然死者的近亲属都是受害

---

① 有观点认为,在侵害死者人格利益中精神利益的情形下,应当根据各近亲属对死者感情的深厚程度,酌情在各近亲属之间分配精神补偿金。参见张红:《死者人格精神利益保护:案例比较与法官造法》,载《法商研究》2010年第4期。笔者认为,此种观点值得商榷,在死者的配偶、子女、父母请求行为人承担精神损害赔偿责任时,法院所判定的精神损害赔偿金是用于弥补、抚慰死者配偶、子女、父母的精神痛苦,如果允许其他近亲属主张分配该精神损害赔偿金,将有违该精神损害赔偿金的目的,而且经过分配之后的精神损害赔偿金可能也不足以弥补和抚慰死者配偶、子女、父母的精神痛苦。

人,那么其都应当有通过诉讼获得救济的权利。① 另一方面,在死者人格利益遭受侵害的情形下,如果死者的配偶、父母、子女怠于行使权利,或者因客观原因而未能及时行使权利,允许死者其他近亲属主张权利,也有利于及时制止不法侵害行为,显然更有利于对死者人格利益的保护。还应当看到,无论是死者配偶、子女、父母的请求权,还是死者其他近亲属的请求权,都是服务于死者人格利益保护的现实需要,在死者人格利益中精神利益遭受侵害的情形下,允许各请求权主体对行为人提出请求而不对其请求权设置顺序限制,显然更有利于实现死者人格利益保护的制度功能。

2. 在死者人格利益中财产利益遭受侵害的情形下,也不宜对各请求权主体的请求权行使顺序进行限制。从《民法典》第 994 条的规定来看,其主要规定的是死者近亲属请求权的行使顺序,显然主要针对死者人格利益中精神利益的保护。② 关于死者人格利益中财产利益遭受侵害时各请求权主体的权利行使是否有顺序限制,该条并没有作出规定。笔者认为,在死者人格利益中财产利益遭受侵害的情形下,立法也无须规定各请求权主体的权利行使顺序,因为死者人格利益中的财产利益由死者的继承人继承,在某一继承人或者部分继承人继承该利益后,其他继承人即无权对该利益主张权利。也就是说,在死者人格利益中财产利益遭受侵害的情形下,仅实际继承该财产利益的继承人有权提出请求,法律无须规定请求权行使顺序。在继承人有多人时,究竟由某一继承人提出请求,还是由各个继承人同时提出请求,属于当事人私法自治的范畴,法律也不宜作出限制。

四、侵害死者人格利益同时损害公共利益时的请求权主体

如前所述,死者人格利益可能涉及社会公共利益,行为人侵害死者人格利益可能同时侵害社会公共利益。从《民法典》的规定来看,在行为人侵害死者人格利益的

---

① 参见唐德华主编:《最高人民法院〈关于确定民事侵权精神损害赔偿责任若干问题的解释〉的理解与适用》,人民法院出版社 2001 年版,第 58 页。

② 从该条规定来看,该条所规定的各请求权主体请求权顺序的限制与法定继承人的继承顺序类似,但近亲属的范围要大于法定继承人的范围,也就是说,即便从法定继承的角度认为该条规定涵盖了死者人格利益中经济价值的继承,但死者没有配偶、子女、父母时,死者的其他近亲属并非都属于法定继承人(如孙子女、外孙子女),此时,其也无权提出请求;而且该条无法涵盖遗嘱继承、遗赠等情形。因此,应当认定,该条主要是对死者人格利益中精神利益的保护。

情形下,仅死者的近亲属可以提出请求,该条显然只是考虑了死者人格利益的私益性,而忽略了死者人格利益的社会公共利益属性。因此,在行为人侵害死者人格利益同时损害社会公共利益时,无法依据该条规定确定行为人的民事责任。笔者认为,在侵害死者人格利益损害社会公共利益时,可以援引《民法典》第 185 条的规定确定行为人的责任,该条规定:"侵害英雄烈士等的姓名、肖像、名誉、荣誉,损害社会公共利益的,应当承担民事责任。"该条对侵害英雄烈士等人格利益的民事责任作出了规定,对于保护英雄烈士等人格利益、弘扬社会主义核心价值观具有重要意义。① 在侵害死者人格利益同时损害社会公共利益的情形下,之所以可以适用《民法典》第 185 条确定行为人的民事责任,主要理由在于:

一方面,《民法典》第 185 条的规范目的在于保护社会公共利益,而法律规范侵害死者人格利益并损害社会公共利益行为的目的也在于维护社会公共利益,通过该条调整此类行为,在功能和价值上具有合理性。《民法典》第 185 条沿袭自原《民法总则》第 185 条,关于该条的规范目的,学者存在不同观点,有观点认为其规范目的在于保护英雄烈士等的人格利益;②也有观点认为,该条的规范目的在于保护死者人格利益,"即使本条文特别强调对英雄烈士的姓名、肖像、名誉、荣誉进行的保护,是弘扬社会主义核心价值观,是扬善抑恶,仍然是对死者人格利益的保护,适用的是同样的民法法理"。③ 但从文义解释、历史解释等角度看,应当认定该条的规范目的在于维护社会公共利益。④ 这种功能或者规范目的上的契合性,使《民法典》第 185 条

---

① 参见王利明主编:《中华人民共和国民法总则详解》(下册),中国法制出版社 2017 年版,第 857 页。

② 参见张新宝:《〈中华人民共和国民法总则〉释义》,中国人民大学出版社 2017 年版,第 402 页。

③ 参见杨立新主编:《中华人民共和国民法总则要义与案例解读》,中国法制出版社 2017 年版,第 687 页。

④ 参见石宏主编:《中华人民共和国民法总则条文说明、立法理由及相关规定》,北京大学出版社 2017 年版,第 440 页。从该条规定来看,其虽然列举了英雄、烈士,但并非所有英雄、烈士的人格利益均属于社会公共利益,该条以损害社会公共利益作为行为人依据该条规定承担民事责任的必要条件,而没有对所有侵害英雄、烈士等人格权益的行为予以调整,表明该条规定并非专门的英雄、烈士等人格利益保护条款。同时,该条也并非专门的死者人格利益保护条款,因为一方面,该条明确列举的英雄并非限于已经故去的英雄,侵害尚未故去的英雄的人格利益、损害社会公共利益的,行为人也需要依据该条规定承担民事责任;另一方面,该条以损害社会公共利益作为行为人承担民事责任的条件,而没有对所有死者人格利益提供保护,也表明该条并非专门的死者人格利益保护条款,其规范目的应当在于保护社会公共利益。

可以成为调整侵害死者人格利益并损害社会公共利益行为的法律依据。

另一方面，从法条文义上看，也可以将侵害死者人格利益并损害社会公共利益的行为纳入《民法典》第185条的调整范围。从文义上看，虽然《民法典》第185条的规范重点在于保护英雄烈士的人格利益，但其也使用了“等”这一兜底性表述，这就为保护英雄烈士之外的死者人格利益提供了制度空间。关于如何理解该条中“等”的内涵，学者也存在不同观点：一种观点认为，应当通过同类解释规则确定其含义，即应当将该条中的“等”解释为与英雄、烈士具有同等地位的人。[①] 另一种观点认为，该条中的“等”具有特定的内涵，应当将其解释为“在我国近现代历史上，为争取民族独立和人民自由幸福、国家繁荣富强作出了突出贡献的楷模”，“只要是能够作为民族精神的代表、民族文化的旗帜的人，都可以纳入本条保护的主体范围”。[②] 笔者赞同第一种观点，即应当采用同类解释规则解释该条中“等”字的含义，所谓同类解释规则，是指如果法律上列举了具体的人或物，并将其归入“一般性的类别”，则该“一般性的类别”应当与具体列举的人或物属于同一类型。[③] 在运用同类解释规则确定“一般性类别”的内涵和范围时，应当参考法条所具体列举的人或物予以确定。笔者认为，在解释《民法典》第185条中“等”字的内涵时，既需要从文义上考虑其所列举的“英雄”“烈士”，还需要考虑其维护社会公共利益的规范目的，也就是说，对某人来说，无论其是否处于生存状态，凡是侵害其人格权益能够产生与侵害英雄烈士人格利益相似的结果（损害社会公共利益），即应当将其纳入本条中“等”字的范畴，反之，则不应当纳入本条中“等”字的范畴。[④] 因此，在侵害死者人格利益并损害社会公共利益时，可以将其纳入《民法典》第185条的调整范围。

问题在于，即便将侵害死者人格利益并损害社会公共利益的行为纳入《民法典》第185条的调整范围，仍然无法依据该条规定确定请求权主体，因为该条只是规定了行为人应当承担民事责任，但哪些主体有权向行为人提出请求，该条并没有作出

---

① 参见王利明主编：《中华人民共和国民法总则详解》（下册），中国法制出版社2017年版，第858页。

② 参见张新宝：《〈中华人民共和国民法总则〉释义》，中国人民大学出版社2017年版，第402页。

③ 王利明：《法学方法论》，中国人民大学出版社2012年版，第395页。

④ 参见王叶刚：《论侵害英雄烈士等人格权益的民事责任——以〈民法总则〉第185条为中心》，载《中国人民大学学报》2017年第4期。

规定,应当构成法律漏洞。笔者认为,此种情形下,可以类推适用《英雄烈士保护法》第25条的规定确定请求权主体。依据《英雄烈士保护法》第25条第2款的规定,在侵害英雄烈士人格利益并损害社会公共利益的情形下,首先由英雄烈士的近亲属提起诉讼,在英雄烈士没有近亲属或者近亲属不提起诉讼的,则由检察机关提起诉讼。在侵害死者人格利益并损害社会公共利益时,之所以可以类推适用《英雄烈士保护法》第25条的规定确定请求权主体,主要是因为:一方面,对于侵害英雄烈士人格利益并损害社会公共利益的情形,英雄烈士人格利益本身属于社会公共利益的组成部分,而在侵害死者人格利益并损害社会公共利益时,此种情形下的死者人格利益在某种意义上也属于社会公共利益的一种形式,二者具有同质性;另一方面,无论是侵害英雄烈士的人格利益并损害社会公共利益的行为,还是侵害死者人格利益并损害社会公共利益的行为,法律对其进行规范的目的都在于维护社会公共利益,这种目的和保护对象的共同性也使得可以类推适用《英雄烈士保护法》第25条的规定确定侵害死者人格利益损害社会公共利益的请求权主体。

当然,从《英雄烈士保护法》第25条第2款的规定来看,在侵害英雄烈士人格利益并损害社会公共利益的情形下,英雄烈士的近亲属与检察机关都是请求权主体,而且检察机关的请求权具有次位性,即首先应当由英雄烈士的近亲属提出请求,只有在英雄烈士没有近亲属或者近亲属不提起诉讼的情形下,检察机关才能提起诉讼。笔者认为,对侵害死者人格利益并损害社会公共利益的行为而言,在类推适用《英雄烈士保护法》第25条第2款的规定确定其请求权主体时,就社会公共利益的损害而言,死者近亲属或者继承人应当无权提出请求,同时,相较死者近亲属、继承人的请求权而言,检察机关的请求权也不具有次位性,具体而言:

1. 就社会公共利益的损害而言,检察机关是适格的请求权主体

对于侵害死者人格利益并损害社会公共利益的情形,如果死者近亲属或者继承人遭受了精神损害或者财产损失,其固然有权向行为人提出请求,但就社会公共利益损害而言,由于其损害的并非死者近亲属或者继承人的利益,因此,死者近亲属或者继承人应当无权提出请求。因此,在侵害死者人格利益并损害社会公共利益时,就公共利益损害的救济而言,在类推适用《英雄烈士保护法》时,应当将请求权主体限于检察机关。当然,死者近亲属等主体在发现侵害死者人格利益并损害社会公共

利益的行为时，其可以请求检察机关向行为人提出请求，但死者近亲属等主体应当无权就社会公共利益的损害向行为人提出请求。

2. 检察机关的请求权并不具有次位性

在行为人侵害死者人格利益并损害社会公共利益的情形下，死者近亲属等主体有权就其私益损害部分向行为人提出请求，而检察机关应当有权就社会公共利益损害部分向行为人提出请求。在此仍须进一步探讨的是，死者近亲属等主体的请求权与检察机关的请求权之间的关系如何？从《英雄烈士保护法》第 25 条第 2 款的规定来看，检察机关的请求权具有次位性。也有学者主张，死者人格利益的公共利益属性是第二位的，侵害死者人格利益主要侵害的是死者近亲属等主体的利益，在死者近亲属等主体已经向行为人提出请求时，其他主体没有必要再提出请求，只有在死者近亲属等主体不能或不主张权利时，检察机关等主体才能向行为人提出请求。[①] 此种观点同样主张，与死者近亲属等主体的请求权相比，检察机关的请求权具有次位性。笔者认为，此种观点值得商榷，因为死者近亲属等主体请求权的目的在于保护死者近亲属等主体的私益，而检察机关请求权的功能在于保护社会公共利益，两种请求权的目的不同，二者之间并不存在包含关系或者次序关系，不宜认定检察机关的请求权具有次位性；同时，对死者近亲属等主体私益的保护也无法替代对社会公共利益的保护，在死者近亲属等主体提出请求后，检察机关将无权提出请求，此时，死者近亲属等主体的私益损害虽然得到了救济，但社会公共利益将难以得到有效维护。因此，在行为人侵害死者人格利益并损害社会公共利益时，死者近亲属等主体的请求权与检察机关的请求权不应当有次序关系，二者救济对象不同，应当可以同时行使。

---

① 参见张红：《死者人格精神利益保护：案例比较与法官造法》，载《法商研究》2010 年第 4 期。

专题七　英雄烈士等人格权益的保护

本专题撰写人：王利明

【《民法典》及相关法律法规的新规则】

《民法典》第185条

侵害英雄烈士等的姓名、肖像、名誉、荣誉，损害社会公共利益的，应当承担民事责任。

《英雄烈士保护法》第22条

禁止歪曲、丑化、亵渎、否定英雄烈士事迹和精神。

英雄烈士的姓名、肖像、名誉、荣誉受法律保护。任何组织和个人不得在公共场所、互联网或者利用广播电视、电影、出版物等，以侮辱、诽谤或者其他方式侵害英雄烈士的姓名、肖像、名誉、荣誉。任何组织和个人不得将英雄烈士的姓名、肖像用于或者变相用于商标、商业广告，损害英雄烈士的名誉、荣誉。

公安、文化、新闻出版、广播电视、电影、网信、市场监督管理、负责英雄烈士保护工作的部门发现前款规定行为的，应当依法及时处理。

《英雄烈士保护法》第25条

对侵害英雄烈士的姓名、肖像、名誉、荣誉的行为，英雄烈士的近亲属可以依法向人民法院提起诉讼。

英雄烈士没有近亲属或者近亲属不提起诉讼的，检察机关依法对侵害英雄烈士的姓名、肖像、名誉、荣誉，损害社会公共利益的行为向人民法院提起诉讼。

负责英雄烈士保护工作的部门和其他有关部门在履行职责过程中发现第一款

规定的行为，需要检察机关提起诉讼的，应当向检察机关报告。

英雄烈士近亲属依照第一款规定提起诉讼的，法律援助机构应当依法提供法律援助服务。

《英雄烈士保护法》第 26 条

以侮辱、诽谤或者其他方式侵害英雄烈士的姓名、肖像、名誉、荣誉，损害社会公共利益的，依法承担民事责任；构成违反治安管理行为的，由公安机关依法给予治安管理处罚；构成犯罪的，依法追究刑事责任。

【规则由来】

原《民法总则》第 185 条规定侵害英雄烈士等人格利益的民事责任。2018 年《英雄烈士法》对英雄烈士人格利益的保护作出了细化规定。《民法典》第 185 条在总结上述立法经验的基础上，对英雄烈士人格利益的保护作出规定，反映了保护英雄烈士人格利益、弘扬社会主义核心价值观的现实需求。

【规范意旨】

一是限定了英烈受保护的人格利益的范围，保护对象主要限于英雄烈士的 4 项人格利益，即姓名、肖像、名誉、荣誉。通过保护英烈的人格利益，对于维护民族精神、弘扬社会主义核心价值观都具有重要的现实意义。二是确立了侵害英烈人格利益的构成要件，即不仅侵害了 4 项人格利益，而且必须损害社会公共利益。三是《民法典》第 185 条采用了"英雄烈士等"这一表述，表明该条的保护范围不限于英雄、烈士，也包括为人民利益英勇斗争牺牲、堪称楷模的人以及在保卫国家和国家建设中作出巨大贡献、建立卓越功勋的已故的人。四是由于英烈利益涉及社会公共利益的维护，所以检察机关可以依法提起公益诉讼，这也为侵害英烈的公益诉讼提供了依据。

【典型案例】

以下三则案例均为最高人民法院于2022年12月8日发布的涉英烈权益保护典型案例。

案例一:"罗某侵害英雄烈士名誉、荣誉暨附带民事公益诉讼案"——在网络平台上侮辱抗美援朝英雄烈士,构成侵害英雄烈士名誉、荣誉罪并应承担民事责任

2021年,罗某观看《长津湖》电影和纪录片后,为博取关注,使用新浪微博账号(粉丝数220余万人)发帖,侮辱在抗美援朝长津湖战役中牺牲的中国人民志愿军"冰雕连"英烈。上述帖文因用户举报被平台处理,此前阅读量已达2万余次。罗某次日删除该帖文,但相关内容已经在网络上广泛传播,引发公众强烈愤慨。罗某曾系知名媒体人,曾使用上述账号先后发表侮辱、嘲讽英雄烈士等帖文9篇,其账号被平台处置30次。海南省三亚市城郊人民检察院提起刑事附带民事公益诉讼,认为应当以侵害英雄烈士名誉、荣誉罪追究罗某刑事责任,建议判处有期徒刑7个月,同时请求判令罗某承担相应民事责任。

海南省三亚市城郊人民法院认为,被告人罗某在互联网上使用侮辱性语言抹黑中国人民志愿军"冰雕连"英烈,否定社会主义核心价值观和伟大的抗美援朝精神,破坏社会公共秩序,情节严重,其行为构成侵害英雄烈士名誉、荣誉罪。罗某系自首,可以依法从轻处罚,且自愿认罪认罚,可以依法从宽处理。附带民事公益诉讼被告罗某作为网络"大V",多次在网上公开发表言论侮辱、贬损英雄烈士,严重侵害社会公共利益,应当承担民事责任。罗某自愿赔偿8万元用于抗美援朝烈士英雄事迹和精神的纪念、宣传等公益事业,予以认可。作出刑事附带民事判决,被告人罗某犯侵害英雄烈士名誉、荣誉罪,判处有期徒刑7个月;附带民事公益诉讼判决被告罗某在相关网站及报纸上公开赔礼道歉。

案例二："某网络科技公司侵害英雄烈士姓名民事公益诉讼案"——擅自将英雄烈士姓名用于商业用途，侵害英雄烈士人格利益和社会公共利益

某网络科技公司为电商企业提供信息中介、资源共享平台，将付费会员称为"雷锋会员"、平台称为"雷锋社群"、微信公众号称为"雷锋哥"并发布有"雷锋会员"等文字的宣传海报和文章，在公司住所地悬挂"雷锋社群"文字标识等。该公司以"雷锋社群"名义多次举办"创业广交会""电商供应链大会"等商业活动，并以"雷锋社群会费"等名目收取客户费用共计30余万元。浙江省杭州市上城区人民检察院提起民事公益诉讼，要求某网络科技公司立即停止在经营项目中以雷锋名义进行的宣传，并在浙江省省级媒体赔礼道歉。

杭州互联网法院认为，某网络科技公司使用的"雷锋"文字确系社会公众所广泛认知的雷锋同志之姓名，其明知雷锋同志的姓名具有特定意义，仍擅自用于开展网络商业宣传，构成对雷锋同志姓名的侵害，同时损害社会公共利益，依法应当承担法律责任。判决某网络科技公司停止使用雷锋同志姓名的行为，并在浙江省省级报刊向社会公众发表赔礼道歉声明。

案例三："叶某等诉某信息公司名誉权纠纷案"——烈士近亲属有权依法对侵害英烈名誉行为提起诉讼

2018年，某信息公司通过其自媒体账号"暴走漫画"，在某网络平台上发布了时长1分09秒的短视频。该视频的内容将叶挺烈士在皖南事变后于1942年在狱中创作的《囚歌》中"为人进出的门紧锁着，为狗爬出的洞敞开着，一个声音高叫着，爬出来吧，给你自由！"进行篡改。该视频于2018年5月8～16日在网络上传播，多家新闻媒体予以转载报道，引起公众关注和网络热议，造成不良社会影响。叶挺烈士近亲属遂提起诉讼，请求判令某信息公司停止侵犯叶挺同志英雄事迹和精神的行为、在国家级媒体上公开对原告赔礼道歉、赔偿精神抚慰金等。

陕西省西安市雁塔区人民法院认为，叶挺烈士创作的《囚歌》充分体现了叶挺百折不挠的革命意志和坚定不移的政治信仰。该诗表现出的崇高革命气节和伟大爱国精神已经获得全民族的广泛认同，是中华民族共同记忆的一部分，是中华民族精神的内核之一,也是社会主义核心价值观的体现,是中华民族宝贵的精神财富。某信息公司的视频于《英雄烈士保护法》施行之际在网络平台上发布并传播,造成恶劣社会影响。该视频内容亵渎叶挺烈士革命精神,侵害叶挺烈士名誉,不仅给烈士亲属造成精神痛苦,也伤害社会公众的民族情感,损害社会公共利益,具有违法性且其主观过错明显,应当承担侵权责任。判决某信息公司在3家国家级媒体上公开发布赔礼道歉公告,向原告赔礼道歉、消除影响;向原告支付精神抚慰金10万元。本案的典型意义在于明确侵权人除需在相关媒体上公开发布赔礼道歉公告外,还应当承担向烈士近亲属赔礼道歉、消除影响,以及支付精神抚慰金等民事责任。通过司法裁判明确亵渎英烈行为的法律责任,加强对英烈权益的保护力度。

【理论阐释】

《民法典》第185条对侵害英烈人格利益的民事责任作出了规定,有利于弘扬良好的道德风尚,培育和践行社会主义核心价值观。英雄烈士是一个国家和民族精神的重要体现,是引领社会风尚的标杆,是人们学习的榜样。因此,强化对英烈人格利益保护,有利于弘扬烈士精神,培养公民的爱国主义精神,增强中华民族的凝聚力,也有利于激发实现中华民族伟大复兴中国梦的强大精神力量。①

一、侵害英雄烈士等人格利益的民事责任概述

"天地英雄气,千秋尚凛然。"英雄先烈是我们民族的脊梁,也是激励我们前行的力量。在《民法典》颁行前,我国司法实践中出现了一些侵害英雄、烈士人格利益的纠纷,如"邱少云案"②"狼牙山五壮士案"③,此种行为不仅损害了广大人民群众的民族情感,也不利于凝聚民族精神。④ 为了有效规范此类行为,保护英雄烈士等的人

① 参见张新宝:《〈中华人民共和国民法总则〉释义》,中国人民大学出版社2017年版,第401页。

② "邱某华与孙某等一般人格权纠纷案",北京市大兴区人民法院(2015)大民初字第10012号民事判决书。

③ "洪某快诉葛某生名誉权纠纷案",北京市第二中级人民法院(2016)京02民终6272号民事判决书。

④ 参见陈甦主编:《民法总则评注》(下册),法律出版社2017年版,第1324页。

格利益,《民法典》第185条规定:“侵害英雄烈士等的姓名、肖像、名誉、荣誉,损害社会公共利益的,应当承担民事责任。”该条对侵害英雄烈士等人格利益的民事责任作出了规定,具有重要的现实意义。

《民法典》第185条规定英烈人格利益的保护条款,其主要原因在于:一方面,英烈人格利益的保护具有特殊性。英雄烈士人格利益保护不同于一般民事主体所享有的人格权益,也不同于死者人格利益保护的一般规则,因为一般民事主体所享有的人格权益与死者人格利益保护与社会公共利益之间并不存在直接关联,而侵害英雄烈士等人格利益可能造成社会公共利益的损害。另一方面,保护目的具有特殊性。英雄烈士人格利益保护与社会公共利益保护存在密切关联,行为人侵害英雄烈士人格利益,不仅会造成英雄烈士近亲属私益的损害,也可能损害社会公共利益,也就是说,英雄烈士人格利益的保护兼具私益保护与公益保护的特点。《民法典》对侵害英雄烈士等人格利益的民事责任作出规定,对于强化对英雄烈士姓名、名誉、荣誉等的法律保护,对于维护民族精神、弘扬社会公共道德、有效保护英雄烈士人格利益、弘扬社会主义核心价值观,都具有重要意义。[①] 例如,在“彭某某诉《中国故事》杂志社名誉权纠纷案”中,法院认定,《中国故事》于1998年第4期刊登的小说《祸祟》,“虚构情节,用较大篇幅将在辛亥革命中英勇牺牲的彭家珍烈士,描写为令人厌恶的反面人物,严重丑化了彭家珍烈士的人格,侵害了彭家珍烈士的名誉,事实清楚,证据充分,各当事人对此均无异议。由于彭家珍烈士的父母已故,其本人没有配偶和子女,原告彭某某是彭家珍烈士的妹妹,有权向侵害彭家珍烈士名誉权的单位或个人提起民事诉讼”。但彭某某作为彭家珍烈士的近亲属起诉,是维护彭家珍烈士的名誉,而非自身的名誉权受到侵害。[②]

在《民法典》第185条对侵害英雄烈士等人格权益的民事权益作出了规定的基础上,《英雄烈士保护法》也专门对英雄烈士的人格利益保护作出了规定,该法进一步细化了英雄烈士人格利益保护的构成要件、请求权主体以及侵害英雄烈士的民事责任规则作出了细化规定。该法可以视为英烈保护的特别法。同时,我国《民法典》

---

① 参见石宏主编:《中华人民共和国民法总则条文说明、立法理由及相关规定》,北京大学出版社2017年版,第440页。

② 参见《最高人民法院公报》2002年第6期。

人格权编规定了具体的责任形式以及人格权请求权、人格权禁令等具体制度,同样适用于对英雄烈士人格利益的保护。

关于侵害英雄烈士等人格利益民事责任的立法目的,存在不同看法。有观点认为,原《民法总则》第185条属于死者人格利益保护条款。[①] 笔者认为,原《民法总则》第185条并非专门的死者人格利益保护条款,主要理由在于:一方面,该条保护的范围是"英雄烈士等",其并不限于已经故去的烈士,还包括英雄以及其他主体,因此,将该条界定为死者人格利益保护规则并不妥当。另一方面,从原《民法总则》第185条规定的文义来看,侵害英雄烈士等人格利益民事责任的成立以"损害社会公共利益"为要件,目的在于淳化良好的社会道德风尚,强化社会主义核心价值观。在行为人侵害英雄烈士等人格利益并未损害社会公共利益时,相关主体则无法依据原《民法总则》第185条的规定请求行为人承担民事责任。因此,该条在性质上并不属于专门的死者人格利益保护条款。尤其应当看到,在侵害死者人格利益的情形下,请求权人限于死者的近亲属,而在侵害英烈人格利益的情形下,请求权人的范围并不限于英烈的近亲属,在侵害英烈人格利益并损害社会公共利益的情形下,有关机关出于维护社会公共利益的需要,也可以向行为人提出请求,因此,不宜将原《民法总则》第185条解释为死者人格利益保护规则。

《英雄烈士保护法》第25条第1款、第2款规定:"对侵害英雄烈士的姓名、肖像、名誉、荣誉的行为,英雄烈士的近亲属可以依法向人民法院提起诉讼。英雄烈士没有近亲属或者近亲属不提起诉讼的,检察机关依法对侵害英雄烈士的姓名、肖像、名誉、荣誉,损害社会公共利益的行为向人民法院提起诉讼。"依据该条规定,在行为人侵害英雄烈士人格利益的情形下,英雄烈士的近亲属可以请求行为人承担民事责任,该条第1款在规定英雄烈士近亲属的请求权时,并没有以损害社会公共利益作为行为人承担民事责任的条件,可见,该条第1款的目的在于保护英雄烈士近亲属的利益,而不是保护社会公共利益。该条第2款在规定检察机关的请求权时,将"损害社会公共利益"作为条件,可见,该款的规范目的在于保护社会公共利益。

---

① 参见杨立新主编:《中华人民共和国民法总则要义与案例解读》,中国法制出版社2017年版,第687页。

二、英雄烈士等人格利益受侵害时的请求权主体

在侵害英雄烈士等人格权益的情形下，哪些主体有权请求行为人承担责任？《民法典》第185条并没有对此作出明确规定。依据《英雄烈士保护法》第25条的规定，在行为人侵害英雄烈士人格利益的情形下，英雄烈士的近亲属可以依法向人民法院提起诉讼，如果英雄烈士没有近亲属或者近亲属不提起诉讼的，检察机关依法对侵害英雄烈士的姓名、肖像、名誉、荣誉，损害社会公共利益的行为向人民法院提起诉讼。该条规定明确了侵害英雄烈士人格利益的请求权主体，在一定程度上填补了《民法典》第185条的法律空白。关于侵害英雄烈士人格利益的请求权主体，《英雄烈士保护法》第25条确立了如下规则。

首先，由英雄烈士的近亲属提出请求。从该条规定来看，在英雄烈士人格利益遭受侵害时，由英雄烈士的近亲属提出请求，只有在英雄烈士没有近亲属或者近亲属不提起诉讼时，才由检察机关提出请求，这实际上是将英雄烈士的近亲属作为第一顺位的请求权主体。此种规定具有一定的合理性，因为在英雄烈士人格利益遭受侵害的情形下，遭受损害的主要是英雄烈士的近亲属，首先由其提出请求，符合民法的私法自治原则。所谓"私法自治"（Privatautonomie），是指民事主体依法享有在法定范围内广泛的行为自由，并可以根据自己的意志产生、变更、消灭民事法律关系。也就是说，每个人都能在自我决定下依据个人的意思规划其私人的生活关系，在其权利遭受侵害的情形下，应当由受害人选择是否主张权利，国家一般不主动干预个人的选择。① "私法自治"本质上是尊重个人的自由和自主，即充分发挥个人在现代社会治理中的作用。正如拉伦茨指出的："私法是整个法律制度中的一个组成部分，它以个人与个人之间的平等和自决（私法自治）为基础，规定个人与个人之间的关系。与私法相对，公法是法律制度中的另外一个部分，它规定国家同其他被赋予公权的团体相互之间、它们同它们的成员之间的关系以及这些团体的组织结构。"②由于英雄烈士等的人格利益仍然属于私权的范畴，侵害此种利益损害的是权利人本人

---

① Vgl. Hans Brox/Wolf – Dietrich Walker, Allgemeiner Teil des BGB, 32. Aufl., 2008, Rn. 25.

② ［德］卡尔·拉伦茨：《德国民法通论》（上册），王晓晔等译，法律出版社2003年版，第3页。

或者其近亲属的利益,因此,在此种利益遭受侵害时,首先应当尊重权利人及其近亲属的选择。从《英雄烈士保护法》第25条的规定来看,英雄烈士近亲属在向行为人提出请求时,并不以侵害英雄烈士的行为损害社会公共利益为条件,也就是说,英雄烈士近亲属提出请求主要是为了救济其自身损害,而非维护社会公共利益,应当由其自主选择是否提出请求。

其次,在英雄烈士没有近亲属或者近亲属不提起诉讼时,由检察机关就公共利益部分的损害提出请求。从《英雄烈士保护法》第25条的规定来看,检察机关的请求权具有次位性,如果英雄烈士的近亲属提出了请求,则检察机关无权再提出请求。当然,从该条规定来看,只有侵害英雄烈士人格利益的行为同时损害社会公共利益时,检察机关才能提出请求,因此,与近亲属的请求权不同,检察机关提出请求的目的在于维护社会公共利益。如前所述,英雄烈士等的人格利益属于私权的范畴,应当按照私法自治原则,尊重当事人的选择,但应当看到,英雄烈士等人格利益并非纯粹的私人利益,在一定程度上也涉及社会公共利益,侵害英雄烈士等人格利益,可能影响社会道德风尚,影响公共秩序,因此,在行为人侵害英雄烈士人格利益并损害社会公共利益的情形下,如果英雄烈士近亲属不提出请求,检察机关应当有权提出请求,以维护社会公共利益。

可见,在英雄烈士人格利益遭受侵害的情形下,英雄烈士近亲属与检察机关都是适格的请求权主体。当然,从《英雄烈士保护法》第25条的规定来看,英雄烈士近亲属的请求权主要救济的是英雄烈士近亲属自身的损害,而检察机关请求权主要救济公共利益的损害。问题在于,如果行为人侵害英雄烈士等人格利益同时损害英雄烈士近亲属与社会公共利益,如何确定请求权主体?笔者认为,在侵害英雄烈士等人格利益同时损害英雄烈士近亲属与社会公共利益时,应当根据损害后果确定适格的请求权主体,具体而言:一是就英雄烈士近亲属的损害而言,由于其并不属于社会公共利益损害,应当由英雄烈士近亲属提出请求。对此种损害,即便英雄烈士近亲属并未提出请求,检察机关也无权向行为人提出请求。二是就社会公共利益损害而言,适格的请求权主体是检察机关。由于此种损害后果并不涉及英雄烈士近亲属的利益保护,因此,近亲属无权就社会公共利益损害的部分提出请求。就侵害英雄烈士人格利益造成社会公共利益损害的部分,应当由检察机关提出请求,而且就公共利益损害而言,检察机关提出请求并不以英雄烈士没有近亲属或者近亲属不提出请求为条件。三是英雄烈士近亲属的请求权与检察机关的请求权的救济对象不同,应当可以同时行使。如前所述,英雄烈士近亲属请求权的功能在于救济其私益损害,而检察机关请求权的功能在于救济公共利益损害,二者救济对象不同,应当可以同时行使。正是基于这一原因,笔者认为,在侵害英雄烈士等人格利益并损害社会公共利益的情形下,行为人就侵害英雄烈士或者其近亲属私益所承担的责任与侵害社会公共利益所承担的责任应当可以并存。也就是说,在行为人侵害英雄烈士等人格权益的情形下,行为人除需要依据《民法典》第 185 条承担民事责任外,受害人本人或者其近亲属也应当有权请求行为人承担侵权责任。①

三、侵害英雄烈士等人格利益民事责任的构成要件

(一)侵害了英雄烈士等的人格利益

依据《民法典》第 185 条的规定,行为人承担民事责任必须是侵害了英雄烈士等的人格利益。关于本条中"英雄"的内涵,学界存在一定的争议:一种观点认为,此处的"英雄"在性质上属于形容词,应当将该条的"英雄烈士"解释为"具有英雄品质的烈士"。② 另一种观点认为,该条中的"英雄"属于名词,其属于与烈士并列的人,而且此处的"英雄"应当指已经去世的英雄人物。③ 笔者认为,本条中的"英雄"应当属于名词,即属于与"烈士"并列的人。当然,从该条规定来看,其并没有要求"英雄"必须已经牺牲,因此,这里的"英雄"既可以是已经牺牲的英雄,也可以是未牺牲的英雄。该条并不限于保护已经故去的英雄、烈士,还包括仍然健在的英雄等主体。

关于烈士的范围,我国专门颁行了《烈士褒扬条例》和《军人抚恤优待条例》,分别对公民被评定为烈士的条件和现役军人被批准为烈士的条件作出了规定。④ 因

---

① 参见王叶刚:《论侵害英雄烈士等人格权益的民事责任》,载《中国人民大学学报》2017 年第 4 期。

② 张新宝:《〈中华人民共和国民法总则〉释义》,中国人民大学出版社 2017 年版,第 400 页。

③ 参见杨立新:《英烈与其他死者人格利益的平等保护》,载搜狐网,https://www.sohu.com/a/128916682_119038,最后访问日期:2023 年 12 月 1 日。

④ 参见《烈士褒扬条例》第 8 条、《军人抚恤优待条例》第 8 条。

此,关于何为烈士,并不存在太大争议,但关于本条中“等”字的理解,存在争议。有观点认为,本条中的“等”字有特定的指向,即指“在我国近现代历史上,为争取民族独立和人民自由幸福、国家繁荣富强作出了突出贡献的楷模”,以及“能够作为民族精神的代表、民族文化的旗帜的人”,都属于本条中“等”字的范畴。① 笔者认为,该条使用“英雄烈士等”这一表述,表明本条的保护范围不限于英雄、烈士,也包括其他人格利益,但按照同类解释(Eiusdem Generis)规则,②其他人应当是与英雄、烈士类似的人,如为了人民利益英勇斗争牺牲、堪称楷模的人,以及在保卫国家和国家建设中作出巨大贡献、建立卓越功勋的已经故去的人。③ 因此,本条并不包括一般的死者人格利益。

需要指出的是,《英雄烈士保护法》在规定英雄烈士人格利益保护时,并没有继续使用原《民法总则》第185条的“英雄烈士等”这一表述,表明其保护范围限于英雄烈士,而不包括一般的死者人格利益。可见,《民法典》在保护范围上要大于《英雄烈士保护法》。因此,在行为人侵害英雄烈士以外的人的人格利益并损害社会公共利益的,如果符合《民法典》第185条的规定,相关主体仍可依据《民法典》第185条提出请求。

(二)侵害了姓名、肖像、名誉、名誉四项人格利益

从《民法典》第185条和《英雄烈士保护法》第25条、第26条的规定来看,其所保护的英雄烈士等的人格利益范围限于姓名、肖像、名誉、名誉。《英雄烈士保护法》第22条在规定英雄烈士等的人格利益保护范围时,采取了具体列举的模式,即仅限于姓名、肖像、名誉、荣誉这几种人格利益。从实践来看,侵害英雄烈士等人格利益的行为主要也是侵害姓名、肖像、名誉、荣誉的行为。当然,该条采用封闭式列举的方式确定所保护的人格利益的范围,存在一定的问题,因为除上述人格利益外,行为人侵害英雄烈士等的其他人格利益,同样可能损害社会公共利益,如侵害英雄、烈士

---

① 参见张新宝:《〈中华人民共和国民法总则〉释义》,中国人民大学出版社2017年版,第402页。

② 同类解释规则,是指如果法律上列举了具体的人或物,然后将其归属于“一般性的类别”。那么,这个一般性的类别就应当与具体列举的人或物属于同一类型。

③ 参见李适时主编:《中华人民共和国民法总则释义》,法律出版社2017年版,第580页。

等的隐私等。关于如何规范此类行为,存在3种观点:一种观点认为,应当类推适用《民法典》第185条的规定规范此类行为,追究行为人的民事责任。另一种观点认为,应当适用《民法典》第126条关于民事权益保护的规则规范上述行为。还有一种观点认为,应当适用《民法典》人格权编第994条关于死者人格利益保护的一般规定规范上述行为。笔者认为,由于第185条涉及社会公共利益问题,个人信息、隐私等一般不涉及社会公共利益,立法者将其排除在外,类推适用第185条的规定并不妥当。但其毕竟属于一种人格利益,应当受到法律保护。关于究竟应当适用《民法典》第126条还是第994条,笔者认为,《民法典》第126条的保护范围十分宽泛,其适用于所有的人格权益的保护,与《民法典》第126条的规定相比,《民法典》第994条关于死者人格利益保护的规定更具有针对性,因此,应当适用《民法典》第994条的规定规范侵害英雄烈士等隐私、个人信息的行为。

(三)损害社会公共利益

依据《民法典》第185条,行为人在依据本条规定承担民事责任时,要求其行为必须损害了社会公共利益。社会公共利益其实是一种反射利益,也就是说,是因为侵害了英雄烈士等姓名、肖像、名誉、荣誉而引发的一种间接损害。由于英雄烈士的人格利益常常会与社会公共利益联系在一起,因此需要特别保护。例如,在“叶挺后人诉‘暴走漫画’”案中,法院认为,“叶挺烈士在皖南事变后在狱中创作的《囚歌》充分体现了叶挺烈士百折不挠的革命意志和坚定不移的政治信仰,表现出的崇高革命气节和伟大爱国精神已经获得了全民族的广泛认同,已成为中华民族共同记忆的一部分,是中华民族宝贵的精神财富和社会主义核心价值观的重要内容,同时也是叶挺烈士享有崇高声誉的基础。西安摩摩公司制作的该视频篡改了《囚歌》内容,亵渎了叶挺烈士的大无畏革命精神,损害了叶挺烈士的名誉,不仅给叶挺烈士亲属造成精神痛苦,也伤害了社会公众的民族和历史感情,损害了社会公共利益,故被告西安摩摩公司上述行为已构成名誉侵权”,因此判决被告应当赔礼道歉,并赔偿10万元人民币。①《英雄烈士保护法》第1条也明确规定:“为了加强对英雄烈士的保护,维护社会公共

---

① 参见《叶挺后人诉“暴走漫画”案宣判:公开致歉赔10万元》,载《法制晚报》2018年9月28日。

利益,传承和弘扬英雄烈士精神、爱国主义精神,培育和践行社会主义核心价值观,激发实现中华民族伟大复兴中国梦的强大精神力量,根据宪法,制定本法。”英烈的事迹成为社会公众学习的榜样,其与我国的社会共识和主流价值观密切关联,在某种程度上已经成为中华民族共同记忆和民族感情的重要组成部分,正是从这个意义上说,侵害英雄烈士等的人格利益,同时也会伤害社会公众的民族感情,损害社会公共利益。因此,侵害英雄烈士等人格利益的案件可以作为公益诉讼案件,在受害人及其近亲属未提起诉讼的情形下,检察机关以及有关公益组织有权提起诉讼,请求行为人承担相应的民事责任。

四、侵害英雄烈士等人格利益民事责任的责任形式

从《民法典》第185条和《英雄烈士保护法》第25条、第26条规定来看,其只是规定了在英雄烈士人格利益遭受侵害的情形下,行为人应当承担民事责任,但行为人究竟应当承担何种民事责任,并不明确。笔者认为,对于法律规定的各种民事责任形式而言,在符合法律规定的条件下,只要有利于预防不法侵害行为,有利于填补受害人的损害,相关的责任形式就可以适用。例如,在行为人的不法侵害行为正在进行的情形下,相关主体有权请求行为人停止侵害;在加害行为导致英雄烈士近亲属精神损害的情形下,英雄烈士的近亲属应有权请求行为人承担精神损害赔偿责任。

关于侵害英雄烈士等人格利益的责任形式,我国《民法典》人格权编虽然没有专门对此作出规定,但是该编对侵害人格权益的责任形式作出了规定。具体而言:一是通过人格权请求权对英烈人格利益进行保护。所谓人格权请求权,是指民事主体在其人格权受到侵害、妨害或者有妨害之虞,有权向加害人或者人民法院请求加害人停止侵害、排除妨害、消除危险、恢复名誉、赔礼道歉,以恢复人格权的圆满状态。我国《民法典》人格权编将人格权请求权与侵权损害赔偿请求权分离,从而加强了对人格权的保护,同时也有利于预防损害后果的发生。《民法典》第995条规定:“人格权受到侵害的,受害人有权依照本法和其他法律的规定请求行为人承担民事责任。受害人的停止侵害、排除妨碍、消除危险、消除影响、恢复名誉、赔礼道歉请求权,不适用诉讼时效的规定。”针对侵害英烈等人格利益的行为,请求权人可以依该条主张

人格权请求权。二是在侵害英烈等人格利益的情形下,请求权人既可主张恢复名誉、赔礼道歉等人格权请求权,又可以依侵权责任编请求损害赔偿,还可以同时请求恢复名誉和赔偿损失,从而将两种责任方式有效地结合起来,充分地发挥其制裁不法行为人、保护受害人利益的作用。三是可以适用《民法典》第997条规定的人格权禁令制度,向人民法院申请采取责令侵害人停止有关行为的措施,从而及时制止正在实施或者即将实施侵害英雄烈士人格利益的违法行为。

专题八　人格权的商业化利用

本专题撰写人:程　啸

【《民法典》及相关法律法规的新规则】

《民法典》第 993 条

民事主体可以将自己的姓名、名称、肖像等许可他人使用,但是依照法律规定或者根据其性质不得许可的除外。

《民法典》第 1012 条

自然人享有姓名权,有权依法决定、使用、变更或者许可他人使用自己的姓名,但是不得违背公序良俗。

《民法典》第 1013 条

法人、非法人组织享有名称权,有权依法决定、使用、变更、转让或者许可他人使用自己的名称。

《民法典》第 1017 条

具有一定社会知名度,被他人使用足以造成公众混淆的笔名、艺名、网名、译名、字号、姓名和名称的简称等,参照适用姓名权和名称权保护的有关规定。

《民法典》第 1018 条第 1 款

自然人享有肖像权,有权依法制作、使用、公开或者许可他人使用自己的肖像。

《民法典》第 1021 条

当事人对肖像许可使用合同中关于肖像使用条款的理解有争议的,应当作出有利于肖像权人的解释。

《民法典》第 1022 条

当事人对肖像许可使用期限没有约定或者约定不明确的,任何一方当事人可以随时解除肖像许可使用合同,但是应当在合理期限之前通知对方。

当事人对肖像许可使用期限有明确约定,肖像权人有正当理由的,可以解除肖像许可使用合同,但是应当在合理期限之前通知对方。因解除合同造成对方损失的,除不可归责于肖像权人的事由外,应当赔偿损失。

《民法典》第 1023 条

对姓名等的许可使用,参照适用肖像许可使用的有关规定。

对自然人声音的保护,参照适用肖像权保护的有关规定。

《民法典》第 1182 条

侵害他人人身权益造成财产损失的,按照被侵权人因此受到的损失或者侵权人因此获得的利益赔偿;被侵权人因此受到的损失以及侵权人因此获得的利益难以确定,被侵权人和侵权人就赔偿数额协商不一致,向人民法院提起诉讼的,由人民法院根据实际情况确定赔偿数额。

【规则由来】

《民法典》颁布之前,原《民法通则》与原《侵权责任法》中就有人格权商业化利用的法律规定,但主要是从救济即侵权赔偿责任的角度加以规定的。原《民法通则》第 120 条规定:“公民的姓名权、肖像权、名誉权、荣誉权受到侵害的,有权要求停止侵害,恢复名誉,消除影响,赔礼道歉,并可以要求赔偿损失。法人的名称权、名誉权、荣誉权受到侵害的,适用前款规定。”原《侵权责任法》对于侵害姓名权、名称权、肖像权等人身权益并造成财产损失的损害赔偿计算方法作出了更详细的规定,该法第 20 条规定:“侵害他人人身权益造成财产损失的,按照被侵权人因此受到的损失赔偿;被侵权人的损失难以确定,侵权人因此获得利益的,按照其获得的利益赔偿;侵权人因此获得的利益难以确定,被侵权人和侵权人就赔偿数额协商不一致,向人民法院提起诉讼的,由人民法院根据实际情况确定赔偿数额。”

【规范意旨】

《民法典》对于人格要素上精神利益与经济利益采取统一保护模式,通过姓名权、名称权、肖像权等具体人格权实现对人格要素上精神的与经济的利益的统一保护,并确立了以精神利益为核心及精神利益优先于经济利益的规则。人格权主体自己使用、许可他人使用以及告知后取得权利人的同意,都是人格权商业化利用的方式。姓名、名称、肖像、声音、个人信息以及死者的姓名、肖像等属于可被商业化利用的人格要素。

《民法典》从积极与消极的两个方面对人格权商业化利用作出了规范。积极方面,《民法典》从确定人格权的积极权能出发,对于一些人格权主体可以积极利用人格要素获取经济利益作出了规定:其一,《民法典》第 993 条、第 1012 条、第 1013 条、第 1017 条、第 1018 条、第 1023 条明确了人格权主体可以自己使用或许可他人使用的人格权要素包括姓名、名称、肖像、声音等以及"具有一定社会知名度,被他人使用足以造成公众混淆的笔名、艺名、网名、译名、字号、姓名和名称的简称等",并且将法律规定或者根据其性质不得许可的排除在外;其二,《民法典》第 1021 条至第 1023 条对于肖像许可使用合同作出了特别规定,主要是明确了肖像使用条款解释的特别规则以及肖像权人在有正当理由的情形下可以解除有固定期限的肖像许可使用合同,同时规定对姓名等其他人格要素的许可使用,可以参照肖像许可使用的规定。消极方面,《民法典》第 1182 条对于侵害他人就其人格要素享有的经济利益的损害赔偿责任作出了规定,即在原《侵权责任法》第 20 条的基础上赋予了被侵权人以选择权,只要侵权人侵害他人人身权益造成财产损失,无论被侵权人能否证明其因此受到的损失,被侵权人都可以选择按照被侵权人因此受到的损失请求赔偿,或者按照侵权人因此获得的利益请求赔偿。如果被侵权人的损失与侵权人的获利难以确定,由被侵权人和侵权人就赔偿数额进行协商。协商不一致而起诉的,由法院根据实际情况确定赔偿数额。

【典型案例】

“聂某平等与江阴市棋王酒业有限公司等网络侵权责任纠纷案”

聂某平系著名围棋职业选手、围棋教练，有较高的知名度。2017 年 7 月 3 日，聂某平与聂棋圣源公司签订《独占性许可协议》，约定聂某平授权聂棋圣源公司使用聂某平肖像，并约定聂棋圣源公司有权对该项许可进行再许可，以及有权以自己的名义采取任何措施制止第三方使用聂某平肖像。棋王酒业有限公司（以下简称棋王公司）申请注册了以聂某平漫画肖像为内容的图形商标，并在淘宝网售卖的“棋王传奇（黑白天地）”及“棋王传奇（阿法 go）”二款酒商品的包装、容器上使用了前述注册商标图形，该两款酒商品外包装均标示有“江苏品王酒业集团股份有限公司江阴市棋王酒业有限公司总经销”字样。棋王公司在其官网及微信公众号中有对上述两款涉案酒商品进行展示宣传页面，并可见前述注册商标。案涉产品外包装上标明的产品生产商为品王酒业集团股份有限公司（以下简称品王公司），棋王公司与品王公司之间存在长期合作关系，棋王公司的法定代表人顾某刚持有品王公司的股份。

聂棋圣源公司、聂某平向一审法院起诉请求：(1) 判令棋王公司、品王公司、江阴市迎春彩印厂立即停止使用聂某平漫画形象的侵犯聂某平肖像权行为；(2) 判令棋王公司、品王公司、江阴市迎春彩印厂连续 30 日在其官网、微信公众号及全国性报纸上向聂棋圣源公司、聂某平公开赔礼道歉，致歉内容须经法院核准；(3) 判令棋王公司、品王公司、江阴市迎春彩印厂向聂棋圣源公司、聂某平赔偿经济损失 100 万元及维权合理开支 61,486 元；(4) 判令棋王公司、品王公司、江阴市迎春彩印厂向聂某平赔偿精神损害赔偿金 10 万元。以上赔偿金额共计 1,161,486 元。

一审北京互联网法院认为，公民享有肖像权，未经本人同意，不得以营利为目的使用公民的肖像。品王公司、棋王公司未经聂某平许可，在其运营的网站、销售的商品上使用带有聂某平肖像的图片，该行为具有营利性，已经构成了对聂某平肖像权的侵犯。公民的肖像权受到侵害的，有权要求侵权人停止侵害，恢复名誉，消除影响，赔礼道歉，并可以要求赔偿损失。聂棋圣源公司、聂某平要求品王公司、棋王公司停止侵害、赔礼道歉的诉讼请求于法有据，一审法院予以支持，具体道歉内容及方式由一审法院根据品王公司、棋王公司侵权行为影响范围予以确定。对于聂棋圣源公司、聂某平要求品王公司、棋王公司赔偿经济损失的诉讼请求,考虑到聂某平具有一定的社会知名度,其肖像具备商业化利用价值,故品王公司、棋王公司应对其侵犯聂某平肖像权的行为承担赔偿经济损失的责任。因聂棋圣源公司、聂某平未能充分举证证明其具体经济损失数额,故一审法院结合品王公司、棋王公司使用聂某平肖像的数量、侵权行为持续的时间等侵权情节,酌情予以支持。维权成本方面,一审法院对聂棋圣源公司、聂某平进行公证、委托代理等合理支出酌情予以支持。对于聂棋圣源公司、聂某平主张的经济损失及维权成本过高部分,一审法院不予支持。对于聂某平要求赔偿精神损害抚慰金的诉讼请求,考虑到品王公司、棋王公司在使用聂某平肖像过程中,并无侮辱、贬低、丑化聂某平人格权的主观故意或实际后果,并未造成聂某平精神痛苦,故该项诉讼请求,一审法院不予支持。聂棋圣源公司、聂某平主张江阴市迎春彩印厂为官网的登记主办单位,但没有提供证据证明其与使用侵权肖像有关,对聂棋圣源公司、聂某平要求江阴市迎春彩印厂承担侵权责任的诉讼请求,一审法院不予支持。一审判决如下:(1)品王公司、棋王公司立即停止使用聂某平的漫画肖像。(2)品王公司、棋王公司在官网或公众号上向聂棋圣源公司、聂某平赔礼道歉,致歉内容须经法院审核。致歉时间持续不得少于 14 日。如逾期未履行上述义务,一审法院将在一审法院官网刊登本判决主要内容,刊登费用由品王公司、棋王公司承担。(3)品王公司、棋王公司赔偿聂棋圣源公司经济损失 20 万元、合理维权损失 1 万元。(4)驳回聂棋圣源公司、聂某平其他诉讼请求。

二审北京市第四中级人民法院认为,从案涉漫画图形与聂某平或顾某刚的形象相似度、相关漫画形象对外公开使用的时间、漫画与聂某平的关联程度,以及被告使用案涉漫画形象的范围和目的的角度看,案涉漫画图形可以纳入聂某平的肖像保护范围,作为以绘画形式体现的聂某平的肖像予以保护。被告对于案涉漫画图形的使用一定程度上利用了聂某平的肖像和形象,其行为构成对聂某平的侵权。关于聂棋圣源公司起诉主体资格的问题,肖像权的确具有专属性,但自然人的肖像同时具有商业使用价值,对于肖像权中的财产性权益,法律允许自然人通过对外许可使用自己肖像的形式实现,也不禁止排他性的许可使用。本案中,聂某平与聂棋圣源公司签订合同,授权聂棋圣源公司独占性地使用自己肖像权的财产性权益,同时授权聂棋圣源公司可以其公司名义对未经许可的第三方侵权行为采取维权措施,上述行为不违反法律规定,聂棋圣源公司应有权就侵害聂某平肖像权造成的财产损失部分提起诉讼。在本案诉讼中,聂某平也作为一审原告参加了诉讼,对聂棋圣源公司的起诉行为,聂某平没有异议。因此,在财产性利益损失起诉主体资格的问题上,一审判决的处理结果并无不当。需要指出的是,一审判决同时适用了赔礼道歉的侵权责任方式,在通常情况下,赔礼道歉属于精神性利益的损害责任承担方式,而人格权中的精神性利益具有专属性、不可转让性,本案中,精神性人格利益受损的主体应为聂某平本人,聂棋圣源公司不享有该项权利的请求权基础,因此,一审判令二上诉人向聂棋圣源公司赔礼道歉不当,法院予以纠正。①

【理论阐释】

人格权制度产生的根本目的在于维护人格尊严与人格自由,保护自然人作为人而享有的精神利益。② "生命、身体、健康、自由、名誉均以精神利益为内容,姓名、肖像、声音等人格法益亦不例外。"③比较法上,人格权制度在很长一段时间内的重心就是使自然人的精神利益免受第三人侵害,并要求那些侵害人格权的行为人就其给人格权主体造成的非财产损害承担赔偿责任。④ 因为生命、身体、名誉、隐私等人格要素上的精神利益,不具有财产的性质,无法以金钱加以计算。然而,随着照相、摄影、录音等科技的出现与发展,自然人的姓名、肖像、声音开始被日益广泛地用于商品宣传和服务推广。尤其是大众传媒和广告业兴起后,影星、歌星、体育明星等社会名人的衣食住行等生活方式成为普罗大众争相模仿与追求的时尚。名人的姓名、肖像被注册为商标或在广告宣传上,既可以为经营者带来巨大的利益,也可为名人本

① 参见北京市第四中级人民法院(2021)京04民终87号民事判决书。

② 欧洲学者认为,尊严(dignity)和荣誉(honour)是人格民事保护的核心要素。See Gert Brüggemeier, Aurelia Colombi Ciacchi, & Patrick O'Callaghan eds., *Personality Rights in European Tort Law*, Cambridge University Press, 2010, p.568.

③ 王泽鉴:《人格权法:法释义学、比较法、案例研究》,台北,作者印行2012年版,第297页。

④ Giorgio Resta, *The New Frontiers of Personality Rights and the Problem of Commodification: European and Comparative Perspectives*, 26 Tulane European and Civil Law Forum 33 (2011), p.42.

人带来不菲的收入。由此,姓名、肖像、声音等人格要素上的经济利益逐渐受到重视。人们认识到,人格权主体针对有些人格要素不仅享有精神利益(如尊严利益、隐私利益等),还可以将其用于商业化活动而获得经济利益(如经营利益、许可利益等)。[①] 此时,侵害人格权不仅会损害权利人的精神利益,而且会导致被侵权人的经济利益的损失。因为,在没有得到权利人同意而将权利人的姓名或肖像用于经济活动的行为本质上就是窃取了应由权利人获得的经济利益,构成了“人格的商业侵占”(the commercial appropriation of personality)。从权利人的角度来说,其原本可以取得这些经济利益的即可以进行“人格权的商业利用”(the commercial exploitation of personality rights)。

在我国,人格权的商业利用也被称为“人格权的商品化”[②]“人格标识的商品化”[③]“人格利益的许可使用”[④]“人格要素的许可使用”。[⑤] 简单地说,人格权的商业化利用就是指自然人等民事主体自行或许可他人在经济活动中使用其姓名、名称、肖像、声音等人格要素,从而取得相应的经济价值,性质上属于自然人等人格权主体行使姓名权、名称权、肖像权等具体人格权的积极权能的结果。[⑥] 例如,著名运动员、歌星或影星等公众人物将自己的名字注册为某种产品的商标、某个企业的名称或作为域名加以使用,在广告片或宣传海报上许可使用自己的肖像或声音等。[⑦] 尽管我国《民法典》等法律对于人格权的商业利用已有相应的规范,但是相关的理论研究尚不深入,不少问题还需要全面系统地研究。首先,我国现行的人格权商业化利用的法律规范体系如何?各个规范间的关系应当怎样加以协调?其次,我国法律对于人格要素上的经济利益究竟采取的是何种保护模式?应当怎样协调人格要素上精神

① Huw Beverley - Smith, *The Commercial Appropriation of Personality*, Cambridge University Press, 2004, p. 8.

② 王利明:《论人格权商品化》,载《法律科学(西北政法大学学报)》2013 年第 4 期。

③ 杨立新:《人格权法》,法律出版社 2011 年版,第 329 页。

④ 黄薇主编:《中华人民共和国民法典人格权编解读》,中国法制出版社 2020 年版,第 21 ~ 22 页;王利明、程啸:《中国民法典释评 · 人格权编》,中国人民大学出版社 2020 年版,第 54 页。

⑤ 程啸:《人格权研究》,中国人民大学出版社 2022 年版,第 116 页。

⑥ 当然,人格权主体许可他人使用人格要素的行为可以是有偿的,也可以是无偿的。

⑦ 有观点认为,公众人物商品化的人格权还可以作为公司企业的出资。参见齐晓丹:《论公众人物的人格权商品化》,载《法律适用》2015 年第 4 期。

利益与经济利益的关系？最后，人格权商业利用的方式有哪些？除了姓名、名称、肖像、声音之外，还有哪些可以被商业化利用的人格要素？本专题将对上述问题加以研究与阐释。

一、人格权商业化利用规范体系及适用关系

（一）我国人格权商业化利用的法律规范体系

1. 民法典对人格权商业化利用的规范

《民法典》颁布之前，原《民法通则》与原《侵权责任法》中就有人格权商业化利用的法律规定，不过，它们主要是从救济即侵权赔偿责任的角度加以规定的。原《民法通则》第 120 条规定："公民的姓名权、肖像权、名誉权、荣誉权受到侵害的，有权要求停止侵害，恢复名誉，消除影响，赔礼道歉，并可以要求赔偿损失。法人的名称权、名誉权、荣誉权受到侵害的，适用前款规定。"该条中的"赔偿损失"既包括了精神损失的赔偿，也包括了物质损失即财产损失的赔偿。[①] 原《侵权责任法》借鉴知识产权法的相关规定，对于侵害姓名权、名称权、肖像权等人身权益并造成财产损失的损害赔偿计算方法作出了更详细的规定。依据该法第 20 条，如果侵权人未经允许将他人的姓名或肖像等用于商业活动的，首先要按照被侵权人因该侵权行为受到的损失赔偿；倘若被侵权人的损失难以确定，侵权人因侵权行为获得利益的，则按照获得的利益赔偿；如果损失与获益都难以确定且被侵权人和侵权人就赔偿数额协商不一致而向法院起诉的，由法院根据实际情况确定赔偿数额。例如，《利用信息网络侵害人身权益规定》第 12 条第 2 款规定："被侵权人因人身权益受侵害造成的财产损失以及侵权人因此获得的利益难以确定的，人民法院可以根据具体案情在 50 万元以下的范围内确定赔偿数额。"

《民法典》则从积极与消极的两个方面对人格权商业化利用作出了规范。积极方面，《民法典》从确定人格权的积极权能出发，对于一些人格权主体可以积极利用

① 穆生秦主编：《民法通则释义》，法律出版社 1987 年版，第 130 页；孙亚明主编：《民法通则要论》，法律出版社 1991 年版，第 207 页；《佟柔文集》编辑委员会编：《佟柔文集》，中国政法大学出版社 1996 年版，第 345～346 页。

人格要素获取经济利益作出了规定,这主要表现在:(1)《民法典》第993条、第1012条、第1013条、第1017条、第1018条明确了人格权主体可以自己使用或许可他人使用的人格权要素包括姓名、名称、肖像、声音等以及"具有一定社会知名度,被他人使用足以造成公众混淆的笔名、艺名、网名、译名、字号、姓名和名称的简称等",并且将法律规定或者根据其性质不得许可的排除在外。(2)《民法典》第1021条至第1022条对于肖像许可使用合同作出了特别规定,主要是明确了肖像使用条款解释的特别规则以及肖像权人在有正当理由的情形下可以解除有固定期限的肖像许可使用合同。同时,第1023条规定对姓名等其他人格要素的许可使用,可以参照肖像许可使用的规定。消极方面,《民法典》第1182条对于侵害他人就其人格要素享有的经济利益的损害赔偿责任作出了规定,即在原《侵权责任法》第20条的基础上赋予了被侵权人以选择权,只要侵权人侵害他人人身权益造成财产损失的,无论被侵权人能否证明其因此受到的损失,被侵权人都可以选择按照被侵权人因此受到的损失请求赔偿或者按照侵权人因此获得的利益请求赔偿。① 如果被侵权人的损失与侵权人的获利益难以确定的,由被侵权人和侵权人就赔偿数额协商。协商不一致而起诉的,由法院根据实际情况确定赔偿数额。

2. 其他法律中的人格权商业化利用规范

由于姓名、名称、肖像等人格要素具有很强的识别功能,当其用于商品或服务以及注册为商标时,能够很容易地让消费者将它们与特定的商品、服务或者经营者联系起来。故此,为了防止仿冒等不正当竞争行为以及侵害商标权的侵权行为,维护公平竞争与市场秩序,保护经营者与消费者的合法权益,除《民法典》外,《反不正当竞争法》《商标法》等法律中也有人格权商业化利用的规范。

首先,《反不正当竞争法》通过禁止仿冒企业的名称或者自然人的姓名的行为,保护了经营者对其名称或姓名享有的经济利益。该法第6条明确规定经营者不得实施4类混淆行为,引人误认为是他人商品或者与他人存在特定联系。其中第2项规定的一类混淆行为是"擅自使用他人有一定影响的企业名称(包括简称、字号

---

① 如此修改的理由主要是为了更好地保护被侵权人,同时有效地遏制与威慑侵权行为人。参见黄薇主编:《中华人民共和国民法典侵权责任编解读》,中国法制出版社2020年版,第75页。

等)、社会组织名称(包括简称)、姓名(包括笔名、艺名、译名等)”。此外,就此种不正当竞争行为的赔偿责任,依据《反不正当竞争法》第17条第2款、第3款,因不正当竞争行为受到损害的经营者的赔偿数额,按照其因被侵权所受到的实际损失确定;实际损失难以计算的,按照侵权人因侵权所获得的利益确定。赔偿数额还应当包括经营者为制止侵权行为所支付的合理开支。对于经营者违反《反不正当竞争法》第6条、第9条规定,权利人因被侵权所受到的实际损失、侵权人因侵权所获得的利益难以确定的,由人民法院根据侵权行为的情节判决给予权利人500万元以下的赔偿。

其次,自然人可以将其姓名、肖像及声音,法人、非法人组织可以将其名称注册为商标,从而取得商标专用权。如果他人侵害商标专用权,依据《商标法》第63条的规定,侵犯商标专用权的赔偿数额,按照权利人因被侵权所受到的实际损失确定;实际损失难以确定的,可以按照侵权人因侵权所获得的利益确定;权利人的损失或者侵权人获得的利益难以确定的,参照该商标许可使用费的倍数合理确定。权利人因被侵权所受到的实际损失、侵权人因侵权所获得的利益、注册商标许可使用费难以确定的,由人民法院根据侵权行为的情节判决给予500万元以下的赔偿。此外,对恶意侵犯商标专用权,情节严重的,还可以适用惩罚性赔偿,即可以在按照上述方法确定数额的1倍以上5倍以下确定赔偿数额。

再次,为了防止一些人未经许可而将他人的姓名或名称注册为注册商标从而侵夺人格权主体对于姓名、名称等人格要素享有的经济利益,我国《商标法》确立了商标注册不得与他人在先合法权利相冲突的规则。依据该法第9条第1款与第32条的规定,申请注册的商标,应当有显著特征,便于识别,并不得与他人在先取得的合法权利相冲突。申请商标注册不得损害他人现有的在先权利,也不得以不正当手段抢先注册他人已经使用并有一定影响的商标。所谓他人在先取得的权利,包括但不限于姓名权、肖像权、商标权、著作权、名称权、外观设计专利权等。之所以如此规定,是因为“适用商标法第三十一条的规定对他人的在先姓名权予以保护时,不仅涉及对自然人人格尊严的保护,而且涉及对自然人姓名,尤其是知名人物姓名所蕴含的经济利益的保护。未经许可擅自将他人享有在先姓名权的姓名注册为商标,容易导致相关公众误认为标记有该商标的商品或者服务与该自然人存在代言、许可等特定联系的，应当认定该商标的注册损害他人的在先姓名权，违反商标法第三十一条的规定”。①

最后，自然人可以自行或委托他人创作摄影作品、美术作品、音乐作品等，从而取得著作权，继而行使我国《著作权法》第10条规定的著作权中的财产权如复制权、发行权、出租权、展览权、信息网络传播权等，来实现肖像、声音等人格要素上的经济利益。

（二）人格权商业化利用法律规范的适用关系

《民法典》作为民事领域的基本法，普遍适用于平等主体之间的人身关系与财产关系，故此，《民法典》是从确立并保护人格权的角度出发分别对姓名权与名称权的内容与救济作出了一般性、普遍适用的规定。但是，《反不正当竞争法》《商标法》都是适用于经营活动，相对《民法典》而言，它们属于特别法。

首先，《反不正当竞争法》中的人格权商业化利用规范的特别之处在于：一方面，仅适用于经营者之间，即侵权人与被侵权人都应当是经营者，即在生产经营活动中存在可能的争夺交易机会、损害竞争优势等关系的市场主体。另一方面，《反不正当竞争法》并不一般性地规范擅自使用他人有一定影响的企业名称（包括简称、字号等）、社会组织名称（包括简称等）、姓名（包括笔名、艺名、译名等）的行为，而是要求该行为必须造成市场主体混淆的后果，才予以调整。② 故此，如果是经营者之间并且擅自使用了他人的姓名或名称（包括简称、字号、笔名、艺名等）造成了市场主体混淆的后果，那么就应当首先适用《反不正当竞争法》的规定，只有不符合上述条件的，才可适用《民法典》对人格权商业化利用的保护与救济方法。

其次，《商标法》中的人格权商业化利用规范的特别之处在于：一方面，只有自然人的姓名（包括笔名、艺名、译名等）、肖像、声音或法人与非法人组织的名称（包括

① 第113号指导案例《迈克尔·杰弗里·乔丹与国家工商行政管理总局（现国家市场监督管理总局）商标评审委员会、乔丹体育股份有限公司“乔丹”商标争议行政纠纷案》，最高人民法院审判委员会讨论通过2019年12月24日发布。

② 孔祥俊：《反不正当竞争法新原理·分论》，法律出版社2019年版，第110页。

简称、字号等)被注册成了商标,取得了注册商标专用权后,才能适用《商标法》的规范。[①] 另一方面,行为人所实施的行为必须是法律规定的构成侵犯注册商标专用权的行为,即《商标法》第57条所列举的各类行为,如未经商标注册人的许可,在同一种商品上使用与其注册商标相同或相近似的商标等。由于任何人并不对组成其姓名的文字享有排他的支配权,故此,当某人用以注册商标的文字与他人的姓名重合时,该注册商标是否构成与在先的合法权利(姓名权)的冲突?司法实践采取的判断标准为:其一,该姓名必须是在先且具有一定知名度的;其二,使用该姓名来注册商标会造成公众的混淆(即将该注册商标与姓名权人联系起来)。换言之,在商标申请注册前,该姓名已经具有一定的知名度,"当相关公众在看到某一商标时会自然联想到某人的姓名,并认为该商标或该商标所使用商品的提供者与该人有关联时,才有可能给该人的姓名权造成损害"。[②]《最高人民法院关于审理商标授权确权行政案件若干问题的规定》第20条规定:"当事人主张诉争商标损害其姓名权,如果相关公众认为该商标标志指代了该自然人,容易认为标记有该商标的商品系经过该自然人许可或者与该自然人存在特定联系的,人民法院应当认定该商标损害了该自然人的姓名权。当事人以其笔名、艺名、译名等特定名称主张姓名权,该特定名称具有一定的知名度,与该自然人建立了稳定的对应关系,相关公众以其指代该自然人的,人民法院予以支持。"依据最高人民法院第113号指导案例,"外国自然人就特定名称主张姓名权保护的,该特定名称应当符合以下三项条件:(1)该特定名称在我国具有一定的知名度,为相关公众所知悉;(2)相关公众使用该特定名称指代该自然人;(3)该特定名称已经与该自然人之间建立了稳定的对应关系"。同样,以其他企业的字号或者其他企业名称的简称来注册商标的,依据最高人民法院《关于审理商标授权确权行政案件若干问题的规定》第21条的规定,也需要以当事人主张的字号具

---

① 如果是将他人注册商标、未注册的驰名商标作为企业名称中的字号使用,误导公众,构成不正当竞争行为的,则应当依照《反不正当竞争法》处理。

② 参见"易建联体育用品(中国)有限公司与国家工商行政管理总局(现国家市场监督管理总局)商标评审委员会商标争议行政纠纷上诉案",北京市高级人民法院(2010)高行终字第818号行政判决书。类似案件参见,"商标评审委员会与吴某添等商标争议行政纠纷案",北京市高级人民法院(2011)高行终字第657号行政判决书;"成都李宁食品制造中心因商标异议复审行政纠纷案",北京市高级人民法院(2015)高行(知)终字第2002号行政判决书。

有一定的市场知名度,他人未经许可申请注册与该字号或名称的简称相同或者近似的商标,容易导致相关公众对商品来源产生混淆为判断标准。

二、人格要素上经济利益的保护及与精神利益的协调

(一)不同的保护模式

在人们逐渐认识到自然人针对姓名、肖像、声音等人格要素不仅享有尊严、自由等精神利益,还享有用于经营从而取得经济利益的现实后,法律上就产生了一个重要问题——是否以及如何保护这些经济利益?从比较法来看,大体有两种态度。第一种态度是弱保护的态度,以英国、澳大利亚、印度等国家为代表,它们对人格要素上的经济利益并不倾向于提供实体性法律的保护。① 如果肖像构成肖像作品可以受到著作权法的保护,倘若将姓名、个人的签名、肖像等注册为商标,也能够通过商标法加以保护。除这些方法外,英国、澳大利亚的法院主要是通过灵活解释现有的不正当竞争的诉由,特别是基于虚假陈述(misrepresentation)的仿冒侵权行为(the tort of passing off)的责任来保护人格要素上的经济利益。② 所谓基于虚假陈述的仿冒侵权行为,必须符合以下3个要件:(1)原告在其商品、名称、商标等方面获得的名誉(或商誉);(2)被告的虚假陈述导致了混淆(或欺骗);(3)给原告造成了损害。法院通过判例不断扩张上述3个要件的适用范围,逐渐对人格要素上的经济利益予以相应的保护。③

第二种态度可以称为强保护立场,又分为一元的与二元的保护模式。采取一元

① Huw Beverley-Smith, The Commercial Appropriation of Personality, Cambridge University Press, 2004, P. 32 – 48; Bhargavi Vadeyar, The Commercial Appropriation of Personality in India, 9 NUALS Law Journal 77 (2015), p. 86 – 95.

② Huw Beverley-Smith, The Commercial Appropriation of Personality, Cambridge University Press, 2004, p. 36 – 47. 该书中译本,参见[澳]胡·贝弗利–史密斯:《人格的商业化利用》,李志刚、缪因知译,北京大学出版社2007年版,第68~120页。

③ Huw Beverley-Smith, Ansgar Ohly & Agne's Lucas-Schloetter, Privacy, Property and Personality: Civil Law Perspectives on Commercial Appropriation, Cambridge University Press, 2005, p. 15 – 35.

保护模式的代表是德国。[1] 德国学者认为,人格权的精神属性与财产属性并不矛盾,人格权不仅保护自然人的精神利益,也保护权利人的经济利益,尤其是考虑到那些知名人士通过广告而进行的营销活动,使得其肖像、姓名具有极高的经济价值,更是如此。[2] 德国法院通过判例不断扩张人格权的保护对象,从只保护精神利益到逐步肯定姓名、肖像、声音等人格要素上的经济价值,最终通过人格权制度实现了对人格要素上的精神利益与经济利益的一体化保护。例如,在 1956 年的"保罗·达尔克(Paul Dahlke)案"中,德国联邦最高法院认为,被告未经原告许可而对原告肖像进行商业化利用,该行为构成了对原告的外部的、具有财产价值的、排他性的权利的侵害,应当赔偿被告相应的费用或依《德国民法典》第 812 条第 1 款第 1 句之规定返还不当得利。[3] 在 2000 年的"玛琳·迪特里希(Marlene-Dietrich-Urteil)案"中,德国联邦最高法院更是明确指出:一般人格权既保护精神利益也保护经济利益。这一点也适用于其他形式的一般人格权,如肖像权和姓名权。虽然精神利益的保护是重中之重,但是公众人物的人格特质却具有不可忽视的经济价值。通过利用它们特别是通过为产品做广告等,有关人员能够取得收入。经济利益是可以继承的,死者的继承人将成为死者的人格权中经济利益的所有者,故此,在他人未经许可而将死者的姓名、肖像等用于牟利时,继承人可以自己的权利为依据要求排除妨害并赔偿损失。[4] 采取二元保护模式的代表是美国,即分别通过隐私权与公开权两个权利来相应地保护精神利益与经济利益。美国法上的隐私权(Right to Privacy)是一种精神性权利,主要保护的是自然人的精神利益,即个人的独处和私生活安宁,该权利不得转让、继承且主要具有消极防御功能。公开权(Right of Publicity)属于财产权利,它是对一个人的姓名或肖像进行商业化利用的控制权。[5] 该权利保护的是肖像、姓名、声音等

---

① 此种保护模式来自德国著作法上的"一元化理论"。参见[德]M·雷炳德:《著作权法(2004 年第 13 版)》,张恩民译,法律出版社 2005 年版,第 27 页。

② Horst-Peter Götting, Persönlichkeitsrechte als Vermögensrechte, 1995, S. 7.

③ Rüdiger Klüber, Persönlichkeitsschutz und Kommerzialisierung, 2007, S. 27 – 28.

④ BGHZ 143, 214 (214ff.). 参见王泽鉴:《人格权法:法释义学、比较法、案例研究》,台北,作者印行 2012 年版,第 340 页。

⑤ Thomas Brierton & Peter Bowal, The Right of Publicity, 4 Arizona State University Sports and Entertainment Law 273 (2014), p. 275.

人格要素上的经济利益,可以转让、继承。在 1953 年的《公开权》(*The Right of Publicity*)一文中,[①]梅尔维尔·尼莫(Melville Nimmer)认为,公开权并非隐私权的分支而是独立的权利,将公开权看作隐私权的一部分是不合理的,因为隐私权具有不可转让的属性,属于人格权,这样就会导致公众人物死亡时这种权利消灭,死者的继承人和受让人无法获得救济。故此,公开权应当作为一种财产权,可以转让、继承,在被侵害时具有可诉性。[②] 1975 年的"普莱斯案"(Price v. Hal Roach Studios, Inc.)被认为是美国法上第一例承认公开权可以继承的案件。[③]

(二)我国采取具体人格权统一保护的模式

在《民法典》颁布前,对于我国法律关于自然人就其人格要素享有的精神利益与经济利益采取的究竟是何种保护模式,有不同的观点。一种观点认为,我国法律采取的是一元保护模式,即通过单一、具体的人格权如姓名权、名称权、肖像权等,来实现对人格权主体就其姓名、名称、肖像、声音等享有的精神利益与经济利益的保护。[④] 理由在于:首先,我国现行法律对人格权以及人格权保护的规定就已经涵盖了对人格要素上的经济利益的保护。例如,原《民法通则》第 100 条规定,公民享有肖像权,未经本人同意,不得以营利为目的使用公民的肖像。该条就从反面确认了不得擅自对他人肖像进行商业化利用,这是规定在人格权条款中而非单独确认了一种独立的权利。[⑤] 再如,原《侵权责任法》第 20 条对"侵害他人人身权益造成财产损失的"按照侵权人获利赔偿的规定主要适用于人格权商业化利用的情形。[⑥] 其次,公开权将人格权的商业化利用现象视为产生了一种新的权利,在内容上难以界定,也很难与隐私权等人格权相区别,它是美国法律体系中独特的产物,无法适用于我国。在我

---

① Melville B. Nimmer, The Right of Publicity, 19 Law and Contemporary Problems 203 (1954), p. 204 – 205.

② Melville B. Nimmer, The Right of Publicity, 19 Law and Contemporary Problems 203 (1954), p. 216.

③ Price v. Hal Roach Studios, Inc., 400 F. Supp. 836 (1975).

④ 王利明:《论人格权商品化》,载《法律科学(西北政法大学学报)》2013 年第 4 期;王叶刚:《人格权中经济价值法律保护模式探讨》,载《比较法研究》2014 年第 1 期;姚辉:《关于人格权商业化利用的若干问题》,载《法学论坛》2011 年第 6 期。

⑤ 王利明:《论人格权商品化》,载《法律科学(西北政法大学学报)》2013 年第 4 期。

⑥ 王利明:《侵权责任法研究》(上册)(第 2 版),中国人民大学出版社 2018 年版,第 685 页。

国法上,人格权的商业化利用并非产生了一种特殊的权利,仍然包含在人格权中,是人格权的某些权能特别是利用权能发生了扩张,而非产生了其他的新的权利。① 最后,为人格要素上的经济利益设立一种独立的权利加以保护,反而割断了人格要素上精神利益与经济利益的联系,使经济利益摆脱了人格权主体的控制,不利于实现对人格尊严的保护。②

另一种观点认为,我国法律采取的是二元保护模式。首先,就姓名权与姓名的商品化权益而言,姓名权属于原《民法通则》规定的人格权,该法是从纯粹人格意义上的姓名权保护出发,针对侵害姓名权的特定情形作出了规定,如禁止他人干涉、盗用、假冒等。至于姓名的商业化保护,即对姓名的商业化利用的权益则由《反不正当竞争法》加以保护,该法对姓名的保护立足于制止仿冒行为,强调的是姓名权中的经济利益的保护。③ 其次,一元保护模式很难解决人格权中的精神利益与经济利益保护方式的差异,也不符合人格权的内在逻辑体系,例如,精神利益存在于所有的人格权当中,但是经济利益只有姓名权等少数人格权涉及,因此采取二元模式分别加以保护,更有针对性,也能更好地协调人格尊严与个人行为自由的关系。故此,应当在人格权、财产权之外设立商事人格权、形象权等新型权利来涵盖姓名权、肖像权、商誉权、信用权、商号权等具有经济利益的人格权。④

笔者认为,从原《民法通则》到《民法典》,我国法并未在人格权之外新设公开权、商事人格权或者商品化权来保护姓名、名称或肖像等人格要素上的经济利益,而是通过具体的人格权来统一保护人格要素上的精神利益与经济利益。也就是说,从原《民法通则》到《民法典》,我国法律对于人格要素上精神利益与经济利益都是采

---

① 王利明:《人格权法研究(第3版)》,中国人民大学出版社2018年版,第223页。

② 王叶刚:《人格权中经济价值法律保护模式探讨》,载《比较法研究》2014年第1期;黄芬:《人格要素的财产价值与人格权关系之辨》,载《法律科学(西北政法大学学报)》2016年第4期。

③ 孔祥俊:《姓名权与姓名的商品化权益及其保护——兼评"乔丹商标案"和相关司法解释》,载《法学》2018年第3期。

④ 不同观点,参见程合红:《商事人格权论——人格权的经济利益内涵及其实现与保护》,中国人民大学出版社2002年版,第51页;郑成思:《商品化权刍议》,载《中华商标》1996年第2期;吴汉东:《形象的商品化与商品化的形象权》,载《法学》2004年第10期;杨立新、林旭霞:《论人格标识商品化权及其民法保护》,载《福建师范大学学报(哲学社会科学版)》2006年第1期;于晓:《自然人人格标识商业利用民事权利独立设为新型财产权研究》,载《山东大学学报(哲学社会科学版)》2017年第3期。

取统一的保护模式，不应当采取隐私权与公开权的二元保护模式，具体理由阐述如下：

首先，我国的人格权历来就是具体的，从原《民法通则》开始就逐一规定了生命健康权、姓名权、名称权、肖像权、名誉权等具体人格权，并且从来就没有排斥过对于这些具体人格权中的某些人格要素上的经济利益的保护。原《民法通则》的这种规定就已经决定了我国采取的是通过某些具体人格权来统一保护精神利益与经济利益的模式。这与美国完全不同。因为，美国法律是通过包含范围极为广泛的“隐私权”来涵盖需要受到保护精神利益如尊严、名誉、隐私等。但隐私权并不保护肖像、姓名、声音等人格要素上的经济利益，也不允许该利益的转让和继承。为此才发展出与隐私权相对应的、完全作为财产权的“公开权”的概念。因此，美国法二元保护模式完全是与其独特的文化传统和规范体系一脉相承的。① 如果我们采取二元保护模式，就意味着在姓名权、名称权、肖像权等已有的具体人格权之外，还要叠床架屋地创设出一堆新的权利，如姓名商品化权、名称商品化权（商号权）、肖像商品化权（形象权）、法人名誉的商品化权（商誉权）等。这样做除导致各种混乱、徒增烦扰外，没有任何益处。此外，需要注意的是，有些学者认为我国采取了德国的一元保护模式，这种说法并不准确。我国的人格权历来就是具体的，故此，在我国，无论是原《民法通则》，还是现在的《民法典》都是通过被法律明确规定的具体人格权即姓名权、肖像权、名称权相应地保护姓名、名称、肖像等人格要素上的精神利益与经济利益。但是，《德国民法典》中仅规定了一个具体人格权就是姓名权（第12条），还有就是《艺术作品著作权法》（KUG）第22条规定的肖像权，此外没有其他具体人格权。德国法院对姓名、肖像、声音等人格要素上的精神利益与经济利益的一体化保护，主要就是通过法官法发展出来的一般人格权制度来实现的。我国《民法典》也规定了人格尊严与人身自由这两类一般人格权（第990条第2款），但它们至少目前还无须承担保护人格要素上经济利益的任务。

其次，人格要素上的精神利益与经济利益本身往往难以分割，尤其是与个人身份有关的经济利益和精神利益是非常容易和频繁地融合在一起。例如，一位漂亮的

---

① 房绍坤、曹相见：《标表型人格权的构造与人格权商品化批判》，载《中国社会科学》2018年第7期。

年轻女模特同意商业公司对她的形象进行商业性利用,这可以说,既是提升的社会地位与知名度(自我感觉的人格认同也被提升),也是用于实现经济利益的重要方式。① 同样,自然人许可他人使用其姓名或肖像并不等于其就自动放弃了任何基于保护人格和尊严的要求,因为个人人格尊严和人格自由的满足往往是需要通过维护经济利益来实现的。总之,姓名、肖像等人格要素上的精神利益与经济利益是密切联系,互相影响的,侵害人格要素上的经济利益往往会也会损害精神利益,反之亦然。例如,一个声名狼藉的企业盗用知名人物的姓名或肖像来推销自己的产品势必降低该知名人物的社会评价,损害其名誉与尊严。因此,我国法律以具体人格权来统一保护人格要素上的精神利益与经济利益,同时明确禁止人格权的转让和继承,正是考虑到人格要素上精神利益与经济利益的紧密联系和相互影响关系。

再次,我国《民法典》已经非常明确地采取了通过具体人格权加以统一保护的模式。一方面,《民法典》第 993 条对于人格要素许可使用的一般性规定已经非常明确地规定了人格权主体可以许可他人使用其姓名、名称、肖像等。换言之,人格权的商业化利用只是自然人等人格权主体享有的一项积极权能而已,属于人格权的内容,而非独立的权利。为了明确这一点,《民法典》第 1012 条、第 1013 条、第 1018 条在界定姓名权、名称权、肖像权等人格权的概念时,详细列举了各种积极权能,明确包括了“使用”“许可他人使用”这一积极权能。相比而言,对于生命权、身体权、健康权、名誉权、荣誉权等,《民法典》并未界定其积极权能,而只是规定“生命安全和生命尊严”“身体完整和行动自由”“身心健康”等受法律保护,任何组织或者个人不得侵害。另一方面,《民法典》又从侵权责任的角度分别对于人格要素上的精神利益与经济利益加以保护,即第 1182 条规定,侵害他人人身权益造成财产损失的,按照被侵权人因此受到的损失或者侵权人因此获得的利益予以赔偿;第 1183 条第 1 款规定,侵害自然人人身权益造成严重精神损害的,侵权人应当承担精神损害赔偿责任。显然,从这一规定也可以看出,人格要素上的经济利益被损害的,仍然需要通过侵权法对人格权的保护加以实现。

① Giorgio Resta, The New Frontiers of Personality Rights and the Problem of Commodification: European and Comparative Perspectives, 26 Tulane European and Civil Law Forum 33 (2011), p. 54.

最后,虽然《反不正当竞争法》关于禁止经营者的仿冒行为的规定也保护了经营者对姓名、名称的经济利益,但是该规定的基础还是在于自然人享有姓名权,法人、非法人组织享有名称权。不仅如此,考虑“具有一定社会知名度,被他人使用足以造成公众混淆的笔名、艺名、网名、译名、字号、姓名和名称的简称等”也属于与姓名、名称一样的具有识别性功能的标志,它们与自然人、法人等民事主体的经济利益与精神利益具有密切的关联性,为了更好地保护自然人等民事主体的精神利益与经济利益,《民法典》第 1017 条还明确规定,对于符合上述条件的笔名、艺名、网名等参照适用姓名权和名称权保护的有关规定。如此一来,就更加明确了我国法采取的是一元保护模式,即通过姓名权、名称权不仅将自然人等民事主体针对姓名、名称的精神利益与经济利益加以统一保护,而且将他们针对“具有一定社会知名度,被他人使用足以造成公众混淆的笔名、艺名、网名、译名、字号、姓名和名称的简称等”的精神利益与经济利益也一并予以保护。这就使《反不正当竞争法》对于姓名、名称以及笔名、艺名、网名、译名等的商业化利益保护的根基确立在《民法典》对姓名权和名称权的规定之上。

(三)人格要素上精神利益与经济利益的协调

我国法律采取的对具体人格权进行统一保护的模式的特点在于:人格权主体将人格要素进行商品化的利用如许可他人使用自己的姓名或肖像,是权利人行使姓名权、名称权或肖像权等具体人格权;行为人未经权利人许可并且也没有其他法定的无须同意的情形,使用他人的姓名、名称或肖像的,无论对他人造成精神损害还是经济损失,都属于侵害姓名权或肖像权的侵权行为。这种模式下,为了更好地协调人格要素上精神利益与经济利益的关系,我国《民法典》确立了以下两项基本规则。

其一,以精神利益为核心的规则。一方面,《民法典》第 992 条之所以规定人格权不得放弃、转让或者继承,就是因为人格权保护的核心是自然人的生命、身体、健康以及人格尊严、人格自由等精神利益,它们专属于自然人,不可转让、放弃或继承,否则违反法律和公序良俗。故此,尽管人格要素上的财产利益可以转让,但是人格权不得转让。另一方面,《民法典》第 993 条明确规定了依据法律规定或根据其性质不得许可他人使用的人格要素,权利人不得许可他人使用。这就是为了更好地保护人格尊严,也表明了人格尊严等精神利益优于经济利益。① 例如,生命权、身体权、健康权以及名誉权、荣誉权等人格权保护的核心是精神利益,不能许可他人使用。

其二,精神利益优于经济利益的规则。申言之,在兼具精神利益与经济利益的人格权中,一旦维护权利人的精神利益与实现权利人或他人的经济利益相互冲突时,应当优先保护权利人的精神利益。例如,依据《民法典》第 1021 条与第 1022 条的规定,关于肖像许可使用合同中对于肖像使用条款的理解有争议的,应当作出有利于肖像权人的解释;在肖像许可使用合同有期限约定时,如果肖像权人有正当理由的,可以解除肖像许可使用。再如,当肖像权与肖像作品著作权发生冲突时,肖像权优先即未经肖像权人同意,肖像作品权利人不得以发表、复制、发行、出租、展览等方式使用或者公开肖像权人的肖像(《民法典》第 1019 条第 2 款)。

三、人格权商业化利用的具体方式

(一)人格权主体自己使用与许可他人使用

人格权商业化利用就是将人格要素投入使用,从而获取相应的经济利益,故此,人格权商业化利用的方式大体上有两种:一是人格权主体自行使用自己的姓名、名称、肖像、声音等;二是人格权主体许可他人在商品、商标或者服务上使用自己的姓名、名称、肖像、声音等。所谓许可(Lizenz),是权利人将其权利允许他人在一定时间以及一定地域范围内实施或使用的意思表示,如许可他人将自己的姓名使用在某种商品上、注册为商标或者在某项服务上使用。人格权的主体将其姓名、名称、肖像等许可他人使用时,许可人与被许可人之间就形成了许可合同或许可使用合同(Lizenzvertrag)关系。此等许可使用合同关系可以是单独的一份合同书(如《肖像权授权使用合同书》或《姓名使用授权书》),也可以是某个合同书中的若干条款(如《广告代言合同》或者《合作协议》中关于肖像、姓名等许可使用的约定条款)。如果以被许可使用的人格要素来划分,可以分为姓名许可使用合同、名称许可使用合同、

① 黄薇主编:《中华人民共和国民法典人格权编解读》,中国法制出版社 2020 年版,第 24 页。

肖像许可使用合同等。《民法典》没有作出一般性规定,而只是针对实践中最常见的肖像许可使用合同作出了两条规定,即第1021条和第1022条。同时,《民法典》还在第1023条第1款中明确了姓名等的许可使用可以参照适用肖像许可使用合同。由于姓名、肖像等人格标识与商标相似,故此可以参照商标的许可方式将人格标识许可利用的方式分为独占许可、排他许可以及普通许可。① 实际上,商标的这3种许可使用方式中的独占许可与排他许可的根本区别就在于,商标权人自己还能不能用注册商标。如果是独占许可,那么只有被许可人可以用,即便商标权人也不能用。如果是排他许可,那么被许可人可以用,商标权人也可以用,无非商标权人不能再许可其他人使用。② 显然,姓名权、肖像权、名称权等属于人格权,不同于商标权,后者在本质上仍然属于财产权,无非是无形财产权。故此,人格权主体即便许可他人排他地使用其姓名、名称和肖像,也并不导致自己在正常的社会交往中丧失对姓名、名称和肖像的使用权,否则就会出现损害人格尊严和人格自由的后果。但是,在独占许可之后,肖像权人、姓名权人自己也不能再将姓名或肖像投入被独占许可的商业化利用活动当中。

需要注意的是,许可使用不同于权利的转让。在许可合同中,许可人只是允许被许可人在一定地域和时间内对被许可使用的权利享有专有的或非专有的使用权,许可人仍然是权利人。但是,权利转让合同中,转让已经将某种权利转移给受让人,转让人已经不再是权利人。我国《著作权法》第26条与第27条就明确区分了著作权许可使用合同与著作权转让合同而分别加以规范。依据《民法典》第992条,人格权不得转让。故此,人格权的商业化利用方式不应当包括权利转让这种方式。依据《民法典》第1013条,法人、非法人组织有权转让自己的名称。需要注意的是转让名称不同于转让名称权。并非所有的法人、非法人组织都可以转让自己的名称。营利法人转让名称的情形会比较常见,例如,《企业名称登记管理规定》第19条规定:"企业名称转让或者授权他人使用的,相关企业应当依法通过国家企业信用信息公示系

① 温世扬:《中国民法上的"公开权"——〈民法典〉人格标识许可使用规定之解析》,载《当代法学》2021年第2期。

② 参见最高人民法院《关于审理商标民事纠纷案件适用法律若干问题的解释》第3条。

统向社会公示。”①之所以法律上承认名称的可以转让性,主要就是考虑到名称因企业的经营而逐渐累积经济价值成为企业资产的重要组成部分,允许转让名称有利于企业充分实现其价值。

(二)同意与许可的关系

“同意”(Consent / Einwilligung),是指权益的所有者就他人针对自己民事权益的侵害行为或者将要对自己民事权益造成的特定的损害后果予以同意并表现于外部的意愿。原则上,任何人都不得侵害他人的民事权益。但是,民事权益的所有者可以对自己权益进行合法的处分,其可以自行处分,也可以同意他人对自己的民事权益进行处分。因此,在得到民事权益所有者的同意后,被同意者实施的客观上侵害他人民事权益的行为,对于同意者来说,不构成侵害。我国《民法典》没有将同意一般性地规定为免责事由,但是,在人格权编和侵权责任编中也对受害人同意作出了相应的规定。具体包括:(1)临床试验应当取得受试者或者受试者的书面同意(第1008条);(2)未经肖像权人同意,不得制作、使用、公开肖像权人的肖像,除非法律另有规定(第1019条);(3)除非法律另有规定或者权利人明确同意,不得实施侵害隐私权的行为(第1033条);(4)处理个人信息,必须取得自然人或者其监护人的同意(第1035条);(5)实施手术、特殊检查、特殊治疗,需要取得患者或者近亲属的明确同意(第1219条)。从上述规定可知,就肖像权而言,既存在肖像权人同意他人使用其肖像,也有肖像权许可他人使用其肖像。而对于身体权、健康权、隐私权以及个人信息权益,则只有权利人的同意而不存在许可他人使用。

笔者认为,人格权主体同意他人使用其肖像或者获取其隐私、处理其个人信息等,也属于对人格权进行商业化利用的一种方式。但是,“同意”与“许可”存在明显的区别。首先,性质不同。在积极方面,同意强调了人格权主体对自己权利的处分或行使,而在消极方面阻却了客观上侵入人格权主体支配领域的行为的违法性,成为该行为的合法性根据。② 无论是医疗机构对患者进行手术还是个人信息处理者处

---

① 在2020年修订前,依据《企业名称登记管理规定》第23条第1款的规定,企业名称可以随企业或者企业的一部分一并转让。这似乎意味着企业名称本身不能单独转让。

② 程啸:《论个人信息处理中的个人同意》,载《环球法律评论》2021年第6期。

理个人信息,在缺乏同意的情形下,行为就是非法的,除非法律、行政法规另有规定。但是,许可则强调的是许可人与被许可人之间的许可使用合同关系。在这种关系中,许可人(Lizenzgeber)的主给付义务为授予许可或授予使用权,而被许可人(Lizenznehmer)的对待给付义务就是支付相应的费用。其次,同意往往是可以撤回的,而许可一旦作出,形成合同就不能撤回。例如,为了维护人格尊严和人格自由,《个人信息保护法》第15条就明确规定,基于个人同意处理个人信息的,个人有权撤回其同意。个人信息处理者应当提供便捷的撤回同意的方式。个人撤回同意,不影响撤回前基于个人同意已进行的个人信息处理活动的效力。至于医疗活动中的同意以及隐私权人的同意,法律虽然没有规定可以撤回,但也应当认为可以撤回。但是,肖像权人作出同意后,如果成立了肖像许可使用合同,则应当适用《民法典》第1022条的规定,也就是说,如果对肖像许可使用期限有明确约定,那么肖像权人必须有正当理由才能解除许可使用合同,并且还可能要赔偿损失。所谓正当理由,可以是与肖像权人的个人发展(如宗教、政治、艺术信念的改变或者专业立场的改变)有关,也可以与被同意者所设想的商业利用类型有关(如构成贬低性语境,被同意者的产品严重丧失声誉等)。①

四、可被商业化利用的人格要素的类型

从《民法典》第993条以及对某些具体人格权的权能的界定可知,就哪些人格权可以被商业化利用,《民法典》采取的是正面列举的方式。一方面,第993条列举了"姓名、名称、肖像"可以许可他人使用,考虑到未来发展的需要,又在列举后使用了"等"字来兜底。另一方面,第1012条、第1013条与第1018条在界定姓名权、名称权、肖像权时列出了"使用"与"许可他人使用"的权能,也进一步表明了这3类人格权可以被商业化利用。为了防止人格权被任意商业化利用而损害人格尊严,违背公序良俗,《民法典》第993条规定,依照法律规定或者根据其性质不得许可的除外,例如,生命、身体或健康就不存在许可他人使用的可能性,否则不仅违反法律的强制性

---

① Huw Beverley-Smith, Ansgar Ohly & Agne's Lucas-Schloetter, *Privacy*, *Property and Personality*: *Civil Law Perspectives on Commercial Appropriation*, Cambridge University Press, 2005, p. 15 – 35.

规定,构成犯罪行为,也违背公序良俗和损害了人格尊严。① 我国法律严格禁止自然人出卖或出租人体组织、人体器官等行为,就是基于这种考量。《民法典》第1006条、第1007条规定,完全民事行为能力人有权依法自主决定无偿捐献其人体细胞、人体组织、人体器官、遗体。任何组织或者个人不得强迫、欺骗、利诱其捐献。同时,禁止以任何形式买卖人体细胞、人体组织、人体器官、遗体。违反前款规定的买卖行为无效。正因如此,《民法典》只是从法律对生命安全和生命尊严、身体完整和行动自由以及身心健康加以保护的角度对生命权、身体权和健康权进行了界定(第1002条至第1004条),防止他人对生命权、身体权和健康权进行侵害。就可被商业化利用的人格要素的范围,需要研究以下几个问题。

(一)隐私权的商业化利用

隐私是自然人的私人生活安宁和不愿为他人知晓的私密空间、私密活动、私密信息(《民法典》第1032条第2款)。所谓隐私能否被商业化利用显然仅仅是指私密信息,而不包括私生活安宁、私密空间或私密活动。有学者认为,隐私权人可以处分自己的隐私,包括公开自己的隐私以及授权他人使用自己的隐私。② 例如,歌星、影星等通过电视节目或网络媒体自曝隐私而吸引粉丝、增加流量,就属于对隐私的商业化利用。笔者认为,从《民法典》的规定来看,隐私权侧重的还是消极防御功能,即防止他人对包括私生活安宁,私密信息在内的隐私的侵害,③其保护的是自然人隐私不受他人侵害的权益。但是,如果私密信息被商业化利用本身不违反法律或公序良俗,承认隐私的商业化利用也是完全可以的。况且,私密信息本身也属于个人信息,而依据《个人信息保护法》的规定,个人可以同意他人处理其个人信息。例如,歌星、影星收取高额采访费用后同意向媒体披露自己的某些私密信息(如承认自己的兴趣爱好等)。

---

① 王叶刚:《论可商业化利用的人格权益的范围》,载《暨南学报(哲学社会科学版)》2016年第11期。

② 参见张红:《人格权各论》,高等教育出版社2015年版,第522页。

③ 王利明:《论个人信息权的法律保护——以个人信息权与隐私权的界分为中心》,载《现代法学》2013年第4期。

(二)个人信息权益的商业化利用

《民法典》第993条只是列举了“姓名、名称、肖像”,其中并未包括个人信息。因此,就个人信息是否属于可以被商业利用化利用的对象,即个人信息权益能否被商业化利用,存在争议。一种观点认为,《民法典》该条中有“等”字兜底,表明个人信息也属于能够被商业化利用的对象,自然人可以许可他人处理其个人信息。因为“从本质上讲,个人信息本身就兼具人身属性和财产属性,绝大多数个人信息都可以进行经济利用,如将个人信息汇聚成大数据由他人共享,或者用于商业分析和用于商业规划等”。① 个人信息的效用性、稀缺性、可控性和流通性决定了个人信息也具有很大的财产价值或财产属性。② 另一种观点认为,个人信息不能被商业化利用,因为个人信息权益所保护的利益不包括个人对其个人信息的财产利益。首先,个人信息的经济价值存在“稀薄效应”,单个自然人的个人信息并没有什么经济价值,只有大数据整体才具有经济价值,而将大数据整体的经济价值分散至个体层面,那么每个人的个人信息的经济价值可以忽略不计。其次,给个人配置财产利益将带来一系列问题,如导致个人之间人格的不平等,阻碍信息产业的发展。③

笔者认为,个人信息可以被商业化利用。从《民法典》与《个人信息保护法》对个人信息的界定来看,肖像、姓名、声音等就属于个人信息,它们都是可以被商业化利用的。如前所述,个人信息中的私密信息属于隐私,私密信息在不违反法律和公序良俗的原则时,也可以被商业化利用,剩下的非私密信息就更没有问题。德国的理论界也认为,只要遵守宪法上的限制,个人信息自决权当然可以被商业化利用,能够被商业化利用的个人信息包括自然人的外貌、生活图片、人物形象、个人的秘密、口头和书面的语言、姓名等。④ 在大数据时代,真正蕴涵巨大价值的是政府及企业处理的海量个人信息,单个自然人的个人信息确实价值不大。“一条个人信息连一分

---

① 王利明、程啸:《中国民法典释评・人格权编》,中国人民大学出版社2020年版,第59页。

② 彭诚信:《论个人信息的双重法律属性》,载《清华法学》2021年第6期;彭诚信、史晓宇:《个人信息财产价值外化路径新解——基于公开权路径的批判与超越》,载《华东政法大学学报》2022年第4期。

③ 参见张新宝:《论个人信息权益的构造》,载《中外法学》2021年第5期。

④ Franziska Leinemann, Personenbezogene Daten als Entgelt: Eine Untersuchung anhandschuldvertrags -, datenschutz-und kartellrechtlicher Fragestellungen, 2020, S. 65.

钱都卖不了。除非被收集后与其他来自相近社会经济类别的个人资料汇总在一起加以利用,否则无名之辈的个人资料并不值钱。”①然而,对于普通的自然人而言也许如此,而那些知名人物或公众人物也未必尽然,他们的一条个人信息可能价格非常昂贵。此外,人们也不能否定未来随着社会的发展尤其是个人信息权益保护的强度的增加,个人通过同意处理者处理其个人信息而取得相应经济利益。毕竟个人信息权益属于人格权益,我国法律对于人格利益采取的也是一元保护模式,个人信息权益可以同时保护自然人对其个人信息处理享有的精神利益与经济利益。② 此外,从《民法典》第993条来看,只要是法律没有禁止并且依据其性质不得许可的个人信息,个人也不是不可以许可他人使用其个人信息。该条中的“等”字就为未来的发展预留了空间。至于个人信息被商业化利用会导致人格不平等的后果,可能性并不存在。因为,网络信息技术发展导致交易成本的降低,恰恰会使普通人有更多的机会或可能性来许可他人使用其姓名、肖像乃至个人信息等。③ 既然法律对于个人信息处理确立的知情同意规则不会限制个人信息流动、影响数字经济发展,人们就更无须担心个人信息的商业化利用了。

(三)角色形象的商业化利用

角色形象,是指文学作品、电影、电视剧、漫画等艺术形式中的角色形象,这些角色可以由演员扮演,与特定自然人的外部形象相关联,从而可以识别出特定自然人,如皮尔斯·布鲁斯南扮演的007系列电影中的詹姆·邦德,克里斯·埃文斯扮演的漫威电影《美国队长》中的美国队长,梁冠华扮演的《神探狄仁杰》中的狄仁杰等;也可以是不与特定自然人的外部形象相联系,无法识别特定自然人的,如迪士尼的米老鼠、唐老鸭,《三毛流浪记》中的三毛等。角色形象也具有极大的经济价值,可以被广泛地运用到商品、服务等商业领域。此时,是否需要通过人格权商业化利用制度对角色形象上的经济利益加以保护,主要取决于人物角色形象的性质。申言之,如

---

① Joseph W. Jerome, *Buying and Selling Privacy: Big Data's Different Burdens and Benefits*, 66 Stanford Law Review Online 47, p.52(2013).

② 程啸:《人格权研究》,中国人民大学出版社2022年版,第109~114页。

③ 崔国斌:《姓名商品化权的侵权认定思路》,载《清华法学》2021年第1期。

果角色形象无论是现实的还是虚拟的,只要是由演员扮演的并且能够识别出该特定的演员,那么这种情形下该演员对于角色形象即享有肖像权,可以通过肖像权保护该虚拟人物角色上的精神利益与经济利益。[①] 这是因为,肖像的最核心特征就是可识别性,即能够识别出特定自然人的外部形象。反之,如果无法识别出特定的自然人,则该演员对于此角色形象不享有肖像权或其他权利。[②] 倘若有人未经许可而擅自使用角色形象,那么将会构成对著作权的侵害。

(四)死者姓名、肖像与声音等的商业化利用

人格权属于主体权利,必须要有一个权利主体,故此,自然人死亡后,人格权也应当消灭,而无法被继承。我国《民法典》也明确规定人格权不能被继承。但是,死者的姓名、肖像等也有价值,尤其是那些歌星、影星等名人即便死后,其姓名、肖像也具有很大的经济价值。[③] 因此,如何保护死者姓名、肖像、声音等人格要素上的精神利益和经济利益就值得研究了。2000 年 6 月 26 日最高人民法院在《关于周海婴诉绍兴越王珠宝金行侵犯鲁迅肖像权一案应否受理的答复意见》中就曾明确指出:"公民死亡后,其肖像权应依法保护。任何污损、丑化或擅自以营利为目的使用死者肖像构成侵权的,死者的近亲属有权向人民法院提起诉讼。"其中就包含了对死者人格要素上的经济利益的保护。[④]《民法典》第 994 条规定:"死者的姓名、肖像、名誉、荣

---

① 参见"蓝某野诉天伦王朝饭店有限公司等肖像权、名誉权案",北京市东城区人民法院(2002)东民初字第 6226 号民事判决书;"深圳市松吉电动自行车有限公司与赵某肖像权纠纷案",深圳市中级人民法院(2016)粤 03 民终 17303 号民事判决书。

② 参见"章某莱与蓝港在线(北京)科技有限公司人格权纠纷上诉案",北京市第一中级人民法院(2013)一中民终字第 05303 号民事判决书。

③ 根据福布斯发布的《2020 年收入最高的已故名人》榜单显示,著名歌手迈克尔 · 杰克逊(Michael Jackson,2009 年 6 月 25 日逝世)以 4800 万美元收入位居榜首。著名摇滚歌手猫王(Elvis Presley,1977 年 8 月 16 日逝世)以 2300 万美元居第五位。NBA 篮球明星科比 · 布莱恩特(Kobe Bean Bryant,2020 年 1 月去世)以 2000 万美元居第六位。《福布斯 2020 年收入最高已故名人榜:科比位居第六》,载新浪财经,https://finance.sina.com.cn/manage/crz/2020-11-16/doc-iiznctke1762037.shtml。

④ 相应的案例,参见《王金荣等诉松堂关怀医院等擅自使用其已故母亲的肖像作广告侵犯肖像使用权案》,载最高人民法院中国应用法学研究所编:《人民法院案例选》(总第 36 辑),人民法院出版社 2001 年版,第 142 页以下;"周某某诉梁某侵犯计算机网络域名纠纷案",北京市第一中级人民法院(2009)一中民初字第 4747 号民事判决书;"邓某某与南京独家试唱餐饮管理有限公司人格权纠纷案",南京市玄武区人民法院(2015)玄民初字第 1257 号民事判决书。

誉、隐私、遗体等受到侵害的,其配偶、子女、父母有权依法请求行为人承担民事责任;死者没有配偶、子女且父母已经死亡的,其他近亲属有权依法请求行为人承担民事责任。”该条中的民事责任包括损害赔偿责任,既有精神损害赔偿,也有财产损害赔偿。也就是说,如果有人未经死者的近亲属许可而对死者的姓名、肖像、声音等进行商业化利用,死者的近亲属就可以要求其承担停止侵害、排除妨碍以及赔偿损失等民事责任。但是,《民法典》只是从消极的、被侵害后予以保护的角度作出规定,并未明确规定死者的近亲属有权使用或许可他人使用死者的姓名、肖像等人格要素,从而实现相应的经济利益。故此,有的学者主张对死者的姓名、肖像等人格要素的经济利益的保护参照公开权模式;①有的学者则认为,应当明确规定近亲属可以继承死者的姓名、肖像、声音等人格要素上的经济利益。② 笔者赞同后一种解决方案,即将死者的姓名、肖像、声音等人格要素上的经济利益解释为可以继承的遗产,除非死者生前另有安排,否则应当由其继承人按照顺位继承,继承人据此可以自行使用或许可他人使用死者的姓名、肖像等。而且,这种方案也与《民法典》第994条关于死者的姓名、肖像等保护的规定相一致。

结 语

总之,随着科技与社会的发展,人格要素上呈现的利益将不限于单纯的精神利益,还包括各种形态的经济利益。各国法律发展出对人格权商业化利用的不同规范模式,在我国《民法典》已经明确肯定了以姓名权、名称权、肖像权、个人信息权益等具体人格权,来实现对姓名、名称、肖像、声音以及个人信息等人格要素上精神利益与经济利益的统一保护的模式下,如何协调这些人格要素上的精神利益与经济利益的关系,怎样适用民法、知识产权法、反不正当竞争法等不同法律领域中的人格权商业化利用的法律规范等问题,仍然需要理论上的深入研究和实践中的不断探索。

---

① 张红:《死者生前人格上财产利益之保护》,载《法学研究》2011年第2期。

② 洪伟、郑星:《试论人格权的商品化》,载《浙江社会科学》2008年第12期。

专题九　人格权编中动态系统论的运用

本专题撰写人:王利明

【《民法典》及相关法律法规的新规则】

《民法典》第 998 条

认定行为人承担侵害除生命权、身体权和健康权外的人格权的民事责任,应当考虑行为人和受害人的职业、影响范围、过错程度,以及行为的目的、方式、后果等因素。

《民法典》第 999 条

为公共利益实施新闻报道、舆论监督等行为的,可以合理使用民事主体的姓名、名称、肖像、个人信息等;使用不合理侵害民事主体人格权的,应当依法承担民事责任。

《民法典》第 1000 条第 1 款

行为人因侵害人格权承担消除影响、恢复名誉、赔礼道歉等民事责任的,应当与行为的具体方式和造成的影响范围相当。

《民法典》第 1026 条

认定行为人是否尽到前条第二项规定的合理核实义务,应当考虑下列因素:

(一)内容来源的可信度;

(二)对明显可能引发争议的内容是否进行了必要的调查;

(三)内容的时限性;

(四)内容与公序良俗的关联性;

（五）受害人名誉受贬损的可能性；

（六）核实能力和核实成本。

《精神损害赔偿司法解释》（2020 修正）第 5 条

精神损害的赔偿数额根据以下因素确定：

（一）侵权人的过错程度，但是法律另有规定的除外；

（二）侵权行为的目的、方式、场合等具体情节；

（三）侵权行为所造成的后果；

（四）侵权人的获利情况；

（五）侵权人承担责任的经济能力；

（六）受理诉讼法院所在地的平均生活水平。

【规则由来】

在《民法典》颁行前，我国已经在相关的司法解释中引入了动态系统论，即使是在人格权保护领域，也存在类似规则。例如，2001 年的《精神损害赔偿司法解释》第 10 条规定了精神损害的赔偿数额的各项确定因素。《民法典》第 998 条是此次民法典编纂确立的新规则，将动态系统论这一方法引入人格权编。

【规范意旨】

由于人格权在行使中经常发生与其他权利的冲突，且侵害人格权的情形较复杂，决定了在侵害精神性人格权的情形下，不能完全简单照搬侵权责任的构成要件，因而《民法典》第 998 条针对精神性人格权侵权专门设置了动态系统论的规则，该条区分物质性人格权与精神性人格权，对后者的民事责任确立采用动态系统论，即考量行为人和受害人的职业、影响范围、过错程度、行为目的、行为方式、行为后果等因素，按法定顺序排列其权重，从而起到规范法官自由裁量权，实现对人格权精准保护的目的。

【典型案例】

主播离职后的肖像权保护与公司利益的平衡

金某某曾在某海公司担任主播,在公司的抖音平台账号中为该公司从事直播带货工作,因带货需要,金某某会拍摄、上传相应的短视频在直播间进行广告推广、引流。金某某离职后,该公司委托某律师事务所向金某某发出律师函,认为金某某在离职前擅自删除公司抖音账号内的数十条观看量高、点赞量高的短视频损害了公司的利益,要求金某某书面表达歉意并赔偿经济损失。金某某则称该公司抖音平台账号中仍对外公布包含其肖像的短视频,侵犯其肖像权,向法院提起诉讼。

法院认为,案涉短视频制作于金某某在某海公司工作期间。劳动关系下的直播带货必然涉及主播肖像的使用,其中既涉及肖像权保护,也涉及短视频作品利益在用人单位与劳动者之间的合理分配。金某某为某海公司创作案涉短视频的事实基础是双方存在的劳动关系,双方劳动合同及补充协议关于主播权利义务的约定实质上包含了肖像使用的许可,因此双方劳动关系存续期间,可视为双方达成了由某海公司在抖音平台使用金某某肖像的合意。在双方无特别约定的情况下,肖像许可使用的时间应认定为与劳动关系存续期间一致。双方劳动关系终止后,某海公司继续使用案涉短视频的事实基础发生了变化,双方事后亦未达成继续使用的合意,从有利于劳动者保护和肖像权保护的角度,劳动关系结束即视为肖像许可的终止。在劳动关系结束后,双方对含有金某某肖像短视频的使用未作出明确约定的情形下,某海公司在抖音平台继续维持该视频的发布状态,使用并公开金某某的肖像,缺乏合同依据,且不属于《民法典》第1020条规定的肖像合理使用的情形,构成对金某某肖像权的侵害。

某海公司主张其对案涉短视频享有著作权,包含合理使用及网络传播的权利,对著作权的保护应当优于肖像权。法院认为,肖像权是事关人格尊严的基本权利,肖像作品体现的人格权益决定了他人包括作品著作权人行使权利要受到肖像权人的制约,在未经肖像权人同意的情况下,无权以发表、复制、发行、出租、展览等方式使用或公开肖像权人的肖像。故本案无论某海公司是否为案涉作品著作权人,在劳动关系结束后,未经金某某同意,均不能继续发布含有金某某肖像的短视频,其关于行使案涉视频著作权不构成肖像侵权的主张,不能成立。

双方的另一争点在于,某海公司是否必须删除涉案短视频,还是仅下架(隐藏)处理即可。金某某诉称,案涉短视频即使被某海公司作下架(隐藏)处理,因平台账号受公司控制,随时可以重新发布,不利于对其肖像权的保护。某海公司辩称,案涉短视频点赞量是其吸引消费者的重要方式,如果删除该短视频,短视频原本附着的点赞量就会消失,对公司会产生巨大的财产损失。对此,法院认为,本案涉及传统企业依托互联网平台营销产品的新业态模式下,如何实现公司财产利益与劳动者人格利益的平衡问题。在两种权益存在冲突且法律空间存在弹性的情况下,对相关权益保护的范围和强度,更需要政策上的考量与利益上的衡平,在保护肖像权的同时,也应坚持比例原则,体现权利救济的必要性、适当性和均衡性,选择对各方权益损害最小的方案、手段,促进网络经济新业态的健康发展,以实现社会利益的最大化。具体而言,确定本案民事责任承担方式时,应当考虑行为人和受害人的职业、影响范围、过错程度以及行为目的、方式、后果等因素。某海公司抖音平台账号是其销售产品的重要渠道,公司通过在该账号以直播带货、发布短视频等方式宣传、销售产品,账号关注量及视频点赞量是其吸引顾客的重要方式,也体现了平台经济框架下数据流量的财产价值。金某某在职期间拍摄的短视频,是某海公司作为用人单位理应享有的劳动成果,该视频带来的经济利益包含视频的播放量、点赞量等带来的数据引流利益,该数据引流利益虽基于主播劳动而产生,但属于公司支付对价后获得的合法经营利益,依法亦应予以保护。删除案涉短视频,确会对公司营销产生较大影响,从而损害公司的财产利益。某海公司已对案涉短视频作下架(隐藏)处理并承诺今后不再上架,鉴于某海公司停止侵害行为,他人已无法在抖音平台观看该视频,该方式可以实现保护金某某肖像权的目的,故本院对金某某要求删除案涉短视频的主张不予支持。

关于是否需要书面赔礼道歉。赔礼道歉是责任人向权利人承认其行为构成侵权并表达歉意的一种民事责任承担方式,旨在对被侵权人的精神伤害予以抚慰,通常适用于故意侵害他人人格权益的侵权行为。本案中,某海公司在金某某离职后继续使用案涉短视频虽然存在一定过错,但该过错系基于其对作品著作权人行使权利的错误认知;从其行为方式看,也只是在原发布平台上保留了继续公开短视频的状态,并非在其他平台上重新公开发布,故其在劳动关系结束后继续使用含有金某某肖像的短视频并无侵害金某某肖像权的主观故意,且某海公司在金某某离职后的短时间内也下架(隐藏)了相应视频,金某某亦未提出证据证明或合理说明因某海公司继续使用案涉短视频对其造成的精神伤害,故一审判决责令某海公司对金某某赔礼道歉不妥,二审判决予以调整。①

【理论阐释】

动态系统论最早由奥地利学者维尔伯格(Walter Wilburg)于20世纪40年代提出,②经日本学者山本敬三等人的介绍与传播,③已经为我国法学界所熟知,并在全世界的范围产生了重要的影响。《欧洲侵权法原则》(PETL)和《欧洲示范民法典草案》(DCFR)均采纳这一学说,使得该学说的影响力进一步提升。在我国民法典的编纂中,人格权编也在总结这些经验的基础上,对动态系统论进行了大胆的吸收与借鉴。人格权编中的多个条文均体现了动态系统论的思想,这也成为人格权编的重要特色或亮点之一。

一、人格权编采纳动态系统论的重要意义

维尔伯格在比较法的基础上提出了动态系统论的思想,其基本观点是:调整特定领域法律关系的法律规范包含诸多构成因素,但在具体的法律关系中,相应规范所需因素的数量和强度有所不同。也就是说,调整各个具体关系的规范因素是一个动态的系统。④ 因此,应当在具体法律关系中通过对动态的因素考

① 参见金某某、舟山市某海水产有限公司肖像权纠纷二审民事判决书,浙江省舟山市中级人民法院(2023)浙09民终25号民事判决书。

② Vgl. Walter Wilburg, Entwicklung Eines Beweglichen Systems Im Bügerlichen Recht, Graz: Kienreich, 1951, S. 17.

③ 参见[日]山本敬三:《民法中的动态系统论——有关法评价及方法的绪论性考察》,解亘译,载梁慧星主编:《民商法论丛》第23卷,法律出版社2002年版,第213页。

④ 参见[日]山本敬三:《民法中的动态系统论——有关法评价及方法的绪论性考察》,解亘译,载梁慧星主编:《民商法论丛》第23卷,法律出版社2002年版,第177页。

量认定责任。[①] “动态系统提供了一个替代方案:通过明确规定法官裁判时应当考量的各种重要因素,立法者可以达到非常具体化的规定目的,能够决定性地限制法官的自由裁量空间,并且也使得法官自由裁量具有可预见性,而同时又有所控制地兼顾了生活事实的多样性。”[②]

动态系统论与传统的构成要件论的最大区别在于,构成要件论秉持“全有全无”的原则,认为构成要件是法律后果的必要且充分条件,当要件全部满足时,结论一定发生;当条件有一个不能满足时,结论就不会发生。就侵权责任构成要件而言,如果将其构成要件确定为过错、损害、行为的违法性、因果关系,只有在这些构成要件全部满足时,责任才能成立。而动态系统论则与此不同,表现在:一是动态系统论强调各因素的作用。动态系统论认为,在判断责任时,应当对所有的构成要件发挥的不同作用进行评价,针对各因素作用发挥的不同程度,来综合考量认定责任。这实际上是一种在量上分层的认定方法。二是动态系统论强调各因素排列上的位阶,引导法官考量这些因素是否满足。但在个案中,并不要求每一个因素满足到特定程度,甚至不要求一定具备全部因素;而是要求考量不同的因素,确定这些因素满足到什么程度,根据案件的具体情况对各个因素进行综合考量。[③] 因素与效果之间的关系不再是“全有全无”,而是“或多或少”。三是强调各因素之间的“互补”。动态体系论的“动态”特征,是指法律规范或者法律效果由“与因素的数量和强度相对应的协动作用”来确定。这里所说的“协动”是指因素之间具有互补性。[④] 在维尔伯格看来,因素不再像要件一样处于固定的状态,而是作为变量处于动态的考量之中。如A因素获得了较高程度的满足,那么虽然B因素的满足程度较低,则在法官的综合考量下,可能发生因素间的互补。这些因素具有“相互比较”的个性。[⑤] 正如维尔伯

---

① 参见[奥]海尔穆特·库奇奥:《损害赔偿法的重新构建:欧洲经验与欧洲趋势》,朱岩译,载《法学家》2009年第3期。

② 参见[奥]海尔穆特·库奇奥:《损害赔偿法的重新构建:欧洲经验与欧洲趋势》,朱岩译,载《法学家》2009年第3期。

③ 参见[日]山本敬三:《民法中的动态系统论——有关法评价及方法的绪论性考察》,解亘译,载梁慧星主编:《民商法论丛》第23卷,法律出版社2002年版,第207~208页。

④ 参见解亘、班天可:《被误解和被高估的动态体系论》,载《法学研究》2017年第2期。

⑤ 参见解亘、班天可:《被误解和被高估的动态体系论》,载《法学研究》2017年第2期。

格所指出,“如果一个因素以一种特殊强烈的方式出现,就可充分满足认定存在责任的要求”。① 由此可见,动态系统论试图通过抽取一些因素或因子,引导法官考虑该因素或因子的权重,在个案中通过判断不同变量的强弱效果,并结合因素之间的互补性,最终得出案件裁判的结论。相较于构成要件系统而言,动态系统论考虑的因素更为宽泛,更具有灵活性与开放性,从而可以适应复杂情况下的公正需要。

虽然理论界对于动态系统论的评价不一,有学者也指出了动态系统论的作用不应被高估。② 而且从比较法上来看,民法典中采纳该理论并不多见。但是一些示范法则明确采纳了这一理论。例如,德国学者冯·巴尔(von Bar)教授主持起草的《欧洲私法共同参考框架》(DCFR)第2:101条第3款规定:“在判断赋予损害赔偿或预防损害的权利是否公平且合理时,应参考归责基础、损害或有发生之虞的损害的性质和近因、已遭受或即将遭受损害之人的合理期待以及公共政策考虑。”在库奇奥(Koziol)教授主持起草的《欧洲侵权法原则》第2:102条中确立了利益保护所应考虑的多重因素,主要包括利益的性质、利益的价值、利益的定义是否精确与明显、行为人与受害人的接近程度、责任性质、行为人的利益(尤其是该行为人行动与行使权利的自由)以及公共利益。③ 受保护利益的范围取决于该利益的性质:利益价值越高,定义越精确,越显而易见,保护范围就越广泛。该条显然是受到了动态系统论的影响而确定的制度。在责任范围(第3:201条)的规范设计上,同样采取了动态体系化的模式。由此可见,这两个侵权法的草案都没有提出明确的区分标准,而实际上是采纳动态系统论,赋予法官一定的自由裁量权,综合考虑各种因素以确定是否保护利益。由此可见,动态系统论在立法中的采纳,是法律发展的重要趋势。其背后的原因在于,由于社会生活不断变迁,立法者不能预见到所有情形,因此,不得已需要给予法官自由裁量权。但是为了防止自由裁量权的滥用,有必要对其进行限制。而动态系统论恰恰可以完成对于法官行使自由裁量权的限制。动态系统论承认了

---

① B. A. Koch, *Wilburg's Flexible System in a Nutshell*, *in Magnus/Spier*, European Tort Law: Liber Amicorum for Helmut Koziol, Peter Lang, 2000, p. 293 ff.

② 参见解亘、班天可:《被误解和被高估的动态体系论》,载《法学研究》2017年第2期。

③ See European Group on Tort Law, *Principles of European Tort Law: Text and Commentary*, Springer, 2005, p. 191.

司法者的裁量权，从而能够顾及不同案件的不同情况，并适应社会发展的需要；但又通过立法者对考量因素的划定实现对司法者裁量的限制，司法者要在立法者所划定的考量因素范围内进行思考、论证和说明判决理由。这样，法秩序安定性由立法和司法携手，通过司法者在立法者所划定的考量因素基础上进行论证所取得的共识而予以实现。①

动态系统论介绍到我国的时间并不太久，但在司法实践中已经得到运用，最典型的是，《精神损害赔偿司法解释》（2020 年修正）第 5 条（修正前为第 10 条）并没有采纳构成要件说，而是列举了诸多精神损害赔偿数额判断的因素，②引导法官通过考量这些因素，决定是否作出或者作出多少精神损害赔偿。在总结司法实践经验基础上，《民法典》第 998 条规定："认定行为人承担侵害除生命权、身体权和健康权外的人格权的民事责任，应当考虑行为人和受害人的职业、影响范围、过错程度，以及行为的目的、方式、后果等因素。"该条将动态系统论运用到侵害物质性人格权以外的人格权的民事责任中，有助于协调和平衡人格权与其他利益之间的冲突，认定侵害人格权的责任。此外，民法典有多个条款采纳了动态系统论。之所以在人格权编中采纳动态系统论，主要有以下几个原因。

（一）人格权中各项权利的位阶存在差异

在持动态系统论者看来，不同的权利或利益的性质，在法律的保护上存有不同。人格权与物权和债权不同，在物权和债权中，并没有此种位阶的区分，很难说用益物权与担保物权何者应当更优先受到保护。但人格权中各项权利的位阶存在差异。生命、身体或精神上的完整性、人格尊严、人身自由属于最优先的地位，财产权次之，纯粹经济损失和合同债权又处于财产权之后。③ 在各项具体人格权中，各种权利或

---

① 参见朱虎：《侵权法中的法益区分保护：思想与技术》，载《比较法研究》2015 年第 5 期。

② 该条规定："精神损害的赔偿数额根据以下因素确定：（一）侵权人的过错程度，但是法律另有规定的除外；（二）侵权行为的目的、方式、场合等具体情节；（三）侵权行为所造成的后果；（四）侵权人的获利情况；（五）侵权人承担责任的经济能力；（六）受理诉讼法院所在地的平均生活水平。"

③ 参见张玉东：《动态系统论及其对 PETL 和〈奥地利损害赔偿法草案〉的影响》，载王振、李安石主编，上海市哲学社会科学规划办公室、上海社会科学院信息研究所编：《国外社会科学前沿》2016 · 第 20 辑，上海人民出版社 2017 年版，第 450 页。

利益的价值不同,其利益价值越高,受到的保护就越广泛和有力。① 具体到人格权中,生命、身体、健康等人格利益是处于最优越地位的,尤其是生命权应该被置于首位;而精神性人格利益,如肖像、隐私等相较物质性人格权而言,位阶则相对较低。例如,在新冠疫情的防控中,基于对生命安全保护的考量,在生命权与隐私权发生冲突时,应当优先保护生命权,生命、身体或精神上的完整性享受最广泛的保护。生命、健康等物质性人格利益要优于精神性人格利益,因此,位阶低的利益在保护上要受到更大的限制。② 这一点已经普遍达成共识。因此,人格权所具有的这一特征,就决定了对处于不同位阶的人格权,在判断其侵权是否成立、是否提供必要救济、提供何种救济等问题上,就要依据其所处的位阶进行综合考量。区分不同位阶进行保护,就是通过动态系统论中的因子或因素的考量实现的。

(二)人格权保护与其他利益冲突

人格权不同于财产权,与其他利益常常发生冲突。财产权虽然也可能与其他利益发生冲突,如财产权的行使可能与公共利益、生态环境保护的利益相冲突,但相较人格权而言,其产生冲突的可能性较小,即使发生冲突,也不如人格权复杂。例如,在判断隐私权是否应当受到保护时,其常常要与言论自由、公共利益等权利或利益进行平衡;而在名誉权的保护中,也往往要考虑新闻自由与舆论监督的关系。因此,法律需要协调各种可能产生的利益冲突,确保每一种权利都受到相应的保护,而不能因为保护其中一种,就牺牲其他的权利或利益。正如库奇奥所指出的,从比较法上来看,各国都比较重视侵害人格权尤其是精神性人格权情形下的利益平衡。在言论表达自由、媒体自由与人格权发生冲突时,在某些情况下,需要优先保护言论自由,但不能当然认为应当优先保护表达自由和媒体自由,因为媒体自身也应当对社会和他人负有一定的义务和责任。当两种利益冲突时,法院在个案中应当进行全面

---

① 参见[奥]海尔穆特·库奇奥:《侵权责任法的基本问题》,朱岩译,北京大学出版社2017年版,第179页。

② 参见欧洲侵权法小组:《欧洲侵权法原则:文本与评注》,于敏等译,法律出版社2009年版,第63页。

的利益衡量,以确定应当优先保护哪一种权利。[①] 在协调二者之间的关系时,既要尊重个人的人格权,又要维护言论自由每个人的权利都应当受到保护,但不能因为保护某人的利益,而过分牺牲或损害他人的利益。[②]《欧洲侵权法原则》第 2 条第 6 款所规定的,“决定利益保护范围时,应考虑行为人的利益,尤其是该行为人行动与行使权利的自由,以及公共利益。”[③]我国《民法典》人格权编中,大量涉及对价值冲突的协调。例如,《民法典》第 999 条有效协调了人格权保护与新闻报道、舆论监督的关系;第 1027 条第 2 款协调了保护名誉权与鼓励创作自由的关系;第 1020 条确定了肖像权保护和合理利用的平衡关系;在隐私保护中,协调了个人隐私保护与维护公共利益之间的冲突;在个人信息保护中,妥当平衡了个人信息的保护与合理利用的关系。这些都决定了法官在考虑责任时,很难采纳构成要件确立责任,而必须对各个因素进行综合考量。

(三)人格权益的受保护程度不同

《民法典》人格权编中不仅对人格权利进行了规定,也对个人信息等人格利益进行了规定。一方面,对于权利与利益,其受到保护的程度并不相同。例如,在对隐私信息的保护中,隐私权与个人信息保护部分均有规定,但是对于隐私信息的保护优先适用隐私权的保护,而非个人信息的保护。这就是考虑到通过隐私权进行保护,相较个人信息保护而言更有力。同样,对于肖像权与声音利益的保护也并不完全相同,人格权编虽然承认了声音利益,但其保护也与肖像权保护有所不同。由于人格权的开放性较明显,不断涌现的新型人格利益可能并不一定会被上升为权利予以保护,这也就决定了其与财产权不同,需要考量这些权利与利益的受保护的程度;对于法律并未明确规定的利益通过一般人格权予以保护时,更是需要考虑多种价值之间的权衡关系。换言之,确定一般人格权的具体保护范围时,动态系统的运用空间更

---

① 参见[奥]赫尔穆特·考茨欧等:《针对大众媒体侵害人格权的保护:各种制度与实践》,匡敦校等译,中国法制出版社 2012 年版,第 29 页。

② 参见[奥]赫尔穆特·考茨欧等:《针对大众媒体侵害人格权的保护:各种制度与实践》,匡敦校等译,中国法制出版社 2012 年版,第 16 页。

③ See European Group on Tort Law, *Principles of European Tort Law: Text and Commentary*, Springer, 2005, p. 193.

大。另一方面,就精神性人格权而言,因权利人的职业等原因(如是否是公众人物),对其人格权的限制也不同,这也成为动态系统论在《民法典》人格权编被采纳的重要原因。

(四)人格权侵害的不同情形导致救济方式的差异

在财产权遭受侵害的情形下,一般都要采取损害赔偿的救济方式,而此种方式以及完全赔偿原则的采用,就是对财产权进行保护的最佳方法。但人格权遭受侵害的情形并不相同。一方面,在人格权遭受侵害的情形下,常常并没有发生财产损害,而只是发生了精神损害。但是精神损害赔偿很难像财产损害赔偿一样,运用清晰明确的标准进行判定或计算。在财产损害计算中可适用"差额说",通过比较损害发生前后的财产差额,即可确定损害赔偿的数额;但是在精神损害赔偿中,却无法根据这一差额进行判断,而只能由法官综合考量各种因素进行判定。在瑞士法中,在侵害人格利益的情形下,如果没有抗辩理由,则行为将被认定为具有过错;在判断抗辩事由能否成立时,需要考虑将受害人的利益与相对应的私法和公法的利益相比,如果相关人格利益的保护是不重要的,则行为人的过错就可能会被排除。[①] 我国《精神损害赔偿的司法解释》第5条就明确规定了精神损害赔偿计算中需要考量的各种因素。依据这一规定,精神损害赔偿计算要考虑各种特殊的情形,给法官一定的自由裁量权,从而使法律系统更加富有弹性。而过错程度的考虑是一个重要的因素。[②] 另一方面,人格权遭受侵害或有侵害之虞时,在确定是否应当适用消除影响、恢复名誉、赔礼道歉等责任形式时,应当考虑行为人的行为具体方式和造成的影响范围。需要综合考量受害人所受损害的情形,这也有必要采用动态系统论。

社会生活是复杂的,侵权案件也是不断变化和发展的。"个案中通过被侵害利益保护力度、行为正当化程度、因果关系贡献度、过错程度等因素的综合平衡,来确定损害赔偿的范围。"[③]《民法典》人格权编采纳动态系统论,既是对我国司法实践经

---

① Vgl. A. Bucher, Natürliche Persönen und Persönlichkeitsschutz, 1995, S. 162 ff.

② 参见[奥]海尔穆特·库奇奥:《损害赔偿法的重新构建:欧洲经验与欧洲趋势》,朱岩译,载《法学家》2009年第3期。

③ 叶金强:《论侵权损害赔偿范围的确定》,载《中外法学》2012年第1期。

验的总结,也是回应人格权救济方式的特殊性和内在要求所作出的立法选择,对于正确认定侵害人格权的责任具有重要意义。

二、动态系统论在侵害人格权的民事责任中的适用

《民法典》人格权编对动态系统论的吸收和采纳在多个条文中都有所体现,但最典型的是《民法典》第998条,该条这是明确采纳动态系统论的条文,该条在针对侵害人格权的责任时,确立了如下规则:

(一)对物质性人格权的侵害不适用动态系统论

动态系统论的适用需要区分物质性人格权与精神性人格权。物质性人格权是生命权、健康权、身体权等以生命、健康利益为客体的具有最强人身专属性的人格权。物质性人格权是人格权乃至所有民事权利中居于最重要位阶的权利。我国《民法典》关于人格权的规定首先列举生命、健康、身体等权利,也表明其是具有基础性地位的权利。物质性人格权也可以说是所有民事权利享有的基础和前提,因为任何权利都无法离开生命与身体这一物质载体。法律对于物质性人格权的保护应当被置于首要位置,以加强对物质性人格权的保护。对于侵害物质性人格权的情形,法律往往规定了特殊的救济方式,如侵害生命权的,依据《民法典》第1179条的规定,造成死亡的应当赔偿丧葬费与死亡赔偿金。这些损害赔偿被称为法定的损害赔偿。法官对侵害物质性人格权的情形,应当适用构成要件说,直接适用法定赔偿金,而一般不再考虑行为人和受害人的职业、影响范围、过错程度等因素,以严格限制和减少法官在认定侵害物质性人格权中的自由裁量。

(二)侵害精神性人格权应当依据法律规定的因素进行考量

依据《民法典》第998条的规定,认定行为人承担侵害除生命权、身体权和健康权外的人格权的民事责任,"应当考虑行为人和受害人的职业、影响范围、过错程度,以及行为的目的、方式、后果等因素"。

(1)行为人和受害人的职业

就行为人而言,其自身职业与责任的认定、影响的范围等都有直接联系。例如,

如果行为人从事的是新闻媒体的工作,因新闻媒体职业而作出新闻报道行为,在认定责任时,就应当协调人格权的保护与新闻报道和舆论监督的价值之间的关系,予以平衡。

就受害人而言,考虑职业因素的立法目的并不在于对某些不同职业的人提供有区别的特殊保护,而是旨在平衡职业背后的社会利益与个人利益。具体而言,一是要考虑受害人是自然人还是法人、非法人组织。对法人的类型也要进一步考量其是营利性法人、非营利法人还是特别法人。如果是国家机关法人,则其名誉权要受到一定的限制。二是要考虑受害人是否为公众人物。从司法实践来看,考虑其职业主要是要解决公众人物(public figure)的人格权保护问题。例如,出于对公众人物、公职人员的监督等,适度披露其收入、财产状况等,或对其行为进行适度的评论或批评,其目的在于实现更为广泛的社会利益,因而不应构成侵权。三是要考虑受害人是否为未成年人、残疾人等特殊主体。如果是未成年人等,则对其保护程度更高,如未成年人的隐私要受到特别保护。[①]

(2)影响范围

就行为人而言,判断其承担人格权侵权责任重点在于确立影响范围,因为不同的侵权后果意味着侵权严重程度的不同,这就必然导致侵权责任也存在程度的差异。影响范围通常与行为人的行为方式联系在一起。例如,当着特定数人的面诽谤他人与在网上公开诽谤他人相比,显然后者的影响范围更大。在确定行为人的民事责任时,要考虑行为人行为所造成的是全国乃至更大范围的影响,还是仅仅局限在某地区、某学校、某单位等,这对于确定行为人应当承担或者如何承担消除影响、恢复名誉、赔礼道歉的责任至关重要。

(3)过错程度

在侵害人格权的场合,需要考量行为人主观过错。过错包括故意和过失,故意分为恶意和一般故意;过失又分为重大过失、一般过失和轻过失。行为人的过错程度越高,则越有可能构成侵权,过错程度越低,则不一定构成侵权。例如,行为人无意中转发别人侵权的信息,与恶意转发侵权信息是有区别的。

---

① 参见黄薇主编:《中华人民共和国民法典人格权编解读》,中国法制出版社 2020 年版,第 48 页。

(4)行为的目的

行为人行为的目的也会对侵害人格权民事责任的认定产生一定的影响。例如,行为人利用他人的人格权是为了正当地实施舆论监督、新闻报道等公共利益的目的,还是为了个人的娱乐、消遣,是为了反腐需要而正当地进行检举控告,还是为了泄私愤,图报复,是为了商业目的还是非商业目的而公开他人的个人信息等,都是应当考虑的因素。

(5)行为的方式

行为人在实施某种行为时,采取口头或书面以及其他形式,所造成的损害后果是不同的。例如,在网上发表的新闻报道或评论,损害他人的名誉权,与在某个微信群诽谤他人,影响范围是不同的。书面方式与口头方式所造成的影响后果是不同的。在侵害名誉权纠纷中,是进行新闻报道,还是发表个人意见,是自己创作还是转载,是主动爆料还是被动采访,行为人的行为方式不同,其所造成的损害后果也不同,行为人的民事责任也会存在差别。

(6)行为的后果

任何侵害他人人格权的行为,所造成的损害后果是不一样的。有的造成受害人的名誉受损,有的造成隐私披露;有的只是造成财产损失,有的还造成严重精神损害;有的只是造成小范围的影响,还有的可能造成全国范围乃至更大范围的影响。这些都是确定侵害人格权民事责任需要考虑的因素。

(三)对法定的“因素”进行有序排列并综合考量

动态系统论观点的核心在于确定需要考量的因素和因子,而非赋予法官无限的自由裁量。这些因素与因子,只能通过立法加以明确并对这些“因素”进行有序排列,“因素”排列越靠前,则越要重点考虑。例如,《民法典》第998条就将“行为人和受害人的职业、影响范围、过错程度,以及行为的目的、方式、后果”等纳入考量范围,对各个因素进行了列举。与此同时,立法不仅应当列举因素,也需要根据因素或因子重要性进行顺序的排列。也就是说,立法对各个因素不是简单地列举,立法者需要评估各种因素对于责任的判断所产生的不同影响,或者在责任确定中所发挥的不同作用,从而确定其排列顺序,将重要的因素置于较前的位置,以便在法律的适用中明确综合考量的权重。这种顺序的排列将给予法官在进行责任构成以及责任形式的确定方面,提供重要的引导。在动态系统论下,各因素相互之间不再是孤立、割裂的关系,诸因素之间互动互补,呈现出动态的状态,法官必须综合考量这些因素。

除《民法典》第998条关于认定行为人侵害人格权的责任的规则以外,人格权编还在其他条款采纳了动态系统论,具体表现在:一是《民法典》第999条规定:"为公共利益实施新闻报道、舆论监督等行为的,可以合理使用民事主体的姓名、名称、肖像、个人信息等;使用不合理侵害民事主体人格权的,应当依法承担民事责任。"这就确定了新闻报道和舆论监督等行为中合理使用他人人格权益的规则,对新闻报道自由和公民舆论监督与人格权保护之间的冲突进行了平衡。该条要求新闻报道和舆论监督仅在满足合理使用的情形下,才可以免于承担责任,而超出合理使用的行为则应该承担责任。对于行为是否超出合理的范围需要通过动态系统论,综合各种因素进行确定。二是《民法典》第1000条要求行为人承担消除影响、恢复名誉、赔礼道歉等民事责任时,其作出上述行为的方式应当与造成的影响范围相当。这就要求对于引用他人提供的事实内容进行新闻报道、舆论监督造成他人名誉损害的情形,在判断行为人对他人提供内容是否尽到合理审查义务时,要综合考量多种因素进行全面把握,这也是动态系统论的体现。三是《民法典》第1026条规定:"认定行为人是否尽到前条第二项规定的合理核实义务,应当考虑下列因素:(一)内容来源的可信度;(二)对明显可能引发争议的内容是否进行了必要的调查;(三)内容的时限性;(四)内容与公序良俗的关联性;(五)受害人名誉受贬损的可能性;(六)核实能力和核实成本。"在新闻报道侵害他人名誉权时,确定新闻媒体是否具有合理审查义务十分重要。合理审查义务的标准并不是一成不变的,实施新闻报道、舆论监督的行为人,在不同情况下,负有的审查义务不尽相同,需要因时制宜、因地制宜,结合所处的不同环境进行判断,因此法律上不宜泛泛地对核实义务进行一般规定。正因如此,该条确立了判定是否尽到合理审查义务的标准。上述条款,有的从立法技术上直接采纳了动态系统论,规定了需要综合考量的因素;有的虽然在立法上没有直接规定综合考量的因素,但是在法律适用中,对于"合理""正当""必要"等的解释,也需要借助动态系统论进行法律适用。需要说明的是,上述条文在对各种因素的列举中也均采用了开放式的列举方式,因而保持了一定的开放性。

《民法典》人格权编引入动态系统论，要求法官在确定责任时对诸多因素存在的范围、程度以及它们在整体权重中的相互关系，作出一种综合的、动态的评估，相对决定性的责任构成要件而言更科学、合理。① 具体而言，一是促进利益衡量与综合保护。动态系统论能有效权衡各种法益，对各种因素进行考量，实际上也达成了比例原则在个案中的运用。这些规则对各种相互冲突的利益进行了妥当的考虑，可以使得法官从整体出发进行考虑，而不是简单地从某一点出发，通过全面考量，兼顾各种利益的保护，实现平衡。与此同时，也给强化对重点利益的优先保护提供了依据。二是确定了利益保护的位阶。例如，《民法典》第998条运用动态系统论，对生命权、身体权和健康权外的人格权侵权认定进行了规定，这就是优先考虑了生命权、身体权、健康权的保护。生命无价、重于泰山，对生命权、身体权、健康权应直接适用构成要件的保护模式，减少法官的自由裁量；而对于众多的精神性人格权，则要求考虑各种因素，其立法目的就是明确了对物质性人格权的优先保护。三是引导法官综合考虑一些责任确定和责任范围的因素和因子，避免"全有全无"的简单化处理，使责任的确定更科学、合理。四是兼顾过错制裁与行为自由的保护。例如，《民法典》第998条就强调了在侵害人格权的责任认定中，要将过错程度作为考量的因素。该规则与侵害财产权的规则不同，后者往往不需要考虑过错程度。该规则将过错程度作为考量因素，却并未将过错作为构成要件，因此有效地平衡了行为自由与权利保护。五是符合比例性原则。动态系统论注重平衡各种利益，因而，其本身就吸纳了比例性原则的要求。动态系统论与比例性原则不但不冲突，而且成为比例性原则的具体实现方式。例如，《民法典》第998条中对于影响范围、行为目的、方式等的考量都是反映了比例性原则的要求；第1000条规定，在行为人承担消除影响、恢复名誉、赔礼道歉等民事责任等责任形式时，应当与行为的影响范围相当，同样是比例性原则的具体运用。

总之，《民法典》第一次尝试在立法上构建动态系统论，是具有开创性的。这种探索和创新将为我国立法提供新的模式，也为法律的解释提供更大的空间。

---

① 参见李中原：《论侵权法上因果关系与过错的竞合及其解决路径》，载《法律科学（西北政法学院学报）》2013年第6期。

三、动态系统论在人格权侵害救济中的作用

如前所述,《民法典》人格权编引入动态系统论,根本目的是要引导法官准确认定侵害人格权益的责任以及责任形式、责任范围。为了便于法官灵活准确地作出裁判结论,动态系统论的运用最终必须面向这一问题的解决。因此,在人格权编引入动态系统论以后,首先需要法官转变以往在确定责任时,根据简单的责任构成要件确定责任的思路。侵权责任构成要件,无论是三要件(过错、损害、因果关系),还是四要件(过错、损害、行为的违法性、因果关系),针对一般侵权行为,特别是侵害财产的行为是可行的,必要的,但就侵害人格权益的行为的责任确定而言,就显得力所不及。一个最简单的原因就是,在人格权侵害的情形下,损害的确定更复杂,适用于财产损害赔偿法的"差额说"以及完全赔偿原则难以适用。这就需要考虑人格权责任认定的新的思路和方法。尤其是在社会生活不断丰富发展,科技水平日新月异的今天,网络侵权层出不穷,行为方式各种各样,给这些孤立的构成要件判断带来了不小的难度。虽然法官仍然可以依据自己对法律的解释,判定某一要件是否满足,但这在一些复杂的侵害认定中已经显得捉襟见肘。动态系统论无疑提供了对这一问题的解决思路和方法。正是因为如此,动态系统论的产生可以为这些复杂情形下的责任认定提供全新的思路。

在适用《民法典》第998条等条文时,必须重点解决3个问题,才能够使其成为对实践具有切实规范作用的规则。

(一)动态系统论在责任成立判断中的运用

1. 根据法定的因素及其顺序考量

传统对责任成立与否的判断是通过构成要件实现的。在这种模式中,责任成立与否的关键在于要件是否满足。各个要件之间的关系是相对孤立的,任何一个要件的不构成都将导致责任的不成立。而且,在此种模式中,各个要件的考量结果只有"满足"与"不满足"两种。因此,虽然社会实践丰富多样,但是裁判者却只能通过"满足"与"不满足"两种结论予以评价,各种要件的满足程度通常不在裁判者的考量之中。例如,在危险责任中,虽然各种行为的危险系数明显存在区别,但是裁判者

在构成要件的体系内,根本无须也无法考虑这些危险的程度,因为,裁判者只需认定这种行为是否构成危险责任,即只需回答是或否,而无法根据危险的程度,进行不同的考量。这种模式之下,要件之间的互动与联系被割裂开来。

但运用动态系统论判断责任成立,就需要从以下两方面考量:一方面,需要考量法定的因素,例如,《民法典》第998条规定:"认定行为人承担侵害除生命权、身体权和健康权外的人格权的民事责任,应当考虑行为人和受害人的职业、影响范围、过错程度,以及行为的目的、方式、后果等因素。"这些法定的因素就是法官必须考虑的因素,它既需要当事人作出必要的举证,也需要法官作出全面的了解。另一方面,必须按照法定的顺序进行考量。这就是说,这些因素对于责任成立的影响是有不同程度的差异的,法官在作出考量时,应当考虑法律排列的顺序。需要指出的是,法定的顺序属于必须考虑的因素,但并非绝对仅仅限于这些因素,《民法典》第998条规定采用"等",说明这些因素的非限定性。例如,行为的违法性也可能是一个应当考虑的因素。

2. 通过因素间的互动综合考量

所谓综合考量,就是要考虑各种因素所实际产生的作用。在动态系统论下,因素之间不再是孤立、割裂的关系,诸因素相互补充,并表现出动态的状态。以通过《民法典》第998条判断行为人的行为是否侵害名誉权为例,行为人的行为如果是出于舆论监督的目的,就可能降低其构成侵害的可能;而如果其方式和手段较为恶劣,则会显著增加其构成侵害的可能。法官只有在结合受害人的职业、影响范围、过错程度,以及行为的目的、方式、后果等因素进行综合的判断,才可以得出行为人是否应当承担侵害名誉权的责任的结论。在这些因素之中,多重因素之间还可能具有一定的关联关系,如受害人的职业关系到行为的影响范围,行为人的行为方式也与行为人的过错程度存在明显的联系。这些因素虽然可能存在正相关或负相关的关系,但并不意味着分别对其判断就没有价值。

首先,要考虑各因素都有独立存在的价值。例如,行为手段虽然与过错程度紧密联系,但是行为手段本身也具有单独判断的价值,因为行为手段的背后还关系到公序良俗、公共利益等问题,是过错程度无法涵盖的。虽然这些因素之间通常可能存在关联关系,但是也可能出现其他可能。例如,受害人虽然为公众人物,但由于行为人并非在大众媒体上散播消息,因而影响较小。

其次,实现因素之间的互补。动态系统论中强调了各种因素与因子的互补。但是,这些互补的关系在立法上无法直接规定,而只能交由司法实践进行操作。动态体系论之所以被称为“动态”,就在于因素之间的互补性。威尔伯格考虑各种因素对责任影响的强度是不一样的,但法官在考量这些因素时,不是简单地考量是否满足某一因素,而是兼顾各种因素,有的因素虽然强度低,但如果其他因素强度高,则仍然可以导致责任的成立。这就要综合考量。威尔伯格试图从诸因素的协动作用来构建评价的框架,由此为回应实际生活必要的可能性打开大门;同时又确保一定的原则性。①

最后,要注重比例原则的运用。此种方式也称为“个案衡量”(ad hoc balancing),也就是指,就个案事实运用比例性原则调和相冲突的权利和价值。② 例如,法律允许基于公共利益等目的对于一些精神性人格权合理使用,但此种使用应当限制在合理的范围内。也就是说,凡是能够最小化使用的,应当进行最小化使用。凡是能够在一定范围内使用的,就不必扩大其使用范围。凡是能够使用后及时向权利人通知的,就应当及时通知权利人。如果在使用后能够及时删除或者有必要删除的,则应当在合理期限内及时删除。在使用他人的人格利益时,要尽量避免对他人造成过大的损害。如果行为人恶意过度使用他人人格权,即便是为了实施新闻报道、舆论监督等行为,也可能构成侵权。一个侵权行为在不同时间段实施,其后果也有可能是不一样的,责任自然也会存在差别。概言之,侵权责任的确定必须与侵权行为的程度相适应。

此外,在必要时也要进行成本效益分析。例如,在认定新闻报道是否侵害人格权时,确定报道人是否尽到核实义务,还应当考虑核实的成本。如果报道人付出极小的成本即可对报道内容的真实性进行核实,则其应当尽到相应的核实义务;反之,若核实成本较高,则其核实义务应当相应降低。例如,对于某个在网络上公布的有关某名人的负面信息,网络平台很容易核实,则其应当负有审核义务。

---

① 参见[日]山本敬三:《民法中的动态系统论——有关法评价及方法的绪论性考察》,解亘译,载梁慧星主编:《民商法论丛》第23卷,法律出版社2002年版,第210页。

② 参见王泽鉴:《人格权法:法释义学、比较法、案例研究》,北京大学出版社2013年版,第316页。

3. 摒弃全有或全无的责任

除明晰责任是否成立外，动态系统论也可以更好地回答责任在何种范围内成立的问题。在运用构成要件系统进行责任是否成立的判断时，如果满足所有的构成要件，且不具备免责事由，那么责任就当然成立；而一旦不满足任何一个要件，或存在免责事由，那么责任就不能成立。因此，责任是否成立的判断属于全有或全无的状态。但在动态系统论之下，众多考量因素之间的相互作用使得责任可以“得到完全或部分的确立或排除”。[①] 这就显示了动态系统论在责任成立问题上的弹性优势。

（二）动态系统论在责任形式确定中的运用

人格权遭受侵害或有侵害之虞时，受害人可以主张人格权请求权，如果损害已经发生，受害人也可以主张侵权请求权，尤其是损害赔偿请求权。在通过动态系统论的考量确认行为人是否需要承担责任后，对于行为人应当承担特定的责任形式也需要通过动态系统论加以确定。对于特定责任形式的采取，也同样需要结合受害人的职业、影响范围、过错程度，以及行为的目的、方式、后果等多种因素进行综合考量。

在受害人在主张消除影响、恢复名誉、赔礼道歉等责任形式时，依据《民法典》第1000条的规定，应当与行为的具体方式和造成的影响范围相当。虽然从立法技术上而言，本条并未直接采纳动态系统论，仅是规定了需要综合考量的因素。但是在法律适用中，对于“相当”等的解释，也需要借助动态系统论进行法律适用。消除影响等责任形式应当与行为的具体方式相适应。在适用消除影响、恢复名誉的责任方式时，首先，应明确消除影响、恢复名誉的范围（如在某地区、某学校等消除影响）、方式（采取口头或书面以及其他形式）。例如，在报纸杂志上发表的新闻报道或评论，有损他人的名誉权，则应当在曾刊载该侵权内容文章之报纸杂志上刊登书面声明，对错误内容进行更正，并向被侵害人赔礼道歉。如果是在某个场所对一群人散布了诽谤的言辞，则应在适当的场合为受害人恢复名誉。消除影响等方式的主要功能在

---

① ［奥地利］瓦尔特·维尔伯格：《私法领域内动态体系的发展》，李昊译，载《苏州大学学报（法学版）》2015 年第 4 期。

于,在行为已经给他人的社会声誉造成了不良影响的情况下,减弱、清除直至消除这种不良影响。因为正是这些不良影响的存在,才造成了受害人名誉评价的降低,只有消除这些不良影响,才能够恢复当事人的名誉。一般来说,在什么范围内造成损害的,就应当在什么范围内弥补。例如,行为人在微信圈内辱骂他人,就则需要在该微信圈内赔礼道歉以消除影响,在某个群体之中散播谣言的则应当在该群体之间进行辟谣。相反,行为人在一个小城市的范围内散布谣言诋毁他人名誉的,不必在省级媒体或者国家级媒体上进行公开道歉。其次,消除影响等方式也应当根据侵权行为的具体情况予以确定。例如,通过网络侵犯他人的名誉权的,则可以通过通知网络运营商采用删除侵权言论的方式来消除影响,而通过口头表述的方式在一定范围内侵害他人的名誉权的,则可以通过向他人进行解释的方式来消除影响。

(三)动态系统论在赔偿范围确定过程中的运用

虽然对"全有全无"的突破并非动态系统论所独创,但是,既有的方案主要是从损害赔偿的数额方面进行突破,即一方面承认责任的成立,另一方面限缩赔偿的范围。① 法官在适用法律中,由于只能选择责任成立与否的结论,因而在其认为全有或全无将导致不正义时,很有可能会不自觉地在赔偿数额上进行"找补"。但是这种"找补"却往往不会见诸判决之内,与法官心证的公开相悖。如果采纳动态系统论,裁判者就可以在判决中说明其认为成立的责任范围,将其推理显示于裁判之中,而无须通过不公开的"找补"寻求公正的处理方式。

精神损害赔偿的数额确定一直是司法实践中的难点所在,其主要原因在于:一方面,精神损害赔偿的性质决定了其无法准确地通过计算的方式予以确定;另一方面,精神损害具有高度的主观特性,建立统一的精神赔偿标准具有较大难度。正是以上原因,为精神损害赔偿确定采纳动态系统论提供了必要性。《民事侵权精神损害赔偿解释》第5条通过列举诸多精神损害赔偿数额判断的因素,为破解上述难题提供了有效的依据。通过动态系统论的运用,法官不再缺乏据以判断的标准,而且明确规定考量因素,既充分考虑了案情的区别,又尽可能地予以划定,这也在一定程

① [奥]海尔穆特·库齐奥:《动态系统论导论》,张玉东译,载《甘肃政法学院学报》2013年第4期。

度上缓解了精神损害赔标准统一的难题。因此，精神损害赔偿数额不再是僵化的统一标准，而是动态浮动体系。而且，此种浮动的范围是可控的，法官也需要就此种浮动负担说理的义务。

（四）法官的论证义务和类型化整理

裁判说理义务是法官独立行使审判权的应有之义。在我国司法改革中，要突出法官的办案主体地位，让审理者裁判、由裁判者负责。但是，在依法保障法官独立行使审判权之后，就应当强化裁判文书的说理，法官应当将裁判文书说理作为其应尽的义务，也就是说，法官要依法独立行使审判权，其就应当充分尽到说理的义务，二者应当是不可分离的。因为只有强化裁判文书说理，才能有效地规范法官独立审判权的行使。在《民法典》人格权编采纳动态系统论以后，更进一步强化了法官的论证说理义务。这就是说，整个动态系统论的运用，本身是一个法官的自由心证过程，更应当是一个说理论证过程，法官应当阐明其是如何考虑法定的因素，这些因素是否成立，对这些因素是如何综合考量的，是否采纳比例原则；对于特定责任形式的采取，是否考虑了受害人的职业、影响范围、过错程度，以及行为的目的、方式、后果等多种因素。这些说理论证越充分，则责任及其责任范围的确定就越合理。动态系统论要求法官合理论证其判断产生的过程和影响其判断的因素，从而促进裁判的公正。法官通过考虑立法中划定的考量因素，结合具体案情予以论证说理，有助于避免法官恣意，因为其要考虑立法中划定的考量因素，且法官可以结合具体个案予以更为灵活的判断，同时，法官的论证说理有助于在考虑因素的规范基础上，通过论证说理形成“重叠共识”，此种共识能够保障法律的确定性。换言之，动态系统并非仅考虑个案的灵活性而不考虑法律的确定性，只不过其是通过共识的形成保障确定性，其中的关键就是法官要予以论证说理。

通过法官的论证说理，在达成共识时，要对这些共识进行整理，从而在动态系统的基础上形成不同的案例类型，这些类型化的整理有助于减轻法官的论证负担。因此，法官在立法动态系统划定因素的基础上进行论证，进而形成类型化整理，类型化整理又部分减轻了法官的论证负担。由此，动态系统论以法官的论证义务作为中介，实现确定性和灵活性之间的有机而非固化的平衡。

结 语

《民法典》人格权编在立法上引入动态系统论,是一种十分有益的立法尝试,符合人格权保护的基本特性,也有利于协调人格利益与其他价值的冲突,强化对人格权的保护。但是,“徒法不足以自行”,人格权编中关于动态系统论的相关规定能否真正引导法官准确认定侵害人格权的责任以及责任范围,还有待于法官准确理解和把握。尤其是,避免动态系统论所实现的灵活性在司法实践中退化为恣意,将“法治中不得已的人治”限制在法秩序的整体范围内,这有待于通过司法解释以及指导性案例的方式,将动态系统论中各种因素以及其相互之间的互补关系进行类型化的处理。以此明确因素的互补关系,明确何种因素在满足什么程度的情况下可以弥补其他何种程度的因素等,这些工作均需要通过司法实务加以完成。动态系统论作为一种全新的尝试,也成为人格权编给法学理论研究和司法实践留下的作业,我们寄希望于今后的法学理论研究和司法实践在摸索中不断完善,真正实现动态系统论的价值。

专题十　违约精神损害赔偿

本专题撰写人:杨显滨

【《民法典》及相关法律法规的新规则】

《民法典》第996条

因当事人一方的违约行为,损害对方人格权并造成严重精神损害,受损害方选择请求其承担违约责任的,不影响受损害方请求精神损害赔偿。

【规则由来】

本条是对原《合同法》第113条、第122条与《精神损害赔偿司法解释》第1条的补充和完善,同时也是《民法典》的重要新增条文。

【规范意旨】

本条是关于违约精神损害赔偿请求权的规定。《民法典》第996条出台以前,守约方遭受的精神损害无法通过违约获得救济。该规则在一定程度上弥补了我国民法对人格权保护的缺陷,也是对司法实践中违约精神损害赔偿制度的及时回应。

《民法典》第996条从以下几个方面规范与完善了违约精神损害赔偿的适用。首先,明确了违约精神损害赔偿的适用前提是当事人之间存在合同关系。其次,在违约责任与侵权责任竞合的情形下,守约方可以选择违约请求权,获得精神损害赔偿。最后,明确了唯有达到侵害人格权且造成严重精神损害的,守约方才能请求精神损害赔偿。

本条为法院提供了以违约之诉请求精神损害赔偿的裁判依据,有利于强化对守约方的救济并统一裁判规则,从而保障裁决结果的公正。[①] 在适用上,需以是否满足《民法典》第996条适用条件为依据。若满足适用条件的,应优先适用《民法典》第996条,否则可能适用《民法典》第186条或《民法典》第1183条。

【典型案例】

案例一:"庆典服务合同纠纷案"

2020年5月4日,石某(原告)与甲公司(被告)签订《场地服务协议书》一份,约定甲公司系取得坐落于南湖公园绮芳园的租赁经营权益方,石某系本协议约定举办婚礼的个人。活动主题为婚礼仪式及摄影摄像,布展期为2021年5月14日至2021年5月14日。在活动期限内如出现地震、台风、战争、火灾、洪水等自然灾害或疫情、政府临时措施等不可抗力,致使本协议无法继续履行或变更履行,协议将自行解除。石某于2020年5月4日向甲公司支付了8000元场地服务费,于2021年4月24日支付了餐位费定金8000元。2021年5月13日,甲公司工作人员通过微信告知石某其收到了通知,因市政府领导团视察,近期不允许举办大型娱乐活动(包括婚礼),石某原定于5月15日的婚礼无法在绮芳园里举行,并退还石某所收款项16,000元。关于案涉婚礼场地关闭的真实原因,沈阳市执法局回复内容为:在租赁场地期间,作为租赁人的甲公司违反地方规章制度并对出租方造成声誉损失等不利影响。为避免损失进一步扩大,出租方依约终止场地租赁合同,进而导致石某的婚礼无法如期举行。石某遂诉至法院,要求甲公司支付违约金及精神抚慰金10,000元。

关于原告要求被告支付精神抚慰金10,000元的诉讼请求,一审法院认为,依据《民法典》的规定,侵害自然人人身权益造成严重精神损害的,可以要求精神损害赔

① 王利明、程啸:《中国民法典释评·人格权编》,中国人民大学出版社2020年版,第100页。

偿。本案中,被告为原告提供的系婚礼庆典服务,在原告婚礼前两日突然通知原告不能为其提供结婚场地,结婚系一个人的人生大事,婚礼仪式亦具有很强的纪念意义,故本案合同履行内容具有一定的人身权益性质,被告的突然违约行为给原告造成了很大的精神困扰和伤害,应当适当赔偿原告一定的精神抚慰金,结合本案的实际情况,酌情认定该笔抚慰金金额为1000元为宜。[①] 被告不服一审法院判决,向上级人民法院提起上诉。被告认为,一审判决精神抚慰金无法律依据,石某无权要求精神抚慰金。声称结婚虽是人生大事,但原告并没有因此不再举行结婚庆典,此事并未导致被上诉人(原诉原告)身体及精神出现障碍或疾病,被上诉人无权主张此项损失。二审法院认为,上诉人(原诉被告)的违约行为给被上诉人造成了严重的精神损害,一审法院酌情判决上诉人支付精神抚慰金并无不当。因此,二审法院认为上诉人上诉理由不成立,驳回上诉,维持原判。[②]

案例二:"旅游合同纠纷案"

2019年9月12日,张某等7人与甲旅行社签订《境内旅游合同》,约定2019年9月17~20日由甲旅行社负责红旗渠河南四日游,此期间的食宿均由甲旅行社负责安排。2019年9月19日早上,张某在甲旅行社安排的餐厅内就餐,选取完餐品端着早餐回餐桌时,旁边的粥桶倒了,致使张某被烫伤。甲旅行社代理人陈述当时有人目睹是张某滑倒,碰倒椅子,椅子碰倒粥桶,烫伤张某。经法庭询问,双方对当时粥桶摆放情况均无法提交翔实证据相佐证。张某被烫伤后,甲旅行社将其送往医院就诊并支付了医疗费;后张某住院治疗,经诊断为中度烧伤,并经司法鉴定系十级伤残,护理期为60日,营养期为60日。现张某诉至法院,要求甲旅行社给付自行支出的医疗费29,538.56元,以及涉案诉求之住院伙食补贴费2300元,伤残赔偿金147,698元,护理费12,000元,营养费3000元,交通费1000元,鉴定费4350元,医疗器具费3300元,精神抚慰金10,000元等。

对于张某之精神抚慰金诉求,一审法院考虑其伤情鉴定为十级伤残,符合精神

---

① 参见辽宁省沈阳市中级人民法院(2021)辽01民终17244号民事判决书。

② 参见辽宁省沈阳市中级人民法院(2021)辽01民终17244号民事判决书。

抚慰金给付标准,且被烫伤后住院时间较长以及恢复过程中行动、生活不便等因素,故对其精神抚慰金诉求及数额 10,000 元予以支持,并判令由甲旅行社全额承担。一审法院作出上述裁判之初衷系提示甲旅行社应在今后的经营过程中,提高安全意识,加强安全保障。这也是甲旅行社等旅游服务企业的一份社会责任。[①] 甲旅行社不服一审法院判决,向上级人民法院提起上诉。上诉人(甲旅行社)认为,一审法院适用法律错误,旅游合同之诉不应支持精神损害赔偿。根据《精神损害赔偿司法解释》第 1 条,精神损害赔偿制度只适用于侵权纠纷,不适用合同纠纷,因此旅游合同纠纷不适用精神损害赔偿。同时,2010 年最高人民法院《关于审理旅游纠纷案件适用法律若干问题的规定》(2010 年公布,已于 2020 年修订)第 21 条规定,"旅游者提起违约之诉,主张精神损害赔偿的,人民法院应告知其变更为侵权之诉;旅游者仍坚持提起违约之诉的,对于其精神损害赔偿的主张,人民法院不予支持。"本案中,张某并未将旅游合同纠纷变更为侵权之诉,一审判决仍判令旅行社承担精神损害抚慰金,属于适用法律错误。二审法院认为,《民法典时间效力规定》第 2 条规定,"民法典施行前的法律事实引起的民事纠纷案件,当时的法律、司法解释有规定,适用当时的法律、司法解释的规定,但是适用民法典的规定更有利于保护民事主体合法权益,更有利于维护社会和经济秩序,更有利于弘扬社会主义核心价值观的除外"。另外,《民法典》第 996 条规定,"因当事人一方的违约行为,损害对方人格权并造成严重精神损害,受损害方选择请求其承担违约责任的,不影响受损害方请求精神损害赔偿"。结合上述法律规定,二审法院认为,本案适用《民法典》第 996 条的规定更有利于保护民事主体合法权益,更有利于弘扬公正、和谐的社会主义核心价值观。故一审法院综合考量张某年事较高,因烫伤遭受巨大痛苦,且恢复过程中行动、生活诸多不便等因素,在旅游合同纠纷项下直接支持了张某关于精神损害赔偿的诉求,避免了其另行起诉的诉累,并无不当。甲旅行社的该项上诉主张,于法无据,二审法院不予支持。[②]

案例三:"城市公交运输合同纠纷案"

2020 年 11 月 15 日,王某乘坐甲公交集团公共交通汽车,尚未完全下车时驾驶

① 参见北京市朝阳区人民法院(2020)京 0105 民初 54259 号民事判决书。

② 参见北京市第三中级人民法院(2021)京 03 民终 1362 号民事判决书。

员关闭车门并起步行驶，拖行王某数米导致王某左股骨转子间骨折及腰背部软组织挫伤，王某经广东医科大学附属第二医院手术治疗，共住院165天。王某向法院提起诉讼，主张精神损害抚慰金10,000元等。关于精神损害抚慰金的主张，一审法院认为，根据《民法典》第996条关于"因当事人一方的违约行为，损害对方人格权并造成严重精神损害，受损害方选择请求其承担违约责任的，不影响受损害方请求精神损害赔偿"的规定，甲公交集团的违约行为导致王某九级伤残，造成王某人身及精神损害，王某选择违约之诉，不影响其请求精神损害赔偿，王某主张精神损害抚慰金10,000元应予支持。①

甲公交公司不服一审法院的判决，向上级人民法院提起上诉。甲公交公司认为，本案发生在2020年11月15日，属于《民法典》施行前的法律事实所引起的民事纠纷案件，原审判决适用《民法典》996条，属于适用法律不当。同时，根据2001年《精神损害赔偿司法解释》第9条规定，"精神损害抚慰金包括以下方式：(一)致人伤残的，为伤残赔偿金……"原审判决已经支持王某主张伤残赔偿金的诉请，该伤残赔偿金已经包含了精神损害抚慰金。原审法院既支持伤残赔偿金，又另外支持精神损害抚慰金的认定缺乏法律依据，二审法院应予纠正。二审法院认为，《民法典》第996条规定，"因当事人一方的违约行为，损害对方人格权并造成严重精神损害，受损害方选择请求其承担违约责任的，不影响受损害方请求精神损害赔偿。"《民法典时间效力规定》第2条规定，"民法典施行前的法律事实引起的民事纠纷案件，当时的法律、司法解释有规定，适用当时的法律、司法解释的规定，但是适用民法典的规定更有利于保护民事主体合法权益，更有利于维护社会和经济秩序，更有利于弘扬社会主义核心价值观的除外"。本案虽为《民法典》施行前的法律事实引起的民事纠纷，但适用《民法典》的规定更有利于保护民事主体合法权益，故本案应适用《民法典》第996条。现甲公交集团员工驾驶不当的违约行为造成王某身体损害，经鉴定为九级伤残，确属人格权之健康权受损，王某主张请求精神损害赔偿10,000元，于法有据，一审法院予以支持并无不当。故二审法院驳回上诉，维持原判。②

① 参见广东省湛江市霞山区人民法院(2021)粤0803民初3684号民事判决书。

② 参见广东省湛江市中级人民法院(2022)粤08民终2693号民事判决书。

案例四:“医疗服务合同纠纷案”

2019 年 2 月 23 日,张某因“右上后牙治疗后不适要求修复”赴甲口腔门诊部就诊,诊断为:右侧上牙第 6 颗 I 度松动。甲口腔门诊部作出治疗计划:右侧上牙第 6 颗由于患者保留意愿强烈,先桩核冠修复,姑息保守治疗。如有不适,折冠后拔除做种植修复。常规去除旧填充物后,去除根上部分根充材料,去桩核模型后封 CP 球,暂封后,嘱不适随诊。同日,张某签署《修复知情同意书》,“患者知情选择”处有手写字迹“已告知 CT 小时根分叉骨质薄弱情况,患者认可治疗方案及风险,并同意治疗”。张某主张上述手写字迹系其签名后由甲口腔门诊部自行添加。2021 年 10 月 14 日,北京明正司法鉴定中心作出鉴定意见书,鉴定意见为,检材字迹 1(《修复知情同意书》上患者签名患者授权亲属签名处的签名字迹)在先,检材字迹 2(患者签名行之上的手写字迹)书写在后。2021 年 12 月 10 日,中天司法鉴定中心作出司法鉴定意见书,鉴定意见为,患者张某的损害后果为 16 牙齿侧穿;医方存在对患者进行金属桩道预备中未尽谨慎的注意义务,以及修复的材料选择与患者沟通不充分等过错,过错与患者损害后果之间存在因果关系,建议医疗过错的原因力大小为主要。张某诉至法院,主张甲口腔门诊部赔偿精神损害抚慰金 4.5 万元。对于张某精神损害抚慰金之主张,一审法院认为,根据《民法典时间效力规定》第 3 条,引发本案纠纷的法律事实发生在《民法典》施行前,但是《民法典》施行前,当时的法律、司法解释对违约精神损害赔偿没有规定而《民法典》有规定,且适用《民法典》规定不会明显减损当事人合法权益、增加当事人法定义务或背离当事人合理预期,故本案应适用《民法典》的规定。另,根据《民法典》第996 条,本案系医疗服务合同纠纷,医疗机构违反合同义务的,不仅可能造成患者生命、身体损害,还可能造成患者的精神损害。医疗机构的过失造成患者精神损害的,患者要求医疗机构承担违约责任的,可以同时主张精神损害赔偿。本案中,甲口腔门诊部存在对张某告知不充分、进行金属桩道预备中未尽谨慎的注意义务,以及修复材料选择与患者沟通不充分等过错,违反合同义务,不但造成张某 16 牙齿侧穿的损害后果,还造成张某承受持续性的肉体痛苦,应赔偿张某精神损害抚慰金。一审法院认为,张某的主张于法有据,但主张金额过高,调整为 2 万元。①

甲口腔门诊部不服一审判决,向上级人民法院提起上诉。甲口腔门诊部认为:首先,一审法院适用法律错误,一审法院根据《民法典时间效力规定》第 3 条适用《民法典》第 996 条之规定,判决甲口腔门诊部承担违约精神损害抚慰金,明显减损其合法权益、增加了其法定义务以及严重背离其合理预期;其次,甲口腔门诊部认为其未给张某精神造成严重损害,依法不应当支付精神损害抚慰金。对于一审法院之法律适用的正当性,二审法院认为,首先,《民法典》第 996 条赋予因违约行为导致人格权受损的当事人精神损害赔偿请求权,与此相对应的违约方所应承担责任系来源于合同义务的违反,而非其自身合法权益的减损或法定义务的增加。其次,因甲口腔门诊部在一审庭审中对修复知情同意书作虚假陈述,造成一审中需要通过委托字迹鉴定查明相关事实,大大延缓诉讼进程,并由此导致案件跨越《民法典》实施阶段,本案适用《民法典》第 996 条的主要原因之一系甲口腔门诊部之不诚信行为,其应当对这一不诚信行为可能产生的法律后果具有一定预见性。因此,一审法院适用《民法典》第 996 条之规定作出判决,并无明显不当。另外,二审法院指出,《民法典》第 996 条明文规定了因违约行为损害人格权并造成严重精神损害的,受损害方可以请求对方承担违约责任并请求精神损害赔偿,这在一定程度上弥补了我国民法对人格权保护的缺陷,强化了对人格权的保护和救济。对于严重精神损害的判断,二审法院认为,张某的牙齿疾病虽然不属于严重疾病,但是牙齿患病所引发的痛苦对于常人而言难以忍受,而甲口腔门诊部非但没有对张某的病牙进行有效治疗,反而因操作问题造成张某 16 牙齿侧穿,使其经历再次治疗、拔牙的痛苦,加剧其身体和精神伤害;同时,因甲口腔门诊部在修复知情同意书上后补医生手写内容,属篡改病历行为;甲口腔门诊部在一审庭审中之虚假陈述亦使张某承受精神压力,故张某有权要求甲口腔门诊部赔偿其精神损失。甲口腔门诊部的上诉请求不能成立,故二审法院判决驳回上诉,维持原判。②

---

① 参见北京市朝阳区人民法院(2019)京 0105 民初 67205 号民事判决书。

② 参见北京市第三中级人民法院(2022)京 03 民终 9984 号民事判决书。

【理论阐释】

一、违约精神损害赔偿制度的流变

我国违约精神损害赔偿制度历经从“争议—确立”两个阶段,这也是学界对违约精神损害赔偿认识不断加深的过程。在争议阶段,学界从理论依据、制度实践等方面,对是否应当确立违约精神损害赔偿制度展开激烈讨论,直到《民法典》第996条的颁布施行方才最终确定。在确立阶段,为全面保护守约方的合法权益,立法者新增《民法典》第996条,赋予守约方自由选择违约精神损害赔偿或侵权精神损害赔偿的权利。

(一)争议阶段

早在1986年原《民法通则》颁布之初,学界就对原《民法通则》是否规定人身权益侵害的精神损害赔偿存在不同观点。原《民法通则》第120条规定,“公民的姓名权、肖像权、名誉权、荣誉权受到侵害的,有权要求停止侵害,恢复名誉,消除影响,赔礼道歉,并可以要求赔偿损失”。囿于未定义何谓“损失”,故原《民法通则》第120条的“损失”可否涵盖精神损害一度饱受争议。1988年《民通意见》以及2001年《精神损害赔偿司法解释》对此问题予以回应,不仅明确规定人格权遭受侵害的应当予以精神损害赔偿,还明确规定精神损害赔偿的标准与范围。精神损害赔偿的范围涵盖一般人格利益、身份权、具有人格象征意义的特定纪念物品等。原《合同法》第113条、原《侵权责任法》第22条、《精神损害赔偿司法解释》第8条、《最高人民法院关于审理旅游合同纠纷案件适用法律若干问题的规定》第21条及最高人民法院《关于审理人身损害赔偿案件适用法律若干问题的解释》第18条明确排除了违约责任对精神损害赔偿的适用,把精神损害赔偿纳入侵权责任范畴。[①] 这意味着原《民法通则》时代的法律体系下,受害人仅能以侵权方式请求侵权人承担精神损害赔偿责任。对于应否承认违约精神损害赔偿责任,学界争论不休。否定论者主要有以下3点理由:一是合同当事人在合同订立阶段难以预见精神损害;二是可能给合同当事

① 杨显滨:《违约精神损害赔偿制度的中国式建构》,载《当代法学》2017年第1期。

人带来极大商业风险与交易成本；三是受害人可以借助侵权之诉救济精神利益。[①] 与之相反，肯定论者认为，上述3点理由均不成立。首先，在放眼骨灰盒保管合同、婚礼服务合同、旅游合同等以实现特定精神利益为目的的合同中，合同当事人对于因违约可能导致的精神损害并非不可预期。[②] 其次，若不允许守约方提起违约精神损害赔偿则会导致其另行提起侵权之诉，徒增诉累。最后，侵权的举证难度相较违约而言更高，不利于保障当事人的合法权益。[③] 受上述争议影响，司法裁决也不统一。但立足于既有的法律规范体系，大部分法院倾向认为，当事人仅能通过侵权之诉寻求精神损害赔偿。例如，在"郑某某、陈某某诉江苏省人民医院医疗服务合同纠纷案"[④]中，法院认为，原告选择的违约救济方式无法律依据，否定了原告的精神损害赔偿诉求，显然有失公允。立法规定与实践需求相背离，不仅引发公众的高度关注，也引发立法者、理论界与实务界对此作更进一步思考。

（二）确立阶段

《民法典》颁布以前，法院一般认为，违约责任与侵权责任竞合下，守约方选择违约之诉者，不能主张精神损害赔偿；选择侵权之诉可以主张精神损害赔偿，但需放弃违约之诉可能带来的种种实益。守约方陷于"两难"境地，其合法权益无法得到全面保护。事实上，损害赔偿的基本宗旨在于填补损害，无论是财产损失抑或是精神损害都应受到法律的保护。《民法典》第996条在遵循损害赔偿基本宗旨的同时，突破了守约方必须在合同履行利益与精神利益之间艰难抉择的制度障碍。《民法典》第996条以赋予守约方自由选择违约之诉或侵权之诉的权利，为全面保护守约方合法权益奠定了坚实的法律基础。

尽管绝大多数国家将精神损害赔偿限于侵权领域，但有些国家也允许在例外情况下基于违约请求精神损害赔偿。[⑤] 例如，《欧洲合同法原则》(Principles of

---

① 参见王利明：《人格权法研究(第3版)》，中国人民大学出版社2018年版，第728～731页。

② 韩世远：《违约损害赔偿研究》，法律出版社1999年版，第47页。

③ 崔建远：《精神损害赔偿绝非侵权法所独有》，载《法学杂志》2012年第8期。

④ 参见《最高人民法院公报》2004年第8期。

⑤ [德]U. 马格努斯主编：《侵权法的统一：损害与损害赔偿》，谢鸿飞译，法律出版社2009年版，第281页。

European Contract Law)第9.501条规定,非合同违约方可获得的损害赔偿包含非金钱损害。无独有偶,《欧洲示范民法典草案》第Ⅲ－3:701条同样规定,合同当事人可得到的救济,包括经济损失与非经济损失。其中,非经济损失包括痛苦与创伤以及对生活品质的损害。此外,部分法院确实突破了法律关于精神损害赔偿仅适用于侵权的规则,并呈现合同类型化的趋势。在医疗服务合同、美容服务合同、培训合同等以精神利益的实现为目的的合同类型中,法院均认可了违约精神损害赔偿。[①] 在上述合同订立的过程中,违约方已预见到其违约行为可能会给守约方带来严重精神损害,此时适用违约精神损害赔偿不会加重违约方的负担。有鉴于此,立法者设立以《民法典》第996条为中心的违约精神损害赔偿制度具有合理性。

二、违约精神损害赔偿的适用条件

精神损害赔偿原则上通过侵权责任予以实现,在例外情形下守约方也可以通过违约责任主张精神损害赔偿,但对违约精神损害赔偿的适用条件应作严格限制。

(一)侵害人格权

合同履行过程中,法律不仅要注重合同当事人经济利益的保护,还要兼顾合同当事人的人格权益。然而,并非所有的违约行为皆造成人格权益损害,故打开违约精神损害赔偿的“大门”,容许守约方肆意行权,显然不妥。唯有设置人格权益遭受侵害的“阀门”,才能做到有的放矢,把精神损害赔偿限制在合理的适用范围内。由此,侵害人格权应作为违约精神损害赔偿的适用条件之一,具体理由如下:一是人格权是法律体系中的一个重要概念,涵盖了自然人对荣誉、名誉、隐私、姓名、肖像等方面享有的权利。域外各国法律大多认为,人格权遭受侵害时可适用精神损害赔偿,如《日本民法典》第709条、第710条规定,损害赔偿金的范围包括因受到不法侵害而产生的精神损害。二是违约方未能如约实现当事人预期的精神利益时,可能会对守约方的人格权益造成严重侵害,如严重的精神痛苦和心理困扰。这种痛苦,如焦

① 叶金强:《论违约导致的精神损害的赔偿》,载《安徽大学法律评论》2002年第2期。

虑、抑郁、失眠,甚至心理创伤等,可能远远超出违约所造成的经济损失。[①] 违约精神损害赔偿旨在恢复守约方的精神健康和人格尊严,弥补精神损害所带来的痛苦和困扰。守约方有权期望不遭受任何人格权侵害,亦有权在人格权遭受侵害并造成严重精神损害时向违约方主张违约精神损害赔偿。

(二)存在违约责任与侵权责任的竞合

对于《民法典》第996条的适用,学界主要存在责任聚合说和责任竞合说两种观点。《民法典》第996条规定,"因当事人一方的违约行为,损害对方人格权并造成严重精神损害,受损害方选择请求其承担违约责任的,不影响受损害方请求精神损害赔偿"。从条文表述看,将其理解为责任竞合条款更为妥当。首先,《民法典》第996条中的"不影响"意味着,守约方选择请求违约方承担违约责任的,可以直接主张精神损害赔偿,也可通过侵权之诉请求精神损害赔偿。也即,《民法典》第996条承认违约精神损害赔偿的适用限于责任竞合情形。其次,守约方主张违约责任可以同时获得财产损失赔偿和精神损害赔偿,同时也可以简化诉讼流程,减轻诉累,节约司法资源。再次,域外立法也说明精神损害赔偿并非专属于侵权责任,亦可适用于责任竞合情形。《德国民法典》第253条、《法国民法典》第1149条都是强有力的例证。最后,在违约精神损害赔偿案件中,违约方的一次行为可能会造成违反合同约定、造成守约方精神损害的双重法律后果,守约方与违约方之间同时存在侵权法律关系与合同法律关系。综上,唯有在侵权责任与违约责任竞合的情形下,守约方才能在违约责任中主张精神损害赔偿。

(三)守约方遭受严重精神损害

审视《民法典》第996条,违约精神损害赔偿限于守约方遭受严重精神损害情形。主要有以下几点理由:首先,在大多数情况下,精神损害难以证明,轻微程度的精神损害更是如此。为方便举证及相关案件审理,立法者将精神损害赔偿的条件限

① 参见[英]纳尔森·厄农常:《违约与精神损害赔偿》,肖厚国译,载梁慧星主编:《民商法论丛》第16卷,金桥文化出版(香港)有限公司2000年版,第504页。

定于严重精神损害,具有一定合理性。例如,法国法院在审理精神损害赔偿案件时,通常需要传唤医学专家对受害人的精神状况进行量化计算。这意味着被鉴定人的精神痛苦必须达到严重程度并持续较长时间,否则难以对其进行类型化处理及量化评定。① 其次,法律规定如此严苛条件的目的在于防止滥诉的发生。受害人仅遭受偶尔的精神痛苦或者情绪上的不愉悦,则不属于应予赔偿的精神损害。② 若不将违约精神损害赔偿的条件限于遭受严重精神损害,未遭受精神损害或遭受轻微精神损害的守约方也可能会提出精神损害赔偿。这将导致法庭被大量的无根据或夸大其词的精神损害诉讼案件淹没,浪费司法资源。最后,如此规定有利于限制法官的自由裁量权。精神损害是否严重看似因人而异,颇具主观性,但并非没有客观判断标准。如果这种痛苦按照一般标准已经超出常人可以可有效处置的程度,则可以认定其是严重的。③ 明确守约方遭受严重精神损害的适用条件,有助于强化案件审理的客观证据基础,防止法官基于主观判断来裁决案件。

三、违约精神损害赔偿条款与相关条款的协调适用

在具体适用的过程中,《民法典》第 996 条需要实现与《民法典》第 186 条、第 1183 条的协调适用。满足《民法典》第 996 条适用条件的,应优先适用《民法典》第 996 条,否则可适用《民法典》第 186 条或《民法典》第 1183 条。

(一)《民法典》第 996 条与第 186 条的协调适用

《民法典》第 186 条与第 996 条均属于关于责任竞合条款的规定。违约行为侵害守约方的姓名权、隐私权、名誉权、肖像权等精神性人格权,并造成严重精神损害的,应优先适用《民法典》第 996 条以获得精神损害赔偿。对此,可从《民法典》第 186 条的条款来源以及其与第 996 条之间的关系予以阐释。《民法典》第 186 条规定,“因当事人一方的违约行为,损害对方人身权益、财产权益的,受损害方有权选择

① 关今华:《精神损害赔偿数额评定问题五论》,载《中国法学》2001 年第 5 期。

② 扈纪华、石宏:《侵权责任法立法情况介绍》,载《人民司法(应用)》2010 年第 3 期。

③ 赵西巨:《生命的缔造、期许与失落:人工生殖服务领域的医疗损害责任法》,载《东南大学学报(哲学社会科学版)》2016 年第 2 期。

请求其承担违约责任或者侵权责任。”《民法典》第 186 条是从原《合同法》移植到《民法典》总则编的责任竞合条款，[①]故而其地位从特别条款跃升至一般条款，对责任竞合案件的法律适用具有引领作用。依循《民法典》第 186 条的规定，当违约方（侵权人）构成违约的，既可以请求违约方承担违约责任，又可以请求违约方承担侵权责任。《民法典》第 996 条的内容表述与第 186 条相似，均属于违约责任与侵权责任竞合条款。基于此，《民法典》第 996 条中的“不影响受害方请求精神损害赔偿”应理解为，不影响守约方选择请求违约方承担违约精神损害赔偿责任或侵权精神损害赔偿责任。为保护守约方的合法权益，无论基于何种诉由，守约方都可以依据《民法典》第 996 条向违约方请求精神损害赔偿。《民法典》第 996 条与第 186 条功能相同，皆赋予守约方选择侵权责任或违约责任予以救济所受损害的权利。此外，《民法典》第 186 条位于总则编，第 996 条则位于人格权编，故《民法典》第 996 条与第 186 条之间是特殊条款与一般条款的关系。《民法典》第 996 条与第 186 条都符合适用条件的，应优先适用《民法典》第 996 条。另外，《民法典》第 996 条的适用条件限定于“损害对方人格权并造成严重精神损害”，相较《民法典》第 186 条的“人身权益、财产权益”，《民法典》第 996 条的适用范围显然较窄，前者与后者的关系视为特殊条款与一般条款的关系当无异议。据此，守约方的人格权未遭受侵害的，或者人格权遭受侵害却未达到严重精神损害程度的，均不能适用《民法典》第 996 条，而应当考虑适用《民法典》第 186 条。

（二）《民法典》第 996 条与第 1183 条的协调适用

《民法典》第 996 条与《民法典》第 1183 条属于特殊条款与一般条款的关系。立足于体系解释，《民法典》第 1183 条位于侵权责任编，是人身权益遭受损害而诉诸精神损害赔偿的一般条款。《民法典》第 996 条位于人格权编，所针对的是人格权损害。从概念的内涵与外延分析，人格权概念范围较人身权益概念更窄，受人身权益概念的统摄。《民法典》第 996 条规制的人格权，较《民法典》第 1183 条规制的人身权益而言，具有特殊性。遵循“特别法优于一般法”的原则，《民法典》第 996 条相较

---

① 李永军：《对我国〈民法典〉上“民事责任”的体系化考察》，载《当代法学》2020 年第 5 期。

《民法典》第1183条是人格权遭受侵害的特别条款,二者之间属于特殊条款与一般条款的关系。从目的解释看,赋予守约方提起违约之诉的同时主张精神损害赔偿,是《民法典》弥补我国立法对人格权保护的缺陷、强化人格权保护的应有之义。在构成要件方面,《民法典》第996条作为违约精神损害赔偿条款更有利于守约方,违约责任适用严格责任原则,违约行为侵害人格权导致严重精神损害的,守约方无须证明违约方存在过错,就能要求其承担违约精神损害赔偿。这极大地减轻了守约方的证明责任,也有助于强化对守约方人格权益保护。前已述及,《民法典》第996条仅适用于侵害人格权且造成严重精神损害的情形。当守约方不满足《民法典》第996条适用条件,通过合同之诉寻求救济存在障碍之时,可借助于《民法典》第1183条要求违约方承担侵权精神损害赔偿责任。简言之,守约方通过证明违约方存在违约行为、过错及违约行为造成损害、行为与损害之间的因果关系来要求其承担相应的精神损害赔偿责任,并根据侵害对象的不同作类型化处理:一是违约行为造成守约方的"人身权益"损害且导致严重精神损害时,可适用《民法典》第1183条第1款;二是违约行为侵害"具有人身意义的特定物"且造成守约方遭受严重精神损害的,适用《民法典》第1183条第2款;三是违约行为同时侵害"人身权益""具有人身意义的特定物"并导致守约方遭受严重精神损害的,可分别适用上述两个条款。若守约方以其中一种损害主张精神损害赔偿可获得全部赔偿的,则择一适用即可。[1]

① 刘小璇:《论违约精神损害赔偿》,载《法学杂志》2021年第6期。

第二部分　人格权分论

专题十一　生　命　权

本专题撰写人：张　红

【《民法典》及相关法律法规的新规则】

《民法典》第 1002 条

自然人享有生命权。自然人的生命安全和生命尊严受法律保护。任何组织或者个人不得侵害他人的生命权。

《民法典》第 1005 条

自然人的生命权、身体权、健康权受到侵害或者处于其他危难情形的，负有法定救助义务的组织或者个人应当及时施救。

【规则由来】

1986 年，原《民法通则》第 98 条首次规定了“公民享有生命健康权”。此后，原《侵权责任法》第 2 条、原《民法总则》第 110 条相继规定自然人享有生命权，生命权由此在立法层面从生命健康权中脱嵌，成为独立的具体人格权。

【规范意旨】

从主体上看，生命权是专属于自然人的物质性人格权，法人、非法人组织等其他民事主体不是生命权的主体。自然人因出生享有生命权,并以此作为享有其他民事权利的基础。

从客体上看,生命权的客体是生命利益。《民法典》第1002条首次提出“生命尊严”的概念,开创性地将“生命尊严”纳入生命权客体范围之中,自此生命权的客体包含了“生命安全”与“生命尊严”两项内容。此做法彰显了我国民法对人之生命尊严的注重,超脱了传统理论对生命权属“防御性权利”的界定,扩展了生命权的涵摄范围。自然人的生命安全包括“生命存续”“生命防卫”“生命受救助”三个方面。自然人的生命尊严是人格尊严在生命权中的具体展开,是指人之生命应当得到社会和他人的尊重,其涵摄范围以人之生为始、以人之死为终。因人无法选择自己的出生,亦无法主张自己不出生的权利,故彰显生命尊严的实质是保障权利人选择进行有尊严死亡的权利。本条对人之生命尊严的立法确认,肯认了人在生命安全与生命尊严冲突时的自我决定利益,使生前预嘱、临终关怀等不再是涉嫌违法或违背公序良俗的行为,确立了生前预嘱、临终关怀的合法地位,也保有了消极安乐死的立法解释空间。

【典型案例】

案例一:生命受救助义务的履行与法律后果

2018年某日,“110”指挥中心接群众报警,称有一男子醉酒躺在地上。民警出警现场后发现,崔某卧在路旁,神志不清,疑似醉酒,旁有呕吐物。民警随即联系“120”急救人员,后者及时赶到实施救护。因崔某较胖且剧烈挣脱反抗,民警与“120”急救人员数次配合均未能将崔某抬上救护车,救护车只能空车驶离,民警留下照看崔某。1小时后,崔某出现异常,民警再次联系“120”急救人员,后者到场后确认崔某死亡。①

法定救助义务的履行应当结合救助能力而为。换言之,负有法定救助义务的组织或者个人应当基于其法定职责和身份具体施救,如人民警察在巡逻时突遇老人摔倒昏迷,虽然人民警察依据《人民警察法》第21条的规定应当立即对老人施救,但是

① 上海市第二中级人民法院(2019)沪02行终258号行政判决书。

考虑到老人健康状况复杂,人民警察并不具备专业的医学知识,不应贸然实施救助。然而,履行救助义务不限于直接作用于人体的直接救助,其他有助于自然人脱离险境的行为均属于救助义务的履行,如前述人民警察可以采取立即拨打"120"急救电话、寻找周边行人中是否有医生等措施履行其法定救助义务。上述案例中,民警两次及时联系"120"急救人员对崔某展开救助,并在中间照看崔某,其已在救助能力内充分履行了法定救助义务。

生命受救助义务在性质上属于法定义务,是基于义务人的职责和身份产生的作为义务。负有法定救助义务的组织或者个人在履行法定救助义务后,其对受救助人并不享有报酬请求权、必要费用的返还请求权以及损害赔偿请求权,这是区别于无法定救助义务的组织或者个人的不同之处,后者适用《民法典》第184条、第979条之紧急救助免责和无因管理制度。法定的救助义务旨在为自然人的生命权提供最严密的法律保护,无论当事人之间是否达成了救助义务的约定,上述负有法定救助义务的组织和个人都要依法履行救助义务,否则可能会导致侵权责任、行政责任甚至刑事责任。

案例二:生命尊严对尊严死合法性的论证

张某甲、张某乙、张某丙系赵某某之子女。温某某系张某丙丈夫,2人育有一女温某。赵某某因手术后身体情况恶化,于2019年6月初住院治疗。住院期间,签署了《北京电力医院患者授权委托书》,载明:我因疾病恶化入院治疗,在住院期间,委托张某丙作为我的全权代理人决定是否签署检查和治疗方面的同意书,包括但不限于对我的治疗方案作出选择、对是否采取手术治疗进行决定。

2019年6月15日晚,赵某某的主治医生以微信联系张某丙"今晚你来医院一趟吧,没多少时间了。还进ICU吗?",张某丙答"不了,不让老妈再受罪了。"医生回复"知道了。"随后,张某丙委托丈夫温某某赴医院签署了《拒绝治疗同意书》。2019年6月16日凌晨,赵某某去世。经查,赵某某生前留有公证遗嘱,将所有财产留给了张某丙。

张某甲与张某乙认为,张某丙在未告知他们的情况下,私自决定放弃治疗,剥夺了母亲的生命权,侵害了他俩的亲属利益,要求损害赔偿。[①]

法院认为,生命权作为自然人最高的人格利益,理应受到法律最严密的保护,而这种保护越来越从强调自然人生命的安全与维系演进为生命安全和生命尊严并重。现代医学的不断进步,不断延长自然人的生命周期,但仍无法保证自然人的生命尊严。在医学措施对于生命的延长已无能为力时,选择有尊严的死亡亦为生命权的应有之义。

【理论阐释】

一、生命权的性质

(一)生命权是普遍且绝对的首要人权

世间万物,生命最可贵。生命作为人之为人最为根本的前提,古往今来,世界各民族在各个历史阶段都对其有着许多深邃的思考。先贤有云:"生,人之始也;死,人之终也;终始俱善,人道毕矣。"[②]生物学中,一切由物质(核酸、蛋白质等)和结构,具有新陈代谢、生长、发育、繁殖等能力的个体,便可定义为生物。生物的生命是指:"由高分子的核酸蛋白体和其他物质组成的生物体所具有的特有现象"。[③] 在19世纪下半叶,恩格斯就在概括总结近代自然科学的成果(以达尔文的进化论、施莱登与施旺的细胞学说和近代化学为代表)基础之上,运用唯物辩证法,首次科学地定义了生命——"生命是蛋白体的存在方式,这种存在方式本质上在于这些蛋白体的化学组成部分的不断的自我更新"。[④] 法学理论中,生命权的存在前提当然是生命,具体而言,是人的生命利益。人的生命利益,是指人体维持其生存的基本物质能力,是人最高的人格利益。

考察法学理论中生命权的沿革进程,可以发现,生命权滥觞于自然法学派的自

---

① 北京市第二中级人民法院(2020)京02民终7645号民事判决书。

② 参见(清)王先谦撰:《荀子集解》,中华书局2012年版,沈啸寰、王星贤整理,第349页。

③ 《辞海》,上海辞书社1979年版,第1727页。

④ [德]恩格斯:《反杜林论》,人民出版社1970年版,第78页。

然权利思想。自然法是以自然或者人之理性为基础、符合人之本性、不受时间与条件制约的法。① 自然法学者强调,在自然状态下,人依照自然法,享有生命、自由、平等和财产等与生俱来的自然权利。如卢梭所言,“人性的首要法则,是维护自身的生存,人性的首要关怀,是对于自身所应有的关怀”。② 又如,霍布斯认为,自然权利的首要基础是每个人竭尽所能地保护自身的生命,③运用自己的能力和方式保全生命,实质上是保护自己的天性与自由。④ 格劳秀斯亦指出:“上帝给人以生命,不是为了破坏它,而是为了保护它。为此,上帝赋予他尽情享受人身自由、个人尊严和支配自己行为的权利。”⑤可见,生命权是一个人之所以被人们当作“同类”所必须享有的权利,亦为人权底蕴之所在。⑥

又观国际立法与各国国内法制,生命权作为人类享有的最基本的权利,已然成为各国与国际社会的共识。国际公约中,生命权被列为第一位人权,不得被任意剥夺。如《世界人权宣言》第 3 条规定:“人人有权享有生命、自由和安全。”又如,《公民权利和政治权利国际公约》第 6 条第 1 款规定:“人人有固有的生命权。这个权利应受法律保护。不得任意剥夺任何人的生命。”综观世界各国立法与司法实践,《德国民法典》将“生命权”置于“侵权行为”的专章当中,以规范侵犯生命权须负损害赔偿义务的方式,规定了公民所享有的生命利益。⑦ 韩国宪法法院在其所作出的有关死刑是否违宪的判决中亦肯认了生命权作为自然法的权利,是一切权利的基础。⑧我国 2004 年 3 月第十届全国人民代表大会第二次会议通过的宪法修正案,明确规

① 参见[英]戴维·M. 沃克:《牛津法律大词典》,北京社会与科技发展研究所组织翻译,光明日报出版社 1988 年版,第 629 页。

② [法]卢梭:《社会契约论》,何兆武译,商务印书馆 2003 年版,第 5 页。

③ 参见[英]霍布斯:《论公民》,应星、冯克利译,贵州人民出版社 2003 年版,第 9 页。

④ 参见[英]霍布斯:《利维坦》,黎思复等译,商务印书馆 1986 年版,第 97 页。

⑤ [美]莫蒂默·艾德勒、查尔斯·范多伦:《西方思想宝库》,吉林人民出版社 1988 年版,第 952 页。

⑥ 参见[英]A. J. M. 米尔恩:《人的权利与人的多样性——人权哲学》,夏勇、张志明译,中国大百科全书出版社 1995 年版,第 158 页。

⑦ 参见杜景林、卢谌:《德国民法典——全条文注释》(上册),中国政法大学出版社 2015 年版,第 666 页。

⑧ 韩国宪法法院于 1996 年 11 月 28 日所作的判决。在该判决中,韩国宪法法院对刑法的死刑条款作出了合宪判决,但对死刑制度的违宪条件作了分析,提出了未来废除死刑制度的目标。参见韩大元:《生命权的宪法逻辑》,译林出版社 2012 年版,第 77 ~ 78 页。

定“国家尊重与保障人权”,首次将“人权”概念引入宪法。而生命权作为“首要人权”,当然在此次宪法修正案中得以彰显,受到我国《宪法》的肯认。《民法典》第110条将“生命权”列举在自然人所享有的民事权利的首位,并于第1002条规定:“自然人享有生命权。自然人的生命安全和生命尊严受法律保护。任何组织或者个人不得侵害他人的生命权。”如此宣誓性之规定,更是彰显了我国《民法典》“姓民为民”、充满强烈人文关怀的立法理念。总体而言,生命权作为保障“人之为人”的基本人权,是人享有其他一切权利的基本前提,已经被现代文明社会观念、国际公约、各国立法与司法确定为具有固有性与尊崇性的最高权利。

生命权,是一个人之所以被人们当作“同类”所必须享有的权利,此亦为人权底蕴之所在。[①] 死刑犯的生命权虽经特定的法律程序被剥夺,但并不减损其在死刑执行前享有生命权的主体资格。自然人所享有的生命权除具有普遍性之外,还具有优先性、绝对性、不可替代性的特点。首先,在所有的人格权中,生命权是至高无上的人格权。[②] 因此,当发生权利冲突时,自然人的生命权要优先于其他权利得到立法者与裁判者的考量,此种优先性也体现在《民法典》的规范设置中:例如,《民法典》第1254条关于高空抛物致人损害的相关规定,在行为人难以确定的情况下,具有实施加害行为可能性的业主须对受害人承担适当的补偿责任,是为立法中生命权优先性理念的典例,并在司法实践中得到广泛运用。[③] 其次,自然人享有的生命权是一种绝对的、不可克减性的权利。任何人都不得予以非法剥夺或限制他人的生命及生命权的行使,否则应承担相应的民事或刑事责任。《民法典》第1002条用简短精炼的文字对自然人享有的生命权予以规范,突出了生命权绝对性的特点,但宣誓性过强,减损了可操作性,需要予以更加精细化处理。[④] 最后,因人之生命无法重复,一旦丧失,便不可逆转,生命权具有不可替代性。康德曾言:“没有类似生命的东西,也不能在

---

① 参见[英]A. J. M. 米尔恩:《人的权利与人的多样性——人权哲学》,夏勇、张志明译,中国大百科全书出版社1995年版,第158页。

② 参见杨立新:《人格权法》,法律出版社2011年版,第347页。

③ 参见典型案例:湖北省武汉市中级人民法院(2017)鄂01民终2469号民事判决书;陕西省西安市中级人民法院(2017)陕01民终4620号民事判决书;上海市第一中级人民法院(2015)沪一中民一(民)终字第2932号民事判决书等。

④ 参见张红:《〈民法典各分编(草案)〉人格权编评析》,载《法学评论》2019年第1期,第109页。

生命之间进行比较。”①无法简单运用功利主义对一个人生命的价值与存亡予以衡量,故民法对人之生命权的保护是整个民法体系的重中之重。

正因生命权是人所普遍享有的首要的、最高的权利,生命权的价值基础在于对生命安全与生命尊严的维护,生命权的功能在于排除一切对生命安全与生命尊严的限制与妨害,故生命权是一种绝对权。同时,生命权相较诸如与其在《民法典》专章中同列的身体权与健康权等其他权利而言,具有价值位阶上的优先性。即当生命权与其他权利发生冲突时,生命权的享有与行使,应当优先于其他权利。因为生命权保护的是人之生命,生命不存,权将焉附？只有生命权受到保障,其他权利的设置与功能才能具有意义。在新冠疫情流行期间,中国始终以“人民至上、生命至上”的理念凝聚社会共识,果断采取诸如区域交通封锁、强制检疫、优先调配医疗资源等方式,展现了国家捍卫生命安全与生命尊严的决心,取得了巨大成功,重新且生动地诠释了“生命至上”的国家理念。而在新冠疫情期间,因对生命权优先保护的国家行政强制性措施的采取,生命权便与其他权利,甚至是其他基本权利产生了冲突。例如：区域交通封锁背景下,个人的人身自由与生命权的冲突;强制检疫措施中,个人的意思自治、身体权与生命权的冲突等。可见,生命权作为第一位的人权,在价值位阶上的优先性足以在法理基础上正当化防疫时期的非常举措。

诚然,将生命权宣誓并贯彻为“自然法”上的、“第一位人权”,更有利于凸显生命的神圣与尊崇、维护生命的尊严,但这些著述与理念更多的是从道德与理性的角度去搭建“生命权”的崇高地位。而生命权作为一项人人所固有的、自然的、先在的权利,更应该从法律性、权利性的角度去建构生命权的内涵与外延、界分生命权的权利与义务。而且生命权的价值与功能不仅蕴藏于社会观念中,更须塑造于具体的法律制度与司法实践之中。加之世事繁复,仅凭悬空的辞藻无益生命权的具体保护,切实维护个体生命权之利益更须于法学理论中进行充分论证,以此裨益于更具操作实效法律制度的建构。

---

① 参见[德]康德:《法的形而上学原理》,沈叔平译,商务印书馆1991年版,第166页。

(二)生命权在宪法与民法中的功能界分

基于生命权是首要人权的重要性与其所具有宪法权利与民事权利的基本属性,长久以来,生命权被宪法学者与民法学者所共同关注,相关著述可谓硕果丰厚。在学界共同关注与探讨中,有些主张需要被特别重视。诸如许多宪法学者主张生命权明确入宪,认为只有生命权正式写入宪法后,才能彻底展现国家对于生命权的尊崇。① 亦有一些宪法学者将生命权解释为近似于"生存权"的概念,从而主张生命权应当包含精神文化生活的保障权能,②此无疑极大地扩大了生命权的内涵,但似乎也有"权利泛化"之倾向。而回顾我国《民法典》编纂历程,虽然围绕人格权编是否应独立成编的探讨之声不绝如缕,但大多数民法学者对于生命权是民事权利的定性并无异议。而若要明晰生命权作为民事权利的功能与价值,须在宪法权利、民事权利场域中对生命权不同的功能与价值予以区分。

古罗马法学家乌尔比安曾言:"法律有的造福于公共利益,有的则造福于私人。公法见之于宗教事务、宗教机构和国家管理机构之中。"③查士丁尼则进一步指出:"法律学习分为两个部分,公法与私法。公法涉及罗马帝国的政体,私法则涉及个人利益。"④由此,公法与私法的划分长久以来都是大陆法系国家对法的一种分类方法。而宪法与民法作为公法与私法的典型代表,生命权在此二者中都得以集中体现。虽生命权在宪法中与民法中具有相同的名称,但却同名异质。生命权在这两个法律体系之中,所包含的内涵、承载的利益与欲实现的目的都各不相同。

17 世纪、18 世纪,受近代资产阶级启蒙思想家的感召,亦为适应反抗封建王权、解放人性的现实需要,西方早期的立宪主义力图在市民社会与国家权力之间建立起一道"屏障",从而抵御国家权力对市民社会可能的入侵。洛克将生命与自由、平等、财产并列为自然法所保护的四种基本权利,⑤深刻影响了此后北美十三州的独立与

---

① 参见上官丕亮:《生命权宪法保障的理论基础研究》,载《环球法律评论》2007 年第 6 期;上官丕亮:《论宪法上的生命权》,载《当代法学》2007 年第 1 期。

② 参见龚向和、龚向田:《生存权的本真含义探析》,载《求索》2008 年第 3 期,第 122 页。

③ [意]彼德罗·彭梵得:《罗马法教科书》,黄风译,中国政法大学出版社 1992 年版,第 9 页。

④ [古罗马]查士丁尼:《法学总论》,张企泰译,商务印书馆 1996 年版,第 5 ~ 6 页。

⑤ 参见[英]洛克:《政府论》(下篇),叶启芳、瞿菊农译,商务印书馆 1964 年版,第 6、7 页。

建国,美国的《独立宣言》宣告生命权为不可剥夺的权利。随后,美国在宪法修正案中确立了“公民的人身不得侵犯”的原则。由此,生命权从“自然权利”演变为“法定权利”,开启了立法规范生命权的新时代。可见,生命权是近代宪治思潮与人权解放运动相结合的产物,首先是被成文宪法确定为一种“法定权利”。我国宪法虽然未明文规定“生命权”,但并不妨碍学者运用宪法解释学去探寻宪法规范中所隐含的“生命权”的价值。[①] 从宪法中生命权自产生之日起,便肩负起调整国家政治利益关系、维持市域社会与国家权利平衡的历史使命。宪法规定公民享有的生命权、平等权、自由权与财产权等基本权利的目的就在于划分国家与公民的空间,规范公权力的行使,进而维护私权利主体的自由。宪法中生命权的价值便在于保护公民的生命权免受国家权力的侵扰,这亦是宪法本身的目的之一。而且,宪法中的生命权在实践运行中的适用范围也相对狭窄,一般会被明确至当国家机关工作人员在行政行为中侵害公民生命权时由国家赔偿,以及通过刑罚打击犯罪以保障公民生命权的范围内。

与之相反,民法作为市民社会的基本法,尊崇主体之间的平等与意思自治,调整范围仅限于私权利主体之间的横向关系。民法中的生命权通过民法的行为模式与法律后果予以规范,从而实现对生命权的保护。职是之故,民法中生命权的功能仅在于划分每个自然人享有生命权利、保护生命利益的空间,维系市民生活中的生命权秩序,并无对抗国家对公民生命权侵害的权能。质言之,宪法作为公法之典范,宪法中的生命权具有浓烈的“公权利”色彩,是一种包含双重义务的权利,体现的是国家与社会主体之间的关系,其目的为要求国家肩负不得侵犯并保障公民生命权的义务。而民法作为私法之代表,民法中的生命权体现一种私权关系,赋予了自然人对抗其他自然人非法侵害的“私权利”。由此可见,生命权的内涵在不同法律体系之中大相径庭,遵循着传统的公法与私法之界分。但权利具有多重性,正如美浓部达吉之见,公法与私法中同一权利的不同表现,仅为权利面对国家与面对个人时的不一而已。[②] 此种见解亦契合了近代[illegible]市民社会与国家政治的二元结构,被大陆法系

---

① 参见韩大元:《中国宪法学应[illegible]注生命权问题的研究》,载《深圳大学学报(人文社会科学版)》2004年第1期。

② 参见[日]美浓部达吉:《公法与私法》,黄冯明译,中国政法大学出版社2003年版,第158~165页。

传统法学奉为圭臬。经由宪法创制的权利并非都为公法性质的权利,[①]宪法中的权利与民法中的权利都在各自法律体系中独自运行,[②]故民法中的生命权与宪法中的生命权并非截然不同,而仅为不同法律体系中的权利性质、权利内容的差异。

成文宪法规定生命权,其目的主要在于为与生命权有关的普通法律和行政机关义务履行提供合宪性审查的依据与标准。[③] 对生命权的保护更需我国民法的规范。易言之,生命权在我国法律体系之中必须经由《民法典》进行"二次创设",方可将赋权性宪法条文落实、转变为具有可操作性的请求权基础,更能凝聚起维护生命权价值的社会共同意志,方能彰显我国对"人民幸福"理念的贯彻与追求。

(三)私法与公法交融中的生命权

自19世纪末以来,随着生产力水平的大幅提升、政治制度的不断演进、社会观念的时易变革,传统市民社会内部力量出现分化,甚至打破私权利主体之间的平等关系。传统市民社会所尊崇的契约自由与意思自治面临前所未有的挑战,尊崇极端"个人本位"的私权领域开始出现危机。传统的私法自治与自洽能力的下降,同时也为私法与公法的交融提供了契机。正如苏永钦教授指出,人类社会的现代化带动了公法与私法的调和,两者之间呈现出"越来越多的交错"图景。[④] 一方面,现代社会的高度复杂化,传统的私法自治已无法满足对个体生命法益的保护需要。另一方面,公法在维持公权力领域秩序的同时,以主动的方式适度地进入私权利领域,旨在以"福利国家""行政给付"等方式匡复市民社会的秩序。公法上的生命权也从"消极的防御权"发展成为"积极的要求权",它要求国家积极作为,以切实保障公民的生命权。[⑤] 由此,传统意义上的公法与私法"泾渭分明"的分野已经悄然改变。在此背景下,"私法的公法化"与"公法的私法化"便应时而生了。

"私法的公法化"是基于社会利益,国家权力将原本属于私法调整的范围转变成

---

① 参见刘凯湘:《人格权的宪法意义与民法表述》,载《社会科学战线》2012年第2期。
② 参见张善斌:《民法人格权和宪法人格权的独立与互动》,载《法学评论》2016年第6期。
③ 参见上官丕亮:《生命权宪法保障的理论基础研究》,载《环球法律评论》2007年第6期。
④ 参见苏永钦:《民事立法与公私法的接轨》,北京大学出版社2005年版,第74页。
⑤ 参见上官丕亮:《论宪法上的生命权》,载《当代法学》2007年第1期。

为由公、私法共同调整或单独由公法调整的一种法律现象。① “私法的公法化”以诚实信用、公序良俗等原则限制私法自治，有助于民法开始关注社会福祉与实质公平的实现，从而鞭策推崇极端“个人本位”的传统民法开始转向兼顾“社会本位”的现代民法，②人格权制度亦在此演进过程中应运而生。③ “私法公法化”在个别性调整方面，要求国家权力以“行政监察”“公益诉讼”等方式主动介入；“私法公法化”在规范性调整方面，常表现为以强制性条款限制当事人的意思自治。④ 此种现象在我国《民法典》“总则编”中亦有迹可循，例如：开宗明义地将“弘扬社会主义核心价值观”确立为立法目的与依据，开创了将中华民族的优秀传统美德和先进时代道德作为基本原则写入民法典的先河；⑤将“绿色原则”这一倡导性条款确定为民法的基本原则之一，开启了环境资源保护的民法通道；由民政部门担任兜底性监护人，允许公权力介入监护制度等。

基于上述，笔者认为，在解释《民法典》中对于生命权，乃至身体权和健康权的相关规范时，亦应遵循“私法公法化”的思路，基于现代民法的“社会本位”，对于包含生命权在内 3 种权利的内容、权利变动、权利消灭及权利救济等规范制度进行体系化解读，以回应现代社会飞速发展所引起的深刻变革，充分彰显《民法典》的时代特色。

二、生命安全的保障

（一）生命存续功能

马斯洛将生存需求揭示为人类第一层次的基本需求，生存的欲望是人的本能。⑥

---

① 参见杨阳：《论私法公法化的逻辑本位及其限度》，载《河北学刊》2015 年第 6 期。

② 参见李龙亮、郭成：《社会本位——民法典的最佳选择》，载《河北法学》2002 年第 1 期。

③ 参见王利明：《试论人格权的新发展》，载《法商研究》2006 年第 5 期。

④ 参见龚刚强：《法体系基本结构的理性基础——从法经济学视角看公私法划分和私法公法化、公法私法化》，载《法学家》2005 年第 3 期。

⑤ 参见肖爽：《论〈民法总则〉与私法公法化的倾向》，载《新疆师范大学学报（哲学社会科学版）》2018 年第 4 期。

⑥ 参见［美］亚伯拉罕·马斯洛：《动机与人格》（第 3 版），许金声译，中国人民大学出版社 2007 年版，第 16 ~ 20 页。

生存权作为法定权利,最先见于1919年德国的《魏玛宪法》之中,又于第二次世界大战后得到世界各国宪法的普遍肯认。[①] 我国《宪法》虽未明文使用生存权的概念,但《宪法》第45条赋予公民从国家和社会获得物质帮助的权利,暗含了生存权的宪法价值。宪法中的“生存权”的权利主体为所有公民,义务相对人为国家。[②] 其功能在于要求国家对公民的财产权、劳动权、环境权等予以保障,必要时对公民进行救济,以保障公民的基本生存。

存续,即存在与延续。笔者认为,生命存续功能是保障自然人维持其基本生存所必需的生活资料与生存条件的权益,是每位自然人对其生存利益所享有的具有绝对性的利益。《民法典》第1002条规定自然人的生命安全受法律保护,虽出于立法条文须精简之目的,未明确使用“生命存续”的概念,但生命存续功能理应为“生命安全”的应有之义,并且生命存续功能的法理与价值之光闪烁于我国私法规范体系之中,例如:《民法典》第1130条规定,在遗产分割前,要对生活有特殊困难又缺乏劳动能力的继承人特殊照顾,是为对缺乏劳动能力又无生活来源者生存利益的保护;最高人民法院《关于建设工程价款优先受偿权问题的批复》(已失效)中明确建筑工程承包人的优先受偿权不得对抗已交付全部或大部分商品房买卖价款的消费者,是为购房者的生存利益优先于承包人利益;《民事诉讼法》第254条、第255条与最高人民法院《关于人民法院民事执行中查封、扣押、冻结财产的规定》的司法解释,均旨在保障被执行人及其抚养人在强制执行过程中的基本生存需要;《企业破产法》第113条将职工的工资、社保金、医疗费和补偿金等债权置于破产财产清偿顺序的首位,是为保护职工的生存利益。同时,民法中生命权的生命存续功能对自然人生存利益的救济力度相较于宪法中的“生存权”更及时、有效。民法通过具体的规范条文将自然人的生命安全利益具化为保障生命的存续,赋予具体的请求权基础,使受害人能够得到足够的物质补偿。

诚然,自然人生命利益的私法保障于我国法律体系中已获彰显,但数量有限、各自孤立的私法规范无法解决现实生活中所有的生存利益纠纷,故《民法典》于专章中

---

① 参见徐显明:《生存权论》,载《中国社会科学》1992年第5期。

② 参见龚向和、龚向田:《生存权的本真含义探析》,载《求索》2008年第3期。

开门见山地明确自然人有权维护自身生命安全，提纲挈领地统合现行规范，以全面保障自然人的生存利益，确有必要。

（二）生命防卫功能

自然人的生命安全利益不容侵犯，法律禁止他人非法剥夺生命，《民法典》对于人之生命安全利益的强调使生命权当然包含了“维护生命”的功能，而此种维护自然人生命的权能当然包含着自然人可以采用“自卫”等方式维护自身生命安全的内容。[①] 此种“自卫”抑或“防卫”均是以保障人之生命利益为目的，且终须在法律允许的范围内行使。如若否定生命权包含着“自卫”或“防卫”生命的权能，又当如何解释我国刑法与原《民法总则》中对于正当防卫制度规范的价值基础？笔者认为，生命权的生命防卫功能是指自然人生命利益面临他人非法侵害或者危险之时，可采取防卫行动要求他人停止侵害或消除危险，以维护自己的生命安全，并可在一定限度内免于民事责任的权利。此种防卫行动即包含了向公权力机关寻求公力救济或依法进行自力救济，要求他人停止侵害或消除危险。自然人于合理限度内行使自力救济，是合法行为，可获免责。如若自然人的防卫行为超出了必要限度，造成了不应有的损害，则是违法行为，但可减轻刑事处罚或承担与过当行为相适应的民事赔偿责任。

当前我国法律所肯认的自力救济行为主要有两种：正当防卫与紧急避险。刑法上，正当防卫与紧急避险共同构成法定的违法阻却事由，其价值在于赋予主体防卫行为或避险行为一定的刑事责任的免责事由。[②] 而民法中的正当防卫与紧急避险则强调自然人针对不法侵害的紧急自救权，并在一定限度内免于民事责任，[③]其价值在于将相关争议妥善化解于民事裁判领域之内，从而避免其上升为对抗性较强的刑事案件，以民法手段有效解决民事主体之间的矛盾，进而助益和谐社会的构建。鉴于《民法典》第 181 条与 182 条已经分别明确规定了正当防卫与紧急避险，《民法典》的侵权责任编并没有对此二者进行规范，是为立法者在当前立法背景下作出的正确

---

① 参见王利明：《人格权法研究》（第 3 版），中国人民大学出版社 2018 年版，第 279 页。

② 参见张明楷著：《刑法学》（第 4 版），法律出版社 2011 年版，第 188～191 页。

③ 参见孟勤国、张里安主编：《物权法》，湖南大学出版社 2006 年版，第 77～79 页。

选择。

(三)生命受救助功能

《民法典》对"生命至上"理念的贯彻,也体现在其对生命权中"生命受救助功能"的肯认。《民法典》第1005条将法定救助义务概括为一般条款,明确了负有法定救助义务的组织或个人应当及时救助生命权、身体权、健康权处于危难情形中的自然人。生命作为自然人之最高人格利益,理应受法律最严密的保护。[1] 而对身体权、健康权处于危难情形中的自然人怠于施救,极有可能会危及自然人的生命权,故本条将三者并列,以实现对人身安全的全面保障。

就公法而言,国家基于特别立法理念,常通过一些专门性的法律、行政法规等要求特定的机构或人员(如警察、医师等)对人身安全遭受侵害或者处于危难中的自然人,负有法定的救助义务。就私法而言,民事主体一般并不负有救助他人的义务,故《民法典》未将普通民众的救助道德义务上升为法律义务,仅规定了负有法定救助义务的组织和个人的救助义务。当他人的生命遭受侵害或处于危难之时,是否施以救助,一般取决于个人意愿,除非存在明确的约定或者法定之义务。例如:《民法典》第822条明确客运合同中承运人对急病、分娩、遇险的旅客负有尽力救助义务;《民法典》第1198条规定,经营场所、公共场所的经营管理者应负安全保障义务;《海商法》第38条赋予船长在海难发生时对船上旅客的组织抢救义务等。反观现实生活,自然人生命危及之时,旁观者未伸出援手,导致自然人因未获救助而遭受人身重大损害,甚至丧失生命的新闻屡见报端。[2] 此种社会风气显然非立法者所愿,故《民法典》第184条赋予了善意施救者必要的责任豁免权,根本目的在于鼓励自然人于他人危难之际自愿施以援手,亦是《民法典》对社会主义核心价值观的贯彻。[3] 而《民法典》第1005条之规定,不仅为自然人设置了具体的请求权基础,亦为我国《民法

---

① 参见张新宝:《〈中国民法典·侵权行为法编草案建议稿〉理由概说》,载《私法》2002年第2期。

② 参见房绍坤、张玉东:《论紧急救助情形下救助人不承担责任的条件——以〈民法总则〉第184条为分析对象》,载《比较法研究》2018年第6期。

③ 参见王利明:《〈民法总则〉的本土性与时代性》,载《交大法学》2017年第3期;崔建远:《我国〈民法总则〉的制度创新及历史意义》,载《比较法研究》2017年第3期。

典》中的转介条款,[①]使法官在具体民事案件的裁判过程中可通过此通道条款斟酌适用其他管制性规范,例如,《人民警察法》第 21 条、《人民武装警察法》第 28 条、原《执业医师法》第 24 条等。易言之,由于法定的救助义务完全来自其他公法性管制规范中的特殊规定,故本条于民事裁判中的具体适用中仍需斟酌、参考其他法律的规定,以谋求个案裁判中的利益平衡。

三、生命尊严的维护

(一)生前预嘱

凡人终有一死,死亡终是每位个体生命无法逃避、必须面对的终点。为更好地面对死亡,保全生命终结之时的体面与尊严,自主决定并选择人生离开的方式正被越来越多的人采用。生前预嘱(Living Will),在我国尚属新兴概念。2013 年 6 月,北京成立了全国首个推广生前预嘱的民间组织——“生前预嘱协会”。2017 年,著名作家琼瑶女士向社会公开其“生前预嘱”,希望其在此后生命将要结束之际能够免于维生手段的折磨。[②] 随着知名人士呼吁、名人示范效应等各方民间努力下,“生前预嘱”这一概念正愈发被社会大众所知晓,其所蕴含尊严死的价值理念亦越发激起民众的广泛认同,此是《民法典》强调“生命尊严”立法意旨的社会认知基础。

“生前预嘱”的概念尚未有法学上的确切定义,笔者认为,于民法的视域中,“生前预嘱”可被定义为具备完全民事行为能力的自然人依照个人意愿、自主签署的关于指定其处于生命末期或临终时采用或拒绝某些医疗手段的书面意思表示。为便于对“生前预嘱”定义的理解与阐释,有必要将“生前预嘱”与“遗嘱”“安乐死”等相近概念予以对比。其一,“生前预嘱”与“遗嘱”有 3 项重要区别:(1)嘱托内容不同,遗嘱在实践中主要用于遗嘱人生前对其死后财产的处置,而生前预嘱是预嘱人对其日后采取何种医疗方式的决定,不涉及财产的处分;(2)嘱托目的不同,遗嘱是遗嘱人完成对其死后财产安排的手段,而生前预嘱是预嘱人为了保持生命尽头尊严与体

---

① 参见解亘:《论管制规范在侵权行为法上的意义》,载《中国法学》2009 年第 2 期。

② 参见刘向国:《生前预嘱:生命归途的绿灯》,载《人民政协报》2017 年 4 月 5 日,第 7 版。

面;(3)嘱托生效条件不同,遗嘱的生效以遗嘱人死亡为条件,而一般认为,生前预嘱以预嘱人"丧失医疗决定能力"为生效时间,即生前预嘱生效后,预嘱人仍然将在其所预选的医疗状态中存活。其二,"生前预嘱"与"安乐死"虽然均是维护生命尊严的手段,同属于"尊严死"的下位概念,但亦具有重大差异:(1)二者性质不同,广义的安乐死包含积极作为的方式,即患者在医疗技术的帮助下加速自身死亡,而生前预嘱只是帮助预嘱人更体面地遵循自然规律;(2)二者适用条件不同,一般认为安乐死的适用对象应仅限于经医学鉴定无法救治且无法减轻病痛的完全民事行为能力人,而所有的完全民事行为能力人皆可成为生前预嘱的预嘱人;(3)二者采用方式不同,积极方式的安乐死多采取服用超出正常剂量镇静剂或麻醉剂等方式加速患者的死亡,而生前预嘱则是意欲遵循预嘱人意志选择或拒绝某些医疗维生技术手段,仍属于自然死亡。由此可见,"生前预嘱"相较"安乐死",采用的手段更加缓和与平静,更容易防范不当适用,也更有利于被社会大众所普遍接受。

第二次世界大战所引发的社会变革思潮,在一定程度上解构又延展了人类对死亡的认识。在美国,"死亡权"被认为是患者所应有的权利,美国国会于1990年通过了《病患自决法案》,肯认生前预嘱的法律效力。① 为应对人口老龄化所引发的系列社会问题,2003年,德国联邦法院通过判决的方式确认了"预立医嘱"的法律效力,德国并于2009年将预立医嘱的相关制度规范整合进《德国民法典》之中。② 再观生前预嘱制度的实效,主要有3层意义。其一,就个人层面而言,在自然人处于不可治愈或生命末期时,选择放弃复杂的医疗器械、药物维持生命,而采用更加平静、自然的方式面对死亡,既可摆脱病痛折磨、免于挽留生命躯壳所带来的不必要痛苦,亦可于生命终结时保存最后的体面与尊严,完成生命尊严的最终彰显。其二,就人道层面而言,生前预嘱完全遵循了预嘱人的个人意志,使其在"医疗决定不能时"仍然可享受自身自由意志所选择的医疗手段,满足了其自身面对死亡时方式选择的自由。其三,就社会层面而言,生前预嘱制度的规范建构与广泛实行,可避免稀缺的医疗资源空耗,实现社会医疗资源的节约利用,这对于缓解我国当前所面临的人口老龄化

① 参见王龙、阚凯:《生前预嘱的立法问题研究》,载《医学与法学》2020年第3期。

② 参见韦宝平、杨东升:《生前预嘱的法理阐释》,载《金陵法学评论》2013年第2期。

趋势与医疗资源紧张无法短期弥合的局面,意义尤大。

生前预嘱制度在我国当前法律体系中尚有一定的适用空间。其一,于民法视域中,《民法典》第130条规定了民事主体有权按照自身意愿依法行使民事权利,并且不受干涉。此规范当然不可直接简单地推导出人有“自杀”的权利,但是作为我国民事法律根本大法的《民法典》对于生前预嘱制度中预嘱人自由意志尊重,预嘱人选择采用或拒绝何种医疗维生技术属其意思自由,且并未侵犯他人任何权利。医疗机构与患者近亲属等按照约定遵循、执行预嘱人的生前预嘱,并不属于侵犯预嘱人生命权的行为。《民法典》第1002条将“生命尊严”纳入生命权的范畴,亦极大增强了民法中生前预嘱的正当性。医疗机构及其工作人员对于预嘱人生前预嘱的尊重与执行,亦可排除《民法典》第1005条关于“法定救助义务”规范的适用。其二,就刑法角度而言,虽有“故意杀人罪”“医疗事故罪”等罪名的存在,会使得医务人员撤除维生技术的手段与预嘱人死亡的结果间具有一定的因果联系。但在不涉及他人权益与社会公共利益的前提下,医务人员尊重预嘱人的意思自治,采用了“消极”或“不作为”的方式促使患者自然死亡,并未有任何法益遭受侵害。反之,如若医务人员在知晓生前预嘱的情况下未依照预嘱人的意志,而一味地使用预嘱人所拒绝的医疗维生手段,使预嘱人承受了不该有的痛苦,才是对其法益的重大侵害。因此,医疗机构及其工作人员在遵循预嘱人生前预嘱的情况下,撤除或不使用某些医疗维生技术,不具有社会危害性,并不涉及刑法相关罪名适用问题。其三,在卫生法体系中生前预嘱制度并未打破医患双方权利义务的平衡。知情同意权是构建以患者为中心的和谐医患关系的基石,①而预嘱人对其缺乏医疗决定意志时的提前安排是行使患者同意权的应有之义。当预嘱人面临无法治愈或生命临终时,医疗机构与医务人员的救助义务应当劣后于其对预嘱人生前预嘱的遵循与执行义务,如此方可避免救助义务与患者意欲尊严死权利的冲突。

为早日实现我国生前预嘱制度的规范化与法治化,赋予自然人更多达致“尊严死”的方式选择,笔者认为,应对生前预嘱设置严格的程序标准,以预嘱人的意思自

① 参见杨丽珍:《“告知后同意”:〈民法典〉第1219条第1款的解释论展开》,载《西北大学学报(哲学社会科学版)》2020年第6期。

治贯彻始终,并尝试对我国生前预嘱制度的基本框架作了如下思考:首先,因生前预嘱内容的特殊性,应当将预嘱人的主体资格严格限定在具有完全民事能力人的范围内。其次,为充分体现预嘱人的意思自治,避免生前预嘱的不当适用,生前预嘱人应当在其意识完全清醒,并且意思自由表达的前提下订立生前预嘱。再次,对于生前预嘱的内容,预嘱人既可采取自主明确约定拒绝或采用何种医疗技术或手段,亦可采用类似《民法典》第33条对于"意定监护"的规范,选择当自身处于医疗决定不能时的"医疗代理人"来保障自身生命尊严的实现。然后,关于生前预嘱的订立及变更、撤销方式。因生前预嘱对于每位个体皆意义重大,预嘱人应采取书面方式明确约定预嘱的内容。预嘱人可随时变更、撤销其生前预嘱,以充分遵循预嘱人的意思自治。另外,考虑生前预嘱制度建立的初期社会大众的认知水平与接受能力,鉴于公证制度对于预嘱等文件的真实性、合法性的巨大证明作用,可以考虑将公证作为生前预嘱的生效要件。最后,应由医疗机构的伦理委员会来认定预嘱人是否、何时处于病痛的不可治愈期或生命末期,并严格按照相应的医疗监督管理制度要求,在充分尊重预嘱人意思自治的基础上遵循预嘱人的预嘱内容,以使生命尊严贯彻始终。

(二)临终关怀

我国业已迈入"独子养老"与"人口老龄化"时期,社会大众对于探寻如何有尊严、更舒适地面对死亡的方式产生了极大需求,其中之一,便是为临终病患提供舒适、温暖的医护环境与精神支持,帮助病患完成人生最后旅途的临终关怀。"临终关怀",又称"安宁疗护"与"缓和医疗"。按照现代医学的定义,"临终关怀"是一种通过早期研判、减缓疼痛来预防与缓解患者的身心痛苦,从而改善临终者及其近亲属生命质量的临床学科。[①] 它与安乐死同属于人实现"尊严死"的方式,既相互联系又相互区别。其一,就死亡结果而言,安乐死集中表现为通过"作为"或"不作为"等人为方式来帮助临终病患摆脱疾病带来的身心折磨从而无痛苦地死去,而临终关怀则注重采用生理与心理的医疗技术使病患在相对舒适安宁的状态里死亡,并不加速死

---

① 参见严勤、施永兴:《中国临终关怀服务现状与伦理探讨》,载《生命科学》2012年第11期。

亡结果的到来。其二,就二者时间跨度而言,安乐死更多体现在较短的时间内加速死亡,而临终关怀则贯穿人生临终阶段的全程。其三,就二者的适用对象而言,仅有少数无法减轻病痛又处于生命末期、医治无望的人才具有选择安乐死的资格,而每位处于临终阶段的人均可选择临终关怀。可见,基于伦理、道德、法律等各方面社会意识的考量,相较于"安乐死","临终关怀"与"生前预嘱"同样更易于被社会大众所接受。

我国临终关怀自1988年兴起,[①]目前全国范围内业已建立了200余家临终关怀机构,[②]虽然已经有所发展,但总体进程依然十分缓慢。造成这种局面的原因,除社会相关配套制度仍然缺位外,临终关怀制度的价值基础理论也相对薄弱。笔者将于下文对临终关怀制度的基础理论展开探讨,以期助力我国临终关怀事业的发展,促进临终关怀相关法律制度的进一步健全与完善。首先,临终关怀契合现代人权理念中"生命至上"的原则,是"生命安全"功能的具现。生命权乃人权之核心,生命系人之存在与发展的根本前提,生命的存续是人的根本利益。临终关怀并非提前结束临终之人的生命,而注重对临终之人进行身体与心理上的特殊照顾与治疗,从而减轻其临终之时的身心痛苦,是在维护生命存续的同时减轻痛苦,此乃对生命存续功能的坚守与展现,符合《宪法》第33条关于"国家尊重和保障人权"的规范意旨。其次,临终关怀是"生命尊严"得以维护的手段,彰显着生命尊严的价值。现代维生医学技术的发展,以人工呼吸机、心肺复苏机和鼻饲等维系临终之人生命的方法的使用愈加普遍,亦应尊重临终之人对于死亡采取安静、祥和态度的选择。临终关怀通过心理干预、精神抚慰与医学护理等方面,尽力减少临终之人身心方面遭受的痛苦,本身便是对生命尊严的敬畏与维护,是对人格尊严的充分尊重。然后,临终关怀符合民法对于意思自治的尊崇,保障临终之人有权决定采用何种治疗方式的自由。临终关怀是根据当前医疗技术的现有水平对临终之人面临的健康情况予以审慎评估,提供相关医疗及临终关怀方案供临终之人参考选择。在充分保障医疗过程中知情同意权的前提下,具备完全民事行为能力的自然人对于其所认为的毫无意义的医疗

① 参见彭玉凌、冉伶、王蕾:《临终关怀的法哲学思考》,载《医学与哲学》2017年第6期。

② 参见谢莹、朱海林:《临终关怀本土化发展的困境与出路》,载《中国医学伦理学》2014年第3期。

手段当然有权选择放弃,这是对临终之人自由意志的充分尊重。若临终之人选择放弃采用某些医疗手段,出于对其意思表示的尊重,医疗机构及其工作人员便无进行强制医疗的义务,此并不涉及《民法典》第1220关于医疗机构及医护人员"紧急抢救义务"的问题。最后,临终关怀未侵犯刑法所保护的任何法益,相关主体并不涉及刑事犯罪。临终关怀的本质是对临终之人提供身心上的抚慰,减轻其临终之时的痛苦,并非加速其死亡,故不涉及对生命法益的直接侵害。而放弃无意义的治疗或采用"安宁疗法"或"保守治疗"的方式,此目的在于维护临终之人的生命尊严、提高生命质量,故临终之人的近亲属与医疗机构及其工作人员缺乏刑法上的期待可能性,其行为并不构成遗弃罪与不作为的故意杀人罪。

当前,我国尚未制定专门的临终关怀法。国家层面上,仅有原国家卫生计生委《关于印发安宁疗护中心基本标准和管理规范(试行)的通知》与原国家卫生计生委办公厅《关于印发安宁疗护实践指南(试行)的通知》两部规范性文件对临终关怀的部分内容作了较详细的规定,而在其他规范性文件中仅是带有鼓励性、缺乏强制性的只言片语,例如:《老年人权益保障法》第50条关于鼓励为老年人提供临终关怀等服务的规定;国务院办公厅《关于支持社会力量提供多层次多样化医疗服务的意见》第2条第5项关于支持社会力量举办安宁疗护等专业机构的指导意见;国务院《关于印发"十三五"国家老龄事业发展和养老体系建设规划的通知》中第5章第1节与第3节中对于加强临终关怀服务的相关规划意见等。此等规范性文件皆缺乏强制约束力,亦均未明晰临终关怀中各方的权利与义务,可操作性较弱。而在地方层面上,我国部分地区作了积极探索,如《上海市社区卫生服务中心临终关怀科设置标准》等地方规范性文件的出台,以期在各自区域内较为全面地规范临终关怀的实施。可见,囿于国家层面统一立法的阙如,为应对临终关怀愈加广泛的实际需求,我国当前临终关怀制度的实际运行带有明显的区域特征,并不利于统一的临终关怀制度的形成。为促进临终关怀制度的健康且可持续的发展与保障临终之人生命尊严的切实实现,笔者建议,应以《民法典》第1002条作为上位法依据,①在总结、借鉴各地既有经验的基础上,尽快于国家层面上制定临终关怀法,在充分尊重临终之人意思自

① 参见王利明:《民法典人格权编的亮点与创新》,载《中国法学》2020年第4期。

治的基础上严格规范临终关怀制度的各项实施流程,从而构建契合生命尊严理念、维护临终之际的温暖与祥和的临终关怀制度。

(三)消极安乐死

“安乐死”一词源自希腊文“Euthanasie”,字面意思为“善终”或“好死”。“安乐死”因其常与“杀人”相联系,故一直以来受到各国刑法学者的重视。相较于刑法学界对于安乐死问题所展开的普遍且相对深入的探讨,民法学界对此问题还缺乏足够的研究。参照大陆法系刑法学界对于“安乐死”的划分,安乐死可被分为“纯粹安乐死”“间接安乐死”“积极安乐死”“消极安乐死”4 种类型。① 而笔者认为,应当依照采取“作为”或“不作为”的方式进行划分,将安乐死大致划分为“积极安乐死”与“消极安乐死”。其中,“积极安乐死”,是指为消除安乐死申请人所受的身心痛苦,遵循申请人的意思表示,于相对安详的状态中以积极的方式提前结束申请人生命的行为。而“消极安乐死”的概念涵摄范围较为狭窄,仅指身患疾病的安乐死申请人自愿提出申请、并经相关机构认可,采取撤除维生技术、任其自然死亡的行为,是一种实现“尊严死”的方式。“消极安乐死”相较采取“作为”的积极安乐死而言,无疑在社会观念、道德伦理等方面更易被社会大众所接受。在刑法上,因我国法律并不肯认安乐死的合法性,在司法实践中,对于安乐死刑事案件的处理主要依照《刑法》第 232 条以“故意杀人罪”论处,但其量刑却几乎都是接近于“故意杀人罪”法定刑的下限。② 而民法中,因为“安乐死”常涉及以“作为”的方式加速安乐死申请人死亡,故“安乐死”与“生命权是否具有支配权能”的命题联系紧密,而生命权的支配权能也集中体现在人是否有权支配或者放弃生命的问题上。

如前所述,生命权是普遍且绝对的首要人权,具有普遍性、优先性、不可替代性的特点,生命的存续是所有权利存在的前提,法律不允许“把生命直接作为实现任何

---

① 参见陈子平:《刑法总论》,中国人民大学出版社 2009 年版,第 203 ~ 204 页。

② 参见刘建利:《死亡的自我决定权与社会决定权——中日安乐死问题的比较研究》,载《法律科学(西北政法大学学报)》2013 年第 5 期。

进一步目的之途径”。[①] 法律若允许对生命进行直接的支配,则会引起动摇人之存在的风险,会引起对人本身的物化。观察《民法典》第1002条的规定,生命权的客体应当仅限于生命安全与生命尊严,无法推导出生命权具有支配权能。虽然人格权具备支配权能,但关系到人之存在的生命权应为例外。现代生命科技的发展虽为人类利用自身的躯体构造提供了可能,但仍不得以人之生命作为直接试验或适用的对象。若法律允许人能像支配财产与其他人格利益一样直接、简单支配自己的生命权,无疑会严重背离人性的尊严,反而会造成对作为价值基础的人格尊严的反噬。基于现代民法对于“社会本位”的注重,故笔者认为,一般情况下生命权不具备支配权能。但出于实现“尊严死”的目的,民法应认可处于生命末期、身患绝症遭受生理与心理巨大痛苦的患者选择撤除维生技术、回归自然死亡状态的权利,即因《民法典》第1002条对于“生命尊严”的认可,为实现“生命安全”与“生命尊严”的“实际整合”,应当自维护“生命尊严”的角度肯认“消极安乐死”的合法性。

首先,就人权的角度而言,所有的医疗手段当以延长生命、减轻病痛为目标,但身患绝症、处于生命末期的患者所遭受的生理及心理的极端痛苦,远超常人之想象。相比于苦苦维持患者的生命,允许此种特定情形下的患者摆脱强行维持其生命存续的医疗手段,从而回归自然死亡的状态,进而减轻患者身心受到的巨大折磨,无疑更加符合人道主义,并不违背人权伦理。其次,从民法意思自治原则出发,只要患者具备完全民事行为能力并在意思表示自由且真实的情况下申请进行“消极安乐死”,就应当尊重患者进行此种意思表示的自由,此亦符合生命权专属于个体的天然特性。再次,就刑法的价值判断角度而言,在尊重病患“自我决定”基础上进行的消极安乐死行为能够阻却一般意义上的“嘱托杀人罪”的违法性,[②]且正当的消极安乐死行为并不具备刑法意义上的社会危害性,故消极安乐死不属于刑法的规制范围。然后,纵观我国民事立法体系,出于对生命尊严的维护,《民法典》第1007条与第1008条、

---

① 参见[英]约翰·菲尼斯著,董娇娇等译:《自然法与自然权利》,中国政法大学出版社2005年版,第179页。

② 参见刘建利:《死亡的自我决定权与社会决定权——中日安乐死问题的比较研究》,载《法律科学(西北政法大学学报)》2013年第5期。

第1009条分别确立了“人体不得处分”原则与“人体试验应首先确保生命尊严”原则。[①] 可见,我国《民法典》实际上禁止的是对人身等利用行为时违悖生命尊严的做法,而非此种行为本身。因此,我国民事立法体系是留有肯认特定情形中因维护“生命尊严”而放弃生命存续之做法的制度空间的。最后,自现实的社会需求而言,人们对于安乐死的现实诉求屡见报端,患者或其家属在患者医治无望的情况下主动放弃治疗等消极安乐死的行为大量存在。若继续放任有关消极安乐死的法律空白,只会助长现实中安乐死在不法之地蔓延,不利于社会的和谐稳定。同时,消极安乐死的申请人及其家庭通常还面临巨大的经济与精神压力,故此种情况下,停止对患者的医疗救助、保全患者最后的体面与尊严,不失为对患者的同情之举,彰显对生命尊严的尊重,亦符合患者的最大利益。[②] 另外,须着重强调的是,此种维护“生命尊严”的自我决定并非不受约束,而须被严格限定在一定范围内。以实现“尊严死”为目的、满足法定条件、遵循法定程序的“消极安乐死”不会扰乱社会秩序,且未违背社会道德,反而会使患者保有生命最后的尊严,得以从难以忍受的病痛折磨中获得解脱,减少患者家属的物质与精神负担,最大化地利用有限的医疗资源,并不违背社会公共利益,从而增加了社会的整体幸福感。

尽管《民法典》并没有明确承认“消极安乐死”,但基于《民法典》第1002条对于“生命尊严”的肯认,又鉴于社会公众对于“消极安乐死”的逐渐接受与迫切需要,笔者认为,应当以《民法典》第1002条为未来消极安乐死的相关立法提供民事基本法的立法基础,从而使消极安乐死行为合法化、规范化,切实维护患者生命的尊严,进而达致生命权的全面实现。对于如何构建合法化、规范化的消极安乐死法律制度框架,笔者进行如下思考:其一,为切实保障消极安乐死申请人的意思自治,消极安乐死的权利主体应仅属于消极安乐死的适用对象,即患者本人,[③]应当在消极安乐死申请的意思表示领域绝对禁止代理制度的适用,以避免消极安乐死权利主体的扩大引

---

① 参见王利明:《人格权法的新发展与我国民法典人格权编的完善》,载《浙江工商大学学报》2019年第6期。

② 参见陈新民著:《中华民国宪法释论》(修正三版),台北,三民书局1999年版,第303~305页。

③ 参见申卫星:《从生到死的民法学思考——兼论中国卫生法学研究的重要性》,载《湖南社会科学》2011年第2期。

起更大的社会波动,从申请主体的层面上杜绝消极安乐死被不正当利用的可能。其二,鉴于实践中迫切需要消极安乐死的主体特点,应当将消极安乐死的适用对象限于经医学鉴定无法救治且无法减弱身心所遭受剧烈痛苦的患者,且患者须为具有完全民事行为能力人,以避免可能的"滑坡效应"。① 其三,鉴于消极安乐死行为实属于特定情形下"生命安全"与"生命尊严"冲突中进行的重大价值判断与选择,关乎到人之存在的根本利益,选择并进行消极安乐死的申请,必须出自消极安乐死适用对象本人的真实且明确的意思表示,并应当以书面的方式提交。同时,应参照《民法典》第1008条之规定,申请人的书面申请须经相关主管部门批准与伦理委员会审查同意,且在患者实际执行安乐死前可以随时撤回。其四,鉴于消极安乐死以维护生命尊严为目的,消极安乐死的适用方法应遵循"尊严""安然"的原则,由专业人员与患者及其近亲属根据患者的具体情况予以决定。其五,为保障"消极安乐死"实现患者尊严赴死的目的,实施消极安乐死的执行主体必须是取得相关资质的医疗机构,且执行程序必须严格按照法律规定。其六,关于进行不当消极安乐死的法律责任,任何组织与个人必须严格依法执行消极安乐死,否则须承担民事责任乃至刑事责任。

① 参见刘小平:《新兴权利的证成及其基础——以"安宁死亡权"为个例的分析》,载《学习与探索》2015年第4期。

专题十二　健　康　权

本专题撰写人:张　红

【《民法典》及相关法律法规的新规则】

《民法典》第 1004 条

自然人享有健康权。自然人的身心健康受法律保护。任何组织或者个人不得侵害他人的健康权。

《民法典》第 1005 条

自然人的生命权、身体权、健康权受到侵害或者处于其他危难情形的,负有法定救助义务的组织或者个人应当及时施救。

《民法典》第 1009 条

从事与人体基因、人体胚胎等有关的医学和科研活动,应当遵守法律、行政法规和国家有关规定,不得危害人体健康,不得违背伦理道德,不得损害公共利益。

【规则由来】

健康权在我国法上最早见于原《民法通则》第 98 条确立的"生命健康权",但并未作为一项独立的民事权利对待。2009 年原《民法通则》修正时,该条亦未变动。直至 2010 年原《侵权责任法》出台,其第 2 条详尽列举了本法所保护的民事权益类型,生命权与健康权并列其中,似乎表明了立法者立场的改变,将健康权作为独立民事权利对待。但是,一来立法资料上并无证据支持,二来在2010年、2012年连续两次修正的《国家赔偿法》中仍保留“生命健康权”的表述;虽然2017年原《民法总则》第110条延续原《侵权责任法》第2条的规定,并行列举生命权和健康权,但2022年修订的《妇女权益保障法》第21条仍以“生命健康权”表述。由此可见,法治体系内部对于生命权、健康权以及生命健康权的认识尚未统一,或是由于公、私法域的沟通不畅所致。2019年通过的《基本医疗卫生与健康促进法》第4条第1款明确表明“国家和社会尊重、保护公民的健康权”,2020年通过的《民法典》在第110条与第1004条确认自然人享有健康权。至此,我国法治体系内部关于健康权之独立民事权利的认识达成统一。

【规范意旨】

健康权是专属自然人的物质性人格权,法人、非法人组织等其他民事主体不是健康权的主体。健康权的客体是健康利益,是指一个人在身体和心理等方面都处于良好状态。健康是身心的良好状态,但不包括人在社会适应方面的良好状态以及道德健康。健康所指的“良好的状态”并不等同无疾病的状态,任何人不可能一生无病痛困扰。有观点认为,心理健康当然为法律所保护,但非由健康权完成保护任务,因为法律对任何权利的保护都间接保护了主体的心理功能,而在损害救济上亦由精神损害赔偿完成救济心理健康的使命。《民法典》第1004条之“身心健康”表述明显是将心理健康纳入健康权保护范围,即表明心理健康的享有是权利人健康利益的一部。健康利益一方面体现为健康利益的享有和维护,即健康免受侵扰;另一方面体现为权利人积极追求健康状态的维持和恢复,如寻求附有法定救助义务主体的帮助等。

需要注意的是,健康利益中的心理健康部分应当是以身体机能所体现的心理健康为准,而不是所有精神活动免受不利影响的“心理状态”,否则任何不悦的心情即可苛责他人的“侵权行为”,显然不妥。当事人遭遇纠纷必然心情不悦,若其从系争纠纷获得精神损害赔偿,不悦的心情可被精神损害赔偿的反射效应所安抚。

【典型案例】

案例一："贺某人类胚胎基因编辑案"

2016年6月开始，贺某私自组织包括境外人员参加的项目团队，蓄意逃避监管，使用安全性、有效性不确切的技术，实施国家明令禁止的以生殖为目的的人类胚胎基因编辑活动。2017年3月至2018年11月，贺某通过他人伪造伦理审查书，招募8对夫妇志愿者（艾滋病病毒抗体男方阳性、女方阴性）参与实验。为规避艾滋病病毒携带者不得实施辅助生殖的相关规定，策划他人顶替志愿者验血，指使个别从业人员违规在人类胚胎上进行基因编辑并植入母体，最终有2名志愿者怀孕，其中1名已生下双胞胎女婴"露露""娜娜"，另1名在怀孕中。其余6对志愿者有1对中途退出实验，另外5对均未受孕。该行为严重违背伦理道德和科研诚信，严重违反国家有关规定，在国内外造成了恶劣影响。

随着生命科技的不断深入和发展，基因不断被赋予新的内容。同时，因基因携带着自然人健康、寿命等生命关键信息，被视为"生命的密码"。当前，基因编辑技术便是破解该项密码的钥匙。我国于2016年12月1日施行的《涉及人的生物医学研究伦理审查办法》，规制内容仅为研究范围，而对于临床应用、基因治疗、基因增强等问题缺少具有实操性的规范。可见，基因编辑技术相关的规章制度有待完善。须通过立法，明确基因编辑技术的使用途径以及使用规范，对违法者苛以责任，完善伦理审查机制、公众知情参与机制等配套制度，从而引导各方达成共识。

关于基因编辑良法善治的关键在于，处理好法的谦抑性与开放性的关系，即一方面持高度谨慎和严格管制的立场，另一方面避免过度保守而使科学裹足不前。① 具体到民法领域，关于基因权利的性质与内容，尚待学界探讨。《民法典》第1009条规定，"从事与人体基因、人体胚胎等有关的医学和科研活动，应当遵守法律、行政法规和国家有关规定，不得危害人体健康，不得违背伦理道德，不得损害公共利益。"《民法典》人格权编之所以从自然人享有的健康利益入手，作出人体基因编辑活动的

① 参见田野、刘康：《基因编辑的良法善治：在谦抑与开放之间》，载《深圳大学学报（人文社会科学版）》2018年第4期。

禁止性规定,是因为:一方面,人体基因编辑活动专业性强、面临的健康风险充满不确定性,故应在程序上和内容控制上有严格限制,需要专门法加以规制,但这明显不能纳入法典内部,所以《民法典》仅作出原则性规定,为后续专门法制定提供指引,包括尊重人格尊严、尊重知情同意权、尊重当事人的隐私以及正当程序等要求。另一方面,自然人享有的健康利益是人体基因编辑活动的红线所在,“不得危害人体健康”与“不得违背伦理道德,不得损害公共利益”分别代表健康权和公序良俗原则构成基因编辑的“禁区”,故本条在此作为预防人体基因编辑活动造成不合理损害的条款存在。①

案例二:“无锡冷冻胚胎案”

沈某某夫妇的儿子与儿媳遭车祸死亡,他们生前没有生育,但曾在某医院做过试管婴儿,并留下4枚冷冻胚胎。双方父母均提出,有权对冷冻胚胎进行监管和处置,某医院则认为双方父母均无权对冷冻胚胎进行监管和处置。②

冷冻胚胎并非一般的物,其承载胎儿的生命尊严、蕴含发展为自然人的可能。法院在审理过程中从伦理角度阐释了死亡夫妇双方父母与冷冻胚胎的利益关联性,认定他们有权监管和处置冷冻胚胎。

【理论阐释】

一、健康权的性质

健康权,是指以保持身体机能为内容的权利。③《民法典》第1004条前半段规定自然人享有健康权,并将健康权的内容界定为“身心健康”,即生理健康与心理健康的两部分。自然人有权维护其生理健康与心理健康,保持其身心机能的正常运转。但健康权并非纯粹的私权,根据《宪法》第21条的规定,国家保护人民健康。基

① 参见杨立新:《从生命健康权到生命权、身体权、健康权——〈民法典〉对物质性人格权规定的规范创新》,载《扬州大学学报(人文社会科学版)》2020年第3期。

② 江苏省无锡市中级人民法院(2014)锡民终字第01235号民事判决书。

③ 参见王泽鉴:《侵权行为》(第3版),北京大学出版社2016年版,第122页。

于基本权利的双重属性，国家对于公民的健康负有保障义务，公民对自身健康享有要求国家积极给付的权利。由此可见，健康权同时兼有基本权利和民事权利的性质。

从健康权的历史发展来看，其经历了发端于私法，但作为基本权利受重视发展的历程。早在公元前18世纪的《汉穆拉比法典》中，就有保护生命、健康、荣誉等具体人格要素的规定。在医学观念上，古希腊医师、西方医学奠基人希波克拉底认为，精神和肉体相互影响，不能彼此独立存在。但中世纪的欧洲受基督教旨的影响，上帝统治人的内心精神世界，故健康的内涵只保留生理意义，医疗活动亦仅指代肉体机能的修复。自然法学派虽将生命健康这一人之生物本体视为当然的自然权利，但其并非法定的民事权利，至多反映了一种朴素的法益保护观念。① 由此可见，彼时对于健康的认识存有局限，法律亦未将之视为权利对待。实证法上健康权的确立晚于作为基本权利的公民健康权。对自身健康的维护与疾病的治疗系个人事务，国家并无介入之正当性。但随着工业社会的发展进步，生产环境的风险以及生活环境的污染严重威胁社会成员的健康状态，传染疾病的暴发、肆虐直接冲击传统的公共卫生秩序。国家不得不直面这一问题，而社会权理论在此期间的勃兴亦助推公民健康权的确立。② 第二次世界大战后，国际人权运动的发展使公民健康权得以正式表达，为成员提出域内立法的要求。《世界卫生组织宪章》序言规定："享有最高可获致的健康标准是每个人的基本权利之一，不分种族、宗教、政治信仰、经济或社会状况。"《世界人权宣言》第25条正式规定了健康权，即"人人有权享有为维持他本人和家属的健康和福利所需的生活水准，包括食物、衣着、住房、医疗和必要的社会服务"。

二、健康利益的有限支配

人格权在性质上属于绝对权，权利人对此有支配权能。健康权作为人格权的具体类型之一，权利人亦可以支配自己的健康利益，如权利人自愿参与高风险的极限运动，即主动将自己置于对健康有高风险的境地。但是，健康权是自然人的物质性

① 参见蒋月、林志强：《健康权观源流考》，载《学术论坛》2007年第4期。

② 参见李广德：《健康作为权利的法理展开》，载《法制与社会发展》2019年第3期。

人格权,关系自然人的生存与发展。因此,法律对自然人对自己健康利益的支配规定了诸多限制。

(一)知情同意

自然人对自己健康利益的支配必须建立在充分知情的前提下,并且基于真实的意思作出处分。因此,法律在权利人处分健康利益时都设计了"知情同意"规范。《民法典》第1006条、第1008条及第1009条规定,在人体捐献、人体临床试验以及人体基因等科研活动中,均要求自然人对拟参与的活动充分知情,了解有关行为的具体内容及可能带来的后果,并作出真实的同意表示。《民法典》第1219条第1款规定,"医务人员在诊疗活动中应当向患者说明病情和医疗措施;需要实施手术、特殊检查、特殊治疗的,医务人员应当及时向患者具体说明医疗风险、替代医疗方案等情况,并取得其明确同意;不能或者不宜向患者说明的,应当向患者的近亲属说明,并取得其明确同意"。

(二)法律、公共利益的限制

"知情同意"规则保障自然人对自己健康利益的支配出于真实意思表示,实质上还是尊重自然人的意思自治。鉴于健康权的重要地位,法律、公共利益对自然人健康利益的支配作出以下限制:

法律原则上禁止自然人处分自己的健康利益,否则自然人的健康利益可能沦为交易的标的,贬损人格尊严,违背公序良俗。《民法典》第506条第1项规定,合同中关于"造成对方人身损害的"的免责条款无效。然而,在人体捐献、人体临床试验以及涉及人体基因等科研活动的场景下,自然人对自己健康利益的处分具有目的上的正当性,拟参与的活动已经由法律、行政法规施以严格控制,最大限度地保障了自然人的健康利益,实现风险控制。因此,法律禁止的是将健康毫无意义地置于危险状态中的处分。①

对于吸毒等自害行为,法律基于公共利益的考虑给予否定态度,甚至强制自然

① 参见尹田:《自然人具体人格权的法律探讨》,载《河南政法干部管理学院学报》2004年第3期。

人接受治疗，以恢复正常的健康水平。《禁毒法》第31条第1款、第2款规定，国家采取各种措施帮助吸毒人员戒除毒瘾，教育和挽救吸毒人员。吸毒成瘾人员应当进行戒毒治疗。

（三）从事人体基因、人体胚胎等医学和科研活动的规则

根据《宪法》以及《民法典》第109条之规定，人体基因编辑必须遵守人格尊严保护的基本规范，确保人的优先性。[①] 针对有关人体基因、人体胚胎的医学和科研活动，2019年4月，全国人大常委会法制工作委员会发布的《民法典各分编（草案）二审稿》新增第789条之一并经修改、最终成为现在的《民法典》第1009条，即“从事与人体基因、人体胚胎等有关的医学和科研活动，应当遵守法律、行政法规和国家有关规定，不得危害人体健康，不得违背伦理道德，不得损害公共利益。”该条是与人体基因、人体胚胎等有关的医学和科研活动之底线规则，规定有关活动须符合法律法规及其他有关规定，同时不得违反或者危害人体健康、伦理道德及公共利益，以此保障有关科研活动的规范化运行，维护人格尊严与代际正义，为今后特别的立法提供上位法的依据。

首先，与人体基因、人体胚胎等有关的医学和科研活动，应当遵守法律、行政法规和国家有关规定。目前，主要由法律中的零星条款以及部分行政法规、规章对有关人体基因、人体胎的医学和科研活动进行规制，如《生物安全法》第六章、《科学技术进步法》第107条、《人类遗传资源管理条例》、《生物技术研究开发安全管理办法》、《医疗技术临床应用管理办法》、《基因工程安全管理办法》、《人类辅助生殖技术管理办法》、《人胚胎干细胞研究伦理指导原则》等。

其次，与人体基因、人体胚胎等有关的医学和科研活动，不得危害人体健康。人类目前关于人体基因、人体胚胎的知识积累与技术水平远不足以应付现实中的待决问题，其本身亦存在不可预见性、不可逆转性与技术安全性的风险，容易引发对传统的自然秩序、人类伦理等社会秩序的冲击。与人类基因相关的医学和科研活动在类

---

① 参见石佳友、刘忠炫：《人体基因编辑的多维度治理——以〈民法典〉第1009条的解释为出发点》，载《中国应用法学》2021年第1期。

型上可以分为“基因改良”与“基因治疗”,前者旨在提高正常的基因能力,后者则是通过改善缺陷基因使健康水平恢复正常。在社会财富分配不均的现实下,基因改良活动容易造成基因不平等,对人类文明秩序产生巨大冲击。① 因此,针对人类基因展开的医学和科研活动通常仅限于基因治疗活动,自然人的健康利益是其“红线”,体现出对自然人健康利益的损害预防。需要注意的是,“不得危害人体健康”不意味着不允许任何程度的健康损害,《民法典》第1009条旨在禁止法律允许范围之外的健康损害。符合有关规定并经伦理审查后的有关活动对于人体健康损害即属于为法律所允许的损害。

最后,与人体基因、人体胚胎等有关的医学和科研活动,不得违背伦理道德及损害公共利益。对人体基因、人体胚胎的研究事关生物伦理、职业道德,甚至可能出现超越伦理的界限情形,如在实验室中培育人与动物的杂交后代。因此,伦理审查成为必要,伦理审查的主体内容等具体内容可见《涉及人的生物医学研究伦理审查办法》第二、第三章的规定。此外,与人体基因、人体胚胎等有关的医学和科研活动可能会导致人类基因的“污染”、新物种的诞生问题,不但影响现时人类的意义,还会因基因信息的传递损害未来人类的利益,违背“代际正义”。同时,有关活动的数据还可能涉及国家安全,危及国家利益。是故,有关活动不得损害公共利益。

自近代实验医学产生后,人类的活体医学试验业已成为医学研究的核心与关键。② 医学进步为人类带来诸多福利的同时,又增加了全人类的风险,特别是以干细胞移植、基因编辑等为代表的生命科技,对现行法律秩序产生诸多风险挑战,③人类终非试验所用之小白鼠。因此,须对人体试验的基本程序予以限制,将人体试验活动纳入正确的基本伦理原则的轨道。其一,人体试验的目的应纯正,即在于提高疾病的预防、诊断与治疗,不可夹杂其他不正当目的。其二,试验机构必须人体试验的目的、用途及风险必须向受试者全面告知,并须征得受试者之同意。若受试者为未

---

① 参见姚大志:《基因干预:从道德哲学的观点看》,载《法制与社会发展》2019年第4期;陈景辉:《有理由支持基因改进吗?》,载《华东政法大学学报》2019年第5期。

② 参见黄秀凤主编:《护理伦理学》,中国医药科技出版社2016年版,第159页。

③ 参见王康:《人类基因编辑多维风险的法律规制》,载《求索》2017年第11期。

成年人或无同意能力的成年人对试验性质有理解能力并明确反对的，试验不得进行。[①] 其三，不得以强迫、欺骗、利诱等手段促使受试者接受试验，否则将构成对生命尊严的亵渎。其四，试验机构应在实验的全过程中，尽可能采取一切有效措施将受试者身心健康的损害程度降至最低，以彰显对人的尊重。其五，试验机构所要进行的人体试验，必须经由伦理委员会的审查同意，以保证人体试验的伦理正当性、科学性以及受试者的人格尊严。是故，本条明确规范人体试验须依法报经相关主管部门批准并经伦理委员会审查同意，保障受试者知情同意权的实现之做法，值得肯定。

《民法典》大致规定了与人体基因、人体胚胎等有关的医学和科研活动之原则，具体细节由特别法加以规制，如此形成系统化的规范体系，以实现法典规范安定性与规制全面性的平衡。

三、健康权受侵害的非典型形态

健康权之侵权行为，是指对他人的身心健康造成损害的行为，包括积极的作为以及消极的不作为。积极的作为行为方式中，殴打他人是最典型的形态。此外，还包括以下类型：第一，不以人的行为举止等暴力形态侵害健康权的其他行为，如持续性的噪声污染使周边居民普遍患有神经衰弱的疾病、“地沟油”等给食用者造成的健康损害等。如危险化学品燃烧的有毒气体被周边村民吸入，导致村民中毒，健康状况下降。运输车辆未按要求运输的行为属于侵害村民健康权的行为。第二，在“震惊损害”，的情形下，若受害人的“严重精神损害”达到了影响身心健康的程度，可以认为行为人同时构成对受害人健康权的侵害。所谓“震惊损害”，是指损害事故发生时或者发生后，被害者以外的第三人因当时目睹或因嗣后耳闻损害事故发生的事实，受到刺激而导致心神崩溃或致休克等情形所受损害。[②]

消极的不作为行为方式以行为人负有保护他人健康的作为义务为前提，如《民法典》第1005条规定的法定救助义务、第1198条规定的安全保障义务等。劳动者患有“职业病”以及工伤事故的，劳动者的健康状况下降，此时用人单位未提供必要

---

① 参见满洪杰：《关于受试者知情同意权的立法建议》，载《四川大学学报(哲学社会科学版)》2018年第3期。

② 参见曾世雄：《损害赔偿法原理》，中国政法大学出版社2001年版，第342页。

的保护措施或者良好的工作环境,构成对劳动者健康权的侵害。行为人不履行上述保护他人健康的作为义务的,构成不作为的健康权侵权行为。

侵害健康权的损害后果包括自然人健康受损以及因此产生的财产损失与精神损害。自然人健康受损表现为维持人体生命活动的生理机能不能正常运作,功能不能完善发挥,由此产生的财产损失,是指受害人为恢复健康而支出的各项费用以及因健康受损所丧失的经济利益,如医疗费、误工费等;由此产生的精神损害,是指受害人因健康受损导致的精神痛苦。行为人的主观过错,以及侵害健康权的行为与健康权后果之间的因果关系,与认定生命权侵权责任要件中的“过错与因果关系”一样,应当结合具体行为类型与环境加以认定。因果关系是将行为人的加害行为与受害人权益损害的结果连接在一起的构成要件,几乎是所有赔偿责任的基础。[①] 法律责任意义上的因果关系与事实层面的因果关系不同,是事实因果关系基础上依照一定的标准过滤后的法律评价,否则因果关系之链条将所有行为均联系在一起,损及合理范围内的行动自由。无论是刑法学界还是民法学界,因果关系的判断都是一大难题,关键在于以何种标准确定因果关系。[②] 我国民法上因果关系理论经历了从“必然因果关系说”到“相当因果关系说”的发展过程。通说采用“相当因果关系说”,即加害人的行为侵害了被害人的权利,并产生了损害。依据常人的经验判断,侵害行为的出现通常有发生此种损害结果的可能时,即可认定二者之间相当因果关系。

根据《民法典》第1179条的规定,侵害他人造成人身损害的,应当赔偿医疗费、护理费、交通费、营养费、住院伙食补助费等为治疗和康复支出的合理费用,以及因误工减少的收入。造成残疾的,还应当赔偿辅助器具费和残疾赔偿金……

在健康权遭受侵害的情况下,受害人可以依据《民法典》第1183条的规定主张精神损害赔偿。侵害健康权的行为会造成受害人肉体上的痛苦以及精神上的痛苦。若受害人的健康权遭受侵害且无生命危险,此时受害人可以自己名义主张精神损害赔偿。在具体数额的认定上《精神损害赔偿司法解释》第5条作出了相应规定。

---

① 参见[德]克里斯蒂安·冯·巴尔:《欧洲比较侵权行为法》(下),焦美华译,法律出版社2004年版,第498页。

② 参见陈兴良:《刑法因果关系:从哲学回归刑法学——一个学说史的考察》,载《法学》2009年第7期。

专题十三　人体基因编辑

本专题撰写人：石佳友

【《民法典》及相关法律法规的新规则】

《民法典》第 1009 条

从事与人体基因、人体胚胎等有关的医学和科研活动，应当遵守法律、行政法规和国家有关规定，不得危害人体健康，不得违背伦理道德，不得损害公共利益。

《生物安全法》第 34 条

国家加强对生物技术研究、开发与应用活动的安全管理，禁止从事危及公众健康、损害生物资源、破坏生态系统和生物多样性等危害生物安全的生物技术研究、开发与应用活动。

从事生物技术研究、开发与应用活动，应当符合伦理原则。

《科学技术进步法》第 107 条

禁止危害国家安全、损害社会公共利益、危害人体健康、违背科研诚信和科技伦理的科学技术研究开发和应用活动。

从事科学技术活动，应当遵守科学技术活动管理规范。对严重违反科学技术活动管理规范的组织和个人，由科学技术行政等有关部门记入科研诚信严重失信行为数据库。

《刑法》第 336 条之一

将基因编辑、克隆的人类胚胎植入人体或者动物体内，或者将基因编辑、克隆的动物胚胎植入人体内，情节严重的，处三年以下有期徒刑或者拘役，并处罚金；情节特别严重的,处三年以上七年以下有期徒刑,并处罚金。

《人类遗传资源管理条例》第 9 条

采集、保藏、利用、对外提供我国人类遗传资源,应当符合伦理原则,并按照国家有关规定进行伦理审查。

采集、保藏、利用、对外提供我国人类遗传资源,应当尊重人类遗传资源提供者的隐私权,取得其事先知情同意,并保护其合法权益。

采集、保藏、利用、对外提供我国人类遗传资源,应当遵守国务院科学技术行政部门制定的技术规范。

【规则由来】

《民法典》第 1009 条是民法典分编制定过程中,我国立法机关因应基因技术应用的司法实践发展和国家生物安全风险防范政策而新增的法律条款。

【规范意旨】

本条是关于基因编辑技术规制的规定。《民法典》第 1009 条被称为“基因编辑条款”,其重要意义在于,这我国立法层面首次以民事基本法的形式对涉及基因编辑技术的研究和应用活动予以规范,将基因编辑技术纳入私法调整的范畴,促进公法与私法、软法与硬法之间的协同治理。本条规则不仅将上述研究活动合法化,并为其确立了新的底线规则,且进一步强化了对人格尊严、生命尊严的保护。①

针对有关医学和科研活动,《民法典》确立了如下人体基因编辑活动的基本行为准则。首先,合法性准则。此类活动不仅应当遵守“法律、行政法规”,同时应当遵守其他的“国家有关规定”,这也将既存的行政规章和规范性文件纳入了规制基因编辑的涵摄范围。其次,人体健康准则。人体基因编辑的主要风险在于对人的生命健康等可能带来的侵害,物质性人格权是人格权乃至所有民事权利中居于最重要位阶的

① 参见王利明:《彰显时代性:中国民法典的鲜明特色》,载《东方法学》2020 年第 4 期。

权利,这就要求基因编辑活动不得危害人体健康。此外,伦理道德准则。伦理道德具象到人体基因编辑,要求始终尊重人的主体性、尊严、自由和人权,确保人的第一性,并确保个人的利益和福祉高于单纯的科学利益,促进公平正义。最后,公共利益准则。基因编辑本身的技术风险无法完全规避,基因工程可能带来的代际冲突、人格尊严式微、歧视、阶级差距等社会伦理风险更不容小觑。在风险未知的情形下,要求此类医学和科研活动将人类的整体利益而非个体利益置于首位,尊重社会和国家利益,维护代际正义。

【典型案例】

"贺某人类胚胎基因编辑案"

2018 年 11 月,贺某宣布一对名为"露露"和"娜娜"的基因编辑婴儿在中国诞生。随后,有关部门成立"基因编辑婴儿事件"调查组展开调查。经初步查明,该事件系南方科技大学副教授贺某为追逐个人名利,自筹资金,蓄意逃避监管,私自组织有关人员,实施国家明令禁止的以生殖为目的的人类胚胎基因编辑活动。

2019 年 12 月,该案在深圳市南山区人民法院一审公开宣判。

法院审理查明,2016 年以来,贺某得知人类胚胎基因编辑技术可获得商业利益,即与广东省某医疗机构张某礼、深圳市某医疗机构覃某洲共谋,在明知违反国家有关规定和医学伦理的情况下,仍以通过编辑人类胚胎 CCR5 基因可以生育免疫艾滋病的婴儿为名,将安全性、有效性未经严格验证的人类胚胎基因编辑技术用于辅助生殖医疗。贺某等人伪造伦理审查材料,招募男方为艾滋病病毒感染者的多对夫妇实施基因编辑及辅助生殖,以冒名顶替、隐瞒真相的方式,由不知情的医生将基因编辑过的胚胎通过辅助生殖技术移植入人体内,致使 2 人怀孕,先后生下 3 名基因编辑婴儿。

法院认为,3 名被告人未取得医生执业资格,追名逐利,故意违反国家有关科研和医疗管理规定,逾越科研和医学伦理道德底线,贸然将基因编辑技术应用于人类辅助生殖医疗,扰乱医疗管理秩序,情节严重,其行为已构成非法行医罪。根据 3 名被告人的犯罪事实、性质、情节和对社会的危害程度,依法判处被告人贺某有期徒刑

3 年,并处罚金人民币 300 万元;判处张某礼有期徒刑 2 年,并处罚金人民币 100 万元;判处覃某洲有期徒刑 1 年 6 个月,缓刑 2 年,并处罚金人民币 50 万元。

【理论阐释】

生物安全关乎人民生命健康,关乎国家长治久安,关乎中华民族永续发展,是国家总体安全的重要组成部分,也是影响乃至重塑世界格局的重要力量,要加强生物安全等重点领域的立法。因此,我国相关部门高度重视生物安全和基因编辑的法律规制工作:“贺某人类胚胎基因编辑案”发生后,2019 年 5 月,国务院迅速颁布了《人类遗传资源管理条例》;2020 年 5 月,立法机关表决通过了《民法典》,首次以基本法律的形式对基因编辑作出了专门规定,具有重要意义。2020 年 10 月,立法机关又通过了《生物安全法》,对采集、保藏、利用、对外提供我国人类遗传资源等行为作出了具体规定;2020 年 12 月 26 日,《刑法修正案(十一)》公布,其中专门增设非法植入基因编辑、克隆胚胎罪。另外,中央全面深化改革委员会 2019 年 7 月第九次会议及 2021 年 12 月第二十三次会议分别审议通过《国家科技伦理委员会组建方案》和《关于加强科技伦理治理的指导意见》等重要文件,提出坚持增进人类福祉、尊重生命权利、公平公正、合理控制风险、保持公开透明的原则,健全多方参与、协同共治的治理体制机制,构建覆盖全面、导向明确、规范有序、协调一致的科技伦理治理体系。2021 年 12 月修订、2022 年 1 月生效实施的《科学技术进步法》以多个条文专门对科技伦理治理予以规定。2023 年 2 月,国家卫生健康委员会、教育部、科学技术部、国家中医药管理局联合印发《涉及人的生命科学和医学研究伦理审查办法》。这些重要举措充分彰显出我国相关决策部门高度重视生物安全和科技伦理、推进多维度治理的决心。

一、基因编辑的科技进展及其风险

基因编辑被认为是当代生物学领域“最具影响力的技术”,与此同时,它有可能也是最富有争议性的技术。一方面,基因编辑技术可以在碱基水平上进行精确的基因修饰,使人类免于某些单基因疾病的侵袭,因而具有极为广泛的发展前景和应用价值。另一方面,这一技术充满风险,其安全性与有效性一直存在争议。因此,贸然将其应用于人类生殖领域可能会引发“伦理学上的灾难”,并对生物安全带来威胁。

(一)基因编辑的技术发展

基因是携带遗传信息的 DNA 片段,是遗传信息的基本物质单位,包含指定性状所包含的信息,可以从亲代(父母)传给子代(后代)。基因组是生物体的所有遗传物质的总和,广义的基因组包括基因和非编码 DNA(或 RNA 病毒中的 RNA),以及线粒体 DNA 和叶绿体 DNA。①

英国纳菲尔德生命伦理学理事会(Nuffield Council on Bioethics)在其 2016 年一份名为《基因组编辑:一个伦理审视》的报告中,对基因组编辑作出的定义是:“在 DNA 或 RNA 功能的分子水平上进行有针对性的干预,故意改变生物实体的结构或功能特征的做法。”②美国国家科学院和医学科学院(National Academies of Sciences, Engineering, and Medicine)在其 2017 年发布的名为《人类基因组编辑:科学、伦理与治理》的报告中指出,基因组编辑是一个强大的新工具,可以用于精确地添加、删除和改变基因组——一个有机体的全套遗传物质。③

人类基因组编辑依照被修饰细胞或组织的类别可以划分为:体细胞编辑和生殖系基因组编辑,其中,以生殖为目的的生殖系基因组编辑被称为可遗传基因组编辑。人类体细胞编辑(Human Somatic Genome Editing, HSGE)是在体细胞中进行的,这些细胞中基因组的改变不会遗传给后代;人类生殖系基因组编辑(Human Germline Genome Editing, HGGE),是指对生殖细胞进行的基因组编辑,此类细胞基因组发生的改变可以通过生殖活动传递给后代。生殖系基因组编辑包含实验室研究和以生殖为目的的基因组编辑,后者被称为人类可遗传基因组编辑(Heritable Human Genome Editing, HHGE)。此外,根据研究阶段和方式的不同,基因编辑可分为基础

① Matt Ridley, *Genome: The Autobiography of a Species in 23 Chapters*, Harper Perennial, p. 14 – 23 (2006).

② Nuffield Council on Bioethics, *Genome Editing: An Ethical Review*, London, p. 4 (2016).

③ National Academies of Sciences, Engineering, and Medicine, *Human Genome Editing: Science, Ethics, and Governance*, Washington, DC: The National Academies Press, 2017, p. 1.

研究和临床试验(应用);若以目的为标准,基因编辑可分为治疗型编辑和增强型编辑。基于体细胞基因编辑的疾病治疗仅涉及被编辑的单独个人,与其他广泛应用的医学临床干预并无实质性区别,也并未对人们的伦理认知造成大的冲击。[①] 目前,人类可遗传基因组编辑技术(Heritable Human Genome Editing, HHGE)的研究和应用是基因编辑治理领域所重点规制的基因编辑类型,即"贺某人类胚胎基因编辑案"中涉及的基因编辑技术,这也是最具争议的基因技术,这也是本专题所主要探讨的对象。

基因组编辑工具和技术能力的迅猛发展,让人类可遗传基因组编辑成为可能。人类可遗传基因组编辑可以在配子(卵子或精子)或任何可以产生配子的细胞中进行,包括单个受精卵细胞(由精子和卵子结合而成)或早期胚胎细胞。对这些细胞中的遗传物质所作的改变,可以传递给后代。2018 年,在人类历史上首个 DNA 被编辑的婴儿诞生后,围绕人类可遗传基因组编辑问题,全球范围内的科学家、伦理学者、法律专家、政策制定者和其他人士就相关的科学、伦理、法律和社会问题,展开了激烈讨论。数年之间,关于人类可遗传基因组编辑科学及社会问题的伦理宣言就已经不下 50 个。[②]

一般认为,将人类可遗传基因组编辑用于帮助那些有可遗传疾病的父母,让他们能够生出和自己有遗传关系的孩子,同时降低孩子患可遗传疾病的风险,是能够得到伦理辩护的,尤其是针对单基因遗传疾病。然而,目前为止,全球尚未有任何国家将临床使用人类可遗传基因组编辑完全合法化,在许多国家,该技术的临床使用目前被明确禁止。即便在决定使用人类可遗传基因组编辑之前,也需要确定基因组编辑方法和相关辅助生殖技术的安全性和有效性是否得到或能够得到充分发展,以便能够负责任地在临床上使用(也就是探索人类可遗传基因组编辑的技术是否达标)。

(二)基因编辑的多维风险

学者指出,"在对待'基因编辑婴儿'等类似事件中,生命伦理学、医事法学、卫

---

① 参见孙海波:《基因编辑的法哲学辨思》,载《比较法研究》2019 年第 6 期。

② C. Brokowski, *Do Genome Ethics Statements Cut It*?, 1 The CRISPR Journal 115(2018).

生法学以及生命法学各自的视角与关注的面向是存在极大差异的”。[①] 本质上，在不同学科和视角差异的背后，蕴含的是多元化和差异化的利益在不同维度、不同群体以及不同诉求之间的映射。2018 年 7 月，英国纳菲尔德生物伦理委员会（Nuffield Council on Bioethics）在其发布的《基因组编辑和人类生殖：社会与伦理问题》报告中认为，与基因编辑有关的伦理争议主要涉及 3 类主体的利益：个人、社会以及人类共同体。[②] 尽管在不同的基因编辑类型项下涉及的利益略有差异，但前述报告中的分类较完整地展示了基因编辑中可能涉及的利害群体。

在“贺某人类胚胎基因编辑案”中，个体利益主要涉及受试者和基于编辑胚胎存活的婴儿两类。其中，与基因编辑有关的活动首先应当获得受试者“事先、自愿和明确同意”，以保障其知情同意权，这也是基于尊严自由和非强迫性原则的必然要求，并且应当保障受试者的生命健康，贯彻最小风险的试验准则。较复杂的是编辑婴儿的权益保护问题，在既有法律框架下，可以基于“不当出生”（wrongful birth）或“不当生命”（wrongful life）等侵权事由提起诉讼要求赔偿，但在解释上，对受损害的法益、“不当的基因操作”、健康风险损害及因果关系等的评价面临一定的困难。[③] 更棘手的问题是，此种基因编辑行为明显超出一般意义上的医疗或生育行为，会对人类出生的偶然性和自然性造成冲击，婴儿父母是否有权同意此种基因编辑行为存在正当性疑问，因而婴儿的尊严和自主权也面临被侵害的风险。此后，基因编辑婴儿此类特殊群体的隐私和个人信息保护也是必须面临的问题。

“基因科学是一种存在论级别的生命升级诱惑，即人试图超越人的概念而变成另一种更好、更高级的存在。”[④]姑且不论此种“升级诱惑”能否真实地实现，但在当下，人类基因组编辑活动确实引发了不同面向的风险，若不对此种风险予以及时干预和矫正，风险的现实化危害将难以估量。具体而言，“人类基因编辑在技术上具有高度的不确定性和不可逆性，在伦理上可能冲击着人的尊严和生存价值，在社会上

---

① 刘长秋：《“基因编辑婴儿事件”与生命法学之证成》，载《东方法学》2019 年第 1 期。

② Nuffield Council on Bioethics 2018, *Genome Editing and Human Reproduction: Social and Ethical Issues*, London, p. 58.

③ 王康：《基因编辑婴儿事件受害人的请求权》，载《法律科学（西北政法大学学报）》2020 年第 3 期。

④ 赵汀阳：《“自造人”：主体性思维的极端梦想》，载《探索与争鸣》2018 年第 12 期。

可能导致新的社会不平等及人本身的异化,在法律政策上尚未确定清晰的走向”。①

整体上,人类基因组编辑的风险可以被归纳为两类:一是基于技术本身的原初性风险,这是各类基因编辑技术均无法回避的问题;二是技术后期引发的衍生性风险。“技术自身的属性和逻辑具有相对的客观性,绝大多数技术有着可靠的技术原理作为支撑,经过技术试验和改进可以产生稳定可预期的效果。”②然而,所谓的技术中立,也仅仅强调技术作为工具可能的价值中立性,但这也无法掩盖技术本身固有的风险性,CRISPR 基因编辑技术的准确性和安全性始终受到质疑,最典型的是该技术可能产生的“脱靶效应”,此类技术瑕疵将极大增加未来罹患癌症和其他恶性疾病的不可预知风险。③

与技术风险相比,人类基因组编辑引发的伦理和社会等衍生性风险亦不容小觑。当下,基于医疗目的的体细胞基因编辑具有相当的医学价值,技术风险有限,其本身不涉及对可遗传性信息的更改,因而并未引发过度的伦理争议。基因编辑技术的衍生性风险主要是指以增强为目标的基因组编辑以及生殖系基因组编辑引发的后期风险,并涉及一系列的深层次价值冲突:

第一,主体与客体重新定位的价值冲突。尊严是作为主体的人类区别于其他物种的核心特质,是整个社会文明发展的基石,更是以宪法基本权利和人格权为代表的法秩序的核心。“人性尊严乃在彰显人的主体性,即以人为本,不以人作为手段或被支配客体”,④这也是康德哲学的精要所在。人作为自然选择的进化存在,遵循生物演进的偶然性,两性活动并未改变生物遗传和自然出生的基本规律,而在哲学层面,人的固有存在就表明其本身的主体性地位与尊严性,这是对生命的敬畏。基因编辑对人的伦理性冲击在于,通过技术对曾经被视为具有神圣性的人的自然体加以

---

① 王康:《人类基因编辑多维风险的法律规制》,载《求索》2017 年第 11 期。

② 郑玉双:《破解技术中立难题——法律与科技之关系的法理学再思》,载《华东政法大学学报》2018 年第 1 期。

③ 陶应时、王国豫、毛新志:《人类胚胎基因编辑技术的潜在风险述介》,载《自然辩证法研究》2018 年第 6 期。

④ 王泽鉴:《人格权法:法释义学、比较法、案例研究》,北京大学出版社 2013 年版,第 1 页。

改造、设计和控制,实际上破坏或改变了人之完整性(personal integrity)。[①] 同时,干预人的自然演化状态的行为,实际上是将人类个体作为了基因试验对象,个体成为达成基因优化、完美人类的目的性工具,不可避免地引发了人的客体化与物化的隐忧。

第二,生命的商业化价值冲突。有论者认为,人类生殖细胞的基因编辑导致人生命自然属性的减弱和"技术—社会"属性的增强,生命的进化过程俨然变成一个技术选择过程,而生命设计更引发了生命价值商业化的反尊严后果。[②] 技术背后,往往充斥资本的商业化运作,基于个人道德好恶的"生命定制""婴儿选择"可能诞生金钱化的市场交易行为。

第三,个体自由与社会公正的价值冲突。基因编辑同样是一种基因优劣的筛选过程,极易演化为新时代的基因种族主义与优生主义,形成新一轮的社会阶层分化、对立和冲突。

第四,当代与未来世代之间的利益冲突。由于基因突变的不可控性与未知性,盲目的遗传性基因编辑可能对人类基因库或基因池产生不可逆转的污染风险,进而对后代群体的利益造成损害,侵害代际权益。[③] 而且,此类可遗传性基因编辑行为具有单向性和强制性的特征,未来世代只能消极被动地承受当代人的选择与结果,未来世代的自主性和自决权益被程序性地忽视。

二、基因编辑技术的法律规制

"当代信息科技和生命科技引发的伦理和法理问题主要包括两方面:一是对社会主体的重新审视;二是对科技带来的社会风险、社会结构重塑等问题的应对。"[④] 治理现代化视野下,前述生命科技问题均依赖一套协调有序的治理机制,在这一过程中,法律扮演了重要的制度角色。事实上,在基因编辑治理的有关规范中,既包含

---

① 孙海波:《基因编辑的法哲学辨思》,载《比较法研究》2019 年第 6 期。

② 易显飞:《人类生殖细胞基因编辑的伦理问题及其消解》,载《武汉大学学报(哲学社会科学版)》2019 年第 4 期。

③ 钱继磊:《论作为新兴权利的代际权利——从人类基因编辑事件切入》,载《政治与法律》2019 年第 5 期。

④ 张吉豫:《认真对待科技伦理和法理》,载《法制与社会发展》2020 年第 3 期。

了伦理道德规范,也包含了法律规范,两者并行不悖且相互作用,法律的价值在于对最低限度的"科技伦理"赋予了强制性保障。

(一)基因编辑技术规制的域外经验

在2020年发表的一份针对全球106个国家和地区的调查研究中(其中96个国家或地区有相关的法律或政策文件),研究者将全球范围内搜集到的相关法律政策分为若干类,分别是允许(permitted)、禁止(prohibited)、有例外禁止(prohibited with exception)、不确定(indeterminate)和无相关信息。在上述96个具有潜在相关政策文件的国家或地区中,有78个国家或地区制定了关于HHGE的政策。在这78个国家或地区中,75个国家或地区(96%)禁止HHGE(70个彻底禁止,5个有例外禁止),而这96个国家或地区中没有一个明确允许以生殖为目的的HHGE。①

国际层面,联合国教科文组织先后通过了《世界人类基因组与人权宣言》《国际人类基因数据宣言》《世界生物伦理与人权宣言》等文件,为基因组编辑的研究、人类遗传数据的利用、生命伦理原则、伦理审查、受试者权利保护、国家责任、国际合作等奠定了基础性框架。其中,《世界人类基因组与人权宣言》明确指出,在人类基因组有关的研究或应用中,禁止进行违反人类尊严的行为,例如,人类的生殖克隆(第11条)、生殖系干预(第24条)。《世界生物伦理与人权宣言》将"人的尊严和人权"原则确立为涉及人的医学、生命科学及相关技术应当遵循的首要伦理原则,强调"个人的利益和福祉高于单纯的科学利益或社会利益"。

区域层面,2000年的《欧盟基本权利宪章》在第3条"人身完整权"中,明确要求在医学与生物领域,禁止优生学的操作、禁止以营利为目的培养人体的全部或一部、禁止进行生殖性克隆。尽管该宪章并未直接提及可遗传基因组编辑,但前述对生物医学研究的诸多禁止性规范显然对HHGE的开展具有事实层面的阻却效果。《奥维耶多公约》第13条更是将对人类基因组的干预限定于疾病的预防、诊断或治疗目的,禁止造成代际遗传后果的基因组编辑;虽然该公约并不完全禁止涉及基因编辑

① Francoise Baylis et al., *Human Germline and Heritable Genome Editing*: *The Global Policy Landscape*, The CRISPR Journal, Vol. 3 (5), 2020.

的其他研究,但该公约第 18 条禁止为研究目的制造人类胚胎。

在全球生殖系基因组编辑的国家或地区立法层面,英美法系和大陆法系国家或地区对基因编辑技术的应用普遍都持禁止或严格限制态度。英国于 1990 年通过了《人类受精和胚胎学法案》,并设立了人类受精与胚胎学管理局实施监管,通过"许可制度"规范配子和胚胎的研究行为。美国在联邦层面并没有明令禁止生殖系基因组编辑,仅仅以禁止审核新药或疗法的方式避免了联邦资金对生殖系基因组编辑活动的资助。这实际上构成了一个制度性漏洞,使可遗传基因组修饰活动可以通过私人资金的支持而展开。① 德国 1990 年《胚胎保护法》对胚胎的辅助生殖使用进行了严格限制,2011 年《胚胎植入前诊断法》允许利用特定的基因编辑技术对患者进行医学上的治疗,但明确禁止可遗传的生殖系基因组编辑。法国以《公共卫生法典》为核心,形成了一个针对生殖系基因组编辑的高度限制性监管框架,禁止为研究目的制造人类胚胎、禁止生殖工程的临床应用。

此外,2015 年中国、美国、英国科学家在华盛顿联合召开的第一届人类基因组编辑国际峰会也指出,"目前任何生殖系基因编辑的临床应用都是不负责任的"。② 2018 年 12 月,世界卫生组织组建了制定人类基因组编辑全球治理和监督标准专家咨询委员会(Expert Advisory Committee on Developing Global Standards for Governance and Oversight of Human Genome Editing),对人类基因组编辑相关的科学、伦理、社会和法律问题展开研究,旨在进一步推动人类基因组编辑的全球治理。2018 年英国纳菲尔德生命伦理学理事会(Nuffield Council on Bioethics)发布的《基因组编辑和人类生殖:社会与伦理问题》、2020 年美国国家科学院等发布的《人类可遗传基因组编辑》、2021 年世界卫生组织发布的《人类基因组编辑:一个治理框架》等权威报告,都对 HHGE 的研究和应用持十分审慎的态度,并对基因组编辑的科技进展、伦理争议、技术监管和国际合作提出了颇具参考价值的建议。

---

① 参见贾平:《涉及人类生殖系细胞基因编辑的立法及监管制度化研究》,载雷瑞鹏等主编:《人类基因组编辑:科学、伦理学与治理》,中国协和医科大学出版社 2019 年版,第 280 ~ 291 页。

② Organizing Committee for the International Summit *on Human Gene Editing*, *On Human Gene Editing: International Summit Statement*, The National Academies of Sciences, Engineering, and Medicine (December 3, 2015), https://www.nationalacademies.org/news/2015/12/on-human-gene-editing-international-summit-statement.

(二)我国基因编辑技术的立法规制

我国尚未有直接针对基因编辑的专门立法,但早在20世纪末我国就已经展开对基因工程和相关基因技术的规范,较有代表性的是,1993年卫生部制定的《人的体细胞治疗及基因治疗临床研究质控要点》,①同年国家科学技术委员会颁布的《基因工程安全管理办法》,②两者均涉及对基因生物技术研究与开发的管理;从前述的规范来看,我国是允许将基因编辑技术应用到体细胞的治疗层面的。与HHGE直接相关的法律规范则是《人类辅助生殖技术管理办法》③《人类辅助生殖技术规范》《人类辅助生殖技术和人类精子库伦理原则》④《人胚胎干细胞研究伦理指导原则》⑤《干细胞临床研究管理办法(试行)》⑥《涉及人的生物医学研究伦理审查办法》⑦等。其中,《人胚胎干细胞研究伦理指导原则》是涉及HHGE的实体性规范,该指导原则第6条明确规定,囊胚的体外培养期限自受精或核移植开始不得超过14天且不得植入人或任何其他动物的生殖系统。可以明确的是,在满足对配子和胚胎的严格保护和监管的前提下,我国允许生殖系基因组编辑的基础研究,但严禁可遗传基因组编辑技术的临床试验和应用。《涉及人的生物医学研究伦理审查办法》是对生物医学研究领域开展伦理审查进行规制的一般性规范,由于生物医学研究的广泛性,该办法具有伦理审查领域“基本法”的性质,实际上对基因组编辑的研究和应用起到了程序性控制的作用。此外,为进一步完善我国的伦理审查机制,2023年,国家卫健委、科技部等有关部门进一步通过了《涉及人的生命科学和医学研究伦理审查办法》⑧和《科技伦理审查办法(试行)》⑨。

---

① 卫药政发〔1993〕205号,1993年5月5日公布。
② 中华人民共和国国家科学技术委员会令第17号,1993年12月24日公布。
③ 中华人民共和国卫生部令第14号,2001年2月20日公布。
④ 卫科教发〔2003〕176号,2003年6月27日公布。
⑤ 国科发生字〔2003〕460号,2003年12月24日公布。
⑥ 国卫科教发〔2015〕48号,2015年7月20日公布。
⑦ 中华人民共和国国家卫生和计划生育委员会令第11号,2016年10月12日公布。
⑧ 国卫科教发〔2023〕4号,2023年2月18日公布。
⑨ 国科发监〔2023〕167号,2023年9月7日公布。

为应对技术发展的安全问题,《生物技术研究开发安全管理办法》[①]《医疗技术临床应用管理办法》[②]等技术规制型法律也不断出台。“贺某人类胚胎基因编辑案”后,我国相关部门高度重视基因编辑的法律规制工作。2019 年,国务院颁布了《人类遗传资源管理条例》,[③]加强对人体基因组等遗传材料和遗传资源的规范与保护。2020 年《民法典》正式通过,“《民法典》第 1009 条不仅对人体基因、人体胚胎等有关的医学和科研活动具有直接适用性,也为后续的立法设定了原则与参照”。[④] 2020 年,立法机关又通过了《生物安全法》。不仅如此,2020 年 12 月通过的《刑法修正案(十一)》新增非法植入人类基因编辑、克隆胚胎犯罪,非法基因编辑行为正式入刑。

特别值得注意的是,2021 年 12 月修订通过的《科学技术进步法》在完善我国科技治理基本框架和顶层设计层面具有重大意义,其不仅直接体现了我国在科技领域加强科学技术创新和科技伦理治理的积极姿态,更进一步推动了我国科技治理体系和治理能力的现代化建设。首先,重视创新激励与风险防范的制度化统筹推进。《科学技术进步法》是我国科技发展领域的基础性法律,具有“基本法”的属性,本次修法是在科技基本法层面确立了科技创新发展与科技风险监管同步治理的规制模式,强调了“前瞻性治理”的基本理念和科技发展的伦理导向性,推动科技向善发展,《科学技术进步法》为此新增“监督管理”一章,以专章形式强化科技监管与科技伦理治理。其次,建立国家科技伦理委员,《科学技术进步法》第 103 条首次以法律形式确立了国家科技伦理委员会的法律地位。我国创建国家科技伦理委员会,有助于全面、系统化地指导和统筹协调推进全国的科技伦理治理工作。再次,划定人类胚胎基因编辑等科技活动的伦理底线,《科学技术进步法》第 107 条第 1 款明确要求:“禁止危害国家安全、损害社会公共利益、危害人体健康、违背科研诚信和科技伦理的科学技术研究开发和应用活动。”最后,严格科技伦理违规法律责任。除传统的民事、行政和刑事责任外,此次《科学技术进步法》还规定了撤销科研、追回资助、限制

① 国科发社〔2017〕198 号,2017 年 7 月 12 日公布。
② 中华人民共和国国家卫生健康委员会令第 1 号,2018 年 8 月 13 日公布。
③ 中华人民共和国国务院令第 717 号,2019 年 5 月 28 日公布。
④ 石佳友、庞伟伟:《人体基因编辑活动的民法规制:以〈民法典〉第 1009 条的适用为例》,载《西北大学学报(哲学社会科学版)》2020 年第 6 期。

申请、失信惩戒等多种责任形式,督促科研主体严谨自律、遵守规范。

三、我国民法典对基因编辑的规范框架

2020年5月28日,第十三届全国人民代表大会第三次会议正式表决通过了《民法典》。这是新中国历史上第一部以"法典"命名的法律,是成文法的典范式表达。法典化的实质是法律渊源体系的理性化,从法律技术的角度看,法典化的本质在于实现法律的简化,消除法律主体"找法"的困难,帮助相关主体可以有效地理解和运用法律。① 体系性和完备性是民法典的重要特征,通过对既有民事规范的系统整合、编订纂修并积极回应经济社会发展带来的新情况、新问题、新诉求。② 作为民事活动的基本法,《民法典》在其独创的人格权编中对"贺某人类胚胎基因编辑案"和人体医学活动法律规范缺失的问题进行了积极回应。

(一)民法典对基因编辑的体系回应

《民法典》总则编开宗明义,"根据宪法,制定本法"。宪法是一国的根本大法,具有最高的法律效力。此举表明了《民法典》的立法依据与立法正当性,同时表明民事法律对宪法精神和原则的体现,以及对宪法关于公民基本权利保护规定的细化与落实。③ 我国《宪法》明确规定"国家尊重和保障人权"以及"中华人民共和国公民的人格尊严不受侵犯"。《民法典》对宪法精神的宣示直接体现在第五章"民事权利"第109条的规定中:"自然人的人身自由、人格尊严受法律保护。"这意味着,一切民事活动包括人类基因组编辑必须遵守人格尊严保护的基本规范,确保人的优先性。《民法典》第8条同时规定,"民事主体从事民事活动,不得违反法律,不得违背公序良俗"。本条规定了作为民法基本原则的公序良俗,属于"民法的根本准则,贯穿于整个民法,统率民法的各项制度及规范"。④ 结合《民法典》第153条之规定,该禁止性规范为基因编辑活动划定了行为边界,旨在弥补强行法规定的不足,除既有的规

---

① 参见石佳友:《解码法典化——基于比较法的全景式观察》,载《比较法研究》2020年第4期。

② 参见黄薇:《民法典的主要制度与创新》,载《中国人大》2020年第13期。

③ 王利明主编:《〈中华人民共和国民法总则〉条文释义》,人民法院出版社2017年版,第6页。

④ 崔建远:《论民法原则与民法规则之间的关系》,载《江汉论坛》2014年第2期。

定外，人类基因组编辑活动违反公共秩序和善良风俗的，法律将做出行为的效力否定性评价和违法性判断。

《民法典》人格权编是针对人类基因组编辑活动的核心规范：第一章“一般规定”中，第 990 条明确了具体人格权的基本类型，并通过一般人格权的兜底性条款为人格权益提供广泛保护，为人类基因组编辑可能造成的其他人格尊严侵害预留了救济空间；第 995 条规定的人格权请求权制度，第 996 条规定的违约精神损害赔偿制度和第 997 条的人格权禁令制度，在规范人类基因组编辑活动和损害救济层面有重要适用价值；第 1008 条规定的临床试验条款和第 1009 条规定的基因规范条款则构成对人类基因组编辑活动的直接法律规制。《民法典》侵权责任编旨在调整因侵害民事权益产生的民事关系，为人类基因组编辑行为致害提供了损害赔偿的救济路径，主要体现在第 1165 条规定的过错责任一般条款和第六章“医疗损害责任”的相关规范中。

（二）《民法典》对基因编辑的规制路径

与大陆法系其他国家或地区的民法典相比，“我国民法典的编纂体例有三大创新，即人格权独立成编、侵权责任独立成编以及合同编通则发挥债法总则的功能，这种创新更突出表现了民法典的权利法特质”。[①] 法典化早期，以所有权作为主观权利的标准范式构建起来的权利体系使《民法典》呈现“泛财产化”的倾向，未能宣示以人格尊严、自由为核心的人格权的优越价值和权利观念，导致了人格权益保护的羸弱局面，出现了侵害人格尊严和进行非法人体试验的严重后果。2005 年联合国教科文组织通过的有关医学、生命科学研究方面伦理标准的《世界生物伦理与人权宣言》确立的第一原则就是“人的尊重和人权”，要求充分尊重人的尊严、人权和基本自由。21 世纪法典化的重要任务就是面对时代和科技对人格权益带来的诸多挑战。因此，我国《民法典》创造性地以人格权独立成编的立法体例方式进行了时代回应，包括人体基因、人体胚胎等有关的医学和科研活动带来的挑战。

可以认为，就人类基因组编辑活动，我国《民法典》采取了以行为准则为核心内

---

① 王利明：《体系创新：中国民法典的特色与贡献》，载《比较法研究》2020 年第 4 期。

容的人格权规制模式。一方面,人类基因组编辑主要涉及人体医学和生命伦理活动,相较财产性权益,其与人格尊严、人格自由、生命权、身体权和健康权等人格权益更加密切。另一方面,与侵权损害赔偿相比,人格权规制模式更有助于实现对基因编辑行为的合理规范和引导,“人格权编是权利法,侵权责任编是救济法,权利的具体内容和权利的行使规则都只能是通过权利法加以规定,而不可能由救济法加以规定,因为先得有权利的取得规则、行使规则,然后才能有权利的保护规则、救济规则,这是基本的立法逻辑”。[①] 2019 年 4 月,《民法典人格权编(草案)》(二审稿)首次在第二章“生命权、身体权和健康权”中增加第 789 条之一的规定:“从事与人体基因、人体胚胎等有关的医学和科研活动的,应当遵守法律、行政法规和国家有关规定,不得危害人体健康,不得违背伦理道德。”其重大意义在于,这是我国在法律层面首次对人体基因、人体胚胎等医学和科研活动制定规范,并且在此次审议中又扩大了人体试验的规制范围以及增设了新的伦理审查机制,以加强对人格权益的保护。[②] 之后,《民法典人格权编(草案)》(三审稿)对此进一步完善,增加“不得损害公共利益”的表述,并最终得以正式通过。

(三)《民法典》对基因编辑致害的救济

“确权—救济”构成了我国《民法典》的整体框架思路,《民法典》将侵权责任编置于各编的最后,形成了以权利的救济与保护结尾的完善体系。[③] 这意味着,侵权责任编发挥整部《民法典》的一般性权利救济功能。《民法典》第五章“医疗损害责任”第 1218 条规定:“患者在诊疗活动中受到损害,医疗机构或者其医务人员有过错的,由医疗机构承担赔偿责任。”但问题在于,基因编辑行为是否属于“诊疗活动”,《民法典》对此未作说明。对此,2017 年国家卫生和计划生育委员会修订的《医疗机构管理条例实施细则》[④]可资参考,该实施细则第 88 条第 1 款规定:“诊疗活动是指通过各种检查,使用药物、器械及手术等方法,对疾病作出判断和消除疾病、缓解病情、

---

① 刘凯湘:《民法典人格权编几个重要理论问题评析》,载《中外法学》2020 年第 4 期。

② 王姝:《人体试验需伦理委员会审查》,载《新京报》2019 年 4 月 21 日,A01 版。

③ 王利明:《体系创新:中国民法典的特色与贡献》,载《比较法研究》2020 年第 4 期。

④ 国家卫生和计划生育委员会令第 12 号,2017 年 2 月 21 日公布。

减轻痛苦、改善功能、延长生命、帮助患者恢复健康的活动。”根据该定义，通过药物、器械及手术等方法旨在治疗或改善生命健康的活动均属于诊疗活动。整体上，基因编辑作为对特定目标基因进行修饰的基因工程技术，涉及细胞、胚胎等特定组织的基因诊断、基因治疗和基因改良，属于广义的治疗或改善生命健康的活动。因此，将基因编辑特别是临床应用解释为侵权法上的诊疗活动具有合理性。

在《民法典》的医疗损害责任中，医疗过失是判断“医疗机构或者其医务人员有过错的”的主要标准，其核心是考察医疗机构或者医务人员是否存在注意义务的违反，包括是否违反向基因编辑受试者进行说明并取得其同意的义务（第1219条），是否尽到与当时的医疗水平相应的诊疗义务（第1221条），是否存在违反诊疗法规或隐匿、篡改病例等行为（第1222条），以及是否违反对患者隐私和个人信息保密的义务等（第1226条）。在基因编辑事件中，生殖细胞的基因编辑临床应用被现行法律法规所禁止，因而基因编辑婴儿行为具有明显的违法性与主观过错，构成医疗过失；而体细胞的基因编辑临床应用则需要结合当前基因编辑技术的风险，行为主体是否达到或履行了专业技术领域的医务人员通常应具备的医疗水平或注意义务，以及地域性、患者的合理期待、其他紧急情况等因素，进行个案判断。

除侵权过错要件外，在基因编辑事件中，损害和因果关系的规范评价也是症结所在。对受试者和可能出生的基因编辑婴儿来说，若存在身体健康损害，直接适用侵权责任编中关于人身损害的相关规定即可。需要讨论的是，若无直接的生理机能健康损害或身体组织完整性的缺失，是否可以得到救济。有学者认为，基因编辑婴儿受到损害的法益主要是人格尊严，可基于“不当生命”之诉，提起侵权损害赔偿请求。[①] 本质上，这是基于人格尊严、自由的一般人格权益受到侵害而适用过错责任一般条款的路径，具有一定的合理性。但在司法实践中，有法院以生命无法价值化的理由否定婴儿的不当生命损害赔偿诉求，认为更多的是不当出生损害了父母的优生优育权。[②] 一般而言，基因编辑的侵权损害需要根据具体的法益类型进行判断。就

---

① 王康：《“基因编辑婴儿”人体试验中的法律责任——基于中国现行法律框架的解释学分析》，载《重庆大学学报（社会科学版）》2019年第5期。

② 参见“平安医院与陈某凤、刘某及妇幼保健院医疗损害赔偿纠纷案”，云南省昆明市中级人民法院〔2007〕昆民三终字第854号民事判决书。

侵害受试者知情同意权而言,不需要具备现实的物质性损害,知情同意权本质上是患者自主决定权在医疗领域的具体表现,强调的是权利主体的自主性,因而此处的损害应当作这样的理解——“权利侵害本身就是损害,而不必出现通常的人身上或财产上的具体损害”。① 基因编辑婴儿基于人格尊严提起侵权救济时,应当兼顾行为自由、权益保护和生命伦理等诸多价值,原则上应当要求精神损害等一般性后果,司法机关应审慎支持“不当生命”的诉求。更重要的是,侵权责任法上的损害以确定性和现实性为基本要素,尽管基因编辑具有潜在风险,但此种可能性的风险不应当直接作为侵权法意义上的损害进行救济,否则有悖于一般侵权法理。由于医疗活动的专业性和技术性,特别是在增加了基因编辑要素的情况下,损害与行为之间的因果关系愈加复杂。在基因编辑案件中,有必要在传统的医疗损害鉴定基础上,增加科学领域的专家证人证言作为判断因果关系的重要参考,并且应当适当减轻患者在举证方面的责任,受试者或者婴儿的证明达到一定的盖然性标准后,相应的举证责任就应当向医疗机构或试验方移转。

需要明确的是,由于医疗损害责任的主体为医疗机构,且该损害责任仅是指医疗过失,而不包含故意侵权的情形,其适用范围有限;当基因编辑行为主体为其他非医疗机构、非医务人员的,或者加害人具有主观故意的,应当适用一般侵权责任的规定。另外,在基因编辑基础研究中,针对人体胚胎干细胞的编辑本身尽管不会直接侵害受试者的健康,但此种特殊的人体分离物,具有转化为“人”的潜在可能性,显然与普通之物有区别,“对其的侵害仍然可以考虑适用精神损害赔偿”。② 并且,《民法典》第1239条新增占有或使用“高致病性等高度危险物”致害的侵权责任,基于被编辑细胞风险的不确定性,该高度危险责任有其适用空间。

四、《民法典》第1009条的教义学分析

《民法典》第1009条规定:“从事与人体基因、人体胚胎等有关的医学和科研活动,应当遵守法律、行政法规和国家有关规定,不得危害人体健康,不得违背伦理道

---

① 王康:《基因编辑婴儿事件受害人的请求权》,载《法律科学(西北政法大学学报)》2020年第3期。

② 王利明:《人格权法研究》(第3版),中国人民大学出版社2018年版,第308页。

德,不得损害公共利益。”本条是《民法典》对基因编辑行为规制的直接规范。《民法典》第1009条具有重大的理论价值与实践意义;一方面,该条文对人体基因、人体胚胎等有关的医学和科研活动具有直接的适用性,为此类行为设定了明确的指引;另一方面,该条文也为未来的后续立法设定了原则与参照,有助于相关配套立法的尽早出台或修订完善。不难发现,本条包括三个虽然相对独立但又密切联系的部分。其中,第一部分为调整范围部分,对应表述为“从事与人体基因、人体胚胎等有关的医学和科研活动”;第二部分为引致指向部分,对应表述为“应当遵守法律、行政法规和国家有关规定”;第三部分为行为禁令部分,对应表述为“不得危害人体健康,不得违背伦理道德,不得损害公共利益”。

(一)调整范围部分

由该部分可知,本条的调整范围为与人体基因、人体胚胎等有关的医学和科研活动。有观点指出,“与人体基因有关的医学和科研活动,包括基因鉴定、基因制药、基因诊断、基因治疗、基因编辑、基因克隆等。与人体胚胎有关的医学和科研活动,包括了与人体胚胎干细胞等有关的治疗性研究和生殖性研究”。① 这一调整对象具有以下特点:第一,相对狭窄。本条的调整范围不仅限于医学和科研活动,而且只限于与人体基因、人体胚胎等有关的医学和科研活动。显然,该范围非常狭窄。需要指出的是,尽管本条中有一个“等”字,但受“医学和科研活动”的制约,即便其为“等外等”也无法改变本条调整范围相对狭窄的局面。正因如此,在草案征求意见阶段,有论者曾指出:现有条文中“(医学和科研)活动”一词表述得似乎过于狭窄,不能涵盖非医学及非科研活动,譬如,异种移植和基因驱动问题,如将猪的基因移植到人体,或者仅是在动物或植物间做基因突变、基因修饰活动,但会影响环境和健康,如产生新病毒变种,这显然也会影响人类(如改变动物基因以研发抗病毒物质),需要经过伦理审查。② 因此,未来适用中可对“医学和科研活动”进行扩大解释。第二,很强的专业性。从事与人体基因、人体胚胎等有关的医学和科研活动,既需要具备

---

① 参见黄薇主编:《中华人民共和国民法典人格权编解读》,中国法制出版社2020年版,第92页。

② 石佳友:《人格权立法的进步与局限——评〈民法典人格权编草案(三审稿)〉》,载《清华法学》2019年第5期。

复杂专业知识的人才并借助需要专业的设备,其专业性不言而喻。第三,牵涉广泛。一方面,由于与人体基因、人体胚胎等相关的医学和科研活动既涉及公法问题又涉及私法问题,故而需要公法和私法共同调整;另一方面,由于人体基因是决定自然人生物特征的内在因素,而人体胚胎具有发育成自然人的潜能,导致与两者有关的医学和科研活动同时涉及伦理问题。

1.《民法典》将此类活动纳入调整范围的必要性

首先,从此类活动的潜在影响来看,《民法典》将其纳入调整范围非常必要。尽管人体基因、人体胚胎编辑活动相对少见,但其潜在影响却非常巨大。一方面,从波及范围来看,其不仅影响个体的身体健康且事关伦理道德,同时还牵涉公共利益;另一方面,从持续时间来看,其不仅影响现今世代的利益,而且影响未来世代的利益。对于潜在影响巨大的活动,《民法典》当然应将其纳入调整范围。

其次,从此类活动的损害对象来看,《民法典》将其纳入调整范围非常必要。由于与人体基因、人体胚胎等相关的医学和科研活动不仅有可能损及伦理道德且有可能损及公共利益,故而公法调整不可或缺;但由于此类活动涉及生育权,可能损及基因编辑婴儿的人体健康,侵害人格尊严,故而私法调整同样必不可少。

最后,从世界范围来看,目前已有多个国家或地区立法禁止以生殖为目的对生殖细胞的编辑修改操作。这些国家包括英国、法国、德国、荷兰、比利时、加拿大、巴西、阿根廷、韩国、日本、印度、澳大利亚等。其中,较具代表性的是《阿根廷民商法典》中的规定。2015 年《阿根廷民商法典》第 57 条规定:“任何旨在对人类胚胎进行遗传性改造(genetic alteration)的实践均应被禁止。”就我国《民法典》而言,其设置了极富原创性的人格权编,我国《民法典》以“编”这一最大包容量的制度性框架来保护人格权,这是《民法典》的重大创新,充分展现了我国《民法典》在科技革命的新时代对人格尊严和人格权保护的高度重视。《民法典》人格权编第二章规定了生命权、身体权和健康权,而这正是人体胚胎基因编辑活动所涉及的人格权类型。因此,《民法典》人格权编在该章中针对这些行为作出了相应规定,对于维护人格尊严、保护相关当事人的身体权、健康权等具有极其重要的意义。

2.《民法典》将此类活动纳入调整范围的体系效应

事实上,《民法典》将与人体基因、人体胚胎等有关的医学和科研活动纳入调整范围的体系效应非常显著。

首先,《民法典》将与人体基因、人体胚胎等有关的医学和科研活动纳入调整范围能推动后续立法。由于与人体基因、人体胚胎等有关的医学和科研活动的潜在影响较大,故而将其纳入法治轨道势在必行。但由于其所涉及的法律问题不仅数量繁多且非常复杂,再加上实践中对此类活动存在争议,对这一问题的认识也处于不断发展之中,故而立法者可能倾向选择继续观察而非尽快立法。尽管对司法机关来说,“应当遵守法律、行政法规和国家有关规定”这一表述的法律适用价值有限,因为其无法为司法裁判提供具体指引。但对立法机关来说,情况就完全不同,因为该表述既是立法者的初步计划,也是立法者的庄严承诺。事实上,考虑在没有“法律、行政法规和国家有关规定”配合的情况下,本条的实际价值非常有限,而这又会损害《民法典》的品质及立法者的权威。故而,本条一旦问世,立法者会更加积极地开展后续立法的制定工作。与此同时,由于《民法典》是新中国成立以来第一部以“典”为名的法律,而本条的调整范围又非常特殊,故而其在未来必将备受关注。学术界在讨论本条的过程中,应当遵守的“法律、行政法规和国家有关规定”的具体范围与基本框架等问题必然会被反复提及。显然,这能为后续立法提供智力支撑。从这个意义来看,正如当年《宪法》写入“国家尊重和保障人权”极大地推动了中国人权事业的全面发展一样,《民法典》将与人体基因、人体胚胎等有关的医学和科研活动纳入调整范围,也将有力推动后续立法的制定与完善。

其次,《民法典》将与人体基因、人体胚胎等有关的医学和科研活动纳入调整范围能指引后续立法。由于与人体基因、人体胚胎等有关的医学和科研活动一方面涉及人格尊严和人体健康,另一方面涉及科研自由,而这两者又都与宪法上的基本权利密切相关,故而更适合由宪法对其进行指引。但由于宪法作为根本大法必须保持其权威性与稳定性,其制定与修改程序极其严格。在这样的情况下,借助《民法典》及时发挥指引功能就是最优选择。事实上,尽管本条并未直接列举后续立法应当遵循的原则,但其中的“应当遵守法律、行政法规和国家有关规定”“不得危害人体健康”“不得违背伦理道德”“不得损害公共利益”等表述中其实都隐含有相关原则。例如,“应当遵守法律、行政法规和国家有关规定”可概括为严格依法原则,“不得危害人体健康”可概括为无损健康原则,“不得违背伦理道德”和“不得损害公共利益”

可分别概括为伦理道德原则和公共利益原则。换言之,从本条表述来看,其将为后续立法提供有力指引。

最后,《民法典》将与人体基因、人体胚胎等有关的医学和科研活动纳入调整范围能强化其治理功能,是治理现代化的重要表征。由于与人体基因、人体胚胎等有关的医学和科研活动不仅有可能危及人体健康,而且有可能违背伦理道德甚至损害公共利益,故而必须确保此类活动有序发展。以传统观念视之,这是以宪法、刑法和行政法等公法的责任;但“在治理模式下,公法与私法的界限变得模糊”。① 事实上,随着《民法典》成为国家治理体系的重要组成部分,确保此类活动有序发展也是其治理价值的体现。为充分发挥治理职能,《民法典》确有必要将与人体基因、人体胚胎等有关的医学和科研活动等活动纳入调整范围。

值得注意的是,尽管《民法典》将与人体基因、人体胚胎等有关的医学和科研活动纳入调整范围的体系效应极为显著,但仅仅依靠《民法典》并不能确保此类活动有序开展。事实上,由于与人体胚胎有关的医学和科研活动本身就同时牵扯公法问题和私法问题,再加上民事责任本身的威慑作用有限。故而,欲确保此类活动的有序开展,必须依靠多个部门法共同努力。

(二)引致规范部分

从事与人体基因、人体胚胎等有关的医学和科研活动,不仅需要遵守法律和行政法规,而且需要遵守国家有关规定。考虑与人体基因、人体胚胎相关的医学和科研活动不仅涉及人体健康而且涉及伦理道德和公共利益,故而强化对此类活动的规制非常必要。显而易见,扩大能够发挥规制作用的规范范围非常有利于实现该目的。

1. “应当遵守法律、行政法规和国家有关规定”的核心要义

首先,从开放限度维度看,“应当遵守法律、行政法规和国家有关规定”表达的是有限开放方案。由于与人体基因、人体胚胎等有关的活动可能会对整个人类的健康带来积极意义,故而不宜全面禁止;与此同时,由于与人体基因、人体胚胎等有关的

① 石佳友:《治理体系的完善与民法典的时代精神》,载《法学研究》2016 年第 1 期。

活动可能会损及人体健康、人格尊严乃至整个人类的基因池安全,故而也不宜完全放开。正如基于上述考虑,《民法典》尽管允许从事与人体基因、人体胚胎等有关的活动,但一方面将有关活动限制为医学和科研活动,另一方面要求必须遵守法律、行政法规和国家有关规定,同时还强调不得危害人体健康、不得违背伦理道德、不得损害公共利益。就整体而言,这一方案更易实现利益平衡,较为可取。

其次,从基本原则维度看,"应当遵守法律、行政法规和国家有关规定"表达的是严格依法原则。由于"法律、行政法规和国家有关规定"在文义上能涵盖一个国家的规范体系中的绝大部分规范,故而强调"应当遵守法律、行政法规和国家有关规定"几乎等同强调必须遵守我国有关此类活动的一切规定。从表面上看,这并无特别之处,因为民事主体在从事民事活动时原本就应该遵守法律的规定。但稍加分析就会发现,其对合法性的要求明显更高。因为从事此类活动不仅需要遵守"法律、行政法规",而且需要遵守"国家有关规定"。这一要求可称为"严格依法原则"。之所以强调从事与人体基因、人体胚胎等有关的医学和科研活动要遵循严格依法原则,主要是因为其不仅有可能损及人体健康、伦理道德和公共利益,而且损害后果有可能是不可逆的。

2. 同时列举"国家有关规定"的主要原因

尽管《民法典》中的引致规范并不鲜见,但考虑《民法典》本身及其所保护的民事权利的重要地位,立法者在设计引致规范时往往会同时对引致指向进行限制。就通常而言,引致指向往往都是"法律、行政法规"。本条将引致范围扩大至"国家有关规定"有其独特的立法考量。

首先,从现实层面来看,"国家有关规定"在既有规范中占比最大。对于"法律",《生物安全法》第55条对基因编辑相关活动提出了要求:"采集、保藏、利用、对外提供我国人类遗传资源,应当符合伦理原则,不得危害公众健康、国家安全和社会公共利益。"然而,专门用以规制基因编辑活动的"法律"目前仍付之阙如。对于"行政法规",目前已有2019年《人类遗传资源管理条例》等行政法规,该条例第20条规定:"利用我国人类遗传资源开展生物技术研究开发活动或者开展临床试验的,应当遵守有关生物技术研究、临床应用管理法律、行政法规和国家有关规定。"此外,早在2001年,卫生部就发布了《人类辅助生殖技术管理办法》;2003年,科技部和卫生部共同发布了《人胚胎干细胞研究伦理指导原则》;2007 年,卫生部又发布了《涉及人的生物医学研究伦理审查办法(试行)》;2015 年国家卫生计生委和国家食品药品监管总局又发布了《干细胞临床研究管理办法(试行)》。可见,对于与人体基因、人体胚胎等有关的医学和科研活动,在既有规范体系中,"国家有关规定"占比最大,是主要的法律渊源形式。在当前以及今后的一段时期内,一旦离开"国家有关规定",就很难对与人体基因、人体胚胎等有关的医学和科研活动进行规制。在制定本条的过程中,立法者不可能无视这一现实。

其次,从理论层面来看,"国家有关规定"在诸多方面也有其优势。第一,在专业性方面,"国家有关规定"更具优势。由于基因编辑问题具有高度专业性,而"国家有关规定"的制定主体都是相关主管行政机构(如国家卫健委、科技部等),其更熟悉相关活动,故而"国家有关规定"具有直接的针对性,在专业性方面会明显优于"法律"和"行政法规",更能确保规制效果。第二,在技术性方面,"国家有关规定"更具优势。由于与人体基因、人体胚胎等有关的医学和科研活动非常复杂,而"法律"和"行政法规"往往更关注其中的主要问题,故而终究无法对相关活动进行全面规制。与之不同的是,由于"国家有关规定"本身就更关注技术层面的细节问题,故而能对相关活动进行全方位规制。第三,在时效性方面,"国家有关规定"更具优势。随着科学技术的快速发展,与人体基因、人体胚胎等有关的医学和科研活动必然也会快速发展。由于"法律"和"行政法规"制定程序相对严格,故而其更新速度很难与相关活动的发展速度相提并论。与之不同的是,由于"国家有关规定"的制定程序相对灵活,故而更新速度相对更快。这显然有利于对相关活动进行及时规制。

需要注意的是,尽管扩大引致指向确实能在一定程度上强化对与人体基因、人体胚胎等相关医学和科研活动的规制,但也存在潜在风险。一方面,由于"国家有关规定"的本身位阶较低,故而更易受部门利益和行业利益的干扰。另一方面,由于制定主体多,故而更易发生规范的冲突与抵触。但这些风险也是可控的,一方面,下位法不能违背上位法。2023 年修正《立法法》第 91 条第 2 款规定:"部门规章规定的事项应当属于执行法律或者国务院的行政法规、决定、命令的事项。没有法律或者国务院的行政法规、决定、命令的依据,部门规章不得设定减损公民、法人和其他组织权利或者增加其义务的规范,不得增加本部门的权力或者减少本部门的法定职责”。因此，部门规章不得违反作为上位法的法律和行政法规。即便部门利益和行业利益确实渗透到了“国家有关规定”之中，由于有上位法的限制，其消极影响也终究有限。另一方面，由于本条在强调“应当遵守法律、行政法规和国家有关规定”的同时，又设定了人体健康、伦理道德和公共利益等三大底线。故而，在上位法中的规定缺失时，可通过《民法典》所设定的这 3 个底线对不尽合理的“国家有关规定”进行矫正。如此一来，法官在司法适用中完全可以排除行政规章中不合理的条款。

（三）行为禁令部分

人类胚胎的基因编辑活动涉及极为复杂的法律、伦理道德、社会、文化等层面的诸多问题。基于这样的考虑，我国《民法典》第 1009 条对于与人体基因、人体胚胎等相关的医学和科研活动作出了相关规定，立法者在强调从事此类活动的主体应当遵守法律、行政法规和国家有关规定的同时，也设立了行为禁令，①即“不得危害人体健康，不得违背伦理道德，不得损害公共利益”。显然，这是一种同时从正反两个方面对有关活动进行限制的举措。一方面，尽管法律、行政法规和国家有关规定确实是伦理道德和公共利益的具体化，但它们仍然不能覆盖所牵涉的所有问题。因为就目前而言，相关法律、行政法规和国家有关规定不仅数量有限，而且以位阶较低的国家有关规定为主，无法完全解决问题。并且，这一状况在短时间内无法改变。另一方面，由于法律本身具有一定的滞后性。故而，即便在相关法律、行政法规和国家有关规定相对完善后，人体健康、伦理道德和公共利益三大底线仍不可或缺。

1. 不得危害人体健康

首先，专门强调“不得危害人体健康”有利于人体健康的保护。由于与人体基因、人体胚胎等相关的医学和科研活动可能造成的损害不仅有可能不可逆，且有可能遗传给后代，故而，民事救济是受害人所应享有的权利。另外，鉴于基因编辑技术

① 有论者认为，《民法典》第 1009 条最重要的价值就是给相关活动设定了“红线”。参见杨立新：《从生命健康权到生命权、身体权、健康权——〈民法典〉对物质性人格权规定的规范创新》，载《扬州大学学报（人文社会科学版）》2020 年第 3 期。

在安全性方面所存在的风险,“预防优于救济”;[①]《民法典》将与人体基因、人体胚胎等有关的医学和科研活动纳入调整范围,并且重点强调“不得危害人体健康”,践行的正是预防优先的理念,体现人格权制度(事前)的积极预防功能,这是其与(事后)消极救济型的侵权法的重要区别。在预防理念的影响下,自然人的健康权将获得更好保障。

其次,专门强调“不得危害人体健康”有利于保护其他利益。本条专门列举的利益有“人体健康”“伦理道德”“公共利益”。尽管这3种利益属于不同的利益类型,但彼此间的联系却非常紧密。一方面,损害“伦理道德”的行为往往也会同时损及“公共利益”;另一方面,损害“公共利益”的行为往往也会同时损及“伦理道德”。在不少情形中,某一行为甚至会同时损害这3种利益。不难想象,在3种利益密切相关的情况下,保护其中的一种利益往往也会在客观上保护其中的另一种利益。由于“伦理道德”和“公共利益”相对抽象,故而某种行为有无违背“伦理道德”以及有无损害“公共利益”有时会很难判断。与之不同的是,由于“人体健康”的概念相对清晰,故而某种行为有无损害“人体健康”更易判断。从这个意义来看,强调“不得危害人体健康”实际上也具有保护“伦理道德”和“公共利益”的功能。换言之,强调“不得危害人体健康”能在一定程度上强化对“伦理道德”和“公共利益”的保护。

对于该“不得危害人体健康”,需要同时从主体维度和程度维度进行讨论。前者关注的是不得危害哪些主体的人体健康,而后者关注的是不得对这些主体造成何种程度的损害。

首先,从主体维度上看,该“不得危害人体健康”一方面强调,不得危害借助与人体基因、人体胚胎等有关的医学和科研活动而出生的人(如基因编辑婴儿)的健康;另一方面强调,不得危害人体基因、人体胚胎等人类遗传资源材料提供者(如基因编辑婴儿的母亲)的健康。如果基因编辑行为损害了他们的健康,譬如,造成基因编辑婴儿的先天性残疾,则应承担相应的侵权赔偿责任。

其次,从程度维度上看,“不得危害人体健康”要求不得对上述主体的健康造成

① 事实上,《民法典》非常重视这一理念。最典型的例证为《民法典》第997条规定的禁令制度,其被视为《民法典》人格权编的重要创新。参见王利明:《民法典人格权编的亮点与创新》,载《中国法学》2020年第4期。

严重损害。《民法典》第1004条明确规定："自然人享有健康权。自然人的身心健康受法律保护。任何组织或者个人不得侵害他人的健康权。"尽管如此，这并不代表任何损害人体健康的行为都是非法的。事实上，旨在保护人体健康的医学活动往往也会对人体健康造成损害，并且这些损害在很多时候都是必需的。例如，很多治疗行为也会对人体造成一定损害。再如，根据《民法典》第1008条的规定，在征得受试者同意后，依据相关法律法规及伦理审查规定所进行的人体医学实验虽然可能对受试者的健康造成一定损害，但此种损害是合法的，并不承担责任。从这个意义上看，《民法典》第1009条的"不得危害人体健康"并非指不得对人体健康造成任何损害，而是特指不得对人体健康造成法律允许范围以外的损害。需要注意的是，由于与人体基因、人体胚胎等有关的医学和科研活动对人体健康所造成的损害有可能同时影响受害者的子孙后代，故而，在认定损害是否合法时，还应考虑长远影响。

对于"不得危害人体健康"，一个值得思考的问题是，在某种与人体基因、人体胚胎等有关的医学和科研活动，一方面会危及人体健康，另一方面能维护人体健康的情况下，法律应如何处理？一般认为，此时应根据风险受益原则进行比例性评估。详言之，如果某种与人体基因、人体胚胎等有关的医学和科研活动尽管确实会给某些主体带来一定伤害，但却能治愈可能造成更严重伤害的疾病，甚至挽救其生命，那么就没有理由禁止从事此类活动；反之，如果某种与人体基因、人体胚胎等有关的医学和科研活动尽管能治愈严重疾病，但却可能导致更严重的伤害（如先天性残疾），那么就应禁止从事此类活动；与此同时，基于预防原则，在无法判断何者更严重的情况下，原则上也应禁止从事此类活动。

2. 不得违背伦理道德

通过检索发现，《民法典》中使用"伦理道德"一词的条文仅此一处。从表面上看，这并无特别之处。与"伦理道德"极为相似的"社会公德"一词便是典型例证。尽管其在先前立法中颇为常见，但在《民法典》中也仅出现了一次。但稍加分析就会发现，本条中的"伦理道德"一词确实比较特殊。一方面，由于"伦理道德"本身并非传统的民法概念。事实上，在传统民法概念体系中，在表达道德准则时所使用的概念为"善良风俗"。具体到我国《民法典》而言，其所使用的词语为"社会公德"或"公序良俗"。尤其是"公序良俗"，其在《民法典》第8条、第10条、第143条、第153条和第1012条等条文中都有出现。另一方面,作为“公序良俗”的分支或下位概念的“伦理道德”似乎不能与“公共利益”并列。

但深入分析就会发现,此处使用“伦理道德”也有其合理之处。一方面,由于“公序良俗”中的“善良风俗”往往都是在日常生活中所形成的、众所周知且广受认可的道德,而从事与人体基因、人体胚胎等有关的医学和科研活动时所应遵守的道德是在特定的专业活动中所形成的道德。故而,使用“伦理道德”反而能凸显此类活动的特点。另一方面,尽管“伦理道德”通常并不与“公共利益”并列,但由于本条中的“伦理道德”之前的用语为“人体健康”这一更具体的概念,故而,在使用“伦理道德”之后,可以形成一个抽象程度不断提升的概念序列。与多个抽象概念并列相比,这种表述模式也有其优势。因为其可以引导法官先从更具体的概念出发进行判断,这不仅更便捷而且更准确。与此同时,“伦理道德”这一概念具有高度开放性。一般认为,“伦理”包含理性、科学等精神,“道德”则与社会风俗密切相关,往往用以评价个体在社会中特定行为的正当性。“伦理道德”涵盖了社会制定或认可的、关于人们具有社会效用的行为应该如何的所有非权力性规范,具有开放性和高度的演进性。

关于“不得违背伦理道德”的内涵,应从以下几个方面进行理解:首先,对于与人体基因、人体胚胎等有关的医学和科研活动本身而言,“不得违背伦理道德”主要是指不得违背生命伦理道德。对于这种伦理道德,宜由专业伦理审查委员会进行判断。事实上,贺某的基因编辑行为存在大量不规范的地方,包括缺乏充分的医学说明,设计糟糕的研究计划,未能满足对试验对象利益进行充分保护的伦理要求,就临床程序的开展、复审和进行缺乏必要的透明度。其中,违背伦理审查的原则和程序,是其主要的“硬伤”。其次,对于从事与人体基因、人体胚胎等有关的医学和科研活动的专业人士来说,“不得违背伦理道德”主要是指不得违背职业伦理道德。对于这种职业伦理道德,更适合由专业的伦理审查机构和相关监管部门作出判断。需要注意的是,尽管生命伦理道德和职业伦理道德都有其专业性的一面,但考虑与人体基因、人体胚胎等有关的医学和科研活动的潜在不利后果主要是由普通民众承担的。故而,伦理委员会和有关部门在具体判断之时需要适当兼顾多数民众所秉持的生命伦理观念。

3. 不得损害公共利益

"公共利益"一词在《民法典》中颇为常见。但由于"公共利益"本身较抽象，再加上其具体内涵会随着语境的变化而变化，故而该"公共利益"[①]具体含义为何，仍需进行专门探讨。

首先，尽管该"公共利益"指的也是不特定主体的利益，但其主体范围既包括现有世代也包括未来世代，这显然有别于一般的公共利益。这也正是本条所体现的"代际正义"原则：人体基因、人类胚胎方面的研究不仅涉及现有世代的利益，而且更涉及未来世代；基因编辑技术的滥用很可能导致先天畸形的婴儿诞生；考虑这些婴儿在成年后的繁衍能力，人类的基因池在未来可能就此受到不可逆转的污染或破坏。因此，此类技术的滥用，将可能给整个人类带来不可弥补的巨大风险与损害。在这个意义上，片面强调现有世代的生育权而忽视由此给未来世代所带来的不可知风险，显然是自私和非正义的。[②] 由于与人体基因、人体胚胎等有关的医学和科研活动对未来世代的影响，一方面很难预知，另一方面损害可能不可逆转，再加上未来世代无法通过参与立法的方式表达自己的利益诉求。故而，在认定此处的"公共利益"之时，要更加关注未来世代而非现今世代的利益。尽管这确实会在一定程度上损害现今世代的利益，但考虑正是现今世代的医学和科研活动才给未来世代带来了不可预测的风险，故而这种倾斜不仅必要而且合理，同时兼顾了现有世代与未来世代的利益。

其次，尽管《民法典》[③]以及其他立法[④]中并不乏区分"国家利益"和"(社会)公共利益"的条文，但此处的"公共利益"应当同时包括"国家利益"。一方面，由于"公

① 尽管本条中的"公共利益"有其特殊之处，但学术界之前关于"公共利益"的研究仍具有借鉴价值。参见韩大元：《宪法文本中"公共利益"的规范分析》，载《法学论坛》2005 年第 1 期；胡建淼、邢益精：《公共利益概念透析》，载《法学》2004 年第 10 期。

② 石佳友：《人格权立法完善的最后契机——评民法典人格权编(四审稿)草案》，载王利明主编：《人格权立法的中国思考》，中国人民大学出版社 2020 年版，第 465 ~ 466 页。

③ 《民法典》第 132 条和第 534 条便是典型例证。

④ 新修订的《固体废物污染环境防治法》第 121 条便是典型例证。《固体废物污染环境防治法》(2020 年修订第 121 条)规定："固体废物污染环境、破坏生态，损害国家利益、社会公共利益的，有关机关和组织可以依照《中华人民共和国环境保护法》、《中华人民共和国民事诉讼法》、《中华人民共和国行政诉讼法》等法律的规定向人民法院提起诉讼。"

共利益”的概念本身较抽象,再加上“国家利益”本身也是不特定主体的共同利益,故而此处的“公共利益”在语义层面完全可包括“国家利益”。另一方面,与人体基因、人体胚胎等有关的医学和科研活动,尤其是科研活动,确实会影响国家的安全利益,故而此处的“公共利益”也应包括“国家利益”。

最后,尽管本部分同时列举了“人体健康”和“公共利益”,但该“公共利益”仍可涵盖不特定主体的“人体健康”。譬如,基因编辑婴儿在成年后具备生殖能力,可能与他人繁育后代,从而导致基因先天性缺陷的遗传。

值得注意的是,本部分尽管强调了人体健康、伦理道德和公共利益,但却并未提及人格尊严。当然,从法律适用的角度来看,这并不是一个大问题。事实上,由于“伦理道德”和“公共利益”两个概念都十分抽象,故而通过将所有损害“人格尊严”的活动都视为损害“伦理道德”或“公共利益”的活动的方式,也可以实现对“人格尊严”的保护。一方面,从理论层面来看,法律之所以必须认真对待与人体基因、人体胚胎等有关的医学和科研活动,主要原因之一就是其可能会给人格尊严带来重大损害。事实上,有观点明确指出,“从事与人体基因、人体胚胎等有关的医学和科研活动,必须建立在尊重人格尊严的基础上”。① 另一方面,从现行立法来看,《宪法》第38条以及《民法典》第109条和第990条都专门强调了人格尊严。根据《民法典》第990条第2款,作为一般人格权,人格尊严构成其他人格权益的基础;在《民法典》中若缺乏具体人格权,可基于人格尊严予以保护。就基因编辑技术而言,其可能带来的主要问题是,由于在技术上已经具备科学性,在法律和伦理上是否可以按照订购商品的模式,按照自己的意愿“订购”通过基因编辑技术而出生的、具备特定品质的婴儿?此类实践显然是对人的物化和商品化,是对人格尊严的严重侵害,因而应予禁止。

五、基因编辑技术的多维度治理

基因编辑是由技术引发的牵涉伦理道德评判与法律制度规范的复杂问题,这也解释了为何“贺某人类胚胎基因编辑案”引发了医学、伦理学、法学和哲学等不同专

① 参见黄薇主编:《中华人民共和国民法典人格权编解读》,中国法制出版社2020年版,第93~94页。

业领域的激烈讨论。正因如此,跨学科的研究与交流至关重要。作为利害相关方进行利益协调和冲突解决的正式或非正式机制,治理本身具有多层次和多样化的特征。显然,任何单一维度的规制方式,其制度效能有限,不仅容易顾此失彼、挂一漏万,错位的治理手段更容易加剧问题的严重性。

(一)迈向多元协同规制

我国早在20世纪90年代就展开对基因技术的法律规制,如1993年卫生部制定的《人的体细胞治疗及基因治疗临床研究质控要点》,同年国家科学技术委员会颁布的《基因工程安全管理办法》。然而,"贺某人类胚胎基因编辑案"依然反映出现行规制路径和责任机制的不足。

事实上,法律系统无法覆盖社会变革和转型过程中的全部问题结构,也无法对应多元主体的全部利益和价值结构,因此在回应社会变革和应对转型风险方面效果有限。① 本质上,为应对新型和不确定的技术风险,需要实现规制路径的有效革新,核心是变革既有的规制理念与模式。《2017年世界发展报告:治理与法律》认为,治理,是指国家与非国家行动者(non-state actors)相互影响,以在形塑权力的一系列正规和非正规的规则框架中形成和实施政策的进程。② 从管理到治理,旨在推动理念价值和行为模式的协同性、多元化以及高效能。"治理"的出现是对韦伯所提出的基于权威、等级和强大的官僚主义的统治理论范式的质疑和否认。③ 一方面,科技治理需要回应国家管理、社群福祉、研究自由与科技创新、个体权利保护等差异化的利益诉求,同时需要多元化主体的协同参与,形成法律规范、行业规范和自律规范互补与关联的有机规范体系,并确保责任机制的充分落地,进而降低规制成本,提升制度效益。另一方面,科技治理在关注既有技术风险的同时,也必须将科技伦理纳入治理视野,加强伦理审查,确保人的基本尊严、自由与权利,保障人的主体性。此外,治理本身要求规制手段和程序的合理与正当性,应当充分平衡基因科技带来的风险、负担和收益,保障信息的披露、开放与共享,注重决策过程中利益相关者和公众的

---

① 杜辉:《面向共治格局的法治形态及其展开》,载《法学研究》2019年第4期。

② World Bank, *World Development Report, Governance and Law*, World Bank Group, 2017, p. 3.

③ 石佳友:《治理体系的完善与民法典的时代精神》,载《法学研究》2016年第1期。

参与。

《民法典》关于人体基因编辑的相关规范具有重大的法治意义与治理价值。形式层面,《民法典》以民事基本法的方式实现了对人体基因编辑规范的统合与引领,确立了人体基因编辑规范的狭义法律地位,在提升法律位阶的同时,为规范人体基因编辑注入了私法元素,促进了规范本身的多元化与立体化,特别是进一步增强了公、私法的交融以及"软法"与"硬法"之间的协作,保证了法源的开放性。同时,传统的行政规制模式侧重政府监管和违法处罚,在发挥法律威慑功能的同时,在一定程度上忽视了对受害人的救济。《民法典》作为权利法,为受害人提供了系统化的救济制度,丰富了对人体基因编辑的规制手段,实现了法律威慑、预防与救济的多维度功能协调。价值层面,《民法典》对人体基因编辑的规范深切回应了21世纪生物医学技术带来的时代挑战以及对人的主体性诉求,彰显了维护人格尊严和自由的人文关怀,体现了权利保护、以人为本的立法关切与政策倾向,折射和传递出人的尊严与福祉至上的基本法治理念与价值信号。在治理现代化背景下,《民法典》促进了人体基因编辑治理在理念和方式上的革新,推动了共建共治共享的现代治理模式的重构,能有效激励各方利益主体的积极参与和协作,最大限度地提升治理的制度效能。

为妥当且全面地解决人类可遗传基因组编辑问题,需要构建多层次的治理体系。具体而言,就是要实现从"传统行政管理"向"现代多元治理"的转变,实现体系化的"协同规制"。[①]

首先,公法与私法的协同。基因编辑问题背后蕴含多元化主体的差异性诉求,涉及个体权利保护、科技创新自由与监管、社会伦理建设、国家安全维护、人类可持续发展等利益表达。无论是以构建国家基本政治权力制度和保护公民基本权利为目标的宪法,以私主体的权利和救济为核心理念的民法,抑或是以行政监督管理为内容的行政法,还是旨在预防和制裁具有严重社会危害性犯罪行为的刑法,都无法全面回应前述利益诉求。随着治理现代化的发展,公、私法之间的划分逐渐开始模糊甚至淡化,社会法和领域法大量出现,公、私法之间呈现相互借鉴、融合和互补的

---

① 石佳友、庞伟伟:《人体基因组编辑活动的协同规制——以〈民法典〉第1009条为切入点》,载《法学论坛》2021年第4期。

态势。因此，在基因编辑活动中，应当强化公、私法规制的协同理念，充分发挥不同法律部门之间的特色与优势。譬如，在传统治理方式中，知识产权法所能发挥的效用往往为一般人所忽视；事实上，知识产权法对于基因编辑治理框架的完善十分重要。通过修订《专利法》，可以为基因编辑技术的专利申请和应用设置必要的伦理界限，从而能够阻止违反伦理的临床应用。更重要的是，未来应探索针对基因编辑问题的综合性立法，如生命伦理法等，形成统一、权威和规范的上位法律，充分发挥制度的体系效应。

其次，软法与硬法的协同。在现代治理体系中，规范体系从凯尔森金字塔式的等级结构，过渡为网状的平行和交叉结构，大量的治理规范来自非国家主体，包括私人性的主体。除传统的“硬法”外，出现了大量的“软法”，以示范法、指南、行业公约等形式存在。[①] 在此意义上，国家对法律的垄断地位开始趋于缓和。在有关基因编辑的治理规范中，除法律规范外，还有大量的伦理与技术规范存在，并发挥着重要的治理功能。HHGE 的伦理治理原则与技术规范，不仅对法律起到指引或参照作用，也为相关规则提供了伦理辩护与支撑，强化了规制的正当性与合理性。例如，国际医学科学组织理事会与世界卫生组织合作共同制定的《涉及人类受试者生物医学研究的国际伦理准则》就对国际领域的生物医学研究提供了可资借鉴的生命伦理准则，并为国际社会和诸多国内立法所接受。国家卫生健康委医学伦理专家委员会办公室、中国医院协会发布的《涉及人的临床研究伦理审查委员会建设指南（2023 年版）》，对伦理审查委员会的建设和伦理审查工作的开展进行了规范化建设与倡导，有效弥补了统一的标准化操作规程缺失的不足。然而，软法多表现为不具有强制执行力和责任效果的柔性规范，此种柔性规范依赖共同体的自律，却无法有效地遏制科技活动中可能出现的“恶”。因此，需要法律为此提供强制保障，即将部分伦理规范合理转化为法律制度，同时在这一过程中又要避免法律的泛道德化。

最后，多元主体的协同参与。全球治理委员会于 1995 年发布的一份名为《我们的全球伙伴关系》（*Our Global Neighborhood*）的报告中指出，“治理是公私领域的个人和机构管理其共同事务的诸多方式的总和。治理是一个持续的过程，使得相互冲

① 参见石佳友：《治理体系的完善与民法典的时代精神》，载《法学研究》2016 年第 1 期。

突或多元利益得以调和并采取联合行动。它包括被授权强制力的正式机构和制度,以及个人和机构同意或认为符合其利益的非正式安排”。① 显然,治理强调主体的多元化。治理是利益方为达成一致通过协商、互动、相互影响而展开的过程性参与,秉持一种互动式的权力观,强调共建共治共享的新型治理布局。在有关基因编辑的治理框架中,“科学技术界的自我立法以及科学行政意味十足——科技制造风险并自行提供解决方案”,②这不仅体现为技术性和伦理规范的制定过程中,诸多权威的报告几乎均由专家群体所起草。在有关基因编辑的生命科技领域,技术专家在技术治理层面发挥至关重要的作用,但单纯的技术视角往往容易将生命伦理问题狭隘化。而社群福祉和差异化的利益诉求,必然要求不同的社会主体的广泛参与,凝聚社会共识,而非由个别群体或个人去定义何谓“负责”与“可行”。此外,HHGE 涉及整体人类的发展问题,国家合作必然不可或缺,需要谋求国际共识和统一监管标准的制定,避免“国际旅游研发和旅游医疗乱象”。

(二)强化科技伦理治理

人类已进入科技和信息时代,相较传统工业时期以安全性为表征的技术风险,关涉人类福祉、公正等核心价值的伦理风险正成为当代科技发展引发的主要消极后果。大数据导致的隐私和个人信息泄露,算法黑箱引发的数字歧视与偏见,基因干预中的主客体异化风险等,正在对人的尊严、社会平等与多样性造成威胁,并可能进一步加剧社会鸿沟。“贺某人类胚胎基因编辑案”就是典型例证,其基于商业利益等私利目的,将具有重大伦理争议的基因编辑技术贸然应用于人类胚胎,开启了生殖系基因编辑的危险先例,从而引发了世界性的伦理争议。当下,有效防控科技伦理风险,强化新兴技术的伦理治理已成为重要的时代命题。2022 年 3 月,中共中央办公厅、国务院办公厅正式印发《关于加强科技伦理治理的意见》,对我国的科技伦理治理工作进行了顶层制度设计和全面系统部署。科技伦理治理以科技伦理为价值引导与行为规范,通过设定必要的伦理和法律边界,进而实现伦理风险预防和治理

---

① Commission on Global Governance, Our Global Neighborhood, Oxford University Press, 1995, p. 2.

② 郑戈:《迈向生命宪制——法律如何回应基因编辑技术应用中的风险》,载《法商研究》2019 年第 2 期。

之目的。

“科技伦理治理以解决伦理困境为目标,对科技伦理的影响进行探寻与反思,为个体行为提供伦理指引。”①可以认为,科技伦理治理的基本内涵是,政府、企业、科学界、社会公众等利益共同体,以伦理为价值指引和行为规范,通过设定科技活动的伦理边界,对科技伦理问题进行全面规范的一种进程。传统的科技发展往往采取了一种所谓的“技术先行或占先行动路径”(proactionary approach),②以发展技术为优先原则,体现出一种强大的工具理性,即“通过缜密的逻辑思维和精细的科学计算来实现效率或效用的最大化”。③ 对技术效用单一维度的追求导致了科技异化现象,技术发展逐渐偏离“善”的方向,进而引发了一系列伦理风险。为确保科技发展的正当性与合理方向,在科学的社会建构思潮影响下,科技伦理应运而生,科技伦理是科技活动需要遵循的价值理念和行为规范。科技伦理治理就是以伦理挑战及其治理为契机并围绕科技伦理建构而形成的一套新的治理框架。科技伦理治理体现出现实问题导向和方法论指引的双重面向,是对传统以技术安全为目标和以行政监管为手段的科技治理模式的一种转变。在此意义上,科技伦理治理本身是一种针对“科技伦理风险”的“领域式治理”,而非对某一具体治理机制或治理规范的限定,这也是现代多元治理理念的基本要求,需要充分发挥伦理、法律、政策等不同规范的治理机能。进而,有学者将科技伦理治理定义为,“科技发展的相关主体,以伦理原则为指导,解决科技发展面临的伦理与社会问题、促进科学技术为人的福祉而发展的各种方式的总和”。④

相较基因编辑的传统规制模式,科技伦理治理呈现明显的革新性。第一,就治理理念而言,科技伦理治理强调“伦理先行”,以回应技术理性所引发的负面伦理后果,以及“先发展,后治理”的技术先占模式在风险预防层面的不足,伦理先行旨在价值维度强化对技术发展以及科技行为的匡正与规导,从底层逻辑上对不受限的极端

---

① 谢尧雯、赵鹏:《科技伦理治理机制及适度法制化发展》,载《科技进步与对策》2021 年第 16 期。

② 雷瑞鹏、邱仁宗:《新兴技术中的伦理和监管问题》,载《山东科技大学学报(社会科学版)》2019 年第 4 期。

③ 董礼胜、李玉耘:《工具——价值理性分野下西方公共行政理论的变迁》,载《政治学研究》2010 年第 1 期。

④ 樊春良:《科技伦理治理的理论与实践》,载《科学与社会》2021 年第 4 期。

科技自由予以纠偏。伦理先行要求在技术发展前预先设定相应的规范性条件并划定行为边界,通过前瞻性的伦理评估,实现治理端口前移,并将科技伦理要求贯穿科技活动的全过程,以促进科技向善和负责任的创新。第二,就治理内容而言,科技伦理治理旨在补强传统科技管理模式中的伦理要素,在关注技术风险的同时,强化对科技伦理风险的预警、审查、监管、问责等应对机制的建设。《关于加强科技伦理治理的意见》指出,科技伦理是开展科学研究、技术开发等科技活动需要遵循的价值理念和行为规范。在此过程中,科技伦理治理的根本治理目标即在重塑"技术/手段—主体/目的"之间的应然定位,特别是强化对"利益与福祉、自由与自主、生命与尊严、人性与权利、安全与环境、平等与公正、责任与信任等人类主体性价值"①的关注。第三,就治理方式而言,科技伦理治理注重多元主体的协同共治以及多样化的治理工具的运用,这也是治理与统治、管理之间的重要区别,正如世界银行发展《世界发展报告:治理与法律》指出,"治理是指国家与非国家行动者(non-state actors)相互影响,以在形塑权力的一系列正规和非正规的规则框架中形成和实施政策的进程"。②传统的科技管理模式以技术安全为重心,依赖科学权威的专业判断,行政监管发挥重要作用。与技术风险不同的是,伦理问题具有明显的价值判断属性,胚胎的法律地位、生命的内涵理解等必须诉诸整个共同体的主流道德信念。未来,能否开展以及在何种程度开展人类基因编辑技术需要以社会的价值共识为基础,公众参与和政策的民主化必不可少。不仅如此,以伦理风险规制为轴心的一系列政策工具,如伦理协商、伦理审查、伦理监管和伦理责任等,将为规范目的的达成提供有力的制度保障。第四,科技伦理治理旨在实现治理的系统性与规范化。随着我国国家科技伦理委员会的组建及其治理体系的完善,科技治理的统一性与标准化将得到极大提升,既有的分散规制和多部门监管下的零散体系将得到有效改善。

整体而言,科技伦理治理的实质是对科技发展设定规范性条件(normative conditions),在这些规范性条件中,伦理道德条件处在核心,但它也对法律提出了基

---

① 于雪、凌昀、李伦:《新兴科技伦理治理的问题及其对策》,载《科学与社会》2021 年第 4 期。

② World Bank, *World Development Report*: *Governance and Law*, Washington, DC: World Bank, 2017, p. 3.

本要求。[①] 正因如此,《关于加强科技伦理治理的意见》将“伦理先行”与“依法依规”同时确立为主要的治理要求。整体上,应对科技伦理风险和推动科技向善是科技伦理治理的直接目的,其中,伦理治理的核心要义在于实现对科技发展的价值匡正,确立是非对错的理性道德判断标准,为科技行为提供实质指引。然而,既有的伦理问题已经延伸进法律领域,对尊严、公正和福祉等伦理价值的侵害已经涉及个体的合法权益保护问题。更重要的是,以伦理原则和伦理规范为核心的伦理治理并不具有所谓的拘束力,且伦理价值本身存在抽象和分歧性,进而需要一定的形式制度和规范程序作为强制保障,法治化则是最优选择。有论者指出,“现代国家的治理,要求制度与规范,强调程序与秩序。规范之治以法治化为基本准绳,法治与国家治理、法治建设与国家治理现代化表现了某种内在的联系”。[②] 因此,科技伦理治理的法治化指向治理的规范性和制度化建设,旨在通过法治理念、法律规则和程序规范为科技伦理风险的治理提供相应的制度支撑。因此,法律更多地起到一种协调和保障作用,其并非对伦理的简单替代。此外,法治化本身也应当遵循一定的比例性要求,并非所有对科技伦理风险的治理都需要以法律规范的形式展开。

---

① 参见陈景辉:《捍卫预防原则:科技风险的法律姿态》,载《华东政法大学学报》2018年第1期。

② 吴汉东:《国家治理能力现代化与法治化问题研究》,载《法学评论》2015年第5期。

专题十四　性骚扰的民法规制

本专题撰写人：王利明

【《民法典》及相关法律法规的新规则】

《民法典》第1010条

违背他人意愿，以言语、文字、图像、肢体行为等方式对他人实施性骚扰的，受害人有权依法请求行为人承担民事责任。

机关、企业、学校等单位应当采取合理的预防、受理投诉、调查处置等措施，防止和制止利用职权、从属关系等实施性骚扰。

《妇女权益保障法》(2022年修订)

第23条

禁止违背妇女意愿，以言语、文字、图像、肢体行为等方式对其实施性骚扰。

受害妇女可以向有关单位和国家机关投诉。接到投诉的有关单位和国家机关应当及时处理，并书面告知处理结果。

受害妇女可以向公安机关报案，也可以向人民法院提起民事诉讼，依法请求行为人承担民事责任。

第24条

学校应当根据女学生的年龄阶段，进行生理卫生、心理健康和自我保护教育，在教育、管理、设施等方面采取措施，提高其防范性侵害、性骚扰的自我保护意识和能力，保障女学生的人身安全和身心健康发展。

学校应当建立有效预防和科学处置性侵害、性骚扰的工作制度。对性侵害、性骚扰女学生的违法犯罪行为，学校不得隐瞒，应当及时通知受害未成年女学生的父母或者其他监护人，向公安机关、教育行政部门报告，并配合相关部门依法处理。

对遭受性侵害、性骚扰的女学生，学校、公安机关、教育行政部门等相关单位和人员应当保护其隐私和个人信息，并提供必要的保护措施。

第25条

用人单位应当采取下列措施预防和制止对妇女的性骚扰：

（一）制定禁止性骚扰的规章制度；

（二）明确负责机构或者人员；

（三）开展预防和制止性骚扰的教育培训活动；

（四）采取必要的安全保卫措施；

（五）设置投诉电话、信箱等，畅通投诉渠道；

（六）建立和完善调查处置程序，及时处置纠纷并保护当事人隐私和个人信息；

（七）支持、协助受害妇女依法维权，必要时为受害妇女提供心理疏导；

（八）其他合理的预防和制止性骚扰措施。

【规则由来】

2005年我国《妇女权益保障法》修改中首次明确了“性骚扰”这一概念并在立法中对该行为予以明确禁止和否定，该法第40条规定：“禁止对妇女实施性骚扰。受害妇女有权向单位和有关机关投诉。”但该条并没有明确规定性骚扰的概念和构成要件，《民法典》第1010条专门就此作出规定。《民法典》颁布后，《妇女权益保障法》于2022年配合《民法典》第1010条作出相应修改：第一，修改后的第23条第1款明确了性骚扰的方式和要件，与《民法典》第1010条第1款保持一致。第二，相较修改前仅规定“受害妇女有权向单位和有关机关投诉”，修改后的第23条第3款明确“受害妇女可以向公安机关报案，也可以向人民法院提起民事诉讼，依法请求行为人承担民事责任”。第三，对于《民法典》第1010条第2款规定的“机关、企业、学校等单位应当采取合理的预防、受理投诉、调查处置等措施……”，修改后的第23条第2款、第24条以及第25条分别对国家机关、学校和用人单位规定了细化的配套规则。

【规范意旨】

《民法典》第1010条,一是明确了“性骚扰”的概念;二是明确了性骚扰的构成要件;三是明确了相关主体防范性骚扰行为发生的倡导性规则;四是明确要求机关、企业、学校等单位应当采取合理的预防、受理投诉、调查处置等措施。《民法典》第1010条对性骚扰进行明确规制,这不仅反映了我国人格权保护水平的提升,也将有效遏制和防范性骚扰,保护受害人的合法权益、维护个人人格尊严具有重大意义。

【典型案例】

“王某诉傅某性骚扰损害责任纠纷案”

王某与傅某系同事关系。傅某为追求王某,不断拨打王某电话,频繁向王某发送骚扰短信,内容低俗、语言污秽。王某不堪其扰,将此事告知单位。在单位要求下,傅某两次写下保证书,保证不再骚扰王某。但此后,傅某仍然通过电话、短信继续骚扰王某。2020年5月26日,王某以傅某骚扰、恐吓为由报警。2020年6月8日,某市公安局某分局确认傅某于2019年7月至2020年5月15日违反法律规定,多次以发送骚扰短信、拨打骚扰电话方式干扰他人正常生活,决定给予傅某行政拘留7日并处罚款200元。因傅某频繁骚扰,王某被医院确认抑郁发作,伴有精神病性症状。王某认为,傅某的行为给其造成了严重的精神损害,向人民法院起诉请求判令傅某向其书面赔礼道歉,并赔偿其精神损害赔偿金50,000元和医疗费等其他财产损失,共计228,300元。

法院认为,《妇女权益保障法》(2018年修正、2022年修订)第40条规定,禁止对妇女实施性骚扰。任何人不得以身体、语言、动作、文字或者图像等方式,违背妇女意愿对妇女实施性骚扰。傅某通过电话、短信等方式对王某频繁实施性骚扰,侵害了王某的人格权,并对王某造成了极大的精神负担和身体伤害,其行为背离了社会主义核心价值观的基本要求,应当依法承担相应的法律责任。故判令傅某赔偿王某精神损害抚慰金 30,000 元及医疗费等 61,804.2 元,并向王某书面赔礼道歉。[①]

【理论阐释】

性骚扰，是指以言语、文字、图像、肢体行为等方式,违背他人意愿而实施的以性为取向的、有辱他人尊严的性暗示、性挑逗、性暴力等行为。“性骚扰”一词最初由美国著名女权主义法学家凯瑟琳·麦金农于 1974 年提出来,[②]此后,许多国家都陆续在相关法律中确立了禁止性骚扰的规则。我国在实践中也有不少性骚扰现象,但由于缺乏法律规制,以致法官在裁判中往往无所适从。为了弥补这一缺失,《民法典》第 1010 条对性骚扰进行了明确规制,这一位于人格权编的条文将引领我国反性骚扰法律规范的建设,具有重大意义。客观地讲,无论是在何为性骚扰的理解上,还是在如何规制性骚扰的应对上,学理上和实务中都有不同理解,而《民法典》虽然在人格权编只用第 1010 条这一个条文规制性骚扰,但其内涵相当丰富,为了正确理解和适用该条规定,有必要对禁止性骚扰的规则作出探讨,笔者拟对此谈一点看法。

一、性骚扰的内涵和特征

正确解决性骚扰争议,准确处理性骚扰纠纷,必须先科学地界定性骚扰的内涵和特征。

由于各国法律从不同角度出发,并基于不同重心来规制性骚扰行为,故从比较法上来看,各国法律关于性骚扰内涵的界定并不一致。以美国为例,它主要以职场性骚扰为中心来规制性骚扰,性骚扰的定义也主要围绕职场性骚扰而展开,性骚扰因此常被称为“工作场所性骚扰”(workplace bullying)。美国平等就业机会委员于 1980 年发布了相关指导规则,其中明确将工作场所性骚扰分为交换性骚扰和敌意性工作环境性骚扰两类基本形态,而美国联邦地方法院和联邦上诉法院分别在 1976

---

① 参见最高人民法院第三批 10 起人民法院大力弘扬社会主义核心价值观典型民事案例之八。

② 张新宝、高燕竹:《性骚扰法律规制的主要问题》,载《法学家》2006 年第 4 期。

年和20世纪80年代初,将这两类性骚扰定性为性别歧视。[①] 应当说,将性骚扰限定为职场性骚扰具有一定的合理性。因为,一方面,法律最初之所以规制性骚扰,主要就是针对职业中的性别歧视,是为了保护在工作中受害的弱者;另一方面,在工作环境中容易形成上下级之间命令与服从关系,而借助此种关系就很容易发生性骚扰,这是性骚扰大多发生在工作场所中的原因。但要看到,性骚扰并不限于工作场所性骚扰,特别是随着现代社会中人们交往日益密切,更不应当将性骚扰局限为工作场所性骚扰,正是考虑将性骚扰局限为职场性骚扰过于狭窄,欧洲法就扩张了性骚扰的内涵,将它称为"性方面的骚扰行为"(mobbing, victimization)。[②]

对比而言,欧洲法的界定更值得赞同,因为它更有利于保护受害人的正当利益。也就是说,只要是违背他人意愿,通过各种方式与对方进行与两性内容相关的交流或接触,严重影响他人内心安宁或者造成其他严重后果的行为,均应当认定为性骚扰。[③]《民法典》第1010条就体现了这种见解,该条第1款规定,"违背他人意愿,以言语、文字、图像、肢体行为等方式对他人实施性骚扰的,受害人有权依法请求行为人承担民事责任"。显然,它并未把性骚扰限定在工作场所,而是采用开放态度,把凡是违背他人意愿而对其实施的以性为取向的、有辱其尊严的行为均包括在内,这样更有利于实现保护人格尊严这一根本法律目标。

基于前述对性骚扰内涵的理解,并依据《民法典》第1010条第1款的规定,性骚扰具有如下几个方面的特征:

第一,性骚扰是行为人针对特定受害人的以性为内容的骚扰行为。性骚扰必须与性有关,它不当干涉了受害人的性自主决定自由。而且,该行为针对的是特定人,若与性有关的不当行为针对的是不特定多数人,如在网络直播中爆粗口,这虽然违背了公序良俗,但因受害人不特定,不宜将其认定为性骚扰。

第二,性骚扰是违背受害人意愿的骚扰行为。如果受害人完全是民事行为能力

---

① 李炳安:《欧盟与美国两性工作平等法制之比较》,载《武汉大学学报(哲学社会科学版)》2004年第3期。

② Marie-France Hirigoyen, *Stalking the Soul: Emotional Abuse and the Erosion of Identity*, Helen Marx Books, 2000.

③ 王成:《性骚扰行为的司法及私法规制论纲》,载《政治与法律》2007年第4期。

人，是否构成违背其意愿需要根据具体情况判断。在行为人实施性骚扰时，受害人明确表示反对的，该行为显然违背了受害人意愿。但是，即使受害人当时没有明确表示反对或处于沉默状态，也不能意味着其同意或接受性骚扰，只要其事后表示厌恶、反感、不满等情绪，就意味着该行为是违反受害人意愿的。如果受害人是限制民事行为能力人或者无民事行为能力人，因为他们的辨识能力有限，即便是在性骚扰行为发生时，受害人没有明确作出反对或者拒绝的意思，也应当认定其有拒绝性骚扰的意愿，即针对这些民事行为能力受限制之人的性骚扰，都被法律视为违反了他们的意愿。

第三，性骚扰是侵害人格权益的骚扰行为。《民法典》第1010条虽然规定在人格权编的第四编“人格权”第二章“生命权、身体权和健康权”中，但这并不意味着性骚扰侵害的仅仅是生命、身体和健康权，而需要根据具体情形予以认定，因为在现代社会，性骚扰的类型越来越复杂，其所侵害的利益很难被某种具体人格权所涵盖。例如，行为人故意碰撞他人身体敏感部位，在成立性骚扰的同时，也构成对身体权的侵害；如果在大庭广众之下实施该行为，还可能侵害隐私权；如果在实施此种行为之后，行为人故意拍照并将照片发到网上，还可能侵害名誉权、肖像权等权利；如果前述行为造成他人的身体损害或者使他人产生心理疾病，还可能侵害健康权。此外，性骚扰还可能侵害他人的人格尊严和人身自由。[①] 正因如此，仅仅认定性骚扰侵害了某一种具体人格权，是很难全面对性骚扰的受害人提供救济的。比较法的经验也表明，性骚扰更多地与受害人的人格尊严，而非仅仅与某种具体人格权存在紧密关联，该行为侵害的主要是受害人的人格尊严。比如，1990年欧洲议会《关于保护男女工作人员尊严的议会决议》将性骚扰定义为损害他人人格尊严的不受欢迎的性行为或其他以性为目的的行为。又如，《消除对妇女一切形式的歧视公约》第19号建议书认为，性骚扰的首要特征是不合乎需要、不适当或者冒犯性、损害其尊严的行为。再如，基于欧盟的指令要求，英国2006年制定的《平等法》定义的“性骚扰”具有

---

① 王成：《性骚扰行为的司法及私法规制论纲》，载《政治与法律》2007年第4期。

故意地或从结果来看侵犯他人尊严的要素。[①] 故而,针对性骚扰,在某种具体人格权规则不足以对受害人提供全面救济时,应当认定行为人侵害了受害人人格尊严,即侵害了受害人的一般人格权。

第四,性骚扰是性犯罪以外的骚扰行为。以暴力手段违背他人意志实施的与性有关的行为,情节严重的,构成强奸罪、猥亵罪等性犯罪,尽管它们看上去具有性骚扰的内涵,但由于它们既适用刑法的相关规定,又适用民法的相关规定,有一套相对完整的权利保护和法律责任体系,因此,没有必要再通过专门的性骚扰制度来解决。也就是说,性犯罪通常都是性攻击,即以暴力手段或以暴力相威胁、违背他人意志而侵害他人性自主权的行为,而性骚扰通常是指性攻击以外的、有损他人人格尊严的性侵犯行为。[②] 故而,性骚扰造成的损害程度较轻,不构成犯罪的骚扰行为。

明晰性骚扰的内涵和特征,有助于正确认识《民法典》人格权编规制性骚扰的重要意义和价值。《民法典》第989条规定,人格权编调整因人格权的享有和保护产生的法律关系,而性骚扰损害了人格尊严,与人格利益直接相关,当然应由人格权编予以调整。更重要的是,通过人格权编来规制性骚扰,能使受害人明确自己的人格利益及其保护途径,进而有效保护受害人的合法权益。从实践情况来看,在性骚扰发生的场合,尤其是职场中,有些受害人意识不到性骚扰已经侵害其人格利益,有些受害人面对性骚扰则不知如何抵御和救济。通过明晰性骚扰的内涵和特征,可以看出《民法典》人格权编对其加以规制的合理性,也能鼓励受害人在遭受性骚扰之后积极主张权利,抵制性骚扰行为。

明晰性骚扰的内涵和特征,有助于准确认定性骚扰行为,避免不当妨碍人们合理的行为自由。权益保护是一种平衡技术,必须在权利人的权利保护与他人的行为

---

① 就性骚扰的构成要件,英国司法实践中总结了6项基本要素,即(1)原告系被保护群体的一员(男性或女性);(2)原告须受制于以性为基础且不受欢迎的行为;(3)该性骚扰行为必须影响原告的工作条件;(4)上述影响原告工作条件的行为与原告的性别有因果关系;(5)雇主知悉或应知悉该性骚扰行为而未采取立即和适当的救济措施;(6)骚扰次数不限。参见饶志静:《英国反就业性别歧视法律制度研究》,载《环球法律评论》2008年第4期。

② 国际劳动组织编:《拒绝骚扰亚太地区反对工作场所性骚扰行动》,唐灿等译,湖南大学出版社2003年版,第20页。

自由之间保持合理的平衡,[①]对性骚扰的法律规制也不例外,同样要合理平衡受害人的人格尊严和他人的行为自由。虽然《民法典》第1010条明确规制了性骚扰,但未明确界定其内涵和特征,一旦把握不准,该条规定在实践中有可能被误用或滥用,进而导致利益失衡。而且,性骚扰往往与不道德或反文明的观念认识掺杂在一起,如果在法律上不能科学界定其内涵和特征,就容易把道德因素引入其中,从而扩大性骚扰的范围,将一些不应纳入性骚扰范畴的行为认定为性骚扰,这就难以保障人们合理的行为自由。

明晰性骚扰的内涵和特征,有助于法院正确适用法律,依法保护受害人的正当权益。性骚扰通常给受害人造成的损害是精神层面的损害,不能为侵害身体权、健康权等侵权行为所包括,但过去因为缺乏规范,更因为认识不清,法院在司法实践中往往通过身体权、健康权等其他人格权的保护规则来处理和解决性骚扰纠纷,这不仅适用法律不当,也不利于救济受害人。

二、性骚扰认定的构成要件分析

依据《民法典》第1010条第1款的规定,结合学理和实践,笔者认为,性骚扰应当具备如下构成要件。

(一)必须是和性有关的骚扰行为

性骚扰必须和性有关,如果难以判断某行为是否与性相关,通常就难以认定其构成性骚扰。例如,在“杭某与马某、江某其他人格权纠纷案”中,原告杭某请托被告马某为其子女办理入学事宜,并应被告的要求支付了4万元“好处费”。在联络中,被告向原告发送了内容暧昧的信息,称原告“站在那里是亭亭玉立,坐在那里很工整的,走起路来飘飘然的。就是不知道睡觉是怎样的情况”。法院认为,被告言语的确有失分寸,但该言辞与性并没有直接关联,尚未构成性骚扰。[②]

性骚扰的行为表现方式多种多样,可以是口头方式(如讲“下流话”、性挑逗语

---

① [德]马克西米利安·福克斯:《侵权行为法》,齐晓琨译,法律出版社2006年版,第4页。

② 参见上海市虹口区人民法院(2015)虹民一(民)初字第3187号民事判决书。

言等),可以是书面形式(如发黄色视频、短信等),还可以是肢体举动(如触摸生殖器或者以其他姿态骚扰他人)。需要注意的是,虽然这些方式在民法上的意义相同,均是性骚扰的行为表现,但在其他法律上会有区别,如在德国,肢体举动的性骚扰方式被规定在刑法中,而口头上的性骚扰则并未被纳入刑法。① 从实践情况来看,要特别注意以下几类的性骚扰:

一是职场性骚扰。职场性骚扰就是在工作场所中一方对他方实施的、不受欢迎的、具有性本质的侵犯他人人格权及其他权益达到一定严重程度的行为。② 如前所述,工作场所性骚扰是美国法规范的重点。我国也有保护职场性骚扰的受害人的规范,例如,《女职工劳动保护特别规定》第 11 条规定:“在劳动场所,用人单位应当预防和制止对女职工的性骚扰。”该条规定较简略,难以为受害人保护权利提供明确指引,也没有明确规定用人单位预防和制止性骚扰的具体措施、具体义务以及违反义务应当承担的法律责任,难以有效防止和遏制性骚扰。

二是利用从属关系的性骚扰。所谓从属关系,是指基于工作、学习、生活等社会关系而使一方在一定程度上隶属于另一方,既包括一时从属关系,如医患关系,也包括长期从属关系,如上下级关系、师生关系;既包括人事组织上的从属关系,如公司老板与雇员的关系,还包括交易中的优势地位关系,如公司的销售经理垄断了供货渠道,交易相对人完全受制于该销售经理。从现实情况来看,许多性骚扰都与从属关系有关。行为人利用从属关系实施性骚扰的表现方式很多,或者以晋升、奖励等利益作为交换,诱使受害人提供性方面的回报,或者通过谈话、谈心等方式故意进行身体接触等。在利用从属关系进行性骚扰的情形下,由于从属关系给受害人带来了心理压力,即便其对骚扰行为没有明确拒绝,但只要事后有反对、厌恶等表现,均应认定该行为构成性骚扰。利用从属关系的性骚扰与职场性骚扰存在交错,但不完全等同,比如,同一公司同职位等级的同事之间没有从属关系,存在其之间的性骚扰是职场性骚扰,但与从属关系无关;又如,医患关系、师生关系与职场无关,基于这些关系的性骚扰大多是利用从属关系的性骚扰。正是基于这一原因,《民法典》第 1010

---

① Tatjana Hornle, *The New German Law on Sexual Assault and Sexual Harassment*, 18 German L. J. 1309 (2017).

② 参见靳文静:《性骚扰法律概念的比较探析》,载《比较法研究》2008 年第 1 期。

条第2款规定："机关、企业、学校等单位应当采取合理的预防、受理投诉、调查处置等措施，防止和制止利用职权、从属关系等实施性骚扰。"

三是在公共场所实施的性骚扰。在人群拥挤的公共汽车、地铁上对异性进行"揩油""非礼"等，均属于此类情形。公共场所的性骚扰显然不是职场性骚扰，当事人之间也不存在从属关系，不同于前两类性骚扰。

行为人实施性骚扰的动机是多元的，如单纯为了展示自己所谓的幽默感，或者仅仅是为了从他人的难堪中满足某种低级趣味，无论如何，只要其行为能满足性骚扰的构成要件，无论其主观动机如何，均应当认定构成性骚扰。行为人的主观动机是难以证明的，如果考虑行为人的主观动机，就不利于对受害人进行救济，也不利于对行为人进行追责。

（二）违背了受害人的意愿

所谓"违背了受害人的意愿"，是指性骚扰行为不符合受害人的意愿，受害人主观上并不接受，甚至明确拒绝。关于性骚扰行为是否必须以违背受害人意愿为要件，存在不同观点。一种观点认为，构成性骚扰的行为应当是一种不受欢迎的行为，该行为可能符合受害人的意愿。例如，受害人迫于压力而屈从于行为人，但该行为未必违背其意愿。[①] 美国法采取的就是这种观点，即要求行为是"不受欢迎"（unwelcome）的，且在客观上不被受害人所接受。[②] 另一种观点认为，性骚扰应当是违背受害人意愿的行为。即应当从受害人的角度对性骚扰进行认定，强调受害人迫于压力而"自愿"的行为应当认定为是违背其意愿的行为。[③]

笔者赞同上述第二种观点，即性骚扰应当是违背受害人意愿的行为。也正因此，性骚扰才侵害了受害人的人格尊严，导致受害人产生愤怒、焦虑等不良情绪。我国不少法院采纳此种立场。例如，在"林某某与广东邦达实业有限公司劳动和社会保障行政管理案"中，法院认为，林某某利用电脑软件在照片上添加与性有关的文字

---

① 张新宝、高燕竹：《性骚扰法律规制的主要问题》，载《法学家》2006年第4期。

② Holly B. Fechner, *Toward an Expanded Conception of Law Reform: Sexual Harassment Law and the Reconstruction of Facts*, 23 U. Mich. J. L. Reform 475 (1990).

③ 王成：《性骚扰行为的司法及私法规制论纲》，载《政治与法律》2007年第4期。

和主题,该文字和主题以公司女同事为对象,从女同事向公司领导投诉和哭诉的事实能够确认,林某某的行为造成行为对象的羞辱和不适,明显违背了女同事的意志,造成女同事精神上的压力,林某某的上述行为已构成性骚扰。①

问题在于,如何认定骚扰行为是否违背受害人的意愿?对此,笔者认为可以从如下几个方面进行把握。

第一,受害人没有明确表示接受或同意时,不宜一概认定骚扰行为符合受害人的意愿。有的国家立法要求受害人必须明确表示反对骚扰行为,否则该行为难以构成性骚扰。例如,以色列《性骚扰防治法》规定,被骚扰者有义务向行为人表明反对的态度。但是在美国法上,这种反对不仅可以明示,也可以被默示地表达,它们都表明骚扰行为是不受欢迎的。② 笔者认为,判断骚扰行为是否违背受害人的意愿,不以受害人明确表示反对为标准,因为在职场性骚扰以及基于从属关系的性骚扰,受害人往往碍于各种压力难以明确提出反对,而且受害人对于是否明确反对也很难举证证明。故此,要求受害人必须明确反对骚扰行为,不利于保护受害人。在具体判断上,只要能证明受害人对骚扰行为不赞成、不接受,就可以认定该行为违背了其意愿,至于受害人是否因该行为产生愤怒、焦虑等不良情绪,不必就此证明。如果行为人主张不构成性骚扰,则应当证明受害人明确同意或者自愿接受。

第二,对于未成年人的意愿认定,应当区别于成年人。我国《刑法》规定,与未满14周岁的幼女发生性关系,无论是否违背其意愿,法律上均视为违背其意愿。其中的法理对民法也是可以适用的。鉴于未成年人对与性取向相关的事务缺乏判断能力,而且为了强化对未成年人的保护,即便未成年人作出了同意,也不应当认可其效力。因此,对未成年人来说,无论行为人的性骚扰行为是否违背其意愿,在法律上均应当视为违背其意愿,即法律拟制未成年人对性骚扰不同意。正如前文所言,除未成年人外,对其他的限制民事行为能力人和无民事行为能力人也应采用同样的标准。

---

① 广东省高级人民法院〔2015〕粤高法民申字第2839号民事裁定书。

② Vicki Schultz, *Reconceptualizing Sexual Harassment*, 107 Yale L. J. 1683(1998).

（三）必须针对特定的受害人

性骚扰必须针对特定的受害人，[①]《民法典》第 1010 条第 1 款所说的“对他人实施”，就表明了这个意思。如果骚扰行为没有明确的指向对象，即使该行为会使某个或者某些人感到不悦，也不应当将其认定为性骚扰。除前文阐述性骚扰特征时所列举的例子外，这样的例子还有很多。例如，在微博上发表黄色言论，可能会使女性看到后自感受辱，但由于该行为没有明确的指向对象，就不应当构成性骚扰。再如，当众讲黄色段子，内容虽然不雅且不道德，应当受到道德谴责，但因为没有针对特定对象，也不宜认定为性骚扰。

在认定骚扰行为是否明确指向受害人时，应当结合具体情形加以判断，即便行为人没有明确使用受害人的姓名等个人信息，但可以合理推断出受害人就是该行为的指向对象，依然可以认定其构成性骚扰。当然，受害人特定并不意味着一个性骚扰行为不能有多个受害人，因为多个受害人并不影响性骚扰对象的特定性。

另外，虽然在实践中常见的是男性对女性进行性骚扰，但不能由此就将性骚扰的行为人和受害人的性别进行这样的限定，而是应根据社会交往实际情况，认定异性之间、同性之间都可能成为性骚扰的行为人和受害人。从比较法上来看，现在各国立法大多采取性别中立主义，不再限定性骚扰主体的性别。[②] 美国联邦最高法院在“Oncale 案”的判决中甚至否定了第五巡回法院关于同性间不构成性骚扰的判决，认为同性之间同样可能构成法律意义上的性骚扰。[③] 我国也有学者认为，女性和男性均能成为性骚扰的受害人，性骚扰既可能发生在异性之间，也可能发生在同性之间。在我国司法实践中，法院也认可了同性之间会构成性骚扰。[④]《民法典》第 1010 条第 1 款所说的“对他人实施”，并没有强调针对女性实施性骚扰，表明性骚扰的受害人既可能是女性，也可能是男性。

---

① ［德］马克西米利安·福克斯：《侵权行为法》，齐晓琨译，法律出版社 2006 年版，第 113 页。

② 张新宝、高燕竹：《性骚扰法律规制的主要问题》，载《法学家》2006 年第 4 期。

③ See Oncale v. Sundowner Offshore Servs. ,Inc. ,No. 96 – 568, 1998 WL 88039（U. S. Mar. 4,1998）.

④ 参见《我国首起同性性骚扰案宣判　老工程师赔钱道歉》，载华西都市报网，https://news. sina. com. cn/s/2004 – 09 – 14/04453656252s. shtml。

需要探讨的是,在判断性骚扰的构成要件时,是否要考虑结果的严重程度?在美国的判例中,有观点认为,只有性骚扰足够严重或者明显变更并形成有害的职场环境,才构成性骚扰。[①] 美国联邦最高法院认为,受害人无须证明其因为骚扰行为严重损害其心理健康或引发其他心理创伤,只要受害人证明一个“理性人”认为已经足够严重,则可以认为构成了敌意的或者有害的工作环境。[②]

我国也有学者认为,性骚扰应当造成严重的损害后果,才能获得法律救济,[③]否则可能导致诉讼的泛滥。笔者认为,性骚扰并不需要以必须造成严重的损害后果为构成要件,因为从实践来看,准确判断性骚扰的损害后果是否严重其实较困难。如在公共场所偷摸他人身体敏感部位、发送黄色短信等情形,受害人通常只是心理不愉悦,尚未达到严重痛苦的程度,但仍应当构成性骚扰。同时,在性骚扰没有造成严重损害后果时,受害人虽然无法主张精神损害赔偿,但仍然有权主张行为人承担停止侵害、赔礼道歉等民事责任。因此,把造成严重的损害后果作为性骚扰的构成要件,将会不当加重受害人的举证负担,不利于保护受害人,不利于防止和遏制性骚扰。

三、机关、企业、学校等单位的预防性骚扰的义务

根据《民法典》第1010条第2款的规定,机关、企业、学校等单位负有预防性骚扰的义务。之所以规定这些单位承担预防义务,正如前文所言,是因为法律规制的性骚扰最初主要针对职业中的性别歧视,是为了保护在工作中受害的弱者。对职场性骚扰来说,用人单位完全有条件也有能力通过事前预防、事中监管和事后处置等手段来预防和控制性骚扰。从这个意义上说,要求有关单位承担预防性骚扰的义务,有助于从源头上预防和减少性骚扰的发生。而对于公共场所的性骚扰,如在公共汽车上猥亵妇女、在街头针对异性突然裸露性部位等,都不可能也无法要求公交公司等相关单位负担预防性骚扰的义务。

《民法典》第1010条第2款之所以列举机关、企业、学校等单位,主要是因为:一

---

① Barbara Henson v. City of Dundee,682 F. 2d 897,904(11th Cir. 1982).

② icki Schultz,Reconceptualizing Sexual Harassment,107 Yale L. J. 1683(1998).

③ 张新宝、高燕竹:《性骚扰法律规制的主要问题》,载《法学家》2006年第4期。

方面，这些单位是最常见的组织体，其中人员交往密集，是容易发生性骚扰的场所；另一方面，机关、企业、学校等单位可能发生行为人利用职权和从属关系实施性骚扰行为，且发生性骚扰行为之后，社会影响较大。正因如此，《民法典》第1010条第2款规定："机关、企业、学校等单位应当采取合理的预防、受理投诉、调查处置等措施，防止和制止利用职权、从属关系等实施性骚扰。"还要看到，在学校等特殊场所，需要强化对特定人员的保护。例如，学校是学生聚集的场所，是未成年人和年轻人十分集中的地方，一旦发生教师对学生的性骚扰，将给未成年人和年轻人带来严重伤害。对于发生在学校的性骚扰问题，教育部印发的《关于建立健全高校师德建设长效机制的意见》中就明令禁止"对学生实施性骚扰或与学生发生不正当关系"。故而，《民法典》明确要求机关、企业、学校等单位应当采取合理的预防等措施，有利于保护员工、学生等合法权益，有助于预防性骚扰的发生，实现对性骚扰的社会多层次综合治理。

虽然机关、企业、学校等单位有预防义务，但不意味着，在发生性骚扰后，这些单位必须承担严格责任。在美国法上，性骚扰案件中的雇主责任属于严格责任。虽然判例对此种责任进行了限制，但严格责任仍是性骚扰案件中雇主责任的主流。① 有学者依据工作环境权理论认为，在发生职场性骚扰时，用人单位因为其与员工之间的权利义务关系而应当直接承担责任。② 笔者认为，在员工实施性骚扰的情形，用人单位所承担的责任并不是雇主责任。因为，一方面，雇主责任适用于雇员按照雇主的意志和利益来行为的情形，而用人单位工作人员实施的性骚扰虽然发生在工作场所，但行为人是按照自己的意志行为，不同于雇主责任的适用情形。另一方面，对雇主进行归责的基础是，雇员实施侵权行为发生在执行职务过程中，而性骚扰并不涉及执行职务的问题，主要是个人实施的违法行为，二者之间存在显著区别。

用人单位对员工实施性骚扰承担的责任应当是过错责任，用人单位只有在对性骚扰存在过错的情形下，才承担责任。在我国，性骚扰主要由行为人自己承担责任，按照自己责任原则，性骚扰是行为人自己故意实施的侵害他人人格权益的行为，行

① 王成：《性骚扰行为的司法及私法规制论纲》，载《政治与法律》2007年第4期。

② 郑尚元、李海明、扈春海：《劳动和社会保障法学》，中国政法大学出版社2008年版，第262页。

为人理应对自己行为所导致的后果承担责任。但在行为人实施性骚扰的过程中,用人单位在防范性骚扰方面存在过错的,导致性骚扰行为发生且造成损害较大,其应当就其过错承担责任。

应当看到,用人单位预防性骚扰的义务不完全等同安全保障义务。《民法典》第1198条第1款规定:“宾馆、商场、银行、车站、机场、体育场馆、娱乐场所等经营场所、公共场所的经营者、管理者或者群众性活动的组织者,未尽到安全保障义务,造成他人损害的,应当承担侵权责任。”该条规定了违反安全保障义务的侵权责任。虽然安全保障义务与用人单位预防性骚扰的义务一样,均要求义务人积极作为以保障他人,违反该义务的表现均为消极不作为,但这两种义务存有以下区别:第一,保护的客体不同。安全保障义务主要是对人身安全和财产安全的保护,①而预防性骚扰的义务则主要是针对人格尊严,而不完全针对人身安全和财产安全。第二,保护的范围不同。源于大陆法系“交往安全义务”的安全保障义务所保护的对象,除意图与其订立合同的顾客外,还应当包括其控制的一定场所,对进入该场所的人也负有安全保障义务。例如,借地铁站通行的行人,或根本不想购物的超市往来行人。② 而预防性骚扰的义务则主要保护受雇于该用人单位的劳动者,而不宜扩大至所有进入该用人单位的人。因为交往安全义务的基础在于义务人开启了一定的危险,而性骚扰的风险广泛发生于各种场合,用人单位只是因其对职场的环境具有掌控的能力而负有预防义务。

《民法典》第1010条第2款规定:“机关、企业、学校等单位应当采取合理的预防、受理投诉、调查处置等措施,防止和制止利用职权、从属关系等实施性骚扰。”从该条规定来看,用人单位应当采取如下几方面的措施。

一是预防措施。为实现防止性骚扰发生的目的,预防是最重要的环节。单位对于性骚扰的预防主要应当通过完善的制度建设实现。比如,用人单位应当制定或完善管理制度,提倡健康向上的企业文化,明确禁止性骚扰行为;应当发布禁止性骚扰的书面声明,以明确禁止工作场所内任何形态的性骚扰,并应将相应的规章制度印

---

① 王胜明主编:《中华人民共和国侵权责任法释义》,法律出版社2010年版,第202页。

② 王泽鉴:《侵权行为》,北京大学出版社2010年版,第266页。

发给员工。[①] 此外,目前许多用人单位逐步采取开间式办公的方式,这既可以提升办公空间的利用效率,又可以有效预防可能发生的性骚扰。

二是投诉、调查机制。用人单位应当确保投诉渠道的畅通,在接受投诉后不得推诿、拖延或压制。用人单位在接到性骚扰投诉之后,应当积极展开调查工作,尽快查清事实真相,以防止性骚扰危害结果的扩大。在调查中,用人单位应当保持中立的立场,做好保密工作,尽可能避免信息泄露,妥善保护当事人的隐私。用人单位还应当建立措施,防止投诉所可能引起的报复行为。

三是处置机制。如果发生性骚扰,用人单位应当及时处置,这对于他人具有一定的威慑作用。如果有员工投诉性骚扰,用人单位置之不理,事实上起到了纵容姑息的作用。在经过调查发现确有性骚扰的,用人单位应当在内部进行处理,包括警告、降低、调离、停职停薪或者开除等。[②] 但对于诬告行为,也应当考虑给予投诉人一定的处罚。[③]

严格而言,上述措施都是用人单位内部制度建设的范畴,但在法律规定用人单位负有采取必要措施防范性骚扰的义务之后,如果用人单位并未采取相关措施,在发生性骚扰之后,用人单位是否应承担责任?对此,笔者认为,既然《民法典》人格权编规定了用人单位负有预防性骚扰的义务,若用人单位违反此种义务,就应当承担相应责任(如行政责任),否则难以落实预防义务,但是否应当承担民事责任?笔者认为,在确定其是否应当承担民事责任时,不仅要考虑这些单位是否尽到了上述义务,而且需要考虑这些单位未尽到义务对损害后果发生的作用,如果这些单位未尽到上述义务客观上与损害的发生没有因果关系,则不应使其承担民事责任。如果用人单位违反上述义务,应当依据侵权的基本归责原则即过错责任原则以确定其责任。还应当看到,性骚扰的范围较宽泛,如果规定用人单位承担较严苛的责任,可能导致用人单位的责任过于泛化;而且法律规定用人单位负有预防性骚扰的义务具有

---

① 陈英敏:《性骚扰法律问题研究》,载厦门大学法律系编:《厦门大学法律评论》第 6 辑,厦门大学出版社 2004 年版,第 446 页。

② 本书编写组编:《女职工劳动保护特别规定》,中国工人出版社 2013 年版,第 18 页。

③ 陈英敏:《性骚扰法律问题研究》,载厦门大学法律系编:《厦门大学法律评论》第 6 辑,厦门大学出版社 2004 年版,第 446 页。

一定的倡导功能,旨在避免性骚扰行为的发生,因而不宜由用人单位承担替代责任。如果员工在执行工作任务过程中对非本单位人员实施性骚扰,该行为已经超出了其工作任务的范畴,用人单位不应当对该行为承担责任,而应当由实施性骚扰的雇员承担责任。

专题十五　姓　名　权

本专题撰写人：张　红

【《民法典》及相关法律法规的新规则】

《民法典》第1012条

自然人享有姓名权，有权依法决定、使用、变更或者许可他人使用自己的姓名，但是不得违背公序良俗。

《民法典》第1015条

自然人应当随父姓或者母姓，但是有下列情形之一的，可以在父姓和母姓之外选取姓氏：

（一）选取其他直系长辈血亲的姓氏；

（二）因由法定扶养人以外的人扶养而选取扶养人姓氏；

（三）有不违背公序良俗的其他正当理由。

少数民族自然人的姓氏可以遵从本民族的文化传统和风俗习惯。

《民法典》第1017条

具有一定社会知名度，被他人使用足以造成公众混淆的笔名、艺名、网名、译名、字号、姓名和名称的简称等，参照适用姓名权和名称权保护的有关规定。

【规则由来】

新中国成立后并未对姓名权制度进行系统的规定(散见于各种户籍人口管理规范之中),直到颁布原《民法通则》,才对姓名权(第99条)作出了私法上的正式规定,并在民事责任一节中规定了法律保护制度。同时,《精神损害赔偿司法解释》(2001年)第1条规定,自然人因姓名权遭受非法侵害,向人民法院起诉请求赔偿精神损害的,人民法院应当依法予以受理;第3条规定,以侮辱、诽谤、贬损、丑化或违反社会公共利益、社会公德的其他方式,侵害死者姓名权,其近亲属因侵权行为遭受精神痛苦的,可向人民法院提起精神损害赔偿,这些规定进一步加强了对姓名权的法律保护。2009年通过的原《侵权责任法》第2条更是明确将姓名权作为法律保护的民事权益,侵害姓名权应承担侵权责任。《民法典》人格权编第1012条正面确认自然人享有姓名权。因此,我国从法律上彻底将姓名权从身份权转化为人格权。

【规范意旨】

《民法典》第1012条对姓名权的主体进行了界定,明文规定姓名权为自然人所享有。对于法人、非法人组织的名称,《民法典》第1013条明文赋予其名称权,所以姓名权保护主体范围仅限于自然人。姓名权的内容包括姓名决定权、姓名变更权、姓名使用权。姓名的自我决定权,是指在姓名的设定和变更方面,姓名权人具有自由决定权,任何第三者不得非法干预。姓名变更权是姓名决定权的延伸。姓名的使用权是姓名享有者的一种自由,其主要意义在于任何人不得干涉和妨碍,同时也不得盗用或假冒,即当他人超越权限范围擅自使用自己姓名时,可以对此加以禁止。姓名权保护的范围包括自然人的正式姓名和具有一定社会知名度的通称。姓名权所保护的利益包括自由利益(更多的是对抗公权的作用,即对姓名行政管制的对抗,亦有在姓名使用之中,由于方式、场合之冲突而致权利人人格受损)、同一性利益(身份一致性的要求,如冒用他人姓名发表粗俗、低劣的文章,造成他人受到嘲讽等)、个性化利益(姓名在非允许情形下与外在的物发生关联而造成损害,一般为通过对姓名的商业利用,如进行广告宣传等从而达到一定的商业目的)与财产性利益(姓名作为一种具有客观市场价值之对象，非允许而被利用，应有财产利用性之损害赔偿）。

【典型案例】

案例一：对网名、笔名、艺名的保护可参照适用姓名权制度

莫言（笔名）为董某题字，并与董某合影。董某将题字与合影用于其公司的广告宣传，视频旁白为："莫言在使用某公司的养生锅后给予了很高的评价，并邀请创始人董某到家做客……"法院认为，被告未经莫言许可使用其姓名与形象进行商业宣传，制造莫言为这家公司产品进行代言的广告形象，侵犯了莫言的姓名权和肖像权，应承担相应的法律责任。判令被告赔偿莫言财产损失 200 万元。①

对于笔名、艺名以及网名②等"化名"是否受法律保护，日本法上的观点认为，作家、艺术家、艺人等经常使用的笔名、雅号、艺名等通常来取代真名。当这些通称广为人知的时候，就和真名一样受到姓名权的保护。③ 我国的司法实践也采纳了这一观点。④ 我国《民法典》第 1017 条对于笔名等通称的保护也规定了"具有一定社会知名度"的要求。⑤ 然对于"化名"者，应自何时点起受保护？即于某人命（决定）某一化名时，该化名即受保护；或需不仅命（决定）某一化名，尚须有一定之事实存在者，该化名始受保护？对此问题，借用日本学者观点，似应以后者为妥当。盖"化名"与人出生时所给予之"姓名"不同，其通常系因从事某一职业而选定之名称，故在该

---

① 广东省深圳市中级人民法院（2019）粤 03 民终 20874 号民事判决书。

② 网名之特点，在于其自我设定上极大的自由性以及转让、抛弃、处分的灵活性。笔者认为，其形成、发扬与保护，与笔名、艺名等化名无二。当其具有对应稳定、形式特定且认同度广泛的条件时，应受姓名权上相同法律效果之保护。参见甘晓晨：《虚拟网络主体之间的名誉权纠纷——以网名为中心对一起典型案例的分析》，载《网络法律评论》2009 年第 4 期；吕燕、张异琴：《关于网上人身权保护的几个问题》，载《社会科学研究》2002 年第 1 期；费丞、魏仙桃：《网名作为人格要素的保护》，载《硅谷》2009 年第 8 期。

③ 参见［日］五十岚清：《人格权法》，［日］铃木贤、葛敏译，北京大学出版社 2009 年版，第 9、116 页。

④ 典型案例参见"罗某与广东飞乐影视制品有限公司案"，北京市第一中级人民法院（2006）一中民终字第 6252 号民事判决书。法院认为："刀郎"一词具有新疆少数民族文化等含义，但因罗林以艺名方式推出其歌曲作品为公众所认知，"刀郎"一词不仅带有原有含义且兼具"演唱者罗林"的特定署名含义。

⑤ 但本条"足以致使公众混淆"的要件将不利于这些通称的保护，因为其忽视了这些通称与姓名一样具有自决利益。详细分析，参见张红：《民法典之姓名权立法论》，载《河北法学》2019 年第 10 期。

名称(化名)下,其尚有实际从事该职业之必要。从而,对于化名之保护,其最早应自作家、投稿人、画家等人发表其作品,表演家初次登台之时点开始。“化名”如须如通常姓名般受到保护,则该“化名”须具有能使人联想到该特定之人之程度。①

参照适用姓名权保护须满足两个要件,一是“具有一定社会知名度”,即该称呼须对外使用并为人所知,否则没有保护的基础与必要。在具体判断上,不要求该称呼被全社会都知晓,只要被特定行业、特定社区、特定领域的特定群体知晓即可。二是“被他人使用足以造成公众混淆”:是指被人进行商业性利用后,使公众误以为使用该称呼的主体与商品服务相关联。在具体判断上,《反不正当竞争法》第 6 条第 2 项规定,擅自使用他人有一定影响的企业名称(包括简称、字号等)、社会组织名称(包括简称等)、姓名(包括笔名、艺名、译名等)属于引人误以为是他人商品或者与他人存在特定联系的混淆行为。2020 年修正的最高人民法院《关于审理商标授权确权行政案件若干问题的规定》第 20 条第 2 款规定:“当事人以其笔名、艺名、译名等特定名称主张姓名权,该特定名称具有一定的知名度,与该自然人建立了稳定的对应关系,相关公众以其指代该自然人的,人民法院予以支持。”

案例二:名字的合法变更理由与范围

向某和郑某生有一子,命名为向某 1。向某、郑某离婚后,向某 1 由郑某抚养,从小学到初中的 7 年时间内一直对外使用的是郑某 1 的名字,且以此名获得诸多大奖,学籍姓名亦记载为“郑某 1”。然而,郑某在此期间先后多次伪造其与李某的签名,申请为向某 1/郑某 1 改名,共更换 3 个姓名。诉讼过程中,向某 1/郑某 1 向法庭明确表示愿意将姓名定为“郑某 1”。②

《民法典》第 1012 条规定,自然人有权变更自己的姓名,但是不得违背公序良俗;第 1016 条第 2 款规定,自然人变更姓名前实施的民事法律行为对其具有法律约束力。名字向来为表征人格特色、寄托喜好追求之外在符号,尽管有的家庭有在“名”中沿用行辈制度的习惯,但这一行辈制度只是作为一种善良风俗留于民间,无

① 斋藤博:『人格権法の研究』(一粒社,1979 年)237 ~ 238 頁参照。

② 重庆市合川区人民法院(2020)渝 0117 民 7038 号民事判决书。

法律上的强制效力。因此,更名一事自应从姓名权人人格的正当利益出发考虑,自然人有权随主观感受的变化变更自己的姓名,只需不违背公序良俗并无害他人利益,且个人变更名字的权利不应被过度限制。但频繁的变更将导致法律关系不稳定,影响民商事交易和社会管理秩序。自然人拟变更"名"的情况原则上有两种,一种系原"名"已造成生活识别上的困扰,如长期使用之姓名与户口登记上姓名不同,或有难读、难认、重名等情况。另一种则是非因生活识别具有困难,而是为情感上之原因而改名,此原因可能系单纯不喜欢原名,或者单纯地喜欢某名,又或者其他命理上之原因等。在这些案件中,关于改名之理由,有的地方予以认可,但须提交一定的证据,亦有对变更理由不予认可的。综合来看,在我国实务上,对于名的变更,系已造成实际生活识别上的困扰的,公安机关与法院的态度多倾向允许变更,而基于人格情感尤其是基于自身感受申请更名的,多以失败告终。

【理论阐释】

一、姓名权保护的利益

姓名权本质上是人格权,姓名与自然人的人格尊严联系紧密。自 19 世纪末 20 世纪初以来,大陆法系国家的民法大多规定对姓名权进行保护,其首要目的是保护姓名上的人格利益(精神利益)。而姓名、肖像等人格要素作为商标、商号以及用于广告宣传等商业活动的经济现象在现代经济中呈现日益增长的趋势。因此,姓名、肖像等人格标志已经在一定程度上成为具有经济价值的财产(财产性利益),[①]即姓名权既承载了权利人的精神利益,又具有财产利益。[②]

(一)精神利益——同一性利益

关于姓名上的精神利益,根据德国法的理论,姓名具有特殊标记意义及人格承载功能,《德国民法典》第 12 条所述姓名权人有权使用特定姓名并禁止他人将这一

① 参见陈龙江:《德国民法对姓名上利益的保护及其借鉴》,载《法商研究》2008 年第 3 期。
② 参见杨立新:《人格权法》,法律出版社 2011 年版,第 409 页。

特定姓名用于指称他人而造成混淆。此一法上利益被称为“同一性利益”,即姓名必须用于指称姓名权人,而不得用于称呼他人从而引发混淆。姓名不仅是单纯的标志工具,也是对姓名权人人格的表达。因此,姓名权人希望防止别人和自己的混淆,即避免经由姓名的混用使他人的行为归属于自己,或者反过来自己的贡献、立场等却被归属于他人。① 例如,甲到处宣称乙的姓氏里所带的贵族称号标志“冯”是不正当的(明确的争执);雇主丙不理会女受雇人丁因婚姻而更改的姓氏,仍旧按丁婚前的姓氏称呼她(可推断出来的争执)。② 此一利益是从姓名在社会交往中作为个性化识别工具的区分功能推导出来的,而区分功能被认为是姓名最核心、最重要的功能。德国学者施韦尔特纳(Schwerdtner)亦指出,“姓名的唯一任务是它的秩序和区分功能”。③

(二)精神利益——个性化利益

除“同一性利益”外,姓名权还有防止“归属上的混乱”④这一功能,此一功能主要是为了防止因姓名的使用而使公众误认为姓名权人与姓名所用于的产品、企业或机构之间具有某种实际上并不存在的联系。⑤ 这种不被误认有错误联系的利益被学者称为“个性化利益”。⑥ 例如,姓名为“Zum Treppchen”之人,可要求自身姓名不为“Zum Treppchen”或无授权使用此姓名的另一人不得将其饭店命名为“Zum Treppchen”。⑦

“个性化利益”保护的提出主要是因为“同一性利益”上姓名权旨在防止用姓名指代姓名权人之外的“人”而造成人的混淆;对姓名的“个性化利益”的保护,旨在避免使用姓名指代“人”之外的“物”,从而引发姓名权人和该“物”之间具有某种关系

---

① Vgl. Staudinger – Habermann (2004) § 12, Rn 15.

② Vgl. Köhler, BGB Allgemeiner Teil, 27, Aufl. 2003, S, 310.

③ Vgl. MünchKomm\Schwerdtner (2001) § 12, Rn 39.

④ Vgl. MünchKomm\Schwerdtner (2001) § 12, Rn 3; Staudinger – Habermann (2004) § 12, Rn 15; Thorsten Funkel, Schuts derPers ö nlichkeit durch Ersatz immaterieller Schüden in Geld, München, 2001, S, 10.

⑤ Vgl. MünchKomm\Schwerdtner (2001) § 12, Rn 183.

⑥ Vgl. Horst – Peter Götting, Pers ö nlichkeisrechte als Vermögensrechte, Tübingen, 1995, S. 86.

⑦ BVerfG NJW 2007, 684.

的错误认识——往往在“个性化利益”受到侵犯时，姓名所指向的权利主体并没有错误①——而正相反，此种正确的、可被广泛认知的具体指向才是其宣传行为的目的。此外，《德国民法典》第二起草委员会的记录表明，在某个人并非将他人的姓名用于称呼自己，而是用于广告目的、称呼商品、招牌等滥用情形时，《德国民法典》第 12 条的保护也应介入。② 至于“个性化利益”的精神内核，德国学者哥廷（Götting）从人的自我表现权角度进行了说明：

作为区分功能的补充，姓名的个性化功能对于人的自我表现具有重要作用，因为姓名对于姓名权人的作品、产品和贡献，或者在最宽泛的意义上，对于物体或机构来说，是最显而易见的和最常用的标志，而姓名权人和这些东西之间具有精神上或经济上的紧密联系。通过使之个性化，姓名权人可以形象地展示其行为和影响，且该行为和影响体现了人格。换言之，未经允许用姓名来“标表”某一物的行为意味着对姓名权人人格形象的歪曲，因为该行为造成了姓名权人与该物具有某种联系的错误印象。鉴于此，同时考虑不受妨碍的自我表现权，《德国民法典》第 12 条不仅在用姓名指称错误的人（错误的“主体”）时，而且在用姓名指称“物体”时提供保护的做法看来也是正当的。依照德国联邦宪法法院的一则判决，“不受妨碍的自我表现权”系指“根据人的自主决定权，个人对其个人领域原则上能够不受限制地自主决定，其面对他人或公众如何表现以及是否和在多大范围内让他人对其人格进行利用”。③

（三）精神利益——自我决定利益

上述两种利益之保护，除德国法外，大多数国家制有姓名权条款，或通过判例上升为法规范，④我国《民法典》第 1014 条亦将此利益保护包含在内。姓名与其他人格权所保护的利益关系密切，这和姓名在社会交往中作为识别工具和归属工具的功能有关。对别人进行描述和评论，通常需要姓名这一工具来确定具体人物的信息归属，而就当下社会而言，运用这一工具的场合、方式、对象的多样性实难详细总结。

---

① Vgl. Horst - Peter Götting, Persönlichkeisrechte als Vermögensrechte, Tübingen, 1995, S. 86.

② Vgl. Horst - Peter Götting, Persönlichkeisrechte als Vermögensrechte, Tübingen, 1995, S. 86.

③ Vgl. Horst - Peter Götting, Persönlichkeisrechte als Vermogensrechte, Tubingen, 1995, S. 87 - 88.

④ 参见袁雪石：《姓名权本质变革论》，载《法律科学 · 西北政法学院学报》2005 年第 2 期。

同时,提及他人姓名原则上是一种自由,而单纯的提及姓名,即使是用正确的姓名指称姓名权人,在某些情形下亦被认为是不当的,如特定商业广告中被任意言及,[1]或姓名被不符合权利人意愿的方式称呼。[2] 且当事人针对自身发展而享有之精神利益具有"社会最大容忍"下的不可裁剪性,故针对姓名的单纯使用而发生的其他有损自然人之人格利益或自由的侵权行为,救济路径可为通过扩大解释姓名权条款予以保护,抑或是通过一般人格权之规定对姓名利益予以保护。

由于《德国民法典》第 12 条将保护的利益缩限在以上两种类型,故德国通过 1959 年"Caterina Valente 案"与 1981 年的"Rennsportgemeinschaft 案"将"通过姓名的提及造成姓名权人名誉贬损、声望下降或隐私暴露"的损害,以及"未经允许在广告中提及他人姓名,侵害姓名权人对其姓名经济利益自主权"的损害纳入其一般人格权的保护范畴。[3] 就我国而言,我国民法规定了诸如名誉、隐私等其他具体人格权,姓名权人"名誉贬损、隐私暴露"的损失,可由其他具体人格权提供救济。而侵害姓名自主使用利益的,则可通过《民法典》第 1014 条的防止盗用条款予以解决。

而有关姓名的自我决定权,除对已有姓名之使用及被提及方式、场合、对象上的自我决定控制外,对姓名本身的决定,即取得变更之事,同样需要法律进行保护。有日本学者认为,除有其宪法上的意义与基础外,私法上原理认为姓名自我决定权(不违反其意思而剥夺其姓名权利或不被强制违反其意思而变更其姓名之权利)乃姓名权之权利的根源,且若将姓名认为是对自己人格之不可或缺的利益,则姓名之取得、保持、变更等阶段之权利保护性,即应被检讨且加以承认。[4] 我国《民法典》第 1012 条将姓名变更的自由权利予以确认及保护,不失为姓名权世界立法范围内的先进之举。

(四)财产利益——商业性使用

早期人格权系维护人之尊严与自由而存在,姓名权亦如此。然而在商品经济社

---

① BGHZ30, 7. 转引自[日]五十岚清:《人格権説》,一粒社 1989 年 12 月版,第 123 页。
② 经典判例为日本"NHK 日本语读法诉讼事件",系日本最判昭和 63 年(1988 年)2 月 16 日判决。
③ 参见陈龙江:《德国民法对姓名上利益的保护及其借鉴》,载《法商研究》2008 年第 3 期。
④ 二宮 ニノミヤ「氏名権と通称使用」阪大法学/172.173(上)巻(1994 年)491 - 511 頁。

会中，当自然人的人格符号反映在商品宣传、销售等环节上时，通过将该自然人特有的人格价值影响施加于市场，既增强了产品在市场上的号召力与可识别程度，同时也给该自然人带来了财富——通过合作、代言、商标命名等手段。对于姓名使用的市场化运作，无疑使姓名权人享受到了其姓名通过市场价值交换而产生的独有利益。换言之，姓名、肖像、声音、隐私资料等个人特征本身所体现之财产价值，及个人对其人格特征得为商业上使用，而获得一定之经济利益。① 而根据经济利益界定的原则，②这种姓名上的财产性利益可进一步分为“经营利益或许可利益”③与“其他无形的认可性利益”。④

姓名权上财产利益的保护系属人格权所具有的财产价值的保护的一部分。美国法采二元论之方法，将人格利益区分为隐私权(保护精神利益)与公开权(保护财产价值)；德国法建构在一元论的人格构造上，以一个同一的人格权包括精神利益及财产利益，不将财产部分从人格权分离出来，独立为一种的财产权。⑤ 日本法兼采德国法与美国法，主要以类似公开权的商品化权制度加以保护。而无论是采取何种保护方式，人格权——特别是姓名权所具有的财产利益应得民法之调整保护，实无疑问，此亦为《民法典》第993条、第1023条第1款所确认。

---

① 参见王泽鉴：《人格权保护的课题与展望(五)——人格权的性质及构造：精神利益与财产利益的保护(中)》，载《台湾本土法学》第105期(2008年4月)。

② 关于经济利益界定的原则，可列明如下：(1)确定数目的金钱能够完全补偿对该利益的侵犯。(2)当某原告获得了准确反映其所损失价值的总和的金钱后，应该没有进一步的损失感；如果原告还感觉到未获得补偿的损失，那么其利益就不单纯是经济性的，或者除经济利益外，原告还有非经济性利益。(3)一项经济利益能够客观地估价，如果利益所有者对此还有主观价值时，则不能仅仅是经济利益。(4)它是一种交换意义上的利益；如果不存在对个人损失的(可评估)市场，那么其就没有遭受一项严格界定的经济利益之损害。See e. g., P. Cane, Tort Law and Economic Interests, 2nd edn (Oxford, 1996), 5.

③ 此种利用方式，一般有：(1)“工具性代言”，在很大程度上可以望文生义；(2)“非工具性代言”，涉及名人在其主要活动领域并不依赖的产品；(3)“吸引注意力的工具”，涉及利用名人的名字或者形象，不以表明认证的形式同商品和服务建立联系。See Rein et al., High Visibility, 59.

④ 此种利用方式，一般针对影响力大的公众形象，如在专业领域具有较高地位的人士、公共部门的执掌者和政客等。尽管这些人一般不愿意通过授权许可或者认可代言的交易等方式活跃地将个人形象进行商业交易，但他们仍然具有可能被视为具有“认可价值”。See Cf. Rein et al., High Visibility, 49.

⑤ 参见王泽鉴：《人格权保护的课题与展望(五)——人格权的性质及构造：精神利益与财产利益的保护(上)》，载《台湾本土法学》第105期(2008年3月)。

(五)小结——基于利益的保护体系描述

结合上述分析,并根据《民法典》第1012条的姓名权权能规定,就我国姓名权之现有及应有之利益覆盖,可对姓名权构架为以下利益与权能的体系,如表15-1所示。

表15-1　姓名权利益与权能的体系

<table>
<tr><td colspan="3">姓名权</td></tr>
<tr><td>积极权能</td><td>利益</td><td>消极权能</td></tr>
<tr><td>自由决定(变更)</td><td>自我决定(自由)利益</td><td>防止干涉</td></tr>
<tr><td rowspan="2">自由一般/商业使用</td><td>同一性利益</td><td>防止冒用</td></tr>
<tr><td>个性化利益</td><td rowspan="2">防止盗用</td></tr>
<tr><td>自由商业使用</td><td>财产性利益</td></tr>
</table>

根据这一体系,姓名权所保护的利益包括自由利益(此更多的是对抗公权的作用,即对姓名行政管制的对抗,亦有在姓名使用之中,由于方式、场合之冲突而致权利人人格受损)、同一性利益(对身份一致性的要求,如冒用他人姓名发表粗俗、低劣的文章,造成他人受到嘲讽等)、个性化利益(姓名在非允许情形下与外在的物发生关联而造成损害,一般为通过对姓名的商业利用,如进行广告宣传等从而达到一定的商业目的)与财产性利益(姓名作为一种具有客观市场价值之对象,非允许而被利用,应有财产利用性之损害赔偿)。这4种利益都可以在姓名权之下得到保护,且由于客体的一致性,同一行为可能导致多种利益受到侵害,由此损害赔偿的范围也将不同,此时需要根据案件的具体情况进行具体裁判。这个体系中姓名的人格维护功能、社会管理功能以及商业利用功能均有所体现,但对于身份定位和文化传承功能却没有明显的体现,一方面,是我国姓名权规定本身的限制;另一方面,身份定位和文化传承更多地体现为我国姓名权体系的附带价值,即通过保护姓名的自由利益、同一性利益、商业利益从而达成身份定位、人格维护、社会管理、商业利用、文化传承等众多的功能。

二、姓名权的自我决定利益

姓名权下的自我决定利益,可分为已然存在之姓名在社会交往中依自我决定之形式、场合进行使用而维护自身人格尊严的利益与将自身之姓名维持、变更,以确定自身之对外符号的自由利益。此基于姓名之产生过程及进路而自然人应享有之。①

然而其中问题,自然人出生之时其姓名取得一般系父母所为,自身固无选择。有关子女择姓称名的法上解释,不同国家学者多有不同见解,②在我国子女行使姓名权以"法定代理说"为通说的情形下,③父母的择姓命名行为应当协商一致进行,若不能达成一致应当如何处理?另外,如果父母的择姓命名行为对子女的利益造成损害,法律应当如何介入调整?

自然人在取得姓名之后有变更姓和名的意愿,法律应当如何调整,是我国所面临的重要问题之一。在此问题中,公民所应享有之基本自由权利——姓名自我决定权与社会公共利益、国家行政管理所存的利益冲突贯穿始终。我国法上姓名权之内涵,依据《民法典》第1012条规定的文义解释,姓名决定和使用应依法行使,而对于姓名变更则必须依照《民法典》第1016条第1款的规定依法向有关机关办理手续。其表明如上权能之行使应满足合法性要求。此外,姓名变更又分为姓的变更与名的变更,根据我国传统,姓表征家族血缘关系,名彰显个人人格,其中所蕴含的不同法律意义也决定了需将姓的变更与名的变更区分开来。但这种区分未能见诸中国现制之中,并由此导致学说与实务中对姓名变更问题进行了笼统判断,更无法明晰姓名变更的内容与其合理限制范围。

《民法典》第1012条与第1016条中的"依法"改变姓名中的"法"如何理解?对此应当谨慎,否则法律、行政法规、规章条例、司法解释和地方性法规皆置喙其中。这些令出多门且效力层级各异的规定相互之间矛盾、抵触之处颇多,严重影响了法

---

① 二宮 ニノミヤ「氏名権と通称使用」阪大法学/172.173(上)巻(1994年)491-511頁。

② 天津市河北区人民法院(2004)北行初字第13号行政判决书。

③ 参见王利明:《人格权法研究》(第3版),中国人民大学出版社2018年版,第377页;杨立新:《人格权法》,法律出版社2011年版,第410页;姚辉:《人格权法论》,中国人民大学出版社2011年版,第155页。

制与裁判的统一。[①] 从学说上看,我国学说对姓名权的研究较薄弱,虽近年来有关此论题的研究逐渐引起重视,但多关注的是姓名的一般性问题,如权利属性、权能、对姓名的保护(非法冒用与商业利用等),[②]而对姓名权中姓名变更之全面研究甚为罕见,[③]现有研究基本停留在以案说法的层面,未见全面总结判例学说之规范建构性研究。未成年子女随父姓或母姓在父母无法达成变更合意之时如何处理?自然人有无姓父母之外第三姓之可能?更名所需事由在管理规定上应作如何取舍?"姓名"又必须合乎哪些标准才能得到国家和社会的认可?这些问题都迫切需要得到理论上的明晰和指导,方能对实务操作有所裨益。

姓名之取得、变更为自我决定权之重要含义,然姓名在一般使用之中,日本法中出现的以"被正确称呼之利益"为代表之"正确使用之利益"成为争议较大的问题。德国法中商业广告的特殊提及问题与表示自己姓名之权利,亦为自我决定权中的一部分,值得关注。我国当下生活中也有此类案件出现,但是还没有出现完整的判决案例,所以运用案例比较之研究方法,以案例来推演裁判的法律适用问题。

(一)姓名取得

有关姓名取得,联合国《儿童权利公约》(Convention on the Rights of the Child)第7条第1款规定:"儿童出生后应立即登记,并有自出生时起获得姓名之权利……"而新生儿之姓名确定——尤其是姓的取得问题——具体到我国法时,由《民

---

① 如对于离婚后单方变更子女姓名之效力问题,涉及对最高人民法院《关于人民法院审理离婚案件处理子女抚养问题的若干具体意见》(已失效)第19条的理解,在实务中就出现了截然不同的见解:有认为有效,参见杨晓霓、焦卫:《对一起变更子女姓名案的法律思考》,载《人民司法》2000年第9期。有认为无效,参见杨洪逵:《单方变更未成年子女姓氏的行为无效——对一起变更子女姓名案的再思考》,载《人民司法》2000年第12期。

② 参见李永军:《论姓名权的性质与法律保护》,载《比较法研究》2012年第1期;刘远征:《论作为自己决定权的姓名权——以赵C姓名权案为切入点》,载《法学论坛》2011年第2期;刘文杰:《民法上的姓名权》,载《法学研究》2010年第6期;章志远:《姓名、公序良俗与政府规制——兼论行政法案例分析方法》,载《法学论坛》2010年第5期;陈龙江:《德国民法对姓名上利益的保护及其借鉴》,载《法商研究》2008年第3期;袁雪石:《姓名权本质变革论》,载《法律科学·西北政法学院学报》2005年第2期;张善斌、冯兴俊:《姓名权财产利益的法律保护》,载《法商研究》2002年第4期;徐武生、徐铁岩:《对户籍立法中姓名权的若干问题的思考》,载《公安大学学报》2000年第2期;潘华山:《公民姓名权的民法保护》,载《现代法学》1992年第2期。

③ 参见张建文、贾佳:《论我国姓名变更权的法律限制问题》,载《河北法学》2011年第3期。

法典》第1015条所规定,但未明确父母对子女姓氏争议时当如何处理。至于命名应注意之问题,置于变更事宜一并加以讨论。

就国内类似问题,以德国等为镜鉴,基于法治社会对于私人之间(家庭自治)之纷争,在尊重自治的基础上所推行的涉及社会稳定及发展的一定强制性,[①]可由法院介入并加以解决。自然人应称何姓涉及自然人之人格,系属关乎个人之重大事项等立场,此类争议应由法院介入决定。至于法院介入后是径行解决子女应称父姓或母姓,还是仅决定将确定权给予父或母一方行使,倘被委托之父或母未于期限内行使确定权,则该子女称被委托行使确定权之父或母之姓(系采德国之立法例)。此种方式似较周延,因自法院确定权利人为父或母至正式向户籍管理机关申请登记为止尚有一段时日,于此期间,父与母就子女称姓仍有可能于双方自由意思而达成合意,经由该合意即可填补双方因意见不同而产生之感情裂痕,促进家庭和睦。

而关于养子女之称姓,我国《民法典》第1112条规定,"养子女可以随养父或者养母的姓氏,经当事人协商一致,也可以保留原姓氏";对于协商不成的处理问题,按照现有法制无从解决。或可按婚生子女姓氏确定之途径,交由法院授予收养人以确定权,若养子女欲恢复原姓氏,可成年后自主申请变更登记。

(二)姓名变更

根据《民法典》第1016条的规定,民事主体决定、变更自己的姓名应当依法向有关机关办理登记手续,但是法律另有规定的除外。该条确立了姓名变更的一般原则,即"依法"变更姓名,该规定系将公法植入民法之转介条款。而在此前适用原《民法通则》第99条时,立法机关或司法机关并未制定出具体、统一的"规定"以作为自然人变更姓名之准绳,[②]这导致在规范体系上,法律、行政法规、规章条例、司法解释和地方性法规皆置喙其中,难免相互抵触。

---

① 参见余延满:《亲属法原论》,法律出版社2007年版,第3页。

② 除下文所述的在全国适用的姓名变更规范外,各省市(含地级市)都制定了各自的户口(姓名)条例(实施细则),对姓名变更予以规制。仅作者掌握的就有24个省市,42个地级市制定了各自的户口(姓名)条例。

我国姓名变更一般需到公安机关办理,亦有诉求法院为判决进行。[①] 公安机关一般按照《户口登记条例》、《居民身份证法》、公安机关的内部规定[②]等来进行操作。而法院判决特别是有关离婚后未成年子女的姓名变更问题主要依据最高人民法院的部分司法解释。[③] 这样一个复杂而凌乱的规范群给法之适用造成极大困难。此外,姓名变更又分为姓的变更与名的变更。根据我国传统,姓表征家族血缘关系,名彰显个人人格,姓的变动多涉及家庭婚姻关系,而名的变动则主要起因于重名、字义粗俗等事由,其中所蕴含的不同法律意义决定了需将姓的变更与名的变更区分开来。可惜此种区分未能见诸现行法律,而地方规范对于此种区分亦做法不一。[④] 由此导致实务中对姓名变更问题进行了笼统判断,无法明晰姓名变更的内容与其合理限制范围。

从学说上看,我国学说对姓名权的研究历来较薄弱,虽近年来有关此论题的研究逐渐得到重视,但多关注的是姓名权的一般性问题,如权利属性、权能、对姓名的保护(非法冒用与商业利用)等,对作为姓名权核心问题之一的姓名变更之全面研究甚为少见。姓名变更规制确有必要,但框定规制限度,在姓名变更自由和管制之间寻求平衡,既满足个人姓名人格尊严与自由的维护,又有利于社会良性管控,是法学应解决的问题。

1. 姓的变更

(1)变更为父姓或母姓

有关父母离婚后未成年子女变更称父姓或母姓的问题,在规范原则上应秉持协

---

① 河南省原许昌县人民法院(2010)许县法民初字第6087号民事判决书。

② 公安机关对姓名变更问题进行规范的特殊性文件有:公安部三局1958年意见、公安部1995年《关于抚养人申请变更子女姓名问题的批复》、2002年5月公安部《关于父母离婚后子女姓名变更有关问题的批复》、公安部2006年通知、2008年公安部《关于对居民身份证姓名登记项目能否使用规范汉字以及外文字和符号填写问题的批复》,以及各地方公安厅、局所制定的操作办法、规则。

③ 最高人民法院对于离婚后未成年子女姓名变更问题的司法解释有:1951年2月28日最高人民法院《关于子女姓氏问题的批复》、1981年8月最高人民法院《关于变更子女姓氏问题的复函》、1993年11月3日最高人民法院《关于人民法院审理离婚案件处理子女抚养问题的若干具体意见》(已失效)。

④ 有将姓与名分开来进行规定的,例如,《福建省公安机关办理公民申请变更更正户口登记项目暂行办法》(闽公综〔2008〕515号,已失效)第3条第1款、《关于印发〈江苏省常住户口登记管理规定(试行)〉的通知》(苏公规〔2010〕1号,已失效)第104条。也有将姓与名混合起来予以笼统规定的,如《深圳市公安局姓名变更登记程序规定(试行)》(深公[人]字〔2003〕884号)第5条规定了9种可以进行姓名变更登记的情形。

商一致、权益平衡以及子女利益优先。在一般情况下,未成年子女变更称姓须生父母意见协商一致,若不能达成一致,应以规范可查的子女成长之优先利益为考虑。

关于我国称姓变更制度中未成年子女利益的判断,笔者认为可以分为三个方面:一是子女具有判断能力时(依据现有法制,可用行为能力划分之标准来衡量子女的判断能力,即限制民事行为能力人视为具有判断能力),参考其意见。毕竟姓氏之于自身,子女的意见对判断其改姓恰当与否具有重要价值。二是称原姓对子女产生的消极影响,如上文所述父或母存在对未成年子女虐待、伤害、性侵害、疏于照顾等情形,在此种情况下称原姓自会对子女产生精神上的压力与困扰,不利于未成年人成长。三是改姓对子女能够产生的积极意义,如上文案例中未成年子女改称主要抚养自己一方父或母的姓氏,一般而言有助于子女与其共同生活。

而以上三个方面,在法官实务裁量中,结合我国婚姻家庭发展之现状与民法精神,其选择亦应有先后之分:以子女的自身判断优先,子女无判断能力时,主要考虑称原姓对未成年子女的消极影响并考虑改姓所能带来的积极效应。换言之,改姓对子女所能产生的积极意义只能作为辅助参考而存在。

(2)离婚后当事人再婚未成年子女改称继父姓或继母姓

有关父母离婚后未成年子女变更称继父姓或继母姓的问题,在基本规范上与未成年子女改称父姓或母姓一致,即在规范原则上秉持协商一致、权益平衡以及子女利益优先。在一般情况下未成年子女变更称继父姓或继母须生父母意见协商一致,若不能达成一致,子女宜维持原姓。

然而考虑子女融入新家庭之特殊状况,主要抚养照顾子女之一方若再婚,而申请子女称自己姓时,若不能与生父母另一方协商一致,应维持称原姓。唯此种情形下,申请称与未成年子女共同生活一方姓氏而有证据显示对子女有利者,户口管理机关或法院结合具体情况,或可肯定此种子女变更称姓。

(3)收养未成年子女变更称姓

现行民法就养子女称姓,规定于《民法典》第1112条,养子女可以称养父姓,可以称养母姓,亦可以保留原姓。然养父母对于协议保留原姓之未成年养子女,在形成收养关系后,得否要求其改称养父姓或养母姓?此问题于法律规范中无明文规定,仅于公安部三局1958年意见第9条中提到养子女更名的问题,“……十八周岁以下的人,申请由乳名改大名的,根据本人或者父母的申报即可给予变更。但被收养或被认领的人,年龄较大的须征得本人同意,才可给予变更……”。

结合我国相关规范意旨来看,准用公安部2006年通知之基本规则来进行解决较妥当,即以本人的劳动收入为主要生活来源的16周岁以上未满18周岁的未成年养子女,自主决定本人称姓的变更;其养父母要求变更其姓的,必须征得其本人的同意;对于养父母要求10周岁以上的未成年养子女变更姓的,应当征得其本人的同意;不满10周岁的未成年养子女姓的变更,由其养父母协商一致后决定。(原《民法总则》颁行之后,则以“八周岁”为区分无民事行为能力人与限制民事行为能力人的年龄标准)如此,一方面可以考虑收养家庭之和睦共处利益,另一方面可以满足未成年养子女自身意志的判断发展。而养父母离婚、再婚之情况下未成年养子女姓氏问题,可参考前文已确立之规范框架进行操作。

综上所述,在子女变更称父姓或母姓的问题上,成年人自得为之,未成年人之变更立足于父母协商意见一致,父母离婚后对子女姓氏问题不能协商一致而称原姓符合子女利益的,维持称原姓;若称原姓有不符合子女之最佳利益的法定事由,则可依一方当事人之申请为子女改姓。

父母离婚而与子女共同生活一方再婚的,子女称继父姓或继母姓须父母、继父或继母各方协商一致,协商不一致时则维持原姓。唯此时与未成年子女共同生活一方申请子女随其姓氏而有证据显示对子女有利者,可依一方当事人之申请为子女改姓。

父母离婚一方亡故而另一方再婚的,子女改称继父、继母姓氏仍按公安部2006年通知办理。收养关系中养父母对未成年养子女改姓要求,按上述2006年通知办理。而养父母离婚、再婚的,养子女称姓变更问题同上述父母离婚、再婚规则即可。

(4)变更为“第三姓”

本书所指“第三姓”,盖指上述父母、继父母、养父母(及养子女原姓)之外的姓氏,而上述当事人之姓氏,均以正式户籍登记记载为准。上文已经提到,“第三姓”之问题,缘起我国以原《婚姻法》第22条为核心的称姓制度的不完备,进而导致了各地户政管理与司法裁判的意见各有出入,造成姓名权人在变更利益上处于不确定状态的问题。而针对“第三姓”问题所涉及的年龄段问题,成年阶段和未成年阶段均存在,然而所论及问题的关键已不再是变更称姓的合意与否,所以"第三姓"的存在与否是自然人在称姓选择上面临的共同问题。

在地方规范上,各地户政机关所持观点略有出入,有的不允许称父母姓之外的"第三姓",并给出"其他特殊原因"的例外性条款,如黑龙江省公安厅《关于规范常住户口管理若干问题的意见》、《福建省公安机关办理公民申请变更更正户口登记项目暂行办法》(已失效)以及广西壮族自治区《关于印发〈全区常住人口主要登记项目变更更正工作规范〉的通知》。而有的地方则持相反观点,如湖北潜江《潜江市公安局户籍业务办理工作规程》。可见,在称"第三姓"的问题上,各地方所采态度并不统一,形成承认与否认的对立局面。而在否认第三姓的规范之中,又对具有血缘关系的祖辈姓氏可否变更规定不一。① 同时,"其他特殊原因"之内涵界定亦无从得知。这些规定的差异性与模糊性给意图变更为父母姓氏之外的"第三姓"的当事人造成了极大困扰,在实践中也引起了颇多纠纷。所幸《民法典》第 1015 条正面回应这一问题,确认"第三姓"存在的规范空间。

在此前的"倪某龙案"中,原告倪某龙自中学起就将姓名变更为"金钢",原告家人及左邻右舍多年也称原告"金钢"。原告现以不喜欢自己的原姓名为由向被告公安机关申请变更姓名为"金钢"。法院对此姓名变更原因进行了审理,认为原告虽有权变更自己的姓名,但其要求变更姓名为"金钢"的申请不符合原《婚姻法》第 22 条"子女可以随父姓,可以随母姓"的规定。② 沈阳律诗"第三姓"案件中,律诗申请改姓为"耶律",被告沈阳市公安局苏家屯分局依据原《婚姻法》第 22 条及辽宁省公安厅制订的辽公治〔2004〕110 号《关于加强当前户口管理和户口登记项目变更更正工作的通知》不认可律诗要求变更为第三姓的请求,律诗诉至法院要求被告履行变更登记,其诉求于一审和二审中均遭驳回。③

此两案具有变更第三姓的一般代表性,唯"倪某龙案"中倪某龙使用"金刚"之

---

① 可对比黑龙江省《关于规范常住户口管理若干问题的意见》(公安厅黑公通〔2007〕第 64 号)第 4 条第 1 款与广西壮族自治区《关于印发〈全区常住人口主要登记项目变更更正工作规范〉的通知》(桂公通〔2010〕第 307 号)第 1 条第 2 款。

② 天津市河北区人民法院(2004)北行初字第 13 号行政判决书。

③ 辽宁省沈阳市中级人民法院(2005)沈行终字第 252 号行政判决书。

姓名已具有较长年限,获得相当程度的家庭与社会认同,在尊重权利自由、追求称呼上的一贯性与现行制度中对“第三姓”确有不同理解的情况下,笔者以为,可判决认可倪某龙之改姓申请,既满足当事人自我意志的实现,也可强调现行称姓制度弥补疏漏的紧迫性,而不应片面压制其改称姓名之请求。

而有关姓名权人家族本姓与父母姓氏之间子女从姓的选择问题,“上海某 A 变更姓名案”中,A 向甲派出所提出申请,申请该所将其姓名由“王”变更登记为“万”,理由是:因其父亲随祖母姓“王”,其也随祖母姓,现申请随祖父姓“万”。甲派出所根据《上海市常住户口管理规定》第 26 条规定变更之情形,作出不予批准的审批意见决定。A 遂起诉,亦没有得到法院的支持。① 而北京萧氏“第三姓”案件中,北京市海淀区黄女士于 2003 年多次到当地派出所为其新生儿登记户口,派出所工作人员均予以拒绝,理由就是新生儿的姓“萧”与父母双方姓氏均不相同。但在该案中亦存在特殊情况,孩子的父亲本就姓“萧”,只是由于在一次户籍登记时出现错误,将“萧”误作“肖”,以后也就将错就错姓肖了。现在肖父想让自己的儿子恢复家族的本姓,结果却遭到拒绝。②

此两案中涉及在姓名权人家族事实上的本姓与国家户口正式登记姓氏间子女从姓的选择问题。结合上述规范论证中福建、广西的户政规范来看,“返祖姓”得到了一定程度的认可。且在我国部分地区尚有后代子孙返祖归姓的风俗传统。于立法上承认此项良俗,于姓名权人、家族、社会并无明显消极影响。但考虑所涉姓氏变更牵动不同家族利益,唯须父母及上辈直系亲属协商一致并充分考虑子女利益,始得为之。

但在“王文隆案”中,公安机关起初以公安部三局 1958 年意见第 9 条为依据,不同意将其名字改为“奥古辜耶”,但后来又同意了其更名申请。③ 显然,“奥古辜耶”这一姓名无论是在姓的选择上还是在名的选择上都颇为新潮,甚至如何划分其中的姓名都难以言明。由此可知,我国实务上对“第三姓”的取舍尚未达成一定的共识。

综合以上判例学说与地方规定可知,此前我国实践中对“第三姓”的规范问题并

---

① 上海市第一中级人民法院(2012)沪一中行终字第 139 号行政判决书。

② 参见李罡、郭自东:《不批新生儿姓“第三姓”家长告上法庭》,载《北京青年报》2003 年 6 月 14 日。

③ 北京市石景山区人民法院(2002)石行初字第 15 号行政判决书。

没有形成统一意见，[①]在司法裁判中有的援引原《婚姻法》第22条规定并作缩小或扩大解释，[②]有的直接以地方户政管理规范进行裁量，[③]即从规范和实务出发都不能得出有关“第三姓”问题决定性的结论。而现实中“第三姓”的存在以及夫妻双姓制度例外的特殊处理，都需要明确“第三姓”在法律上准确的定位。因此，如何理解《民法典》第1015条之规定，寻找于何种情况下可使“第三姓”入公民称姓选择之范围，成为一个问题。

笔者以为，通过观察大陆法系、英美法系国家之规定，多在制度或理论上接受了父母双姓作为子女称姓选择范围之限制。而以我国姓名现状观之，虽有支持第三姓之观点如“在姓名的传统功能逐渐衰落背景下，允许自然人改姓，有利于进一步发挥姓氏的区别功能，减少重名现象，解决确定姓氏发生的争议，确定亲子关系不明确的未成年人的姓氏，增强婚姻、家庭共同体的凝聚力，满足部分生僻姓氏、歧义姓氏、贬义姓氏等当事人改姓的意愿，最终促进和谐社会的建立”，但其主要着眼避免“重名”“尊重公民人格自由”。[④] 若开放“第三姓”，自然人可任意决定自己之姓氏（包括自造姓），一方面有向大姓继续集中，重名加剧之虞，另一方面则可能带来姓氏混乱，影响社会、家族之传承，无异于废姓，混淆姓与名的区别。[⑤]

而从保护公民自由权利角度来看，姓氏具有表征家族身份与血统、传承文化与凝聚家庭、保护人伦孝道并维护社会稳定的功能。故而在强调“第三姓”的存在空间时，不应走向极端，甚至认为不必坚守“原则从父母之姓”。[⑥] 我国司法实践中亦提出：“习惯上以及正常情况下，在正常的自然家庭关系中，姓只能为父姓或母姓，改的范围不能超出这两者，才能保持其传承性，亦符合人们对子女姓氏传承的普遍认知。

---

① 黑公通〔2007〕第64号第4条1款、闽公综〔2008〕第515号第3条1款以及桂公通〔2010〕第307号第1条2款之规定。

② 天津市河北区人民法院（2004）北行初字第13号行政判决书、上海市第一中级人民法院（2012）沪一中行终字第139号行政判决书、北京市石景山区人民法院（2002）石行初字第15号行政判决书。

③ 辽宁省沈阳市中级人民法院（2005）沈行终字第252号行政判决书、上海市第一中级人民法院（2012）沪一中行终字第139号行政判决书。

④ 参见马桦、袁雪石：《“第三姓”的法律承认及规范》，载《法商研究》2007年第1期。

⑤ 参见李予霞、刘占斌：《我的名字谁做主？——论姓名命名权的自由与限制》，载《法律适用》2009年第6期。

⑥ 参见黄泷一：《姓氏选择、公序良俗与法律解释——最高法院第89号指导案例与姓名权立法解释评述》，载《法治研究》2018年第5期。

从户口管理工作角度来看,姓只能为父姓或母姓亦有利于建立科学的适合社会经济发展的户籍管理制度。”[①]自然人表彰个人人格之自由,于姓名上主要突出在“名”,故自我决定姓氏,特别是决定第三姓的自由利益,实难动摇姓氏于家庭、社会上的传统积淀功能与作用。

因此,原则上不允许“第三姓”。唯因社会变化甚巨,人之个性需求不断多样化,宜设置例外条款,允许若干特殊情形下可称“第三姓”。换言之,若存在因早期填写错误或其他原因而与祖姓不同欲改称祖姓且得到相关亲属同意的,或当再坚持父母姓氏将严重损及人格尊严及人格自由发展的,例如,某人长期受到来自家族内的侵害,而欲在形式上脱离该家族以走出阴影获得重生,或原称姓却有“生僻、歧义、贬义”之情况存在,可允许其自称“第三姓”。此时“第三姓”的选用须从社会管理及文化发展的角度出发,由立法者综合不同利益作出最佳判断,即《民法典》第1015条所称“有不违背公序良俗的其他正当理由”。

2. 名的变更

“姓”于我国具有血缘性与人格性之双重性质,其变更受制于可称姓之选择范围的狭窄性与变动时所涉当事人合意的严格性(未成年人阶段的称姓变更),自应从严。而“名”向来为表征人格特色,寄托喜好追求之外在符号,尽管我国部分地区遵照传统民俗中的行辈制度,凡同宗同辈者的“名”里使用一个固定的字或者偏旁,不同辈分则使用不同的字或者偏旁,世次整肃,秩序井然,绵延不绝。[②] 但当下中国城市化进程迅速,人口流动性大大增强,固有的大型家族呈现瓦解趋势,[③]“名”中的行辈制度也只能作为一种善良风俗留于民间,无法律上适用的强制效力。故改名一事,自应从姓名权人人格之正当利益出发予以考虑,即只需不违背公序良俗并无害他人利益,其修改应求从宽,不应当过度限制个人变更名字的权利。[④]

现实状况距上述推理甚远,我国公民行使“更名”权利常有种种不利与困难。我

---

① 辽宁省沈阳市中级人民法院(2005)沈行终字第252号行政判决书。

② 袁雪石:《姓名权本质变革论》,载《法律科学》2005年第2期。

③ 参见孙庆忠:《乡村都市化与都市村民的宗族生活——广州城中三村研究》,载《当代中国史研究》2003年第3期。

④ 参见张建文、贾佳:《论我国姓名变更权的法律限制问题》,载《河北法学》2011年第3期。

国全国性统一适用的更名规范见于公安部1958年《意见》第9条2项规定，但其对于其表述的“充足理由”的内涵在实践中的理解并不明确一致。而有关“名”之规范性与适当性规范方面的内容仅见于《居民身份证法》第4条和2001年公安部《关于中国公民姓名用字有关问题的答复》中，且只有用字规范而无适当性之考量。同时，各地方公安机关为了规范户籍管理工作，各出台相应的更名规范，对公民更名行为设置限制，造成纠纷众多。而法院在审理此类案件纠纷之时，一般出于维护稳定的大局，优先考虑维护公安机关的权威，致使行政救济途径对当事人徒有形式。即使个别案件法院与公安机关意见相左，也会积极与公安机关沟通，促使公安机关为当事人变更姓名，动员当事人撤诉息讼。①

综上，有关“名”之变更，从规范上审视考量，须解决两个重要问题：一是改名需要在何种条件下进行发动；二是更改之后的用名应符合怎样的规范方为妥当，如用字、长度及表达内涵问题等。

基于姓名权为人格权之一种，名表征人格，与人之主观感受密切相关，处理更名问题不应拘泥文义字面，而应深刻探究权利主体内心真意及周遭环境，力贯保障个人人格尊严与人身自由之意旨。因此，对于姓名变更权行使事由，应当在维护社会管理秩序的前提下，对更名限制的比例采“改名从宽”原则。姓名变更原则上自由行使，对于“特殊情形”“充足理由”等不确定概念应有户籍机关依据具体情况而定，但以更名不损害公序良俗为兜底条款。②

“名”作为公民生活于一定社会所识别之代号，且应依法进行户籍登记，则基于社会使用文字的一般习惯与户籍行政作业上的考量，“名”亦需要符合一般社会观念的认可与限制。但当今社会个性张扬之盛，这一限制在个人利益与社会利益之间应取得何种平衡，乃是贯穿“名”之适当性规范始终的着眼点。一般而言，名的限制应从命名的文字限制与命名的适当性限制两方面入手，而文字限制又可分为字源与字数的限制，适当性限制则须从名的形、音、意与识别机能等方面进行规制。

名的适当性问题似应交予公共机关自由考量，但须根据固有传统及社会一般观

① 参见杜亚明：《改名谁说了算——从两起案件看姓名立法的必要性》，载《法制与社会》2003年第2期。

② 深圳市公安局2003年12月20日《关于实施〈深圳市公安局姓名变更登记程序规定（试行）〉的通知》。

念予以判断。用名须于一般社会观念上具有适当性,是所谓不能妨及子女和他人之正当利益,不损及“名”所具有的社会机能。

有关悖俗更名,诚如日本实务上之“恶魔”案件①法院所述,命名“恶魔”,就新生儿立场看,属于命名权的滥用,将极可能导致惹人注目之事件造成其对于社会之不适应性,命名权如此,姓名的变更应如此。笔者认为,于我国此种命名方式在“名”之适当性规范中并无不可,也没有限制之必要。

3. 姓名变更中的共通性问题

前文已分别就我国姓名变更中“姓”之变更规范与“名”之变更规范不同的规制方法与所需考虑之核心问题进行了讨论。然姓名登记问题中尚存许多要素属两者共有之,如申请登记之主体、禁止变更姓名的事由以及变更姓名的可行次数等。此诸多要素于我国的姓名规范中并不完备,如申请主体于《户口登记条例》中的规定与民事主体行为能力制度的规定存在明显冲突,这也导致了申请姓名变更之实践中矛盾丛生,而变更禁止与变更次数亦有改进的必要。所以,在此选择现存比较突出的问题在此进行讨论。

(1)姓名变更之申请主体

对于《户口登记条例》第 18 条之规定,应将未成年人之申请缩小解释为得到父母双方协商一致认可之申请;对法定代理人提出的申请应要求父母同时到场或提供双方形成未成年子女姓名变更合意的书面意见。于例外情况下,未成年子女可依称自身利益判断通过一方法定代理人申请变更登记或通过诉请法院宣告的方式来进行变更。对这些规范的分析并结合实务,笔者认为,姓名变更形式上的行使主体应分为以下两种类型:

第一,年满 18 周岁的成年人与以本人的劳动收入为主要生活来源的 16 周岁以上未满 18 周岁的未成年人,可自主决定本人姓名的变更,由其本人行使姓名变更权。

第二,未满 18 周岁的未成年人,由其本人申请(须有父母意见之书面证明)或由其父母、收养人(弃婴的姓名依收养人或者育婴机关的意见确定)代为申请变更姓

---

① 东京家庭裁判所昭和 49 年(1974 年)4 月 9 日审判,载《日本家庭裁判日報》第 28 卷 3 号,第 56 页。

名；于例外上，依照法律规定，结合父母离婚、再婚等特殊情况与自身称姓更名利益，通过一方法定代理人申请变更登记或诉请法院宣告变更。

(2)姓与名的变更次数

姓名究竟可以变更几次？在实务中，有案例以频繁更名为由对姓名变更权进行限制，如在“闫才源案”中，原告闫才源，原名闫蕾，1989 年由闫蕾更名为“闫磊”，1998 年由闫磊更名为“闫才源”。现有申请更名为“闫宇奥能”，户籍登记机关援引《最新户籍管理实用手册》第 24 条之规定，认定其属于频繁姓名变更范围，不应再次更名。法院从姓名在实际生活中与个人的经济或其他社会活动相连，随意更名将造成民事、商事等活动无序局面的角度出发，认定其频繁变更姓名，驳回了原告的诉请。①

我国《姓名登记条例(初稿)》②为了防止滥用姓名权、频繁变更名字现象的发生，于第 20 条规定，年满 18 周岁的公民依照规定申请办理名字变更登记的，以一次为限。又如上文所言，我国各地规范尚有规定姓名变更可为一次者，如山东省，③而河北省规定未满 18 周岁可变更两次，满 18 周岁只能变更一次。④ 先无论此种简单化处理的规定是否合理，即便是各地差异化的“立法”就违背了基本的法治统一原则。

笔者认为，基于“姓”“名”的区分，有关“姓”的变更次数，从社会传统与血缘关系之稳定性上考量，原则上可规定为一次，而于未成年时期因婚姻家庭变动而有改姓，成年后因特殊原因仍需改姓者，可允许再改一次。而关于“名”的变更次数，于事实上名字造成生活识别上的困扰的，自应允许改名，次数以两次为限，但确有改名之必要的，可为两次以上；而于情感上之原因而改名的，限定次数有利于节约社会成

---

① 河南省焦作市山阳区人民法院(2005)山行初字第 4 号行政判决书。

② 公安部《姓名登记条例(初稿)》于 2007 年 6 月 11 日起草完成，随后下发各地公安机关组织研修，但至今未能正式施行，仅具学理研究之参考价值。

③ 山东省公安厅《关于规范常住户口管理若干问题的意见(试行)》(鲁公通〔2006〕302 号)。此外，规定原则上只能办理变更一次的还有福建省公安厅《福建省公安机关办理公民申请变更更正户口登记项目暂行办法》(闽公综〔2008〕515 号)、黑龙江省公安厅《关于规范常住户口管理若干问题的意见》(黑公通〔2007〕64 号)、河南省《洛阳市公安局办理户口工作规范》和辽宁省沈阳市公安局《关于加强居民户口登记项目变更更正管理工作的通知》等。

④ 《河北省公安机关户政管理执法工作规范》第 177 条。

本,防止无端混淆,似以两次为恰。① 且上述“姓”与“名”变更次数之计算,在户籍登记设备技术允许的情况下,可分别予以记载,以保障公民姓名变更权利合理有序实现。

(3)姓名变更之禁止

无论是“姓”的变更还是“名”的变更,抑或是“姓名”的同时变更,都将带来姓名权人改换称呼,以新面貌出现于社会之事实。欲通过改换姓名而有逃避债务或公力惩罚、制裁的,《民法典》第1016条第2款规定,“民事主体变更姓名、名称的,变更前实施的民事法律行为对其具有法律约束力”。

我国公安部三局1958年《意见》第9条第2款规定,①年满18周岁的人,要变更现用姓名时,应适当加以控制,没有充分理由,不应轻易给予更改。有充足理由的,也应经派出所所长或乡长批准,才可给予更改。不好决定的,应报上一级户口管理机关批准。妇女原冠夫姓申请去掉夫姓,或称氏改为姓名的,以及僧、道、尼由法名改为俗名的,问明情况后即可给予变更。上述变更除妇女去掉夫姓和称氏改为姓名外,其余的人在更改后,仍应将原名在户口登记簿上保留,以备日后查考。②18周岁以下的人,申请由乳名改大名的,根据本人或者父母的申报即可给予变更。但被收养或被认领的人,年龄较大的须征得本人同意,才可给予变更。机关、团体、学校、企业、事业等单位的职工需要变更姓名时,必须有所在单位人事部门准予变更的证明,才可给予变更。③依法被剥夺政治权利的人和正在受刑事处分的分子,以及正在劳动教养的人,一律不准变更姓名。

上述规定采取的亦是“列举+一般条款”的规制模式,此种模式优点自不待言。但该规定所述之苛刻的更名程序甚为不妥。更名应经行政长官批准或单位证明,是对更名的严格限制。对于剥夺政治权利的人禁止更名亦无法律依据,而对反法治、反人权之劳动教养之人禁止更名更属违法之举。②

姓名变更系属重要之人格自由利益,是姓名权的核心内容,其对内攸关人格尊

① 基于实用主义的考量,原则上设置变更次数是较妥当的方案。参见石冠彬:《姓名权行使纠纷的裁判规则及应然路径》,载《四川大学学报(哲学社会科学版)》2018年第3期。

② 有关劳动教养废除论的论述,参见时延安:《劳动教养制度的终止和保安处分的法治化》,载《中国法学》2013年第1期。

严，对外展示个人形象，更于社会管控方面意义重大，是一项公私法上的综合议题，我国《民法典》难以全面规定。本书尝试得出如下见解：

第一，姓的变更和名的变更应予区分，并适用不同的规则。姓的变更分为从父姓或从母姓及自称第三姓两种类型。对于从父母姓，夫妻离婚、再婚及收养后未成年子女姓氏变更问题，原则上离婚双方达成对未成年子女具体改成何名何姓的一致意见方为更改，意见不一时，应考量立法规定的子女称姓利益，且本源血缘关系应优于拟制血缘关系。

第二，对于第三姓问题，原则上禁止改称第三姓。但当改称第三姓系出于对先前错误登记之更正或重新改变生活环境等特别有利于更改主体之利益时，可由法官酌情撰理，依据《民法典》第 1015 条第 3 项的规定允许更改。

第三，对于名的更改，在"列举 + 一般条款"的立法模式下，宜采改名从宽原则，但应符合命名规范性与适当性要求，法无规定之事由则以不违公序良俗为底线。名的适当性问题须根据固有传统及社会一般观念予以适当限制。

第四，对于姓名变更之主体，满 18 周岁的由本人更改；未满 18 周岁应采意思能力标准，不应一味否决本人之姓名变更申请权。对于离婚后子女之姓名变更，应以维护子女利益为优先原则。

第五，对于姓名变更之次数，原则上姓为一次，名为两次，但若于特殊情形下，可以允许突破次数限制。

第六，对于姓名变更的限制，宜增加现有制度内禁止变更的特殊主体，而不同主体于姓名变更上的限制以受到刑罚的性质和程序予以区分，并考虑禁止变更姓名的时限。

专题十六　公众人物名誉权

本专题撰写人:张　红

【《民法典》及相关法律法规的新规则】

《民法典》第998条

认定行为人承担侵害除生命权、身体权和健康权外的人格权的民事责任,应当考虑行为人和受害人的职业、影响范围、过错程度,以及行为的目的、方式、后果等因素。

《民法典》第1024条

民事主体享有名誉权。任何组织或者个人不得以侮辱、诽谤等方式侵害他人的名誉权。

名誉是对民事主体的品德、声望、才能、信用等的社会评价。

【规则由来】

2002年,法院在"范志毅案"的判决书中首次使用了"公众人物"一词,这被认为具有重大意义。此后各级法院开始逐渐效仿,将公众人物的名誉权与一般公民的名誉权加以区分,"公众人物"一词越来越多地出现在各级法院的判决书中。但是,我国现行法律法规还没有"公众人物"的法律概念,理论界对公众人物也有一定的争议。根据对《民法典》第998条规定的解释,可以认为我国《民法典》采纳了公众人物的概念。

【规范意旨】

《民法典》第998条规定,认定侵害名誉之民事责任应当考虑行为人与被害人的职业因素。“公众人物”(public figure)与公共利益相联系,具有强大的社会影响力,其名誉较一般人而言不可避免地受到了更多的限制。

不可否认的是,公众人物的名誉权其范围比一般人更狭窄,这是讨论公众人物名誉权问题的意义所在。但是,要使公众人物的名誉权理论发挥其真正的价值,还需要解决以下两个问题。第一,如何区别公众人物和一般人,公众人物的概念为何,其内部该如何分类;第二,基于任何一个人在一定范围内的名誉都应当受到法律的保护,那么对公众人物的名誉该在何种范围内进行限制,又该如何保护。《民法典》第998条在公众人物名誉权限制保护上,仅考虑“受害人的职业”因素,不甚完美。在具体的司法实践中,仍应当结合其他考量因素综合判断。笔者认为,对于公众人物名誉权的限制和保护,应当考虑以下三个因素:

第一,时间因素。一个人不可能永远暴露于公众之中,而公众人物也可能因为时间的经过而隐退,如政府官员退休、卸任,某一社会事件因为时间的经过而不再具有社会关注度等。在这种情况下,经过时间的流逝,原来的公众人物也可能成为一般人。因此,只有在某一个人还是公众人物,或者其所涉及的事件具有相应的社会关注度和影响力的时间范围内,其名誉权才受到相应的限制,一旦超出该时间范围,对其名誉权的保护就应当恢复至同一般人相同的水平。

第二,事件因素。根据事件的性质和严重程度不同,对于公众人物名誉权的限制和保护程度也不尽相同。比如,某些社会影响大、社会关注度广、涉及公共利益多的社会事件,相关人员的名誉在事件范围内就可能受到更多限制。但对于某些特殊事件,如刑事犯罪案件,当事人可能因为一时的社会关注而成为公众人物,对于他们的名誉权还是应当给予相当程度的保护。

第三,主体因素。正如上文所论述的,对于不同身份的公众人物的名誉权,应当给予不同程度的限制和保护。政府官员其名誉权的限制相对严格;影视明星在其职业范围内,其名誉权也受到相当程度的限制;而对于卷入偶然社会事件的公众人物,对其名誉权的限制只能限定在与事件相关的范围之内。同样,主体的主观意志也是参考标准之一,特别是对于那些非自愿型公众人物,如果其表达出在公众目光下隐退的意愿,那么法律应当尊重主体的意志,不能再允许泄露相关名誉,并要给予其名誉权与普通人相同的保护。

【典型案例】

案例一:"范志毅诉文汇新民联合报业集团侵犯名誉权案"

2002 年 6 月 16 日,文汇新民联合报业集团在其出版发行的《东方体育日报》上刊出题名《中哥战传闻范志毅涉嫌赌球》的报道,随后于 6 月 17 日、19 日又对该事件进行了连续报道,刊登了对范志毅父亲的采访及范志毅没有赌球的声明;最后于 2002 年 6 月 21 日以《真相大白:范志毅没有涉嫌赌球》为题,为整个事件撰写了编后文章。2002 年 7 月,范志毅以《东方体育日报》在 2002 年 6 月 16 日刊登的《中哥战传闻范志毅涉嫌赌球》侵害其名誉权为由,起诉到上海市静安区人民法院,要求被告向他公开赔礼道歉,并赔偿精神损失费人民币 5 万元。

2002 年 12 月 18 日下午,上海市静安区人民法院认为,"被告的新闻报道是以为社会公众利益进行新闻宣传和舆论监督为目的,应当受到法律保护",因为"关于原告赌球的传言,表面上看,是涉及原告个人的私事或者名誉,但原告这一私事或者名誉与社会公众关注世界杯,关心中国足球相联系时,原告的私事或者名誉就不是一般意义的个人之事,而属于社会公共利益的一部分,当然可以成为新闻报道的内容",该判决书首次使用了"公众人物"的概念,明确阐述:"即使原告认为争议的报道点名道姓称其涉嫌赌球有损其名誉,但作为公众人物的原告,对媒体在行使正当舆论监督的过程中,可能造成的轻微损害应当予以容忍与理解。"据此,作出一审判决:(1)原告范志毅要求被告文汇新民联合报业集团赔礼道歉的诉讼请求,不予支持。(2)原告范志毅要求被告文汇新民联合报业集团赔偿精神损失费人民币 5 万元的诉讼请求,不予支持。(3)案件受理费人民币2110元,由原告范志毅承担。①

案例二:社会公众人物的容忍义务

2017年10月5日,某公司旗下微信公众号平台中的《我们拜读了纯洁心灵毕××导演的博士论文》——"百度百科搬运工毕××"一文中,发布了诸多针对原告的言论。原告系具有一定知名度的导演,他以被告的上述文章构成对自身的诽谤和侮辱为由提起名誉权侵权之诉。②

法院认为,本案双方当事人争议的焦点问题是《百度百科搬运工毕××》一文及后续文章是否构成对原告名誉权的侵犯。名誉侵权的构成要件要求,行为人公开作出关涉被侵权人的具有名誉毁损性质的陈述并存在过错。综观全文,首篇涉案文章主要内容为对原告博士学位论文内容的讨论,在原告的回应文章中,其也认可文章作者的确指出了论文的疏漏之处,并对其中作者的质疑进行了回应。原告作为公众人物,其毕业论文亦属于可为公众获得的资料,对其论文进行讨论、评论,具有一定的研究意义。虽然文章标题及文中有一些词语,有一定夸大的成分,但本身并无侮辱或诽谤的内容,且之后双方围绕这一事件互有发文,着重对事件的争论。

从被告是否存在主观过错分析,虽然被告运营的公众号包括对电影的讨论,并不能推断出其在主观上具有侵犯原告名誉权的故意。

原告所称涉案文章的发表对其拍摄影片的放映产生影响,但在庭审中查明,原告所拍摄影片的上映时间早于涉案文章发布时间,且在此之间已经产生了一定的社会评价。故从被告言论造成的后果分析,亦难以认定其造成了原告社会评价的降低。

由于原告系具有一定社会知名度的电影导演,属于公众人物的范畴。原告的此种身份容易成为大众关注的焦点,具有吸引舆论的特质,使社会对其评论具有全方位、多角度、纵深性、持久性的特点,其亦有更多的机会通过媒体对相关报道或评论加以澄清。因此,其理应对社会评论具有更大的容忍义务。涉案文章中部分用语虽

---

① 《范志毅"赌球"报道引出名誉侵权案》,载《扬子晚报》2003年5月15日。

② 北京市第三中级人民法院(2020)京03民终9599号民事判决书。

然有些尖锐,但由于该评论未超过损害原告人格尊严的必要限度。因此,法律不宜对此类评论加以苛刻地限制,而原告作为公众人物应对上述评论加以容忍和理解。

【理论阐释】

一、公众人物理论概述

(一)公众人物的界定

在"范志毅案"[①]中,法院判决书中首次出现"公众人物"一词,这被认为具有重大意义。此后各级法院开始逐渐效仿,将公众人物的名誉权与一般公民的名誉权加以区分,"公众人物"一词越来越多地出现在各级法院的判决书中。但是,我国现行法律法规还没有"公众人物"的法律概念,理论界对公众人物也有一定的争议。[②]

通过参考国外公众人物的界定,笔者认为,公众人物应是在一定范围内为社会公众所熟知和关注,其言行举止与社会公共利益密切相关,个人信息也具有一定公共兴趣性的社会人员。最主要的是一些影视界、体育文艺界的明星、劳动模范以及与老百姓生活息息相关的政府官员。同时应注意,公众人物并不是完全"公共的",其纯粹私人性质的言行不应纳入公共范围,其合法权益不能因其特殊身份而受限制甚至是遭受不法侵害。

(二)公众人物的分类

公众人物本身是一个具有相对意义的概念,所指的"在一定范围内"界限也比较模糊。因此,根据不同标准对公众人物进行基本分类,有利于进一步明确其范围,合理平衡公众人物名誉权的保护与舆论监督之间的关系。

---

① 上海市静安区人民法院(2002)静民一(民)初字第1776号民事判决书。

② 主要的反对意见,参见李延枫:《论名誉权诉讼中的公共利益原则——基于对公众人物理论的反思》,载《北方法学》2020年第1期;朱友好:《民法典编纂视野下公众人物理论的反思与抛弃》,载《湖北社会科学》2020年第1期;苏力:《隐私侵权的法理思考——从李辉质疑文怀沙的事件切入》,载《清华法学》2019年第2期。

1. 自愿型公众人物和非自愿型公众人物

按照主体的主观意愿不同，可将公众人物分为“自愿型公众人物”和“非自愿型公众人物”，①前者主要是指主观上直接追求或放任自己成为公众人物并在客观上成为公众人物的人，典型的如影视明星、著名主持人、政治家等。后者成为社会公众关注的对象往往不是其主观追求或放任的结果，而是由于某些具有新闻价值的重大事件经过媒体的大肆报道而使当事人被动成为所谓的公众人物，在他们“出名”之前或“出名”时并没有作出过任何愿意成为公众人物的意思表示。例如，一名奋不顾身的救人英雄，被媒体大量宣传后家喻户晓。

2. 政治公众人物和社会公众人物

按照社会角色的不同，可以将公众人物分为政治公众人物和社会公众人物。这种分类主要是从我国国情和人们的普遍认识出发，将政府公职人员单独列为一类政治性公众人物，而社会公众人物主要是指除政治领域外的公众人物，主要包括影视明星、歌星、劳动模范、知名学者等。这种分类的意义在于：前者更多地涉及国家利益、公共利益和舆论监督问题；后者则是因为其具有一定的知名度，因而在社会生活中引人注目，主要涉及公众兴趣问题。②

二、我国公众人物名誉权保护的法律建构

（一）理论前提——公众人物名誉权之特殊性

在现实中，公众人物的身份与普通公民的身份确有不同。同时，在信息大爆炸和数字化的今天，各类信息对公众人物和普通公民名誉的影响也存在较大差异。在名誉权的法律保护上，其主要表现为公众人物名誉权的特殊性：

1. 公众人物名誉权主体的特殊性

公众人物大多因担任公共职务而握有一定权力，从而影响人们的日常生活，或

① 洪波、李轶：《公众人物的判断标准、类型及其名誉权的限制——以媒体侵害公众人物名誉权为中心》，载《当代法学》2006年第4期。

② 王利明：《公众人物人格权的限制与保护》，载王利明、葛维宝主编：《中美法学前沿对话：人格权法及亲戚法专题研究》，中国法制出版社2006年版，第9页。

者因从事演艺、歌唱事业而受到众人的追捧,其拥有频繁的曝光率、广泛的知名度,其言行也多与社会公共利益密切相关。同时,公众人物所获得的精神和物质利益也在很大程度上超过普通民众,所以人们在名誉权的保护上往往会根据权益主体的不同而将公众人物与普通公民区分开来。①

2. 公众人物名誉权与财产利益联系的紧密性

名誉权作为人格权之一种,其本身并不具有直接的财产内容。但是由于公众人物的影响力和号召力,往往能够凭借自身的良好形象和名誉获取更多的财产利益。因而,一旦出现与某个公众人物相关的负面报道,其社会评价被降低,就有可能给其带来比一般民事主体更大的财产损失,甚至使其丧失自己的事业,因而公众人物的名誉权与财产性利益具有紧密的联系。

3. 公众人物名誉权与言论自由的冲突性

言论自由是公民不可缺少的基本权利之一,同时也是保障和促进国家、社会稳定发展的动力。而名誉权作为人格权之一种是随着人格权的发展而不断发展的,名誉权的保护只是在第二次世界大战以后,由于社会经济条件的变化,特别是报刊、广播电视的发展导致滥用言论自由造成了空前绝后的损害后才被提上法律保护议程的。②

由于名誉权保护的价值取向是公民个人利益的维护,其更侧重保护个人利益以及个人在私生活中的自主权,而言论自由则侧重社会公共利益的保护。同时,由于公众人物的个人言行举止和个人信息与公共利益密切相关,所以公众人物必然会受到社会媒体的普遍关注,媒体的报道对于公众人物的形象和名誉可能会产生不良的影响,进而侵害公众人物的名誉权。因此,言论自由与公众人物的名誉权不可避免地存在冲突。

(二)基本原则——公众人物名誉权保护之适当限制

公众人物都有特殊的社会身份和地位,享有更多的精神和物质利益,从权利义

① 韩反修:《论公众人物名誉权的特殊保护》,郑州大学法2006年硕士学位论文,第23页。

② 如在德国法中,德国法院在20世纪50年代才通过判例承认了一般人格权,对公民的名誉、隐私等予以保护。参见张新宝:《中国侵权行为法》(第2版),中国社会科学出版社1998年版,第310页。

务对等方面来说,人们普遍赞成公众人物在行使名誉权时应受到一定的限制。同时,出于保障公民知情权、满足合理的公众兴趣、平衡言论自由与名誉权冲突等因素的考量,①对公众人物名誉权进行限制应具有现实性和合理性。

我国的司法实践已逐渐认同上述观点,如2009年的“杨某娟诉《南方周末》报社侵害名誉权案”,法院审理后认为,杨某娟及其父母多次主动联系并接受众多媒体采访,属“自愿型公众人物”,新闻媒体的报道并未违反法律规定,对于可能造成的轻微伤害,杨某娟应当予以容忍。② 可以看出,公众人物对媒体的适当监督应有一定的容忍义务已被我国判例所确立,这一原则应在公众人物名誉权保护的理论研究中有所体现。

(三)具体模式——区分社会公众人物和政治公众人物的保护

从整个社会的平衡来看,我们确实需要对公众人物的名誉权保护作出某些限制,但这并不意味着要无限制地牺牲公众人物的名誉权。公众人物需要履行一定的容忍义务,但不能因此苛刻地要求公众人物对任何社会舆论不分场合、不分程度的容忍。因而,公众人物容忍义务边界的确定是处理公众人物名誉权保护与新闻媒体监督和公众知情权冲突的关键。③ 笔者认为,应对不同类型公众人物名誉权保护作不同处理,合理调整公众人物名誉权与言论自由之间的冲突。只有这样才能使社会舆论监督的作用最大化,同时可避免损害公众人物名誉权情形的发生。

1.社会公众人物名誉权的保护

在我国公众人物名誉权侵权的司法实践中,大多数案件都会涉及新闻媒体的各种报道对社会公众人物名誉产生消极影响的情形,而新闻媒体侵害社会公众人物名

---

① 张新宝:《名誉权的法律保护》,中国政法大学出版社1997年版,第22页;郭国松:《“公众人物”的隐私不受保护?》,载《南方周末》2003年1月9日;王利明:《公众人物人格权的限制与保护》,载王利明、葛维宝主编:《中美法学前沿对话:人格权法及亲戚法专题研究》,中国法制出版社2006年版,第1~20页;郑瑜:《公众兴趣与公众利益》,载《当代传播》2006年第6期;张名章:《论传媒道德的合理倾斜——以公众兴趣与个人隐私为例》,载《中共成都市委党校学报》2007年第4期等。

② 陈堂发:《10年:媒体侵权诉讼的“公众人物”理念》,载《新闻记者》2009年第12期。

③ 蔡琴:《论公众人物的容忍义务》,湖南大学2008年硕士学位论文,第17页。

誉权的行为则主要表现为诽谤。[①] 在具体案例中,一旦法院认定诽谤成立,那么往往意味着媒体的报道违背真实性原则,即报道的内容具有非真实性。

但是,在媒体报道的真实性判断上,我国理论和实务界尚未形成统一认识。在合理查证的义务下,只要新闻报道者在此范围内履行了正常合理的查证义务,则不属于侵害公众人物合法权益的情形。如果新闻媒体在报道后发现报道内容失实,能够及时刊登更正说明或者致歉声明,使人们能够了解事实真相或者消除对公众人物的不良看法(如"范志毅案"),则法律更应该宽容以待,倾斜保护媒体言论的监督以促进社会进步。但是,如果新闻媒体或新闻工作者没有尽到该审查义务,不实言论直指某公众人物,并贬低其名誉,使其社会评价降低,则不实言论的发表属于"严重过失"行为,法院应该认定其构成侵权。

综上所述,新闻媒体对社会公众人物进行负面报道须遵循两大原则:一是新闻报道内容基本属实;二是报道内容须与公众人物在社会中所处的角色相关。如果公众人物某方面的私人生活与其在公众中所处的角色无关,则该私人生活事项并不属于公众利益所要关切的内容,不能以公众人物的名誉权为代价来满足公众的猎奇心理。[②]

2. 政治公众人物名誉的保护

在我国法律对人民监督权作出明确规定的前提下,政府官员类公众人物的名誉侵权纠纷解决的关键,也在于舆论监督与公众人物名誉保护冲突的解决。[③] 对于政

① 有学者将诽谤分为广义和狭义,狭义的诽谤,是指故意捏造和散布虚假事实损害他人名誉的行为;广义的诽谤除故意侵害他人名誉权的行为外还包括因过失散播虚假信息侵害他人名誉权的行为。参见魏永征、张鸿霞主编:《大众传播法学》,法律出版社 2007 年版,第 144 页。

② 刘言浩:《公众人物的名誉权保护——唐季礼诉青年时报社等名誉权纠纷案》,载最高人民法院《最新法律文件解读丛书》编辑委员会编:《最新损害赔偿法律文件解读》[2005.3(总第 3 辑)],人民法院出版社 2005 年版,第 129 ~ 135 页。

③ 徐迅:《中国新闻侵权纠纷的第四次浪潮——官方机构及公务人员诉媒体现象对法治建设的挑战》,载《中国新闻侵权纠纷的第四次浪潮:一名记者眼中的新闻法制与道德》,中国海关出版社 2002 年版,第 19 ~ 33 页;董军:《舆论监督与政府官员名誉权冲突及其法律解决方案——以辽宁"西丰警方进京拘传记者事件"为例》,兰州大学 2007 年硕士学位论文,第 8 ~ 11 页;汪庆华:《名誉权、言论自由和宪法抗辩》,载《政法论坛》2008 年第 1 期;张红:《事实陈述、意见表达与公益性言论保护——最高法院 1993 年〈名誉权问题解答〉第 8 条之检讨》,载《法律科学(西北政法大学学报)》2010 年第 3 期;兰洁:《舆论监督与公众人物名誉权的冲突与平衡》,载《新闻世界》2011 年第 5 期。

治公众人物的名誉权纠纷,可以在“真实恶意”原则的基础上对新闻媒体的行为加以一定限制。同时,应注意的是,虽然这一原则有利于促进我国舆论监督体制的健全,但我们应结合我国国情,“严格区分侵害名誉权与正当舆论监督的界线,既保护当事人的权利,又支持正当的舆论监督”。[①] 因而,我国在以“真实恶意”原则作为判断媒体是否侵害政治公众人物名誉权的同时,应增强媒体的自律意识,避免媒体对监督权的滥用,尤其在涉及一些重大事件的报道中,媒体应自觉履行查证义务。由此,才能一方面维护舆论监督,另一方面防止过于偏向社会舆论监督而导致政府官员毫无个人名誉权可言。

三、公众人物名誉权的侵权责任认定——从《民法典》第998条展开

“公众人物”一词在我国出现得相对较晚,目前我国立法上也没有对公众人物的人格权进行十分明确的规定,仅《民法典》第998条中认定精神性人格权之侵权责任时应考虑“行为人和受害人的职业”可作此理解。但是近年来,在法院审理的名誉权侵权案件中关于公众人物的案件却并不少见,通过“范志毅案”和“杨某娟案”,我国司法判决中先后出现了“公众人物”和“自愿型公众人物”。通过对我国公众人物名誉权纠纷的案例进行对比分析,我们可以发现,公众人物胜诉的比例远超过新闻媒体胜诉的比例。这反映出我国在公众人物名誉权的保护上确实具有一定的倾向性,对公众人物名誉权的保护力度似乎超过对新闻自由、言论自由的保护。

在保护公众人物的名誉权时,应该综合考虑以下三个方面:一是公众人物身份的认定,应该根据当事人是否为公众所熟知,是否行使官方职能或社会职责,是否具有社会影响力等因素来判断其是否属于公众人物。二是名誉权客体表现形式的确定,应该根据当事人所从事的职业或活动,以及其所涉及的信息或事件的性质和内容来确定其名誉权客体表现形式,如声誉、荣誉、信誉、形象等。三是利益衡量原则的运用,应该根据具体情况,在保护公众人物名誉权与尊重他人言论自由之间进行合理平衡。

公众人物名誉权保护边界的确定,应考虑以下3个要素:一是社会关联性,即被

---

① 《最高人民法院公报》1992年第2期(总第30期)。

传播的信息或事件是否与公众人物的职业或活动有直接或间接的联系,是否对公众有重要意义或价值。二是认知必要性,即被传播的信息或事件是否对公众了解或评价公众人物有必要或有助益,是否符合新闻真实性和客观性的要求。三是比例相称性,即被传播的信息或事件对公众人物名誉权造成的损害与对言论自由实现的利益之间是否存在合理比例,是否有其他更适当或更温和的方式来实现言论自由。①

由于公众人物与公共利益或公众兴趣紧密相关,因而立法和司法实务都应对公众人物人格权(主要为名誉权)进行一定的限制。而我国的情况正好相反,且直至近几年我们才开始关注公众人物名誉权的讨论与制度设计及改进。因此,在我国引入公众人物理论是非常有必要的,同时明确公众人物的定义并将其类型化势在必行。从整体上看,我国的社会文化历史和宪法发展现状并不适合直接在宪法层面引入公众人物理论。因而,我们应一方面要完善名誉权保护的立法,另一方面通过相关司法解释和典型案例指导制度灵活处理司法实践中的相关实际问题。

① 参见李西泠:《公众人物隐私权理论之流变——基于〈民法典〉第998条的展开》,载《云南社会科学》2023年第2期。

专题十七　名誉权侵权的抗辩事由

本专题撰写人:张　红

【《民法典》及相关法律法规的新规则】

《民法典》第1024条

民事主体享有名誉权。任何组织或者个人不得以侮辱、诽谤等方式侵害他人的名誉权。

名誉是对民事主体的品德、声望、才能、信用等的社会评价。

《民法典》第1025条

行为人为公共利益实施新闻报道、舆论监督等行为,影响他人名誉的,不承担民事责任,但是有下列情形之一的除外:

(一)捏造、歪曲事实;

(二)对他人提供的严重失实内容未尽到合理核实义务;

(三)使用侮辱性言辞等贬损他人名誉。

《民法典》第1026条

认定行为人是否尽到前条第2项规定的合理核实义务,应当考虑下列因素:

(一)内容来源的可信度;

(二)对明显可能引发争议的内容是否进行了必要的调查;

(三)内容的时限性;

(四)内容与公序良俗的关联性;

(五)受害人名誉受贬损的可能性;

(六)核实能力和核实成本。

《民法典》第1027条

行为人发表的文学、艺术作品以真人真事或者特定人为描述对象,含有侮辱、诽谤内容,侵害他人名誉权的,受害人有权依法请求该行为人承担民事责任。

行为人发表的文学、艺术作品不以特定人为描述对象,仅其中的情节与该特定人的情况相似的,不承担民事责任。

《民法典》第1028条

民事主体有证据证明报刊、网络等媒体报道的内容失实,侵害其名誉权的,有权请求该媒体及时采取更正或者删除等必要措施。

《民法典》第1029条

民事主体可以依法查询自己的信用评价;发现信用评价不当的,有权提出异议并请求采取更正、删除等必要措施。信用评价人应当及时核查,经核查属实的,应当及时采取必要措施。

【规则由来】

1986年原《民法通则》在我国立法上首次确立了名誉权的地位:在原《民法通则》第五章"民事权利"的第四节,即"人身权"一节中,名誉权和生命健康权、姓名权与名称权、肖像权、荣誉权、婚姻自主权并列为人身权之六大具体权利。原《民法通则》第101条明确规定,公民、法人享有名誉权,公民的人格尊严受法律保护,禁止用侮辱、诽谤等方式损害公民、法人的名誉,《民通意见》第140条又对侵害公民和法人名誉权的行为作出了初步认定。

在确立名誉权的人身权属性基础之上,原《民法通则》又在第六章"民事责任"之第三节"侵权的民事责任"中,对侵害人格权的民事责任作出规范,原《民法通则》第120条明确规定,公民名誉权受到侵害的,可以请求侵权人停止侵害、恢复名誉、消除影响以及赔礼道歉,并可要求赔偿损失,《民通意见》又对赔偿损失等作出了一定的解释。此外,第六章第四节"承担民事责任的方式"当然适用于名誉权侵权。上述规定一举确定了名誉权侵权的民事责任方式。

原《民法通则》出台实施20余年后,2009年原《侵权责任法》公布。原《侵权责任法》对于民事主体合法权益之保护、侵权责任之明确以及侵权行为之预防和惩罚具有重要意义,其第2条明确规定了侵害民事权益应当承担侵权责任,而名誉权与姓名权、荣誉权、肖像权、隐私权、婚姻自主权并列为六大人身权之一种。同时,名誉权侵权责任之认定及分摊、责任的减轻和免除等可直接适用原《侵权责任法》之一般规定。

《民法典》吸收了单行民法时代的名誉权保护规范,结合司法实践中的审判经验总结,新设名誉权侵权免责规范,增加更正删除权的规定,对民事主体的信用评价单独规制。

此外,关于名誉权保护的内容还散见于《妇女权益保障法》《澳门特别行政区基本法》《消费者权益保护法》等法律规定中。

【规范意旨】

《民法典》第1024条第1款第一句规定,民事主体享有名誉权。结合《民法典》第110条的规定可知,自然人、法人、非法人组织均是名誉权的主体。民法学界对于名誉在法律上的定义一般有4种学说:“声名说”“个人评价说”“社会评价说”“个人评价和社会评价综合说”。“社会评价说”一般认为,名誉是指社会上人们对于公民或法人的品德、情操、才干、声望、信誉和形象等方面的综合评价。《民法典》第1024条第2款规定“名誉是对民事主体的品德、声望、才能、信用等的社会评价”采纳此说。

语义上的名誉是从广义上而言的,包含自然人的内部名誉与外部名誉,同时照顾了名誉的主观性和客观性。而法律意义上的名誉定义采“社会评价说”,不可避免地认为法律所保护的名誉乃是客观名誉,是外部名誉,是第三人对于特定民事主体的人格价值的评价。各种定义虽然对评判的内容看法不一,实质上只是罗列角度不同而已,落脚点依然是“社会评价”四字。应该强调的是,名誉感是自然人人格尊严的重要内容,但是人格尊严并非名誉权的客体,而是一般人格权的客体。名誉感作为人格尊严的具体内容是可行的,但强行将名誉感认为是人格尊严,进而解释成名誉权的客体,势必造成法律概念的混乱,混淆一般人格权与具体人格权的界限,从而导致在实务上适用法律的混乱。①

《民法典》第1024条第1款第2句规定:“任何组织或者个人不得以侮辱、诽谤等方式侵害他人的名誉权。”名誉权的内容主要体现在消极防御的一面,即维持权利人自身客观公正的社会评价及基于此所享有的排除他人对其贬损的权利。

此外,名誉权在内容上具有非财产性。不同于姓名权、肖像权有被商业利用的可能性,名誉权无法直接体现财产利益,主要反映的是一种人格尊严。然而,名誉权虽为非财产性权利,却也与财产相关联,这不仅表现为名誉权受损害之后主体会因补救损害而受有一定的经济损失,同时还可能导致自然人招聘、晋级、提薪等受到影响,导致法人社会信誉降低、利润减少。

【典型案例】

案例一:名誉权的客体为客观名誉而非主观名誉

某法院立案庭法官建立信息咨询服务微信群,并邀请当地律师、法律工作者加入该群。柳某由其他律师邀请入群。群主刘某在群内发布公告,主要内容为:“群宗旨主要交流与诉讼立案有关的问题……群内言论要发扬正能量,维护司法权威;违者,一次警告,二次踢群。”随后,柳某多次在群内发布与群主题无关的内容,经刘某提醒后,柳某仍继续发布相关言论。刘某将柳某移出该群。柳某以名誉权被侵犯为由诉至法院,要求刘某通过书面形式或视频形式赔礼道歉,并赔偿精神损害抚慰金2万元。法院认为,刘某使用互联网平台赋予群主的功能权限,将其认为违反群规、发言不当的柳某移出群组,是互联网群组自治规则的运用,不产生民事法律关系,不属于法院受理民事诉讼的范围,故裁定驳回起诉。②

主观名誉又称“名誉感”,是自然人内心的自我感受,是自然人对自己价值的感情与自我评价。从《民法典》第1024条的规定来看,法律保护名誉权的目的在于使

① 杨立新:《人格权法》,法律出版社2011年版,第505页。

② 山东省莱西市人民法院(2019)鲁0285民初第4407号民事判决书。

受害人的社会评价不因他人非法行为而降低。因此,名誉权所保护的是作为客观名誉的社会评价,主观名誉并不为名誉权所保护。不以名誉权保护主观名誉有其合理性:事实上的精神损害是因人而异的,而不同的人遇到相同的侵害其主观名誉感受的情况可能出现不同程度的精神损害。但是,法律认定和救济的精神损害不能完全因人而异,而需要一定的同一性,否则将无法做到公平。因此,法律上救济的精神损害主要考虑客观标准,适当参考受害人主观方面的情况。就客观标准而言,社会评价之降低以及降低的程度是重要的参考因素。如果不存在社会评价的降低,即使受害人主张精神损害,也不构成名誉侵权。

应该强调的是,虽然主观名誉不受名誉权保护,但主观名誉是自然人人格尊严的重要内容,可以通过《民法典》第 990 条第 2 款规定之一般人格权加以保护。如上例中,成员加入、退出以及被移除微信群是否会产生民事法律关系暂且不论,柳某可以一般人格权为由主张保护。人格尊严确实具有一定的主观因素,反映出民事主体对自身价值的认识,不同的民事主体基于地位、能力、年龄以及文化程度等方面的差异,主观上尊严感会有所不同。就本质上而言,如若行为人使用了侵害名誉权的言辞,但并没有使受害人的社会评价降低,通常认为受害人的名誉情感受到了伤害,此时名誉权侵权并不成立,但是,公民的人格尊严受到损害。在此,行为人承担的责任不能简单地套用侵害名誉权的责任形式,因为其本身没有构成对受害人名誉权的侵害,也就不适用消除影响、恢复名誉的责任形式。但是,这并不妨碍行为人须根据实际情况对受害人所受人格尊严之侵犯承担精神损害赔偿责任,而具体赔偿与否以及赔偿数额之认定则要根据具体案情而定。

案例二：侵害名誉权的免责事由

某报纸发表文章,通过分析某大厦最近惨淡的经营数据认为“交通瓶颈”是制约发展的主要原因,认为某大厦濒临倒闭。该文刊出当天,某大厦商家纷纷撤离,秩序混乱,当天某大厦被迫关门停业。此后,某报纸两次刊登《致歉声明》。承认报道中部分内容未经查证但商家仍在继续撤离并与大厦清算。经查,案涉文章的数据均为真实,其主要是为分析大商圈经营困难的原因,并为中小商家今后的经营出路提出建议。①

《民法典》第1025条规定,行为人为公共利益实施新闻报道影响他人名誉的,不承担民事责任,但存在该条列举3种情形的除外。新闻自由是新闻界为实现服务社会的目的,合法开展采写活动,发表、出版新闻作品,不受一切组织及个人非法压制、约束的权利。新闻节目不仅及时向百姓传递最新的国内外消息,更肩负监督公权力运行的重要使命,是言论自由在具体领域的体现。已废止的最高人民法院《名誉权解答》与《名誉权解释》曾以"基本内容严重失实""基本内容失实""内容属实但评论不当"组建起一套以"事实"为标准的评价体系,该法理可沿用之。真实、客观是新闻的生命。新闻报道内容只要基本属实,无侮辱他人人格的内容,不应认定为侵害他人名誉权。

反之,若新闻报道未做到"真实、准确、全面、客观",有失新闻媒体应持的中立地位,主要内容缺乏依据、严重失实的,当属侵权。关于"缺乏依据、严重失实"的认定,有法院论述道:"新闻报道严重失实主要是指,因新闻报道主体的故意或职务上的过失导致新闻报道所进行的事实性描述,系凭借主观臆断而欠缺客观依据或依据虚假信息而得出、与客观实际情况偏离较大、足以导致社会公众产生理解上的分歧或相反意义上的误解等情形。"②

考虑新闻报道的时效性与消息来源的复杂性,要求新闻媒体在完全查证事实后再行报道稍显苛刻,如此亦不利于保障公民的知情利益。但社会成员在享有知情权的同时,亦需容忍合理核实下的失实报道,如最高人民法院在案例中指出,"对于新闻报道侵权标准确定为'严重失实'而并非'精确一致'"。为平衡二者的关系,《民法典》第1025条规定,行为人对其报道的内容尽到"合理核实义务"的,即无须承担名誉权之侵权责任,并于第1026条列举了"合理核实义务"的认定要素。如本案例中,报纸对部分内容未经查证,存在过失性错误,虽然其主观目的善良,但不影响其行为构成对某大厦名誉权的侵害,其主观目的仅能作为损害赔偿数额酌定因素加以考虑。

---

① 四川省高级人民法院(2000)川民终字第168号民事判决书。

② 北京市第一中级人民法院(2019)京01民终第5398号民事判决书。

【理论阐释】

为了保护个人名誉权,各国法律对侵害他人名誉权的行为多有规范,对侵害他人名誉权者给予民事或刑事上的制裁,我国法律概莫能外。另外,通过法律制裁之规定虽然可达到保护自然人名誉权之目的,其对于言论自由之不利影响恐须一并考虑。为均衡二者对立矛盾的立场,立法者遂通过抗辩事由之设计来限缩侵害名誉权之民事法律责任成立的范围,让原本侵害他人名誉权之言论得因符合某种抗辩事由之规定成为合法言论,仍旧享有言论自由的保障,以求兼顾言论自由与名誉权之保障。我国民法中也不例外地对抗辩事由作出了规定,《民法典》第 180 条规定了不可抗力,第 181 条规定了正当防卫,第 182 条规定了紧急避险,第 184 条规定了紧急救助。而对于名誉权侵权的抗辩事由则在人格权编第五章专门集中规定,以下本书将对名誉权侵权责任特有的抗辩事由作一探讨。需要特别指出的是,本书所称的"抗辩事由"采广义理解,既包括对构成要件的否认(包括违法阻却事由),也包括在构成要件完整的情形下加害人法律责任的减轻或免除。

《民法典》出台前,我国名誉权侵权的抗辩事由散见于若干法律与司法解释中。《名誉权解答》第 7 条到第 9 条,①《名誉权解释》第 2 条、第 4 条到第 9 条,②最高人民法院《关于刘兰祖诉山西日报社、山西省委支部建设杂志社侵害名誉权一案的复函》,③最高人民法院《关于广西高院请示黄仕冠、黄德信与广西法制报社、范宝忠名誉侵权一案请示的复函》④等一系列的规范文件中都有关于名誉侵权抗辩事由的规定。

综合以上规范的规定以及学界的论述,⑤名誉权侵权的抗辩事由可分为真实抗

---

① 这 3 条主要涉及新闻、批评文章与文学作品的发表侵害名誉权,体现的是"真实"这一抗辩事由。

② 其中,第 2 条涉及内部刊物是否会侵害名誉权,第 4 条、第 5 条及第 8 条涉及依法行使职权,第 6 条涉及权威消息来源,第 7 条涉及受害人同意,第 9 条涉及公正评论。

③ 该复函涉及新闻真实标准与正当的舆论监督。

④ 该复函亦涉及新闻真实标准与正当的舆论监督。

⑤ 张红:《民法典之名誉权立法论》,载《东方法学》2020 年第 1 期;姜战军:《中、英名誉权侵权特殊抗辩事由评价、比较与中国法的完善——兼评英国〈诽谤法案 2013〉对名誉权侵权特殊抗辩事由的改革》,载《比较法研究》2015 年第 3 期。

辩、公正评论、当事人允诺、权威消息来源、依法履行职权（特权）与正当防卫。

一、事实陈述——真实抗辩与合理核实义务

所谓事实真实（truth）抗辩，也称正当理由（justification）抗辩，有学者将其定义为“行为人能够证明他们所陈述的事实是客观的、真实的事实时，则即便他们陈述的是对他人名誉具有毁损性质的陈述，他们也不用对他人承担名誉侵权责任”。[①] 但我国《名誉权解答》第8条不仅规定，判断是否成立名誉权侵权需依据内容基本真实、基本属实、基本内容失实，还要参考是否有侮辱他人人格的内容，《名誉权解答》第7条和第9条也有类似规定。可见，我国的真实抗辩标准不仅要求行为人所作的陈述是客观真实的，而且不得包含侮辱性质的毁损他人名誉的内容，其含义与上述学理性定义有所区别。

我国民法肯认真实性抗辩，对于真实的要求也是只要达到基本真实即可，且不得有侮辱他人人格的内容。举证责任采取“谁主张，谁举证”的原则，由原告证明行为人的陈述是虚假的，被告如要证明自己陈述的正当性，需提供证据证明其陈述具备基本真实的要求。在论及“真实”的含义时，张新宝教授将其区分为事实上的“真实”和法律上的“真实”，“完全真实”与“基本真实”，[②]这种区分是理清名誉权保护中真实性抗辩的基本前提。这一分类值得赞同，把事实真实和法律真实加以区分，如同道德与法律之区分一样，失实的事实内容如果无关受害人的名誉权，就无须受到法律之谴责，而真实性抗辩乃是对于行为人在作出一定陈述时，须尽到《民法典》第1025条、第1026条规定的“合理核实义务”，如没有尽到此等义务，损害了受害人的名誉，需承担相应的民事责任。在司法实践中，对于基本真实抑或是基本失实的认定乃是难点，实务案例众多，但对事实的真实性，法官具有较大的自由裁量空间，尚无权威的统一标准。笔者认为，考察行为人的言论是否符合基本真实的要求可以从言论客观程度、性质等方面作一个整体的考察。如在“李某政诉安徽法制报社案”[③]中，法院认为，被告安徽法制报社为组织报道临泉县人民检察院办理张某文诈

---

① 张民安、杨彪：《侵权责任法》，高等教育出版社2011年版，第300页。

② 张新宝：《名誉权的法律保护》，中国政法大学出版社1997年版，第176～178页。

③ 安徽省高级人民法院（1996）皖民终字第56号民事判决书。

骗案件所遭遇的种种阻碍,以期引起社会关注,约请他人撰写稿件并派员同往采访是正当行使舆论监督权利的行为,但其应遵循新闻宣传必须客观、真实的原则,对所报道的事件事实负责。但由于采编人员未认真核实事后形成的《背后》一文中"一个幽灵"一节中涉及原告李某政的有关事实和该文"家破人亡"一节中有关李某才之女李某梅之死的事实,致使这些事实基本失实。安徽法制报社在决定发表该稿前又未依发稿程序的规定进行审核,且依此未经审核的稿件内容为依据,编撰《编者按》和《艰难》评论文章,先后分别与《背后》上、下部分一同编排于《青天游》第104期、第105期上刊载发表,抨击李某政,致李某政的名誉受到不法侵害,已造成不良的社会影响,直接侵害了李某政的名誉权。本案中,法院即认为,事实必须满足客观的要求,若其基本内容不符合基本的客观情况,则可认为基本失实,超越了正当舆论监督的范围,应承担名誉权侵权责任。在"李某1、李某2诉湘西土家族苗族自治州团结报社、湘西广播电视报社、覃某长等案"①中,被上诉人州团结报刊载由覃某长、阙某斌写的《他从北京载誉归》和州广播电视报刊载唐某写的《孝顺"儿子"敬老记》两篇报道主要内容属实,是宣传罗某发敬老养老先进事迹的正面报道,其目的是宣传先进典型,弘扬中华民族敬老养老的传统美德。虽然"孤寡老人""四个孩子不幸都已夭折"提法部分内容与客观事实有不符之处,但只是在很小的范围内有一定的影响。两篇报道也没有诽谤、贬低上诉人李某1、李某2、向某莲人格和名誉的文字,且无证据证实上诉人有损害结果存在。故李某1、李某2、向某莲称州团结报、州广播电视报刊载被上诉人阙某斌、覃某长、唐某所写的文章失实,损害其名誉权的主张不能成立。从本案可以看出,即使文章内容存在失实之处,但文章的性质并无侮辱、贬低原告的人格和名誉的内容,且是为了弘扬正面典型,从整体上看仍然符合基本真实的要求。

此外,对于行为人的陈述是否存在暗示的事实,以及暗示的内容是否损害受害人的名誉权,我们也应作出全面考察,不能以偏概全,应审查行为人是否尽到了合理查证的义务,并结合行为人的过错来判断其是否侵害了他人的名誉权。如在"傅某

---

① 湖南省湘西土家族苗族自治州中级人民法院(2000)州民终字第171号民事判决书。

明、傅某麟诉余某均案”[1]中,法院即认为,尽管“这是余某均的红榉三合板,同志们,是真是假”,“这是‘喇叭’(被上诉人余某均的绰号)出售给我的108元/张的红榉三合板,请大家看看真假”,这段文字从字面上看没有直接写明被上诉人现在经营商行售假,但从立黑板的场地及被上诉人所开商行经营三合板(装潢材料商行的字号中含有“老余”字样)的情况综合分析,这段文字存在一种暗示(这种暗示能为一般人所理解),即暗示存在“被上诉人所开商行出售三合板与售假有关”的事实。但由于两名上诉人没有证据证实老余装潢材料商行与售假有关,所以这种暗示的事实是虚假的。这种暗示足以使受害人及知悉者所认识,从而对被上诉人的名誉构成不利影响,故这种暗示实质上具有诽谤性。被告仅凭自己的猜测即认为其购买的三合板为不合格产品,没有尽到合理的注意义务,其所作陈述虽不作肯定描述,但其描述所暗示的内容已经能够让一般人将原告与售假联系在一起,不具备真实性的要求。另在“董某海诉《青年时报》社案”[2]中,作者在对《青年时报》所作的关于原告的两篇报道中,第一篇报道中指出,马某亮因为阻拦董家建墙,被董家四兄弟打死,而根据目击村民的说法,直接导致马某亮死亡的原因是在清华大学读行政管理学博士的董家小儿子董某海用压瓦的椽木砸在马某亮头上。该段内容传达给读者的含义系董某海导致马某亮死亡。此时该案正在司法机关侦查期间,是否因董某海的行为导致马某亮死亡尚处于未知状态,且根据2007年3月5日丽水市人民检察院对董某海作出的不起诉决定书可知,董某海参与其家庭违章建房并参与扭打,但并未直接伤害致被害人马某亮死亡,情节显著轻微,危害不大,不认为是犯罪。第二篇报道写道,董某海读行政管理专业就是为了做官,让自己和家里人扬眉吐气……不懂做人的基本道理等,该文系建立在第一文基础上的后续报道,旨在通过对董某海成长经历、性格特点的剖析,引起读者对于董某海迷失于乡村权力场、卷入山村命案的讨论,极具暗示意味。在本案中,新闻报道显然没有尽到合理查证义务,在事实尚无定论的情形下所作的关于原告的描述有让一般读者都能看出其有认为董某海为凶手且品行不

---

① 浙江省金华市中级人民法院(2002)金中民一终字第360号民事判决书。

② 曾宪义、万鄂湘主编,国家法官学院、中国人民大学法学院编:《中国审判案例要览·2009年民事审判案例卷》,人民法院出版社、中国人民大学出版社2010年版,第77~83页;北京市海淀区人民法院(2007)海民初字第11203号民事判决书。

端的暗示,不符合事实真实的要求,降低了原告的社会评价。而“张某诉《京华时报》社案”①是对中国管理软件学院发生暴力事件、有学生和老师受到攻击的事实进行描述,并不涉及对事件的评述。报道中的内容有的是记者亲眼所见的现场描述,有的是对他人叙述的引用,结合2006年7月21日公安机关所作询问笔录,报道内容基本属实。关于“询问”和“讯问”的区别,虽然属新闻记者在报道中的错误,但原告并不能够证明被告对此存在恶意,也不至于对普通社会公众产生误导,此处报道虽具有一定的暗示意味,但与日常所见的新闻采访报道并无不同,不能使一般读者误解暴力事件为原告所为,符合基本真实的要求。

二、公正评论

在现代民主社会,得受公评之事项与国家利益、民众福祉有密切联系,针对公众事务,自由发表意见与讯息广泛地交流乃是促进社会民主深化的重要机制,因此民众对得受公评之事项为善意而适当之评论,即纵有妨害他人名誉之情形,基于社会公益的理由仍可以此作为抗辩。上文论述的“真实”标准乃是作为事实陈述的抗辩理由而存在的,而公正评论之抗辩是为意见表达所设计的,以捍卫言论自由。因此,在适用公正评论抗辩之前,需要判断某一言论是否为意见表达。公正评论需具备4个构成要件:第一,行为人作出的具有名誉毁损性质的陈述不是对某种事实的陈述而是对某种观点的陈述;第二,行为人的评论必须是建立在某种真实性的事实陈述的基础之上或者建立在某种免责特权场合作出的陈述基础之上;第三,行为人只能对涉及公共利益的问题或者对社会关心的问题作出评论;第四,行为人对他人或他人的行为作出的评论被认为是公正的。② 最高人民法院在1998年8月31发布的《名誉权解释》中指出,“消费者对生产者、经营者、销售者的产品质量或者服务质量进行批评、评论,不应当认定为侵害他人名誉权。但借机诽谤、诋毁,损害其名誉的,

---

① 曾宪义、万鄂湘主编,国家法官学院、中国人民大学法学院编:《中国审判案例要览·2008年民事审判案例选》,中国人民大学出版社、人民法院出版社2009年版,第128~133页;北京市第二中级人民法院(2007)二中民终字第16297号民事判决书。

② 张民安主编:《民商法学家(第2卷):名誉侵权的抗辩事由——事实真实、公正评论、绝对或相对免责特权等对行为人名誉侵权责任的免除》,中山大学出版社2011年版,第19~20页。

应当认定为侵害名誉权。新闻单位对生产者、经营者、销售者的产品质量或者服务质量进行批评、评论,内容基本属实,没有侮辱内容的,不应当认定为侵害其名誉权;主要内容失实,损害其名誉的,应当认定为侵害名誉权”。此项规定只是消费者对产品与服务质量的评论的免责,因为消费者对此等事项的评论涉及公共利益,但没有指出何种程度的评论才是合理的评论,一则规定粗陋,二则公正之标准本身并无一致意见。笔者认为,评论者主观上出于诚意,且评论依据一定的真实事实是“公正”最基本的要求。

三、受害人同意

在人格权侵害(当然包括名誉权的侵害)中,如若有当事人的同意,原则上侵权行为的违法性就遭受阻却。受害人同意较多地发生于新闻报道领域,通常表现为两种情形:一是受害人明确请求损害,如受害者将有损自己名誉的照片主动提供给报社,此种情形较少见;二是受害人默示承担损害结果,如明知对方为记者并接受采访,问题回答中涉及损害自己名誉的事实。但是,新闻媒体与记者的报道应当符合受害人同意的内容,超越其范围即认为其侵害了受害人的名誉权。在“李某诉郝某白、《兰州晨报》社、甘肃《现代妇女》杂志社案”①中,被告郝某白撰写涉及原告李某隐私的文章公开发表在报刊上,虽经李某同意,但李某对被告郝某白具体写什么、怎么写,写到什么程度并不知晓。被告在没有将写成的文章交由原告认可的情况下使用其真名并配上其照片,公开发表在《兰州晨报》和《现代妇女》杂志上,给原告李某工作生活造成不便,构成名誉侵权。

可见,受害人同意需满足严格的条件。张新宝教授认为,将受害人同意作为抗辩适用于我国有关名誉权纠纷的案件中,应具备以下构成要件:(1)作为受害人表示的“同意”是其真实意思,而不是受到欺诈、胁迫等而表示的不真实意思;(2)行为人不得具有显著的恶意;(3)传播不利于受害人名誉权事实的内容不超过受害人同意的内容和范围;(4)受害人同意的意思表示一般应当在发表有关不利于其名誉的事

① 最高人民法院中国应用法学研究所编:《人民法院案例选·2000年第1辑(总第31辑)》,人民法院出版社2000年版,第116~121页。

实之前作出,事后的同意是一种追认,也可承认其效力。① 当然,只有当事人允诺侵害人实施的侵害行为不与公序良俗和法律规定相违背时,此种承诺才得法律准许。此类案例在国内外尚不多见,②因为几乎没有当事人意欲使自己的名誉和社会评价受到毁损。

四、权威消息来源

权威消息来源亦称为“合理引用”。如果行为人根据来自权威部门的材料或结论作出某种陈述,并相信其为真实,即使其损害了他人的名誉,仍可以其陈述具有权威来源而得免除民事责任。《名誉权解释》第 6 条规定了特许权报道:“新闻单位根据国家机关依职权制作的公开的文书和实施的公开的职权行为所作的报道,其报道客观准确的,不应当认定为侵害他人名誉权;其报道失实,或者前述文书和职权行为已公开纠正而拒绝更正报道,致使他人名誉受到损害的,应当认定为侵害他人名誉权。”《民法典》第 1026 条所列举的第 1 项“内容来源的可信度”也具有权威消息来源的意涵。司法实践中相关的案件也不在少数,如在“孟某非诉海口晚报社、冯某清案”③中,《海口晚报》发表的《真是咄咄怪事》和《孟某非及其亲属骗购解困房受到处理》两篇报道,其材料源于政府职能部门的情况汇报、情况报告和处理意见,无作者主观编造、侮辱孟某非人格的内容,故其报道不构成对孟某非名誉权的侵害。在“黄某冠、黄某信诉《广西法制报》社、范某忠名誉侵权案”④中,被告仅依检察机关文书报道,且在法院判决被告无罪后拒绝进行后续更正报道,主观上有放纵和扩大损害后果的故意,侵害了原告名誉权。另在“肖某美诉福建日报社、三明日报社、黄某成案”⑤中,原告及其助手没有《医疗机构执业许可证》而非法行医,被泰宁县卫生管理部门处罚,对此原告并没有提出异议,并已由泰宁县人民法院依法强制执行。而原告至今没有充分证据证明其所提供的“东南中医药研究所所长”“客座教授”“高

① 张新宝:《名誉权的法律保护》,中国政法大学出版社 1997 年版,第 160 页。

② [日]五十岚清:《人格权法》,[日]铃木贤、葛敏译,北京大学出版社 2009 年版,第 23 页。

③ 海南省最高人民法院(1997)琼民终字第 42 号民事判决书。

④ 唐德华主编、最高人民法院民事审判庭编:《民事审判指导与参考》2001 年第 1 卷(总第 5 卷),法律出版社 2001 年版,第 141 ~ 147 页。

⑤ 江苏省南京市鼓楼区人民法院(2003)鼓民初字第 1927 号民事判决书。

级研究员”等相关职称和职务证书的真实性、合法性和有效性。因此,《福建日报》和《三明日报》的报道并没有侮辱原告人格的内容,属于正常新闻报道;从整个事件的全过程及名誉侵权的构成要件来看,报社并未对原告构成名誉侵权。可见,新闻媒体在消息来源确信为权威或基本真实之前应进行审查,因其没有尽到合理查证义务致使报道内容失实的,应承担侵害名誉权的民事责任。

按照我国的社会实际及司法经验,权威消息来源应包含以下几个方面:(1)法律、行政法规和规章认定的事实;(2)人民法院的终审裁判文书认定的事实;(3)合法的仲裁机构认定的事实;(4)行政机关在正式文件和正式行政程序中认定的事实;(5)执政党的正式文件、出版物认定的事实和执政党正式向社会发布的事实;(6)国家立法、行政、司法、监察机关在其新闻发布会、记者招待会、白皮书、蓝皮书等上发布的事实;(7)国家立法、行政、司法机关在其正式出版物(如国务院公报、最高人民法院公报)上发布或者认定的事实;(8)公民、法人关于自身活动以书面(如广告宣传材料)或口头方式(如答记者问)公布的有关材料。

五、依法行使职权

依法履行职务的行为亦可作为名誉权侵权的免责事由,其主要是指国家机关工作人员根据法律授权依法行使其权力的职务行为不会构成名誉权侵权。《名誉权解释》也已明确指出,“国家机关、社会团体、企事业单位等部门对其管理的人员作出的结论或者处理决定,当事人以其侵害名誉权向人民法院提起诉讼的,人民法院不予受理”。[①] 此外,检察机关的侦查行为、司法机关的审判行为等也都不会构成名誉权侵权。

此种抗辩事由在媒体或个人依据国家机关发布的调查报告或裁判结果进行报道而造成的侵权案例中表现得非常明显,[②]在这些案件中,国家机关及其工作人员因

---

① 《名誉权解释》第4条。

② “湖北省造纸公司诉湖北法制报社、李某江的新闻报道侵害名誉权纠纷案”,载最高人民法院中国应用法学研究所编:《人民法院案例选》(民事卷1992~1999年合订本),中国法制出版社2000年版,第775页;“黄某冠、黄某信诉《广西法制报》社、范某忠名誉侵权案”,载最高人民法院民事审判庭编:《民事审判指导与参考》2001年第1卷(总第5卷),法律出版社2001年版,第141~147页。

为依法履行职务而免责，而即使国家机关经过调查对其之前发布的文书进行修改，原则上也不能将其列为被告。

依法行使职权并非享有绝对的特权，其与英美法中特许权抗辩存在交叉，包含绝对特许权抗辩和一部分的相对特权抗辩。我国法上享有绝对特权的有：人大代表不用对其在人大会议上的发言承担法律责任，对于立法文件审议的发言也在此列；单位依据职权对自己管理的干部、职工作出涉及个人品德的评价属于正当行使权利的行为，即使评价有不当之处，也不能认为是侵害名誉权，当事人如有不服，应按照有关规定进行申诉，但是如果超出职权的范围，恶意散布有损他人名誉的言论，则构成侵权；司法机关作出司法裁判的行为；公务人员执行公务的行为，又称职务上的合法行为。职务上的合法行为抗辩事由的成立须具备以下两个条件：第一，须是依法律授权实施的，即行为人有实施行为的权力；第二，须行为的实施不违反法律，即行为人实施的行为合乎法律的要求。在英美法中，相对特权之一种为，当事人有义务(duty)或有利益(interest)作此陈述，而且言论的接受者与其陈述有“义务或利益”上的关联，①例如，“对警察或调查官员报告犯罪行为，向雇主提供其想雇佣的人的相关情况”。如在“杨某某诉第四军医大学第一附属医院案”②中，第四军医大学第一附属医院对杨某某疾病的检查、诊断、治疗和按规定逐级上报是履行正常的医疗职责的行为，也是对患者和社会负责。樊某某在杨某某病危的情况下，向其所在单位有关领导及其亲属通报初诊病情，并未向其他人散布，医院及樊某某的行为是正常的医务活动，没有违反有关法律、法规和规章制度，也就不存在侵害杨某某名誉权的问题。《名誉权解释》规定，“医疗卫生单位的工作人员擅自公开患者患有淋病、麻风病、梅毒、艾滋病等病情，致使患者名誉受到损害的，应当认定为侵害患者名誉权。医疗卫生单位向患者或其家属通报病情，不应当认定为侵害患者名誉权”。

应注意的是，此免责事由的例外，即如若国家机关及其工作人员在履行职权时没有履行自己应尽的注意义务或超出了一定的界限，造成了受害人名誉的毁损，那么就有可能承担名誉权侵权责任。如在“李某某、高某某、刘某某等诉六安市公安局

---

① David Price, Defamation law, Procedure & Practice, London: Sweet & Maxwell, 1997, p. 80.

② 祝铭山主编：《名誉权纠纷》，中国法制出版社 2003 年版，第 61 页。

叶集改革发展试验区分局、安徽电视台、叶集改革发展试验区叶集实验学校侵害名誉权、肖像权纠纷案”①中,公安分局因在执行侦查任务结束后未尽到“特别提醒义务”而被法院认定构成侵权。另在“苏某涌、李某光诉南京亚华大酒店、兴城市公安局案”②中,兴城市公安局工作人员崔某真在执行职务中,在没有任何证据的情况下,在众人面前几次强调原告苏某涌有问题,超出了依法履行职权的界限,侵害了原告的名誉权。在“石某梅诉上海住电装管理有限公司案”③中,公司依职权对其管理的人员作出的结论或者处理决定并不意味着法律赋予公司可以随意地对职工作出与事实不符的贬低评价的权利。公司仍然应当以事实为基础,客观地对职工作出合理评价,现被告在没有事实依据的情况下,擅自使用含有贬低原告人格的词语作出结论且还将该结论告知其他单位,会使其他单位对原告产生合理怀疑,属于滥用职权的情形,给原告名誉带来了损害,构成名誉侵权。

六、正当防卫

在学界主张将正当防卫作为侵害名誉行为的抗辩事由并不占主流,就目前掌握的资料来看,只有王泽鉴先生与五十岚清对此作出了论述。王泽鉴先生虽然认为正当防卫乃是名誉权侵权的违法阻却事由之一,但在实务中尚未见为防权利受损而为侵害他人名誉的正当行为。其举出的例子为,甲不法公开乙的隐私,乙以足以侵害甲的名誉的言辞加以反驳,依具体客观情事,不逾必要程度时,得成立正当防卫。④五十岚清指出,在日本民法的侵权行为中,正当防卫也是违法阻却事由(日本《民法》第702条第1款)。具体来说,正如这样的例子:对他人足以引起侵害自己名誉权的言行,为了对自身进行保护而予以反击,结果损害了他人的名誉。⑤ 两位学者所

① 《最高人民法院公报》2007年第2期(总第244期)。

② 国家法官学院、中国人民大学法学院编:《中国审判案例要览·1998年民事审判案例卷》,中国人民大学出版社1999年版,第412~415页;辽宁省兴城市人民法院(1996)兴泉民初字第258号民事判决书。

③ 胡云腾主编、最高人民法院中国应用法学研究所编:《人民法院案例选》2008年第2辑(总第64辑),人民法院出版社2009年版,第122~127页。

④ 王泽鉴:《人格权法》,北京大学出版社2013年版,第160页。

⑤ [日]五十岚清:《人格权法》,[日]铃木贤、葛敏译,北京大学出版社2009年版,第23~24页。

论述的名誉侵权的案例皆带有"以牙还牙"的意味，其论述是否成立，笔者将根据民法上正当防卫的内涵与各国实践加以论述。

1. 民法上的正当防卫

民法与刑法上的正当防卫都是作为违法阻却事由存在，世界上一些主要国家对于两个部门法上的"正当防卫"多采取了一元立法的模式，具体而言，有的是民法典不作规定，而直接援用刑法典有关正当防卫的规定，如法国最高法院 1992 年 4 月 22 日的判决中明确规定，"刑事法官承认行为人所实施的行为属于正当防卫，不得再在民事法院对进行必要防卫的人提起任何损害赔偿诉讼"；①有的是民法典仅作简单的宣示性规定，有关正当防卫的概念及构成要件均援用刑法典的相关规定，如《瑞士债法典》第 52 条第 1 款对正当防卫仅作简单规定："实施正当防卫对侵害者造成损害的，不承担赔偿责任。"②而有关正当防卫的概念和适用条件则在刑法典中规定，如刑法典第 33 条；或者是民法典规定了正当防卫的概念及适用条件，但与刑法典上的规定基本相同。例如，《德国民法典》中正当防卫的法律定义和刑法典中正当防卫的法律定义在文字上是一致的。再如，《日本民法典》第 720 条第 1 项规定："为防卫自己或第三人的权利，不得已而对他人的侵权行为实施加害行为者，不负损害赔偿责任。但是，不妨碍受害人对实施侵权行为者请求损害赔偿。"《日本刑法典》第 36 条规定："为了防卫自己或第三人的权利，对于急迫的不正当侵害不得已所实施的行为，不处罚。超出范围限度的行为，可以根据情节减轻或者免除处罚。"③

我国《民法典》第 181 条规定："因正当防卫造成损害的，不承担民事责任。正当防卫超过必要的限度，造成不应有的损害的，正当防卫人应当承担适当的民事责任。"该条肯定了正当防卫可以作为民法上的违法阻却事由，但对其概念与如何适用未加规定。《刑法》第 20 条第 1 款规定相对明确："为了使国家、公共利益、本人或者他人的人身、财产和其他权利免受正在进行的不法侵害，而采取的制止不法侵害的行为，对不法侵害人造成损害的，属于正当防卫，不负刑事责任。正当防卫明显超过

---

① 《法国民法典》（下册），罗结珍译，法律出版社 2005 年版，第 1103 ~ 1104 页。

② 《瑞士债法典》，吴兆祥等译，法律出版社 2002 年版，第 12 页。

③ 杨秀朝：《民法上正当防卫限度条件的立法与适用——兼论侵权责任法相关条款》，载《求索》2010 年第 9 期。

必要限度造成重大损害的,应当负刑事责任。"我国民法和刑法虽同时对正当防卫作出了规定,但《民法典》的规定略显粗糙。学界对于民刑上正当防卫的关系之论述少之又少,似乎认为正当防卫在两个部门法上是一以贯之的。从两个部门法的条文来看,也并未将正当防卫的民刑性质作出刻意区分。但是,我国在正当防卫上的一元立法模式并不意味着在民事侵权领域适用正当防卫这一违法阻却事由可以完全套用刑法的规则。在侵权行为法中,正当防卫应有其独特的内涵和更适合于私法属性的适用规则。

在合理的限度内保护自己或他人免受侵权行为人的侵犯不构成侵权行为,正当防卫(self or private defense)是各国都认可的抗辩事由。[①] 在民法上,我们依旧可以从防卫动机、防卫起因、防卫时机和防卫限度四个方面对正当防卫加以考察。在防卫动机上,采取防卫行为所针对的民事侵权行为人的主观恶性、人身危险性以及行为本身的攻击性、杀伤力等较之犯罪行为要轻,侵权行为所造成的损害较小,尤其是财产损害,民法上应把防卫动机限定在为防止自己或他人的权利遭受不法侵害为目的,重点强调可保护的个人利益。在防卫起因上,行为人遭受了不法侵害行为。对于阻却行为不法性这一点来说,我们必须排除通过加害无辜第三人来保护自己免受正在遭受的不法侵害,因为这构成了对第三人的"侵权行为"。[②] 根据绝大多数人的观点,作为正当防卫对象的加害行为必须是积极作为,仅不作为尚不够。[③] 在防卫时机上,行为人须是遭受了正在进行的不法侵害。民法上的正当防卫禁止报复行为,因此它只能是防卫行为,只有当加害行为正在进行时才谈得上防卫,这与刑法上的正当防卫有所不同。在防卫限度上,我国民法对正当范围的限度则有一定的区别,主要是"必要的限度"和"造成不应有的损害"。刑法上有特殊防卫权,而民法则无,乃是保护私权不受肆意践踏。防卫行为是否合理不能仅从"目的—手段"关系的角度考虑,即必须考虑情势所需的最缓和的防卫方式,防卫者还须在防卫行为所保护

① [德]克雷斯蒂安·冯·巴尔:《欧洲比较侵权行为法》(下册),焦美华译、张新宝审核,法律出版社2001年版,第612页。

② [德]克雷斯蒂安·冯·巴尔:《欧洲比较侵权行为法》(下册),焦美华译、张新宝审核,法律出版社2001年版,第615页。

③ [德]克雷斯蒂安·冯·巴尔:《欧洲比较侵权行为法》(下册),焦美华译、张新宝审核,法律出版社2001年版,第615页。

利益与因防卫行为而受到威胁的利益之间进行权衡。①

2. 名誉权上的正当防卫

哪些利益可以通过正当防卫途径加以保护,在民法上并非毫无争议的,生命、身体的完好性、身体自由和物之所有权属于当然的“可防卫客体”。相反,名誉是否具有可防卫性,观点就大不相同。② 故而有必要对相关国家的立法与实务加以考察,以探求在名誉权领域适用正当防卫的可能性。

美国法上存在“答复权”制度,其又被称为“自我抗辩”。如果某人被侵害了名誉,他可以不采取进行一场成功诉讼的方式,而是同样用诽谤性的方式回敬对方的诋毁。这种情形多发生在新闻报道领域。一些权威人士主张,大众媒体有权公布对名誉攻击言论的答复,而且可以免于诽谤诉讼。在某些诉讼中,如果原告的控诉是在报纸上作出的,此报纸就有权利登载被告的答复,否则“答复权”对被告将没有用处。如果被告拒绝使用媒体,将没有人能够看到或者听到答复。③ 美国法上的“答复权”有点类似正当防卫这一抗辩事由,在名誉权的正当防卫中,行为人必须是出于自证清白,且回应的言论应与对方发表的诽谤性言论相当。在日本,因为正当防卫或保护正当利益而认可其为阻却违法事由的典型案例有最高裁判所昭和 38 年(1963 年)4 月 16 日的判决(《民集》17 卷 3 号第 476 页)。在此案中,日本最高法院认为,为了保护正当的利益不得已损害了他人的名誉、信用时,其行为与他人的言行相比在方法、内容上如果没有超出适当的范围,可以认为缺乏违法性。在东京地判 12・6・26 判夕 1116 号第 226 页的案件中,东京都东村山市市议员 A 被怀疑扒窃后坠楼死亡。围绕这一案件,因为 A 的遗属在周刊杂志上发表了“A 被创价学会杀害”,创价学会的会长就在《圣教新闻》上发言说:A 的扒窃是事实,坠楼死亡系自杀的可能性较大,说是创价学会策划谋杀,简直是荒唐的无稽之谈。A 的遗属等认为,该发言是对自己的名誉毁损,将创价学会告上法庭,但法院认为这是对先行发生的

---

① [德]克雷斯蒂安・冯・巴尔:《欧洲比较侵权行为法》(下册),焦美华译、张新宝审核,法律出版社 2001 年版,第 617 页。

② [德]克雷斯蒂安・冯・巴尔:《欧洲比较侵权行为法》(下册),焦美华译、张新宝审核,法律出版社 2001 年版,第 613 页。

③ Don R. Pember, Mass media law, 2003 – 2004Ed., Boston: McGraw – Hill, 2002, p. 218.

名誉毁损行为的正当反驳。到目前为止,支持名誉权侵权的正当防卫抗辩的国家并不多见,案例则更少见。应该来说,“以牙还牙”方式的争辩一般都成立对受害人的名誉毁损,但是在新闻报道等领域是可以存在正当防卫抗辩的。行为人针对他人的名誉毁损性质的言论可以提出辩驳,只要是在他人毁损性质的言论相当的范围内且是出于自证清白的目的,即可构成此抗辩。根据民法上正当防卫的成立要求,该反驳的言论不能超出一定限度,同时,行为人必须是出于辩驳,即以维护自己名誉的目的而发表相关言论,且应该是针对正在发生的名誉损毁言论发出。在现实生活中此类案例并不多见。在“张某诉俞某风网络环境中侵犯名誉权纠纷案”[①]中,原告针对被告在网络上发表的一系列针对原告的攻击文章进行的反击属于正当防卫的范畴,但遗憾的是,由于原告的反击言论超出了适当的界限,其最终被法院认定为不当言论。

---

① 《最高人民法院公报》2001 年第 5 期(总第 73 期)。

专题十八　肖　像　权

本专题撰写人:石冠彬

【《民法典》及相关法律法规的新规则】

《民法典》第 1018 条

自然人享有肖像权,有权依法制作、使用、公开或者许可他人使用自己的肖像。

肖像是通过影像、雕塑、绘画等方式在一定载体上所反映的特定自然人可以被识别的外部形象。

《民法典》第 1019 条

任何组织或者个人不得以丑化、污损,或者利用信息技术手段伪造等方式侵害他人的肖像权。未经肖像权人同意,不得制作、使用、公开肖像权人的肖像,但是法律另有规定的除外。

未经肖像权人同意,肖像作品权利人不得以发表、复制、发行、出租、展览等方式使用或者公开肖像权人的肖像。

《民法典》第 1020 条

合理实施下列行为的,可以不经肖像权人同意:

(一)为个人学习、艺术欣赏、课堂教学或者科学研究,在必要范围内使用肖像权人已经公开的肖像;

(二)为实施新闻报道,不可避免地制作、使用、公开肖像权人的肖像;

(三)为依法履行职责,国家机关在必要范围内制作、使用、公开肖像权人的肖像;

(四)为展示特定公共环境,不可避免地制作、使用、公开肖像权人的肖像;

(五)为维护公共利益或者肖像权人合法权益,制作、使用、公开肖像权人的肖像的其他行为。

《民法典》第1021条

当事人对肖像许可使用合同中关于肖像使用条款的理解有争议的,应当作出有利于肖像权人的解释。

《民法典》第1022条

当事人对肖像许可使用期限没有约定或者约定不明确的,任何一方当事人可以随时解除肖像许可使用合同,但是应当在合理期限之前通知对方。

当事人对肖像许可使用期限有明确约定,肖像权人有正当理由的,可以解除肖像许可使用合同,但是应当在合理期限之前通知对方。因解除合同造成对方损失的,除不可归责于肖像权人的事由外,应当赔偿损失。

《民法典》第1023条

对姓名等的许可使用,参照适用肖像许可使用的有关规定。

对自然人声音的保护,参照适用肖像权保护的有关规定。

【规则由来】

原《民法通则》第100条规定,公民享有肖像权,未经本人同意,不得以营利为目的使用公民的肖像。2009年原《侵权责任法》第2条明确将肖像权作为受该法保护的民事权益,侵害肖像权应承担侵权责任。

【规范意旨】

就民法典肖像权制度的新规则而言,可归入如下四方面:其一,《民法典》第1018条明确将“肖像”的内涵界定为“自然人可以被识别的外部形象”,从而改变了以面部特征为中心界定肖像的传统民法学理论和司法实务立场,并明确了肖像权的权能(肖像权的行使方式);其二,《民法典》第1019条关于肖像权侵权构成要件的规定中不再要求“以营利为目的”；其三，《民法典》第1020条参照著作权合理使用制度，新增肖像权合理使用制度这一侵权阻却事由，从而较好地平衡了公共利益与个人私权的保护；其四，《民法典》第1021条和第1022条以保护肖像权人肖像权为核心价值导向构建了肖像许可使用合同制度。

【典型案例】

案例一：具备明显可识别性的肖像剪影属于肖像权的保护范畴——“知名艺人甲某肖像权、姓名权纠纷案”①

某生物科技公司在其公众号上发布的一篇商业推广文章中，使用了一张对知名艺人甲某照片进行处理后形成的肖像剪影，文章中介绍公司即将迎来一名神秘“蓝朋友”并提供了大量具有明显指向性的人物线索，该文章评论区大量留言均提及甲某名字或其网络昵称。原告甲某认为被告侵犯其肖像权、姓名权，遂诉至法院要求被告立即撤下并销毁相关线下宣传物料、公开赔礼道歉、赔偿经济损失等。被告辩称，肖像剪影没有体现五官特征，不能通过其辨识出性别、年龄、身份等个人特征，不具备可识别性，不具备肖像的属性，被告未侵犯原告肖像权，且涉案文章刊载时间很短，影响范围较小，未给原告造成任何经济损失，不应承担侵权责任。

成都高新区人民法院经审理认为，《民法典》以“外部形象”“载体反映”“可识别性”三要素对肖像进行了明确界定，尤以可识别性作为判断是否为肖像的最关键要素。本案中，即便被告对原告照片进行了加工处理，无法看到完整的面部特征，但剪影所展现的面部轮廓（包括发型）仍具有原告的个人特征，属于原告的外部形象，而案涉文章的文字描述内容具有较强的可识别性，通过人物特征描述的“精准画像”，大大加强了该肖像剪影的可识别性，案涉文章的留言部分精选出的大量留言均评论该肖像剪影为甲某，更加印证了该肖像剪影的可识别性。综上，案涉文章中的肖像剪影在结合文章内其他内容的情况下，具有明显可识别性。因此，构成对原告肖像权的侵害，遂判被告赔礼道歉并向原告支付经济损失10万元。

---

① 《最高人民法院发布9起民法典颁布后人格权司法保护典型民事案例》（2022年4月11日）。

案例二：侵犯肖像权不要求以营利为目的——“张某美诉蔡某等肖像权纠纷案”①

2014年6月8日,蔡某与张某美夫妇为琐事发生纠纷。2014年6月11日上午,蔡某到张某美工作单位舒城中学,向张某美索要医药费,双方再次发生纠纷。2015年1月23日中午,蔡某得知舒城中学的门卫室张贴了蔡某的照片且张贴时间较长。蔡某立即赶到舒城中学门卫室,果然看到自己的照片被张贴在墙上,蔡某随即报警。经舒城县公安局巡逻防爆大队和城南派出所调查,照片由张某美偷拍制作成照片后交给门卫室值班人员,由门卫张贴在门卫室墙上。在蔡某交涉后不久,张贴的照片被撕毁。蔡某因被拍照片和张贴照片一事,精神上受到一定的刺激,多次到医院治疗。蔡某认为,张某美用手机偷拍蔡某照片,并擅自交舒城中学值班门卫在公共场合门卫室使用的行为侵犯了其肖像权,双方就此产生纠纷。

本案审理法院认为,法律规定的肖像权,是基于公民的肖像而产生。肖像,是指以某一个人为主体的画像或照片等,通过绘画、摄影、雕刻、录像、电影、拍照等艺术手段,在物质载体上再现某一个自然人的相貌特征,就形成肖像。肖像的特征,除肖像与原形人在客观上相互独立成为能让人力支配的物品外,再就是具有完整、清晰、直观、可辨的形象再现性或称形象标识性。只要未经本人同意,无阻却违法事由擅自使用他人肖像,无论营利与否,均可认定为肖像权侵权。

案例三：肖像权的合理使用——“陕西汉相房地产营销代理有限公司、庞某涛侵权责任纠纷案”②

原告庞某涛系陕西汉中籍男歌手,艺名约瑟翰·庞麦郎(Joseeh Punmanlon)。2014年推出《我的滑板鞋》等个人单曲一时走红网络并进入演艺圈演唱,受到部分歌迷关注。被告陕西汉相房地产营销代理有限公司于2010年5月11日注册设立,经营范围:房地产营销策划;楼盘销售代理;房地产中介服务;房地产信息咨询;商业

---

① 参见安徽省六安市中级人民法院(2016)皖15民终1898号民事判决书。

② 参见陕西省汉中市中级人民法院(2023)陕07民终57号民事判决书。

经营管理;商业地产运营等业务。被告以公司为主体认证了微信公众号“家在汉中”。2016 年 1 月 18 日,被告在其微信公众号“家在汉中”转载发表《“滑板鞋”庞麦郎杭州开演唱会,全程假唱舞伴贴身热舞》图文,注明来源为:凤凰娱乐(目前阅读 490)。就此,原告认为被告的行为侵权了其肖像权。

终审法院审理认为,自然人享有肖像权,有权依法制作、使用、公开或者许可他人使用自己的肖像。未经肖像权人同意,不得制作、使用、公开肖像权人的肖像,但是法律另有规定的除外。本案中,庞某涛作为具有民事权利能力的自然人,依法享有肖像权,有权许可他人使用自己的肖像。但《民法典》第 1020 条规定了肖像权合理使用制度。本案系被上诉人利用公司微信公众号转载了其他新闻媒体对上诉人的娱乐新闻报道,是向当地关注上诉人的粉丝报道娱乐新闻,娱乐新闻报道中使用上诉人的照片作为配图,符合一般常理,不属于侵犯其肖像权,上诉人作为演艺圈公众人物,对社会公众就其公开发布的照片理应负有一定的容忍义务,虽未经上诉人同意,但并未对上诉人的肖像进行任何的丑化、贬损,且已经删除。因此,被上诉人利用公司微信公众号转载了其他新闻媒体对上诉人的报道是合法利用,没有明显过错,一审判决不构成侵权,不承担侵权赔偿责任并无不当。

案例四:肖像权许可使用——“姚某华与乐至博爱医院肖像权纠纷案”①

姚某华原为乐至县中医医院职工,于 2008 年 1 月退休。2019 年 1 月 5 日,姚某华受聘到乐至县博爱医院上班,每月工资 20,000 元加提成,此后乐至县博爱医院使用姚某华肖像、姓名及个人简介在乐至县范围内张贴该院户外墙体广告,姚某华对此知情并同意,但未与医院就肖像、姓名许可使用订立合同、约定使用费用及期限,医院也未向姚某华给付使用费用。乐至县博爱医院于 2006 年注册登记为个人独资企业。2019 年 5 月 15 日,李某记与唐某彪签订《医院转让合同》,其中约定李某记向唐某彪转让医院所有权及经营权等。合同签订后,医院经营权已转让给唐某彪。2020 年 5 月 18 日,乐至县博爱医院投资人由李某记变更为唐某彪,名称由乐至县博

---

① 参见四川省乐至县人民法院(2021)川 2022 民初 65 号民事判决书。

爱医院变更为乐至博爱医院。2020年8月3日,姚某华与乐至博爱医院解除劳务关系,同年8月9日、11月9日,姚某华两次联系唐某彪要求拆除使用其姓名、肖像、个人简介的墙体广告,唐某彪均予以拒绝。2020年12月1日,姚某华与四川世正律师事务所签订委托代理合同,姚某华委托该所律师代理与乐至县博爱医院人格权纠纷诉讼,约定案件一审代理费8000元、二审代理费4000元。同日,四川世正律师事务所律师袁山淮向唐某彪邮寄律师函,要求乐至博爱医院立即停止使用任何与姚某华相关的文字、图片对外宣传,在收到函件后7日内拆除所有广告。否则,该所将依据姚某华的委托立即向法院提起诉讼,并要求医院向姚某华赔偿损失,由此发生的诉讼费、保全费、律师费等损失也将由医院承担,被告认可收到该律师函。2020年10月10~22日,姚某华在乐至和协医院妇产科工作。

法院审理认为,根据《民法典》第993条"民事主体可以将自己的姓名、名称、肖像等许可他人使用"、第1022条"当事人对肖像许可使用期限没有约定或者约定不明确的,任何一方当事人可以随时解除肖像许可使用合同,但是应当在合理期限之前通知对方"和第1023条"对姓名等的许可使用,参照适用肖像许可使用的有关规定"的规定,本案原告许可乐至县博爱医院使用其姓名、肖像、个人简介进行广告宣传,但双方对使用期限未作约定,原告可随时要求拆除相关广告,但应当给予医院合理的拆除期限。

【理论阐释】

一、肖像权的保护对象:何为肖像

就"何为肖像"这一问题而言,《民法典》第1018条第2款规定:"肖像是通过影像、雕塑、绘画等方式在一定载体上所反映的特定自然人可以被识别的外部形象。"由此可知,《民法典》已经明确界定"肖像"的关键标准在于自然人的"外部形象"具有"可识别性",其事实上已经扩大了肖像权的保护范围,意味着中国法已经将具有可识别性的身体特征都纳入肖像权的保护范围之中,符合肖像权制度的设立初衷,

这一立场是值得肯定的。[①] 笔者认为,“肖像”的 3 个认定要件宜作如下解读:

(一)“肖像”是自然人的外部形象

“肖像”是自然人的外部形象,这意味着只要具有可识别性,自然人的任何身体部位都属于肖像再现的保护范围,而并不限于面部特征。[②] 虽然理论上早有观点主张只要能够反映个人的外在形象,即使不属于个人的面部特征,也应当认定为肖像。[③] 但是,我国传统民法学理论确实一直将肖像界定为以面部特征为中心的外部形象,即要求肖像应当再现自然人的面部特征,其他身体部位即使能够反映个人的外在形象,也不能认定为肖像。[④] 在司法实务中,不能反映特定人完整相貌特征的身体形象也经常被法院认为不属于肖像,[⑤]在曾轰动一时的“名模谢某娜与北京概念久芭有限公司肖像权纠纷一案”中,北京市朝阳区人民法院就认为他人使用特定人身体躯干的照片不能视为使用了肖像;[⑥]北京市第二中级人民法院在“叶某诉安贞医院、交通出版社、广告公司肖像权纠纷案”中,也明确指出,当照片只有脸部的鼻子和嘴巴时,并不属于完整的特定人形象,所以不属于法律意义上的肖像,这一裁判立场最终还由最高人民法院以公报案例的形式予以确认。[⑦]

就传统民法学理论和司法实务仅承认面部属于肖像而其他身体部位不属于肖像的这一做法,越来越多的学者提出了批评;[⑧]在前述“谢某娜案”中,杨振山教授就曾认为,法院的这一立场属于“法理没弄清楚”的表现。[⑨] 近年来,司法实务中也有法院在判决书中明确主张“肖像权对身体的部位并无具体指定,只要能够让人从视

---

① 参见王利明:《人格权重大疑难问题研究》,法律出版社 2019 年版,第 495 页。

② 参见王泽鉴:《人格权法:法教义学、比较法、案例研究》,北京大学出版社 2013 年版,第 141 页。

③ 参见隋彭生:《论肖像权的客体》,载《中国法学》2005 年第 1 期

④ 参见张俊浩主编:《民法学原理》(修订版),中国政法大学出版社 1997 年版,第 149 条;王利明:《人格权重大疑难问题研究》,法律出版社 2019 年版,第 494 页。

⑤ 至少在“何为肖像”的说理中,法院常作“肖像是自然人面部形象的可识别性”之类的强调,参见广东省广州市中级人民法院(2016)粤 01 民终 5908 号民事判决书。

⑥ 参见辛辛:《谢东娜:我的身体你随便用?》,载《中国新闻周刊》1999 年第 3 期。

⑦ 参见《最高人民法院公报》2003 年第 6 期。

⑧ 参见王利明:《人格权重大疑难问题研究》,法律出版社 2019 年版,第 509 页。

⑨ 参见辛辛:《谢东娜:我的身体你随便用?》,载《中国新闻周刊》1999 年第 3 期。

觉形象上感知此为具体的某个人即为肖像权含义”。①

在《民法典》编纂过程中,立法机关针对上述分歧,经过研究认为:“肖像的范围不应限于自然人的面部特征。肖像是一个自然人形象的标志,除面部特征外,若不把任何足以反映或者可以识别特定自然人的外部形象纳入肖像权的保护范围,都很有可能对该自然人的人格尊严造成威胁。肖像的范围过小,不利于保护肖像权人的利益。”②也就是说,《民法典》施行之后,司法实务再也不能以自然人的身体部分不属于面部特征为由来否定其肖像属性。

(二)“肖像”的外部载体

肖像是个人外部形象在特定物质载体上予以再现的视觉现象;③或者说,肖像是通过一定载体所能够客观真实地反映出的自然人外部形象,这种载体包括但不限于艺术作品,任何可以反映自然人外部形象的物质手段都可以纳入这种载体之中,形式包括但不限于图片、照片、绘画、雕像,④也包含素描、油画形象,游戏中的形象。从前民法典时代我国司法实务的情况来看,除前述肖像表现形式之外,司法实务至少还确立了卡通漫画人物形象⑤、剧照⑥等都属于肖像权的保护范围。

值得讨论的是,视频中表演者的肖像是否属于肖像权的保护范围?就此,在“姜某梅与浙江淘宝网络有限公司等肖像权纠纷上诉案”中,法院认为,江某妹销售的涉案视频本身就是姜某梅以其本人作为表演者进行录制的,姜某梅在视频中作为表演者所显现的肖像,只是姜某梅享有涉案视频版权的组成部分,江某妹对涉案视频进行传播、销售,如果构成侵权,所侵犯的应当是姜某梅对涉案视频的版权,而非肖像

① 广东省广州市中级人民法院(2016)粤01民终12021号民事判决书。

② 参见黄薇主编:《中华人民共和国民法典人格权编释义》,法律出版社2020年版,第131页。

③ 参见王利明:《人格权重大疑难问题研究》,法律出版社2019年版,第496页。

④ 参见黄薇主编:《中华人民共和国民法典人格权编释义》,法律出版社2020年版,第131页。

⑤ 参见广东省广州市中级人民法院(2016)粤01民终5907号民事判决书,北京市第一中级人民法院(2016)京01民终496号民事判决书,甘肃省酒泉市中级人民法院(2011)酒民一终字第266号民事判决书;等等。

⑥ 参见广东省广州市中级人民法院(2016)粤01民终11394号民事判决书,广东省深圳市中级人民法院(2016)粤03民终17303号民事判决书。

权。[①] 笔者认为,这一裁判立场恐值商榷。诚然,根据现行《著作权法》第 38 条的规定,[②]表演者享有一系列表演者权,这在理论上被称为邻接权,无论是表演者“保护表演形象不受歪曲”的权利还是“许可他人录音、录像”等权利,本身都包含了对其肖像的保护;也就是说,表演者会因为自己的表演行为而对自己的表演活动享有表演者权,此时其允许他人再现自己肖像的权利可以通过实现表演者权而得到保障。但是,当存在数个请求权基础时,理应允许权利人选择保障自己权利的具体路径,如果表演者没有通过主张自己的表演者权受到侵犯来保护肖像再现的权利,而是主张通过肖像权受到侵犯的,应当视为其对自身权利的救济路径已经作出抉择,法院理应予以尊重,所以仍宜肯定视频中出现的肖像也可纳入肖像权的保护范围之中。

（三）“肖像”需要具有可识别性

肖像的可识别性,即通过某种技术手段再现的个人肖像必须能被人们辨认为具体的某个人;也就是说,通过一定载体所呈现的自然人外部形象应当具有较清晰的指向和可识别性,如果没法指向特定自然人,该外部形象就不属于肖像的保护范围。[③] 由本书前述可知,“可识别性”才是认定“肖像”的关键之所在。但值得讨论的是,应当如何确立“可识别性”的判断标准？就此,司法实务中确实有法院曾明确根据“一般人的认识标准”来确立行为人在包装上所使用的人物图片是否属于特定人物的肖像;[④]王利明教授也明确指出,在判断肖像是否具有可识别性时,应当以社会一般人能否识别作为判断标准。[⑤]

笔者倾向于认为,以一定范围内的特定主体作为识别标准的判断群体可能更恰

---

① 参见浙江省杭州市中级人民法院(2016)浙 01 民终 6362 号民事判决书。

② 《著作权法》第 38 条规定:“表演者对其表演享有下列权利:(一)表明表演者身份;(二)保护表演形象不受歪曲;(三)许可他人从现场直播和公开传送其现场表演,并获得报酬;(四)许可他人录音录像,并获得报酬;(五)许可他人复制、发行、出租录有其表演的录音录像制品,并获得报酬;(六)许可他人通过信息网络向公众传播其表演,并获得报酬。被许可人以前款第三项至第六项规定的方式使用作品,还应当取得著作权人许可,并支付报酬。”

③ 参见黄薇主编:《中华人民共和国民法典人格权编释义》,法律出版社 2020 年版,第 131 ~ 132 页;王利明:《人格权重大疑难问题研究》,法律出版社 2019 年版,第 497 页。

④ 参见广东省广州市中级人民法院(2016)粤 01 民终 12021 号民事判决书。

⑤ 参见王利明:《人格权重大疑难问题研究》,法律出版社 2019 年版,第 498 页。

当,理由在于:“一般人的认识标准”本身就难以确立,事实上,所谓“一般人”的范围也是因肖像权人而异的,一个影视明星和一个普通人物的肖像,社会对其的可识别群体显然是不同的。所以说,对于某个载体上的形象能否认定为“肖像”的问题,宜根据肖像权人自身生活、工作范围内的群体是否能加以识别作为判断标准。

概言之,肖像一不限于面部形象,二不限于具体的载体形式,只要自然人的身体特征在特定范围内具有相当的可识别性,就应当视为属于肖像权所保护的范围。“肖像是通过各种艺术表现形式反映出来的形象,个人的形象并不一定要原封不动地再现才属于肖像,绘画、雕塑等作品在再现某人的形象时,只要达到了清晰可以辨认的程度,便可以认为反映了某人的肖像。”①或者说,“法律之所以保护肖像权,是因为肖像中所体现的精神和财产的利益与人格密不可分。当某一形象能够充分反映出个人的体貌特征,公众通过该形象直接能够与该个人建立一一对应的关系时,该形象所体现的尊严以及价值,就是该自然人肖像权所蕴含的人格利益”。②

二、肖像权的行使:何为肖像权的积极权能

从之前的司法实务来看,法院对肖像权内涵的界定存在差别:一方面,有法院侧重强调肖像权的积极权能,如有法院就认为:“肖像权是指自然人对自己的肖像享有再现、使用或许可他人使用的权利。”③另一方面,有法院则侧重强调肖像权的消极权能,如有法院就指出:“公民的肖像权是指公民对于自己的照片、画像、录像、塑像等具有物质载体的视感影像依法享有的不受侵犯的权利。”④此外,也有法院在判决书中完整地概括了肖像权的内涵。例如,在“深圳市好百年家居连锁股份有限公司与倪某肖像权纠纷上诉案”中,审理法院就认为:“肖像权是指自然人对自己的肖像享有再现、使用并排斥他人侵害的权利,是以自然人对自己肖像上所体现的人格权益为内容的人格权……”⑤

---

① 参见王利明:《人格权重大疑难问题研究》,法律出版社2019年版,第515页。

② 广东省深圳市中级人民法院(2016)粤03民终17303号民事判决书。

③ 安徽省淮北市中级人民法院(2015)淮民一终字第00146号民事判决书。

④ 广东省广州市中级人民法院(2016)粤01民终12021号民事判决书。

⑤ 广东省深圳市中级人民法院(2016)粤03民终18948号民事判决书。

一般认为,“肖像权是自然人以肖像所体现的人格利益及财产利益为内容的民事权利,它直接关系自然人的人格尊严及其形象的社会评价,是自然人所享有的一项重要的具体人格权。肖像权通常是指自然人有权依法制作、使用、许可他人使用或者公开自己的肖像,有权禁止以歪曲、侮辱或者其他不正当方式侵害自己的肖像”。[①] 也就是说,肖像权的权能可以分为主动行使权利的积极权能和被动寻求权利得到保护的消极权能,《民法典》就此也予以分别规定:一方面,就肖像权的积极权能,《民法典》第 1018 条第 1 款规定:“自然人享有肖像权,有权依法制作、使用、公开或者许可他人使用自己的肖像。”另一方面,就肖像权的消极权能,《民法典》第 1019 条第 1 款分别规定:“任何组织或者个人不得以丑化、污损,或者利用信息技术手段伪造等方式侵害他人的肖像权。未经肖像权人同意,不得制作、使用、公开肖像权人的肖像,但是法律另有规定的除外。”“未经肖像权人同意,肖像作品权利人不得以发表、复制、发行、出租、展览等方式使用或者公开肖像权人的肖像。”就肖像权的积极权能,笔者认为,可以概括为“肖像制作权”以及“肖像使用权”,宜持如下解释立场。

(一)肖像制作权的行使

肖像制作权也被称为形象再现权能,即肖像权人有权决定再现自己的肖像,是指自然人有权自己或者许可他人通过造型艺术形式或者其他形式再现自己的外部形象,这一权能也是肖像权中其他权能的基础和前提。[②] 当然,肖像再现权是肖像权人固有的权利,也包含了其有权决定肖像不再现的权能,所以如果肖像权人从未制作过自己的肖像,并不意味着其不享有这项权利。

(二)肖像使用权的行使

本书所指的肖像使用权,包含了《民法典》第 1018 条第 1 款所规定的“使用”“公开”“许可他人使用”的权能在内,也就是说,此处的“肖像使用”是从广义上而言的。其中,《民法典》对前两者并无特别规定,权利的内涵也较清楚,即肖像权人依法

---

① 参见王利明:《人格权重大疑难问题研究》,法律出版社 2019 年版,第 498 页。

② 参见黄薇主编:《中华人民共和国民法典人格权编释义》,法律出版社 2020 年版,第 128 页。

自己使用肖像的权能,是指其有将自己的肖像用于任何合法目的的权利;肖像公开权,是指肖像权人对于已经制作的肖像有权决定公开或者不公开的权利,其中公开包含自己公开和许可他人公开的方式在内。①

值得讨论的是,应当如何理解《民法典》第1021条②和第1022条③关于肖像许可使用合同的规定,即肖像权合同条款的解释规则与肖像权合同的解除规则应当如何理解?首先,应当肯定《民法典》对肖像权这类标表型人格权的许可使用予以了明确,并且将肖像权许可使用制度作为姓名等人格权许可使用的参照规范,这不仅回应了司法实务的现实需求,也符合立法潮流;④特别需要说明的是,承认肖像权许可使用合同的合法性,并不意味着肖像权的转让,与肖像权的专属性并不矛盾,不会有损肖像权人的人格尊严,相反,这恰恰是对权利人人格尊严的尊重。其次,根据《民法典》第1021条的规定,对肖像权许可合同存疑条款的解释应当有利于肖像权人的规定,属于合同解释的特别规定,本条属于《民法典》第466条的特别条款,应优先得到适用,其法理基础在于对肖像权应当予以特别保护,本质上是由肖像权的人身专属性所决定的,当然,这一条款的适用前提在于此处所说的"理解有争议"要求不同的理解都具有一定合理性,而非只要肖像权人与肖像权被许可使用人有分歧就必须支持肖像权人的立场。最后,《民法典》第1022条关于肖像权许可使用合同的解除规则也颇为特殊,尤其是在肖像权许可使用合同明确约定了使用期限的情况下,该条仍然赋予了肖像权人以单方解除权,这是对传统合同法理论契约必守原则的突破,立法目的也在于对肖像权予以特别保护,本质上也是由肖像权的人身专属性所

---

① 参见黄薇主编:《中华人民共和国民法典人格权编释义》,法律出版社2020年版,第129页。

② 《民法典》第1021条规定:"当事人对肖像许可使用合同中关于肖像使用条款的理解有争议的,应当作出有利于肖像权人的解释。"

③ 《民法典》第1022条规定:"当事人对肖像许可使用期限没有约定或者约定不明确的,任何一方当事人可以随时解除肖像许可使用合同,但是应当在合理期限之前通知对方。当事人对肖像许可使用期限有明确约定,肖像权人有正当理由的,可以解除肖像许可使用合同,但是应当在合理期限之前通知对方。因解除合同造成对方损失的,除不可归责于肖像权人的事由外,应当赔偿损失。"

④ 参见黄薇主编:《中华人民共和国民法典人格权编释义》,法律出版社2020年版,第141页。

决定的。[①]

三、肖像权侵权的认定：肖像权人如何行使肖像权的消极权能

就肖像权侵权的认定来看，只要行为人擅自实施了《民法典》第1018条规定的肖像权人行使肖像权的行为，就意味着其侵犯了肖像权人对肖像所享有的精神利益或经济利益，构成肖像权侵权。一般认为，认定肖像权侵权包含"未经肖像权人同意"和"行为人实施了利用他人肖像的行为"这两个侵权构成要件。也就是说，如果利用他人肖像的行为能够得到肖像权人的允诺，则阻却了违法性，不构成肖像权侵权。[②] 根据《民法典》第1019条的规定，丑化、污损、伪造他人肖像，以及在未经肖像权人同意的情形下制作、使用、公开他人肖像的行为，均属于侵犯肖像权人肖像权的行为。其中，"丑化"与"污损"都属于明显侵犯肖像权人人格尊严的肖像权侵权行为，"伪造肖像"事实上属于未经肖像权人同意而制作他人肖像的侵权行为。就民法典相较前民法典时代肖像权民事法律规范的规定来看，其主要变化体现在如下两方面：其一，《民法典》第1019条废除了原《民法通则》第100条判定肖像权侵权所要求的"以营利为目的"这一要件；其二，《民法典》第1020条新增了肖像权合理使用制度。

（一）认定肖像权侵权不要求行为人主观上具有"营利目的"

在《民法典》颁布之前，基于原《民法通则》第100条的明文规定，虽然也有法院认为，"只要未经本人同意，无阻却违法事由擅自使用他人肖像，无论营利与否，均可认定为肖像权侵权"。[③] 但从司法实务的整体情况来看，法院似乎整体上仍然将行

① 就肖像权人对他人使用自己肖像允诺的撤回而言，王泽鉴教授认为，只有在肖像的使用将构成对人格权的侵害或严重违反肖像权人的信念时，方应许可肖像权人撤回其允诺。显然，我国立法未采纳这一立场，而是更大程度地强化了对肖像权人的保护。参见王泽鉴：《人格权法：法教义学、比较法、案例研究》，北京大学出版社2013年版，第143页。

② 参见王泽鉴：《人格权法：法教义学、比较法、案例研究》，北京大学出版社2013年版，第141～142页。

③ 安徽省六安市中级人民法院（2016）皖15民终1898号民事判决书。

为人主观上是否具有营利目的作为判定肖像权的构成要件。[①] 当然，法院也认为，“以营利为目的”不意味着必须实际发生营利的效果。[②] 由此可知，在司法实践中纯粹以是否具有营利目的作为侵害肖像权的构成要件，缩小了肖像权法律保护的范围，使许多非法使用他人肖像但并不是追求营利的行为不能作为侵害肖像权处理，不利于保护肖像权人的利益。[③]

在《民法典》编纂过程中，立法机关认为，司法实务与学界主流观点一样，在判定肖像权侵权时，已经不要求行为人主观上具有非法营利目的，所以立法机关在《民法典》中对这一立场予以确认。[④] 如前所述，对于立法机关相关人士的这一总结，与笔者所检索的判例情况确实存在较大出入，但理论界对于侵犯肖像权要求满足“以营利为目的”这一构成要件的批判是存在共识的。[⑤] 应该说，立法的这一改变是巨大的进步，能够更好地保障肖像权人的肖像权，也能避免司法实务的分歧。

（二）认定肖像权侵权需排除合理使用行为

所谓肖像的合理使用，是指行为人基于公共利益等目的的需要，可以无偿地擅自利用他人肖像。[⑥] 立法机关认为，肖像权不仅对肖像权人意义重大，对他人甚至全社会都具有重大价值，一些正常的社会活动离不开对他人肖像的再现或使用，如果任何制作、使用、公开肖像的行为都必须经过权利人同意，会给正常的社会活动带来影响，甚至影响公共利益，所以有必要在保护个人肖像权和社会公共利益之间进行平衡和协调、设置肖像权保护的例外情形。[⑦] 因此，《民法典》第1020条借鉴《著作

---

① 从笔者所搜集判例来看，该立场占绝对多数，典型判例：广东省高级人民法院（2014）粤高法民一申字第1020号民事裁定书，上海市第二中级人民法院（2016）沪02民终1918号民事判决书，河南省焦作市中级人民法院（2016）豫08民终2074号民事判决书，北京市第三中级人民法院（2016）京03民终11263号民事判决书等。

② 参见北京市第一中级人民法院（2016）京01民终4733号民事判决书。

③ 参见王利明：《人格权重大疑难问题研究》，法律出版社2019年版，第498页。

④ 参见黄薇主编：《中华人民共和国民法典人格权编释义》，法律出版社2020年版，第134页。

⑤ 参见张红：《“以营利为目的”与肖像权侵权责任认定——以案例为基础的实证研究》，载《比较法研究》2012年第3期；刘承韪：《影视演员肖像权纠纷的实证研究》，载《山东科技大学学报（社会科学版）》2019年第1期。

⑥ 参见张红：《肖像权保护中的利益平衡》，载《中国法学》2014年第1期。

⑦ 参见黄薇主编：《中华人民共和国民法典人格权编释义》，法律出版社2020年版，第136页。

权法》第12条的相关规定,就合理使用行为进行了详细列举;[①]此外,《民法典》第999条在人格权编的“一般规定”之中也明确为公共利益实施新闻报道、舆论监督等行为的,可以合理使用肖像等信息。[②] 当行为人未经肖像权人同意使用他人肖像的行为被认定为合理使用后,就不会被认定为属于肖像权的侵权行为,本书对此从如下两方面作分析。

1.具体的合理使用行为

《民法典》第1020条第1项至第4项就4类合理使用行为进行了明确规定,具体如下:

其一,为个人学习、艺术欣赏、课堂教学或者科学研究,在必要范围内使用肖像权人已经公开的肖像。对此,应当区分理解:一方面,为个人学习、艺术欣赏使用他人已经公开肖像的行为,属于个人的正常社会活动,并不会对肖像权人的肖像权造成损害,这是对个体自由的尊重;另一方面,允许课堂教学和科学研究合理使用他人肖像,乃是对社会公共利益的保护,是社会进步和文化发展的现实需求。值得注意的是,此种情形下对肖像的合理使用,存在一定的限制,除必须符合“在必要范围内”这一限定条件外,其只能针对已经公开的肖像,也就是说,如果基于这些目的,行为人未经肖像权人同意偷拍他人肖像,则仍涉嫌侵犯肖像权。就此,笔者认为,立法机关相关人士认为“为了科学研究的需要,对某一群体进行摄影录像”也属于合理使用的见解,恐怕难以成立,因为这不属于利用他人公开的肖像。[③]

其二,为实施新闻报道,不可避免地制作、使用、公开肖像权人的肖像。立法机关认为,新闻报道的主要功能是报道新闻信息、反映和引导舆论,具有极强的社会公

---

① 《民法典》第1020条规定:“合理实施下列行为的,可以不经肖像权人同意:(一)为个人学习、艺术欣赏、课堂教学或者科学研究,在必要范围内使用肖像权人已经公开的肖像;(二)为实施新闻报道,不可避免地制作、使用、公开肖像权人的肖像;(三)为依法履行职责,国家机关在必要范围内制作、使用、公开肖像权人的肖像;(四)为展示特定公共环境,不可避免地制作、使用、公开肖像权人的肖像;(五)为维护公共利益或者肖像权人合法权益,制作、使用、公开肖像权人的肖像的其他行为。”

② 《民法典》第999条规定:“为公共利益实施新闻报道、舆论监督等行为的,可以合理使用民事主体的姓名、名称、肖像、个人信息等;使用不合理侵害民事主体人格权的,应当依法承担民事责任。”

③ 在该书中,释义者同时强调了这一情形下的合理使用必须针对“已经公开的肖像”,似有前后矛盾之嫌。具体论述,参见黄薇主编:《中华人民共和国民法典人格权编释义》,法律出版社2020年版,第137页。

共利益性质,是一个社会文明发展和进步必不可少的,这也是承认新闻报道可以合理使用他人肖像的价值基础;而且,从法理上讲,新闻报道一般针对庆典等公开性活动和事件,自然人参加这些活动和事件可以被理解成“默示同意”,即使是“被动入境”,也应当从价值衡量的角度认可新闻报道可以合理使用他人肖像,这也是多数立法例的立场,我国《著作权法》也早有类似规定。[①] 从新闻报道的素材本身来说,一般都源于现场拍摄所得,如果不允许合理使用肖像,新闻报道也将无法进行。值得注意的是,此类肖像合理使用的情形中,肖像权人的肖像不能被作为特定对象来表现,只能是衬托新闻本身的点缀。[②] 当然,适用这一规范时,还应当注意此处的“新闻报道”包含“舆论监督”在内,因为《民法典》第999条已经明确,为公共利益实施新闻报道、舆论监督可以合理使用自然人的肖像、名字、个人信息等,所以从体系解释角度而言,此处的“新闻报道”同时包含了“舆论监督”的内涵在内;从这个角度而言,记者跟随交警抓拍酒驾、闯红灯等情形下,记者的拍摄这些不良现象的照片,也不宜认定为侵权,但是从尊重自然人人格尊严角度而言,记者在曝光时就照片的人物面部打马赛克更妥当。

其三,为依法履行职责,国家机关在必要范围内制作、使用、公开肖像权人的肖像。也就是说,国家机关执行公务时有权不经肖像权人的同意而使用肖像权人的肖像,举例而言,公安机关在通缉令上印上肖像权人的肖像等就属于这个合理使用的范畴。需要注意的是:首先,国家机关执行公务必须是合法的,履行相关职务需要有明确的法律依据,否则不得制作、使用、公开肖像权人的肖像;其次,国家机关因为执行公务制作、使用、公开肖像权人的肖像必须在必要范围内进行,需注意适度性;最后,国家机关因为执行公务合理使用肖像权人的肖像并不要求肖像本身已经是公开的。

其四,为展示特定公共环境,不可避免地制作、使用、公开肖像权人的肖像。这一合理使用也被称为“公共场所的必要限制”,立法作此规定乃取决于民事主体从事社会活动必不可少的现实,日常生活中最频发的当属旅游景点打卡拍照时为拍摄美

① 黄薇主编:《中华人民共和国民法典人格权编释义》,法律出版社2020年版,第137～138页。

② 参见浙江省杭州市中级人民法院(2016)浙01民终540号民事判决书,浙江省高级人民法院(2016)浙民申2007号民事裁定书。

景而不可避免地将不特定的人拍摄下来。值得注意的是，除"不可避免"外，特定公共场所而合理使用他人肖像要求行为人不能是单纯为了拍摄肖像，人物肖像只能作为背景或者点缀而存在。①

2. 其他的合理使用行为

根据《民法典》第1020条第5项的规定，"为维护公共利益或者肖像权人合法权益，制作、使用、公开肖像权人的肖像的其他行为"属于该条文关于法定合理使用的兜底规定。该条款事实上表明了整个肖像权合理使用制度的法理基础主要在于"维护公共利益或者肖像权人合法权益"，且主要是基于"维护公共利益"的考量。就该兜底条款包含的具体情形，笔者持如下立场：

首先，该兜底条款包含了公众人物肖像权受限的内涵，即公众人物的肖像会在针对其个人的新闻报道等情形下可被合理使用。也就是说，即使新闻媒体针对公众人物作特定报道，此时虽然不属于《民法典》第1020条第2项规定的"为实施新闻报道"的合理使用肖像情形，但公众人物会因为其所从事活动一般与社会公共生活有关而被赋予更多的社会责任，需要承受更多的关注。就此，有两个问题值得关注：一方面，"公众人物肖像权的限制应当以其肖像与社会公共利益相联系为前提，如果其肖像仅仅涉及权利人的私人生活，则不得限制其肖像权"。② 另一方面，对于网站、公众号等自营媒体在转载关于公众人物的完整时事新闻报道的同时，提供了自身的广告链接的行为，也宜认定为侵犯公众人物肖像权的行为。对此，有法院认为，只要转载的新闻本身还在时效性范围之内，行为人没有删除新闻报道中的具体内容，此时行为人虽然有利用用户对时事新闻的关注而引导其看到链接的宣传内容的意图，但其并不足以导致一般公众将时事新闻报道中的公众人物的肖像与行为人推广的产品之间产生联想或误解，所以不能认定行为人侵犯公众人物的肖像权。③ 就此，笔者持不同立场，因为侵犯公众人物的肖像权并不要求在肖像权人的肖像与公司产品之间建立联想或达到让人误解的程度，只要不是单纯的新闻报道，就应当理解为已

---

① 参见王利明：《人格权重大疑难问题研究》，法律出版社2019年版，第523页。

② 王利明：《人格权重大疑难问题研究》，法律出版社2019年版，第523页。

③ 参见广东省深圳市中级人民法院(2016)粤03民终22257号民事判决书，广东省深圳市中级人民法院(2016)粤03民终15521号民事判决书。

经超过合理使用的必要限度;诚如“煤炭总医院(原国家安全生产监督管理总局矿山医疗救护中心)与周某雨肖像权纠纷上诉案”中的审理法院所言,“即便是公众人物的肖像权在涉及新闻等公共利益时需容忍他人有限度地使用,但在本人不同意的情况下,在使用时加入商业信息,则属于侵权行为”。①

其次,“对先进人物的照片进行展览”和“为了寻找下落不明的人而在寻人启事上使用失踪人的肖像”属于该兜底条款所包含的肖像权合理使用的典型情形。因为前者更多是为了弘扬先进人物的正能量,是基于“维护公共利益”的考量,而后者则是为了肖像权人的利益。

最后,笔者认为,肖像权的合理使用除《民法典》第 1020 条规定的法定合理使用行为外,《民法典》第 999 条中的“等行为”实施上为《民法典》第 1020 条不能涵盖的肖像合理使用行为提供了法律依据,这一条文才是关于肖像权等标表型人格利益可以合理使用的一般规定。立法机关相关人士在对《民法典》进行释义的书籍中认为,该兜底规定事实上为司法实践的发展预留了空间,其包含了当事人在诉讼中为了举证而使用他人的肖像这一合理使用情形在内。② 但是,“当事人在诉讼中为了举证而使用他人的肖像”既不属于为维护公共利益也不属于为维护肖像权人合法权益,这一解释结论恐难成立;当然,这一行为确实属于合理使用肖像权人肖像的行为,在《民法典》颁布之前,司法实务就此也持这一裁判立场。③ 从《民法典》的规定来看,笔者认为,《民法典》第 999 条乃这一解释结论的法律依据,而非《民法典》第 1020 条第 5 项,因其局限于为了公共利益和为了肖像权人利益的情形。从司法实务的纠纷来看,学校宣传师资行为是否涉嫌肖像权侵权也是实务中频发的纠纷,如果要将其解释为合理使用,同样应当适用《民法典》第 999 条。④

---

① 北京市第一中级人民法院(2017)京 01 民终 4101 号民事判决书。

② 参见黄薇主编:《中华人民共和国民法典人格权编释义》,法律出版社 2020 年版,第 139 页。

③ 参见浙江省高级人民法院(2016)浙民申 1659 号民事裁定书。

④ 从司法实务来看,有法院认为,培训机构宣传老师上课情况照片的行为,也构成肖像权侵权,参见山东省济南市中级人民法院(2015)济民四终字第 308 号民事判决书。更多的法院则倾向认为,教育机构对其师资力量和服务内容进行公开宣传符合该行业的宣传特点,使用教师肖像并未超过合理使用的范围,参见广东省广州市中级人民法院(2016)粤 01 民终 10798 号民事判决书,湖南省长沙市中级人民法院(2016)湘 01 民终 589 号民事判决书,广东省高级人民法院(2014)粤高法民一申字第 594 号民事裁定书。

四、侵犯肖像权的侵权责任承担

就侵犯肖像权的侵权责任的承担来看,其主要涉及侵权损害赔偿项目、赔偿数额的具体确定及赔礼道歉这一责任形式的适用。但因这些问题并不属于《民法典》的新规则,在此不作详细论述,同时为完整呈现肖像权制度,故在此结合司法实务立场简要表明本书立场:

其一,侵犯肖像权赔偿项目的确定。一方面,因为肖像权属于人身权益,根据《民法典》第1183条的规定,在侵犯肖像权"造成严重后果"的情况下,有适用精神损害赔偿的空间。① 另一方面,侵犯肖像权的财产损害赔偿范围宜包含维权成本在内,②不仅应当包含交通费、差旅费和通信费用在内,③也包含公证费用等在内,④还应当包含合同的律师费在内。⑤

① 因不符合精神损害赔偿适用要件而判决不支持的判例,参见北京市第二中级人民法院(2017)京02民终1704号民事判决书,四川省乐山市中级人民法院(2016)川11民终563号民事裁定书,江苏省徐州市中级人民法院(2015)徐民终字第04744号民事判决书,重庆市第一中级人民法院(2015)渝一中法民终字第05038号民事判决书。因符合精神损害赔偿适用要件而判决支持的判例,参见辽宁省沈阳市中级人民法院(2017)辽01民终2931号民事判决书,陕西省咸阳市中级人民法院(2017)陕04民终55号民事判决书,广东省广州市中级人民法院(2016)粤01民终15026号民事判决书。

② 类似主张,参见石冠彬:《姓名权侵权纠纷的裁判规则研究》,载《当代法学》2018年第3期。

③ 认为因维权支出的交通费用不应当属于赔偿范围的判例,参见江苏省苏州市中级人民法院(2016)苏05民终832号民事判决书,重庆市第一中级人民法院(2015)渝一中法民终字第05038号民事判决书;也有法院认为,交通、差旅、通信等各项费用都属于必要开支,应当予以支持,参见江苏省徐州市中级人民法院(2015)徐民终字第04744号民事判决书,北京市第三中级人民法院(2015)三中民终字第16028号民事判决书,江苏省南京市中级人民法院(2015)宁民终字第5236号民事判决书。

④ 虽有法院认为,肖像权人因维权所支出的公证费用并非侵权行为所产生的必要费用,所以不应当纳入赔偿范围,参见天津市第一中级人民法院(2016)津01民终5042号民事判决书。但从笔者所搜集的判例来看,绝大多数法院都认为,维权过程中产生的公证费用应当属于侵权损害赔偿的范围,参见四川省绵阳市中级人民法院(2016)川07民终888号民事判决书,山东省济南市中级人民法院(2015)济民四终字第1041号民事判决书,上海市第一中级人民法院(2016)沪01民终1227号民事判决书等。

⑤ 认为律师费用属于侵权人侵权行为所导致损失的判例,参见北京市第一中级人民法院(2016)京01民终4733号民事判决书,四川省绵阳市中级人民法院(2016)川07民终888号民事判决书,山东省济南市中级人民法院(2015)济民四终字第1041号民事判决书,湖南省永州市中级人民法院(2015)永中法民三终字第465号民事判决书,上海市第一中级人民法院(2015)沪一中民一(民)终字第1521号民事判决书。认为律师费不属于侵权造成的损失、要求赔偿于法无据的判例,参见四川省乐山市中级人民法院(2016)川11民终563号民事裁定书,广东省深圳市中级人民法院(2016)粤03民终9542号民事判决书,湖南省长沙市中级人民法院(2016)湘01民终589号民事判决书,北京市第三中级人民法院(2016)京03民终51号民事判决书,北京市第一中级人民法院(2016)京01民终496号民事判决书。

其二，侵犯肖像权造成经济损失的确定。一方面，对于明星来说，代言合同可以作为认定损失的参考，但不能完全按照代言合同的费用来确定肖像侵权经济损失的数额，应当综合考虑肖像权人的社会知名度、侵权时长、侵权程度、造成的损害等因素，从而予以酌情判定；[①]另一方面，对于普通人，不能以肖像权人在特定领域内并非具有高知名度人员、缺乏相应商业价值为由主张不应当予以损害赔偿，而应当综合考虑侵权人的过错程度和侵权行为的情节、后果等因素，从而酌定损害赔偿数额。[②]更不能因为肖像权人不能提供证据证明损失而不予支持，[③]应当由法院根据案情综合情况予以自由裁量。

其三，赔礼道歉方式的适用。一方面，应当明确的是，赔礼道歉方式作为人格权侵权责任的特有方式，是为了彰显对他人人格的尊重，其在侵犯肖像权形式中的适用并不以丑化、侮辱肖像权人个人形象为前提条件；[④]另一方面，赔礼道歉这种民事责任承担方式，不仅应当明确要将致歉的意思向对方传达，也应当根据侵权范围来确定赔礼道歉的具体方式，一般可要求在侵权地域范围内的公开媒体上赔礼道歉。[⑤]

此外，《民法典》人格权编的肖像权制度不但为肖像之外的诸如姓名等标表型人格权的许可使用提供了明确法律依据，《民法典》第 1023 条也为自然人声音权益的保护提供了明确的法律依据，在很大程度上完善了人格权法的体系性，值得肯定。

---

① 参见北京市第二中级人民法院（2017）京 02 民终 1704 号民事判决书，北京市第三中级人民法院（2016）京 03 民终 589 号民事判决书，重庆市第一中级人民法院（2015）渝一中法民终字第 05038 号民事判决书，江苏省苏州市中级人民法院（2016）苏 05 民终 832 号民事判决书。

② 参见上海市第一中级人民法院（2015）沪一中民一（民）终字第 1521 号民事判决书，广东省中山市中级人民法院（2015）中中法民一终字第 422 号民事判决书。

③ 参见吉林省四平市中级人民法院（2015）四民一终字第 279 号民事判决书。

④ 参见辽宁省沈阳市中级人民法院（2016）辽 01 民终 11216 号民事判决书。

⑤ 有法院认为，只要向权利人书面道歉即可，而无须考虑侵权范围，参见北京市第三中级人民法院（2017）京 03 民终 3935 号民事判决书，北京市第三中级人民法院（2016）京 03 民终 10984 号民事判决书。

专题十九　声音权益的法律保护

本专题撰写人：王利明

【《民法典》及相关法律法规的新规则】

《民法典》第 1023 条第 2 款

对自然人声音的保护，参照适用肖像权保护的有关规定。

【规则由来】

《民法典》第 1023 条第 2 款是本次《民法典》编纂中的新规则，在我国民事立法中首创性地承认人的声音为受到法律保护的人格利益。

【规范意旨】

《民法典》第 1023 条第 2 款规定，声音的保护参照适用肖像权保护的有关规定，确立了声音权益作为法定的独立的人格利益的地位，符合了声音权益保护的现实需求，彰显了我国《民法典》人格权编的特色。该条对声音利益确立了法定人格利益的保护模式，区分了声音权益与具体人格权以及一般人格权，体现了对声音权益保护的独特性和开放性。在具体适用中，应当与肖像权、隐私权等法定人格权相区分，并且应当与个人信息法定人格利益相区分，从而准确适用《民法典》第 1023 条的规定，对声音权益提供全面、充分的保护。

【典型案例】

案例一:"全国首例影视剧台词声音权纠纷案"

据"成铁第一法院"微信公众号消息:2023 年 10 月 13 日,成都互联网法庭对审理的全国首例影视剧台词声音权纠纷案当庭宣判,判决 2 被告向原告赔礼道歉并赔偿原告经济损失 3 万元。

该案因 2 被告游戏公司分别在其运营上架的网络游戏中使用原告影视剧声音片段而起。原告诉称,2 被告未经其授权,以营利为目的开发并设计案涉游戏,客观上构成对其声音权益的侵害,并且此款游戏中使用原告的人格元素塑造坏人形象,同时侵害了原告的一般人格权,遂请求法院判令 2 被告公开赔礼道歉并赔偿原告经济损失及精神损害抚慰金。

成都互联网法庭经审理认为,自然人的声音和肖像作为标表自然人的人格标志,具有人格权属性。2 被告未经孙某雷本人同意,也未取得孙某雷许可使用的影视作品著作权人授权同意,在开发、制作、运营的游戏中使用其声音,构成声音权益侵权。但游戏中人物形象设计源于影视作品角色设定,在游戏制作中未明显偏离原剧设定。在客观表现上案涉游戏角色指向的是影视剧人物,一般公众的理性认知并未将反派形象的游戏角色识别为孙某雷本人的社会认识和评价,基于识别指向关系的中断,不构成一般人格权侵权。法院判决 2 被告向原告赔礼道歉并赔偿原告经济损失 3 万元。①

案例二:"短视频侵犯肖像权、声音权案"

原告何某提交的手机录屏文件显示,被告宋某在其抖音账号上发布带有何某肖像和声音的视频。法院认为,原告何某对自己的外部形象及声音享有权利。涉案短视频中出现了何某的肖像及声音,属于对其肖像和声音的使用。被告宋某未经许

---

① 《全国首例影视剧台词声音权纠纷案宣判》,载《北京青年报》2023 年 10 月 14 日,第 7 版。

可,将包含原告的肖像及声音的涉案视频发布于涉案抖音号,构成对何某肖像及声音的侵害,应当承担相应的民事责任。故原告何某主张被告宋某向其赔礼道歉的诉讼请求,具有事实和法律依据,法院综合考量涉案侵权行为的方式及影响范围等因素,酌情确定宋某通过书面方式向原告何某赔礼道歉。关于原告停止侵权的诉讼请求,鉴于涉案抖音账号已注销,涉案视频已无法播放,法院不再予以支持。关于原告主张赔偿经济损失5000元的诉讼请求,由于其并未提交相关证据证明其实际损失。法院综合考量被告宋某使用其肖像及姓名的方式及范围,酌情支持3000元。①

【理论阐释】

2023年10月13日,成都互联网法庭审理了"全国首例影视剧台词声音权纠纷案",在本案中,被告未经原告授权,在开发设计游戏时使用了原告在影视剧中的声音片段,原告主张,该行为构成对其声音权益的侵害。法院认为,被告在未取得原告授权的情形下在游戏制作中使用其声音,构成对其声音权益的侵害,并最终判决被告向原告赔礼道歉并赔偿原告经济损失3万元。② 该案即属于声音权益纠纷。

声音是通过物体震动产生的声波,而人的声音是由人的声带震动发出的具有独特性的声响。由于每个人的声带和口腔结构存在差异,每个人的声音都具有独特性。③ 每个人都有声纹,其与指纹、掌纹等身体特征一样,均具有唯一性、稳定性的特征。④ 从法律层面来看,声音是每个自然人人格的组成要素,彰显了个人的人格尊严,是每个人作为人格主体的重要特征,并可以通过声音识别每个自然人的身份。

随着互联网、高科技、大数据和人工智能的发展,对声音权益的保护也提出了新要求。一方面,声音的记载、利用与传播方式大为增加,借由声音识别技术的发展,声音与人格的关联也变得前所未有的紧密;另一方面,随着高科技特别是数字化技

---

① 何某煌与北京微播视界科技有限公司等网络侵权责任纠纷一审民事判决书,北京互联网法院(2021)京0491民初29341号民事判决书。

② 《全国首例影视剧台词声音权纠纷案宣判》,载《北京青年报》2023年10月14日,第7版。

③ Vgl. Schierholz, in: Götting/Schertz/Seitz, Handbuch Persönlichkeitsrecht, München 2019, § 16, S. 320.

④ 参见杨立新、袁雪石:《论声音权的独立及其民法保护》,载《法商研究》2005年第4期。

术、语音合成技术和人工智能技术的广泛应用,声音具有可复制性、可传播性,其被收集、合成、制作、模仿、篡改的现象越来越普遍,声音的利用价值也日益凸显,但与此同时,未经许可擅自收集、模仿他人声音的现象也日益出现,尤其是随着人工智能技术的发展,作为"大模型+大数据"的AI不仅可以广泛收集大量的声音进行训练,同时,可以利用收集的声音数据模仿、自动生成或者将某人的声音与其形体、动作结合起来,AI可以模仿任何人、说任何话。① 近来,互联网视频平台上也有不少"博主"利用人工智能技术合成歌手"翻唱"其他歌曲,牟取了不少经济利益。② 此类技术的使用可能会导致更多的虚假和误导性信息在网络上传播。生成式AI伪造某人从属某种活动的视频,可以达到以假乱真,甚至连AI自己都难以识别的程度。③ 这些现象都对声音的保护提出了前所未有的挑战。为了回应现代社会发展对声音保护的需求,我国《民法典》第1023条第2款明确规定了对自然人声音的保护,但关于声音权益的法律性质及其保护模式,在比较法上存在"人格权说""人格利益说""著作权说"等不同做法。笔者认为,依据我国《民法典》的相关规定,对声音权益采取法定人格利益的保护模式,下文拟对此种保护模式的合理性及其适用等问题作出初步探讨。

一、声音权益应当采用人格权的保护模式

(一)不宜采用公开权保护模式

美国法通过公开权对声音予以保护。公开权(publicity rights),又称形象权,是指公民对自己的姓名、肖像、角色、声音、姿态以及图像、卡通人物形象等因素所享有

① 罗亦丹:《四句之内难分真伪 AI孙燕姿之后 AI歌手站到台前?》,载新京报网2023年6月22日,https://m.bjnews.com.cn/detail/1687423955168295.html。

② 卞纯:《AI又惹事!德国杂志AI生成"F1车王"舒马赫专访引愤怒 主编遭解雇》,载科创板日报网2023年4月23日,https://baijiahao.baidu.com/s?id=1763937524502122010&wfr=spider&for=pc。

③ 张雨亭:《明星脸带货、虚假小作文,AI生成内容监管走到哪一步了?》,载南方都市报网2023年6月5日,https://finance.eastmoney.com/a/202306052742066850.html。

的进行商业利用和保护的权利。此种权利常常被界定为具有财产权性质的权利,① 1954 年尼默(Nimmer)发表了一篇《论公开权》的论文,最先使用了“公开权”的概念。他认为,“公开权是每个人对其创造和购买的公开的价值享有控制或获取利益的权利”。② 在典型案例“米德乐诉福特公司案”(Midler v. Ford Motor Co.)中,原告米德乐是著名歌手,被告福特公司在电视广告中使用了其代表曲,被告虽然从著作权人处获得了使用授权,但并未征得原告同意,遂雇用了另一歌手模仿原告的声音。美国联邦第九巡回法院指出,“声音和脸一样独特且个人化。人的声音是人格最为显著的表现方式之一”,“歌手通过歌曲展现自我,模仿她的声音就是盗用她的身份”,因而认定被告侵犯了原告的公开权。③ 在相似案例中,广告公司雇佣一名歌手故意模仿另一歌手独特的嘶哑嗓音也被认定为侵犯公开权。④ 因此,个人对其姓名、肖像、声音等就享有了一种类似财产的利益(quasi-property interest)。⑤ 美国判例普遍承认声音应受公开权保护,如果行为人未经许可而出于商业目的使用、模仿他人声音构成对他人公开权的侵害。此外,美国多个州也明确规定了对声音的保护,例如,纽约州规定保护姓名、照片、肖像和声音;肯塔基州保护声音和肖像;加利福尼亚州规定保护姓名、声音、签名、照片和肖像;而印第安纳州则保护姓名、声音、签名、图画、形象、照片以及姿态动作等人身的财产利益。⑥

AI 技术兴起后,公开权的理论与实践开始关注擅自利用 AI 技术合成他人声音形象的问题,许多歌星、演员被“虚拟选角”和“虚拟复活”,部分公开权主张获得了法院的支持。⑦ 如在一则案例中,游戏开发商未经“No Doubt”乐队授权即在游戏中描绘了其虚拟形象,玩家在游戏中不仅可以让他们演奏自己乐队的歌曲,还可以演

---

① See Michael Henry ed., *International Privacy, Publicity and Personality Laws*, Reed Elsevier (UK), 2001, p.88.

② Nimmer, *The Right of Publicity*, 19 Law & Contemp. Prob, 203, 2 16(1954).

③ See Midler v. Ford Motor Co. 549 F. 2d 460 (9th Cir. 1988).

④ See Wait v. Frito – Lay Inc., 978F. 2d. 1093(C. A. 1992).

⑤ See Gert Brüggemeier, Aurelia Colombi Ciacchi, Patrick O'Callaghan, Personality Rights in European Tort Law, Cambridge University Press, 2010, p.71.

⑥ See Thomas McCarthy, The Right of Publicity and Privacy, at §5.5 (B)(4), 1995.

⑦ See Eric E. Johnson, Disentangling the Right of Publicity, Northwestern University Law Review, Vol. 111(4), 891, 934 – 937 (2017).

唱其他乐队的歌曲。法院认为,游戏开发商侵犯了该乐队的公开权。[①] 通过此种方式,保护了个人特别是名人的声音权益。

采用公开权保护模式保护声音权益的做法不宜为我国所采纳,原因在于:

一方面,公开权是美国法独有的概念,其主要是为了解决隐私等人格权在调整人格标识商业化利用方面的不足,由于美国法中没有独立的人格权制度,因此对于声音等人格标识的财产价值只能采取公开权制度进行保护。但是此种保护模式也存在一定的缺陷,其主要保护的是名人的声音,即通常只有名人才能主张公开权,非名人只能主张隐私权。[②] 例如,在某个案例中,纽约州法院认为,原告对其公开权遭受侵害并不构成诉因,因为原告无法证明其具有公众形象,具有公开的人格利益(public personality),而只有公众人物才具有此种利益,原告要主张其照片、姓名、声音等遭受侵害,只能根据隐私权主张权利。[③] 而我国一直存在体系化的人格权制度,对声音的保护已正式纳入人格权编中,形成了对声音保护的独特方法,彰显了我们对声音权益保护的特色,实践证明,这是一种行之有效的保护方法,而没有必要在人格权制度体系之外确立独立的公开权制度对声音权益进行保护。

另一方面,美国法上的公开权在性质上是财产权,其保护的是人格标识的财产利益,而非精神利益。因此,在公开权遭受侵害后,并不存在精神损害赔偿的问题。而我国《民法典》将声音权益作为人格利益加以保护,在声音权益遭受侵害后,权利人可以依法主张精神损害赔偿。当然,在声音权益遭受侵害后,权利人也可以依据《民法典》第 1182 条的规定主张财产损害赔偿。此外,我国《民法典》将声音作为人格利益加以保护,也意味着声音权益具有人身专属性,也不像公开权那样可以转让和继承,这也有利于保护个人的人格尊严。

(二)不宜采用知识产权保护模式

诚然,声音的保护与知识产权具有难以分割的关系。一方面,声音可能受到表演者权利的保护。按照《罗马公约》的界定,表演者,是指演员、演唱者、演奏家、舞蹈

---

① See No Doubt v. Activision Publishing, Inc., 122 Cal. Rptr. 3d 397 (Cal. Ct. App, 2011).

② 姜新东、孙法柏:《形象权探讨》,载《山东科技大学学报(社会科学版)》2003 年第 5 期。

③ Delan by Delan v. CBS. Inc., 458 N. Y. S. 2d 608(N. Y. A. D. 1983).

家和演出、演唱、朗诵、演讲或者以其他方式表演文学艺术作品的人。① 表演者所表演的作品大多是著作权法意义上的作品,具有独创性。② 我国《著作权法》第四章第二节专门规定了表演者权利,表演者权的客体是表演者的表演,其也受到《著作权法》的保护,任何人未经表演者同意不得擅自复制、传播或者公开这些表演。而声音则是大多数表演中必不可少的要素之一。例如,单田芳的书评或者郭德纲的相声,均需要通过声音的表达对外展示。因此,声音也成为表演的要素之一,可以作为作品的组成部分,但一般应当依法受到表演者权的保护。例如,他人未经同意不得直播、复制或者公开传播单田芳的书评,这一规则也同时保护了单田芳的声音。但是,此种方式保护的主要还是表演者权,而非著作权。另一方面,在实践中,以声音为表现形式的作品还可能导致声音权益与著作权的交织,或者声音作为作品的组成部分。例如,许多教材中都插入了讲课的声音,直接扫描二维码,就可以听到他人的讲课内容;此外,还有大量的音像作品,如果具有独创性,也可以作为作品受到著作权法的保护。

还应当看到,声音可以作为商标权的客体。声音本身的商业价值已被商标法律制度所承认与保护。有研究表明,在商业实践中,对声音的利用已经成为塑造商业品牌价值的重要方式。声音可以被用于产品的区分,增强消费者的记忆,甚至建立消费者对特定产品或者服务的信任关系。例如,在美国的一项调查中,某铁路公司通过实施声音品牌计划,92%的受访者正确识别了其声音品牌,而88%的受访者仅听了两个音符就想起该品牌,71%的受访者认为该公司有吸引力。③ 这一案例表明,具有品牌标识度的声音也可以成为企业的重要资产。声音受知识产权保护的典型形式是声音可以成为语音商标的客体,在美国,早在20世纪50年代即有成功登记的语音商标。语音商标必须具有识别商品或服务的功能、符合"显著性"

① 根据1961年《罗马公约》第3条(a)款所下的定义,表演者或演奏者,是指"演员、歌唱者、演奏者、舞蹈演员和其他表演、歌唱、背诵、朗诵、演奏或以别的方式表演文学或艺术作品的人"。参见德利娅·利普希克(Delia Lypzic):《著作权与邻接权》,联合国教科文组织译,中国对外翻译出版公司2000年版,第291页。

② 《罗马公约和录音制品公约指南:附英文文本》,刘波林译,中国人民大学出版社2002年版,第15页。

③ See Laurence Minsky, Colleen Fahey, *What Does Your Brand Sound Like*, Harvard Business Review, https://hbr.org/2014/02/what-does-your-brand-sound-like(last visited 2021-08-02).

(Distinctiveness)要求。① 语音商标的出现表明,声音可以广泛应用于商标领域。② 我国《商标法》第8条规定,"任何能够将自然人、法人或者其他组织的商品与他人的商品区别开的标志,包括文字、图形、字母、数字、三维标志、颜色组合和声音等,以及上述要素的组合,均可以作为商标申请注册",自从该法明确承认声音作为商标权的客体之后,语音商标的注册屡见不鲜。据此,将声音作为知识产权的保护客体具有一定的法律依据。

虽然声音权益已经纳入知识产权的保护范围,但我国《民法典》第123条规定知识产权的客体时,并没有包含声音,这就表明声音不是一项独立的知识产权的客体。具体而言:

第一,虽然通过保护表演者权利和语音商标也可以保护声音权益,但声音在上述情形下通常需要与其他要素结合起来,才能受到法律的保护。在实践中,虽然声音也可以作为作品的一部分受到著作权的保护。但是,此时声音受到法律保护,不是因为该声音可以识别出特定主体,而是因为该声音所讲授的内容具有独创性,因此应当受到著作权法的保护。在此情形下,声音只是作为作品的组成部分,而并非作为独立的人格利益而存在。在法律上,声音权益与声音作品的归属并不必然相同,如一首声音作品的著作权可能并不属于其演唱者,这也意味着在行为人只是擅自利用作品中的声音时,演唱者将无权主张其著作权遭受侵害,这就难以对作品中的声音提供有效保护。虽然保护表演者权也可能可能同时保护声音权益,但其必须建立在对作品的表演的基础上,但在实践中,大量的声音并非对作品的表演,因此表演者权无法全面地保护声音权益。

第二,著作权保护的是作品的内容,而非声音本身,只不过是作品的内容中包含了声音,从而一并受到著作权法的保护。从比较法上来看,在德国判例和学说中,有观点认为,私法领域内对声音的保护涉及著作权保护和人格权保护两种方式。③ 著

---

① See J. Thomas McCarthy, McCarthy on Trademarks and Unfair Competition, 5th ed., Thomson Reuters, §7:104.

② See In re General Electric Broadcasting Co., 199 U.S.P.Q. 560 (T.T.A.B. 1978).

③ Siehe Schierholz, in: Götting/Schertz/Seitz, Handbuch Persönlichkeitsrecht, München 2019, § 16, S. 322 ff.

作权保护作为被优先考虑的保护模式,能够对人格权保护形成阻断效果(Sperrwirkung)。只有无法满足著作权保护模式的情况下,相关案例才会进入人格权保护模式中被考察。① 也有观点认为,声音的人格权保护应优先类推适用德国特别法中对于自然人肖像(《美术和摄影作品著作权法》第22条)和自然人姓名(《德国民法典》第12条)的规定以及司法先例中形成的规则。② 此外,《德国著作权和邻接权法》第75条还规定了对艺术家所表演的作品不得歪曲及以其他损害其名誉的方式进行改变。事实上,著作权保护模式中,著作权保护的实际上并非普通声音,而是达到了作品条件的声音,所以这种模式直接保护的是声音所形成的作品,只是间接起到了保护声音的效果。③

但我国《民法典》第123条在规定知识产权的客体时只是规定了作品等客体,并没有规定声音权益。《民法典》第1023条将声音权益作为特殊的人格利益予以保护,开辟了对声音人格利益的新型保护渠道,较之扩张著作权的方式对声音进行保护,此种保护模式更合理。一方面,此种模式注重了声音权益中具有的人格属性,而非强调声音权益中的财产属性。著作权保护模式过多地强调了声音权益的财产属性。如前述,声音权益虽然与知识产权存在上述交叉,但声音主要不是知识产权的客体,而应该成为人格权益的组成部分。在德国判例中,虽然出现了以著作权保护声音权益的做法,但其主要是因为德国法没有系统性地规定声音权益。因此,法官不得不依据著作权规则对声音权益予以保护。我国《民法典》第1023条已经明确规定了对声音的保护参照适用肖像权的规定,法官可以直接援引人格权编的规定对声音权益提供法律保护。另一方面,著作权只保护具有独创性的声音作品。④ 而声音若要成为作品,也要符合独创性的要求,如果缺乏独创性,则无法受到著作权法的保护。此外,声音可能只是一个完整作品的片段或者组成部分,不能将其等同作品本身,行为人未经同意擅自使用作品中的声音片段,并不等于构成作品上的著作权的

① Siehe Schierholz, in: Götting/Schertz/Seitz, Handbuch Persönlichkeitsrecht, München 2019, § 16, S. 326.

② Vgl. Peukert, Persönlichkeitsrechtsbezogene Immaterialgüter?, ZUM 2000, 710, 719 f.

③ Lausen, Der Schauspieler und sein Replikant, ZUM 1997, 87, 89.

④ Vgl. Lausen, Der Schauspieler und sein Replikant, ZUM 1997, 87, 89.

侵害。此时,著作权无法对声音权益提供保护。因为这一原因,在德国司法实践中,有的法院认为,对声音作品的片段的使用,应当采取人格权保护模式。[①] 这一观点也不无道理。还应当看到,在实践中对声音的侵害大多表现为非法篡改、非法伪造他人的声音,这些声音可能与作品无关。因此,著作权无法对此提供充分保护。

第三,商标权规则在保护声音权益方面也存在一定的不足。一方面,就语音商标而言,其只是声音在商标领域的一种特殊利用,语音商标受到法律保护需要具备一定的条件,其应当具有固定的载体或形式,并且需要完成特定的审批或登记程序。而声音作为人格利益,其受到法律保护的前提是其独特性、与个人身份的关联性,而没有其他限制性条件。另一方面,语音商标制度主要关注相关声音与商品或服务的关联性,其也仅保护商品或服务提供者在市场竞争中的合法权益,而非声音来源或者发出者的人格利益。此外,声音作为商标,也不能脱离相关的商品或者服务本身。更确切地说,在声音作为商标的情形下,语音商标的经济价值并不源于语音本身,更多的是依附其指向的商品或服务。因此,将声音作为人格利益与商业活动中语音商标的使用并行不悖,二者处理不同主体以及不同层次的利益关系。[②]

第四,将声音规定为一种人格利益,更有利于对声音权益的保护。将声音规定为人格利益,在声音遭受侵害后,受害人可以依法主张精神损害赔偿责任,与知识产权保护方式相比,这也是对声音作为人格利益的一种特有保护方式。另外,基于对此种人格利益保护的特殊性,还可以适用人格权的一些特有的保护方法,如侵害人格权的禁令制度、人格权请求权等。

总之,由于声音权益并未完全作为著作权的客体,因而也不宜完全通过知识产权法的规则对声音权益提供保护。

(三)声音权益应当采用人格利益保护模式

声音权益作为一种人格利益,包括声音的可识别性和声音的内容。声音的可识

---

① Vgl. Bortloff, Tonträgersampling als Vervielfältigung, ZUM 1993, S. 476.

② See Dominic Watt, Peter S. Harrison and Lily Cabot – King, *Who Owns Your Voice? Linguistic and Legal Perspectives on the Relationship between Vocal Distinctiveness and the Rights of the Individual Speaker*, International Journal of Speech, Language and the Law. p. 137.

别性,是指社会公众可以根据声音识别出特定主体的身份。《民法典》第1018条第2款规定,肖像是在一定载体上所反映的特定自然人可以被识别的外部形象。同时,《民法典》第1023条第2款规定,对自然人声音的保护,参照适用肖像权保护的有关规定。据此可知,声音的可识别性是声音权益具有人格属性、可作为一项人格利益保护的前提条件。倘若一段声音无法识别出特定主体的身份,那么其将难以受到法律保护。一方面,声音的可识别性源于声音的独特性,例如,单田芳的评书十分著名,就是因为单田芳的声线具有独特性,社会公众可以根据声线识别出一段评书的演说者是单田芳。在这个意义上,声音也具有标表性人格权的特征。① 另一方面,声音权益还包括声音的内容。声音的可识别性还应当与声音的内容结合起来。大多数人的声音很难像单田芳一样具有独特的声线或声调,可能需要通过声音的内容识别个人的身份。在德国法中,经历了从狭义的声音权益和广义的声音权益二元区分向一元的声音权益的发展过程。狭义的声音权益将声音仅仅限定为人的声音,即个人可以区别于其他人的声音,并且需要将声音本身与声音所表达的内容之间进行区分。② 但在德国的司法实践中,狭义层面对声音权益保护案例非常少。③ 其中,较受关注的主要是1990年汉堡高等法院判决的"Heinz Erhardt 案"。该案中,法院判定,对海因茨·埃尔哈特(Heinz Erhardt)(一位喜剧演员、音乐家、诗人和演员)的独具特色的声音之模仿,系对他的一般人格权的侵害。④ 而广义的声音权益不仅包括声音本身,也包括声音所表达的内容,⑤后者可以单独构成一般人格权下的自我话语权(Recht am eigenen Wort)。⑥ 不过,在2010年之后,特别是最新的民法典评注中,已经不再特别区分声音本身和声音所表达的内容,因为纯粹有关声音本身的案例很

① 温世扬:《标表型人格权的制度价值与规范构造》,载《法律科学(西北政法大学学报)》2021年第6期。

② Siehe Schierholz, in: Götting/Schertz/Seitz, Handbuch Persönlichkeitsrecht, München 2019, § 16, S. 320.

③ Siehe Schierholz, in: Götting/Schertz/Seitz, Handbuch Persönlichkeitsrecht, München 2019, § 16, S. 319.

④ OLG Hamburg NJW 1990, 1995 ff.

⑤ Siehe Specht – Riemenschneider, in: Gsell/Krüger/Lorenz/Reymann, BGB Großkommentar, § 823, Rn. 1207.

⑥ Vgl. Schmidt, in: Erfurter Kommentar Zum Arbeitsrecht, 24. Aufl. ,2024. GG Art. 2 Rn. 39.

少,而声音所表达的内容即一般人格权下的话语权益,涉及的案例相对比较多。[①] 这一发展过程也表明,声音作为标识自然人的人格要素,既包括人的声音的可识别性,也包括人的声音的内容,两者难以截然分开。因此,声音权益既包括声音的可识别性,也包括声音内容,二者不可区分。

从我国《民法典》的相关规定来看,声音权益应当是自然人所享有的重要的人格利益,声音权益的特点主要体现在如下几个方面:

第一,声音权益的主体是自然人。虽然随着技术发展,人工智能作为拟制人,能够合成、创作人的声音,但这并不意味着人工智能产品可以成为声音权益的主体。人工智能产品作为法律上的客体,其也无法享有声音权益。在实践中,借助语音合成软件制作的虚拟歌手"洛天依"这一网络形象已经成为风靡全球的虚拟偶像,但其仅有可能通过著作权法或反不正当竞争法等予以保护,该虚拟的网络形象无法成为声音权益的主体,虚拟歌手的创作者或持有公司也不因此享有基于此种声音而产生的人格利益。[②] 这些虚拟偶像的声音,有可能受到著作权法或者反不正当竞争法的保护,但由于其无法与特定的自然人联系在一起,因此不能成为人格利益受到保护。

第二,声音具有身份识别性。声音权益具有独特性,每个人的声音都不可能与他人的声音完全相同,通过声纹识别技术可以从声音中识别出具体的个人。声音也构成诸如演员、配音演员、播音员和歌手的重要识别特征(Erkennungsmerkmal),为公众所熟悉。[③] 即使随着时间的推移,个人的声带可能发生变化,语音、语调也可能有所改变,但声纹却具有稳定性,仍然可以识别个人的身份。[④] 虽然每个人声音的可识别性存在一定的差异,但这仅是程度有别,并不影响其身份识别的性质。因此,声音权益与特定的自然人一一对应,与自然人人格直接关联,常言道"未见其人、先听其声",人们听到一种声音之后判断该声音归属于某一特定主体。某人的声音与其人格是直接联系在一起的,与个人在社会生活中的主体地位也具有直接关联度。这

① Siehe Förster, in: Hau/Poseck, BGB Kommentar, 66. Edi., 2023, § 12, Rn. 233 – 235.

② 参见芦琦:《虚拟数字人 IP 化法律问题及其知识产权保护应对》,载《科技与法律(中英文)》2023 年第 3 期。

③ Vgl. Schierholz, in: Götting/Schertz/Seitz, Handbuch Persönlichkeitsrecht, München 2019, § 16, S. 320.

④ 参见杨立新、袁雪石:《论声音权的独立及其民法保护》,载《法商研究》2005 年第 4 期。

也使声音可以成为身份识别的重要依据。在规范层面,声音权益之所以受到法律的专门保护,最主要原因也是其身份识别性。当然,法律将声音作为重要的人格利益予以保护,其所保护的并不是特定的声音载体。因此,行为人毁坏相关的声音载体通常并不构成对他人声音权益的侵害,但如果行为人擅自利用或者恶意模仿相关载体中的声音,并因此产生身份混淆的后果,则可能构成对他人声音权益的侵害。

第三,声音权益也彰显了个人的人格尊严。声音是一种人格利益,它是个人进行社会交往、形塑个人形象以及表达思想的媒介,与其个人尊严与社会评价密不可分。如前所述,侵害声音权益,通常会侵害个人的人格尊严,保护声音权益,就是要保护个人的人格尊严。例如,前述"全国首例影视剧台词声音权纠纷案"中,原告诉称,二被告未经其授权,以营利为目的开发并设计案涉游戏,客观上构成对其声音权益的侵害,并且此款游戏中使用原告的人格元素塑造坏人形象,有损其人格尊严,此种规定不无道理。还应当看到,由于声音是标识自然人的人格要素。因此,每个人对自己的声音权益享有自主决定的权利,任何人未经许可,不得擅自使用他人的声音,在这一点上声音权益类似个人信息中的"自主决定权",每个人对于自己的声音享有自己独立决定的权利,禁止他人未经同意擅自使用权利人的声音,这也是法律保护声音权益的重要原因。①

第四,声音权益是具有财产价值的人格利益。声音不仅具有人格利益属性,其也具有利用价值,即声音可以用作语音商标,或者利用名人的声音为产品代言,或者利用他人的声音作为短视频的配音,不仅可以获得网络流量,更可以因此获得经济利益。从法律属性上看,声音与姓名、肖像等人格标识相似,可以在一定程度上与主体相分离,这与物质性人格权的客体显著不同,其也可以成为许可使用的对象。② 因此,声音权益不仅承载精神利益,而且包含一定的经济价值,能够成为商业化利用的对象。例如,授权他人将自己的声音应用于网络游戏、电视广告或智能产品之中,以此获取许可使用的费用。

---

① Siehe Specht – Riemenschneider, in: Dreier/Schulze, Urheberrechtsgesetz, 7. Aufl., 2022, KUG § 22, Rn. 7.

② 参见温世扬:《标表型人格权的制度价值与规范构造》,载《法律科学(西北政法大学学报)》2021 年第 6 期。

总之,声音具有身份识别性、唯一性与稳定性的特征,声音与人的主体性以及人格尊严紧密相关。正是因为对于声音权益可以采取人格利益保护模式,因而在自然人的声音权益遭受侵害以后,受害人可以主张人格权请求权等权利,并依法主张精神损害赔偿,从而充分维护其人格利益。

二、声音权益应当采用法定人格利益保护模式

声音权益应当受到人格权法的保护,但问题在于,声音究竟是一种具体人格权,还是一般人格权,抑或是一种特殊的法定人格利益。学界对此存在不同观点,从我国《民法典》第1023条的规定来看,声音是一种法定的特殊人格利益,应采取法定人格利益的保护方式保护声音权益。

(一)《民法典》未采取具体人格权保护模式

从比较法上看,一些大陆法系国家和地区的判例通过扩张隐私权或者肖像权等具体人格权的方式保护声音权益。例如,《魁北克民法典》第36条从隐私权的角度规定了声音权益的保护规则。① 此种模式直接将声音纳入与其相类似的具体人格权之中,通过扩张隐私权或肖像权范围的方式,实现对声音的保护。在德国,有学者认为,对于声音的人格权保护模式,目前法律并无特别规定,因此适用一般人格权,但是它也可以优先参考适用自然人肖像(美术和摄影作品著作权法第22条)和自然人姓名(《德国民法典》第12条)的相关规定及司法先例中形成的规则。② 可见,声音也可以受到特殊人格权的保护。如果声音权益的保护无法适用特殊人格权的相关规定,则一般人格权为其提供补充保护。③

在我国《民法典》颁布前,有不少学者认为,在规定具体人格权时,不仅要规定传统人格权,对较成熟、确实能够作为具体人格权进行保护的人格利益,也应规定为新

---

① 该条规定:"特别是有下列行为之一的,为侵犯他人隐私:(1)进入或者占领他人的住宅(2)故意截取或者使用他人的私人通讯工具(3)盗用或者使用他人的肖像或者声音,尽管在私人寓所内(4)尽一切可能持续将他人的私生活公开(5)使用他人的姓名、肖像、形象或者声音,但向大众合理公开信息的除外(6)使用他人的信件、手稿或者其他的私人文件。"该条实际上是通过隐私权对声音加以保护的。

② Peukert, Persönlichkeitsrechtsbezogene Immaterialgüter?, ZUM 2000, 710, 719 f.

③ Landfermann, Handy – Klingeltöne im Urheber-und Markenrecht, 2006, S. 187.

的人格权，而声音权就是其中之一。[①] 这种观点基于声音与姓名、肖像一样起到人格标识的作用，加之声音因窃听器、录音机的广泛使用而有强化保护的必要，遂认为声音应当构成一项具体人格权。[②] 有观点主张，《民法典》第 1023 条第 2 款已经确认了独立的声音权，承认了权利人有自主支配自身声音权益的权利，并有权决定对自己的声音进行使用，或者许可他人使用。[③] 还有观点认为，《民法典》第 1023 条第 2 款确认了声音权，可以对《民法典》施行前的声音权侵害行为溯及适用，以便更好地保护自然人人格权益。[④] 在司法实践中，也有案例明确使用了声音权这一表述。[⑤] 上述观点具有一定的合理性，但从我国《民法典》第 990 条第 1 款关于具体人格权的规定来看，其在列举的 10 项人格权益中，并没有将承认声音为独立的具体人格权类型。《民法典》之所以未承认声音为独立的具体人格权，主要是因为其边界并不清晰，而且其与肖像、隐私等会发生一定的交叉，很难对其进行明确界分，具体而言：

第一，声音是一种人格利益，而非具体人格权。从解释论看，我国《民法典》并未将声音权益规定为一种独立的具体人格权，因为按照权利法定原则，只有法律明确规定的权利才能成为具体人格权，否则只能作为利益而存在。而无论是从《民法典》总则编第 110 条还是人格权编第 990 条第 1 款来看，其在列举具体人格权的类型时，并没有规定声音权，这表明声音权在我国《民法典》中并非独立的具体人格权。《民法典》第 1023 条第 2 款明确规定了对声音的保护参照适用肖像权的规则，即“对自然人声音的保护，参照适用肖像保护的有关规定”。该条在规定声音权益的保护时，使用的表述也是“声音”而非“声音权”。因此，《民法典》并没有明确承认声音权是一种具体人格权，但将其规定为一种人格利益。

---

① 参见杨立新、袁雪石：《论声音权的独立及其民法保护》，载《法商研究》2005 年第 4 期。

② 参见彭隋生：《人格派生财产权初探》，载《北京航空航天大学学报（社会科学版）》2013 年第 5 期。

③ 参见杨立新：《我国民法典人格权利立法的创新发展》，载《法商研究》2020 年第 4 期。

④ 参见熊丙万：《论〈民法典〉的溯及力》，载《中国法学》2021 年第 2 期。

⑤ 例如，在“上海大承网络技术有限公司与北京天浩盛世娱乐文化有限公司合同纠纷案”中，法院认为：“×××授权天浩盛世公司代表其本人就其肖像和声音用于游戏《超××》的相关事宜对外授权，且在大承网络公司使用×××肖像权与声音权用于《超××》手机游戏营销传播期间，并没有证据证明×××本人提出异议。××公司与×××之间的合同争议抑或侵权争议，涉及独家经纪权的法律认定问题，不足以证明天浩盛世公司没有获得×××的相关授权，故对于大承网络公司主张的天浩盛世公司无权代表×××签署《合作协议》且《合作协议》效力待定的意见，该院不予采信。”参见北京市第一中级人民法院（2017）京 01 民终 5532 号民事判决书。

第二,具体人格权,是指法律明确规定的人格权,凡是在《民法典》表达为“××权”的人格权均是具体人格权,相反若是《民法典》没有规定“××权”的人格权益则不属于具体人格权。在这个意义上,尽管《民法典》规定了个人信息受到法律保护,但是没有规定“个人信息权”,因此也不能将个人信息认定为具体人格权。同样,尽管《民法典》第1023条第2款规定,对自然人的声音的保护,但是没有明确规定诸如“声音权”等法律概念,因此声音人格权益不是具体人格权。

第三,声音权益经常与其他人格权发生交叉,若是将声音规定为人格权,那么其与其他人格权的边界存在区分困难。从比较法来看,擅自生成他人的声音和图像,可能侵害他人的名誉权,①或者侵害他人的隐私权,②甚至可能涉及个人信息的保护。③ 尤其是我国《民法典》第1023条第2款规定,声音参照适用肖像保护的规则,可能使人产生一定的误解,即认为声音属于肖像的内容,是肖像权的组成部分。应当承认,声音与肖像存在密切关系,其与肖像一样,都具有身份识别的特点,而且从声音与肖像中都能够直接识别个人的身份,其都属于标表型人格权益的范畴。此外,虽然声音权益是参照适用肖像保护的规则,但并不是直接适用,且参照也只是参照与其最相类似的规则,而不是参照适用肖像保护的所有规则。从实践来看,声音与肖像虽然都可以成为许可使用的对象,但二者之间也存在一定区别:一方面,肖像权是独立的具体人格权类型,而声音在性质上只是一种人格利益;另一方面,肖像是通过一定的外在载体展现个人的形象,而声音与个人身份的关联则不需要有形的外在载体。

《民法典》虽然没有承认声音权益为一种具体人格权,但并不意味着无法通过人格权的保护规则保护声音权益。在此应当区分狭义的人格权概念和广义的人格权概念,《民法典》第990条第1款所使用的“人格权”是狭义的人格权概念,而人格权编所使用的人格权则是广义的人格权概念,凡是人格权编所规定的人格权益,都应当可以适用人格权编的保护规则,声音权益也概莫能外,在声音权益遭受侵害后,受

① BGH NJW 2011, 3516 ff.

② BVerfGE 54, 148 unter B. Ⅱ. 2. a; Balthasar, Der Schutz der Privatsphäre im Zivilrecht, Tübingen 2006, S. 112.

③ Volkszählungsurteil, NJW 1984, 419 ff.

害人也可以主张人格权请求权、精神损害赔偿等。从这一意义上说，虽然声音是一种人格利益而非具体人格权，但是不影响《民法典》以保护人格权的方式对声音权进行保护。同时，通过人格权许可使用、合理使用等制度，便利声音权益的多元利用，也能更好地平衡不同利益主体间的关系。

（二）《民法典》未采用一般人格权保护模式

一般人格权（Allgemeines Persönlichkeitsrecht／AGB）产生于德国。在德国法中，一般人格权属于"框架性权利"，具有母权的性质。① 由于德国规定的人格权类型较少，大量的人格利益均通过一般人格权进行保护，因此，如果声音权益的保护无法适用特殊人格权的相关规定，则一般人格权为其提供补充保护。② 在实践中，声音被认为是私人生活领域和私人生活秘密，受到一般人格权的保护，他人不得窃听和记录个人的声音。③ 同时，个人声音中所包含的经济价值也受到一般人格权的保护。④ 例如，在1990年汉堡高等法院判决的"海因茨·埃尔哈特（Heinz Erhardt）案"中，原告的父亲海因茨·埃尔哈特是德国著名影星，但已经去世，被告未经原告同意而在其声音模仿秀节目中模仿了其父的声音，法院认为，对埃尔哈特独具特色、广为辨识的声音的模仿，系对其一般人格权的侵害，承认声音中所包含的经济价值应受一般人格权的保护。⑤ 但是，一般人格权模式所保护的具体法益欠缺明确界定，常在理论上与实践中引发争议、影响其规范功能的发挥；一般人格权具体化过程中产生的各项具体人格权之间的区分也并不清晰，进而产生体系上的重叠与紊乱。

我国《民法典》在第990条第1款列举了各项具体人格权后，于该条第2款专门规定："除前款规定的人格权外，自然人享有基于人身自由、人格尊严产生的其他人格权益。"这就意味着，凡是没有被类型化为权利的人格利益，则属于《民法典》第990条第2款规定的"其他人格权益"的范畴。《民法典》人格权编所保护的人格利

---

① 参见[德]迪卡尔·梅迪库斯：《德国民法总论》，邵建东译，法律出版社2000年版，第808页。
② Vgl. Landfermann, Handy – Klingeltöne im Urheber-und Markenrecht, 2006, S. 187.
③ Vgl. Rixecker, in: Münchener Kommentar zum BGB, 9. Aufl., 2021, Anhang zu § 12, Rn. 82, 90.
④ Vgl. Hartl, Persönlichkeitsrechte als verkehrsfähige Vermögensgüter, Konstanz 005, S. 50.
⑤ Vgl. OLG Hamburg NJW 1990, 1995 ff.

益应当区分为两种:一是法律明确规定的人格利益;二是法律没有规定的人格利益。对于法律已经作出规定的人格利益,如个人信息、死者人格利益等,由于已经有法律的明确规定,应当适用该法律的具体规定,而非适用《民法典》第990条第2款的规定。诚然,声音是一种新型人格利益,其主体都是自然人,且都是一种权益而非权利。因此,与一般人格权确实具有相似性,但其又不同于一般人格权,声音是法律明确规定所保护的人格利益类型。进而言之,《民法典》第990条第2款适用的前提是在法律未对特定人格权益作出明确规定,也没有作出参照适用的规定,[①]而声音权益则显然不在此列。《民法典》第1023条第2款规定的声音利用保护,应适用相关肖像的保护规则,而不再适用《民法典》第990条第2款规定。从这个意义上说,在我国《民法典》中,声音权益不属于一般人格权保护的范围。通过一般人格权规则保护声音权益,也可能赋予法官较大的自由裁量权,即法官需要判断行为人是否侵害了他人的人格自由和人格尊严,这也可能使声音权益的保护存在一定的不确定性。此外,由于一般人格权能否成为许可使用的对象,仍然存在一定的争议。因此,通过一般人格权的规则保护声音权益,也难以调整声音权益的积极利用现象。

总之,声音权益不是一种一般人格权的范畴。我国《民法典》第990条第2款规定的一般人格权是法律没有规定。在实践中真实产生的新型人格利益,而并不应当包括已经由法律作出明确规定的声音权益。在前述"全国首例影视剧台词声音权纠纷案"中,原告主张其一般人格权受到侵害,法院未采纳该观点,仍然认为被告侵害的是原告的声音权益,此种规定,值得赞同。

(三)《民法典》采取法定的独立人格利益保护模式

从《民法典》的规定来看,我国对声音权益的保护采纳的是一种法定的、独立的人格利益的保护模式,《民法典》第1023条第2款虽然是参照适用条款,但其也具有宣示作用,即声音权益也是受法律保护的人格利益,而且其在整个民事权益中具有重要地位,是独立的人格利益类型。具体而言,此种保护模式对声音权益的保护具有如下特点:

---

① 参见黄薇主编:《中华人民共和国民法典人格权编解读》,中国法制出版社2020年版,第16页。

第一,法定性。此种保护模式强调对声音权益的保护是由法律明确规定的,这就为声音权益的保护提供了明确的法律指引和依据,在当事人发生争议的情形下,也可以直接援引法律规定。法定性包含如下两个层次:一是法律对声音权益的保护作出了明确规定,从而为声音权益的保护提供了制定法层面的依据。二是法律对声音权益发生纠纷应适用的裁判依据作出了具体规定,与《民法典》第 990 条第 2 款规定的一般人格权所保护的人格利益相比,声音权益的保护可以参照适用肖像保护的规定,该规则更具体,能够为声音权益的保护提供更精细化的规则。

第二,独立性。声音权益的独立性具体体现为:一是声音是《民法典》人格权编所规定的独立的人格利益类型,其无法被其他人格权益所涵盖。声音权益是法律明确规定的人格权益,属于法定的人格利益。这种人格利益不是一般人格权意义上的人格利益,一般人格权,是指法律没有具体规定的人格利益。但是,声音和个人信息、死者人格利益一样,是得到法律特别规定的人格利益。二是声音权益虽然与其他人格权益存在一定的交叉关系,但其本身具有明确的权利边界,可以与其他人格权益进行明确区分。三是声音权益是我国《民法典》所规定的人格权益体系的组成部分。从立法规定来看,其既不是作为一般人格权的客体,也没有将其作为肖像权或者其他具体人格权,而是介于二者之间的权利过渡状态。立法者之所以没有将其权利化,主要是考虑声音权益的保护属于新的纠纷,在司法实践中累积形成充分的经验。这一方面可以为声音权益的保护提供明确的法律依据,另一方面也可以为其未来的权利化奠定基础。从比较法上来看,这种模式也是极为独特的,没有哪个国家的立法采取我国的这种模式。

第三,规则适用的特殊性。如前所述,对法律没有规定的新型人格利益,《民法典》第 990 条第 2 款关于一般人格权的规定,法官要对此种人格利益是否属于一般人格权的保护范围进行具体考量,尤其是这些人格利益是否属于具体人格权之外的、体现了人身自由和人格尊严价值的人格利益作出判断,如果符合这些条件,则可以适用《民法典》第 990 条第 2 款的规定,而对声音权益来说,由于《民法典》第 1023 条已经将其规定为法定的人格利益,参照适用肖像保护的规则,因而法官不需要考量声音权益是否属于人格利益,且从法律适用层面,不能适用《民法典》第 990 条第 2 款的规定,而应当依据第 1023 条确定与声音保护具有相似性的肖像保护规则,以确定其适用规则。当然,虽然《民法典》第1023条将声音规定为参照适用肖像权的规定,但并不意味着声音就是肖像权的客体,参照适用的表达方式表明了声音和肖像不具有同一性,而是具有相似性。

我国《民法典》第1023条第2款规定,声音权益可以参照适用肖像保护的规则,从而确立了声音权益的法定人格利益的保护模式,此种保护模式的优点在于:

一是宣示了声音权益是应当受到人格权编保护的独立人格利益,其不属于具体人格权的范畴,与具有极大相似性的肖像权也不相同,且与个人信息等法定的人格利益存在区别。这里的“独立”主要指向声音权益与其他人格权益之间的关系:声音作为独立的人格标识,其保护不必依附其他人格权。不可否认的是,声音权益常常和其他人格权交织在一起,如歪曲声音内容、“嫁接”声音可能侵犯名誉权;[①]深度伪造常以视频的方式体现,从而一并侵犯声音与肖像权;声音的内容可能涉及名誉权或隐私权。[②] 在具体个案中若声音权益与上述人格权捆绑在一起,即使法律未为特别规定,声音权益也能受到间接保护;但在声音独立存在时,例如,某广告只用了一段歌曲而未出现演唱者的肖像,或某AI音频只模仿了某人独特的嗓音,法律若不明确声音作为独立的人格利益,其保护就无所依从。既然声音本身能够单独识别个人身份,并不当然依赖肖像、姓名等人格标识,声音亦具有独立保护的必要,在法政策上不应区别于其他人格标识。所以,强调声音权益的独立性,此种人格利益的边界与其他人格利益的边界是可以明确界分的,不能纳入其他人格权益之中。

二是强化对声音权益的保护。在将声音规定为法定的人格利益后,其保护也可以适用人格权编关于人格权保护的一般规定,此时也不再需要按照一般人格权的规则,先判断声音是否属于应受法律保护的人格利益,这也更有利于对声音权益的保护。当然,在确立有关该权利的行使与保护规则时,既要与肖像权规则结合起来,又要考虑其特殊性。例如,声音可以作为语音商标使用,其虽然受知识产权的保护,但也反映出其不能完全套用商标权的规则。

三是在规则适用方面限制了法官的自由裁量权,要求法官直接依据参照适用条

---

① Vgl. BGH NJW 2011, 3516 ff.

② Vgl. BVerfGE 54, 148 unter B. Ⅱ. 2. a; Balthasar, Der Schutz der Privatsphäre im Zivilrecht, Tübingen 2006, S. 112.

款寻找相关的裁判规则，也不需要过多地考量声音权益是否为人格利益。若是采取一般人格利益的保护模式，那么法官在判断声音权益是否值得保护、在哪些场景下应当保护等具体问题时，可能产生不同观点，形成同案异判的后果。相较之下，《民法典》第 1023 条第 2 款明确规定了声音权益应当受到我国法律体系的保护，并且应当参照适用肖像权的规定，从而为声音权益的相关纠纷提供了相对确定的判断标准，有利于同案同判。

四是有利于保持声音权益保护规则的开放性。相较具体人格权的保护模式而言，法定人格利益的保护模式更具开放性。由于声音权益属于比较新型的人格权益，它的权益内容和边界还有不清楚的地方，尤其是随着数字技术特别是人工智能等技术的发展，声音的利用方式将越来越多样化；同时，纠纷的类型和数量也将大大增加。从未来的发展来看，声音权益的权利化应当是一个必然的发展趋势。在司法实践的经验积累成熟之后，也可能对声音进行权利化。因此，《民法典》第 1023 条第 2 款没有规定独立的声音权——这一具体人格权类型，而是规定其保护参照适用肖像权的相关规则。这意味着，对于与肖像权具有实质性相似的问题，可以参照适用肖像权的规定；而声音权益保护中的独特问题，或者随着数字技术的发展而产生新的问题，则交由将来的立法或者司法解释再作进一步的细化规定。在这个意义上，法定人格利益的保护模式更具开放性。

三、应当界分声音权益与个人信息保护模式

诚然，声音权益与个人信息都不是法定的具体人格权，而是法定的人格利益，且这两种人格利益相互之间存在一定的交叉。一方面，随着科学技术尤其是数字化技术的发展，大量的声音可以转化为个人信息。例如，声音作为数据挖掘的对象，大数据工具通过对声音的分析可以获取大量个人信息，如通过声音辨别情绪与偏好。[①]声音本身也可以成为特殊类型的个人信息，因为其能够识别特定的自然人，并且可以信息的形式存在，甚至由于声音关涉个人的人格尊严与个人人身安全有直接关联

① See Joseph Turow, The Voice Catchers, How Marketers Listen In to Exploit Your Feelings, Your Privacy, and Your Wallet, Yale University Press, p. 2.

度,声纹信息在性质上应当属于敏感个人信息。例如,在实践中,网络诈骗可能通过非法收集他人声音后,模仿他人声音从事网络诈骗。由于声音信息作为一种重要的信息,也可能被处理者非法处理。例如,手机语音助手、智能音响、智能客服等工具通过用户声音直接收集了大量个人信息。有的信息处理者在大量收集个人的声音信息后,非法加工、合成,未经他人许可推出各种声音、语音视频、黄色影像等,从而侵害他人的声音信息。另一方面,个人信息保护规则也可以适用于声音权益的保护,即在声音体现为声音信息时,个人信息的保护规则可以为声音权益的保护提供更系统、全面的保护。由于通过某个人特殊的声音,也能够识别特定的自然人,因此,个人信息中也包含了声音这一特殊类型的个人信息,而且随着技术的发展,声音的独特性已经成为识别自然人身份的非常有效的方法。从未来的发展趋势看,声音权益与个人信息重叠现象将日益普遍,声音权益也可以受到个人信息规则的保护。《民法典》第 1034 条第 2 款规定的关于个人信息的类型中虽然没有明确列举声音,但该条采用了“等”字,表明符合个人信息特点的声音,也可以纳入个人信息的范畴。

正是因为声音与个人信息的交叉关系,从比较法上看,也存在一种以个人信息规则保护声音的做法。例如,在欧盟 GDPR 基础上,欧盟于 2021 年 7 月针对“虚拟语音助手”(VVA)专门制订了《虚拟语音助手指引》,针对不同语音服务任务明确了对应的个人信息保护规则适用。① 美国法在金融、健康保险、劳动等行业法上针对语音或语音记录也有专门的保护。② 由此涉及声音能否通过个人信息进行保护的问题。在我国,《民法典》《个人信息保护法》有关个人信息保护的制度也可以适用于对声音的保护,这主要是在声音被他人非法处理之后,侵害了他人声音信息,受害人可以直接援引有关《个人信息保护法》的规定,针对这种侵害声音信息的行为予以保护。例如,在行为人非法收集他人声音信息时,受害人可以直接援引《个人信息保护法》删除权、更正权等规则;在他人将相关声音与他人共享时,权利人还可以请求停止侵害等;在个人信息遭受侵害时,也可以适用获利返还规则请求损害赔偿。毫无

① See Guidelines 02/2021 on virtual voice assistants, Version 2.0, adopted on 7 July 2021, p.3 –4. See https://edpb.europa.eu/system/files/2021 –07/edpb_guidelines_202102_on_vva_v2.0_adopted_en.pdf

② See Emma Ritter, *Your Voice Gave You Away*: *The Privacy Risks of Voice-inferred Information*, Duke Law Journal, Vol 71, p.735, 753 –760(2021).

疑问,这种方式也是对声音权益进行保护的非常有效的方式。尤其是,声音权益可能成为个人信息甚至是敏感个人信息的组成部分。例如,个人信息处理者未经许可擅自处理他人的谈话,就可能构成对个人敏感信息的侵害,受害人可以依据《个人信息保护法》关于敏感个人信息的规定请求保护。

但是应当看到,声音既然是一种独立的人格利益,其并不完全归入个人信息的范畴,两者的区别具体表现在:

第一,个人信息强调对自然人的识别性。《民法典》第1034条第2款规定:“个人信息是以电子或者其他方式记录的能够单独或者与其他信息结合识别特定自然人的各种信息……”因此,只要是能够识别特定自然人的信息,都可以归入个人信息的范畴。但声音作为一种人格利益,其以识别性作为要件,法律保护声音权益旨在维护声音所彰显的人格尊严和人的主体性的密切关联度,并不一定强调身份识别的特点。

第二,声音权益并不一定以信息的形式表现出来。只有在声音已经成为个人信息的情况下,才能受到法律的保护。例如,在日常生活中的许多对话没有得到记录,因此没有成为个人信息。只有当声音成为一种信息时,才能受到个人信息的保护。例如,个人以唱歌、讲课等方式表现其声音,如果没有通过一定的数字化记载记录下来,则不能说声音就是一种个人信息。但即便如此,任何人也不得恶意模仿他人的声音,甚至用于侮辱、贬低他人的形象,或者模仿他人声音从事网络诈骗等活动。如果实施此类行为,行为人并不是对他人的声音信息进行收集、储存等处理行为,而只是一种侵害他人声音的行为,在此种情形下,行为人并不构成对他人声音信息的侵害,而只是构成对声音权益的侵害。因此,不能完全基于个人信息保护的规则保护声音权益,而主要应当依据人格利益的规则保护声音权益。

第三,个人信息保护的是信息主体对个人信息的自决权,即未经个人同意,个人信息处理者原则上不得处理个人信息,并且在个人信息处理过程中,个人可以行使查阅复制权、可携带权、更正补充权和删除权等请求权。相比之下,声音权益主要保护的是人格尊严,即防止他人通过非法使用、非法伪造的方式侵害声音主体的人格尊严。即便声音信息遭受侵害,可以适用个人信息的保护规则,在此种情形下受害人也应当可以主张其人格利益遭受侵害,而不选择适用个人信息保护规则,即受害人可以选择依据《民法典》第1023条的规定予以保护。

第四,从侵害方式上看,侵害个人信息主要体现为非法泄露、非法处理个人信息等方式。而侵害声音权益既可能体现为行为人未经许可擅自利用他人的声音,也可能体现为行为人恶意模仿他人的声音,造成身份的混淆等。同时,由于单个的个人信息利用价值有限,因而个人信息侵权通常体现为大规模侵权。而侵害个人声音权益的行为通常体现为个别侵权。

第五,权益遭受侵害后的责任构成要件不同。在个人信息遭受侵害后,依据《个人信息保护法》第69条的规定,其通常采用过错推定原则。关于声音权益遭受侵害后的归责,我国《民法典》并未作出专门规定,依据《民法典》第1023条第2款的规定,对声音权益的保护参照适用肖像保护的规则。因此,在声音遭受侵害后,受害人在主张损害赔偿时,通常适用过错责任原则。

正是基于以上原因,《民法典》第1023条对声音权益的保护模式,没有采取直接适用既有的具体人格权的方式,而是采取参照适用肖像权的方式。

四、对声音权益的保护可参照肖像权的有关规定

声音权益作为一项人格权益受到人格权法的保护,任何人未经他人许可、侵害他人声音权益的,受害人有权依法主张民事责任。依据《民法典》第1023条第2款的规定,可以通过参照适用肖像权的相关保护规则对声音进行保护。声音与肖像具有密切联系,其与肖像一样具有显著表征个人的功能。也正是基于这一原因,有的国家民法典,如《秘鲁共和国新民法典》将声音权益和肖像权并列作出规定。从实践来看,二者也存在一定的交叉。例如,行为人在商业广告中利用他人模糊的肖像或者漫画、素描形象,同时配上个人特有的声音,将更会使人们据此联想到特定个人。

正是因为声音与肖像具有相似性,有观点认为,为了便于对声音提供法律保护,我国立法可将肖像权与声音权益进行合并,从而创设了"肖像声音权益"这一概念。① 也有观点认为,可将声音纳入肖像权的保护范围。② 但《民法典》并未采取上

① 参见徐国栋主编:《绿色民法典草案》,社会科学文献出版社2004年版,第151页。

② 参见杨立新等:《〈中国民法典·人格权编〉草案建议稿的说明》,载王利明主编:《中国民法典草案建议稿及说明》,中国法制出版社2004年版,第337页。

述做法，而是采取了参照适用肖像权的规则对声音权益提供保护的方式。笔者认为，虽然声音权益和肖像权存在密切关联，但二者仍存在明显区别，不宜直接混同为同一种权利，具体而言：

第一，两者的权益性质不同。肖像权在性质上属于具体人格权，而我国《民法典》并没有承认声音权的具体人格权地位，而将其规定为一种人格利益。虽然《民法典》第 1023 条第 2 款规定，声音的保护参照适用肖像权保护的规则，但并不意味着肖像权包含声音权益，也不意味着要将肖像权保护的规则均扩张适用于声音权益的保护。

第二，二者的客体不同。声音和肖像的载体形式不同，分别为听觉和视觉。虽然声音与肖像均具有唯一性和稳定性的特点，都能标明个人的身份，但二者标明个人身份的方式不同，肖像是可识别个人身份的外部形象，主要是指个人的面部形象，具有有形性；而声音虽然也能识别主体的身份，但属于无形的身体特征。例如，行为人在商业广告中可以仅利用他人特有的声音，而不需要出现个人的肖像，声音的利用方式具有独立性。

第三，二者的侵害方式不同。肖像需要存在于一定的载体之上，故对肖像权的侵害既可以表现为未经许可地制作、使用，也可以表现为污损、恶意毁坏他人肖像。而对声音的侵害则很难通过污损、毁坏的方式进行，如果对已经录制的光盘、影碟中的声音进行加工、改变，导致声音变形，这只是对著作权的侵害，而不应当构成对声音权益的侵害。当然，如果通过模仿他人声音恶意侮辱、诽谤他人，并因此导致声音权益的主体社会评价降低的，则既构成对他人声音权益的侵害，也应当构成对他人名誉权的侵害。

第四，适用规则存在区别。《民法典》第 1023 条第 2 款规定："对自然人声音的保护，参照适用肖像权保护的有关规定。"依据该规定，声音的保护规则与肖像权的保护规则存在区别，一方面，声音权益参照适用肖像权的保护，即不是直接适用肖像权的保护。这就表明声音权益和肖像权存在区别，如果直接适用肖像权的规则，则可能忽略声音权益自身的独特性。另一方面，由于声音的保护只能参照适用肖像保护的有关规定，这也意味着，并非肖像权保护的所有规则均可参照适用声音权益的保护，在具体确定参照适用的规范时，应当考虑声音权益与肖像的区别，以确定可以参照适用的规则范围。

从今后的发展趋势来看,声音权益受法律保护的必要性将日益增强,其与肖像权相分离从而成为独立的人格权类型的特点将越来越明显。一方面,声音的可利用性和商业价值在现代社会中越来越高。一些名人的声音具有非常高的商业价值,但是并不意味着其肖像也具有相同的商业价值。例如,一些比较著名的配音演员,尽管没有出现在电视屏幕上,但只要人们一听到声音,就可以识别出这个配音演员。从受众角度看,人们可能只是为特定主体的声音支付对价(如单田芳的评书),而不是为其肖像支付对价。另一方面,随着现代科学技术的发展,尤其是声控技术、声纹识别技术以及人工智能等的发展,声音的利用方式越来越多样化。例如,声音可以直接发出指令,打开房门,开启电子设备,开启电脑、手机等,启动汽车,声音的独特性具有替代指纹等其他个人特有标志的功能,但声音一旦被仿冒,就可能侵害个人的人格利益,也可能造成其他财产损害。语音识别与仿造技术将催生更多样的声音权益侵害形态。随着人工智能的发展,机器人通过输入、存储大量的个人语音,借助大数据建立了机器人的神经网络,形成语音识别能力。据统计,2016 年,机器在语音识别上的表现已经超过了人类的平均水平。① 由此可见,声音作为一种人格利益的价值将日益凸显。还要看到,在数字社会中,侵害声音权益的纠纷会逐渐增多,甚至会伴随了一些新型的危及人身、财产安全的重大风险。例如,犯罪嫌疑人收集了声音信息之后,可以仿造他人的声音实施电信诈骗;或者给声音主体进行换声,从而危及其人格尊严。在这个意义上,声音存在不同于肖像的独特的人格利益。

依据《民法典》第 1023 条第 2 款的规定,所谓参照适用肖像权的保护规则,实际上就是法定类推。所谓法定类推,是指在具体案件的裁判中,如果缺乏具体的法律规则,法官应当按照参照适用的法律规定,援引与该案件类似的法律规定,从而将法律的明文规定适用于法律没有规定的类似情形。② 法定类推适用中必须寻找在性质具有"评价重心"的相似性。③ 具体而言,肖像权的如下规则可以参照适用于声音的保护:一是《民法典》第 1020 条所规定的肖像合理使用规则,可以参照适用于声音的

① 参见杨澜:《人工智能真的来了》,江苏凤凰文艺出版社 2017 年版,第 17 页。
② 参见黄茂荣:《法学方法与现代民法》(第 5 版),法律出版社 2007 年版,第 492 页。
③ [德]卡尔·拉伦茨:《法学方法论》,黄家镇译,商务印书馆 2020 年版,第 479 页。

合理使用。所谓声音权益的合理使用，是指在特定情形下，法律允许行为人使用他人的声音，该行为不必征得权利人的许可，也不构成侵权。声音权益的合理使用行为是一种合法行为。例如，在新闻报道中需要现场采访他人，录制和播放他人的声音。在录制广播电视节目时需要播放、储存他人的声音。由于这些行为是为了实现社会公共利益，构成声音权益的合理使用，因而不构成侵权。① 二是《民法典》第1021条、第1022条关于肖像许可使用合同的规定，可以参照适用于声音的许可使用。三是《民法典》第1019条关于禁止他人擅自制作、使用、公开肖像权人的肖像的规定，也可参照适用于对声音权益的保护。

结　语

从今后的发展趋势来看，声音权益的重要性将日益凸显，声音权益的保护将不断受到新技术发展所带来的挑战。如何在声音权益与其他权益交织的复杂情形下平衡声音权益的利用与保护，将是未来声音权益保护中常谈常新的问题。我国《民法典》第1023条对声音权益确立了法定人格利益的保护模式，从世界范围来看，此种保护模式体现了对声音权益保护的独特性和开放性，符合了声音权益保护的现实需求，彰显了我国《民法典》人格权编的特色。但在具体适用中，不仅需要将其与知识产权、公开权相区别，还应当与肖像权、隐私权等法定人格权相区分。在具体适用声音的保护规则时，应当兼顾声音作为法定人格利益的特点，准确区分声音权益与具体人格权以及一般人格权，从而准确适用《民法典》第1023条对声音权益提供全面、充分的保护。

① 参见李丽峰、李岩：《人格权：从传统走向现代——理论与实务双重视角》，中国法制出版社2007年版，第271页。

专题二十　生活安宁权：一种特殊的隐私权

本专题撰写人：王利明

【《民法典》及相关法律法规的新规则】

《民法典》第 1032 条

自然人享有隐私权。任何组织或者个人不得以刺探、侵扰、泄露、公开等方式侵害他人的隐私权。

隐私是自然人的私人生活安宁和不愿为他人知晓的私密空间、私密活动、私密信息。

《民法典》第 1033 条

除法律另有规定或者权利人明确同意外，任何组织或者个人不得实施下列行为：

（一）以电话、短信、即时通讯工具、电子邮件、传单等方式侵扰他人的私人生活安宁；

……

2023 年 9 月 25 日最高人民法院、最高人民检察院、公安部《关于依法惩治网络暴力违法犯罪的指导意见》第 9 条

依法支持民事维权工作。针对他人实施网络暴力行为，侵犯他人名誉权、隐私权等人格权，受害人请求行为人承担民事责任的，人民法院依法予以支持。

【规则由来】

生活安宁权(《民法典》第1032条、第1033条第1项)是本次《民法典》编纂重要新增规则。在《民法典》编纂前,原《民法通则》未规定隐私权,原《侵权责任法》第2条第2款仅确认隐私权是受该法保护的民事权益,未明确隐私权的意义与涵盖范围。因此,《民法典》第1032条、第1033条系我国民事立法中首次承认和使用"生活安宁"这一概念。

【规范意旨】

生活安宁权是《民法典》第1032条所规定的第一项隐私权益,也是一项特殊的隐私权。《民法典》第1032条从正面确权,承认私人生活安宁为一种特殊的隐私权,而非一般人格权或独立的具体人格权或人格利益;第1033条第1项则从反面排除最典型的不法侵害行为,二者形成了完整、周延的生活安宁保护制度。《民法典》承认和保护生活安宁权,丰富了隐私权的内容,完善了隐私权的基本规则,契合了保障人民群众对美好幸福生活的要求,有力地维护个人的人格尊严。

【典型案例】

案例一:"孙某燕与某通信公司某市分公司等隐私权、个人信息保护纠纷案"

2011年7月,原告孙某燕在被告某通信公司某市分公司处入网,办理了电话卡。2020年6~12月,孙某燕持续收到营销人员以某通信公司某市分公司工作人员名义拨打的推销电话,以"搞活动""回馈老客户""赠送""升级"等为由数次向孙某燕推销套餐升级业务。其间,原告孙某燕两次拨打该通信公司客服电话进行投诉,该通信公司客服在投诉回访中表示会将原告的手机号加入"营销免打扰",以后尽量避免再向原告推销。后原告孙某燕又接到了被告的推销电话,经拨打该通信公司客服电话反映沟通未得到回复,遂通过工业和信息化部政务平台"电信用户申诉受理平台"

进行申诉。该平台回复“在处理过程中,双方未能达成一致意见,依据《电信用户申诉处理办法》第十七、十九、二十条等规定,因调解不成,故视为办结,建议依照国家有关法律规定就申诉事项向仲裁机构申请仲裁或者向人民法院提起诉讼”。原告孙某燕遂向人民法院提起诉讼,请求被告承担侵权责任。

生效裁判认为,自然人的私人生活安宁不受侵扰和破坏。在本案中,孙某燕与某通信公司某市分公司之间的电信服务合同依法成立生效。某通信公司某市分公司应当在服务期内为孙某燕提供合同约定的电信服务。孙某燕提交的证据能够证明某通信公司某市分公司擅自多次向孙某燕进行电话推销,侵扰了孙某燕的私人生活安宁,构成了对孙某燕隐私权的侵犯。故判决被告某通信公司某市分公司未经原告孙某燕的同意不得向其移动通信号码拨打营销电话,并赔偿原告孙某燕交通费用782元、精神损害抚慰金3000元。[①]

案例二:王某江与李某海等隐私权纠纷一审民事判决书[②]

原告王某江向北京市房山区人民法院提出的诉讼请求:(1)被告立即停止侵害行为,拆除自家室内、屋顶和大门口的全部监控;(2)被告以书面形式郑重向原告赔礼道歉。事实和理由:被告李某海、刁某杰与原告王某江及弟弟家是前后院邻居,李某海家住前院,王某江和两个弟弟家住后院。被告李某海私自在自家室内后窗隐蔽处安装两台摄像头,监控范围正对王某江和两个弟弟共3家院子、内院大门口及楼房二层居室。被告李某海还在自家屋顶私自安装一台摄像头,监控范围包括原告王某江和两个弟弟家外院及大门口,被告李某海还在自家大门口安装一个摄像头,正对王某江家及弟弟家大门口。原告王某江及弟弟的宅院均在被告李某海24小时的监视之内,对原告的住宅监视、偷窥的不道德行为,严重侵犯了原告的隐私权和人格尊严,故原告诉至法院。

被告李某海、刁某杰辩称,李某海家在南边,王某江家在北边,两家间隔公共集体道和一块地,大约有十六七米。李某海安装摄像头是为了自家安全,拍摄范围仅

① 参见最高人民法院2023年1月12日发布的“人民法院贯彻实施民法典典型案例(第二批)”。

② 北京市房山区人民法院民事判决书(2020)京0111民初12513号。

涉及李某海房后散水和公共水泥路，并未拍摄王某江家的私人生活空间，不存在侵犯王某江隐私的问题。不同意王某江的诉讼请求。

经北京市房山区人民法院审理，认定事实如下：李某海、刁某杰与王某江为前后院邻居，李某海家住前院，王某江家住后院。两家间隔一条走道。被告所称的两家间隔的一块地，现由原告使用，并建有围墙。

李某海、刁某杰在自家房顶、大门及自家后窗安置 4 个摄像头。其中房顶安置了一个摄像头、后窗安置的两个摄像头，可以拍摄到王某江现使用的院落及二层楼房。安置在李某海、刁某杰大门口的摄像头，因对王某江家人影响不大，庭审中王某江撤回了要求拆除大门口摄像头的诉讼请求。另撤回了赔礼道歉的诉讼请求。

现王某江认为李某海、刁某杰安置的摄像头侵犯了其隐私，故诉至法院，要求拆除。李某海、刁某杰辩称，其安置的摄像头并未侵犯王某江的隐私，故不同意王某江的诉讼请求。

上述事实，有原、被告陈述，原告提交的现场照片，被告提交的现场照片在案佐证，经庭审质证，可以作为法院认定事实的依据。

北京市房山区人民法院认为：隐私是自然人的私人生活安宁和不愿为他人知晓的私密空间、私密活动、私密信息。自然人享有隐私权，任何个人不得以刺探、侵扰、泄露、公开等方式侵害他人的隐私权。《民法典》第 1033 条规定的侵害隐私权的活动，包括拍摄他人住宅等私密空间、拍摄他人的私密活动。本案中，李某海、刁某杰在自家房顶、室内后窗安置的 3 个摄像头，能够拍摄王某江的私密空间及日常生活等私密信息，侵犯了王某江的隐私权，应当承担停止侵害的法律后果，故王某江起诉要求李某海、刁某杰拆除安置在室内后窗及屋顶的监控摄像头的诉求，于法有据，法院予以支持。李某海、刁某杰辩称，安置摄像头是为保障自家安全，但所有的权利都应在合理的界限内行使，不得损害社会公共利益和他人正当权益，李某海、刁某杰安置摄像头的行为超出了合理限度，故对于该辩称，法院不予支持。依照《民法典》第 179 条、第 1032 条、第 1033 条之规定，判决如下：被告李某海、刁某杰于本判决生效后 7 日内拆除自家室内后窗安装的两个摄像头、屋顶安装的一个摄像头。

【理论阐释】

罗马法谚云:“人民之安宁乃最高之法律”(拉丁语“*Salus populi est suprema lex*”,英语“The safety of the people is the supreme law”)。该谚语解释了法律保障私生活安宁的原因。所谓个人生活安宁权,是指自然人享有的维持安稳宁静的私生活状态,并排除他人对其不法侵扰的权利。[①] 自美国学者沃伦等提出私生活安宁权以来,对于该项权利的性质和内容历来存在争议,迄今尚无统一的结论。然而,在现代社会,生活安宁已经成为人们幸福生活的重要组成部分,也是保障社会安定有序、个人和睦相处的重要前提,正因如此,《民法典》第1032条对“私人生活安宁”赋权,承认其为隐私权的组成部分。但是,《民法典》第1032条仅提及“私人生活安宁”这一概念本身,第1033条亦仅开放式列举了侵扰生活安宁的方式并且表达法律上的禁止立场,未对其内容、法律保护作出具体界定,有待理论上作进一步的讨论。

一、个人生活安宁权本质上是一种私权

个人生活安宁权最初出现于1890年沃伦(Wallen)和布兰代斯(Brandeis)的《论隐私权》一文。但事实上,在此之前,美国的库利(Cooley)法官已于1888年在其侵权法专著中提出了“独处的权利”(the right to be let alone),只不过没有将其界定为独立的隐私权。该观点被沃伦和布兰代斯的《论隐私权》一文所采纳。[②] 在该文中,两位作者将隐私权界定为一种个人独处的权利,并认为这是一种重要的隐私权。[③] 在沃伦和布兰代斯看来,伴随人们对人的本质的认识由看重物质性转向更加注重情感、智力等精神性本质,人的生活权利(right to life)逐步演进为享受生活的权利(right to enjoy life)。伴随这种认识,法律不仅保护人们免受物理性的身体上的伤害,还要保护人们免受此种伤害的威胁以及由此产生的心理上的恐惧。也就是说,法律不仅保护个人不受物理上的侵害,还保护个人心理和精神上的安宁。他们认为,现代社会的发展要求人们进一步采取措施对心理和精神上的安宁予以保护,“无

① 参见刘保玉、周玉辉:《论安宁生活权》,载《当代法学》2013年第2期。

② Charles A. Jr. Williams, *The Right to be Let Alone*, U. Fla. L. Rev, Vol. 17, p. 597(1965).

③ Warren and Brandeis, *The Right to Privacy*, Harvard Law Review, Vol. Ⅳ, No. 5, p. 193-220(1980).

数机械设备的威胁预示着，将来有一天，我们在密室中的低语，将如同在屋顶大声宣告一般”。[①] 两位作者认为，隐私是人类价值的缩影，这些价值可以概括为“个人自决”“个性”“个人人格”。[②] 隐私权的重要价值在于，对个人个性的保护，使人际之间形成一种健康有序的交往关系。

沃伦和布兰代斯的观点受到了美国学界的高度评价，并对美国侵权法产生了重大影响，尤其是他们在文中提出的隐私是一种生活安宁和独处权的观点，奠定了美国隐私法的基础，也确定了隐私权的核心内涵。[③] 个人生活安宁权提出后，对两大法系都产生了重大影响。

在《民法典》颁布之前，我国民事立法未对私生活安宁作出明确规定。但 2016 年颁布的《网络安全法》第 27 条规定：“任何个人和组织不得从事非法侵入他人网络、干扰他人网络正常功能、窃取网络数据等危害网络安全的活动；不得提供专门用于从事侵入网络、干扰网络正常功能及防护措施、窃取网络数据等危害网络安全活动的程序、工具；明知他人从事危害网络安全的活动的，不得为其提供技术支持、广告推广、支付结算等帮助。”该条实际上是对信息安宁权的确认。在司法实践中，有关案例已经明确提到了对私生活安宁的保护。例如，在“网络暴力第一案”中，原告个人家庭住址等信息为被告在网上披露后，很多网民据此前来围堵，给原告生活安宁造成很大侵扰。法院认为，应当对原告的生活安宁予以保护。[④] 因此，《民法典》人格权编对私人生活安宁权作出明确规定，是对我国既有实践需求的回应与经验的总结。

从发展趋势来看，比较法上普遍承认私生活安宁应当受到法律保护。一方面，确认和保护生活安宁权是实现个人幸福生活的基本要求。在我国，人们在基本的物质生活和温饱问题得以解决后，其物质生活得到了基本保障，需求的层次随之转变为精神需求。人们生活在现代社会中，人与人之间发生各种社会关系。由于现代社

---

① 这句话的英语表述是，“Numerous mechanical devices threaten to make good the prediction that ‘what is whispered in the closet shall be proclaimed from the housetops’”。

② Warren and Brandeis, *The Right to Privacy*, Harvard Law Review, Vol. Ⅳ, No. 5, p. 193 – 220(1980).

③ Ruth Gavision, Too Early for a Requiem: Warren and Brandeis Were Right on Privacy vs. Free Speech, S. C. L. Rev, Vol. 43, p. 437 – 438(1992).

④ 参见傅沙沙：《“网暴第一案”司法建议引发争议　或影响舆论监督》，载新京报网 2008 年 12 月 19 日，https://www.chinanews.com/gn/news/2008/12-19/1494065.shtml。

会生活方式的改变,相互之间的联系更频繁和密切,客观上要求对个人的生活安宁和私人生活予以尊重。从个人对幸福生活的追求来看,安宁无疑是个人幸福生活的重要内容。古希腊哲学家德谟克利特明显更注重精神的或灵魂的快乐。他指出,"幸福不在于占有畜群,也不在于占有黄金,它的居处是在我们的灵魂之中","生活的目的是灵魂的安宁"。① 德国哲学家康德最渴望的是和平与安宁。在康德看来,人是目的而非手段,但人具有"非社会性"的"动物本能",这种本能必定驱使人们滥用自由,从而不断地干扰别人的安宁与幸福;因此,需要通过法律构建秩序,保护社会的和平与安宁。② 可以说,精神安宁是人所具有的最重要的"福利性利益",是"美好人生的基本条件"。③ 另一方面,保护生活安宁是法律的重要任务。法律本身就是维护社会安宁、保护人民的一种工具。"国际法之父"、荷兰法学家格劳秀斯认为,建立政治社会的目的在于维护公共安宁。为此,他提出了维护"合群欲"(appetitus societatis)的概念,即每个人在所处的社会中安宁地生活,即人根据其理性为自己安排联合生活。④ 英国哲学家洛克指出:"如果不是为了保护他们的生命、权利和财产起见,如果没有关于权利和财产的经常有效的规定来保障他们的和平与安宁,人们就不会舍弃自然状态的自由而加入社会和甘愿受它的约束。"⑤这些学者实际上是从维护秩序的角度强调保护生活安宁的重要性,即保护生活安宁是维护和谐生活秩序的组成部分。也就是说,个人生活越安宁,社会才越有秩序,人与人之间和睦共处的状态才可能得以形成。

在我国,保护生活安宁是各个法律部门的共同任务。就民事立法而言,其应当担负的重要职责就在于,赋予个人享有生活安宁权,从而维护社会生活的安定有序。

需要指出的是,生活安宁权首先是一种私权。法律上之所以承认该权利,是因为该权利体现的是一种私益,而不是公共利益。保护该利益虽然有利于规范人们的

---

① 参见张俊:《德福配享与信仰》,商务印书馆2015年版,第217页。

② 参见陈乐民:《敬畏思想家》,生活·读书·新知三联书店2014年版,第96页。

③ See James Spigelman, The Forgotten Freedom: Freedom from Fear, International & Comparative Law Quarterly, 59(3), p.543-570(2010). 转引自方乐坤:《安宁利益的类型和权利化》,载《法学评论》2018年第6期。

④ [德]施塔姆勒:《现代法学之根本趋势》,姚远译,商务印书馆2016年版,第17页。

⑤ [英]洛克:《政府论》(下卷),叶启芳、瞿菊农译,商务印书馆1996年版,第85页。

行为、维护社会的和谐有序，但其核心功能在于维护个人私人生活的安宁，保障的是个人的私益。尤其应当看到，法律之所以承认个人享有该私权，是因为如此能够使自然人有权排除他人对其私人生活安宁的侵扰、对其私人空间的非法闯入以及对其私人生活的非法窥探。“普通法之父”布莱克斯通也曾经将个人的安全权（personal security）作为第一位的绝对权利，他认为，该权利由人的法定的、不被打扰地享受其生活，以及保持其肢体、身体的完整性及健康和名誉的权利所构成。① 在现代社会，赋予个人享有生活安宁权是隐私法的重要功能。②

生活安宁权不仅是一种私权，还是一种人格权，《民法典》人格权编对其进行专门规定，主要理由如下：

第一，保护个人私生活安宁，对于维护个人的独立人格具有重要意义。人既具有自然性，又具有社会性。人在社会中生活既需要与他人交往，同时也需要独处，需要保持私生活的安宁。法律的根本目的是为了人、实现个人的幸福。而幸福的含义是多元的，除物质方面的因素外，个人的精神生活的愉悦也是幸福的重要内容。保持私生活的安宁、不受打扰，本身就是个人幸福生活的一项重要内容。保障个人生活安宁就意味着个人享有对私人生活独处的、不受他人打扰的权利，任何人不得非法干涉他人的私生活，不得打扰他人私生活的安宁。

第二，保护私人生活安宁是维护个人自由和私人生活自主的重要内容。法国法学家孟德斯鸠曾专门讨论过“精神安宁”（tranquility of spirit）状态，认为这是个人自由的重要内容。为使个人获得这种自由，政府有义务确保个人享有此种安宁。③ 美国学者威斯汀（Westin）认为，现代隐私权发挥的重要功能就是维护个人对私人生活

---

① See James Spigelman, *The Forgotten Freedom: Freedom from Fear*, International & Comparative Law Quarterly, 59 (3), p. 543 – 570(2010). 转引自方乐坤：《安宁利益的类型和权利化》，载《法学评论》2018 年第 6 期。

② 参见张民安主编：《侵扰他人安宁的隐私侵权：家庭成员间、工作场所、公共场所、新闻媒体及监所狱警的侵扰侵权》，中山大学出版社 2012 年版，第 53 页。

③ See James Spigelman, *The Forgotten Freedom: Freedom from Fear*, International & Comparative Law Quarterly, 59 (3), p. 543 – 570(2010). 转引自方乐坤：《安宁利益的类型和权利化》，载《法学评论》2018 年第 6 期。

的自主,个人享有自身的秘密免受外人窥探的权利。[①] 人应当具有个人精神的自由,自由的内容十分宽泛,但精神自由不应被排除在其之外。每个人都有许多不愿公开的私人生活秘密,每个人也要追求精神生活的自治,而不愿意使其被完全暴露于社会中。隐私权以实现个人精神上的自治为目的,并为个人个性的充分发展提供空间。而将个人私生活安宁纳入隐私权,就意味着法律认可个人对其私生活领域各项事务的支配,并使个人能够排斥他人的干涉和妨碍。

第三,保护个人生活安宁也是维护个人尊严的重要组成部分。按照美国学者布劳斯代因(Bloustein)的解释,沃伦和布兰代斯提出,私生活安宁权的概念实际上就是为了保障个人的尊严。[②] 此种观点的确有一定的道理。因为尊重个人的私生活安宁,实际上也是尊重个人的尊严,是人本主义的基本体现,是对人最起码的尊重,是人之所以称为人的基本要求。而尊重人格尊严就必然要尊重个人对自身及其私人空间的充分支配并排斥他人的非法介入、非法偷窥、非法打扰。如果每个人的私人生活经常遭受他人的打扰、妨碍、干涉,个人就缺乏应有的尊严。正如美国学者加文森指出:"当我们的隐私被非法地暴露于公众面前时,我们的自尊也被摧残了,我们与他人之间的关系也受到了损害,这就是法律要保护隐私的原因。"[③]通过对个人生活安宁的保护,使自然人不受他人打扰,其生活秘密不受他人非法披露,也使其免受因隐私被侵害而带来的精神痛苦。这对于人格尊严的保护来说非常重要。

二、个人生活安宁权应当属于隐私权的组成部分

如前所述,生活安宁权是一种私权,且属于人格权的范畴。但其究竟是具体人格权还是一般人格权?如果是具体的人格权,其与隐私权是何种关系?这是我国《民法典》编纂过程中所遇到的一个重大理论难题。对此,存在 3 种不同的观点。一种观点认为,个人生活安宁是人身自由的重要组成部分,属于一般人格权的内容。

① 参见张民安主编:《侵扰他人安宁的隐私侵权:家庭成员间、工作场所、公共场所、新闻媒体及监所狱警的侵扰侵权》,中山大学出版社 2012 年版,第 51 页。

② Edward J. Bloustein, *Privacy as an Aspect of Human Dignity: An Answer to Dean Prosser*, New York University Law Review, Vol. 39, p. 970(1964).

③ Ruth Gavison, *Privacy and the Limits of Law*, Yale Law Journal, Vol. 89, p. 489(1980).

侵害私生活安宁实际上是侵害了人身自由。有的法院判决认为,“自主选择权和生活安宁权”应当包含在一般人格权益之中,即属于《精神损害赔偿司法解释》第1条第2款规定的“其他人格利益”。基于该种认识,对个人生活安宁的侵害属于对一般人格权的侵害。[①] 另一种观点认为,生活安宁权是自然人享有的、维护安宁有序的私人生活状态并排斥他人侵扰的权利,它是一项具体人格权,该权利保护的内容并非隐私的范围。[②] 还有一种观点认为,生活安宁权本质上是隐私权的组成部分,其与私人信息、私人空间、私人活动等一样,都是隐私权的内容。在我国司法实践中,有关侵害生活安宁的案件大多被作为侵害隐私案予以对待。

(一)个人生活安宁权不宜作为一般人格权

诚然,将生活安宁权作为一般人格权也有一定的比较法上的根据。例如,《法国民法典》第9条规定的“私生活受到尊重的权利”,事实上具有一般条款的功能。在德国,1957年德国联邦法院(Bundesgerichthof, BGH)在著名的“读者来信案”(Leserbrief – Urteil)中认为,自主决定权应为一般人格权的重要组成部分。[③] 1983年德国联邦宪法法院作出了一个里程碑式的裁判,认为对抗不受限制的搜集、记录、使用、传播个人资料的个人权利也包含于一般人格权之中。[④] 因此,隐私权成为民法中一般人格权的重要内容。在德国法上,普遍认为隐私领域(Sphäre der Privatheit)属于一般人格权的保护范畴。[⑤] 德国联邦宪法法院根据《德国基本法》第2条第1款关于保护人的尊严的规定,认为个人享有人格尊严、肖像权、对自己言语的权利以及包括私密和独处在内的隐私权。[⑥] 依据我国《民法典》总则编第109条“自然人的人身自由、人格尊严受法律保护”以及人格权编第990条第2款“……自然人享有基于

---

① 广东省茂名市茂南区人民法院(2011)茂南法民初字第1604号判决书。

② 参见刘保玉、周玉辉:《论安宁生活权》,载《当代法学》2013年第2期;王晓艳:《在具体人格权中应增设生活安宁权》,载《法制日报》2003年11月6日,第10版。

③ 参见王泽鉴:《人格权的具体化及其保护范围·隐私权篇》(上),载《比较法研究》2008年第6期。

④ BVerfGE 65, 1.

⑤ Vgl. BVerfGE 54, 148, 154; BVerfGE 35, 202, 220; BGH, 1965 – WZR 204 / 63, JZ 1965, 411, 412 f.

⑥ Blanca R. Ruiz, Privacy in Telecommunications, Kluwer Law International, 1997, p. 51.

人身自由、人格尊严产生的其他人格权益"之规定,一般人格权以人身自由、人格尊严为其基础与内容。尽管生活安宁体现了人身自由、人格尊严,彰显了该价值,但笔者认为,个人生活安宁权不宜作为一般人格权,理由如下。

第一,个人生活安宁权自产生以来就与隐私权存在密切关系,比较法上也普遍将其作为隐私权的组成部分,不宜将其纳入一般人格权的范畴。在个人生活安宁权产生与发展的过程中,其始终与隐私权存在紧密联系,并作为隐私权的组成部分受到法律保护。在无特别理由的情况下,不宜将个人生活安宁权从隐私权中剥离而纳入一般人格权的范畴。

第二,将个人生活安宁权纳入一般人格权,并不符合一般人格权的制度功能。一般人格权属于框架性权利,其主要保护具体人格权之外的人格法益,尤其是随着社会发展而产生的新型人格利益。而个人生活安宁权在性质上并不属于新型人格利益,自隐私权概念产生之日起,其就具有包含个人生活安宁的功能。而且,个人生活安宁权在性质上属于一种已经类型化的人格利益,对其并不需要借助一般人格权予以保护。还应当看到,一般人格权主要起到一种兜底保护的作用,即针对某种人格利益,具体人格权涵盖不了,才要通过一般人格权予以保护;而一般认为,生活安宁权可以通过隐私权予以保护,不宜将其纳入一般人格权的保护范围。

第三,将个人生活安宁权纳入一般人格权,可能导致私人生活安宁权的泛化。一些学者不赞成在民法典中规定个人生活安宁权,主要原因之一就在于,私人生活安宁的内涵较宽泛、难以界定,将其确认为一种人格权可能会不当妨害和限制他人的行为自由。事实上,将私人生活安宁权纳入隐私权的保护范畴,通过隐私权的保护规则尚可以对个人生活安宁权的范围进行必要限定,而将个人生活安宁权纳入一般人格权的保护范围,因为一般人格权以人身自由、人格尊严为内容,内涵较宽泛,如此不利于明确限定私人生活安宁的内容,更不利于保护个人的行为自由。

(二)个人生活安宁权仍然属于隐私权

从比较法上来看,自沃伦和布兰代斯提出私生活安宁权之后,美国法采纳了"大隐私"的概念,将私生活安宁权作为隐私权的内容。1960 年,普洛塞(Prosser)教授在其著名的《论隐私权》一文中,进一步对侵扰他人安宁的侵权责任作了详细论述。

他在总结以往200多个判例的基础上,不仅对隐私权进行了重新定义,而且将隐私权概括为4种类型,包括侵扰个人生活安宁、公开披露私人事实、造成公众形象的丑化、盗用他人姓名与肖像。① 就第一种类型即侵扰个人生活安宁而言,其包括窃听私人电话、跟踪尾随他人、偷窥他人行动等一切足以干扰他人私生活安宁的行为。美国《侵权行为法重述》(第2版)采纳普洛塞教授关于隐私权的定义,并从四个方面作了较全面、系统的规定。该重述确认隐私权是一种独立的权利,侵害隐私包括4种类型:一是不合理地侵入他人的隐私(intrusion upon seclusion);二是窃用他人的姓名或肖像(appropriation of name or likeness);三是不合理地公开他人的私生活(publicity given to private life);四是公开他人的不实形象(pulicity given to unreal image)。② 普洛塞教授同时也尖锐地指出,其关于隐私的4种分类并不存在共同点,因而隐私本质上构成了一种集合性的概念。③ 但保护私生活安宁历来是美国侵权法的重要内容。美国《威斯康辛州制定法》第895.50条第2款规定:"行为人在一个理性人看来是私人的地方作出了一个极具冒犯性的侵扰行为,且该行为具有可诉性,此种行为就属于侵扰他人安宁的侵害隐私的行为。"④可以说,这是对侵扰私人生活安宁行为的明确定义。

美国法上关于隐私权的概念特别是私人生活安宁的界定对大陆法系国家产生了重要影响。判例学说也时常将隐私权称为忘却权(right to oblivion),或者说是"被遗忘的权利"。此种权利允许个人享有与公共利益无关的发展个性所必要的安宁和清静。⑤《法国民法典》第9条规定:"任何人均享有私生活受到尊重的权利。在不影响对所受损害给予赔偿的情况下,法官得规定采取诸如对有争执的财产实行保管、扣押或其他适于阻止或制止妨害私生活隐私的任何措施;如情况紧急,此种措施得依紧急审理命令之。"法国学者雷蒙德(Raymond)教授认为,依据法国的司法判例,《法国民法典》第9条规定的"私人生活"的范围是:家庭生活、感情生活、亲密的

---

① William L. Prosser, *Privacy*, Cal. L. Rev, Vol. 48, p. 383 - 389(1960).

② See *Restatement of the Law*, Second, Torts, Art. 652.

③ See Prosser, *The Law of Torts*, 3rd ed, West Publishing Co., p. 843(1964).

④ Wis. Stat, 895, 50(2)(a).

⑤ Michael Henry, *International Privacy*, *Publicity and Personality Laws*, Butterworth, 2001, p. 56.

肉体关系、财产生活、具有私人性质的回忆录以及宗教生活等。① 由此可见,法国法上私生活的概念实际上类似美国法上隐私权的概念,其中包括私生活安宁权。如前文所述,德国联邦宪法法院根据《德国基本法》第 2 条第 1 款的规定指出,个人享有人格尊严、肖像权、对自己言语的权利以及包括私密和独处在内的隐私权。② 隐私权是德国宪法所保护的人格尊严的具体体现。③ 因此,从比较法来看,私人生活安宁是包括在隐私权之中的。

上述比较法的经验表明,以隐私权涵盖私生活安宁权是人格权法发展的重要趋势。在比较法上采取此种做法的主要原因有两个方面。一方面,从隐私权概念产生之日起,其就包括私生活安宁权。在现代社会,"隐私"的概念日益宽泛,其中包括对私生活安宁和私密信息的保护。例如,欧洲人权法院认为,"私生活是一个十分宽泛的概念,无法给出一个详尽无遗的定义",但私生活保护权至少包括自我决定的权利、个人行动自由、个人发展权、与他人和外界建立并维持关系的权利等。④ 另一方面,以隐私权涵盖私生活安宁权,可以通过隐私权制度保护私生活安宁权,更有利于法律规则的适用。

我国《民法典》人格权编中隐私权作为一种具体人格权,其涵盖了对个人生活安宁的保护。《民法典》第 1032 条承认"私人生活安宁"属于隐私的涵盖范围,其不仅保护具有私密性的私人空间、私人活动与私人信息,而且也保护不具有私密性的私人活动、私人生活安宁等。该条之所以以隐私权涵盖私生活安宁权,主要是基于以下四个方面的理由。

第一,这种做法不仅符合比较法上的发展趋势,而且是我国司法实践经验的总结。在我国,自原《民法通则》确认人格权制度以来,在法律上就不存在独立的个人

① Guy Raymond, *Droit Civil*, 2e édition, Litec, p. 88 – 90. 转引自张民安主编:《侵扰他人安宁的隐私侵权:家庭成员间、工作场所、公共场所、新闻媒体及监所狱警的侵扰侵权》,中山大学出版社 2012 年,第 9 页。

② Blanca R. Ruiz, *Privacy in Telecommunications*, Kluwer Law International, 1997, p. 51.

③ Margaret C. Jasper, *Privacy and the Internet: Your Expectations and Rights under the Law*, Oxford University Press, 2009, p. 53.

④ ECHR, Pretty v. The United Kingdom, [2002] AC 2346/02. 转引自石佳友:《民法典与社会转型》,中国人民大学出版社 2018 年版,第 218 页。

生活安宁权，许多案例实际上是将个人生活安宁权包括在隐私权之中。

第二，个人生活安宁权与一般隐私权一样，都属于公共利益以外的私人生活事务，因此，私生活的共同性决定了生活安宁权可以归入隐私权的范畴。虽然我国法上的隐私权并不像美国法、法国法上隐私权的概念那样宽泛，但如果将其制度功能定位为维护个人私人生活的安宁和私人信息不被非法披露等，则生活安宁属于私生活的组成部分，应当属于隐私权的范畴，个人生活安宁和隐私均可以统摄在私生活的范围内。

第三，单独将个人生活安宁作为一种独立的具体人格权加以规定，还可能遇到如何界定其内涵和外延的问题。例如，何为“安宁”？如何认定安宁利益受到侵害？诸如此类的问题均难以准确界定，这不利于保护个人的行为自由。一些学者不赞成规定私生活安宁权，认为其范围太含糊，是不确定概念，无法界定其内涵和外延；将私人生活安宁权单独规定出来，在权利边界的划定上可能存在问题，可能导致私人生活安宁保护的泛化。这一观点不无道理。从维护他人行为自由的角度出发，不如将个人生活安宁权归入隐私权的范畴。

第四，将个人生活安宁权纳入隐私权的范畴，就可以借助隐私权保护的成熟规范保护个人生活安宁，而无须另行制定规范，这也有利于法律条文的简化。当然，将个人生活安宁权包括在隐私权之中，并不意味着侵害个人生活安宁仅是侵害隐私权的一种方式，《民法典》人格权编应当将个人生活安宁作为隐私权的一项内容予以正面规定。

（三）个人生活安宁权是一种特殊的隐私权

一般隐私，是指自然人对其私人活动、私人信息等享有的不受他人非法披露和干涉的状态。此处所说的“隐”，是指私人生活或私人信息不愿为他人知道，不愿向社会公开。此处所说的“私”，是指与社会公共利益或他人利益无关的私人生活和私人信息，表现为既无害于社会也无害于他人的私人生活。[①] 而私人生活安宁主要强调私人对其私生活享有一种不受他人非法打扰、非法干涉、非法窥视的权利。私人

① 参见周悦丽：《我国隐私权保护立法模式的选择与体系的构建》，载《南都学坛》2004 年第 9 期。

生活安宁是一种特殊的隐私权,即便将其纳入隐私权之中,也应当看到其与其他隐私利益之间的区别。具体而言,需要注意以下四个方面的差异。

第一,客体不同。一般的隐私强调相关利益的非公开性,注重其隐秘性,只要是与公共利益无关的、个人不愿意为他人所知道的事务,均应当属于隐私权的范畴。但就私人生活安宁而言,其主要是指个人的住宅安宁、其他私人空间安宁、通信安宁、日常生活安宁等。一般隐私权的客体是隐私利益(应当是受法律保护的不受非法刺探和披露的隐私利益),安宁生活权的客体则是安定宁静、不受骚扰的生活状态。一般的隐私利益侧重强调私人性和非公开性,私人生活安宁则侧重强调私人性和安宁性。例如,侵害或妨害私生活安宁,包括行为人非法采用各种方式刺探、窥探他人隐私,打扰他人正常的生活安宁,或者搜查、进入、窥视他人住宅等私人空间。特别是在现代社会,有的行为人利用高科技手段,如针孔摄像机、窃听器、网络摄像头等偷窥他人,是构成隐私权侵害的典型形态。在采用上述手段收集他人私密信息但并不公开的情形下,只要收集行为构成对他人生活安宁的侵害,就应当认定该行为构成对个人生活安宁权的侵犯。

第二,内容上存在区别。由于一般隐私权的核心在"隐",是权利人不愿为他人所知的私人信息、场所等,所以一般隐私权的内容就是禁止他人非法收集、公开自己的信息,主要体现为禁止公开或披露。但对私人生活安宁来说,其内容并不涉及公开的问题,而体现为对个人私生活安宁的尊重。私生活安宁权在内容上主要包括排斥他人非法窥探个人私人事务、非法闯入个人私人空间、非法侵扰个人生活安宁,而非将个人私生活秘密和私人信息非法公开。当然,一般隐私权与私生活安宁权之间也可能有一定的交叉,例如,在泄露个人信息的情形下,行为人非法收集他人的信息之后不断通过电话、垃圾短信骚扰他人,既非法公开了他人的隐私,也影响了他人私人生活安宁。但是,从权利的内容本身来看,二者还是有一定的区别。

第三,侵害的方式不同。对一般隐私的侵害来说,原则上主要是以公开方式披露他人基因信息、病历资料、健康检查资料、犯罪记录、家庭住址、私人活动等个人隐私和其他个人信息,造成他人损害,即公开权利人不愿为他人所知的信息。就侵害一般隐私权的方式而言，主要是非法收集和披露他人不愿对外公开的隐秘信息。①但是，对生活安宁的侵害并不一定以公开的方式进行，也不一定涉及“秘密”的问题，其主要反映的是权利人不希望自己的生活遭受他人的打扰和侵扰，这些侵害方式主要采取偷窥、尾随、跟踪、窃听、刺探、电话和短信骚扰以及不可量物侵扰等方式展开。② 严格而言，只要实施了窥视、窃听、刺探等行为，无论是否获得他人的私生活秘密，都构成对他人私人生活安宁的侵害，即使并未将所获得的信息予以公开，也构成对隐私的侵害。无论行为人出于何种动机实施窥视等行为，即便其出于好奇而窥探他人隐私，只要打扰了他人的正常生活，就可能构成侵害生活安宁。此外，依据《民法典》第 1033 条第 1 项“以电话、短信、即时通讯工具、电子邮件、传单等方式侵扰他人的私人生活安宁”的规定，对一般隐私的侵害不一定通过短信、电话、即时通信工具、电子邮件、传单等方式进行，对个人生活安宁的侵害则经常是以借助通信工具的方式实现的。

第四，免责事由不同。对一般隐私权的侵害，如果没有向第三人公开相关的私人信息，则可能被免责；对个人生活安宁权的侵害来说，只要行为人侵扰了他人的私人生活安宁，则无论其是否公开相关的私人信息，均构成对他人私人生活安宁的侵害。此外，基于正当的舆论监督等事由，可能需要收集和公开个人的私人信息等。因此，一般隐私权的保护可能需要妥当处理隐私保护与舆论监督等之间的关系。对生活安宁来说，从实践来看，侵害私人生活安宁通常表现为行为人借助通信工具恶意侵扰他人，其与舆论监督等并不存在直接关联。

三、个人生活安宁权的客体

（一）个人生活安宁权客体的特征

沃伦和布兰代斯将个人私生活安宁权表述为“个人独处的权利”，此种表述会不当限制个人生活安宁的范围，因为个人独处的内涵较狭窄，无法涵盖所有私人生活

① 参见张民安主编：《侵扰他人安宁的隐私侵权：家庭成员间、工作场所、公共场所、新闻媒体及监所狱警的侵扰侵权》，中山大学出版社 2012 年版，第 9 页。

② 参见刘保玉、周玉辉：《论安宁生活权》，载《当代法学》2013 年第 2 期。

安宁的情形。随着现代社会的发展,私人生活安宁的范围在不断扩张,其客体范围也十分宽泛。具体包括:一是住所、居所或者其他个人空间的安宁,免受物理性侵入;禁止私闯民宅、擅自进入他人的办公室、汽车内等;禁止用高倍望远镜或安装监控探头,非法偷录、偷拍他人的私人空间。二是正常生活的安宁,包括禁止尾随、跟踪他人,禁止偷窥、偷听、偷录和偷拍他人具有隐私性质的谈话、对话和活动,并因此使他人的安宁生活遭受妨害。① 禁止采用电话、短信骚扰他人,以致妨害他人的生活安宁。安宁包含个人生活的安宁和家庭安宁等。三是通讯自由。此处所说的通讯不同于通信,它不仅包括个人通信的信件不受他人非法拆阅,还包括个人通讯不受他人非法打扰。例如,禁止非法拦截、窃听、屏蔽、侵扰他人正常的通讯,禁止非法侵入他人的邮箱、收集他人的信息等。个人生活安宁的客体具有以下特征。

第一,它是一种维持个人私人生活安稳、宁静状态的利益。此种利益实际上是私生活的组成部分,正是因为这一原因,生活安宁与隐私权之间存在密切关联。此种利益纯粹属于私人生活,无损于社会和公共利益。恩格斯曾说,当个人隐私与重要公共利益发生联系时,就不是一般意义上的私事,而是属于政治的一部分。因此,基于保护社会公共利益的需要,可能需要对个人私人生活安宁的保护进行必要限制。但这并不意味着只要涉及社会公共利益,个人就不再享有私人生活安宁。在社会公共利益保护范围之外,行为人侵扰他人私人生活安宁的,仍应当构成对他人私人生活安宁权的侵害。

第二,它主要体现为一种精神利益。个人生活安宁权在性质上属于精神性的人格利益,其核心是一种安宁利益,其功能在于维持个人私人生活安定、宁静的状态。生活安宁权不同于生命、身体、健康等物质性的人格权,在私生活安宁权遭受侵害的情形下,损害的认定、损害的计算规则等均不同于物质性的人格权受侵害的情形,而且行为人侵害他人私生活安宁权并不当然侵害他人的身体权、健康权等权利。因此,不宜通过生命权、身体权、健康权等权利对个人生活安宁提供保护,否则个人在主张权利时还需要证明身体、健康等方面的损害,这就不利于对此种权利的保护。

---

① 参见张民安主编:《侵扰他人安宁的隐私侵权:家庭成员间、工作场所、公共场所、新闻媒体及监所狱警的侵扰侵权》,中山大学出版社 2012 年版,“序言”第 1 页。

当然,如果侵害个人生活安宁同时导致个人身体权、健康权损害的,受害人有权以身体权、健康权受损为由向行为人提出请求。从这个意义上说,生活安宁权并不是物质性的人格权,而应当属于精神性的人格权。

第三,此种利益具有一定的受限制性。生活安宁本身是一个主观性较强的概念,每个人对其认识并不相同。对此种利益的认定标准应当具有客观性,而不能根据个人的主观意愿进行判断。因为有的人对生活安宁的追求较高,哪怕是轻微妨碍都难以忍受。例如,有的人对楼上住户的任何走动都无法忍受,如果将此认定为生活安宁,就可能对其保护过于宽泛。但如果楼上住户故意在房间走动,尤其是经常半夜故意走动,造成对邻居生活安宁的侵扰,超出了一般人的忍受程度,就可能构成对他人生活安宁的侵害。从比较法上来看,对于行为人非法骚扰他人,通常要求理性人达到无法忍受的程度,即合理的理性人在此情形下也难以忍受被告所实施的行为。美国学者普罗塞(Prosser)曾经指出,在有些情形下,行为人事实上的骚扰行为必须是为一个合理的理性人所高度反感的行为,如果一个理性人对此并不反感而只是原告对此高度反感,则不应当构成骚扰。① 在"Melvin v. Burling 案"中,法官认为,侵扰他人安宁的隐私侵权责任应当具备4个构成要件:一是行为人在没有任何正当理由的情况下侵入或者刺探他人的住所、居所;二是行为人的侵扰行为是令一个有理性的人深感被冒犯的行为(the intrusion must be offensive or objectionable to a reasonable man);三是行为人侵扰的事项应当是具有私人性质的事项;四是行为人的侵扰行为引起他人的痛苦或恼怒(anguish and suffering)。② 对于一个合理的人是否高度反感,应当结合当时的环境予以考虑。例如,对于一方向另一方发送多条短信或微信表达自己的爱意,一般人可能认为这属于正常的举动,即使原告无法忍受,也不宜认为构成对他人安宁的侵扰;但如果在另一方拒绝后仍然纠缠不休,则可能构成侵害他人生活安宁。因此,对侵害生活安宁的行为应当结合具体的实践和场景加以判断,并考虑行为人实施骚扰行为的次数、强度、程度等因素。

---

① W. Page Keeton. *Prosser and Keeton on Torts*, West Publishing Co., 1984, p. 855. 转引自张民安主编:《侵扰他人安宁的隐私侵权:家庭成员间、工作场所、公共场所、新闻媒体及监所狱警的侵扰侵权》,中山大学出版社2012年版,第36页。

② Melvin v. Burling, 141 Ⅲ, App. 3d 786 (1986).

就客体而言,隐私包括生活安宁和生活秘密。当然,随着社会的发展,隐私的内涵也在不断扩张,①包括私人决定等权利,但从其最核心和普遍的内容来看,仍侧重对私人秘密和私人安宁的保护。同时,隐私的内涵也受到个人生活的特定区域、生活习惯、文化传统等因素的影响,并因这些因素的不同而存在差异。例如,生活在农业社会的人与生活在工业社会的人对隐私的理解是不同的。这就决定了对隐私的内涵以及保护的程度都需要采用一种合理期待的标准进行衡量。② 也就是说,对隐私的侵害很难有客观的评价标准,哪种情况侵害隐私,哪种情况不构成侵害隐私,需要根据社会习惯、合理人的标准等因素进行判断。在这一点上,侵害隐私与侵害其他人格利益的构成要件有所不同。

(二)个人生活安宁权客体的具体类型

1. 私人住宅安宁

住宅安宁即个人的住宅不受他人打扰,任何人不得经常无故敲门或者在室外半夜喧哗等。我国司法实践也对个人的住宅安宁加以保护。例如,在"泄露业主住址案"中,法院指出,"公民的住址属于公民的个人信息,公民的个人信息在本人不愿意公开的情况下属于个人隐私的范畴"。③ 对于私人所有或者占有的住宅空间,任何人不得非法打扰。传统观点认为,"隐私止于屋门之前"。"住宅是个人的城堡"(a man's house is his castle),住宅是个人所享有的隐私的重要组成部分。④ 在古老的法律中,住宅是人们遮风避雨的场所。在习惯法中,即使是债权人也不得闯入债务人的房屋讨债,而只能等在屋外要债。《汉穆拉比法典》第 21 条也有禁止他人非法闯入住宅的规定。⑤ 在现代社会,无论是个人自有的房屋,还是其通过租用、借用等方式占有的房屋,都属于个人的住宅空间。对该财产中空间的支配,形成个人的隐私。侵入他人的财产,就侵害了他人支配的空间,从而侵害了他人的隐私权。即便是公

---

① 参见周悦丽:《我国隐私权保护立法模式的选择与体系的构建》,载《南都学坛》2004 年第 9 期。

② Kyllo v. United States, 121 S Ct 2038 (2001).

③ 参见广东省深圳市宝安区人民法院(2010)深宝法民一初字第 1034 号民事判决书。

④ Michael Henry, *International Privacy, Publicity and Personality Laws*, Butterworth, 2001, p. 14.

⑤ See Richard G. , Turkington Anita, L. Allen, *Privacy*, 2nd ed. , West Group, 2002, p. 9.

众人物，对其纯粹的私人空间也享有隐私权，任何人未经其许可，不得擅自闯入其私人所有的、合法占有的房屋以及其他空间，不得非法对其个人空间进行搜索、搜查、窃听，否则构成对个人空间隐私权的侵害。空间隐私权概念的发展突破了传统上把空间作为有形的财产予以保护的模式，使对私人空间的保护方式从财产权保护延及隐私权保护，这本身是法律上的进步，体现的是对人身自由和人格尊严的尊重。

2. 个人住宅以外其他私人空间安宁

传统的私人空间主要局限于住宅空间。随着互联网的发展，现代社会出现了网络虚拟空间，从而产生了网络虚拟空间的法律保护问题。由于个人生活所能支配的私人空间范围在不断扩大，在住宅空间之外还发展出来了其他的私人空间类型。例如，个人办公室、汽车、游艇、旅馆的房间、旅客行李、学生的书包、口袋、日记甚至个人的电子邮箱等网络虚拟空间等，凡是私人支配的空间场所，无论是有形的还是虚拟的，均属于私人空间的范畴。行为人侵入他人私人空间，即可能破坏他人的私人生活安宁。

此外，公共场所中也可能存在私人空间的保护问题。现代空间隐私的发展表明，空间隐私逐步突破私人住宅而扩及公共空间。私人空间还可能及于住宅之外的公共空间。这种私人空间包括临时被使用的公用空间，如公共电话亭、公共卫生间等，这些空间同样属于私人空间的范畴。空间隐私除个人合法占有的房屋外，还包括个人在公共场所中合法支配的空间。虽然在通常情况下，工作场所和公共场所不属于绝对的私人空间，但不排除这些场所具有相对的私人空间的性质。① 在这些私人空间中，个人的私人生活安宁也应当受到法律保护，任何人不得非法偷窥、偷录、偷拍他人的私人活动，否则构成对他人私人生活安宁的侵害。例如，雇主不得在工厂的公共卫生间安装探头偷拍、偷录员工行为，也不得在他人办公室安装微型摄像机偷录他人的活动。

3. 日常生活安宁

个人对自己的正常生活享有不受他人打扰的权利。这种生活安宁不仅包括个人的日常生活安宁，而且包括个人家庭生活安宁。基于此种权利，个人对保持其正

① Katz v. United States, 389 U. S. 347 (1967).

常的生活安宁的状态享有一种权利,并有权排斥他人的窥视、跟踪、尾随以及其他形式的非法打扰。

4. 通信安宁

通信安宁是个人通信不受他人打扰的状态。互联网技术的发展深刻改变了人们的生活方式,网络已经成为人们现代生活的基本方式,但与此相伴而生的是,短信骚扰、电话骚扰、网络垃圾广告的骚扰等越来越多地影响人们的生活,严重影响人们的通信安宁。因此,在现代社会,通信安宁已经成为个人重要的人格利益,应当受到法律的保护。德国法在司法判决上承认个人的"不知情权"(Recht auf Nichtwissen),如果强行向他人的信箱中投递广告,则构成强制他人接收信息,个人享有拒绝获得信息的权利。① 基于此种权利,发送信息的人应当为被发送人提供选择接收信息与否的机会,被发送人有权要求把自己的名字删除出群发名单,经拒绝后继续发送的,发送人应当承担法律责任。

从实践来看,典型的侵害他人私人生活安宁的行为是电话骚扰行为。在现代社会,短信、微信骚扰问题逐渐为社会所关注,因为此类行为严重打扰了个人的生活安宁。尤其是不少诈骗电话、诈骗短信,不仅严重影响个人的私人生活安宁,而且可能给受害人造成人身、财产损害。例如,在"李某娟与沈某琴侵扰生活安宁纠纷案"中,被告于2000年12月29日至2001年1月6日夜间频繁向原告住宅打骚扰电话,严重干扰了原告和家人的正常生活,原告由于休息不好而紧张失眠并影响了工作。法院认为,被告在长达9天的夜间,陆续对原告进行电话骚扰,侵扰了原告休息、生活安宁的权利,依法应承担相应的民事责任。② 再如,在"罗某诉某保险公司隐私权纠纷案"中,法院认为:"被告某保险公司非法收集、利用原告个人信息,多次致电原告推销车辆保险,侵扰了原告的正常生活,又拒不说明如何获取了原告个人信息,造成原告精神损害,构成对原告隐私权的侵害。"③

① 参见张红:《人格权各论》,高等教育出版社2016年版,第567~568页。

② 参见江苏省无锡市郊区人民法院(2001)郊民初字第251号民事判决书。

③ 参见湖南省郴州市北湖区人民法院(2014)郴北民二初字第947号民事判决书。

四、侵害个人生活安宁权的典型行为

《民法典》第1032条第2款关于私生活安宁的规定并没有使用“不愿为他人知晓”的限定，这是因为在侵害私生活安宁的情形下，受害人不需要证明其私生活是否已经披露，私生活安宁与是否已经披露不存在直接关联。

（一）以电话、短信、即时通信工具、电子邮件、传单等方式侵扰他人的私人生活安宁

此类行为以垃圾短信等方式侵扰他人私人生活安宁，其特点主要在于：

一是借助现代通信手段侵害隐私权。从该项所列举的各种侵害隐私权的行为可以看出，其主要是借助现代通信工具侵扰他人的私人生活安宁。随着信息技术的发展，许多商家利用新型的信息技术进行大规模营销，例如，通过群发电子邮件、手机短信等方式，不加选择地向人们大量传播“垃圾信息”，使其私人生活安宁受到严重威胁。① 电话骚扰在实践中也是一种侵害隐私权的行为。例如，某人恋爱不成，遂以打电话的方式纠缠对方，妨害其私人生活安宁。随着移动电话的普遍使用，短信息骚扰问题逐渐为社会所关注。短信息骚扰主要包括黄色短信的骚扰、商业性质短信骚扰和中奖类诈骗短信的骚扰等。② 而且从该项规定来看，虽然条文具体列举了短信、电话、即时通信工具、电子邮件、传单等具体方式，但也采用了“等方式”这一兜底规定，这表明行为人侵害他人隐私的方式不限于该项所具体列举的上述方式，利用与短信、电话等相类似的其他方式侵害他人的私人生活安宁的，均构成该条所规定的侵扰他人私人生活安宁的行为。

二是此类行为侵害他人隐私的方式是非法侵扰他人。所谓侵扰，是指打扰他人的正常生活。例如，骚扰者打给特定或不特定的电话机主的不受欢迎、妨碍他人正常生活的电话。③ 再如，采取寄发信函、发送邮件、敲门、跟踪盯梢等方式打扰了当事

① 参见郭卫华等：《网络中的法律问题及其对策》，法律出版社2001年版，第180页。

② 参见张新宝：《隐私权的法律保护》，群众出版社2004年版，第299页。

③ 参见“李某娟与沈某琴侵扰生活安宁纠纷案”，江苏省无锡市郊区人民法院（2001）郊民初字第251号民事判决书。

人的正常生活。这意味着,一方面,如果行为人的行为没有达到对正常理性人高度冒犯(highly offensive to an ordinary reasonable person)的程度,①不构成侵扰他人的私人生活,不应当构成该条所规定侵害隐私权的行为。例如,正常投放商业广告,②行为人偶尔拨错号码或者发错短信,通常并不会构成对他人私人生活的侵扰,不宜认定为侵害隐私权的行为。但雇员骚扰,则可能构成侵权。例如,在"陈某某诉南京首屏科技有限公司等隐私权纠纷案"③中,法院认为,被告"故意骚扰行为已经侵犯了原告的生活安宁,故本院认定王某的后续行为侵犯了原告的隐私权,王某应承担侵权责任"。另一方面,只要行为人所实施的行为侵扰了他人的私人生活安宁,无论行为人是否造成了权利人现实的损害,均构成对权利人隐私权的侵害。

三是此类行为的侵害对象主要是他人的私人生活安宁。从该项所规定的侵害方式来看,行为人通过现代通信方式侵扰他人的,通常构成对他人私人生活安宁的侵害,而不构成对他人私人信息、私人活动等的侵害。当然,如果行为人利用现代通信工具窥探他人的邮箱等私人空间,也应当构成对他人私人信息、私人活动等隐私的侵害。

(二)拍摄、窥视、窃听他人的私密活动

此类行为主要是侵害他人私密活动的行为,具体来说,此类行为主要有如下表现形式。

1. 非法拍摄他人私密活动。所谓非法拍摄,是指未经他人许可而拍摄、录制他人私人活动的行为。据媒体报道,目前一些宾馆、酒店的房间被一些违法犯罪行为人安装各种针孔摄像头,偷拍、偷录他人的各种私密活动,甚至形成了一种巨大的灰色产业链。④ 对个人的隐私构成极大威胁。隐私权是个人享有的对自己的个人秘密和生活进行支配并排除他人干涉的权利,非法拍摄、录制他人的私人活动,构成对他

---

① See *Restatement of the Law*, Second, Torts, §652B, Comment: d.

② See Stilson v. Reader's Digest Ass'n, 28 Cal. App. 3d 270, 104 Cal. Rptr. 581(1972); Bradshaw v. Michigan Nat. Bank, 39 Mich. App. 354,197 N. W. 2d 531(1971).

③ 江苏省南京市秦淮区人民法院(2013)秦民初字第3994号民事判决书。

④ 参见默城:《酒店偷拍事件频发,隐私恐慌何时消弥?》,载百家号2019年5月30日,https://baijiahao.baidu.com/s? id=1634926504399748814&wfr=spider&for=pc。

人隐私权的侵害。在实践中,行为人可能是在自己的私人空间安装摄像头等拍摄装置,但如果因此拍摄了他人的私人活动,也可能构成对他人隐私权的侵害。例如,在“李某、黄某某隐私权纠纷案”中,法院认为,“公民的个人隐私和信息安全不得侵害。黄某某在自家住宅大门安装的摄像监控装置虽出于自我防护,但该装置可以完整监控相邻住户李某出入住宅全部情况,记录和存储李某不愿为他人知悉的个人信息,对李某的个人居住安宁造成了侵扰后果,应视为民事侵权”。① 在该案中,行为人在自家住宅大门安装摄像头可以完整拍摄相邻住户李某出入住宅的全部情况,属于非法拍摄、录制他人的私人活动,应当构成对他人隐私权的侵害。

2. 非法窥视他人的私密活动。非法窥视他人的私密活动,是指未经许可而擅自窥探、监视他人的私人活动。个人的私密活动也是隐私权的客体,行为人非法窥视他人私密活动,也构成对他人隐私权的侵害。例如,在“张某诉潘某等隐私权纠纷案”中,原告与被告的房屋相邻,被告在其房屋房门外上方安装了监控摄像头并连接至家中电脑,摄像头采集画面的区域既包括被告自家区域,也包括和原告共用的区域。原告认为被告的行为侵害了自己的隐私权,请求被告拆除摄像头。法院经审理认为,自助救济行为应在合理限度内行使,且不得损害他人合法权益和社会公共利益。在本案中,上诉人的行为已超出合理限度,并侵害了被上诉人的隐私权,因此,法院判令被告拆除安装的摄像头。② 在该案中,行为人虽然没有侵入他人住宅进行拍摄,不构成对他人空间隐私的侵害,但行为人所安装的摄像头能够准确记录受害人离开住宅和进入住宅的时间等信息,也构成非法窥视他人私密活动的行为。

3. 非法窃听他人的私密活动。所谓非法窃听,是指未经他人允许而采用安装窃听设备,偷听他人的通信、谈话等活动。在现代社会,通信方式在不断增加,因而,侵害通信自由、通信秘密的方式也在不断增加。据报道,行为人通过在宾馆安装针孔摄像头的方式,偷拍、偷录他人的行为时有发生,在有的网购平台上,出卖各种隐蔽式偷拍摄像头的现象随处可见,有的出卖人甚至还提供订制服务,为行为人偷拍、偷

---

① 广东省高级人民法院(2016)粤民再464号民事判决书。

② 参见上海市第一中级人民法院(2011)沪一中民一(民)终字第288号民事判决书。

录他人的行为提供帮助。[①] 例如,在"张某1与张某隐私权纠纷案"[②]中,法院经审理认为,"张某在张某1的房间外,对张某1在其个人空间进行的谈话进行录音,对张某1的隐私权造成了侵害。张某1对其在个人空间内发生的谈话不被偷听、偷录应享有合理的期待,张某1并不具有将自己在个人空间内的谈话内容为谈话对象之外的人所知悉的意愿,未以任何形式放弃自己的隐私利益。因此,即便如张某所述其并非刻意偷听,张某将谈话内容录音并发送给他人亦构成侵犯张某1隐私权的行为"。需要特别强调的是,如果行为人安放了窃听装置,即便没有收集到任何内容,也可以构成对隐私权的侵害。[③] 此外,如果行为人通过窥视、监听他人私人居室、私人场所等私密空间的方式获取他人的私人活动,除构成对他人私密活动的侵害外,还应当构成对他人空间隐私的侵害,如利用望远镜、长焦镜头偷窥他人居室的行为。当然,国家司法机关基于调查犯罪、国家安全等目的,依照法律规定和法律程序有权监听或检查个人的通信,该行为并不构成侵权。

五、侵害个人生活安宁权的责任形式

第一,人格权请求权。在侵害私生活安宁的行为即将发生或者处于持续状态时,权利人有权主张人格权请求权,以预防损害,或者请求停止侵害行为,而且权利人在主张人格权请求权时,并不需要证明行为人的行为构成侵权。一是请求停止侵害。当加害人对受害人实施侵害时,受害人有权依法请求停止侵害。如果某种侵害私生活安宁的行为正在持续,而且有可能迅速传播,后果将非常严重时,必须迅速地停止侵害私生活安宁的行为。[④] 对于通过网络侵害他人私生活安宁的行为,停止侵害一般体现为及时删除相关侵权信息。二是请求消除影响、恢复名誉。如果非法披露他人的隐私,同时构成对他人名誉权的侵害,受害人可以同时要求侵权人登报或者采取其他合理方式消除影响,恢复受害人的名誉。三是请求赔礼道歉。加害人的

① 参见《针孔摄像头泛滥严重威胁公民个人隐私安全　齐抓共管依法严惩偷拍者》,载百家号2019年7月5日,https://baijiahao.baidu.com/s?id=1638212778984513079&wfr=spider&for=pc。

② 北京市第三中级人民法院(2019)京03民终7526号民事判决书。

③ See Hamburger v. Eastman 206 A.2d 239(N.H.1964).

④ 参见张新宝:《隐私权的法律保护》,群众出版社1997年版,第369页。

行为侵害了受害人的私生活安宁，给受害人造成损害的，受害人有权请求赔礼道歉。此外，《民法典》第 995 条第 2 句规定："受害人的停止侵害、排除妨碍、消除危险、消除影响、恢复名誉、赔礼道歉请求权，不适用诉讼时效的规定。"依据该条规定，人格权请求权并不适用诉讼时效的规定，这就更有利于人格权的保护。

第二，侵权请求权。如果权利人遭受了损害，其有权依据侵权责任编的规定请求行为人承担财产损害赔偿责任与精神损害赔偿责任。

在通常情形下，侵害他人私生活安宁不会造成他人财产损害，但经常会造成受害人的精神损害。如果侵害私生活安宁导致受害人的精神痛苦，因此，行为人主要承担精神损害赔偿责任，但行为人侵害他人私生活安宁也可能需要承担财产损害赔偿责任。财产损害赔偿通常是对侵害私生活安宁所发生的经济上费用支出等的赔偿。精神损害赔偿，是指对因侵害私生活安宁所导致的受害人的精神痛苦的抚慰。在确定损害赔偿范围时，一是要考虑是否造成财产损害的后果。如侵害他人的信息隐私，不仅造成他人精神损害，而且造成他人财产损害，所以计算损害时就要考虑财产损失。二是考虑损害后果的严重性。例如，是否将隐私公开散布传播，以及通过何种方式传播。三是考虑行为人是否因侵害隐私而获利。

专题二十一　隐私权与个人信息的规则界分和适用

本专题撰写人:王利明

【《民法典》及相关法律法规的新规则】

《民法典》第1034条第3款

个人信息中的私密信息,适用有关隐私权的规定;没有规定的,适用有关个人信息保护的规定。

【规则由来】

《民法典》第1034条第3款是《民法典》人格权编的重要新规则,此前我国民事立法未明确规定个人信息权益,也无隐私权与个人信息规则适用关系的具体规定。

【规范意旨】

我国《民法典》人格权编第六章“隐私权和个人信息保护”分别规定了隐私权与个人信息保护,第1032条、第1033条为隐私权规定,第1034条至第1039条为个人信息保护规定。第1034条第3款是沟通二者的桥梁,发生重复情形下(“私密信息”)应优先适用隐私规则,这是因为权利不得减损、人格尊严高于私法自治。

尽管个人信息和隐私具有重合性,但二者在法律上应予区分。隐私权主要是一种精神性、被动防御性的人格权,而个人信息权益在性质上属于一种综合性的权益,主要是指对个人信息的支配和自主决定,强调利用和保护并重。正因如此,二者在法律保护强度、方式以及具体规则设计上也有所不同。由于个人信息具有集合性、可利用性、自动处理性等性质且涉及多种价值间的协调、多种手段间的综合运用,所以需要突破传统部门法界限,通过《个人信息保护法》这一领域立法对个人信息予以全面保护。

【典型案例】

案例一:"业务会公开业主信息案"

何某等 9 人向一审法院起诉南浦海滨花园业主委员会业主撤销权纠纷一案,该院于 2021 年 3 月 6 日立案,案号(2021)粤 0113 民初 4309 号。该案向业委会送达应诉材料及开庭传票后,业委会将(2021)粤 0113 民初 4309 号案件的起诉状(记载原告姓名、性别、出生年月及住址信息、应诉通知书等材料)复印件粘贴在小区宣传栏并公布于"南浦海滨"微信公众号。(2021)粤 0113 民初 4309 号案件于 2021 年 7 月 26 日公开开庭审理,该案开庭审理过程中,业委会证人邓某及相关人员李某仕于法庭外对出庭人员进行拍照并将照片发布在小区业主群内。何某等人以隐私权受侵害为由提起诉讼。

一审法院认为,本案中业委会披露的是个人信息,而非隐私;何某等人的个人信息权益未受侵害。理由在于,第一,隐私权不同于个人信息,隐私权的核心在于"隐",强调信息的私密性,是权利主体不愿意公开披露且不涉及公共利益的信息;而个人信息是可以单独或与其他信息相结合能够识别特定自然人的信息,是在公共生活或社会交往过程中在一定范围内为特定人或不特定人所知悉的,本案中业委会披露的何某姓名、性别、出生年月及住址信息应当界定为个人信息,而非隐私。第二,从侵权行为的构成要件来看,关于何某个人信息的取得方式,业委会是通过法院向其送达的诉讼材料获得的,而非通过非法途径。第三,业委会作为涉案小区业主大会的执行机构,依据业主大会的授权对外代表业主进行民事活动,业委会将涉案材料在小区宣传栏及小区微信公众号公布系履行业委会的告知义务,主观上没有明显过错。第四,业委会公布上述信息的范围仅限于小区内宣传栏及受众主要为小区业主的微信公众号,未造成何某个人信息大范围扩散。

二审法院认为,业委会侵犯了何某等人的隐私权,理由在于:他人的私密信息,是指任何私人不愿意为他人知晓的信息,只要该种隐匿不违反法律和社会公德,都应当受到法律的保护。《民法典》第1034条第3款规定,“个人信息中的私密信息,适用有关隐私权的规定;没有规定的,适用有关个人信息保护的规定”。根据上述条款,私密信息适用隐私权的保护方法,基于充分保护个人信息的需要,应允许当事人一并主张侵权人承担侵害隐私权的侵权责任。具体而言,自然人的个人生物识别信息、婚姻状况、家庭住址、联系电话等属于个人信息中的敏感私密信息,并与个人的生活安宁相关联,应当属于隐私权的保护范围。自然人对隐私信息除享有消极的保密权外,还享有积极的处置权,在个人对其私密信息的积极控制过程中,有权决定其私密信息公开的范围和程度。同时,隐私具有一定的相对性,当事人就其私密信息向特定人进行了披露,或者在一定范围内公开,但并不等于完全抛弃其隐私。在本案中,何某向法院提起诉讼,并未主动向小区业主公开,业委会作为该案当事人虽然负有向业主公布相关案件情况和资料的职责,但其未经何某许可,亦未进行隐名处理,而是直接在小区宣传栏及“南浦海滨”微信公众号公布包含何某私密信息的起诉状材料,侵犯了何某的隐私权,应承担相应侵权责任。一审法院对此认定处理不当,本院予以纠正。①

案例二:“微信读书案”

原告黄某在通过微信登录微信读书时发现,微信及微信读书通过不授权无法登录使用的方式,将微信好友关系的数据交予微信读书,在微信读书的“关注”栏目下出现了使用该软件的原告微信好友名单。同时,在原告没有进行任何添加关注操作的情况下,原告账户中“我关注的”和“关注我的”页面下出现了大量原告的微信好友。此外,无论是否在微信读书中添加关注关系,原告与共同使用微信读书的微信

---

① 参见何某、南浦海滨花园业主委员会等隐私权纠纷民事二审民事判决书,广东省广州市中级人民法院(2022)粤01民终1833号民事判决书。

好友也能够相互查看对方的书架、正在阅读的读物、读书想法等。原告认为，微信及微信读书的上述行为侵犯了原告的个人信息权益和隐私权，腾讯公司作为微信及微信读书的开发、运营方，应当承担相应的侵权责任。

法院裁判认为，《民法典》对个人信息、隐私的定义和关系予以明确。在司法实践中，应对二者予以区分。从个人信息层面来看，微信读书获取的微信好友列表达到了识别性标准，应认定为用户的个人信息。同理，微信读书中的读书信息包含了可以指向该信息主体的网络身份标识信息，且包括读书时长、最近阅读、书架、读书想法等，能够反映阅读习惯、偏好等，属于个人信息。

本案中，微信读书获取原告微信好友列表经过原告同意，腾讯公司获取好友列表不违反合法、正当、必要的基本原则，不构成对个人信息权益的侵害。关于微信读书向原告共同使用该应用的微信好友公开原告读书信息、为原告自动关注微信好友并使关注好友可以查看原告读书信息的行为，考虑微信读书中的信息组合与人格利益较密切、微信读书迁移微信好友关系、微信读书默认向未关注的微信好友公开读书信息等因素，微信读书存在较高的侵害用户人格利益甚至隐私权的风险。微信读书许可服务协议未以合理的“透明度”告知原告并获得同意，侵害了原告的个人信息权益。

关于隐私，由于法律已经确立了个人信息与隐私的区别性概念，个人信息与隐私既有交叉也有区别。隐私强调信息私密性，主要为防御性保护；个人信息兼具积极利用与防御性保护属性。从合理隐私期待维度上，个人信息基本可以划分为几个层次：一是符合社会一般合理认知下共识的私密信息，如有关性取向、性生活、疾病史、未公开的违法犯罪记录等，此类信息要强化其防御性保护，非特定情形不得处理；二是不具备私密性的一般信息，在征得信息主体的一般同意后，即可正当处理；三是兼具防御性期待及积极利用期待的个人信息，此类信息的处理是否侵权，需要结合信息内容、处理场景、处理方式等，进行符合社会一般合理认知的判断。微信好友列表和读书信息不能笼统地纳入符合社会一般合理认知的私密信息范畴，而更符合前述第三类信息的特征。

在好友关系层面，以下情形中信息主体的社交关系上承载合理的隐私期待：一是信息主体与特定人之间的关系较私密而不愿为他人所知晓；二是信息主体一定量的社交关系公开可能遭受他人对其人格的不当评价而不愿为他人所知晓。结合微信读书使用微信好友列表的目的来看,其并不在于刺探原告的真实社交关系,而在于获取好友列表后用于扩展阅读社交功能。因此,从本案实际场景看,还需要结合微信读书收集原告微信好友列表后的进一步使用方式,不能单独评价软件本身获取好友列表信息的行为是否构成隐私侵权。

在读书信息层面,以下情形中用户的读书信息具有私密性:一是某些特定阅读信息落入了共识的私密信息范畴;二是虽然各阅读信息分别不属于共识的私密信息,但在积累到一定数量时,结合主体的身份,该信息组合可以达到对信息主体人格进行刻画的程度,一经泄露则有可能造成其人格利益损害。具体到本案中,原告读书记录中的两本书籍均未达到以上私密程度,故不构成对原告隐私权的侵害。①

【理论阐释】

一、隐私与个人信息的重合

比较两大法系的经验可以看出,隐私和个人信息之间的界限一直未能得到准确区分。例如,基于美国法的大隐私的概念,个人信息被纳入隐私权保护的范畴。而在德国,个人信息权得到最早承认。德国《联邦数据保护法》第1条规定:“本法制定的目的是保护个人隐私权使其不因个人资料的处理而受到侵害。”在司法实践中,德国联邦宪法法院也将“信息自决权”作为隐私权的内容。② 而德国宪法法院实则将信息自决权代替了隐私权(Recht auf Privatsphare)。③ 以德国法为代表的欧盟法建构了独立的个人信息保护法体系,欧盟GDPR就是迄今为止在全球范围内对个人信息保护层次最高、最全面的法律制度,其中包括了对隐私的保护。对比来看,欧盟GDPR规定的敏感信息也属于美国法中隐私权保护的内容。同样,日本2003年通过

---

① 参见“黄某诉腾讯科技(深圳)有限公司、腾讯科技(北京)有限公司等隐私权、个人信息保护纠纷案”,北京市互联网法院(2019)京0491民初16142号民事判决书。

② See Margaret C. Jasper, *Privacy and the Internet*: *Your Expectations and Rights under the Law*, Oxford University Press, 2009, p. 52.

③ Kube, Hanno, Persŏnlichkeitsrecht, in: Isensee/Kirchhof, Handbuch des Staatsrechts des Bundesrepublik Deutsch—land, Bd. 7, Freiheitsrecht, Heidelberg 2009, § 148, Rn. 43f.

的《个人信息保护法案》将个人信息资料视为个人隐私的一部分。可见，在现有的诸多立法中，个人信息与隐私之间的界限并不清晰，如何妥当处理两者之间的关系也仍然是尚未解决的问题。

在我国《民法典》编纂过程中，有关隐私和个人信息都应当视为人格权益，并受到保护这一点上，理论界和实务界没有争议，但对两者如何界分，是否需要分别保护的问题，一直存在争议。《民法典》对这些争议予以一定程度的回应，它虽然将隐私与个人信息都置于人格权编第六章，但实则对两者作出了明确界分。《民法典》第1032条、第1033条规定了隐私的概念和侵害隐私的具体形态，第1034条至第1038条对个人信息的保护作出了较为完整的规定。不过，仔细推敲前述规定，可以看出，第1032条在对隐私进行定义时，将不愿为他人知悉的私密信息定义为隐私，而私密信息本身作为个人信息的组成部分，其和第1034条所规定的个人的生物识别信息、健康信息、行踪信息等形成了交叉和重叠。从《民法典》的上述规则来看，我国的隐私和个人信息存在重合，因此《民法典》适用的一项重要任务，就是在准确厘定隐私和个人信息关系的基础上，对它们加以准确而全面的保护。

隐私权与个人信息之所以未完全得以界分，存在相当程度上的重合，原因主要在于：

第一，隐私权与个人信息都属于人格权益的范畴，我国《民法典》之所以将隐私权与个人信息置于同一章规定，就是考虑了其天然的联系。在《民法典》颁布之前，我国司法对于这两者一直存在交叉混用的情况。例如，在“廖某诉曾某隐私权案”中，[1]被告通过非法手段获得了原告银行账户的资金往来信息，并将其在董事会上公布。法院认为“（未经本人许可）取得私人信息的单位、个人必须得到法律的许可，即有法律赋予的相应权利，而且获取手段、途径亦应符合法律规定”，但在本案中被告无法出示其合法获得原告个人账户信息的相关证据，因此“（在没有本人许可的情况下）没有合法授权、合法手段与途径而取得私人信息，没有合法理由即将该私人信息予以公开的行为，侵犯了权利人的隐私权”。从该案中不难发现，在司法实践中，有的法院曾经将个人信息纳入隐私权的保护范围，采取隐私权的保护方法为个人信

---

① 参见北京市海淀区人民法院（2009）海民初字第11219号民事判决书。

息的权利人提供救济。[①] 但在另一些案例中,法院则将隐私作为个人信息予以对待。[②]

第二,两者的客体本身具有重合性,在外延上往往存在交叉,这尤其体现在私密的隐私信息与个人信息可能存在高度重合。例如,个人的银行账户、[③]房屋家庭住址、身体私密信息、[④]健康信息[⑤]等既是个人敏感信息,也是个人的私密隐私。这些私密信息都有可能受到隐私的保护。

第三,隐私权与个人信息在侵害方式上虽有区别,但都包括非法收集、转让、泄露等形式。特别是随着互联网、数据库、云计算等高新技术的发展,个人信息的保护成为现代社会所面临的新挑战,而法律还未对此挑战做好充足的应对。实际上,信息科技所引发的个人信息保护问题,主要还是最近一二十年信息科技变革所引发的问题,相关的学术理论认知和制度建构都还处于不断探索的阶段。这对任何一个法域来说,都没有成熟的现成答案,以至于个人信息只能按照隐私保护的规范加以保护,并在逐渐成熟后构成了独立的保护体系,这就导致了个人信息的保护在现阶段难以与隐私权作出清晰界分。

第四,隐私权与个人信息还存在功能上的交互性。个人信息的保护范围可大体界定为与公民个体的独立意志和交互行为的独立自主具有密切联系的信息。个人信息发挥自身作用的空间主要是信息主体与外界的交互过程,信息主体的权益在于依循自身的意愿对个人信息进行合理的利用,以充分实现信息权利人的意志和利益。[⑥] 隐私主要保护个人的私密信息不受到他人的打扰与干涉,是对个人私生活的

---

① 参见"冒某军诉中国电信集团黄页信息有限公司南通分公司等隐私权纠纷案",载罗东川主编:最高人民法院中国应用法学研究所编:《人民法院案例选》2011 年第 4 辑(总第 78 辑),人民法院出版社 2011 年版,第 42 页。

② 参见江苏省淮安市中级人民法院辖区(原江苏省淮阴市中级人民法院)(2019)苏 08 民终 3198 号判决书,浙江省杭州市中级人民法院(2014)浙杭民终字第 975 号等。

③ 参见江苏省淮安市中级人民法院辖区(原江苏省淮阴市中级人民法院)(2019)苏 08 民终 3198 号判决书,浙江省杭州市中级人民法院(2014)浙杭民终字第 975 号等。

④ 参见深圳市宝安区人民法院(2010)深宝法民一初字第 244 号判决书。

⑤ 参见北京市西城区人民法院(2013)西民初字第 08478 号判决书,重庆市黔江区人民法院(2008)黔法民初字第 284 号判决书。

⑥ 参见廖宇羿:《我国个人信息保护范围界定——兼论个人信息与个人隐私的区分》,载《社会科学研究》2016 年第 2 期。

安宁的维护。但隐私在某些特定场景下同样具有信息的交互性。例如,患者就医过程中,必须将自己的身体和健康信息对医生进行说明,以实现诊疗的目的。因此,个人信息和隐私都具有信息的交互性,只是二者的交互范围并不相同。就私密信息与个人信息的关系而言,个人信息能够实现的交互范围更大,而私密信息则通常在某些特定的场景中实现信息交互。

上述原因的共同作用导致了个人信息与隐私权在界分上的问题,但如果不对二者进行界分,却又无法实现对二者不同程度的保护。因此,在全面贯彻实施《民法典》中,有必要在准确厘清个人信息与隐私权的基础上,确立对二者适用的不同保护规则。

二、隐私与个人信息的规则界分

从制度发展角度来看,“隐私”概念产生的时间远远先于个人信息。隐私权概念始于 19 世纪末期,1890 年两位美国学者塞缪尔 · D. 沃伦(Samuel D. Warren)与路易斯 · D. 布兰代斯(Louis D. Brandeis)在他们所写的《论隐私权》(*The Right to Privacy*)一文中,提出了“隐私权”的概念,并认为人们应有“远离世事纷扰”“个人独处”的权利(the right of the individual to be let alone),以应对电气时代中的新闻出版商、摄影者以及其他人对个人私生活安宁的打扰。[①] 如果再进行追溯,会发现隐私权的法理基础可追溯至古代的罗马法、希腊法甚至盎格鲁撒克逊普通法。[②] 受时代和观念的制约,隐私权的侵害方式通常是披露、刺探等行为方式,而不是采用数据收集、泄露等技术手段,由此对隐私信息的侵害通常具有特定性,具有明确的侵害对象。

相较隐私权,个人信息权益则是在信息时代中涌现的新型人格权益,个人信息保护是 20 世纪六七十年代在欧洲产生,其产生的背景首先是因为广大民众对政府大规模收集信息、担心信息被泄露而产生的质疑,需要通过法律制度对个人信息加

① Warren and Brandeis, *The Right to Privacy*, Harvard Law Review, Vol.4, p.193 -206(1890).

② Hofstadter, *The Development of the Right of Privacy in New York* 1 - 7 (1954): *Pound*, *Interests in Personality*, 28 Harv. L. Rev., p.343, 357 (1915). Cited in The Right of Privacy, Catholic Lawyer 11, No. 4 (Autumn 1965):335 -341.

以保护从而应对信息泄露的可能。为了缓解民众的这种担忧，法学界提出了“个人信息保护”这一概念，以在方便国家利用个人信息的同时，保护民众的个人信息权益不为国家公权力所侵害。[①] 随后这种保护的范围逐渐从公法领域向私法领域扩展，直到现在成为具有社会普遍适用性的制度。从时代需求来看，此种权益的产生主要是法律为了应对互联网的发展以及电子信息技术、数据技术、计算机技术、人工智能技术等尖端科技发展所带来的负面影响，以及大数据的发展对个人信息的收集与分析处理引发的各种问题。因此，法律对个人信息权益的规范面临更多元化的利益冲突，相对隐私而言，个人信息仍然属于一种崭新的权益类型。

我国自原《民法通则》开始，就构建了人格权益保护制度。虽然原《民法通则》中没有明文对隐私提供保护，但针对实践中出现的大量有关隐私保护的纠纷，最高人民法院通过司法解释的方式，将隐私纳入名誉权的保护范围，直至 2009 年原《侵权责任法》明确规定了对隐私权的保护。与此同时，我国的相关特别法律，也已经出现了对个人信息进行保护的具体规范，比如，全国人民代表大会常务委员会《关于加强网络信息保护的决定》是关于保护个人电子信息的相关规定，《居民身份证法》是关于个人身份信息的特别规定，《律师法》规定了律师对其在执业活动中掌握的当事人信息负有保密义务等。由此可见，在《民法典》颁布之前，我国法律已经将隐私和个人信息作为两种不同的人格权益进行了区分，但对于二者界分的标准则并未明确。《民法典》在制定中总结了现行立法和司法实践的经验，《民法典》在人格权编中单设第六章规定了隐私权和个人信息的保护，将这两种人格权益合并在一章中进行规定本身就表明了二者之间具有内在联系，很难截然分开，但同时《民法典》又将二者作为不同的权益类型进行规定，这就说明二者之间也存在一定的区别。《民法典》明确区别了隐私和个人信息，分别设定了不同规则，主要原因在于：

第一，权利性质不同。隐私权主要是一种精神性的人格权，虽然可以被利用，但其财产价值并非十分突出。而个人信息权益在性质上属于一种综合性的权益，同时包含精神利益和财产利益，而且对其的利用和保护应当并重。另外，就形态载体而

---

① Vgl. Hans Peter Bull, Datenschutz oder Die Angst vor Dem Computer, München, 1987, S. 75.

言，个人信息通常是被记载或以数字化形式表现出来的信息；[①]而隐私则不局限于以信息呈现的形态，如《民法典》所述，隐私还可以是私密的空间、活动或私人生活安宁。作为隐私权之客体的私密信息，除具备“隐”与“私”两大示明种差的内涵外，还包含“不愿为他人知晓”的主观要件。因此，只有非法披露不愿为他人知晓的私密才构成侵害隐私。[②]

第二，权利内容不同。隐私权主要是一种被动性的人格权，其内容主要包括维护个人的私生活安宁、个人私密不被公开、个人私生活自主决定等。故而，隐私权制度的重心在于，防范个人的秘密不被披露，而不在于保护这种秘密的控制与利用，因此，权利人通常只有在隐私遭受侵害时才能提出主张。与此不同，个人信息权益主要是一种主动性人格权，主要是指对个人信息的支配和自主决定，权利人除被动防御第三人的侵害外，还可以对其进行排他地、积极地、能动地控制和利用。

第三，权利保护强度不同。我国《民法典》和其他法律在权益保护上没有明确限制，但是在涉及隐私和个人信息保护时，《民法典》的规定是有区别的，如第 1033 条在规定侵害隐私权的免责事由时，要求必须经过“权利人明确同意”；但第 1038 条关于个人信息处理的免责事由里，则要求须经自然人或者其监护人“同意”，没有“明确”两个字。这并非立法的疏漏，而是立法者经过反复研究的结果。加上“明确”二字，表明对隐私信息的收集必须是明示同意的，不能采用默示同意的方法，而对个人信息的收集，不一定必须取得权利人明示的同意，默示的同意也可以。

第四，侵害方式不同。《民法典》第 1033 条详细列举了侵害隐私权的各种方式，此种列举是和第 1032 条关于隐私的内涵相对应的，即分别针对私生活安宁、私密空间、私密活动、私密信息 4 种类型规定了不同的侵害模式。归纳而言，其基本包括了两种类型：一是非法披露他人不愿为他人知晓的隐私；二是采用非法披露以外的其他侵害方式，如非法拍摄、私闯民宅、非法窥视、非法窃听等。但《民法典》关于个人信息的侵害方式主要体现为未经许可非法处理他人个人信息，以及因过错导致个人信息的泄露、篡改和丢失。在现实中，侵害个人信息主要表现为非法搜集、非法利

① Philip Coppel, *Information Rights*, Sweet & Maxwell, 2004, p. 257.

② See Richard B. Parker, *A Definition of Privacy*, Rutgers Law Review, at 279(1974).

用、非法存储、非法加工或非法倒卖个人信息等行为形态;可以说,个人信息的规模化收集和利用、个人信息的跨境流动、将个人信息用于个性化的广告推荐等,都是隐私保护场景中未曾面临的问题。

第五,保护方式不同。通常而言,隐私权更多的是一种不受他人侵害的消极防御权利,即权利人在受到侵害时可基于《民法典》第995条的规定,行使人格权请求权,要求停止侵害、排除妨碍等,并可基于侵权责任编的规则请求损害赔偿。在侵害隐私权的情况下,可以采用精神损害赔偿的方式加以救济。而个人信息权益的保护则包含要求更新、更正等救济方式。但对个人信息的保护,是否可以适用《民法典》第995条关于人格权请求权的规定则存在争议,因为该条的适用前提是"人格权"的表述,由于个人信息在性质上并不属于一项权利,因此难以为"人格权"的表述涵盖。笔者认为,可以考虑目的性扩张的方式将该条的规则适用于个人信息的保护之中。除采用精神损害赔偿的方式外,也可以采用财产救济的方法。由于个人信息可以进行商业化利用,因而在侵害个人信息权益的情况下,也有可能造成权利人财产利益的损失,从而有必要采取财产损害赔偿的方法对受害人进行救济。① 有时,即便受害人难以证明自己所遭受的损失,也可以根据"所获利益视为损失"的规则,通过证明行为人所获得的利益,对受害人所遭受的损害进行推定,从而确定损害赔偿的数额。②

第六,是否需要证明损害不同。侵害不同类型的隐私要求满足不同的侵权要件,但侵害隐私权并不必然要求受害人必须证明有损害的发生。如非法跟踪、非法窥探,只要证明行为人实施了该行为,且没有法定免责事由(如不是出于公共利益需要等),行为人就应当承担责任。但是对于个人信息的侵害,究竟如何承担证明责任,是一个难题。但通常认为,受害人应当证明实际损害的发生,无论是财产的损害

---

① 参见刘德良:《个人信息的财产权保护》,载《法学研究》2007年第3期;郭明龙:《论个人信息之商品化》,载《法学论坛》2012年第6期。

② 但此种观点被很多司法判决所拒绝,参见云南省昆明市中级人民法院(2001)昆民初字第29号判决书。在该案中,被告非法使用原告的肖像,原告主张以被告营业额的一定比例为财产损害的计算依据。法院拒绝被告此项诉请,认为"该数额并非杨顺英直接或间接的经济损失。一方面企业未与肖像权人约定以上利益分配方式,另一方面因肖像使用给企业带来的利润如何作为肖像权人损失原告未向法庭举证"。类似还有北京市朝阳区人民法院(1999)朝民初字第4247号民事判决书。

还是精神的损害，都应该伴有损害发生的证明。

第七，对隐私的保护主要借助民法的方法保护，而对个人信息的保护则要考虑综合治理的问题，仅仅依靠民法对其进行保护是不完全的，还应当结合行政法等公法的相关规定来判断。隐私本身为个人私领域的体现，原则上不涉及大规模流转与共享。因此，法律上要通过民事的手段为其提供必要的保护而并无必要通过行政的手段对其进行专门的管理。与此不同，个人信息可以进行大规模的流转与共享，甚至是跨境流动，它还涉及社会管理的问题，除民法外还需要有特别法进行单独规定。可以说，个人信息保护涉及多种价值之间的协调，多种手段之间的运用，以及各种复杂的内部区分，所以需要突破传统的部门法界限，综合运用多种法律手段，整体性、系统性地进行规范。这也意味着，个人信息保护的法律制度体系需要在传统的民事救济框架基础上进行特别立法，需要在民法确立了私权确认体系的基础上，探索和发展出一套切实有效的保护机制，包括公共监管与私权损害救济双管齐下的综合治理体系。即便在民事救济领域内，救济的手段和工具也可以有所创新，例如，借鉴和引入我国在消费者权益保护法领域内已经有较丰富经验的惩罚性赔偿制度。总之，需要建构一套有助于实现个人信息保护目标的综合治理方案。

正因为隐私与个人信息之间存在诸多区别，所以我国《民法典》设计出两套不同的规则，分别适用于隐私与个人信息的保护，此种界分在很大程度上是要解决两者重合的矛盾，从而正确处理有关隐私和个人信息的纠纷。

三、隐私权与个人信息的规则适用

（一）隐私权规则的优先适用

前文指出，家庭住址、个人的银行存款、健康信息等体现了隐私和个人信息的重合，当它们受到侵害，究竟应该适用隐私的保护规则，还是适用个人信息的保护规则，是突出的问题。对此，《民法典》第 1034 条第 3 款规定："个人信息中的私密信息，适用有关隐私权的规定；没有规定的，适用有关个人信息保护的规定。"据此，应先适用隐私的保护，然后再适用个人信息的保护。之所以确立这样的适用规则，主要基于两个原因：权利不得减损原则和人格尊严高于私法自治的保护原则。

1. 权利不得减损原则

隐私权以保护个人远离他人的侵扰为核心,因而,一方面,作为一种法律上的权利要受到绝对的保护。而个人信息虽然也关系私主体的人格利益;另一方面,其也可能成为公共利益的承载者,因而对个人信息的保护往往需要在利益的平衡中进行,其作为一种法律保护的利益,不能像隐私权一样受到绝对的保护。在《民法典》的编纂过程中,"隐私"和"个人信息"之后是否需要加上"权"字,是一个争议很大的问题。《民法典》采取了"隐私权"和"个人信息"的表达方式。这说明隐私权是一项独立的人格权,而个人信息后面没有"权"字,说明个人信息只是一项人格权益,并不是一项独立的权利。在法律保护上,对权利的保护程度应该高于权益。德国法就严格区分了权利的保护和权益的保护。对于权利的保护,通常按照一般的侵权规则来进行,但是利益的保护是有限制的,以防止利益保护过于宽泛,而影响他人的行为自由。① 例如,德国法在追究侵害民事权益的加害人责任时,通常还要求满足一定的主观要件,如只有在故意或重大过失的情形下,才能追究加害人的责任;或者用是否违反善良风俗等标准限制对加害人的追责。② 这实际提出了权利不得减损原则,即法律不应当减损一般主体对于权利的保护要求,唯有这样,才能实现对权利主体的完全保护,这可谓法律最基础的要求。与此相应,隐私权的保护程度高于个人信息的保护程度,在它们二者重合时,应优先适用隐私权保护规则,实现更高程度的保护。

2. 人格尊严高于私法自治的保护原则

两大法系比较普遍接受的观念是,隐私体现的是一种人格尊严,但个人信息体现的是个人对自己信息的自决权,所以个人信息的各项规则都是建立在"信息自决"的基础上的,彰显的是私法自治。从人的法律保护价值导向来看,对人格尊严的保护要高于私法自治,此即人格尊严高于私法自治的保护原则。

沃伦和布兰代斯在 1890 年的论文中就提出,隐私是人类价值的缩影,③它更强调人格尊严。美国学者惠特曼(Whitman)认为,除法律明确规定和权利人明确同意

---

① Vgl. MüKoBGB/ Wagner, § 823, Rn. 302f.

② Vgl. MüKoBGB/ Wagner, § 826, Rn. 2f.

③ 参见[美]阿丽塔·L. 艾伦、[美]理查德·C. 拉克音顿:《美国隐私法:学说、判例与立法》,冯建姝等译,中国民主法制出版社 2004 年版,第 17 页。

外，整个欧洲的隐私概念都是奠基于人格尊严之上的，隐私既是人格尊严的具体展开，也是以维护人格尊严为目的的。① 故而，隐私权是抵挡“贬损个人认定的行为”或“对人格尊严的侮辱”的权利。② 在此意义上看，隐私权存在的基础是个人人格的尊严，其实际上彰显了个人人格尊严。③ 换言之，隐私体现了个人的人格尊严，其不受侵犯是人格尊严的重要体现。尊重个人隐私，实际上也是尊重个人的尊严；尊重人格尊严，就要尊重个人的私生活安宁，使个人充分地支配自身及其私人空间，并排除他人的干涉和妨碍。在此基础上，人们相互之间才能尊重彼此的私生活。特别是与身体有关的私生活隐私，都与个人尊严相联系，如果暴露这些隐私，将严重损害个人人格尊严。

个人信息也常常被称为“信息自决权”，早在 1971 年德国学者威廉·施泰因米勒（Wilhelm Steinmüller）和本德·卢特贝克（Bernd Lutterbeck）便提出了个人信息保护对于人格自由发展的重要性，随后，1976 年 Christoph Mallmann 第一次提出了“信息自决”的概念。④ 1983 年，德国宪法法院的人口普查法案判决将个人信息权称为“资讯自决权”（Recht auf informationelle Selbstbestimmung），在该判决之后，不少德国学者将资讯自决权归结为一般人格权的具体内容。⑤ 在德国法语境中，该权利是指“个人依照法律控制自己的个人信息，并决定是否被收集和利用的权利”。⑥ 依据德国联邦宪法法院的观点，这一权利是所谓的“基本权利”，其产生的基础为一般人

① James Q. Whitman, *The Two Western Cultures of Privacy: Dignity Versus Liberty*, Yale Law Journal, 2004.

② Edward J. Bloustein, *Privacy as an Aspect of Human Dignity: An Answer to Dean Prosser*, 39 N. Y. U. L. Rev. 962, 971, 974 (1964).

③ Edward Bloustein, *Privacy as an Aspect of Human Dignity: An Answer to Dean Prosser*, 39 N. Y. U. L. Rev. 34 (1967); Judith Thomson, *The Right to Privacy*, 4 Philosophy and Public Affairs 295 – 314 (1975).

④ Vgl. Christoph Mallmann, Datenschutz in Verwaltungsinformationssystemen, München, 1976, S. 56.

⑤ See Amtliche Entscheidungsammlung des Bundesverfassungsgerichts [Official Case Reports of Bundesverfassungs—gericht (Federal Law Constitutional Court)] 65, 1. 参见齐爱民：《论个人资料》，载《法学》2003 年第 8 期。

⑥ Gola/ Schomerus, Bundesdatenschutzgesetz (BDSG) Kommentar, 11. Auflage, Verlag C. H. Beck, München, 2012, Rn. 9.

格权。[1] 在英美法系,个人信息也被称为"信息自决权"(informational self—determination right),以体现对个人自决等人格利益的保护。[2] 个人信息对流通的要求更高,背后彰显的是个人自决的价值取向,在本质上是私法自治的体现。

隐私虽然也是一般人格权的具体内容之一,但体现了人格尊严,而人格尊严是不能随意放弃的,否则个人在自治过程中会不理性地放弃或者减损人之为人的个人尊严,个人的一些核心隐私信息等将可能脱离个人的控制,如此将对个人人格造成重大影响。与此不同,个人信息主要体现了私人自治,即个人对个人信息享有自我决定权。众所周知,正是因为个人信息的权利是属于权利人的,即便数据开发者经过权利人同意对个人信息进行了搜集、开发,但在其将数据与他人共享之前,还得经过当事人的许可和授权。通过保护个人信息不受信息数据处理等技术的侵害,就可以发挥保护个人人格尊严和人格自由的效果。[3] 对于每个人来说,无论是穷人还是富人、名人还是普通百姓,都享有对自己信息的自主决定权利,任何人不得非法收集、利用和传送该信息。个人信息权益符合人格权益的本质特征,因为个人信息与个人人格密不可分,个人信息主要体现的是一个人的各种人格特征。法律保护个人信息,虽然以禁止披露相关信息为其表现形式,但背后突出反映了对个人控制其信息资料的权利,或者说对个人自主决策的充分尊重。个人信息保护的基础是个人的自决权,权利人同意他人搜集、利用或采取何种利用方式,都是个人自决权的具体表现。[4] 从这个意义上说,法律上保护个人信息的宗旨和目的在很大程度上是为了维护对个人信息的自主决定,而对于隐私的保护则是以维护个人的人格尊严为目的,个人信息主要涉及私法自治,而个人的人格尊严相较私法自治则处于更高位阶。因此,在个人信息与隐私信息发生交叉时,应当优先保护隐私信息。

---

① BVerfG, Urteil des Ersten Senats vom 15. Dezember 1983, 1BvR 209/83u. a. – Volkszahlung – BVerfGE 65, s. 1.

② See Margaret C. Jasper, *Privacy and the Internet: Your Expectations and Rights under the Law*, Oxford University Press, 2009, p. 52.

③ Michael Henry ed., *International Privacy, Publicity and Personality Laws*, Reed Elsevier (UK), 2001. p. 164.

④ Vgl. BVerfG NJW 1984, 419 (422).

（二）个人信息保护的规定对隐私权的适用

《民法典》第1034条第3款规定："个人信息中的私密信息，适用有关隐私权的规定；没有规定的，适用有关个人信息保护的规定。"可见，对于隐私权中没有规定的个人私密信息，可以适用个人信息保护的规则。虽然隐私与个人信息之间存在诸多的不同之处，但个人私密信息在本质上仍然属于个人信息，只不过个人信息主体希望使其保持于私密状态而已。这也意味着，对于私密信息这类特殊信息，在隐私权没有具体规定时，应当适用个人信息保护的一般性规则。例如，《民法典》并未就数据企业利用个人隐私信息进行自动化决策（如个性化推送）的问题予以具体规定，但数据企业却有可能利用个人私密信息进行自动化决策。这时就涉及对于算法体制的规制问题，甚至可以考虑在具体规则上作特殊安排，并且有必要对自动处理与非自动处理进行区分。如果利用个人信息进行自动化处理的，应当保证此自动化处理的透明度与处理结果本身要公平合理。通过自动化处理，以营利性为目的向个人进行商业化信息推送的，应当同时提供不具有特定性的个人特征的选项，以充分保障其权利。上述规则，事实上在隐私领域也具有适用的空间。① 但由于隐私权对此没有明确规定，可以适用个人信息保护规则。值得注意的是，《民法典》人格权编对隐私权和个人信息的保护规则只是存在强度上的差异，因此即使对隐私权适用个人信息保护规则，也可以起到基本的保护和救济作用。

（三）某些人格权一般保护规则的统一适用

在我国《民法典》中隐私权和个人信息都属于人格权益的重要类型，因此，《民法典》人格权编第一章关于人格权保护的一般规则大都可以适用于对这两种人格权益的保护。但问题在于，对于个人信息这类尚未上升为有名"权利"的民事权益，在关于个人信息的具体规则供给不足时，是否也能够像隐私权利那样适用人格权编中的一般性人格权保护规则？例如，《民法典》第997条规定："民事主体有证据证明行

---

① 例如，《个人信息保护法》第24条关于个人信息自动化决策的一般性规定，尽管该条主要针对的是个人信息自动化决策，但是其在隐私信息中同样具有可适用性。

为人正在实施或者即将实施侵害其人格权的违法行为,不及时制止将使其合法权益受到难以弥补的损害的,有权依法向人民法院申请采取责令行为人停止有关行为的措施。”该条确立了对于人格权益保护的禁令制度,本条提供的临时禁令救济对象是“人格权”,但此处所说的“人格权”是否包括个人信息权益?实际上,这是在关于人格权编的立法学术研讨中重点讨论的问题,这里到底是采用“人格权”还是“人格权益”,应当说反映了立法过程中的一种取向。如果采用前者而不是后者,意味着这里的“人格权”应当从“人格权益”的角度来理解,而不能理解为狭义的“人格权利”。也就是说,个人信息权益是包括在其中的。但笔者认为,本条后半段关于“不及时制止将使其合法权益受到难以弥补的损害的”之规定,也说明本条致力保护的是包括人格权益在内的各种人格权,也包括个人信息权益。

总之,无论是隐私权,还是个人信息利益,在相关具体规则不明确时,除法律明确规定不宜适用某一种权益的规则外(如《民法典》第993条关于许可使用并没有明确规定隐私),应当统一适用人格权编中的一般性保护规则。

四、《民法典》与《个人信息保护法》的功能区分

在现代科技社会,“如何收集、保存、维护、管理、分析、共享正在呈指数级增长的数据是我们必须面对的一个重要挑战。从网络摄像头、博客、天文望远镜到超级计算机的仿真,来自不同渠道的数据以不同的形式如潮水一般向我们涌来”。[①] 大量的信息中又包含许多个人私密信息,这是现代社会法律面临的新课题,需要今后随着社会生活和科技的进一步发展而总结和摸索立法经验,并予以不断完善。个人信息与隐私权在权利内容、权利边界等方面存在一定交叉,但是,就隐私权而言,由于既有的民法学说、司法实践和立法已经将其纳入了保护范围,尤其是《民法典》通过第1032条和第1033条对隐私保护作出了较全面的规定,《民法典》第1032条确认了隐私权的基本规则,同时将判断隐私的基本标准作了规定;第1033条对隐私侵害行为作了比较系统的类型区分和界定;另外,人格权编的一般规定中所设立的人格权保护方式,也给隐私权的有效保护和救济提供了具有可操作性的基本规则,这些

① 涂子沛:《大数据》,广西师范大学出版社2012年版,第56页。

规定能够比较好地应对当前和未来可能发生的隐私权侵害风险。《民法典》实施后，尽管会出现各类新型的隐私侵害纠纷，但可以在现有的规则体系框架下，通过司法解释、指导性案例等方式予以不断丰富和发展。可以说，《民法典》已构建了一个相对比较完善、具有适用弹性的规则框架和体系。

然而，与此相比，信息科技时代所面临的个人信息保护问题，远不限于隐私这一类信息的保护问题，在隐私信息之外还涉及大量非隐私类的信息的收集和处理问题，蕴含难以预知的风险。还要看到，隐私不仅强调对私密信息的保护，还强调对私密空间、私密活动和私生活安宁的维护，这些则又是个人信息保护所不包含的。

因此，《民法典》不仅要在概念上区分隐私和个人信息，而且要准确区分隐私与个人信息的不同保护规则，而这则有待于特别法的进一步制定与完善。截至2020年4月，全球已经有132个国家进行了个人信息保护的立法。[①] 2021年8月，我国立法机关正式通过了《个人信息保护法》，该法以《民法典》确立的个人信息的基本框架为基础，并将《民法典》的相关规范予以细化，结合了有关行政法等公法规范进行综合协调，是一部系统完整的、全面保护个人信息的法律。

（一）《个人信息保护法》以《民法典》中个人信息与隐私概念的界分为基础

在我国《民法典》中，从概念上来看，隐私权与个人信息权益虽然在外延上存在重合，但是二者的内涵仍然可以予以澄清和界分。依据《民法典》的规定，在未来的立法或司法解释中，主要可以从以下角度区分个人信息与隐私的概念。

首先，个人信息权是一种主动性的、能够积极行使利用的权利，其体现为对个人信息的支配和自主决定，[②]而隐私权则是一种被动性的、消极的排他性权利，[③]例如，《民法典》第993条[④]规定了对于属于个人信息的姓名、名称、肖像等可以许可他人

---

① UNCTAD, *Data Protection and Privacy Legislation Worldwide* (April 30, 2020), https://unctad.org/page/data-protection-and-privacy-legislation-worldwide.

② Adam Carlyle Breckenridge, *The Right to Privacy*, University of Nebraska Press, 1970, 1.

③ 参见王利明：《论个人信息权在人格权法中的地位》，载《苏州大学学报（哲学社会科学版）》2012年第6期。

④ 民事主体可以将自己的姓名、名称、肖像等许可他人使用，但是依照法律规定或者根据其性质不得许可的除外。

使用,但并不包括隐私。当然,该条采用“等”的表述,其中是否可包括隐私仍值得探讨。无论如何,隐私不如个人信息那样可以许可他人利用。

其次,隐私权的客体强调“隐”这一属性,表现为个人不愿意公开的私密性,且单个私密信息并不必然指向权利主体的身份;而个人信息则强调身份的识别性,即能够直接或经组合后,被信息控制人或他人合理利用以识别权利主体身份。① 根据《民法典》第 1034 条第 2 款的规定,个人信息是以电子或者其他方式记录的能够单独或者与其他信息结合识别特定自然人的各种信息,以“可识别性”为核心特征,其包括仅凭该信息本身即可直接锁定某特定自然人的“单独识别性信息”和需结合其他信息方可将某自然人与一切其他人区分开来的“间接识别性信息”。②

再次,从侵害的形态来看,隐私主要包括了非法披露他人不愿为他人知晓的私密信息以及采用非法拍摄、私闯民宅、非法窃听、非法窥视等方式侵害他人的隐私,但一般并不包括非法利用他人的私密信息。而对个人信息来说,其侵害的形态除了非法收集、买卖等外,主要强调的是对于个人信息的非法利用。

最后,在责任形态上,隐私作为一种精神性人格权,主要是适用的是侵害人格权的一般保护方法与精神损害赔偿,而由于个人信息具有可利用性,因此对其侵害,更加注重实际损失的发生与财产损害赔偿。

总之,《民法典》的规定为界分个人信息与隐私提供了基本标准,通过上述的基本界分,可以将隐私与个人信息进行区分,作为分别适用不同保护规则的前提,并在此基础上设置不同的保护规则。《个人信息保护法》的解释适用以及相关司法解释的制定仍然应以《民法典》的界分为基本依据,从而完善我国个人信息与隐私的整体框架。

---

① Whereas (16) of Regulation (EU) 2018/1725 of the European Parliament and of the Council of 23 October 2018, on the protection of natural persons with regard to the processing of personal data by the Union institutions, bodies, offices and agencies and on the free movement of such data, and repealing Regulation (EC) No 45/2001and Decision No 1247/2002/EC.

② 参见王利明、程啸、朱虎:《中华人民共和国民法典人格权编释义》,中国法制出版社 2020 年版,第 396~398 页。

（二）个人信息与隐私的区别保护

隐私作为一项重要的人格权，主要是通过《民法典》人格权编的规则予以保护，并辅之以相应的司法解释，则可以形成周延保护。而对于个人信息来说，由于对此种权益的保护具有公法与私法的双重属性，完全通过私法的保护是不全面的，其中涉及公法的管理性规范，需要公法上的协同。民法上的个人信息保护，主要奠定了私法地位，而对于其中的公法保护手段，《民法典》并不能予以实现，因而需要通过特别法的立法达成。此外，个人信息不同于隐私，需要通过特别立法予以规范和保护之处还在于：

第一，个人信息具有集合性，隐私通常很难具有集合性，其本身是单个主体享有的权益。基于人权保护的原因，许多国家将隐私作为基本人权对待。例如，《欧洲人权公约》第 8 条、《法国民法典》第 9 条即将隐私作为基本人权对待，故禁止对个人隐私进行侵害，故一般不允许将隐私作集合化处理，这也在某种程度上决定了欧洲隐私的立法路径，故不允许将隐私进行大规模处理，而个人信息通常可以集合在一起形成数据，无论是匿名化还是非匿名化处理，个人信息都可成为数据。这点就决定了个人信息与大数据的关联非常密切。从全球范围来看，许多法律文件均采用的是个人数据权的表述（right to protection of personal data），且这一术语的使用已基本在欧盟层面的立法中达成了一致。① 隐私一般涉及人格尊严问题，个人信息往往与大数据发生联系。因此，侵犯隐私的形式是多元化的，而针对个人信息恰恰是在数据应用的前提下才产生个人信息保护的问题。故对于个人信息也要强调数据的流通与共享，因此也会出现对个人信息的匿名化处理，此时会形成纯粹的数据。

第二，个人信息具有可利用性。与数据具有流通价值不同，隐私原则上不能利用，即使在实践中已经产生了利用隐私的情况，但利用范围极其狭窄，并且一般也不得违背公序良俗。而对于个人信息来说，法律对于其保护与应用是并重的，故在个人信息保护的场合利益权衡的空间要大得多。在此意义上隐私权更强调私密性，故

---

① E. g. , Article 8(1) of the Charter of Fundamental Rights of the European Union：Everyone has the right to the protection of personal data concerning him or her. Article 16 (1) of the Treaty on the Functioning of the European Union (TFEU)：Everyone has the right to the protection of personal data concerning them.

隐私权规则对隐私的保护程度要更强。而一般的个人信息可以为他人知晓,但是强调的是不能未经个人信息权利人同意而收集、利用个人信息。《民法典》第993条在人格权的商业化利用上刻意未将隐私权纳入。因此,原则上隐私权不得进行商业化利用。

第三,个人信息具有自动处理性。隐私通常不涉及大规模处理的问题,侵犯隐私通常具有个别性。因为对个人信息处理有集合性与自动化的特点,个人信息的保护还会涉及跨境流动的问题。根据有关国家法律的规定,如果个人信息的处理者需要向境外进行传输个人信息,应当向个人告知境外接收方相关身份信息以及处理方式、处理目的等,以更好地保护个人的合法权益。而隐私权一般不涉及跨境流动与跨境处理的问题,因为隐私权禁止大规模收集,更难以进行大规模处理,如果将隐私进行大规模处理,后果将是不可想象的。在现代社会中,为了社会组织、运行与管理现代化,个人信息的大规模收集和自动处理是必须的,而社会的良序运行不以隐私的收集与自动化处理为必要。① 随着现代数字化技术的发展,借助算法等自动化技术处理手段,可以进行各种网络画像、精准画像的推送,这些都是对个人信息的自动化处理的体现。这种个人信息的自动化处理又可能会出现算法歧视、算法黑箱、网络画像的滥用等问题。

第四,个人信息泄露的程序法应对具有特殊性。由于个人信息往往以集合的方式出现,一旦其泄露可能会涉及大规模侵权问题,因而需要进行特殊的诉讼制度与行政的介入来处理,这也是为防止个人信息的泄露需要行政介入的原因。② 正是由于个人信息具有规模性,所以个人信息的诉讼可能会采取集体诉讼的方式来处理,但集体诉讼仍然是以对个人利益的保护为基础的,集体诉讼旨在解决个人诉讼动因不足的问题。③ 因此,在法律上应当有专门的规则来应对个人信息的特殊管理与保护可能产生的大规模侵权问题,建立相应的集体诉讼规则。

因为信息具有集合性,会将涉及某个人的个人信息进行用户画像;因为个人信

① Vgl. Alexander Golland, Die "private" Datenverarbeitung im Internet, ZD 2020, 397 (398).

② 在欧盟GDPR中就特别规定了,应对这些问题,公、私主体都需要指派特定的数据保护官。Vgl. Gola/Klug, GS-GVO, § 37, Rn. 1.

③ Steven Shavell, *Foundations of Economic Analysis of Law*, Harvard University Press, 2004, p.391.

息具有可利用性,故需要涉及数据流通的问题;因为个人信息具有规模性,所以要涉及个人信息的行政管理以及特殊诉讼处理的问题;因为个人信息具有自动处理性,所以会涉及对于算法体制的规制问题,甚至可以考虑在具体规则上作特殊安排,并且有必要对自动处理与非自动处理进行区分。如果利用个人信息进行自动化处理的,应当保证此自动化处理的透明度与处理结果本身要公平合理。通过自动化处理,以营利性为目的向个人进行商业化信息推送的,应当同时提供不具有特定性的个人特征的选项,以充分保障其权利。[①] 而隐私在一般情形下不具有上述特点,对其处理一般具有个别性和非自动处理性。故对隐私的保护需要行政介入的程度相较个人信息更小。因为个人信息具有上述特殊性,难以在单一部门法中完全实现,故需要民法与行政法的结合来进行保护,这就产生了《个人信息保护法》,它在本质上属于领域立法。

结　语

从内涵和外延上讲,隐私与个人信息天然具有重合性。但是,这两者具有明显区别,《民法典》对它们进行了明确的规则界分,这导致隐私权和个人信息保护制度有不同的法律适用规则,并产生不同的法律效果。正确理解隐私权和个人信息的规则界分,并在此基础上准确适用相关规则,对于正确认识隐私权和个人信息制度的内部体系和外部构造,正确处理《民法典》与《个人信息保护法》之间的规范关系十分必要。

① 参见《个人信息保护法》第 24 条。

专题二十二　名　誉　权

本专题撰写人:张　红

【《民法典》及相关法律法规的新规则】

《民法典》第 1024 条

民事主体享有名誉权。任何组织或者个人不得以侮辱、诽谤等方式侵害他人的名誉权。

名誉是对民事主体的品德、声望、才能、信用等的社会评价。

《民法典》第 1025 条

行为人为公共利益实施新闻报道、舆论监督等行为,影响他人名誉的,不承担民事责任,但是有下列情形之一的除外:

(一)捏造、歪曲事实;

(二)对他人提供的严重失实内容未尽到合理核实义务;

(三)使用侮辱性言辞等贬损他人名誉。

《民法典》第 1026 条

认定行为人是否尽到前条第二项规定的合理核实义务,应当考虑下列因素:

(一)内容来源的可信度;

(二)对明显可能引发争议的内容是否进行了必要的调查;

(三)内容的时限性;

(四)内容与公序良俗的关联性;

(五)受害人名誉受贬损的可能性;

(六)核实能力和核实成本。

《民法典》第1027条

行为人发表的文学、艺术作品以真人真事或者特定人为描述对象,含有侮辱、诽谤内容,侵害他人名誉权的,受害人有权依法请求该行为人承担民事责任。

行为人发表的文学、艺术作品不以特定人为描述对象,仅其中的情节与该特定人的情况相似的,不承担民事责任。

《民法典》第1028条

民事主体有证据证明报刊、网络等媒体报道的内容失实,侵害其名誉权的,有权请求该媒体及时采取更正或者删除等必要措施。

《民法典》第1029条

民事主体可以依法查询自己的信用评价;发现信用评价不当的,有权提出异议并请求采取更正、删除等必要措施。信用评价人应当及时核查,经核查属实的,应当及时采取必要措施。

【规则由来】

1986年的原《民法通则》在我国立法上首次确立了名誉权的地位:在原《民法通则》第五章"民事权利"的第四节,即"人身权"一节中,名誉权和生命健康权、姓名权与名称权、肖像权、荣誉权、婚姻自主权并列为人身权之六大具体权利。原《民法通则》第101条明确规定,公民、法人享有名誉权,公民的人格尊严受法律保护,禁止用侮辱、诽谤等方式损害公民、法人的名誉,原《民通意见》第140条又对侵害公民和法人名誉权的行为做出了初步认定。

在确立名誉权的人身权属性基础之上,原《民法通则》又在第六章"民事责任"之第三节"侵权的民事责任"中对侵害人格权的民事责任作出规范,原《民法通则》第120条明确规定公民名誉权受到侵害的,可以请求侵权人停止侵害、恢复名誉、消除影响以及赔礼道歉,并可要求赔偿损失,原《民通意见》又对赔偿损失等作出了一定的解释。此外,原《民法通则》第六章第四节"承担民事责任的方式"当然适用于名誉权侵权。上述规定确定了名誉权侵权的民事责任方式。

原《民法通则》出台实施20余年后,2009年,原《侵权责任法》颁布。原《侵权责任法》对于民事主体合法权益之保护、侵权责任之明确以及侵权行为之预防和惩罚具有重要的意义,其第2条明确规定了侵害民事权益应当承担侵权责任,而名誉权与姓名权、荣誉权、肖像权、隐私权、婚姻自主权并列为六大人身权。同时,名誉权侵权责任之认定及分摊、责任的减轻和免除等可直接适用原《侵权责任法》之一般规定。

《民法典》吸收了单行民法时代的名誉权保护规范,结合司法实践中的审判经验总结,新设名誉权侵权免责规范,增加更正删除权的规定,对民事主体的信用评价单独规制。

此外,关于名誉权保护的内容还散见于《妇女权益保障法》《澳门特别行政区基本法》《消费者权益保护法》等法律规定中。

【规范意旨】

《民法典》第1024条第1款第一句规定,民事主体享有名誉权。结合《民法典》第110条的规定可知,自然人、法人、非法人组织均是名誉权的主体。民法学界对于名誉在法律上的定义一般有四种学说:“声名说”、“个人评价说”、“社会评价说”以及“个人评价和社会评价综合说”。“社会评价说”一般认为,名誉是指社会上人们对于公民或法人的品德、情操、才干、声望、信誉和形象等方面的综合评价。《民法典》第1024条第2款规定,“名誉是对民事主体的品德、声望、才能、信用等的社会评价”,即采纳此说。

语义上的名誉是从广义上而言的,包含自然人的内部名誉与外部名誉,同时兼顾了名誉的主观性和客观性。而法律意义上的名誉定义采用社会评价说,不可避免地认为法律所保护的名誉乃是客观名誉,是外部名誉,是第三人对于特定民事主体的人格价值的评价。各种定义虽然对评判的内容看法不一,但实质上只是罗列角度不同而已,落脚点依然是“社会评价”4字。应该强调的是,名誉感是自然人人格尊严的重要内容,但是人格尊严并非名誉权的客体,而是一般人格权的客体。名誉感作为人格尊严的具体内容是可行的,但非要将名誉感认为是人格尊严,进而解释成名誉权的客体,势必造成法律概念的混乱,混淆一般人格权与具体人格权的界限,从而导致在实务上适用法律的混乱。①

《民法典》第1024条第1款第2句规定："任何组织或者个人不得以侮辱、诽谤等方式侵害他人的名誉权。"名誉权的内容主要体现在消极防御的一面，即维持权利人自身客观公正的社会评价及基于此所享有的排除他人对其贬损的权利。

此外，名誉权在内容上具有非财产性。不同于姓名权、肖像权有被商业利用的可能性，名誉权无法直接体现财产利益，主要反映的是一种人格尊严。然而，名誉权虽为非财产性权利，却也与财产相关联，这不仅表现为名誉权受损害之后主体会因补救损害而受到一定的经济损失，同时还可能导致自然人招聘、晋级、提薪等受到影响，导致法人社会信誉降低、利润减少。

【典型案例】

案例一："柳某诉刘某侵犯名誉权案"

某法院立案庭法官建立信息咨询服务微信群，并邀请当地律师、法律工作者加入该群。柳某由其他律师邀请入群。群主刘某在群内发布公告，主要内容为："群宗旨主要交流与诉讼立案有关的问题……群内言论要发扬正能量，维护司法权威；违者，一次警告，二次踢群。"随后，柳某多次在群内发布与群主题无关的内容，经刘某提醒后，柳某仍继续发布相关言论。刘某将柳某移出该群。柳某以名誉权被侵犯为由诉至法院，要求刘某通过书面形式或视频形式赔礼道歉，并赔偿精神损害抚慰金2万元。法院认为，刘某使用互联网平台赋予群主的功能权限，将其认为违反群规、发言不当的柳某移出群组，是互联网群组自治规则的运用，不产生民事法律关系，不属于法院受理民事诉讼的范围，故裁定驳回起诉。②

主观名誉又称"名誉感"，是自然人内心的自我感受，是自然人对自己价值的感情与自我评价。从《民法典》第1024条来看，法律保护名誉权的目的在于使受害人的社会评价不因他人的非法行为而降低，因此，名誉权所保护的是作为客观名誉的

---

① 参见杨立新：《人格权法》，法律出版社2011年版，第505页。

② 参见山东省莱西市人民法院（2019）鲁0285民初第4407号民事判决书。

社会评价,主观名誉并不为名誉权所保护。不以名誉权保护主观名誉有其合理性:事实上的精神损害是因人而异的,而不同的人遇到相同的侵害其主观名誉感受的情况可能出现不同程度的精神损害。但是,法律认定和救济的精神损害不能完全因人而异,而需要一定的同一性,否则将无法做到公平。因此,法律上救济的精神损害主要考虑客观标准,适当参考受害人主观方面的情况。就客观标准而言,社会评价之降低以及降低的程度是重要的参考因素。如果不存在社会评价的降低,即使受害人主张精神损害,也不构成名誉侵权。

应该强调的是,虽然主观名誉不受名誉权保护,但主观名誉是自然人人格尊严的重要内容,可以通过《民法典》第990条第2款之一般人格权加以保护。如上述案例中,成员加入、退出以及被移除微信群是否会产生民事法律关系暂且不论,柳某可以一般人格权为由主张保护。人格尊严确实具有一定的主观因素,反映出民事主体对自身价值的认识,不同的民事主体基于地位、能力、年龄以及文化程度等方面的差异,主观上尊严感会有所不同。就本质上而言,如若行为人使用了侵害名誉权的言辞,但是并没有使受害人的社会评价降低,通常认为,受害人的名誉情感受到了伤害,此时名誉权侵权并不成立,但是,公民的人格尊严受到损害。在此,行为人承担的责任不能简单地套用侵害名誉权的责任形式,因为其本身没有构成对受害人的名誉权的侵害,也就不适用消除影响、恢复名誉的责任形式。但是,这并不妨碍行为人须根据实际情况对受害人所受人格尊严之侵犯承担精神损害赔偿责任,而具体赔偿与否以及赔偿数额之认定则要根据具体案情而定。

案例二:"某报纸侵害某大厦名誉权案"

某报纸发表文章,通过分析某大厦最近惨淡的经营数据认为,"交通瓶颈"是制约发展的主要原因,认为某大厦濒临倒闭。该文刊出当天,某大厦商家纷纷撤离,秩序混乱,某大厦被迫关门停业。此后,某报纸两次刊登"致歉声明",承认报道中部分内容未经查证,但商家仍在继续撤离并与大厦清算。经查,案涉文章的数据均为真实,其主要是分析大商圈经营困难的原因,并为中小商家今后的经营出路提出建议。①

《民法典》第 1025 条规定，行为人为公共利益实施新闻报道、舆论监督等行为，影响他人名誉的，不承担民事责任，但存在该条列举 3 种情形的除外。新闻自由是新闻界为实现服务社会的目的，合法开展采写活动，发表、出版新闻作品，不受一切组织及个人非法压制、约束的权利。新闻节目不仅及时向百姓传递最新的国内外消息，更肩负着监督公权力运行的重要使命，是言论自由在具体领域的体现。已废止的原《名誉权解答》与《名誉权解释》曾以"报道内容严重失实""基本内容失实""主要内容失实""报道失实"，组建起一套以"事实"为标准的评价体系，该法理可沿用之。真实、客观是新闻的生命。新闻报道内容只要基本属实，无侮辱他人人格的内容，不应认定为侵害他人名誉权。

反之，若新闻报道未做到"真实、准确、全面、客观"，有失新闻媒体应持的中立地位，主要内容缺乏依据、严重失实的，当属侵权。关于"缺乏依据、严重失实"的认定，有法院论述道："新闻报道严重失实主要是指，因新闻报道主体的故意或职务上的过失导致新闻报道所进行的事实性描述，系凭借主观臆断而欠缺客观依据或依据虚假信息而得出、与客观实际情况偏离较大、足以导致社会公众产生理解上的分歧或相反意义上的误解等情形。"②

考虑新闻报道的时效性与消息来源的复杂性，要求新闻媒体在完全查证事实后再行报道稍显苛刻，如此亦不利于保障公民的知情利益。社会成员在享有知情权的同时，亦需容忍合理核实下的失实报道，如最高人民法院在案例中指出"对于新闻报道侵权标准确定为'严重失实'而并非'精确一致'"。为平衡二者的关系，《民法典》第 1025 条规定，行为人对其报道的内容尽到"合理核实义务"的即无须承担名誉权之侵权责任，并于第 1026 条列举了"合理核实义务"的认定要素。如本案例中，报纸发表的内容部分未经查证，存在过失性错误，虽然其主观目的善良，但不影响其行为构成对某大厦名誉权的侵害，其主观目的仅能作为损害赔偿数额酌定因素加以考虑。

① 参见四川省高级人民法院(2000)川民终字第 168 号民事判决书。
② 北京市第一中级人民法院(2019)京 01 民终第 5398 号民事判决书。

【理论阐释】

一、特殊主体名誉权问题的分析

(一)死者名誉保护

死者名誉保护问题历来是我国学术界探讨的热点,在实务中,死者名誉权毁损之案件也不在少数。到目前为止,最高人民法院共发布了3起死者名誉侵权案件,涉及的司法解释包括上文所论及的两个个案答复以及1993年的《名誉权解答》和2001年的《精神损害赔偿司法解释》。

死者名誉保护问题为当今世界各国所面临的重大人身权课题之一,英美法系和大陆法系多国都已确立了死者名誉保护的一般模式。随着死者名誉侵害案件的增多,学界和实务界对死者名誉侵权问题的争论也越来越激烈。我国《民法典》第994条对死者名誉的保护进行明确规定。在此之前,相关司法解释已经明确死者名誉权或名誉利益应得到保护,但在死者名誉保护的模式以及如何保护等重大理论构建问题上,司法解释以及相关判例都存在一些不明确之处。死者名誉保护问题依然是我国人格权法中亟待破解的难题之一。①

(二)公众人物名誉权

公众人物名誉权的保护问题也是一个世界范围内的热点问题,中外公众人物名誉权保护的现状也不尽相同。

随着我国公众人物名誉权纠纷的不断增多,②公众人物名誉权的保护与言论自由、舆论监督的冲突越来越突出。公众人物作为与公共利益密切联系的一类特殊民事主体,其权益的保护在立法上仍属空白,如何平衡公众人物名誉权保护与言论自由、舆论监督之间的关系是目前我国法学界亟须解决的问题。

---

① 参见张红:《人格权总论》,北京大学出版社2012年版,第八章。

② 参见"唐某礼与芮某红、青年时报社、成都商报社等名誉权纠纷案",上海市第一中级人民法院(2004)沪一中民一民(初)字第13号民事判决书;"余某雨诉萧某林名誉侵权案",北京市东城区人民法院(2003)东民初字第1807号民事判决书等。

1. 公众人物理论概述

(1)公众人物的界定

在“范志毅案”①中,法院判决书中首次出现“公众人物”一词,这被认为具有重大意义。此后,各级法院开始逐渐效仿,将公众人物的名誉权与一般公民的名誉权加以区分,公众人物一词越来越多地出现在各级法院的判决书中。但是,我国现行法律法规还没有公众人物的法律概念,理论界对公众人物也有一定的争议。②

笔者认为,公众人物应是在一定范围内为社会公众所熟知和关注,其言行举止与社会公共利益密切相关,个人信息也具有一定公共兴趣性的社会人员。最主要的是一些影视界、体育界、文艺界的明星,劳动模范以及与老百姓生活息息相关的政府官员。同时应注意,公众人物并不是完全“公共的”,其纯粹私人性质的言行不应纳入公共范围,其合法权益不能因其特殊身份而受限制甚至是遭受不法侵害。

(2)公众人物的分类

公众人物本身是一个具有相对意义的概念,所指的“在一定范围内”界限也比较模糊。因此,根据不同的标准对公众人物进行基本分类,有利于进一步明确其范围,合理平衡公众人物名誉权的保护与舆论监督之间的关系。

第一,自愿型公众人物和非自愿型公众人物。

按照主体的主观意愿不同,可将公众人物分为“自愿型公众人物”和“非自愿型公众人物”。③ 前者主要是指主观上直接追求或放任自己成为公众人物并在客观上成为公众人物的人,典型的如影视明星、著名主持人、政治家等;后者成为社会公众关注的对象往往不是其主观追求或放任的结果,而是由于某些具有新闻价值的重大事件经过媒体的大肆报道而使当事人被动成为所谓的公众人物,在他们“出名”之前或“出名”时并没有作出过任何愿意成为公众人物的意思表示。例如,一名奋不顾身

---

① 上海市静安区人民法院(2002)静民一(民)初字第1776号民事判决书。

② 主要的反对意见,参见李延枫:《论名誉权诉讼中的公共利益原则——基于对公众人物理论的反思》,载《北方法学》2020年第1期;朱友好:《民法典编纂视野下公众人物理论的反思与抛弃》,载《湖北社会科学》2020年第1期;苏力:《隐私侵权的法理思考——从李辉质疑文怀沙的事件切入》,载《清华法学》2019年第2期。

③ 洪波、李轶:《公众人物的判断标准、类型及其名誉权的限制——以媒体侵害公众人物名誉权为中心》,载《当代法学》2006年第4期。

的救人英雄,被媒体广泛宣传后家喻户晓。

第二,政治公众人物和社会公众人物。

按照社会角色的不同,可以将公众人物分为政治公众人物和社会公众人物。这种分类主要是从我国国情和人们的普遍认识出发,将政府公职人员单独列为一类政治性公众人物,而社会公众人物主要是指除政治领域外的公众人物,主要包括影视明星、歌星、劳动模范、知名学者等。这种分类的意义在于:前者更多地涉及国家利益、公共利益和舆论监督问题;后者则是因为其具有一定的知名度,因而在社会生活中引人注目,主要涉及公众兴趣问题。①

2. 我国公众人物名誉权保护的法律建构

(1)理论前提——公众人物名誉权之特殊性

在现实中,公众人物的身份与普通公民的身份确有不同。同时,在"信息大爆炸"和数字化的今天,各类信息对公众人物和普通公民名誉的影响也存在较大差异。在名誉权的法律保护上,其主要表现为公众人物名誉权的特殊性:

第一,公众人物名誉权主体的特殊性。公众人物大多因担任公共职务而掌握一定权力,从而影响人们的日常生活,或者因从事演艺、歌唱事业而受到众人的追捧,其拥有频繁的曝光率、广泛的知名度,其言行也多与社会公共利益密切相关。同时,公众人物所获得的精神和物质利益也在很大程度上超过普通民众,所以人们在名誉权的保护上往往会根据权益主体的不同而将公众人物与普通公民区分开来。②

第二,公众人物名誉权与财产利益联系的紧密性。名誉权作为人格权的一种,其本身并不具有直接的财产内容。但是由于公众人物的影响力和号召力,往往能够凭借自身的良好形象和名誉获取更多的财产利益。因而,一旦出现与某个公众人物相关的负面报道,其社会评价被降低,就有可能给其带来比一般民事主体更大的财产损失,甚至使其丧失自己的事业,因而公众人物的名誉权与财产性利益具有紧密的联系。

第三,公众人物名誉权与言论自由的冲突性。言论自由是公民不可缺少的基本

① 参见王利明:《公众人物人格权的限制与保护》,载王利明:《中美法学前沿对话——人格权法及侵权法专题研究》,中国法制出版社 2006 年版。

② 参见韩反修:《论公众人物名誉权的特殊保护》,郑州大学 2006 年硕士学位论文,第 23 页。

权利之一,同时也是保障和促进国家、社会稳定发展的动力。而名誉权作为人格权之一是随着人格权的发展而不断发展的,名誉权的保护只是在第二次世界大战以后,由于社会经济条件的变化,特别是报刊、广播电视的发展导致滥用言论自由造成了空前绝后的损害后才被提上法律保护议程的。①

由于名誉权保护的价值取向是公民个人利益的维护,其更侧重保护个人利益以及个人在私生活中的自主权,而言论自由则侧重社会公共利益的保护。同时,由于公众人物的个人言行举止和个人信息与公共利益密切相关,所以公众人物必然会受到社会媒体的普遍关注,媒体的报道对于公众人物的形象和名誉可能会产生不良的影响,进而侵害公众人物的名誉权。因此,言论自由与公众人物的名誉权不可避免地存在冲突。

(2)基本原则——公众人物名誉权保护之适当限制

公众人物都有特殊的社会身份和地位,享有更多的精神和物质利益,从权利义务对等方面来说,人们普遍赞成公众人物在行使名誉权时应受到一定的限制。同时,出于保障公民知情权、满足合理的公众兴趣、平衡言论自由与名誉权冲突等因素的考量,②对公众人物名誉权进行限制应具有现实性和合理性。

我国的司法实践已逐渐认同上述观点,如2009年的“杨某娟诉《南方周末》报社侵害名誉权案”,法院审理后认为,杨某娟及其父母多次主动联系并接受众多媒体采访,属“自愿型公众人物”,新闻媒体的报道并未违反法律规定,对于可能造成的轻微伤害,杨某娟应当予以容忍。③ 可以看出,公众人物对媒体的适当监督应有一定的容忍义务已被我国判例所确立,这一原则应在公众人物名誉权保护的理论研究中有所体现。

① 如在德国法中,德国法院在20世纪50年代才通过判例承认了一般人格权,对公民的名誉、隐私等予以保护。参见张新宝:《中国侵权行为法》,中国社会科学出版社1998年版,第310页。

② 参见张新宝:《名誉权的法律保护》,中国政法大学出版社1997年版,第22页;郭国松:《“公众人物”的隐私不受保护?》,载《南方周末》2003年1月9日;王利明:《公众人物人格权的限制与保护》,载《中美法学前沿对话——人格权法及侵权法专题研究》,中国法制出版社2006年版,第1～20页;郑瑜:《公众兴趣与公众利益》,载《当代传播》2006年第6期;张名章:《论传媒道德的合理倾斜——以公众兴趣与个人隐私为例》,载《中共成都市委党校学报》2007年第4期等。

③ 参见陈堂发:《10年:媒体侵权诉讼的“公众人物”理念》,载《新闻记者》2009年第12期。

(3)具体模式——区分社会公众人物和政治公众人物的保护

从整个社会的平衡来看,我们确实需要对公众人物的名誉权保护作出某些限制,但这并不意味着要无限制地牺牲公众人物的名誉权。公众人物需要履行一定的容忍义务,但不能因此苛刻地要求公众人物对任何社会舆论不分场合、不分程度的容忍。因而,公众人物容忍义务边界的确定是处理公众人物名誉权保护与新闻媒体监督和公众知情权冲突的关键。① 笔者认为,应对不同类型公众人物名誉权保护作不同处理,合理调整公众人物名誉权与言论自由之间的冲突。只有这样才能使社会舆论监督的作用最大化,同时可避免损害公众人物名誉权情形的发生。

①社会公众人物名誉权的保护

在我国公众人物名誉权侵权的司法实践中,大多数案件都会涉及新闻媒体的各种报道对社会公众人物名誉产生消极影响的情形,而新闻媒体侵害社会公众人物名誉权的行为则主要表现为诽谤。② 在具体案例中,一旦法院认定诽谤成立,那么往往意味着媒体的报道违背真实性原则,即报道的内容具有非真实性。但是,在媒体报道的真实性判断上,我国理论界和实务界尚未形成统一认识。在此,我们可从比较法上考察我国台湾地区所创设的合理查证义务来判断媒体报道是否会造成侵权。③ 在合理查证的义务下,只要新闻报道者在此范围内履行了正常合理的查证义务,则不属于侵害公众人物合法权益的情形。如果新闻媒体在报道后发现报道内容失实,能够及时刊登更正说明或者致歉声明,使人们能够了解事实真相或者消除对公众人物的不良看法(如"范志毅案"),则法律更应该宽容以待,倾斜保护媒体言论的监督以促进社会进步。但是,如果新闻媒体或新闻工作者没有尽到该审查义务,不实言论直指某公众人物,并贬低其名誉,使其社会评价降低,则不实言论的发表属于"严重过失"行为,法院应该认定其构成侵权。

综上所述,新闻媒体对社会公众人物进行负面报道须遵循两大原则:一是新闻

---

① 参见蔡琴:《论公众人物的容忍义务》,湖南大学 2009 年硕士学位论文,第 17 页。

② 有学者将诽谤分为广义和狭义,狭义的诽谤,是指故意捏造和散布虚假事实损害他人名誉的行为;广义的诽谤除故意侵害他人名誉权的行为之外还包括因过失散播虚假信息侵害他人名誉权的行为。参见魏永征、张鸿霞主编:《大众传播法学》,法律出版社 2007 年版,第 144 页。

③ 参见张红:《事实陈述、意见表达与公益性言论保护——最高法院 1993 年〈名誉权问题解答〉第 8 条之检讨》,载《法律科学(西北政法大学学报)》2010 年第 3 期。

报道内容基本属实;二是报道内容须与公众人物在社会中所处的角色相关。如果公众人物某方面的私人生活与其在公众中所处的角色无关,则该私人生活事项并不属于公众利益所要关切的内容,不能以公众人物的名誉权为代价来满足公众的猎奇心理。①

②政治公众人物名誉的保护

在我国法律对人民监督权作出明确规定的前提下,政府官员类公众人物的名誉侵权纠纷解决的关键,也在于舆论监督与公众人物名誉保护冲突的解决。② 对于政治公众人物的名誉权纠纷,可以在"真实恶意"原则的基础上对新闻媒体的行为加以一定限制。同时,应注意的是,虽然这一原则有利于促进我国舆论监督体制的健全,但我们应结合我国国情,"严格区分侵害名誉权与正当舆论监督的界线,既保护当事人的权利,又支持正当的舆论监督"。③ 因而,我国在以"真实恶意"原则作为判断媒体是否侵害政治公众人物名誉权的同时,应增强媒体的自律意识,避免媒体对监督权的滥用,尤其在涉及一些重大事件的报道中,媒体应自觉履行查证义务。由此,一方面维护舆论监督,另一方面防止过于偏向社会舆论监督而导致政府官员毫无个人名誉权可言。

3. 综合分析

公众人物一词在我国出现得相对较晚,目前我国立法上也没有对公众人物的人格权进行十分明确的规定,仅《民法典》第 998 条中认定精神性人格权之侵权责任时应考虑"行为人和受害人的职业"可作此理解。但是近年来,在法院审理的名誉权侵权案件中关于公众人物的案件却并不少见,通过"范志毅案"和"杨某娟案",我国司法判决中先后出现了"公众人物"和"自愿型公众人物"。通过对我国公众人物名誉

---

① 参见刘言浩:《公众人物的名誉权保护——唐季礼诉青年时报社等名誉权纠纷案》,载万鄂湘、张军主编:《最新损害赔偿法律文件解读》,人民法院出版社 2005 年版。

② 参见徐迅:《中国新闻侵权纠纷的第四次浪潮——一名记者眼中的新闻法治与道德》,中国海关出版社 2002 年版,第 19 ~ 33 页;董军:《舆论监督与政府官员名誉权冲突及其法律解决方案——以辽宁"西丰警方进京拘传记者事件"为例》,兰州大学 2008 年硕士学位论文,第 8 ~ 11 页;汪庆华:《名誉权、言论自由和宪法抗辩》,载《政法论坛》2008 年第 1 期;张红:《事实陈述、意见表达与公益性言论保护——最高法院 1993 年〈名誉权问题解答〉第 8 条之检讨》,载《法律科学(西北政法大学学报)》2010 年第 3 期;兰洁:《舆论监督与公众人物名誉权的冲突与平衡》,载《新闻世界》2011 年第 5 期。

③ 参见《最高人民法院公报》1992 年第 2 期(总第 30 期)。

权纠纷的案例进行对比分析,我们可以发现公众人物胜诉的比例远超过新闻媒体胜诉的比例。这反映出我国在公众人物名誉权的保护上确实具有一定的倾向性,对公众人物名誉权的保护力度似乎超过对新闻自由、言论自由的保护。

由于公众人物与公共利益或公众兴趣紧密相关,因而立法和司法实务都应对公众人物人格权(主要为名誉权)进行一定的限制。而我国的情况正好相反,且直至近几年我们才开始关注公众人物名誉权的讨论与制度设计及改进。因此,公众人物理论是非常有必要的,同时明确公众人物的定义并将其类型化势在必行。从整体上看,公众人物最初源于美国,其与美国联邦宪法修正案及言论自由密切相关,但是我国的社会文化历史和宪法发展现状并不适合直接在宪法层面引入公众人物理论。因而,我们应一方面要完善名誉权保护的立法,另一方面通过司法解释和典型案例指导制度灵活处理司法实践中的相关实际问题。

二、特殊侵权行为类型的分析

名誉权侵权案件在司法实务中的表现形态可谓纷繁复杂,除法定的侮辱、诽谤等基本侵权表现外,其具体形态也随着时代、科技、媒体的发展而日益增多。对令人眼花缭乱的名誉权侵权个案进行分类,并从相同或相似的个案中提取公因式,进而构建类型化的分析模型,有助于我们从深层次分析不同类型的名誉权侵权成立的具体标准、免责事由、责任承担等诸多问题,而这些问题也多是名誉权侵权实务处理中的难点问题。

特殊侵权行为类型是对同种类别的名誉权毁损情形进行抽象后所形成的、适用较特殊的侵权认定标准、违法性阻却事由、责任分摊方式的侵权类别。特殊侵权的构成仍不能脱离上文所述的名誉权侵权的 4 个构成要件,只是在不同的类型中应适当变动和调整相应的构成要件。同时,特殊侵权类型并非完全与一般侵权类型,即侮辱行为、诽谤行为相隔离,特殊侵权类型中的侵权手段仍有可能是侮辱或诽谤,但是其侵权的形式已经表现得较丰富。鉴于特殊侵权背后所涵盖的法益冲突的特定性及其认定的特殊性,故将其与一般侵权类型分而论述。

（一）网络侵权

随着网络的普及与深入，互联网逐渐成为人们沟通各种信息的重要载体。但随之而来的问题是人们在网络上不受约束地传播图片、影片，发表言论时极易侵害他人权利，其中尤以侵害名誉权所造成的损害为重。

同时，当发生网络名誉权纠纷时，人们一般习惯于用网下的相关权利涵盖网上的法律权利，认为传统侵权法完全可以调整网络中的法律问题。但是，由于网上网下传播方式与技术手段的不同，网络侵害名誉权在责任主体、侵权客体、归责原则、责任构成及责任形态等方面存在一定的特殊性，因而网络侵权亦是名誉权保护中的一个较为重要的课题。

1. 网络侵害名誉权的特殊性

针对网络侵害名誉权这种侵权类型，学界尚存争论，有的学者甚至还提出了网络名誉权的概念。① 但是从整体上看，所谓网络名誉权可以被解释为网民在网络环境下依法享有的保有和维护名誉的权利，虽然其名誉权的主体、客体和内容由于网络的特殊环境而具备了一些自身的特征，②但其实质上仍等同传统名誉权。因而笔者认为，我们没有必要在名誉权外再创设一个网络名誉权，只需在名誉权保护的研究中对网络侵害名誉权这种侵权类型的特点稍加注意即可。

在传统名誉权概念的基础上，结合网络侵害名誉权的特定性，网络名誉侵权行

---

① 关于网络名誉权能否成立，学界也有不同的观点。如有的学者提出，网络名誉权是名誉权在网络环境下的延伸并且名誉权是人类最原始、最重要的人格权，在任何环境中均应受到保护，尤其在网络空间的名誉权不仅应当受到保护，而且更应当加强，理由是他们相对于传统民事领域中的名誉权来说更容易受到侵害，更加脆弱。但也有学者对此提出一定的质疑。参见郭卫华等：《网络中的法律问题及其对策》，法律出版社 2001 年版，第 145 页；张新宝：《互联网上的侵权问题研究》，中国人民大学出版社 2003 年版，第 24 页等。

② 有学者对网络名誉权的特征进行了研究，他们认为：第一，传统名誉权作为基本的人格权之一，任何人都是其权利主体，但在网络环境下，有与虚拟主体相对应的真实主体才能真正成为网络名誉权的权利主体；第二，同传统名誉权相比，网络名誉权的客体虽然同样是名誉，但却具有了网络社会的属性；第三，网络侵权后果具有现实性，但在网络环境中，即使是侵权行为人与被侵权人互不认识，行为人因不满被侵权人的观点和看法，在网上对其发表措辞不当的言论，内容达到侮辱、诽谤的程度，在一定条件下仍然构成侵犯名誉权。参见屈茂辉、凌立志：《网络侵权行为法》，湖南大学出版社 2002 年版；周丽：《网络空间的名誉侵权探析》，广西师范大学 2007 年硕士学位论文，第 4 页；王眉：《网络传播中的名誉侵权问题研究》，中国广播电视出版社 2008 年版。

为可以被定义为侵权行为人在网上登载包括文字、图片、声音、动画等各种利用电脑技术制作的作品对与现实生活中的民事主体相联系的网络“虚拟人”实施侮辱、诽谤等行为,造成“虚拟人”在网络上的评价降低或者其所对应的民事主体在现实生活中的社会评价降低,造成严重后果并应当承担民事责任的行为。① 而网络侵权行为的认定标准与传统名誉权侵权的认定基本一致,即采用四要件构成。与传统名誉权相比,网络侵害名誉权具有以下特殊性:

第一,侵权主体具有不特定性。网络侵害名誉权的责任者除侵权言论的发布者外,也可能包括网络接入提供商、网络内容提供商和网络服务提供商等众多不特定的网络服务提供商。网络侵权言论的发布者应承担侵权责任,但是网络服务提供商的责任在很多情形下不易认定。这主要是因为网上海量信息的存在以及言论传播的即时性,网络服务提供商不可能对网上所有的信息都作严格的审查,此时若对其采取严格的合理审查义务,则势必影响互联网信息传递的及时性。但在很多情形下,网络服务提供商未尽到合理审查义务的,则会同侵权言论发布者一起承担责任。如在“王某诉张某奕网络侵害名誉权案”②及“王某诉北京凌云互动信息技术有限公司网络侵害名誉权案”③中,被告张某奕将王某的真实姓名、工作单位、家庭住址、与其他女性有“婚外情”的信息在“北飞的候鸟”网站中进行披露,而被告北京凌云互动信息技术有限公司在其下属的大旗网设置专题网页,进行调查走访和对当事人真实身份进行披露,扩大了该事件的传播范围,两名被告的行为最终都被认定为侵害了原告的隐私权及名誉权。

第二,侵权内容传播迅速而广泛,损害后果扩大。由于互联网的全球性,网络侵权的言论或行为借助网络这一平台后,其传播便具有了无限的空间,这使侵权信息的传播范围被无限扩大。④ 如在“铜须门事件”⑤中,一位丈夫在网上发表了一封

---

① 杨太兰、徐华:《网上侵犯名誉权问题初探——从一起网上侵犯名誉权案谈起》,载《人民司法》2001年第11期。

② 北京市朝阳区人民法院(2008)朝民初字第10930号民事判决书。

③ 北京市朝阳区人民法院(2008)朝民初字第29276号民事判决书。

④ 参见贾文中、黄瑞华:《试论信息法的体系》,载《情报理论与实践》1997年第1期。

⑤ 稼穑:《魔兽世界惊爆“铜须门”》,载搜狐新闻网,http://news.sohu.com/20060429/n243059990.shtml。

5000 字的长信，慷慨激昂地痛斥了一位其怀疑与其妻子有染的学生。随即有数百人在未经事实验证的前提下加入攻击的行列，短短几天人数发展到数万人，其就损害后果而言，无论是在产生的速度上，还是在损害后果的范围与严重性方面，网络都起到了一种放大作用。

第三，网络侵权的易发性。互联网为人们能够以较低成本迅速向全球传播信息提供了一个有效的途径，网民随时都能上网参与开放的网络世界中，很多人上网使用的网名均是虚拟的。且网民在互联网上建立个人主页通常是免费的，不需要与网络服务者订立正式的合同，也无须提供自己的真实个人信息，这使受损的权利人很难确定真正的侵权行为人。同时，由于网络特有的属性，网上发表的信息随时都可能被改写或删除，调查取证也比较困难，侵权主体的真实身份往往难以查明。如在很多由个人纠纷引发的网络名誉权侵权案件中，法院需要对侵权证据进行严格的审查才能确认网络侵权是否发生。①

2. 网络服务提供商的侵权责任

在网络侵害名誉权的案件中，通过网络途径发布侵权言论或进行侵权行为的直接侵害人的侵权责任一般易于认定。但在很多案例中，特定网络平台的经营者即网络服务提供者由于自身的不作为或者审核不严格而导致侵害范围的扩大或者侵害后果加重的，也要承担一定的侵权责任。

由于现行网络监管法律制度的不完善以及网络侵权中举证较困难等因素，网络服务提供商侵权责任的认定是网络侵害名誉权领域的重点、难点问题。通过对现行法的检索、对网络服务提供商侵权情形的类型化分析，将有助于此问题的解决。

（1）网络服务提供商的认定

尽管我国先后制定了一些有关互联网的法律法规，对互联网活动加以调整，但是现行法并未给网络服务提供商一个统一、准确的定义，大多是根据不同的功能对其进行界定，而相关定义也是散见于不同的法律法规里。例如，1997 年 12 月，邮电部发布的《中国公众多媒体通信管理办法》使用了“接入服务经营者”和“公众多媒

---

① 参见上海市浦东新区人民法院（2011）浦民一（民）初字第 15559 号民事判决书，河南省郑州市惠济区人民法院（2011）惠民一初字第 665 号民事判决书，湖南省长沙市雨花区人民法院（2011）雨民初字第 804 号民事判决书，上海市第一人民法院（2011）沪一中民一（民）终字第 1012 号民事判决书等。

体通信业务经营者”两个概念。2000 年 9 月,国务院颁布的《互联网信息服务管理办法》使用了“互联网信息服务提供者”和“互联网接入服务提供者”两个概念。[①] 2000 年 10 月,信息产业部发布的《互联网电子公告服务管理规定》(已失效)中使用了“电子公告服务提供者”的概念。2006 年,修改的最高人民法院《关于审理涉及计算机网络著作权纠纷案件适用法律若干问题的解释》(已失效)中使用了“提供内容服务的网络服务提供者”。2006 年,《互联网电子邮件服务管理办法》里使用了“互联网电子邮件服务提供者”[②]的概念。此外 2005 年,《互联网著作权行政保护办法》使用了“互联网内容提供者”的概念,并明确指出“互联网内容提供者”为在互联网上发布相关内容的上网用户。[③] 2006 年,《信息网络传播权保护条例》使用了“网络服务提供者”的概念,并指出其功能分为提供信息存储空间服务,搜索和链接服务,网络自动接入、自动传输和自动存储服务等。[④]

综上,我国的相关法律法规一般是根据网络服务提供商提供的服务来确定其身份,并按照提供的服务功能对网络服务提供商进行分类,此种分类方法可以作为相关研究的基础认知。

(2)网络服务提供商侵权责任的类型

2014 年以前,与网络服务提供商的界定相类似,我国法律并未对网络服务提供商的侵权责任进行专门的规定,具体的责任认定散见于相关的法律法规中。如 2006 年 11 月最高人民法院《关于审理涉及计算机网络著作权纠纷案件适用法律若干问题的解释》(已失效)第 8 条规定:“网络服务提供者经著作权人提出确有证据的警告而采取移除被控侵权内容等措施,被控侵权人要求网络服务提供者承担违约责任的,人民法院不予支持。著作权人指控侵权不实,被控侵权人因网络服务提供者采

---

① 中华人民共和国国务院令第 292 号《互联网信息服务管理办法》第 10 条至第 17 条、第 20 条、第 23 条、第 24 条都出现了“互联网信息服务提供者”的称谓;该法第 14 条出现了“互联网接入服务提供者”的称谓。

② 中华人民共和国信息产业部令第 38 号《互联网电子邮件服务管理办法》第 6 条至第 10 条、第 15 条、第 16 条、第 18 条、第 23 条均使用了“互联网电子邮件服务提供者”的概念,但并未对其作出界定。

③ 国家版权局令 2005 年第 5 号《互联网著作权行政保护办法》第 2 条、第 6 条、第 7 条、第 9 条、第 10 条、第 11 条分别提及“互联网内容提供者”的概念,并在第 2 条中对其进行了解释。

④ 中华人民共和国国务院令第 468 号《信息网络传播权保护条例》第 20 条至第 23 条规定。

取措施遭受损失而请求赔偿的,人民法院应当判令由提出警告的人承担赔偿责任。”同时,该解释还对网络服务提供商的责任做出诸多限制,并规定了网络服务提供商在符合一定条件时免责,如《信息网络传播权保护条例》第20条至第23条规定了在提供网络自动接入服务、自动传输服务、自动存储服务、信息存储空间、搜索或者链接服务时,在符合一定条件时免责。

结合相关规范性文件以及网络侵权的案例来看,网络服务提供商的侵权行为主要有两种:一是直接侵权责任,《利用信息网络侵害人身权益规定》第7条、第10条进一步具体规定了与网络用户相类似的,因发布、转载等形式在网络空间公布对他人之侵权信息的侵权行为,其与一般言论类型下的名誉权保护一致。[①] 二是间接侵权责任,即网络服务提供商对第三人的侵权行为不作为而产生的对受害人的侵权。如果网络服务提供商在接到权利人有效的通知后没有采取有效的措施防止损害进一步发生,亦应对自己的不作为承担侵权责任。根据《利用信息网络侵害人身权益规定》第5条、第6条的规定,此种情况下网络服务提供商的免责条件是:经权利人有效通知后,及时采取措施防止损害的进一步发生,否则就与直接侵权人构成共同侵权,应承担间接责任。

此外,对于网络服务提供商“知道”其服务下的网络用户具有侵权情形的认定,《利用信息网络侵害人身权益规定》第6条规定了7个小项,这主要是针对目前网络暴力泛滥,网络服务提供者管理水平较低,而受害人往往难以控制侵害事态发生的情形。在此基础上,网络服务提供者应当在符合其技术水平的基础上,更多地关注其控制范围内的网络信息,在保证言论自由的情况下与用户积极沟通,避免用户的名誉遭受侵害。

3. 网络表达自由与名誉权保护的冲突与协调

网络对人类的通信传播方式乃至生活方式产生了深刻影响,网络表达自由与名誉权保护之冲突本质上仍属于言论自由与名誉权冲突的范畴。在面对言论自由这

---

① 但在个案认定中,仍应注意考察行为人的主观状态。参见曹小娟、慕明春:《“免责”还是“处罚”——关于网络转载是否承担名誉权侵权责任的思考》,载《陕西师范大学学报(哲学社会科学版)》2016年第5期。

项宪法性基本权利与名誉权冲突时应如何取舍亦是一个世界性的难题。①

对此,英国曾有判例认为,对言论自由的损害不得大于受保护权利方面的利益。当言论自由和名誉权发生具体冲突的时候,就需要从“两权平衡”来进行协调。② 同时,在平衡的过程中还存在一个法律利益的选择,应先满足最重要的和需要优先考虑的利益,然后使其他利益作出最小的牺牲。③

其实,“在经济利益、社会利益多元化的现实格局下,人们话语表达的多元化是一种社会的必然。网络恰恰为这种表达的多元化提供了一个极好的公共话语平台。网络传播中话语权的民众化,使信息提供者与接收者建立在严格限制基础上的关系彻底解体,信息自由传播和自由表达真正得以实现”。④ 因此,在协调网络言论表达自由与名誉权保护的冲突时,“需要遵循既要防止有害信息的泛滥,又不破坏这种多样性的原则,即既要追究网络名誉权侵权责任,又要最大限度地保障网络言论自由,在保护个体的名誉、尊严和维护言论自由之间寻求一个合理的平衡”。⑤

正如上文所述,面对日益多样化的网络名誉权侵权形式,基于名誉权保护之现实需要,我们可以在现阶段以利益平衡为基准,优先考虑名誉权保护之选择;而随着网络侵权规则的建立以及互联网道德风尚的提高,我们就应逐渐将平衡的天平侧重于言论自由的保护。

(二)劳资纠纷中的名誉侵权

劳资纠纷中的名誉权毁损,虽然未在我国立法及相关司法解释中明确规定,但是现实判例中已对此问题有较多回应。此种特别侵权类型常见于劳资双方在雇佣、聘用合同解除中产生的纠纷,一方采取多种言行的名誉毁损方式对另一方名誉权进行侵害。

在劳资纠纷名誉侵权案件中,有的表现为劳资一方通过直接发布毁损另一方名

---

① 张新宝:《互联网大国面临的法律问题——建设互联网法治新思考》,载《中国律师》2004 年第 5 期。

② Open Door and Dublin Well Woman v. Ireland [1992] ECHR 68 (29 October 1992). 转引自丹尼尔·西蒙斯:《对言论自由的可允许限制》,载《国际新闻界》2005 第 4 期。

③ 袁冰:《数字版权》,载郑成思主编:《知识产权文丛》第 2 卷,中国政法大学出版社 1999 年版。

④ 王眉:《网络传播中的名誉侵权问题研究》,中国广播电视出版社 2008 年版,第 121 页。

⑤ 李玥竹:《网络环境中的名誉权侵权问题研究》,吉林大学 2009 年硕士学位论文,第 33 页。

誉的言辞进行名誉权侵权。如在“刘某德诉南通市天业律师事务所侵害名誉权案”[①]中，在双方协商解除聘用合同后，被告在双方合同关系已经解除、对原告于聘用期间表现已有评价，无证据充分佐证的情况下刊登解聘启示，认为原告“不能胜任律师职务”，“给本所的信誉造成不良的影响”，其单方评价作为解聘启示内容公之于众，足以使公众对原告做出不良猜测，降低了原告的社会评价，构成了对原告名誉权的侵害。

而在很多情形下，劳资一方可能会通过一些更为隐蔽的方式对另一方做出不公正评价甚至诋毁达到毁损名誉之目的。如在“徐某诉上海宝钢冶金建设公司侵害名誉权纠纷案”[②]中，原告系被告公司职工，经被告公司经理批准辞职。原告在求职期间多次未被录用，后发现是因在被告退工时注明“因违纪被解除劳动合同”所致。法院在审理中认为，劳动用工单位应对劳动者实施管理并对劳动者的劳动、工作情况做出客观、公正的评价，否则将有可能构成侵权。被告在与原告解除劳动合同关系后，又以徐某尚未正式办理退工手续即不来上班属于违反劳动纪律为由，再次做出解除劳动合同的决定，并在退工通知书中记载“因违纪而解除合同”，致使徐某在求职市场上存在不良记录，其行为缺乏依据并具有过错，这种不实记载是对被告劳动、工作情况的负面评价，事实上降低了对徐某的社会评价，并对其就业、求职产生了一定的负面影响，因而用工单位的侵权成立。[③]

（三）医疗纠纷中的名誉侵权

医疗纠纷中产生的名誉权毁损一般由医疗卫生单位公开患者的病情引发。对此，《名誉权解释》第 8 条明确规定，医疗卫生单位按规定通报病情，一般不构成侵权。但是医疗卫生单位及其工作人员未尽到为病人病情进行保密的义务或故意公

---

① 江苏省南通市中级人民法院(1998)通民终字第 1247 号民事判决书。

② 《最高人民法院公报》2006 年第 12 期(总第 122 期)。

③ 该案的争议在于：第一，用工单位是否有权对职工作出评价？第二，用工单位对劳动者作出不实、不良的评价，足以影响劳动者今后的就业求职和工作生活的，是否构成对劳动者名誉权的侵犯？从法院的判决中，可以看出，用工单位当然有权对职工作出评价，但其评价必须是通过合法的途径表达，且评价应做到公正。此外，用工单位故意或者过失对劳动者作出不实、不良的评价，造成劳动者名誉毁损，并影响劳动者工作生活的，亦应承担侵权责任。

开患者病情的,一般构成侵权。

在医疗纠纷引发的名誉权纠纷中,由于医疗卫生单位一般都按照相关程序和规定进行医疗普查或通报特定的病情,因而由其承担责任的情形并不多。如在“朱雀饭店诉西安医科大学第一附属医院身体普查行为侵害名誉权纠纷案”①中,被告西安医科大学第一附属医院根据市、区卫生防疫部门的文件规定,对西安朱雀饭店的45 名女职工进行了普查,结果有25 名女职工被诊断患有“尖锐性湿疣”。25 名女职工去第四军医大学第一附属医院、西安医科大学第二附属医院复查,结果无一人患此病。原告朱雀饭店认为,附属医院普查有误,致使这25 名女职工的名誉和身心健康受到严重侵害,使朱雀饭店的名誉和正常工作也受到了损害,要求被告立即为朱雀饭店和25 名职工恢复名誉,退赔非法所得及赔偿经济损失。但法院认为,被告根据市、区卫生防疫部门的文件规定,组织具有主治医师以上资格的大夫对朱雀饭店女职工进行身体普查,其行为是合法的。且其既无侮辱妇女人格之故意,又未随意捏造事实,普查后也未发现有宣扬隐私或侮辱人格等不良行为,因而被告不构成侵权。

又如,在“杨某某诉第四军医大学第一附属医院对其病症无根据地诊断为怀疑艾滋病病毒感染侵犯名誉权案”②中,原告杨某某对被告第四军医大学第一附属医院在治疗过程中怀疑其患艾滋病,遂通告其单位并按国家规定逐级上报,后经鉴定不是艾滋病,原告以名誉权受侵害为由要求赔偿损失。一审判决支持原告诉求,但二审法院认为,第四军医大学第一附属医院对杨某某疾病的检查、诊断、治疗和按规定逐级上报是履行正常的医疗职责的行为,也是对患者和社会负责。樊某某在杨某某病危的情况下,向其所在单位有关领导及其亲属通报初诊病情,并未向其他人散布。第四军医大学第一附属医院及樊某某的行为是正常的医务活动,没有违反有关法律、法规和规章制度,事实上不存在侵害杨某某名誉权的问题,故改判被告不构成

① 参见最高人民法院中国应用法学研究所编:《人民法院案例选 · 民事卷》(1992 ~ 1999 年合订本),中国法制出版社 2000 年版,第 752 页。

② 参见最高人民法院中国应用法学研究所编:《人民法院案例选 · 民事卷》(1992 ~ 1999 年合订本),中国法制出版社 2000 年版,第 807 页。

侵权。①

（四）特定职业行为的名誉侵权

在特定职业行为造成的名誉权侵权情形中，尤以律师行业的职业行为引发纠纷的情况较多。但因为律师接受代理人的委托，或进行法律调查，或起草、发布法律文书时，一般都会按照职业行为要求进行，所以相关判例通常都会支持从事合法职业的行为不会构成侵权。如在“顾某某诉林某芳侵犯名誉权案”②中，被告林某芳在非讼代理中为调查取证，拿取原告的作业本去做鉴定，后返还并说明真实情况。原告顾某某认为在其同学中造成不良影响，侵犯其名誉权。法院认为被告的行为属于律师的正当职务行为，不构成名誉侵权。③

又如，在“清华染织公司诉香港协营公司、原花都市新华镇法律服务所向其客户散发终止业务来往侵害名誉权案”中，原告清华染织公司与被告香港协营公司在合作经营过程中发生纠纷，被告香港协营公司委托被告原花都市新华镇法律服务所向其客户散发终止业务来往的函件，造成原告停产。原告诉请停止侵害、赔礼道歉、赔偿损失，得到一审、二审支持，后经再审，再审法院认为，香港协营公司委托法律服务所所发函件中提及的内容与广东审计师事务所的查账报告中反映的清华染织公司的账目状况基本一致，该函在文字上不存在诋毁、诽谤清华染织公司的名誉，协营公司的行为不构成侵害清华染织公司的名誉权。原一审、二审判决认定香港协营公司与法律服务所恶意串通，共同侵害清华染织公司的名誉权，判决香港协营公司赔偿清华染织公司的损失，原花都市新华镇法律服务所承担连带赔偿责任不当，依法予

---

① 该案中的一个细节应引起注意，那就是患者所在单位的领导在职工大会上公开宣布了医院通报的病情，故而导致患者患病的消息得到广泛传播。因此，该案中如患者起诉该单位领导，那么可以认定该领导有主观的过错、有侵权的行为、侵权结果发生、行为与结果之间因果关系成立，该领导应承担名誉权侵权之责任。

② 参见最高人民法院中国应用法学研究所编：《人民法院案例选 · 民事卷》（1992～1999 年合订本），中国法制出版社 2000 年版，第 827 页。

③ 该案的一个焦点问题是，律师在非讼业务中的调查取证鉴定行为是否超越了其职权，对此笔者认为，律师的业务包括接受非诉讼事件当事人的委托，提供法律帮助。同时，被告取走原告的语文抄写本进行鉴定，属于民事代理中的取证行为，并非刑事意义上的侦查行为。因而，被告的行为没有超越职权，属于正当职务行为。

以纠正，故撤销一审、二审，驳回原告诉讼请求。①

但若律师从事特定职业行为时未尽合理审查之义务，造成其发布的声明、公告等内容与事实严重不符的，亦有可能承担侵权之连带责任。如在“李某平诉南京艺术学院、江苏振泽律师事务所侵害名誉权纠纷案”②中，原告与被告南京艺术学院约定原告自主经营艺术培训中心，被告南京艺术学院聘任其为副主任，后原告一直以该身份对外签订合同。后被告江苏振泽律师事务所律师以受委托名义发表声明称，原告未经授权使他人认为原告系行骗。法院认为被告南京艺术学院、江苏振泽律师事务所发布的律师声明内容与事实不符，造成原告李某平社会评价的降低，属于捏造事实公然丑化他人人格，损害他人名誉，构成对李某平名誉权的侵犯。而被告江苏振泽律师事务所接受被告南京艺术学院的委托发布涉案律师声明未尽其必要的审查义务，侵犯他人名誉权，应承担连带责任。

① 参见最高人民法院中国应用法学研究所编：《人民法院案例选·民事卷》（1992～1999年合订本），中国法制出版社2000年版，第837页。

② 《最高人民法院公报》2008年第11期（总第145期）。

专题二十三　回　应　权

本专题撰写人：王利明

【《民法典》及相关法律法规的新规则】

《民法典》第 995 条

人格权受到侵害的，受害人有权依照本法和其他法律的规定请求行为人承担民事责任。受害人的停止侵害、排除妨碍、消除危险、消除影响、恢复名誉、赔礼道歉请求权，不适用诉讼时效的规定。

《民法典》第 1028 条

民事主体有证据证明报刊、网络等媒体报道的内容失实，侵害其名誉权的，有权请求该媒体及时采取更正或者删除等必要措施。

【规则由来】

在《民法典》编纂前，2001 年颁布的国务院《出版管理条例》第 27 条对更正与答辩权作出了具体规定："出版物的内容不真实或者不公正，致使公民、法人或者其他组织的合法权益受到侵害的，其出版单位应当公开更正，消除影响，并依法承担其他民事责任。报纸、期刊发表的作品内容不真实或者不公正，致使公民、法人或者其他组织的合法权益受到侵害的，当事人有权要求有关出版单位更正或者答辩，有关出版单位应当在其近期出版的报纸、期刊上予以发表；拒绝发表的，当事人可以向人民法院提起诉讼。”这里的答辩权实际上就是回应权。《民法典》第1028条虽然没有明确使用“回应权”这一表述，但该条采取“等必要措施”这一表述，可以认为其包括了回应权。

【规范意旨】

回应权是适应互联网特别是自媒体时代网络话语权下沉，网络虚假信息、网络暴力大量出现的现象，在法律上采取的一种必要措施。通过由受害人在发布信息之处作出回应，有利于保障公众获取真实信息，及时化解风险，预防损害的发生和扩大，并充分保护受害人人格权益。回应权的行使仅针对事实有误或信息不全、信息不公正等情形，回应应当在发布原不实信息的报刊、网络等媒体上，回应权在性质上属于人格权请求权，是《民法典》第995条关于排除妨碍、消除影响请求权的具体化，也是依法管网、治网的一项重要举措。

【典型案例】

案例一：“邓某与四川消费质量报传媒有限公司、四川省乐山市工商行政管理局、乐山广播电视台名誉权纠纷案”

2000年5月25日，四川省乐山市工商局对全市范围内经销“金盾”品牌服装的部分商店进行了突击检查，乐山广播电视台、四川消费质量报传媒有限公司分别派记者参加了此次行动中乐山市市中区片区的检查，并进行了跟踪采访。四川省乐山市工商行政管理局在检查邓某经营的“名店坊”时，以邓某涉嫌经销假冒“金盾”品牌服装为由，扣留了邓某经营的长袖衬衣2件、短袖衬衣25件，共27件（含样品4件）。2020年5月27日，金盾公司向四川省乐山市工商行政管理局出具鉴定书一份，载明上述扣留封存的邓某的“金盾”品牌服装纯属假冒“金盾”品牌产品。当日，四川省乐山市工商行政管理局将该结论电话告知乐山广播电视台与四川消费质量报传媒有限公司。此后，因邓某对该鉴定意见有异议，要求重新鉴定。2020年5月29日，金盾公司技术人员再次对扣留的衬衣进行鉴定，并口头答复为真品。2020年

5月30日，四川省乐山市工商行政管理局向邓某出具了一份说明，载明扣留时装为旧款式正品、解除扣留，但未将此情况向乐山广播电视台和四川消费质量报传媒有限公司说明。

2000年6月6日，四川消费质量报传媒有限公司在《消费质量报》第二版以《乐山市“金盾”打假，“名店坊”涉嫌被查》为题，报道了2020年5月25日工商行政管理部门检查的经过，文章中提及了在邓某经营的“名店坊”检查时执法人员受阻的情况，对衬衣是否假冒，文章未作结论，只称作“涉嫌假冒”。2020年6月7日，乐山广播电视台以新闻的形式，由播音员口播及显现字幕，报道了《我市开展名牌服装专项打假行动》一文，并配合了在乐山市中区检查时拍摄的镜头。2020年6月8日，邓某以被查服装系真品为由要求乐山广播电视台停播上述新闻，乐山广播电视台于当天停播。2020年8月10日，金盾公司以书面形式函告四川省乐山市工商行政管理局：2000年5月29日下午5时，在四川省乐山市工商行政管理局公平交易科办公室对其所扣“金盾”品牌衬衣进行了鉴定，……乐山名店坊业主邓某长袖衬衣2件、短袖衬衣25件全部是真品……根据工商部门提议，现以书面形式对2020年5月29日鉴定进行补充，即业主邓某销售的“金盾”品牌衬衣系金盾公司提供，特此说明。2020年8月17日，四川消费质量报传媒有限公司在《消费质量报》第二版“回音”栏目，以《“老子”不识“儿子”，金盾举报失误，乐山名店坊叫苦不迭》为题，报道了因金盾公司的失误，造成原认定为“纯属假冒”，后又鉴定为真品的局面，对邓某经营的涉嫌假冒的服装，在文章中载明经金盾公司书面证实是真品。2000年9月11日，邓某以四川省乐山市工商行政管理局、乐山广播电视台、四川消费质量报传媒有限公司侵害其名誉权为由提起诉讼。

该案由四川省乐山市市中区人民法院于2002年1月21日作出(2000)乐中民初字第85号民事判决，认定四川省乐山市工商行政管理局作为不实新闻材料的提供者，应当承担侵权之责；四川消费质量报传媒有限公司在得知邓某经营服装系真品的材料后以“回音”方式说明了经工商行政管理部门调查证实为真品的情况，因此，其报道是客观真实的且履行了更正义务，无侵权行为；四川乐山广播电视台的相关新闻报道系根据四川省乐山市工商行政管理局提供的材料及审核意见播出的，其主观上无过错，但其新闻报道客观上给邓某造成了不良影响，应对播出的新闻予以更正。邓某不服一审判决并提起上诉,但因其未按通知的期限预交二审案件受理费,按自动撤回上诉处理。后经四川省乐山市市中区人民法院审判委员会讨论决定,该院于2014年4月1日作出(2010)乐中民监字第3号民事裁定,进入再审。四川省乐山市市中区人民法院于2015年5月28日作出(2014)乐中民再字第1号民事判决。上诉人四川消费质量报传媒有限公司、上诉人四川省乐山市工商行政管理局均不服(2014)乐中民再字第1号民事判决,向四川省乐山市中级人民法院提起上诉。

针对乐山广播电视台,法院认为,乐山广播电视台的新闻报道虽然文字稿件内容不涉及"名店坊"和邓某字样,但在"金盾"服饰专项打假行动的报道中反复出现"名店坊"及其工作人员的镜头,"名店坊"又恰好是一间经营"金盾"服饰的商铺,足以令观众产生"名店坊"售假的误解。新闻媒体对于行政机关职权行为的合法性、所涉内容的真实性,不负有审查义务,乐山广播电视台相信四川省乐山市工商行政管理局关于"名店坊"售假的书面通知并无过错,该报道虽然足以令观众产生误解,但乐山广播电视台如实报道四川省乐山市工商行政管理局的打假行动不应当认定为侵害"名店坊"名誉权。其后,乐山广播电视台接到四川省乐山市工商行政管理局的更正通知但拒不作出更正报道,致使"名店坊"的名誉受到损害,这一行为应当认定为侵害"名店坊"名誉权。

针对四川消费质量报传媒有限公司,法院认为,四川消费质量报传媒有限公司接到四川省乐山市工商行政管理局告知的"名店坊"售假信息后,作出的《乐山市"金盾"打假,"名店坊"涉嫌被查》的报道,虽然足以令读者产生"名店坊"售假的误解,但因为四川消费质量报传媒有限公司依法对四川省乐山市工商行政管理局提供的打假信息不负有审查义务,故该关于售假问题的报道不属于侵害"名店坊"的名誉权。但是,四川消费质量报传媒有限公司在该报道中用了大量篇幅描述打假的过程,称邓某及其店员实施了大量谩骂、耍赖、狡辩、恐吓之类言行,该事实除民警鄢某的证言外,没有其他证据证实,而鄢某当时是否在事发现场,双方当事人各说不一,四川消费质量报传媒有限公司主张该事实存在又不能提交鄢某的在场证据,应承担举证不能的不利后果。邓某主张该报道使用的照片存在修改和丑化,四川消费质量报传媒有限公司不能提供照片底片进行比对,也应承担举证不能的不利后果,故应认定该报道关于邓某及“名店坊”其他店员言行的描述不具有真实性，对“名店坊”进行了贬损性评价。根据1997年2月1日起施行的《出版管理条例》第27条第1款之规定：“出版物的内容不真实或者不公正，致使公民、法人或者其他组织的合法权益受到侵害的，其出版单位应当公开更正，消除影响，并依法承担其他民事责任。”四川消费质量报传媒有限公司的这一报道既不真实也不公正，应当认定为侵害“名店坊”的名誉权。①

该案也侧面反映了，承认回应权有其实践意义。回应权有助于及时化解纠纷，避免因终局确证事实导致的时间拖延。媒体待当事人提出异议和初步证据时即应当发布其回应，避免对当事人的名誉造成进一步的损失。

案例二：“洪某诉刘某、某报社名誉权纠纷案”

刘某系“狼牙山五壮士”所在连连长之子，于2015年撰写案涉文章，某报社分社在网络平台上以《心声｜“狼牙山五壮士”所在连连长的儿子为捍卫英雄名誉写的一封公开信》为标题予以发布。某报社主办的杂志对上述文章略作修改后发布了标题为《狼牙山五壮士所在连连长之子刘某写给勇敢捍卫狼牙山五壮士名誉权的同志们的信》的文章。洪某认为，案涉文章中有对其侮辱、诽谤的言论，严重侵犯其人格尊严和名誉权，遂提起本案诉讼，请求判令刘某、某报社立即停止侮辱诽谤、删除侵权言论，在相关媒体上公开道歉，赔偿精神损害抚慰金。

北京市海淀区人民法院一审认为，洪某发表在先的《小学课本〈狼牙山五壮士〉有多处不实》《“狼牙山五壮士”的细节分歧》两篇文章，引导读者对“狼牙山五壮士”英勇抗敌事迹和舍生取义精神质疑，从而否定基本事实的真实性和矮化“狼牙山五壮士”的英雄形象，与社会主流价值观念和历史共识相违背。刘某撰写案涉文章，某报社予以发表是对洪某文章的回应和批评，主要目的是消除洪某在先言论的不良影响，维护“狼牙山五壮士”的英雄形象，维护社会公共利益。因此，刘某、某报社未侵犯洪某名誉权，判决驳回洪某的全部诉讼请求。北京市第一中级人民法院二审判决

① 参见四川省乐山市中级人民法院(2015)乐民再终字第2号民事判决书。

驳回上诉，维持原判。①

【理论阐释】

我们已经进入自媒体时代，各种微信公众号、微博账号、百家号等自媒体平台为人们耳熟能详，通过自媒体编辑、创作、发布或转发各种消息也变得极为便利。自媒体大大削减了信息传播的成本，大幅提升了信息流通的效率，“人人都可为记者”，这也为信息的开发利用提供了广阔的前景，甚至在传播领域产生了革命性的变革。②但在自媒体话语权下沉过程中，缺少严格把关的内容越来越多，各种自媒体推送的内容泥沙俱下，充斥许多不实信息和侵害他人合法权益的信息；③同时，由于自媒体受众广泛，内容一旦发布便可无数次被下载或转发，甚至迅速发酵，损害后果如滚雪球一般迅速扩大，可能导致难以弥补的损害。④ 在这一背景下，应建立必要的法律制度以防范自媒体发展中所伴随的权益侵害问题。

回应权制度普遍成为平衡报道自由和他人合法权益保护的重要手段。所谓回应权，又称申辩权，是指在被报道人认为媒体报道的事实与真实情况不符时，所享有的在报道该事实的媒体上自我声明、澄清事实以进行回应的权利。⑤ 我国《民法典》第1028条明确规定了更正权和删除权，赋予了民事主体请求媒体更正或删除失实报道的权利，但并未明确规定权利人的回应权。而在自媒体时代，确有必要通过赋予潜在的受害人回应权的方式，从而发挥自我保护、预防损害、及时化解纠纷等功能。据此，笔者拟对自媒体时代的回应权谈一点粗浅的看法。

---

① 参见最高人民法院《涉英烈权益保护十大典型案例》，2022年12月8日发布。

② See Shayne Bowman & Chris Willis, *We Media: Hoiv Audiences Are Shaping the Future of Neivs and Information*, The Media Center at the American Press Institute, 2004, p. 7 – 10.

③ 参见孙海龙：《数字新闻生产报道中信源引用面临的挑战与调适》，载《西南政法大学学报》2021年第2期。

④ 参见左亦鲁：《假新闻：是什么？为什么？怎么办?》，载《中外法学》2021年第2期。

⑤ See John Hayes, *The Right to Reply: A Conflict of Fundamental Rights*, 37 colum. J. L. & Soc. Probs. 551 (2004).

一、自媒体时代回应权的功能定位

从比较法上看,回应权最早由法国在 1822 年的《新闻法》中确立,其被称为“反驳权制度”,而后该制度又被 1881 年 7 月 29 日的《出版自由法》予以规定,并被认为是保护隐私等权利的重要方式。① 法国法关于回应权的规定对其他国家产生了影响,有些国家的立法也相继移植了法国法关于回应权的规定。例如,1983 年修订的《瑞士民法典》在第 28g – 281 条规定了“回应权制度”,并在第 28g 条增设了回应权的例外排除规则,即对于公权力机关举办的公共活动的如实报道,参与该活动的被报道人不享有回应权。同时,瑞士法还对回应权的行使规则作出了细化规定,如规定当事人只能通过简洁的方式针对有异议的事实进行回应,如果当事人的回应违背事实、违反法律或者公序良俗,则相关媒体有权拒绝其回应请求。② 在德国法的人格权保护(尤其是名誉权的保护)的司法实践中,大量采用了更正请求权和撤回请求权。更正请求权和撤回请求权的请求权基础既可以是侵权损害赔偿意义上的恢复原状,也可以是类推适用《德国民法典》第 1004 条。③ 与不作为请求权相同,更正请求权系非财产性请求权;与不作为请求权指向未来的不法行为不同,更正请求权指向的是在过去已经出现且还在持续的妨害。④ 但是,这些规则都与回应权存在显著的区别。从比较法上看,许多国家的新闻法,如丹麦、芬兰、泰国等,都对更正与答辩权作出了规定。⑤

在国际公约层面,联合国的《国际更正权公约》第 2 条规定:“一缔约国如认为经另一缔约国或非缔约国之通讯员或新闻社自一国传至他国而发表或传播于国外之新闻稿为虚构或歪曲,足以妨害该国与其他国家间之邦交或损害其国家威信或尊严

---

① 参见[日]五十岚清:《人格权法》,[日]铃木贤、葛敏译,北京大学出版社 2009 年版,第 212 页。

② 参见[日]五十岚清:《人格权法》,[日]铃木贤、葛敏译,北京大学出版社 2009 年版,第 214 页。

③ Vgl. Rixecker, in: Münchener Kommentar BGB, Band 1, 7. Aufl., 2015, Anhang zu § 12 Rn. 255; Hager, in: Staudinger Kommentar BGB, § 823 Rn. C271; Tillmanns, in: Götting/Schertz/Seitz, Handbuch des Persönlichkeitsrechts, 2. Aufl., 2019, § 49 Rn. 2.

④ Vgl. Tillmanns, in: Götting/Schertz/Seitz, Handbuch des Persönlichkeitsrechts, 2. Aufl., 2019, § 49 Rn. 4 f.

⑤ 参见《法国新闻自由法》第二章第二节,《丹麦新闻法》第 9 条、第 10 条,《芬兰新闻自由法》第 25 条,《泰国新闻法》第 40 条至第 43 条,《塞内加尔新闻刊物和记者职业法》第一篇第三章第三节。

时,得向此种新闻稿发表或传播所在领土之缔约国提出其所知之事实(此后简称'公报')。同时应将公报抄本一份送达有关通讯员或新闻社,以便该通讯员或新闻社更正该项新闻。"这一规定同样具有回应权的性质,只不过权利主体是作为国际公法主体的各缔约国,但这也表明,回应、更正权在国际层面具有广泛的共识。

我国相关规范性文件中也对回应权有所涉及。例如,1999 年新闻出版署颁布的《报刊刊载虚假、失实报道处理办法》第 3 条规定:"报纸、期刊刊载虚假、失实报道和纪实作品,致使公民、法人或者其他组织的合法权益受到侵害的,当事人有权要求更正或者答辩,有关出版单位应当在其出版的报纸、期刊上予以发表;拒绝发表的,当事人可以向人民法院提起诉讼。"此处所说的"答辩"就是指回应权。同时,我国《出版管理条例》第 27 条第 2 款规定:"报纸、期刊发表的作品内容不真实或者不公正,致使公民、法人或者其他组织的合法权益受到侵害的,当事人有权要求有关出版单位更正或者答辩,有关出版单位应当在其近期出版的报纸、期刊上予以发表;拒绝发表的,当事人可以向人民法院提起诉讼。"我国上述规范性文件虽然也涉及回应权,但其效力位阶较低,其发挥作用的空间也因此受到了严格限制;同时,从上述规范性文件的规定来看,其主要适用于报纸、期刊等传统纸质媒体,而现在信息传播已经突破了纸质媒体的界限,互联网媒体尤其是大量的自媒体日益发达,上述规定也难以有效应对这一信息传播方式的变化。因此,在自媒体时代,法律应当在总结上述立法经验的基础上,对回应权制度作出更为全面的规定。

当然,回应权产生之时并不存在自媒体,回应权也并非针对自媒体而设,但在自媒体时代,回应权又确能够发挥其独特功能。从我国民法典的相关规定来看,虽然没有明确规定回应权,但可以从中解释出《民法典》已经承认了回应权。《民法典》第 1028 条规定:"民事主体有证据证明报刊、网络等媒体报道的内容失实,侵害其名誉权的,有权请求该媒体及时采取更正或者删除等必要措施。"按照立法机关的解释,该规定即来自《出版管理条例》第 27 条第 2 款。[①] 而《出版管理条例》的规定中包括了回应权。鉴于《民法典》第 1028 条规定采取了"更正或者删除等必要措施"的

① 参见黄薇主编:《中华人民共和国民法典解读 - 6 - 人格权编 · 侵权责任编》,中国法制出版社 2020 年版,第 167 页。

表述,可以从中解释该条规定承认了回应权。① 一方面,从文义解释来看,“等必要措施”表明,该条规定采取开放性的表述,不限于更正或者删除措施,应当可以包括回应权。另一方面,按照体系解释,在解释“等”的含义时,可以采取同类解释规则方法,即如果法律上列举了具体的人或物,然后将其归属于“一般性的类别”,那么,这个一般性的类别,就应当与具体列举的人或物属于同一类型,而与更正或者删除最相类似的方法就是回应权。

回应权不仅为《民法典》第1028条所承认,而且可以包括《民法典》第995条所规定的人格权请求权之中,该条规定:“受害人的停止侵害、排除妨碍、消除危险、消除影响、恢复名誉、赔礼道歉请求权,不适用诉讼时效的规定。”回应权实际上就是该条所规定的排除妨碍、消除影响请求权的具体化,可以为排除妨碍、消除影响请求权所涵盖,在权利行使的效果上,最终仍然表现为实现消除影响、恢复名誉等效果。由于权利人可以通过行使回应权,消除因为不实信息可能带来的名誉等人格利益的损害,因而回应权可以作为人格权请求权,并依附于人格权、有效保护人格权。可见,回应权既是一种保护人格权的有效方法,也是一种重要的人格权救济方式。相较其他救济方式而言,回应权在人格权保护中具有不可替代的制度功能。赋予受害人回应权利的主要目的在于使权利人在发现相关报道失实后,能够迅速针对不实事实作出澄清,消除相关报道可能产生的不良后果。② 尤其是在自媒体迅猛发展的今天,回应权所具有的独特功能显得尤为重要,具体而言,回应权的独特功能主要体现在以下几个方面。

(一)自我保护功能

如前所述,进入互联网时代,由于自媒体时代话语权的急剧下沉,导致媒体推送的信息可能夹杂大量不实甚至侮辱诽谤的言论。除一些明显的诽谤言论外,还存在大量看起来可能似是而非、真假难辨的言论。而许多自媒体采取“流量至上”的经营

---

① 参见岳业鹏:《论作为名誉损害救济方式的回应权——兼评〈出版管理条例〉第27条第2款规定》,载《北方法学》2015年第5期。

② Vgl. Ursula Kerpen, Das Internationale Privatrecht der Persönlichkeitsrechtsverletzungen-Eine Untersuchung auf rechtsvergleichender Grundlage, 2003, S. 134.

模式,为追求流量,可能不会审查所推送的信息是否失真,但对于大量面临“信息茧房”障碍的读者来说,一般不会去思考和辨别言论的真伪,即便有疑虑也难以去辨别。[①] 所以,在实践中盲从盲信的情形较多。即便是诽谤言论,因为反复在自媒体转载和阅读,很容易产生“谎言重复一千遍就成为真理”的效果。而回应权的特征恰恰能够非常有针对性地遏制自媒体时代的侵权行为,具体而言:

一方面,回应权的及时性对于自媒体时代侵害后果的迅速扩大具有有效抑制作用。如前所述,在自媒体时代,一旦发生侵权,就可能瞬间发酵,造成的后果也难以估计,如果当事人通过诉讼的方式解决纠纷,不仅耗费精力,而且时间较长,即使拿到胜诉判决,相关的损害后果可能也已经难以弥补。例如,某微信公众号推送文章,指责某企业的产品不合格,如果该企业通过诉讼解决纠纷,在经历漫长的诉讼环节后,其产品可能已经下架,甚至被大量退货,损失也已难以挽回。但如果允许该企业行使回应权,对不存在产品不合格现象进行说明,则可以有效防止损害的扩大,避免误会或者谣言的传播。尤其是对网络谣言来说,由于网络环境对信息的传播具有一种无限放大效应,因此,行为人在实施网络暴力之后,相关的损害后果可能会不断蔓延,损害后果也可能被无限扩大;加上“信息茧房”现象的出现,相关的损害后果也很容易迅速发酵。[②] 针对网络谣言,如果允许权利人借助回应权立即回应,及时澄清事实,则可以迅速平息相关事件,从而有效抑制网络谣言以及网暴后果的扩大。

另一方面,回应权的针对性可以精确地避免错误信息的传播。在传统的司法救济手段中,除程序烦琐、时间漫长外,即便受害人最终获得了胜诉判决,起初听信不实言论者也未必会知晓该判决内容;即便是判决行为人赔礼道歉等,也会因为渠道不同难以与不实消息的受众完全匹配。因此,传统的损害救济手段在受众的针对性上存在一定的缺陷。俗话说,“造谣一张嘴,辟谣跑断腿”。而在辟谣的过程中,在网络环境下,最具有针对性的辟谣渠道恰恰是不实信息的发布渠道。权利人只有及时自证清白,有效回应相关的争议,才能避免误导,而回应权则赋予了遭受错误报道的受害人及时“自证清白”的权利;同时,借助回应权这一权利人不可或缺的自我保护

---

① 参见王若冰:《〈民法典〉视角下网络虚假信息的规制》,载《当代法学》2021 年第 6 期。

② See CR Sunstein, *On Rumors: How Falsehoods Spread, Why We Believe Them, and What Can Be Done*, Princeton University Press, 2014, p. 28 – 32.

机制,权利人有权在相关的报刊等媒体发布澄清声明,从而能够在最精准的范围内澄清事实的真相,这对于防止损害的扩大和蔓延具有重要意义。

(二)预防功能

在自媒体时代,每天在自媒体平台推送的信息成千上万,大量的不实信息夹在其中,这些信息不仅会误导公众,导致对受害人的名誉等人格利益的损害。侵权行为一旦借助自媒体完成,不实信息将随着信息的传播被瞬时发布给数量众多的读者,并迅速扩散、广泛传播,其所造成的侵权后果是难以估量的,甚至是不可弥补的。与影响范围的广泛性相伴随的就是损害后果的严重性。因为随着信息传播,侵害行为可能瞬间"发酵",损害结果急剧扩张,与一般的损害相比,此种损害的产生具有明显的即时性和难以遏制性。而且这些信息一经发布,删除信息十分困难,损害后果往往难以消除。尤其是在自媒体时代,许多不实信息一旦发酵,就可能形成网络暴力。在实践中,从造谣某杭州女子取快递出轨致其患上抑郁症,到寻亲男孩刘某受到网络暴力而自杀,都可以看出网络暴力对受害人所造成的严重损害。在互联网、自媒体时代,网络暴力呈现日益加剧和增长的趋势,其不仅侵害了公民的人格权益,而且容易给社会稳定造成系统性危险,可以说已经成为一种"公害"。虽然受害人可以通过诉讼等方式获得救济,但毕竟难以产生事先预防的效果。

回应权的预防功能,主要体现在其能够及时阻断相关不实信息的传播,通过及时的回应,可以避免或者防止人格权侵权的发生或者扩大。从功能上讲,回应权与诉讼法中的诉前行为保全存在相似之处,两者都是在有证据证明可能存在侵害行为,存在一旦侵害发生将导致难以弥补损害的风险的情形下适用。通过回应权的行使可以尽可能避免或者消除后续可能发生的名誉权侵权行为所带来的不可挽回的影响。对于互联网时代的名誉权侵权来说,侵权门槛极低、对受害人名誉的恢复往往如覆水难收,如果受害人能够及时回应,则可以有效避免损害的产生或扩大。

(三)及时化解纠纷功能

在互联网、自媒体时代,对平等主体之间的侵权不实信息行为,应该采取多元化纠纷解决机制,不能一概寄希望于通过诉讼加以解决。面对自媒体侵权,受害人面临维权成本高、维权难的困境。无论是侵权证据的收集,还是诉讼程序的开启,对受害人来说均需要花费相当的时间和金钱,而且事后的救济有时难以有效弥补对受害人所造成的伤害。如果自媒体侵权纠纷都涌入法院,不仅效果不佳,而且将会使法院不堪重负。更何况,有些受害人也不愿意提起诉讼,因为一旦起诉,很可能就会成为舆论的焦点,反而会使矛盾激化。因此,充分发挥多元化的纠纷解决机制的功能是应对自媒体时代侵权纠纷的必要手段。

而在多元化的纠纷解决机制中,回应权的行使便是一种可行的方法,其有利于减少人格权纠纷。① 因为,一方面,通过及时回应,使公众获取真实信息,了解事实真相,避免盲从盲信,从根源上阻断不实信息的传播,甚至可以防止不实信息的发酵、升级为网络暴力,从而以较小的维权成本化解纠纷。这对于恢复受害人良好的声誉可能更为有效。② 另一方面,权利人行使回应权,表明其具有维权的强烈要求,也向对方传递了如果继续传播不实信息将承担法律责任的信号。如果对方自知理亏,不再发布或传播,则纠纷可就此了结;如果对方继续传播,权利人也可以采用诉讼方式主张权利。此外,回应权制度要求媒体刊登被报道之人的答辩文章,最大限度地缓和了可能引发的名誉侵权纠纷,缓解了媒体应对诽谤诉讼的压力,③因而成为解决新闻活动中相关冲突的"缓冲阀"。④ 总之,行使回应权与自媒体时代侵权的特征、传播规律相吻合,如果能通过回应权及时介入和阻断,相较事后的救济而言对化解纠纷更有利,对受害人的保护也更加充分,同时也不会构成对表达自由的过分限制。

(四)保障公众获取真实信息的功能

新闻必须真实,但失实报道却可谓与生俱来。由于缺乏有效的外部监督与制

---

① Vgl. Ursula Kerpen, Das Internationale Privatrecht der Persönlichkeitsrechtsverletzungen-Eine Untersuchung auf rechtsvergleichender Grundlage, 2003, S. 134.

② See Neethling. JM Potgieter & PJ Visser, *Neethling's law of personality*, LexisNexis South Africa, 2005 p.221.

③ 参见岳业鹏:《论作为名誉损害救济方式的回应权——兼评〈出版管理条例〉第27条第2款规定》,载《北方法学》2015年第5期。

④ 参见陈力丹:《更正与答辩——一个被忽视的国际公认的新闻职业规范》,载《国际新闻界》2003年第5期。

约,再加上自媒体运营者以个人运营为主,不同运营主体的能力和素质良莠不齐,又不受媒体行业职业伦理规范的约束,使自媒体推送内容的制作与发布完全出于运营者的主观偏好、个人的利益判断,这显然不同于传统书报杂志、广播电视等媒体在发布信息时需要经过内部的审核把关、秉持客观公正的新闻伦理的特点。自媒体运营的诸多乱象,如借助微信公众号发布虚假不实信息、侮辱诽谤他人、贬损他人名誉、侵犯他人隐私、网暴他人等,显然与这种不受制约、监督的话语权存在紧密关联。尤其是个别网络“大 V”动辄几百万名、上千万名粉丝,其利用自身的影响力,为了吸粉丝、博流量,今天“手撕”张三,明天攻击李四,不少观众受“信息茧房”影响,或者盲目跟从,导致网络世界难以平静。在此背景下,赋予潜在受害人回应权十分必要,这也有利于对自媒体进行合理的监督和制约,从而确保公众获取真实信息的权利。

传统媒体一般通过审核机制保障信息的真实性,而且对消息源的认定审查、把关较严格。但在自媒体时代,传统的审核机制在自媒体的运营中根本无法实现。所以,通过建立审核机制从源头上解决这个问题,显然是不现实的。与此同时,在自媒体发布的信息内容侵害国家利益、公共利益时,相应的政府机构可以采取行政措施。但是在民事权益遭受自媒体侵害时,加害人与受害人均为平等的民事主体,政府机构的公权力不宜直接介入,此时受害人获得救济往往较难。可见,通过外部力量监督或制约自媒体以确保发布信息真实存在难度。而回应权作为当事人的一项权利,其功能恰恰在于赋予受害人享有在相同自媒体进行回应,而该自媒体不得拒绝的权利。一方面,通过行使回应权,不需要外部力量的介入,即可实现对信息真实性的保障。回应完全在平等主体之间发生,并没有公权力机构介入,在一定程度上也具有防止自媒体滥用其权力的功能。① 早在 1842 年,马克思就使用“有机的报纸运动”这一概念阐述了新闻传播的特点,他认为,在有机的报纸运动下,全部事实会被完整地揭示出来。另一方面,在自媒体时代,回应权制度实现多元信息表达,有利于及时更正有关信息,因为其可使媒体受众在较短时间内获取当事人的正反两方面的陈述,从而及时消除不实报道的影响。借助回应权,报道和回应可以实现“有机的报纸

① 参见岳业鹏:《论作为名誉损害救济方式的回应权——兼评〈出版管理条例〉第 27 条第 2 款规定》,载《北方法学》2015 年第 5 期。

运动”,从而有助于及时澄清事实,消除影响,保证社会公众能够获得事实真相,对及时澄清事实显然有效。

二、自媒体时代回应权的性质界定

如前所述,在自媒体时代,通过自媒体发表各种言论甚至不实言论的成本很低,而信息的传播较迅速,所造成的后果往往也具有不可控性,因此,如何有效防止损害的发生和扩大,成为民法在自媒体时代遇到的重大挑战。也正是出于这一原因,我国《民法典》人格权编设置了专门的救济措施。虽然从《民法典》人格权编的规定来看,其并没有明确规定回应权规则,但这并不意味着《民法典》排除了该规则,事实上,从《民法典》的相关规则中可以解释出回应权制度。从《民法典》的规定可以看出,回应权是针对侵害人格权行为的一种救济措施,是排除妨碍、消除危险的一种具体体现,其在性质上也应当属于人格权请求权。

(一)回应权的性质界定

关于回应权的性质界定,可以从如下两个方面理解:一方面,其作为一种人格权的救济措施,可以包括在《民法典》第 1028 条的“等”之中。依据《民法典》第 1028 条的规定,如果报刊、网络等媒体报道的内容失实,侵害他人名誉权的,则权利人有权请求该媒体及时采取更正或者删除等必要措施。按照立法机关的解释,该条来自《出版管理条例》第 27 条的规定,该条例第 27 条实际上规定的救济形式包括更正或者答辩,而《民法典》第 1028 条仅规定了更正,没有规定答辩,鉴于该条规定来源于出版管理条例第 27 条,这意味着,可以将回应权解释进去。① 另一方面,回应与更正、删除又具有密切的联系,其都是针对名誉权遭受侵害时及时消除后果的防范措施,如果只有更正、删除,而没有回应,则并不是完整的救济措施,只有将其结合起来,才能形成完整的救济规则体系。回应权的确是名誉权固有的不可分割的内容,其与更正、删除等权利形成一个完整的整体。这是因为,更正或者删除虽然可以在

① 参见黄薇主编:《中华人民共和国民法典解读 – 6 – 人格权编 · 侵权责任编》,中国法制出版社 2020 年版,第 167 页。

一定程度上减少有关名誉权人的不实陈述。但是,在新闻媒体刊发不实信息后,这些不实信息将在社会公众之间流传和发酵。在没有确实澄清真实情况之前,社会公众还是可能轻信新闻媒体发布的不实信息。因此,应当赋予名誉权人一个回应的机会,由名誉权人本人说明相关事实的真实情况,如此才能最大限度地减少社会公众的误传与误信,从而维护名誉权人的社会评价。回应具有更正、删除不可替代的功能,同时它与更正、删除等权能共同构成维护名誉权的有效机制。当然,回应权也并不等同更正。更正权针对的是媒体的不实报道,即媒体报道明显失实、存在错误,而回应权并不当然要求媒体报道出现错误,如果权利人认为媒体属于选择性的报道、报道不公正、不全面,则其也有权作出回应,在此情形下,即便媒体报道的事实是真实的,相关权利人也有权予以回应。

需要指出的是,回应权并不同于民事责任,回应权是人格权请求权的具体形式,但是并非独立的民事责任。理由如下:一方面,《民法典》第 179 条列举了承担民事责任的主要方式,其中并不包括一种被称为"回应责任"的民事责任。同样,《民法典》第 995 条所列举的侵害人格权的民事责任中,也不包括与回应权对应的"回应责任"。因此,将回应权看作独立的、法定的民事责任,欠缺法律依据。另一方面,回应权只是表明权利人享有的权利,而并非确立义务人违反义务的责任。在性质上并非民事责任的具体化,对实施相关报道的媒体而言,只有其拒绝刊登权利人发布的相关回应内容时,才有可能产生民事责任。根据《民法典》第 1028 条的规定,民事主体有证据证明报刊、网络等媒体报道的内容失实,侵害其名誉权的,该民事主体有权请求该媒体及时采取更正或者删除等必要措施。该条款并未要求民事主体向人民法院提起诉讼以行使这些请求权。当民事主体在诉讼外行使这些请求权时,媒体实质上还没有受到该法律条款国家强制力的约束,因而媒体此时还不必承担民事责任。还要看到,回应权本身并不具有填补损害的功能,与侵权损害赔偿不同,回应权的行使并不以行为人的行为构成侵权为要件。

(二)回应权是《民法典》第 995 条关于排除妨碍、消除危险请求权的具体化

《民法典》第 995 条规定了排除妨碍、消除危险,在具体适用到人格权侵害的具体情形时,其包括了更正、删除、回应等措施。《民法典》第 1028 条主要针对名誉权

侵害的情形,但事实上,回应并不仅适用于名誉权,还适用于肖像权、隐私权等,而在肖像权、隐私权等遭受侵害时,难以适用《民法典》第1028条。在自媒体时代,只要自媒体发布的信息不公正,即便其内容不失实,也应当允许权利人回应,当然,权利人在主张回应时,应当证明相关的报道审核及其人格利益,而且存在回应的必要。笔者认为,面对网络上发布的各种不真实、不全面、不公正的信息,受害人在不能适用《民法典》第1028条行使回应权时,应当适用《民法典》第995条来解决权利人的回应问题,之所以可以适用《民法典》第995条,主要是基于如下原因:

第一,回应具有预防损害发生,防止损害扩大的功能,这也是人格权请求权的核心功能。权利人在行使人格权请求权时,既可以向行为人提出请求,也可以通过提起诉讼等方式,而在回应的情形下,并不要求相关报道的内容严重失实,这在功能上可以发挥人格权请求权的功能。在效果上,回应权可以起到独特的人格权保护效果。它是《民法典》第995条所规定的排除妨碍、消除影响的具体化。一方面,通过行使回应权,可实现排除妨碍的效果。由于网络上发布的各种不真实、不全面、不公正的信息,已经对受害人的人格权益造成"妨碍",权利人最终实现有效救济的过程较为漫长,但此时很可能已经造成了损害范围扩散的效果,通过行使回应权阻止损害后果的蔓延。与此不同,回应权的行使不需要严格按照责任成立的要求去举证证明,权利人只要相对自我确信自媒体上的言论不实,损害其人格权,就可以及时予以回应,避免损害的发生或者扩大。另一方面,可实现消除影响的效果。即通过回应权的行使,让公众评判,从而消除影响。回应涉及的是针对事实不完整的回应,而不涉及意见的表达。消除影响请求权在人格权中,其义务在不同的场景中具有不同的情形。在媒体侵权的情况下,以及在有关个人信息的处理中,应当存在一种特殊的表现形态,即更正删除以及回应权,在此种情形下,回应权只是消除影响运用到特殊场景的具体形式。

当然,权利人的回应能否真正消除误解,并不确定,如果权利人认为通过回应不能达到权利救济的目的,则其可以行使诉权。从这一意义上说,回应权是在诉讼和权利行使之间的中间阶段,如果回应能够达到权利救济的效果则仅行使回应权即可;如果达不到权利救济的效果,或者对方拒绝回应,则权利人可以提起诉讼。

第二,回应权的行使与人格权请求权的适用条件相同。一方面,此种权利行使不需要考虑过错。在人格权遭受侵害或者有遭受侵害的危险时,赋予权利人人格权请求权,并且不考虑行为人是否具有过错,有利于防止损害的发生或者扩大,更有利于人格权的保护。也就是说,只要行为人的行为影响权利人对其人格利益的圆满支配状态,权利人即有权主张人格权请求权,以消除相关的危险或者不法侵害行为,而回应权行使不需要证明行为人主观上具有过错,这显然更有利于减轻权利人的举证负担。另一方面,此种权利行使不需要证明实际损害。在法律上之所以确认人格权请求权,主要是因为在人格权遭受侵害的情形下,受害人往往面临损害举证的困难,或者难以确定损害的具体数额,必须寻求侵权损害赔偿责任之外的救济方式。在妨害人格权行使的情形下,虽然没有发生实际损害,但通过允许权利人行使人格权请求权,有利于制止损害的发生,从而达到"防患于未然"的目的。正是因为上述原因,人格权请求权的行使并不要求损害已经实际发生,在人格权益遭受损害时,权利人即可以要求行为人消除危险;而在行使回应权时,权利人只需要证明平台发布的信息不完整、不真实、不公正,即可以要求在该平台上作出回应,并不需要证明实际损害,这也与人格权请求权的适用条件相同。

第三,从适用范围上看,回应权不仅适用于名誉权的保护,还可以适用于对其他人格权益的保护。关于回应权的定位,作为一种私法上的权利,其应当是人格权保护的手段和机制。传统上,一般将回应权作为保护名誉权的特殊方式,即将回应权解释为《民法典》第1028条中"等必要措施"的组成部分。但如果回应权仅适用于名誉权的保护,还很难说是一种人格权请求权,只是名誉权的保护方法。事实上,回应权不仅可以保护名誉,而且具有保护隐私、肖像以及个人信息等人格权益的功能。例如,行为人在自媒体中披露权利人的相关个人信息,但披露的内容不真实、不全面、不完整,在此情形下,权利人应当有权作出回应,此种情形虽然也可能涉及名誉,但权利人回应的主要目的是将其个人信息表达完整。再如,行为人在某媒体中刊载他人的肖像,但所刊载的肖像是他人十分难堪的照片,权利人也应当有权在该媒体中作出回应,要求刊载其正常生活的照片,此时,回应权具有保护肖像权的功能。

第四,承认回应权在比较法上也有先例可循。例如,德国法将回应权作为停止侵害、排除妨碍的一种具体形式。此类请求权可以看作是排除妨害请求权的变形和具体化,此类请求权与不作为请求权相同,不作为请求权构成要件中的重点是侵害的危险,[①]即有受侵害之担忧。不作为请求权的成立,以存在人格权未来遭受侵害的具体危险为前提。[②] 因此,这种针对首次侵害风险的不作为请求权,必须以权利人正在遭受一般人格权不法侵害的严重威胁为前提,即在不远的将来明显地即将发生。[③]

总之,回应权的行使也能够达到排除妨害、消除危险的效果,可以说,回应是停止侵害、消除危险等运用于自媒体时代特殊的形式。因此,应当将回应权认定为我国《民法典》第995条所确认的人格权请求权的具体形式。

(三)回应权的行使不适用《民法典》第1195条所规定的反通知规则

所谓反通知规则,是指在权利人对涉嫌侵权内容发出通知以后,且网络服务提供者对该通知转送发帖人以后,应允许发帖人就系争信息内容向网络服务提供者提交不存在侵权行为的声明,要求网络服务提供者恢复被删除内容。《民法典》第1196条第1款对此作出了规定。回应权的行使不适用《民法典》第1195条所规定的反通知规则,理由在于:

第一,反通知规则是认定平台承担网络侵权责任的条件,其主要适用于损害赔偿责任,而在行使回应权的情形下,并不需要平台作出反通知。同时,回应可以促进多元意见的表达,而不仅起到通知的效果,反通知并不具有此种功能。如前文所述,回应权之所以是一种具有自身特点的权利,是因为其具有自我保护性,是赋予权利人与不实言论发布者对等武器的权利,因此,回应权的行使具有较高的灵活性和自主性,主动权掌握在权利人自己手里。这也是回应权作为包括名誉权在内的多种人格权内容的具体体现。而权利人根据"通知—删除"规则来实现权利救济,需要经过平台的审核以及平台采取对行为人言论更大的限制措施。但平台很可能基于商业声誉的考虑,不会轻易采取删除措施,通常只有在具有强势证据的时候才会采取此类措施。与权利人可以自主行使的回应权相比较,权利人根据"通知—删除"来实现权利保护的效果有明显不足。

---

① Vgl. Rixecker, in: Münchener Kommentar BGB, Band 1, 7. Aufl., 2015, Anhang zu § 12 Rn. 264.

② Vgl. Von Hutten, in: Götting/Schertz/Seitz, Handbuch des Persönlichkeitsrechts, 2. Aufl., 2019, § 42 Rn. 9.

③ Vgl. Rixecker, in: Münchener Kommentar BGB, 9. Aufl., 2021, Anhang zu § 12 Rn. 328.

第二,《民法典》第1196条还规定了反通知的义务,但在回应权中,不需要反通知的机制,否则将会把回应权制度复杂化。在“通知—删除”规则中,除需要权利人发出通知外,平台在决定是否采取措施时,常常还受到行为人“反通知”的影响。即便行为人构成侵权,但在通知中的证据不够充分或者反通知中提出了让平台难以判断的证据时,平台都有可能拒绝采取措施,从而让权利人难以获得及时预防损害的机会。相反,回应权的行使具有自主性,不受潜在不实言论者反通知的影响。

第三,从《民法典》第1195条的规定来看,网络服务提供者本身没有提供刊载回应的义务,因此该条款本身不能包括回应权的制度功能。回应权的重要特点在于赋予双方当事人平等言说的权利。正是通过这样一种机制,使权利人和不实言论发布者有同步实现自身主张的辩论机会。但“通知—删除”规则在很大程度上采取的是或有或无的规则,即要么是保留潜在的不实言论、原封不动,要么是直接删除涉嫌不实的言论。这样的处理方式,实际上是在司法机关作出最终的权威判断之前,让平台从实际情况和自身利益出发,选择一种对其更有利的措施。

总之,虽然《民法典》没有明确规定回应权规则,但可以将其解释到《民法典》第1028条与第995条的规则之中。就回应权的具体适用而言,如果行为人的行为仅涉及名誉权保护,则权利人可以依据《民法典》第1028条作出回应;如果行为人的行为超出了名誉权保护的范畴,则权利人可以依据《民法典》第995条请求作出回应。当然,《民法典》第1028条与第995条也可以结合适用。

三、自媒体时代回应权行使的原则

（一）回应权重要理念是平等保护人格权

回应权的重要理念在于平等,即不实信息从哪里发出,权利人就应当从哪里回应。回应权允许权利人在损害发生的地方及时作出回应,使其能够平等地利用平台,借助回应权等制度,实现信息发布或者互联网话语权的平等。在德国法中,回应请求权的意义在于确保因新闻媒体而遭受影响的主体与新闻媒体之间的武器平等。[①] 也就是说,回应请求权赋予了权利人发言权,[②]在权利人的人格权因新闻媒体的报道遭受侵害后,权利人可以行使回应请求权来保护自己的人格权。[③] 回应权作为人格权请求权,其价值理念在于维护人格尊严和完整,同时要形成一种平等对待行为人与权利人的理念,这也是其重要的价值基础。所以,回应权制度从功能上可以平等保护表达自由。[④] 主要是基于如下原因:有利于纠正话语权的失衡,给弱势的一方话语权,给其维护权利提供制度工具。在互联网时代,由于自媒体等的发展,虽然出现了话语权下沉的现象,但不同主体的话语权在客观上存在失衡的现象,不同主体所发布信息的受众范围、信息传播速度、影响范围等存在较大差别。微信公众号和网络“大V”常常获得强势话语权,处于优势地位;相比而言,受害人则处于话语权失衡、结构上不对等的明显劣势地位,这使受害人合法权益易受侵害。回应权制度就是为了纠正此种话语权的失衡现象,保障双方获得平等的地位。有观点认为,如果某一微信公众号发送了消息之后,权利人完全可以自己创建公众号,并在该公众号发布回应,而不必一定要在发布侵权信息的公众号发布。但是,发布信息的公众号与其他公众号的受众面可能是不同的,发布信息的公众号的受众面可能很广,而新的公众号可能受众较少。同样,在某一平台上发声的“大V”动辄拥有上百万名、甚至上千万名粉丝,其影响力是一般人难以企及的,所以,如果不享有在相同渠道进行回应的回应权,双方当事人仍然处于不平等的地位,也根本无法实现“武器的平等”。由同一媒体刊发回应信息,如果该媒体影响较大,更能发挥澄清误解、维护人格利益、阻止人格侵权发生的效果。[⑤] 因此,回应权既是实现人格权益保护的必要手段,也使个人可以平等地发布相关信息,避免公众过于信赖强势一方所发布的信息。当然,如果权

---

① Vgl. Rixecker, in: Münchener Kommentar BGB, 9. Aufl., 2021, Anhang zu § 12 Rn. 385; Vgl. Brose/Grau, BeckOK Informations-und Medienrecht, 34. Ed., 2021, BGB § 1004 Rn. 1.

② Vgl. Von Seitz, in: Götting/Schertz/Seitz, Handbuch des Persönlichkeitsrechts, 2. Aufl., 2019, § 43 Rn. 2.

③ Vgl. Brose/Grau, BeckOK Informations-und Medienrecht, 34. Ed., 2021, BGB § 1004 Rn. 1.

④ 参见岳业鹏:《论作为名誉损害救济方式的回应权——兼评〈出版管理条例〉第27条第2款规定》,载《北方法学》2015年第5期。

⑤ 参见岳业鹏:《论作为名誉损害救济方式的回应权——兼评〈出版管理条例〉第27条第2款规定》,载《北方法学》2015年第5期。

利人的回应中夹杂了对对方的不当评论,或有夸大或者同样不实的表述,则超出了回应权行使的合理范围,甚至可能构成权利的滥用。在此情形下,相对人有权要求更正、删除;权利人的回应行为如果侵害了他人的名誉权等权利,其也应当依法承担相应的民事责任。

需要指出的是,回应权设立的目的是保护人格权益,绝不是一般意义上为公众提供可以接近媒体的机会。美国学者杰罗姆·巴伦(Jerome Barron)提出的"接近使用媒体的权利",被认为是媒体所涉及之人应无条件或在一定条件下,要求媒体提供一定的版面允许私人免费或付费使用,使其完整表达个人意见,防止媒体被少数人垄断,平等地保护言论自由的一项权利。① 该观点认为,有的人能够接近媒体,利用媒体发布不实消息,如果该不实消息造成了受害人损害,受害人必须享有在该媒体作出回应的权利,也就是有权接近媒体,这种对等的权利实际上具有保护受害人的重大作用。② 但在自媒体时代,即便人人可以手握麦克风,但如何运用新媒体或传统媒体,并不是回应权所能解决的问题。回应权的功能并不在于保障媒体人接近媒体,而主要在于保护受害人的人格权,即在受害人的人格权受到不当影响的情形下,通过回应权保障受害人可以如同相关信息的发布人一样借助媒体表达观点。而"充分接触媒体的权利"则已经超出了平等权的范畴,从这一角度上来讲,回应权与接触媒体的权利存在区别。

(二)在发布信息之处作出回应

回应权的核心要点在于,不实信息在哪里发布,原则上就应当在哪里作出回应,采取该措施的主要理由在于:一方面,此种做法具有很强的针对性,能够及时、有效地澄清不实信息,从而更好地发挥回应权应有的制度效果;另一方面,如果权利人不在不实信息发布的平台作出回应,公众可能无法及时了解相关的回应内容,甚至会产生张冠李戴的后果,即便权利人事后通过诉讼的方式纠正了不实信息,公众也可

---

① Jerome A. Barron, *Access to the Press—A New First Amendment Right*, 80 Harv. L. Rev. 1641 (1967).

② Jerome A. Barron, *Access to the Press—A New First Amendment Right*, 80 Harv. L. Rev. 1641 (1967).

能难以及时了解事实真相,这显然难以有效遏制不实信息的不当影响。因此,权利人的回应虽然可以针对行为人,但主要是针对平台提出请求。也就是说,相关的不实信息在某个特定的平台发布后,权利人有权要求该特定的平台登载相关的回应内容,如果平台拒绝登载,则权利人有权依法请求平台承担民事责任。

回应权既可以通过诉讼方式行使,也可以通过诉讼外方式行使。如果权利人要求在平台上作出回应,但平台予以拒绝,权利人通常可以通过诉讼提出回应请求,此时,权利人可以直接根据《民法典》第995条的规定,请求平台和行为人承担排除妨害、消除影响的责任。当然,如果权利人认为,平台发布的信息已经构成侵权,也可以直接在法院提起诉讼,请求行为人或者平台承担相应的民事责任。

(三)平台负有允许权利人作出回应的义务

权利人一旦行使回应权,则平台应当负有允许权利人作出回应的义务,无法定的理由,不得拒绝。为有效制止侵权信息的发布和传播,互联网平台应当积极承担社会责任,特别是承担与其技术能力和商业经验相匹配的处置义务。我国相关法律已经对平台的相关义务作出了规定。在保障个人回应权的实现、依法遏制网络侵权信息方面,之所以要夯实平台的责任,主要是基于如下原因:

一方面,平台与单个的用户不同,其影响力更大。在互联网时代,网络信息的发布和传播依赖网络设施,这也使平台在网络环境治理中具有重要的作用。一些平台已经成为掌握关键信息的基础设施,也有一定的技术能力来应对网络侵权信息,实际上其已经是获得了一定权力的“准监管机构”和“看门人”。因此,加强平台自律,建立完善的用户个人信息、隐私保护机制,强化平台的自律监管职责,必然有助于遏制网络侵权信息的发布和传播。从实践来看,在现阶段,面对网络侵权信息,受害人采取主动回应、请求删除等自力救济的渠道并不通畅,通过诉讼维权的成本依然较高,因为诉讼维权需要花费相当的时间、物力和人力成本。因此,需要多发挥平台的自律监管责任,落实网络平台在防范网络侵权中的社会责任,这也是实现社会综合治理的必要举措。正因如此,在遏制网络侵权信息方面,平台具有明显的技术优势,相较于单个受害人而言能够更及时、有效地发现网络侵权行为,并切断网络侵权信息的传播。因此,依法治理网络侵权行为,需要依法发挥平台的预防作用。

另一方面,平台应当鼓励当事人及时回应,并为当事人回应提供便利。在互联网时代,在哪里发出的谣言信息,在哪里澄清最为合适。回应是诉讼外解决纠纷的重要机制,大量的案件通过回应就可以及时化解。但如果没有这种回应权,受害人就只能走诉讼途径,因此,在自媒体时代,针对平等主体之间的侵权信息,还是应该采取多元化纠纷解决机制,不能都通过诉讼化解纠纷。平台应当鼓励当事人及时回应,并为当事人回应提供便利。同时,即便相关的信息不是平台发布的,平台只是推送或者转发他人发布的信息,如果符合回应权的行使条件,平台也应当鼓励权利人作出回应,并为权利人行使回应权提供便利。对平台上发布已有人提出回应的言论,平台应当予以标注,以提醒公众该言论存在争议。

从实践来看,很少有微信公众号会留下有效的联系方式、联系人,这也给受害人维权带来困难。当然,要求微信公众号实名可能有些困难,但是公众号至少应该在前台留下有效的联系方式(如邮箱等),便利被侵权人及时进行回应,从而能够及时化解纠纷、解决争议。目前,有的平台已经开始引入投诉机制,针对侵犯个人权益的情形,允许受害人向平台投诉,这就为受害人提供了不同意见表达的机会。但投诉机制仍然不能代替回应,毕竟投诉只是一种内部纠纷解决机制,而回应是向社会公开回应,有利于公众了解事件真相,或者由公众判断、甄别事实真相。

四、自媒体时代回应权的行使条件

在一般情况下,就权利救济方式而言,其救济效果越强,则其适用要件就越严格。就回应权而言,其旨在预防损害扩大,并不在于事后救济,因此,救济效果并不如针对侵权的救济效果,其适用条件也应当比侵权宽松,即回应权的适用不以行为人构成侵权为条件,只要媒体的报道内容不完整、不准确即可,而不一定要达到严重失实的程度,据此,权利人在行使回应权时并不需要证明行为人的行为构成侵权,而只需要证明如下内容:一是相关信息涉及权利人;二是相关信息内容不真实、不完整、不公正,即使不构成严重失实,权利人也可以请求作出回应,其适用范围较宽泛。

(一)回应的主体:受害人

回应的主体应当为受害人。在比较法上,日本现已被废止的1909年《报纸法》

第17条曾直接规定,相关错误报道涉及的当事人以及相关人员有权请求报纸刊发纠正错误的报道或者要求刊登辩驳的文章加以回应。① 此处享有回应权的主体主要包括错误报道涉及的当事人和相关人员。笔者认为,回应权的主体应当依据报道是否可能侵害其人格权益进行判断。据此,回应权的主体应当限于受害人本人,即只有因错误报道而遭受不利影响的人才能对相关报道进行回应。当然,媒体在报道某事实时可能是直接提及相关主体姓名,也可能是间接报道某人,但可以根据报道内容间接辨认出被报道人的身份,此时,该被报道者也应当享有回应权。因此,此处的受害人并不限于直接被报道人,如果相关主体并非被报道的直接对象,但其因该报道而遭受不利影响的,也应当将其认定为受害人,其也应当享有回应权。当然,回应权人既可以自己回应,也可以委托他人进行回应。

问题在于,在被报道人死亡的情形下,其继承人能否继承该项权利?有的国家法律规定,在被报道的人已经死亡的情形下,其继承人也应当享有回应权。② 但相反的观点则认为,此种性质的权利属于不可继承的权利。③ 笔者认为,回应权作为一项人身权利,原则上无法继承,如果报道的内容不实,则被报道人的近亲属有权依法主张予以更正、删除;同时,如果行为人所发布的信息侵害了被报道人的人格利益,其近亲属也有权依据《民法典》第994条请求行为人承担民事责任。当然,被报道人的近亲属依法行使上述权利在性质上并非回应权。

(二)回应的对象:事实

回应必须是针对事实进行回应,而不是针对有关的评论进行。媒体上的事实陈述,既包括定期出版物上的事实陈述,也包括电台、电视台放送的事实陈述。④ 从比较法上来看,各国对回应权的行使对象存在不同做法,例如,在法国法上,回应权的对象既可以是信息报道,也可以是文艺评论。⑤ 有的国家仅允许当事人对事实陈述

---

① 参见[日]五十岚清:《人格权法》,[日]铃木贤、葛敏译,北京大学出版社2009年版,第214~215页。
② 参见靳羽:《域外回应权制度及其启示》,载《中共南京市委党校学报》2013年第3期。
③ Vgl. Leipold, in: Münchener Kommentar BGB, Band 11, 9. Aufl., 2022, § 1922 Rn. 184.
④ Vgl. Rixecker, in: Münchener Kommentar BGB, 9. Aufl., 2021, Anhang zu § 12 Rn. 391.
⑤ 参见[日]五十岚清:《人格权法》,[日]铃木贤、葛敏译,北京大学出版社2009年版,第213页。

部分享有回应权。[①] 但笔者认为，回应权的对象应当限于事实报道，因为事实是客观的，而评论带有主观色彩，难以判断其妥当性。所以，对明显失之偏颇的评论，可以通过人格权请求权予以救济，对于评论是否妥当并不是明确的，可以由法院判断是否构成对名誉权等权利的侵害，但对客观事实是否真伪，则很容易进行判断并作出回应。回应请求权的适用，以存在一项媒体上的事实陈述为前提，[②]即权利人以事实陈述对媒体上的事实陈述予以反驳。[③] 具体而言，回应权人对于不实的信息回应具体包括两种不同的类型：

一是信息有误。在这一情形中，报道人对事实进行了与客观事实不符的错误报道。问题在于，权利人在行使回应权时，是否需要证明报道的内容严重失实？笔者认为，一方面，权利人行使回应权并不要求其证明报道的内容严重失实。换言之，权利人在行使回应权时，仅要求其主观上认为事实有误即可，至于报道的内容客观上是否严重失实，是否会产生误导的后果等，均不是回应权行使的条件。另一方面，权利人行使回应权并不要求其证明行为人的行为造成了一定的损害后果。回应权的行使条件不同于消除影响，对消除影响而言，其后果通常较为严重，一般是造成了一定的损害后果。因为从回应权的制度功能来看，其旨在纠正不是真实报道的内容，而没有课以行为人其他的民事责任；同时，与消除影响等民事责任相比，回应权行使的后果更为轻微，与此相对应，对权利行使的要求也应当更低。

二是信息不全。除报道事实有错误外，报道事实不完整也可能侵害他人人格利益。例如，仅报道结果而不报道原因，或对某人的介绍的信息不全面，会导致社会公众产生误解，从而基于不完整的信息影响对某人的公正评价，在这些情形下都有可能对受害人产生不良影响，因而在法律上也有必要赋予受害人回应权。

三是信息不公正。这就是说，一些平台在推送信息时可能采取夹叙夹议的报道方式，或者含沙射影，或者夸大成分，虽然事实真实，但结果对受害人不公正。在此

---

① 参见《汉堡新闻法》第 11 条、法国《新闻自由法》第 13 条，参见靳羽：《域外回应权制度及其启示》，载《中共南京市委党校学报》2013 年第 3 期。

② Vgl. Von Seitz, in: Götting/Schertz/Seitz, Handbuch des Persönlichkeitsrechts, 2. Aufl., 2019, § 43 Rn. 23.

③ Vgl. Rixecker, in: Münchener Kommentar BGB, 9. Aufl., 2021, Anhang zu § 12 Rn. 389.

情形下,也应当允许受害人作出回应。应当看到,回应主要是对事实进行澄清和陈述,受害人并不需要也没有必要对某件事作出评论,事实陈述与意见表达的区别并不是绝对的,有时两者交织在一起,很难截然分开。在夹叙夹议的报道中,根本无法将两者严格区分开。[①] 因为,通过此种方式作出的陈述并不一定都是客观真实,容易使公众产生先入为主或主观偏见,在此情形下,也应当允许受害人作出回应,但允许受害人回应,是否需要进一步界定受害人回应的对象,即受害人仅能针对夹叙夹议中的事实进行回应?还是可以针对整个报道的内容进行回应?笔者认为,如果事实陈述与意见表达无法区分开,或者其中的意见表达会影响公众对相关事实的认识,进而对受害人产生不公正的后果,此时,受害人应当可以对整个报道内容进行回应。

总之,回应必须针对事实进行,被报道者对意见表达等不应享有回应权,因为法律设置回应权的目的在于澄清事实,从而使媒体受众在短时间内能够获取报道的事实情况,而不是为了给当事人提供意见表达的平台,因而回应的对象应当限于事实报道。在这些情形下,如果对事实的回应也必须涉及评论部分,则也应当允许权利人行使回应权。

需要指出的是,回应权所针对的事实并不限于侵害名誉权的事实,而是可以适用于其他具体人格权。传统观点认为,回应权是基于名誉权产生的请求权,即他人报道的不实陈述可能影响权利人之名誉时,权利人可以请求回应。但是,回应权的功能并不仅限于此。例如,当某甲以某乙的姓名发表言论,以至于社会公众可能误将这些言论与某乙联系起来,导致某乙的人格形象受损,某乙也可以主张回应权说明该言论并非自己所发表。此时,回应权的功能并非旨在保护名誉权,也可以适用于姓名权保护,即保护姓名权所包含的"身份一致性"的法益。[②] 再如,当他人假冒权利人的声音发表言论,或者使用 AI 技术进行换脸假冒权利人的肖像发表言论时,权利人也可以基于肖像权(以及声音保护)主张回应权。

---

① 参见张洁:《新媒体时代的人格权保护——以回应权为中心》,载《襄阳职业技术学院学报》2021 年第 1 期。

② Vgl. Säcker, in: Münchener Kommentar BGB, 8. Aufl., 2018, § 12 Rn. 1.

（三）回应的内容：与报道相应

由于回应权的本质在于将报道者与被报道者置于平等地位，而不是提供给被报道者更优越的地位，回应有利于保障权利人平等地利用媒体报道事实，即保障权利人通过接近媒体从而保护平等利用媒体进行表达的权利，因此从内容上讲，回应内容应当与报道内容对应，即直接针对系争报道所涉事实。受害人在媒体作出回应的覆盖面应与其所针对信息的影响范围相当，应当标明其回应的性质为回应，而非其他事实陈述或者报道。受害人应当尽量一次性作出回应，而不应当通过连载回应说明的方式进行。同时，回应的内容不宜过于烦冗，必须简明扼要。当然，媒体在发布回应的内容时，一般也无权对回应的内容进行修正。总之，回应必须在必要的范围内进行，如果超出了报道所涉及的事实，则相关媒体并不负有刊载的义务。

当然，若回应的事实显然错误或违背公序良俗，则媒体有权拒绝刊发。[①] 例如，如果权利人回应的内容包含了泄露他人隐私的内容，或者回应的内容涉嫌泄密则媒体即不再负有刊载的义务。当然，媒体在基于上述正当理由不发布回应时，仍然应当及时通知名誉权人并明确说明拒绝的理由。媒体在收到相关报道后，应当及时将回应的时期或者拒绝刊发的理由告知被报道人。[②]

（四）回应的载体：刊载原言论的报刊、网络等媒体

前已述及，回应权的行使只有在渠道等同时才符合平等性的要求，也更具有针对性。因此，回应权的义务主体应当是刊载相关言论的报刊、网络等媒体，包括微信公众号等自媒体。如果受害人在刊载相关言论的报刊、网络等以外媒体发布回应信息，则不应当属于回应权的行使。[③] 刊载原言论的报刊、网络等媒体（包括自媒体）有义务为受害人刊载回应信息。当然，刊载相关言论的报刊、网络等媒体既包括直接发布相关言论的媒体，也包括转载的媒体。也就是说，被报道者也应当有权在转

---

① 参见石佳友：《守成与创新的务实结合：〈中华人民共和国民法人格权编（草案）〉评析》，载《比较法研究》2018 年第 2 期。

② Pierre Tercier, *Le nouveau droit de la personnalite*, *Zurich*: *Schulthess*, 1984, p. 14 – 15.

③ Pierre Tercier, *Le nouveau droit de la personnalite*, *Zurich*: *Schulthess*, 1984, p. 14 – 15.

载的媒体上作出回应。《报刊刊载虚假失实报道处理办法》第5条规定："报纸、期刊转载虚假、失实报道和纪实作品，其更正和答辩，按照本办法第四条的规定办理。"据此，回应权也同样适用于媒体转载行为。一方面，转载行为本质上也是一种报道行为，其与刊载原言论的媒体相比，只是信息来源存在区别而已，在本质上并无不同；另一方面，从后果上看，转载行为对受害人人格权的影响与原刊载媒体的报道行为也不存在本质差别，甚至影响更大，也有必要允许权利人回应。此外，允许受害人针对转载行为作出回应，也符合回应权的制度功能，即防止损害的扩大。因为在互联网环境下，损害扩大的原因之一就是多次的转载行为。

在自媒体上作出回应，应当与新闻媒体在先报道相当的方式和形式刊登；回应发布的位置，必须与之前言论发布的位置具有相当性。① 在字体类型、字体风格、字号大小和其他格式特征方面，回应应当与媒体在先的报道和言论相当。② 回应的印刷和播放须为无偿。③ 只有满足这些条件，才能够确保回应权人与报道人之间的平等性。

（五）回应的时间：及时回应

从时间角度而言，回应权的行使应当及时。权利人应当在相关事实报道发生后及时作出回应，如果相关报道发生的时间较久远，则已经没有作出回应的必要，应当通过其他方式对权利人进行救济。德国法要求回应权的行使毫不迟延，即权利人对迟延没有过错，因此，如果权利人迟延行使权利，须说明其迟延的原因。④ 在德国法上，回应请求权的行使，通常伴有除斥期间。⑤ 比如，依据《北莱茵－威斯特法伦州新闻法》第11条的规定，权利人须在报道公开之日起最长3个月内将回应陈述发送至负责的编辑或出版者。而根据瑞士法规定，回应须在知晓系争报道后20天之内

---

① Vgl. Rixecker, in: Münchener Kommentar BGB, 9. Aufl., 2021, Anhang zu § 12 Rn. 397.

② Vgl. Rixecker, in: Münchener Kommentar BGB, 9. Aufl., 2021, Anhang zu § 12 Rn. 398.

③ Vgl. Rixecker, in: Münchener Kommentar BGB, 9. Aufl., 2021, Anhang zu § 12 Rn. 402.

④ Vgl. Von Seitz, in: Götting/Schertz/Seitz, Handbuch des Persönlichkeitsrechts, 2. Aufl., 2019, § 43 Rn. 28.

⑤ Vgl. Von Seitz, in: Götting/Schertz/Seitz, Handbuch des Persönlichkeitsrechts, 2. Aufl., 2019, § 43 Rn. 30.

作出,最迟应在该报道刊发3个月之内作出。媒体收到回应后,应及时就刊发回应的日期或者拒绝刊发的理由告知被报道人。①

此外,就回应权的行使方式而言,比较法上有立法要求回应权的行使必须以书面方式进行,并送交言论发布者,且该书面形式以权利人本人或者法定代理人为之为限,不包括委托代理人。② 也就是说,委托代理人以本人代理人身份签名的,不符合回应请求权的书面形式要求。③ 笔者认为,对于传统媒体来说,以书面方式行使或许具有一定的必要性,但在自媒体时代,权利人只需要征得某平台同意,并在该平台上发布回应消息即可,并不需要向言论发布者作出书面回应通知。

结　语

《民法典》第179条、第995条和第1167条规定了停止侵害、排除妨碍、消除危险、消除影响和恢复名誉这些责任形式,《民法典》第1028条规定的更正或者删除等必要措施是这些责任形式的具体表现。但在整个预防和防范人格利益遭受损害中,回应权不可或缺。作为一项在人格权保护领域基于平等原则产生权利,它是保护民事主体免受不实报道侵害的必要权利。回应权具备其他侵害人格权救济方式所不具有的优势,尤其与网络媒体、自媒体的高度发达高度契合。基于平等原则产生的回应权应以置双方当事人于平等地位为目标,严格规范回应权的行使。我国《民法典》虽然没有明确规定回应权,但通过法律解释方法,可以解释《民法典》已经内含或认可了回应权。当然,为保障裁判规则统一、同案同判,司法解释未来有必要依据《民法典》相关规定,对回应权作出明确、细化的规定。

---

① Vgl. Ursula Kerpen, Das Internationale Privatrecht der Persönlichkeitsrechtsverletzungen-Eine Untersuchung auf rechtsvergleichender Grundlage, 2003, S. 134.

② Vgl. Von Seitz, in: Götting/Schertz/Seitz, Handbuch des Persönlichkeitsrechts, 2. Aufl., 2019, § 43 Rn. 32; Brose/Grau, BeckOK Informations-und Medienrecht, 34. Ed., 2021, BGB § 1004 Rn. 48.

③ Vgl. Rixecker, in: Münchener Kommentar BGB, 9. Aufl., 2021, Anhang zu § 12 Rn. 388.

专题二十四　个人信用的民法保护

本专题撰写人:王　苑

【《民法典》及相关法律法规的新规则】

《民法典》第 1024 条

民事主体享有名誉权。任何组织或者个人不得以侮辱、诽谤等方式侵害他人的名誉权。

名誉是对民事主体的品德、声望、才能、信用等的社会评价。

《民法典》第 1029 条

民事主体可以依法查询自己的信用评价;发现信用评价不当的,有权提出异议并请求采取更正、删除等必要措施。信用评价人应当及时核查,经核查属实的,应当及时采取必要措施。

《民法典》第 1030 条

民事主体与征信机构等信用信息处理者之间的关系,适用本编有关个人信息保护的规定和其他法律、行政法规的有关规定。

【规范意旨】

本条是关于涉及信用的名誉权的规定。原《侵权责任法》中未对信用利益的保护作出规定。《民法典》第 1024 条第 2 款规定:“名誉是对民事主体的品德、声望、才能、信用等的社会评价。”我国《民法典》将信用置于名誉之中，将信用利益作为名誉权予以保护，因此，并未承认独立的信用权。但是，信用利益与名誉权相比，也具有一定的独立性，因而《民法典》第1029条、第1030条专门规定了信用利益的保护。

【典型案例】

案例一：“覃某诉桂平市郊区农村信用合作社名誉权侵权案”

原告覃某经查询，发现在中国人民银行征信中心系统中，被告提供给征信服务中心的个人信用数据库中信息不准确，导致其借款受阻。为此，原告要求被告将上述信息予以删除未果，遂向法院提起诉讼。

一审法院认为，“公民的名誉是指一个公民的品德、才干、信誉等在社会生活中所获得的社会评价”。公民名誉权，是指公民对自己在社会生活中所获得的社会评价即自己的名誉，依法享有不可侵犯的权利。名誉直接关系公民的人格尊严，它是民事主体进行民事活动，乃至其他社会活动的基本条件。因此，公民享有名誉权，公民的人格尊严受法律保护。加害人陈述的内容虚假不是构成名誉侵权的必要前提，只要加害人有过错，并在客观上造成对受害人名誉的毁损，加害人就应承担名誉侵权的法律责任。本案中，根据已生效的(2004)浔民初字第688号民事调解书，已确认双方的债权、债务关系，因已超过诉讼时效，成为自然之债，失去了司法强制保护的效力。对此，双方已了结纠纷。虽然双方仍存在自然之债，但从中国人民银行建立个人信用数据库的目的是帮助商业银行提高风险管理能力，防范信用风险，促进消费信贷健康发展，为金融监管和货币政策提供服务，为个人积累信誉财富，一旦个人信用数据库中有个人信用“污点”，将可能影响其未来的发展。而原告、被告的债权、债务关系，因被告怠于行使权利，致使原告应当履行之债变为可以履行也可以不履行的自然之债。所以，随着双方履行完毕生效的调解书确定的义务后，被告不再享有向原告主张还款的权利，原告已不复存在需守信还款的义务。被告将已丧失司法保护之债权，已归于消灭的原告应当守信还债之义务，保存于个人信用数据库，一旦原告从事借贷等商业活动或涉及个人信誉的社会活动时，原告的品德、信誉在社会生活中所获的社会评价不仅遭到贬毁和降低，甚至有可能限制其某项社会活动的顺利开展。因此,被告的行为主观上有过错,客观上已侵害了原告的名誉权,依法应当承担侵权的民事责任,停止对原告名誉权的侵害。所以,原告的诉讼请求证据确凿,理由充分,依法应予以支持。被告抗辩称个人信用数据是中国人民银行征信中心管理的,与其无关,但征信服务中心是依据被告报送的信用信息进行登载,被告可申报征信服务中心对不正确的个人信息进行更正,因此,应认定直接侵权人是被告郊区信用社。被告的抗辩理由不成立,法院依法不予以采纳。

二审法院认为,上诉人与被上诉人的债权、债务关系,已经因上诉人怠于行使诉权,从受法律保护之债变成自然之债,上诉人自愿接受被上诉人支付10万元以了结该笔贷款诉讼,在法院的调解书生效后,上诉人应在向上报送的数据中准确如实表述,不应再记载被上诉人有应还未还欠款25万元。而中国人民银行征信中心个人信用数据库中对被上诉人的不良记录,使被上诉人的社会评价降低,将影响其未来的发展,一旦被上诉人进行借贷等商业活动或涉及个人信誉的社会活动时,其名誉将遭到损害,影响其以后的经济或社会活动顺利开展。因此,上诉人的行为侵害了被上诉人的名誉权。应当立即停止侵害,恢复被上诉人的名誉。一审判决判令上诉人停止侵权,删除对被上诉人名誉造成影响的信息,是正确的,法院予以维持。①

案例二:“徐某与江苏淮安农村商业银行股份有限公司等名誉权纠纷上诉案”

原审原告徐某向原江苏淮安市楚州区农村信用合作联社下属单位博里信用社申请贷款5万元。借款到期后,原审原告未能还款,原审被告向原审原告及担保人索款未果。原审被告向原审法院提起诉讼。原审法院作出民事判决,徐某于判决生效后10日内给付江苏淮安农村商业银行股份有限公司借款本金5万元并承担利息。该民事判决书发生法律效力后,因原审原告及担保人潘某均没有履行还款义务,原审被告向原审法院申请执行。在执行过程中,原审法院扣划了被执行人徐某、

① 参见“覃某豪诉桂平市郊区农村信用合作社名誉权侵权案”,广西壮族自治区贵港市中级人民法院(2008)贵民一终字第37号民事判决书(法宝引证码:CLI. C. 350798)。

潘某在原审被告淮安农村商业银行的工资账户上存款。执行完毕后，原审原告得知有逾期贷款未还的不良记录。原审原告在中国人民银行网点调取了《个人信用报告》，证实了原审原告确有逾期贷款未还的不良记录。后来原审原告为删除逾期贷款未还的不良记录与原审被告交涉未果。

法院认为，信用权属于名誉权范围，是民事主体就其所具有的经济能力在社会上获得相应依赖与评价所享有其保有和维护的人格权。不良信用记录属于个人信用记录的时效范畴，银行客户申请贷款后由于某些原因造成还款逾期记录。中国人民银行个人征信系统给个人建立一个"信用档案"(个人信用报告)，再提供给各家银行、数据主体本人、金融监管机构、司法部门以及其他政府机构使用。原审被告于2014年12月15日出具证明收到原审法院执行的涉案款项，未向征信系统提交原审原告徐某归还贷款本息记录，而截至原审原告徐某向原审法院提起诉讼时，从中国人民银行的《个人信用报告》上反映原审原告徐某仍有逾期贷款没有偿还的不良记录。原审被告在原审原告徐某向其交涉后，长时间不向征信系统提交原审原告归还贷款本息记录，致原审原告不良信用记录存在，原审被告行为严重侵害了原审原告的信用权，造成原审原告徐某严重精神损害。①

【理论阐释】

信用问题是学界长期以来讨论的热门议题，关于信用问题的讨论，学界有四种主流的研究进路。第一种进路结合《民法典》立法，讨论信用权是否是私益，是否应当成为一项具体人格权。其中，一些学者从学理角度论证信用利益的独特性，其与

① 参见"徐某某与江苏淮安农村商业银行股份有限公司等名誉权纠纷上诉案"，江苏省淮安市中级人民法院(2015)淮中民终字第01990号民事判决书(法宝引证码：CLI. C. 11166501)。

名誉利益之间存在的显著不同,因此,信用利益应当成为一项独立的权利,[①]另外一些学者则从司法判例的类型化角度入手,讨论信用权在司法审判中的独立或非独立属性。[②] 随着《民法典》的出台和实施,对于是否应当在《民法典》中规定信用权的争论也告一段落,信用利益通过名誉权的保护得以实现[③],同时,《民法典》第1029条和第1030条两条将信用利益的保护又与个人信息保护条款进行了衔接。[④]

第二种进路从个人征信的角度探讨,主要集中在经济法、金融法领域,通过观察征信行业的个人信息保护和个人信息利用实践,围绕《征信业管理条例》《征信业务管理办法》等法律文件在保护信用、规范征信活动的制度设计及制度完善上提出建议。[⑤]

第三种进路围绕着社会信用立法而展开,[⑥]随着我国社会信用体系建设的深入,从这一角度的探讨变得更多元,公法、私法学者均积极参与。有从宏观顶层设计进

---

① 在《民法典》出台前,学界曾经对法典中是否应当规定信用权有过旷日持久的争论,支持"独立说"的学者认为,"信用权是受法律保护的资信利益,是一种与所有权、债权、知识产权与人身权相区别的无形财产权"。参见吴汉东:《论信用权》,载《法学》2001年第1期;王利明:《加强民事立法,保障社会信用》,载《政法论坛》2002年第5期;李新天、朱琼娟:《论"个人信用权"——兼谈我国个人信用法制的构建》,载《中国法学》2003年第5期;任丹丽:《论信用权的民法保护》,载《湖北社会科学》2008年第8期;李晓安:《论信用的法权性质与权利归属》,载《法学论坛》2020年第2期。反对的学者则认为,"信用是一项财产利益,其作为评价所产生的与被评价人人格利益的关联,实质上就是名誉的一部分,也及名誉中关于经济方面主观的履约品质方面的评价"。参见周云涛:《信用权之反思与重构》,载《北方法学》2010年第6期;周云涛:《存疑信用权——〈德国民法典〉第824条分析》,载《政法论丛》2008年第2期。

② 参见张继红:《个人信用权益保护的司法困境及其解决之道——以个人信用权益纠纷的司法案例(2009-2017)为研究对象》,载《法学论坛》2018年第3期。

③ 《民法典》编纂时,有学者提出应当规定信用权,但是立法机关最终并未采纳该建议,而是将信用通过名誉权进行保护,《民法典》第1024条第2款在界定名誉时,将信用作为对民事主体的社会评价之一而纳入其中。《民法典》第1024条第2款规定:"名誉是对民事主体的品德、声望、才能、信用等的社会评价。"

④ 参见黄薇主编:《中华人民共和国民法典解读-6-人格权编·侵权责任编》,中国法制出版社2020年版,第181页。

⑤ 参见王锐、熊键、黄桂琴:《完善我国个人信用征信体系的法学思考》,载《中国法学》2002年第4期;张勇:《个人信用信息法益及刑法保护:以互联网征信为视角》,载《东方法学》2019年第1期;倪楠、丁元:《征信视阈下信用权司法保护路径研究》,载《西北大学学报(哲学社会科学版)》2022年第4期;赵炳昊:《个人信息保护法颁布后征信体系的调整与完善》,载《东方法学》2022年第3期。

⑥ 参见沈岿:《社会信用体系建设的法治之道》,载《中国法学》2019年第5期。

行研究的,①主要是呼吁应尽快设立《社会信用法》;②也有从微观的地方立法进行建议的,③涉及诚信作为一种传统的伦理道德观念是否可以入法？公共信用制度是否具有合法性？公权力主体的诚信建设是否应当入法？社会信用法有无具体目标和路径等问题;此外,还有从具体的失信惩戒约束制度介入的,关注失信惩戒制度如何纳入法治轨道,尤其是有不少学者认为过度依赖公权力可能造成对权利保护的不足。④

第四种进路从算法评分、信用评分对信用的影响谈起,⑤认为大数据为信用评分创造了新的机会,包含了丰富信息的数据都可以作为信用评价的素材。信用评分模型可以通过大数据变得更加复杂和详细,从而更好地分析客户的资产、还款能力、商业前景等信用信息。大数据在给信用评价带来便利和准确度的同时,也可能因为数据不准确等原因造成系统性的评估风险。⑥

上述对信用权问题的探讨,可谓"横看成岭侧成峰,远近高低各不同"。虽然观察视角不同,相互之间却也并非泾渭分明,如算法评分、信用评分,同样也是社会信用体系建设的重要工具和手段,加快了社会信用体系的数字化转向。再比如征信行为和征信活动,早已不再局限于过去的人民银行征信中心对个人征信信息的收集和对其经济情况的评价,只适用于房贷等几个有限领域的情况,而是拓展到了算法评分、信用评分作为补充的大征信时代。此外,无论是征信、社会信用还是信用评分,都可能侵害信息主体的信用权益。

---

① 参见王伟:《社会信用法论纲——基于立法专家建议稿的观察与思考》,载《中国法律评论》2021 年第 1 期;戴昕:《理解社会信用体系建设的整体视角:法治分散、德治集中与规制强化》,载《中外法学》2019 年第 6 期;罗培新:《善治须用良法:社会信用立法论略》,载《法学》2016 年第 12 期。

② 国家发改委于 2022 年 11 月 14 日发布了关于对《中华人民共和国社会信用体系建设法(向社会公开征求意见稿)》公开征求意见的公告。

③ 参见胡大武:《征信立法几个重大问题分析——以地方立法为考察对象》,载《上海金融》2011 年第 1 期。

④ 参见王锡锌、黄智杰:《论失信约束制度的法治约束》,载《中国法律评论》2021 年第 1 期;张新宝、张馨天:《〈民法典〉背景下的失信被惩戒人人格权的保护》,载《法律适用》2020 年第 21 期;徐国栋:《"失信联合惩戒机制"中"信"的含义之澄清》,载《中国法律评论》2021 年第 1 期。

⑤ 参见王利明:《迈进数字时代的民法》,载《比较法研究》2022 年第 4 期;肖梦黎:《平台信用评分机制的规制功能及其法治化实现》,载《探索与争鸣》2022 年第 2 期;张博文、杨斯尧:《算法型评分工具:优势、风险与法律规制》,载《西南金融》2022 年第 9 期。

⑥ 参见王利明:《迈进数字时代的民法》,载《比较法研究》2022 年第 4 期。

一、信用大数据下信用和信用信息的演进

信用大数据是大数据时代在信用领域的投影,是“数据+算法”赋能到信用领域的体现。信用大数据具有体量海量性、来源广泛性、格式复杂性、实时性、处理智能等典型特征。① 算法等技术手段的使用、公共和市场信息的融合,成为信用大数据不可或缺的助推工具,拓展了传统意义上的信用内涵,也对传统征信领域中的信用信息的界定提出了挑战。②

(一)信用内涵的拓展

1. 何为“信用”

有学者认为,在概念上对信用进行追根究底必要性不足,因为在目前实践中对社会信用体系建设如火如荼的当下,接受实践中的理解就可以了。研究者和实践者在这一领域中应放弃对“词”的较真甚至纠缠,将全部精力投入有关“物”的研究与思考:在已然铺开的制度实践面前,“信用”、“诚信”或“社会信用”到底应该是什么意思,或应该包含哪些内容,早已不再重要;真正重要的是各类被“社会信用体系”聚拢起来的有关新型治理的制度探索,是什么、为什么、会怎样。以此为基础,我们方能有效思考其后果需要何种制度回应。③

诚信或信用从制度构建层面的意义当然是重要的,但并不能否定在语词层面应形成一种基本共识,否则无论是理论层面的探讨还是实践中的应用,都可能变为一种“鸡同鸭讲”。比如,对“信用”这一语词的认识就存在明显分歧,有学者认为,信用是指与特定民事主体进行社会交往的其他人对之形成的一种社会性评价。④ 或者认为,信用是债权人对债务人履约能力及履约意愿的评价。⑤ 另外一些学者则认为,

---

① 参见黎四奇:《社会信用建构:基于大数据征信治理的探究》,载《财经法学》2021 年第 4 期。

② See Kate Crawford & Jason Schultz, *Big Data and Due Process: Toward a Framework to Redress Predictive Privacy Harms*, Boston College Law Review, Vol. 55, p. 93, (2014).

③ 参见戴昕:《理解社会信用体系建设的整体视角:法治分散、德治集中与规制强化》,载《中外法学》2019 年第 6 期。

④ 参见程啸:《人格权研究》,中国人民大学出版社 2022 年版,第 343 页。

⑤ 参见李晓安:《论信用的法权性质与权利归属》,载《法学论坛》2020 年第 2 期。

信用制度不仅包括经济层面的评价，还包括对诚信活动、诚信经营等行为的评价。[①]

王利明教授认为，信用是对民事主体的经济能力的社会评价，信用仅仅是指社会对于权利人履行交易的经济能力的评价。[②] 破坏社会信用的行为包括了“经济欺诈和各种逃废债行为，金融诈骗、逃汇骗汇、骗取进出口退税等、假冒伪劣商品”。[③] 有解读书在《民法典》第1029条的释义中指出，“信用是指对一个民事主体履行义务能力，特别是经济能力的一种社会评价”。[④] 最初我国一些古代文献中的“信用”，并非限于征信或金融领域，那为何造成了在《民法典》制定过程中，将信用仅仅限制在经济领域？这和20世纪80年代金融市场起步，我国开始建设现代信用制度有关。实际上，现代信用（Credit）的本意体现在美国的《公平信用报告法》（Fair Credit Reporting Act）之中，是指给付与对待给付之间的时间差意义上的信用。[⑤] 20世纪60年代末，美国市场上大量出现消费者信用调查报告机构，而且相当比例的授信机构以个人信用报告对消费者信用评分作为授信依据，在此历史条件下，美国国会于1970年制定并出台了《公平信用报告法》，规范消费者信用调查报告机构和消费者信用调查报告的使用者的行为。因此，最初的信用确实是从经济领域逐步建立起来的，而此时的信用概念也仅限于是狭义上的对履约意愿、经济能力的评价。

2. 从经济信用到行为信用

在很长一段时间，法学界讨论信用的时候都限缩在经济信用范畴下，民法学界也普遍认为信用是用来评价一个人的经济状况的，经济信用的另一个明显佐证是信用在征信或金融领域的广泛使用。在征信领域，信用是指基于资产状况和交易历史等经济信息对个人或企业的履约情况和未来履约能力进行评价、预测，其功能在于

---

① 参见王伟：《社会信用法论纲——基于立法专家建议稿的观察与思考》，载《中国法律评论》2021年第1期。

② 参见王利明、程啸、朱虎：《中华人民共和国民法典人格权编释义》，中国法制出版社2020年版，第332页。

③ 王利明：《加强民事立法，保障社会信用》，载《政法论坛》2002年第5期。

④ 黄薇主编：《中华人民共和国民法典解读－6－人格权编·侵权责任编》，中国法制出版社2020年版，第181页。

⑤ 参见徐国栋：《“失信联合惩戒机制”中“信”的含义之澄清》，载《中国法律评论》2021年第1期。

消除信息不对称、降低交易成本、控制信贷风险、扩大信贷规模、优化资源配置等。①

但经学者考证,最迟自20世纪90年代末、21世纪初,信用体系建设就延展至金融之外的其他领域。② 社会信用体系中的信用,不仅包括了最传统的经济状况的信用(credit),同时还扩张到了诚信(faith)。诚信的内涵十分丰富,它既是一种价值追求,也是一种行为准则。③ "credit"的含义只涉及银钱往来,而"faith"则涉及说话算数。④ 有不少学者认为,应当将信用的含义限缩在金融领域或征信领域,与宽泛的信用或诚信概念进行严格区分。⑤ 反对观点则认为,虽然对信用概念进行限缩有助于减轻研究者的认知负担,但是社会信用体系建设实践早已经超出了金融领域,所以回归金融领域这条路实际上是逃避真实的社会问题。⑥ 将经济信用和社会信用加以切割,对信用作狭义理解和界定的主张,除与中国社会信用体系建设的实践脱节外,在理论上也不够透彻。⑦ 信用是信息主体遵守法定义务或履行约定义务的状况,其范围涵盖了征信,但绝不仅限于经济领域,大量的社会、文化等领域的违法行为都可能成为不良信用信息。而哪些违法或违约行为必须被纳入信用记载的范围,取决于立法者的价值选择。⑧

《社会信用体系建设规划纲要(2014－2020年)》及国家发改委于2022年的11月14日发布了《中华人民共和国社会信用体系建设法(征求意见稿)》(以下简称《社会信用体系建设法(征求意见稿)》)中,均将信用建设分为了"政务诚信、商务诚信、社会诚信、司法公信"4个领域,没有采用"政务信用、商务信用、社会信用、司法

---

① See George A. Akerlof, *The Market for "Lemons": Quality Uncertainty and the Market Mechanism*, 84 Q. J. Econ. 488 (1970); Peter Siegelman, *Adverse Selection in Insurance Markets: An Exaggerated Threat*, 13 YALE L. J. 1223 (2004).

② 参见孙金阳、龚维斌:《中国社会信用体系建设40年》,载《社会治理》2018年第11期。

③ 参见张涛:《个人信用评分的地方实践与法律控制——以福州等7个城市为分析样本》,载《行政法学研究》2020年第1期。

④ 参见徐国栋:《"失信联合惩戒机制"中"信"的含义之澄清》,载《中国法律评论》2021年第1期。

⑤ 参见戴昕:《理解社会信用体系建设的整体视角　法治分散、德治集中与规制强化》,载《中外法学》2019年第6期。

⑥ 参见罗培新:《善治须用良法:社会信用立法论略》,载《法学》2016年第12期。

⑦ 参见戴昕:《理解社会信用体系建设的整体视角　法治分散、德治集中与规制强化》,载《中外法学》2019年第6期。

⑧ 参见罗培新:《善治须用良法:社会信用立法论略》,载《法学》2016年第12期。

信用”的说法，说明政策制定者其实已经注意到“信用”和“诚信”二词之间的微妙差别，后者强调政府、市场、社会、司法机关的行为信用。同时，从逻辑脉络也不难看出，政策制定者是将信用作扩大理解，包含了诚信。

目前的立法及实践进展确实已经远远拓展了信用的本义，尊重既有政策法规的结果也是必要的，这有助于不同领域的学者进行对话，而在谈到征信信用的时候，限缩对话语境，也不至于造成理解上的重大偏差，“信用一词被用于经济范畴时，与征信的含义较为类似；被使用在更广阔的场景时，就可能与社会信用体系发生重叠”。[①] 比如论及《征信业务办法》下的“信用状况”，显然不应包括更广义的“信用”或“诚信”，即信用主体的品行是否正直、产品和服务口碑如何、是否遵纪守法等。[②]

（二）信用信息的泛化与再界定

任何有机体都是因为拥有获取、使用、保存和传播信息的手段才得以维系和生存。[③] 无论是过去熟人社会中的信用评价，还是现代社会中的征信信用，均以信息作为载体，因此，信用具有强信息属性和功能。而信用立法也以“信用信息”的界定为基础。

1. 信用信息类型的不断扩张

从逻辑上看，信用信息应当包含个人信用信息和非个人信用信息。《民法典》第1030条规定，“民事主体与征信机构等信用信息处理者之间的关系，适用本编有关个人信息保护的规定和其他法律、行政法规的有关规定”。虽然并未明确界定信用信息，但是承认了信用信息处理者的地位，可见，《民法典》认可信用信息作为信息的一类而存在。在国家标准化管理委员会《信用基本术语（GB/T22117－2018）》中，信用信息被界定为“个人或组织在社会与经济活动中产生的与信用有关的记录，以及与评论其信用价值相关的各类信息”。传统征信实践中，也即过去以人民银行征信中心为核心的征信领域，个人信用信息，主要是指用户的借贷历史和还款表现（如信

① 参见肖梦黎：《平台信用评分机制的规制功能及其法治化实现》，载《探索与争鸣》2022年第2期。

② 参见宛俊等：《边·界——征信业务管理办法要点评述》，载威科先行·法律信息库2021年10月9日，https://law.wkinfo.com.cn/professional-articles/detail/NjAwMDAxMzc1ODI。

③ 参见[美]诺伯特·维纳，《控制论》，王文浩译，商务印书馆2020年版，第210页。

用卡逾期、信用账户数、贷款记录、使用信用时间长短、新开信用账户、正在使用的信用组合类型等)。① 也就是说,在过去只有少数核心几类数据才可以被认为是信用信息。

我国人民银行征信中心主要还是依赖过去的传统个人信用信息,但是也逐渐开始尝试增加替代信息作为评分标准的转型。② 在2020年12月15日召开的“长三角征信一体化”工作会议中,人民银行表态“替代数据在现代化征信体系中发挥重要作用,是借贷信息的有益补充……利用替代数据为金融和经济活动提供信用管理服务,在本质上属于征信活动,需要纳入征信监管”。③ 这类替代信息是指信用信息之外其他可以被用来评估信用的数据,包括了人脸信息、婚姻状况、地址信息、联系人信息、就业信息、职业信息、社保信息、纳税信息、学历学籍信息、网络信息、设备信息及地理位置等替代信息。④ 根据替代信息与信息主体(信用被评价人)的财务状况的关系,替代信息还可以分为两类:一类与财务能力和偿还能力密切相关的各类支付记录,如支付宝、微信等支付记录;另一类主要对应非金融数据,比如教育、就业经历等,也包括新型的社交和行为数据(如和友人之间的转账往来和社交媒体活动),这些新型的个人信息实际上是非结构化的,难以通过既有的模型进行分析,也正是因为信用大数据时代的收集信息、分析信息的能力的不断提升,因此,此类信息才可以成为信用信息的补充对象。⑤ 替代信息和传统的个人信用信息并非同一概念,但也已经成为重要的评分类型。

有学者将技术发展对信用的影响分为两个方面:一方面,银行和金融机构之外出现了能够大规模、系统化处理信用信息的市场主体,如各类商业互联网平台为代表。另一方面,大数据的兴起使金融信用本身回归到了“万物普遍联系”的传统,将

① 参见徐鑫:《大数据征信“大有可为”》,载《上海信息化》2016年第10期。

② 参见尚博文:《普惠金融视域下征信替代数据的功能分析与治理进路》,载《河南社会科学》2022年第6期。

③ 参见《央行首度明确:“替代数据”本质属于征信活动 需要纳入征信监管》,载新浪财经2020年12月15日,https://baijiahao.baidu.com/s? id=1686151258074584457&wfr=spider&for=pc。

④ 参见张博文、杨思尧:《算法型评分工具:优势、风险与法律规制》,载《西南金融》2022年第9期。

⑤ 参见张博文、杨思尧:《算法型评分工具:优势、风险与法律规制》,载《西南金融》2022年第9期。

社交关系等因素纳入考量，信用的含义向更广泛的社会信用（social credit）转变。①因此，社会信用体系建设从金融领域出发，扩展到了其他应用领域，在大数据技术的帮助下，信用数据的来源更多元，类型也更丰富，既包括公共记录中的数据（如行政处罚、法院判决等文书中的数据），也包括个人的在线行为数据（如网络浏览、平台社交、在线消费等记录）。②

综上，进入信用大数据时代，已经不存在严格意义上的信用信息，通过列举来识别信用信息（包括替代信息）是相当困难的，任何个人信息都可能被纳入信用评价的范围，比如，个人的网络访问数据、应用程序使用数据、传感数据、行为数据、地理位置数据等。③

2. 以信用目的作为核心界定标准

《个人信息保护法》颁布后，在运行机制上，倾向通过多种形式来对信用信息进行非结构化、动态化的多维度展示，力图客观准确地呈现信息主体的信用状况。④ 既然所有信息都可以用于信用评价，在征信领域继续沿用"个人信用信息"这一概念的意义属实不大，应摒弃"个人信用信息"这一陈旧的概念，更恰当且精准的表述，应当是征信场景下的个人信息。这一改变，是从传统的征信向信用大数据转变的必然结果。征信场景下的个人信息，需要构建以征信业务为核心的个人信息使用，将所有替代数据（可能包含了地址、交通、通信、债务、财产、支付、消费、生产经营、履行法定义务等个人信息），全面纳入征信行业的监管。⑤ 也就是说，无论信息处理者是否收集了信贷基础类型信息，都不影响对于征信场景的判断，也不影响征信业管理机构的监管。

---

① 参见戴昕：《理解社会信用体系建设的整体视角：法治分散、德治集中与规制强化》，载《中外法学》2019 年第 6 期。

② 参见张涛：《算法嵌入公共信用评价：内在逻辑、风险检视与规制路径》，载《深圳大学学报（人文社会科学版）》2022 年第 3 期。

③ 参见刘艳红：《侵犯公民个人信息罪的法益：个人法益及新型权利之确证——以〈个人信息保护法（草案）〉为视角之分析》，载《中国刑事法杂志》2019 年第 5 期。

④ 参见赵炳昊：《个人信息保护法颁布后征信体系的调整与完善》，载《东方法学》2022 年第 3 期，第 45 页。

⑤ 参见宛俊等：《边 · 界——征信业务管理办法要点评述》，载威科先行 · 法律信息库 2021 年 10 月 9 日，https://law.wkinfo.com.cn/professional-articles/detail/NjAwMDAxMzc1ODI。

即便信用信息存在严重泛化,但政策法规并未放弃这一概念。2022 年 1 月 1 日生效的《征信业务管理办法》第 3 条界定信用信息为,“依法采集,为金融等活动提供服务,用于识别判断企业和个人信用状况的基本信息、借贷信息、其他相关信息,以及基于前述信息形成的分析评价信息”。这一定义,确立了以“依法采集”“为金融等活动提供服务”“用于识别判断企业和个人信用状况”这三大维度作为判断征信领域“信用信息”边界的标准,而非界定了哪些信息为信用信息。2017 年 6 月上海市通过了《上海市社会信用条例》,该条例将“社会信用”的内涵界定为“具有完全民事行为能力的自然人、法人和非法人组织(以下统称信息主体),在社会和经济活动中遵守法定义务或者履行约定义务的状态”。将“社会信用信息”界定为“可用以识别、分析、判断信息主体守法、履约状况的客观数据和资料”,如婚姻信息失信行为,就可能由民政部门送交市信用中心,录入市信用信息公共平台。[①]《社会信用体系建设法(征求意见稿)》第 2 条第 3 款第 1 句则将信用信息界定为“可用以识别具有完全民事行为能力的自然人、法人和非法人组织身份和信用状况的信息”。

无论是征信领域,还是社会信用立法中,目的导向的“用于识别判断企业和个人信用状况”成为判断是否是“信用信息”的核心。这一方式有其合理性,一方面,沿用信用信息这一概念有利于保持法的安定性;另一方面,也可以规避对信用信息进行过于明确的内涵界定后导致的概念不周延。实际上,信用场景下的个人信息与目的导向界定的信用信息本质是基本一致的。

二、信用评价在人格权中的规范解释

信用大数据背景下,信用的内涵不断拓展,从最初的经济信用拓展到了同时包含行为信用的大信用范畴;信用信息在新兴技术尤其是算法技术的作用下逐渐变得泛化而无所不包,任何信息一旦被设定为以识别信用状况为目的,就可以被视为信

---

① 根据上海市《关于将婚姻信息失信行为纳入信用管理的通知》,在婚姻登记时,伪造或涂改户口簿、身份证、婚姻登记证书或证明材料,骗取婚姻登记的;故意隐瞒当事人无民事行为能力或限制民事行为能力,骗取婚姻登记的;冒名顶替或使用他人身份信息骗取婚姻登记的;隐瞒婚姻史办理婚姻登记的;不如实填写婚姻登记相关声明书等,均为婚姻信息失信行为。

用信息。[1]有学者犀利地指出，以扩大的信用内涵和泛化的信用信息为基础的社会信用制度，核心是几乎在任何人、任何事上使用信用评价(声誉机制)，有可能违反法治国原则，个体的正当利益也可能受损。[2]

(一)信用利益的人格权益属性

1. 通过人格权保护信用利益

在以往的司法实践中，信用被作为民事主体的名誉的一部分，受到名誉权的保护。在《民法典》编纂时，立法机关也没有接受一些学者的意见，单独规定信用权，而是继续采取通过名誉权来保护信用。其原因主要有两个方面：一是因为过去我国法律立法较为成熟，司法实践也有将信用纳入名誉的范围的做法；二是《民法典》第1029条和第1030条已经规定了信用信息的相关规定，因此，适用名誉权的相关规则保护民事主体的信用可以满足现实的需要。[3]

2. 信用利益与名誉权的关系

涉及信用的名誉权确实和名誉权有相似之处。一方面，信用本身可以表现为一种良好的名誉，它和名誉一样都是一种社会评价。损害他人信用也会损害对主体的社会评价，反过来说，损害名誉也必然会降低信用；另一方面，从保护的方式来看，侵害信用确实也可以适用恢复信用的方式，而恢复信用和恢复名誉是十分类似的。尤其应当看到，虽然从司法实践来看，有的法院在判决中明确使用了“信用权”这一概念，但由于我国立法并未规定独立的信用权，因此，法院大多通过名誉权对信用利益进行保护。[4] 但是也应当看到，涉及信用的名誉权与名誉权确实存在一定的区别，主要表现在：

第一，两种权利的客体不完全相同。名誉权主要是社会公众对权利人人格的道

---

① Danielle Citron & Frank Pasquale, *The Scored Society: Due Process for Automated Predictions*, Washington Law Review, Vol. 89, p. 16 – 18(2014).

② 参见沈岿：《社会信用体系建设的法治之道》，载《中国法学》2019年第5期。

③ 参见黄薇主编：《中华人民共和国民法典解读－6－人格权编·侵权责任编》，中国法制出版社2020年版，第165页。

④ 参见王利明、程啸、朱虎：《中华人民共和国民法典人格权编释义》，中国法制出版社2020年版，第332页。

德评价,涉及信用的名誉权则主要是对权利人经济能力的评价。王泽鉴教授指出,信用权和名誉权的区别在于前者系经济上的评价,后者为社会上的评价。① 名誉是对民事主体的品格、才干、能力等的综合素质的社会评价,名誉权过于宽泛,包括权利人在道德、经济等各方面的社会评价。信用则是对民事主体的经济能力的社会评价,信用仅仅是指社会对于权利人履行交易的经济能力的评价。

第二,侵害涉及信用的名誉权与侵害名誉权的主体不同。由于信用是信用评价主体基于一定的规则给予权利人的信用评价,因此并非所有的主体都能够对他人的信用评价失实。可见,侵害涉及信用的名誉权最常见的主体是信用评价机构,即由于信用评价机构对于权利人的履约记录等信用信息不全面、不真实或者已经过时,在此基础上,对于信用主体的信用记录进行了错误评价,均构成对权利人涉及信用的名誉权的侵害。可见,对于涉及信用的名誉权的侵害主要体现于信用评价人和提供信用信息的主体,而其他不能进入信用评价系统的主体,通常并无侵害他人涉及信用的名誉权的可能。

第三,两者的侵害方式不同。侵害名誉权主要采取诽谤和侮辱方式,须为第三人知道,并造成对受害人的社会评价的降低。而侵害涉及信用的名誉权的方式则主要体现为虚假陈述或者错误记载。此种错误,很可能给被记录者产生各种资格上的限制。在对名誉权的保护中,内容真实是不构成对名誉权的损害的,但在涉及信用的名誉权的保护中,有时非法披露他人的信用信息,导致他人信用评价降低,也可能构成侵权。

第四,两者的救济方式不同。侵害自然人的名誉权往往导致精神损害,而侵害自然人涉及信用的名誉权,虽然也可能导致精神损害,但通常主要导致财产损失。涉及信用的名誉权本身不能用金钱衡量,但是信用评价机构对于涉及信用的名誉权主体的信用评价虽然有优劣之分,却不能通过一定的方法直接换算成一定的金钱价值。一旦侵害涉及信用的名誉权,受害人遭受的损害往往体现为失去了从事交易或者获得贷款的机会等,这些均属于财产损害,在这点上,侵害涉及信用的名誉权产生的损害结果与侵害名誉权等其他人格权具有明显的不同。另外,侵害涉及信用的名

---

① 参见王泽鉴:《侵权行为法》(第1册),中国政法大学出版社2001年版,第125页。

誉权与名誉权虽然都可以采用修复信用或者恢复名誉的方式予以救济，但两者的救济方式存在一定的区别，对名誉权的恢复主要采用消除影响、恢复名誉的方式，而对涉及信用的名誉权的修复则主要通过更正相关的信用信息记录的方式予以修复。前者极少采用更正等救济方式。

（二）泛在的信用评价可能侵害人格权

信用是自然人和非自然人主体的重要社会资本，是企业的重要财富。而信用是以民事主体的各类生产经营活动信息为评价基础，有了丰富和准确的信息就可以更好地评价民事主体的信用。① 因此，信用具有强信息属性和功能，信用评价也依赖对信用信息的处理。因此，信用风险主要可分为两类：一是在信息收集汇聚分析环节存在的风险；二是在对信用评价的使用环节的风险。

1. 警惕信息以信用融合等目的的汇集

信用大数据，是指通过大数据的创新方法和先进技术，打破信息孤岛效应，推动公共与市场信用信息融合共享，实现跨区域信用信息融合发展，促进信用大数据深度应用于分析和预测市场经济整体发展状况和趋势、重点行业和重点领域的发展、区域间信用经济的发展等，进而反映宏观经济发展趋势。② 信用大数据借助技术能力的提升，如廉价的存储器及智能处理手段方便了信息的快速融合。美国在 1965 年和 1967 年曾经提出建立联邦数据中心和全国性的数据中心，20 世纪 70 年代，美国联邦总务署也曾发布报告，提议建立一个连接联邦政府各个数据系统的网络。但是最终因遭遇强烈反对，这些计划都一一破产。③

从美国的征信业发展史也可以看出，早期的征信是小范围，是带有"熟人"性质的，一般由信用报告机构在特定区域内聘请信息收集人，通常他们都生活在被评价主体的附近，和其有很多密切的接触。即便并不生活在同一区域，但是也会花大量

① 参见王利明：《迈进数字时代的民法》，载《比较法研究》2022 年第 4 期。

② 参见曾光辉编著：《信用大数据时代——赋能社会治理、金融科技与数字经济》，中国工人出版社 2021 年版，第 4 页。

③ 参见［美］海伦·尼森鲍姆：《场景中的隐私——技术、政治和社会生活中的和谐》，王苑等译，法律出版社 2022 年版，第 37 页。

时间和精力对被评价人的社会关系、工作等进行全面调研。因此,那时候的征信业务主要是本地化的、区域化的。这种信任的建立完全是依靠人力收集信息而进行的,这可以被称为征信1.0时代。但后来随着技术手段的提升,美国的征信业发展一日千里,几大全国性的征信公司(Equifax, Experian and TransUnion)的数据汇集得越来越多、越来越全面,突破了地域的限制,征信业务甚至拓展到全球范围。但随之而来的问题是,数据变得越来越不可控、常常引发隐私侵害风险以及带来机会的丧失和歧视等风险。①

因此,为实现信用融合为目的收集或汇聚大量信息,不同种类、不同来源的信用的融合,最终可能形成一种深度的大型的信用信息数据库,其特征是对特定主体的深入了解,具有一定的深度。同时,对某一类群体有精准的评价,兼具广度。因此,其中的风险和危害是不言自明的。②社会主体在不断深入的连接中积累社会信用,不同种类的数据库进一步融合,这类数据库中包含有大量敏感信息,一旦泄露可能会导致大范围的经济损失和严重的人格被侵害的风险。③ 事实上,能充分利用这些融合信息的,只有具有强大力量的公权力机构或掌握了大量数据和算法技术的平台机构。而在这种融合和汇集中,信息主体(自然人主体和企业主体)都是极为无力的,非常容易受到侵害。④

2. 警惕脱离场景的信用评价的使用

由于强大的数据处理能力和日臻成熟的数学统计技术,人们可以从信息中提取出描述性和预测性的含义,形成信用评价。泛化的信用评价往往是脱离场景的,共享会带来很大风险,如应当给贷款银行申请人的征信报告,但实际上包含有婚恋情况或心理情况等内容。具言之,征信场景的独立意义在于这是一种独特的社会关

---

① 美国联邦最高法院近年来的两个案例,都与此有关,see Spokeo, Inc. v. Robins, 136 S. Ct. 1540 (2016); TransUnion LLC v. Ramirez - 141 S. Ct. 2190 (2021)。

② Daniel J. Solove, *Privacy and Power: Computer Databases and Metaphors for Information Privacy*, Stanford Law Review, Vol. 53, p. 1393 - 1462(2001).

③ 索洛夫教授将现代社会中的人称为"数字人"(digital person), see Daniel Solove, *The Digital Person: Technology and Privacy in the Information Age*, New York Univers ity Press, 2004, p. 1 - 13。

④ 对此问题的详细阐述,参见王苑:《数据权力视野下个人信息保护的趋向——以个人信息保护与隐私权的分立为中心》,载《北京航空航天大学学报(社会科学版)》2022年第1期。

系，区别于医疗、教育、家庭等场景，征信的特殊目的，是弥补征信机构和征信主体之间的信息不对称，最终实现双方的信任。缺乏信任的情形下银行借钱（贷款）给他人是风险极大的行为。但婚恋情况或心理情况一旦被纳入征信场景，就很可能导致原本建立在偿还能力之上的信任变得岌岌可危。

失信联合惩戒中的失信行为，比如，老赖恶意不履行生效判决义务、烟民在禁止吸烟的公众场所吸烟、工厂超额排污、药企生产假冒疫苗等，[①]对于违反某项既有法律、法规或其他正式制度规范的这类行为，分析这类信息而形成的信用评价报告如果可以被用于任何场景，如征信场景，那么显然这些主体获得贷款的可能性会受到一定的影响。再如，如果上述违法违规行为的信用评价报告，被婚姻中介机构所获取，并在居间中披露给另一方，也是脱离了特定场景的使用。换言之，失信联合惩戒形成的信用状况，应当仅限于政府为惩戒失信主体而“不得已采取的行动”。[②] 如果对这种报告不加限制场景随意使用，必然会对被评价主体的人格和尊严造成无可挽回的损害。[③]

同样，社交网站、婚恋网站对于个人信息主体信息的收集、展示和排名、商家点评类网站对于商户服务信息的收集、展示和排名，以及一些提供“涉赌人员名单、反洗钱高风险人员名单”查询功能的服务，也均应当在其形成的社交场景或婚恋场景中被使用。因为一旦婚恋网站等形成的排名或评价被跨场景使用到诸如劳动场景中，可能侵害被评价人的隐私，也可能被评价人因涉赌名单被公开面临被开除的风险。[④]

信任的核心问题是信用，在数字社会可能就是通过各个维度的个人信息所构建

---

① 参见戴昕：《理解社会信用体系建设的整体视角：法治分散、德治集中与规制强化》，载《中外法学》2019 年第 6 期。

② 参见张新宝、张馨天：《〈民法典〉背景下的失信被惩戒人人格权的保护》，载《法律适用》2020 年第 21 期。

③ See Danielle Citron & Daniel Solove, *Privacy Harms*, 101 Boston University Law Review 793 (2022).

④ 对于劳动场景下，运用大数据与算法进行信用评价问题，see Jeremias Adams-Prassl, *What if Your Boss Was an Algorithm? The Rise of Artificial Intelligence at Work*, Comparative Labor Law & Policy Journal, Vol. 41, No. 1, p. 123 – 146(2019)。

起来的稳定的“个人身份”。① 劳动场景中,对信用的评价应当以其工作能力为核心,而婚恋评价可能以该人的经济能力、婚恋观等为核心,雇主显然并无了解雇员婚恋情况的显著必要,同样婚恋场景中,绝大多数情况下也没有必要出示个人的征信报告。

(三)《民法典》下的信用法律关系辨析

《民法典》第1029条规定,“民事主体可以依法查询自己的信用评价”,“信用评价”在实践中又被称为“信用评分”。大数据背景下的信用内涵已经不限于经济评价,在民法中严格区分经济评价和品行、品德等的评价并无必要,本书在民法体系下讨论信用问题,实际上将信用与名誉等而视之,不再进行严格区分。

1.《民法典》第1029条的适用范围

《民法典》第1029条规定:“民事主体可以依法查询自己的信用评价;发现信用评价不当的,有权提出异议并请求采取更正、删除等必要措施。信用评价人应当及时核查,经核查属实的,应当及时采取必要措施。”有学者提出,信用信息不同于信用评价,信用信息仍属于个人信息,而信用评价属于涉及信用的名誉权的范畴,前者是信息处理关系,后者是信用评价关系。信用评价不仅限于征信评价,还包括了诸如淘宝网店的卖家信用评价等,收集的信用信息本身有错误的,可以适用个人信息的更正删除进行保护,而如果是信用评价的错误,则应适用涉及信用的名誉权进行保护。②

笔者以为,信用评价关系和信息处理关系很难作出明确界分。③《民法典》第1029条的原意针对的是征信场景,在解读书中有明确表示,“并非任何组织或者个人都可以对民事主体的信用状况进行评估,本条中的信用评价人必须是依法成立的

---

① See Anita L. Allen, *Protecting One's Own Privacy in a Big Data Economy*, 30 Harv. L. Rev. F. 71 (2016).

② 参见王利明、程啸、朱虎:《中华人民共和国民法典人格权编释义》,中国法制出版社2020年版,第340页。

③ 对于信息处理关系特征的阐述,see Robert Post, *Data Privacy and Dignitary Privacy: Google S pain, The Right To be Forgotten, and the Construction of the Public Sphere*, Duke Law Journal, Vol.67, No.5, p.981-1071(2018)。

机构。目前，我国的信用评估人主要是依法成立的征信机构”。① 征信场景下有三方主体，分别是自然人（民事主体/被评价人）、征信机构（评价人）、银行等（第三方）。但是，信用大数据背景下有一类信用评分的场景可以类推适用第1029条，即平台信用评分的场景。② 信用评分是信用及信用信息拓展的产物，旨在利用数学模型将相关数据转化为某个数值来指导信用决策，包括淘宝网对淘宝商家的评分、点评网对网络上商家的排序等。以大众点评网为例，其中也涉及了三方主体，分别是商家（民事主体/被评价人）、平台（评价人）、平台用户（第三方）。与征信场景类比可以发现，第1029条中的信用评价法律关系，实际上发生在商家和平台（点评网）之间，商家是被评价人，平台是运用算法手段、并结合海量数据最终确定商家分数的信用评价人。而点评网上的平台用户对商家的用户点评，应当区别于1029条的“信用评价”，用户点评属于企业的公开数据，每个人都可以查看。③ 如果该点评侵犯了名誉权或者涉及不正当竞争，则适用名誉权或反不正当竞争等法律的规定即可。

既然《民法典》第1029条的“信用评价”应当排除诸如淘宝网店的买家对卖家的评价、点评网上平台用户对商家的用户评价等，仅限于平台或征信机构等对民事主体的信用评价，那么《民法典》第1029条的信用评价应与信息处理有关。简言之，《民法典》第1029条的信用评价关系并非传统意义上评价错误后寻求名誉权救济的法律关系，而是属于信息处理法律关系中的信用评价关系。尤其需要注意的是，《民法典》第1029条赋予了民事主体查询权、异议权、更正权、删除权等，上述权利其实是针对信息处理关系而存在的。

此外，信用评价的本质是形成信用身份，信用身份是通过对信用信息的分析并决策所塑造的，单独的淘宝买家对卖家的评价，不足以形成信用身份，卖家的信用身份，是平台通过评分所塑造的。信用身份是信任的重要因素。越是弱关系，越需要通过信息分析以减少信息不对称，最终得到对主体的客观评分或评价。如果没有信

---

① 黄薇主编：《中华人民共和国民法典解读－6－人格权编·侵权责任编》，中国法制出版社2020年版，第183页。

② 类推解释思路是通过正在处理的案件事实与典型案件事实比较的方式，并通过考察相似特征与差异特征是否具有相关性来判断，参见陈坤：《类推解释思路及其运用》，载《法学》2022年第11期。

③ 参见肖梦黎：《平台信用评分机制的规制功能及其法治化实现》，载《探索与争鸣》2022年第2期。

用身份,那么很难建构真正的信任关系,因为人们需要通过名誉/信誉去评估主体,是否值得交往、是否值得信赖,是否可以成为很好的交易伙伴。① 信用评价的本质是声誉机制,而声誉机制的目的是使理性主体在分散的交易场景中能够有效决策,选择可靠的交易对象,规避高风险的对象。② 而在信用大数据背景下,信用评价通常是通过画像(profiling)③的形式描绘的。换言之,通过计算机程序自动分析、评估个人的信用状况,并进行决策的活动是信用评价活动,是为了塑造信用身份。④ 因此,这种活动应当也是一种信息处理行为,应当受到《个人信息保护法》及《民法典》中的个人信息保护规则的调整。

2.《民法典》第1029条所涉主体法律关系

笔者以为,《民法典》第1029条属于信息处理法律关系中的信用评价关系,上文中对可能涉及的三方主体法律关系已经有一定的论证,为便于说理,可参考表24-1:

表24-1 信用信息处理中的三方法律关系

场景	民事主体(被评价人)	信用评价人	第三方(购买产品或接受服务)
征信场景	自然人	征信机构	银行等
平台评分场景	商家	平台	平台用户

主体之间的关系具体阐述如下:

(1)民事主体与信用评价人之间:民事主体的信用信息为信用评价人(同时也

① Eric Goldman, The Regulation of Reputational Information, 2010, *The Next Digital Decade: Essays on the Future of the Internet*, Berin Szoka, Adam Marcus, eds., TechFreedom, Washington, D. C., 2010.

② 戴昕:《理解社会信用体系建设的整体视角:法治分散、德治集中与规制强化》,载《中外法学》2019年第6期。

③ 欧盟GDPR第4条第4款规定,"个人画像是指为了评估自然人的某些条件而对个人数据进行的任何自动化处理,尤其是为了评估自然人的工作表现、经济状况、健康状况、个人偏好、兴趣、可靠性、行为方式、位置或行踪而进行的处理"。参见丁晓东:《用户画像、个性化推荐与个人信息保护》,载《环球法律评论》2019年第5期;王苑:《完全自动化决策拒绝权之正当性及其实现路径——以〈个人信息保护法〉第24条第3款为中心》,载《法学家》2022年第5期。

④ See Sandra Wachter & Brent Mittelstadt, *A Right to Reasonable Inferences: Re-Thinking Data Protection Law in the Age of Big Data and AI*, Columbia Business Law Review, Vol. 2, p. 4-129(2019).

是信息处理者）所收集，存在直接收集与间接收集的不同可能，如征信机构当然可以作为直接采集个人信息的主体，但是更多的情况是个人征信信息是由第三方来提供的，这就涉及另外一个重要主体——信息提供者，[①]即将民事主体的个人征信信息提供给征信机构的主体，这类主体也是信息处理者，其和征信机构等信用评价人之间的关系可能涉及《个人信息保护法》中关于委托处理等的规定。王利明教授认为，信息提供者这类主体如果因过失提供错误信息而造成对民事主体的信用名誉权造成侵害，应当适用名誉权侵权，承担侵权责任。并认为侵害涉及信用的名誉权的主体只能是信用评价人（征信机构）及信用信息提供者。[②]

信用评价人（同时也是信息处理者）对信用信息进行分析处理并进行信用评价，信息处理行为应当适用个人信息保护规则或《民法典》第 1029 条，如果信用评价严重侵害人格权益，则应当结合《民法典》人格权编中的其他条款来救济。[③] 正是因为信用评价对民事主体的名誉影响巨大，信用评价人在进行信用评价时应当履行高度注意义务，审慎、尽责、客观、公正地进行信用评价，否则应当对民事主体的名誉权造成损害承担民事责任，信用评价人在评价时尽到了高度注意义务的，则可以免责[④]。

（2）信用评价人与第三方之间：信用评价人通过提供产品或提供服务的形式与第三方之间形成合同等法律关系，如征信业务下的个人信息的利用会产生多种数据产品：信用信息查询产品服务、信用评价类产品服务、反欺诈产品服务等典型产品。根据不同的产品提供的对象的不同，又可能包含 3 种不同的法律关系：一是信息主体与征信机构之间的法律关系，在这种情形下，信息主体可能要求查看报告，并要求更正、删除等；二是征信机构与需要信用评价的自然人或机构之间的法律关系，如将征信报告提供给需要了解被评价人信用状况的银行；三是征信机构与公权力机关或

① 信息提供者由于和信用被评价人没有直接的服务关系，常常对个人造成更大威胁，see Chris Jay Hoofnagle, *How the Fair Credit Reporting Act Regulates Big Data* (September 10, 2013), Future of Privacy Forum Workshop on Big Data and Privacy: Making Ends Meet, 2013, SSRN。

② 参见王利明、程啸、朱虎：《中华人民共和国民法典人格权编释义》，中国法制出版社 2020 年版，第 333 页。

③ 对于信息主体权利的实现及其困境，参见姚佳：《个人信息主体权利的实现困境及其保护救济》，载《中国法律评论》2022 年第 6 期。

④ 参见黄薇主编：《中华人民共和国民法典解读 - 6 - 人格权编 · 侵权责任编》，中国法制出版社 2020 年版，第 182 页。

政府组织之间的法律关系,通常是基于公共服务或公共利益提供产品,如公积金中心要求的信用报告。

此外,购买产品和接受服务的第三方,是否有可能成为信息处理者,是否需要受到《个人信息保护法》的约束?笔者认为,这取决于其购买或接受的数据产品仅仅是信用评价(评分),还是包括了个人信用信息的信用评价。换言之,如果只是拿到了一个分数,或者优良、合格、差等评价,不属于信息处理者,但是一旦信息使用者拿到的信用评价中涉及了个人信用信息,那么第三方也应当作为信息处理者遵循个人信息保护的信息处理者义务。

(四)侵害信用利益及其责任

由于信用是社会经济评价与信赖,直接具有经济利益因素,因而,侵害信用利益,一般会带来财产利益的损失,尤其对经营者来说,常常在其涉及信用的名誉权遭受侵害之后,会直接遭受财产损害。所以,在侵害涉及信用的名誉权的情况下,要注重运用财产损害赔偿的方式对受害人进行救济。例如,因为权利人的信用受损,导致银行拒绝贷款,使其蒙受财产损失,或者使其产品滞销。对此种财产损失应当予以赔偿。此外,赔偿受害人为调查其信用受损害的行为所支付的合理费用也应当纳入受害人财产损失的范围予以赔偿。当然,侵害自然人涉及信用的名誉权,也会对受害人造成精神痛苦,此时也需要通过精神损害赔偿的方法加以救济。精神损害赔偿也应该作为侵害自然人涉及信用的名誉权的侵权责任方式。①

此外,信用评价处于不断的变化之中,对涉及信用的名誉权侵权的判定必须依据特定时间点进行。信用评价是评价人对于特定权利主体在特定时间内的信用信息进行的评价。据以进行信用评价的信用信息处于不断的变化之中,因此基于这些信息的信用评价也势必反映这些变化而作出相应的变更。随着权利人不断从事交易、履约或违约,其信用评价不断发生变化。对于既往的履约或违约记录等,根据信用评价机构的评价规则,也可能在到达一定的期限后,不再纳入评价体系。例如,

① 参见王利明、程啸、朱虎:《中华人民共和国民法典人格权编释义》,中国法制出版社2020年版,第339页。

《征信业管理条例》第16条第1款规定："征信机构对个人不良信息的保存期限，自不良行为或者事件终止之日起为5年；超过5年的，应当予以删除。"因此，为了应对信用信息和信用评价的不断变化，对于侵害涉及信用的名誉权的判定首先必须明确判定的时间点，即判断造成损害的发生时间是否存在信用评价错误。没有造成损害的，应当通过更正、删除等手段进行救济。①

结　语

信息革命与其他革命的区别，在于信息革命的核心是信息处理与沟通的技术。在大数据时代，信用不依赖主体自身的主观因素，而是由其客观信息和数据如实反映出来。信用呈现个性化、差别化特征，不同身份主体的信用程度不同。② 身份（信用）与信任是息息相关的，熟人之间借钱甚至不需要打字条（契约），而信息革命使人和人之间的了解、信任依赖数据，在某种程度上使主体之间建立信任的难度降低。如果进步现代社会如梅因所说是"从身份到契约"的过程，那么一个回复到通过信用身份来判断其应当受到何种对待方式的社会，是否已经陷入一种历史的"倒退"——从契约到身份？③ 需要明确的是，世界已经形成了一个整体，无论基于什么力量，都不可能再回到哥伦布发现美洲大陆之前的旧世界。那么，如何在信用大数据背景下，以法律的力量对抗信用信息和信用评价（评分）的滥用，是摆在每个法律人面前的难题。

---

① 参见王利明、程啸、朱虎：《中华人民共和国民法典人格权编释义》，中国法制出版社2020年版，第335页。

② 参见赵磊：《"从契约到身份"——数据要素视野下的商事信用》，载《兰州大学学报（社会科学版）》2020年第5期。

③ See Ariel Porat & Lior strahilevitz, *Personalizing Default Rules and Disclosure with Big Data*, 112 Michigan Law Review 1417－1476(2014).

第三部分　个人信息保护

专题二十五　个人信息处理中的知情同意

本专题撰写人:程　啸

【《民法典》及相关法律法规的新规则】

《民法典》第1035条

处理个人信息的,应当遵循合法、正当、必要原则,不得过度处理,并符合下列条件:

(一)征得该自然人或者其监护人同意,但是法律、行政法规另有规定的除外;

(二)公开处理信息的规则;

(三)明示处理信息的目的、方式和范围;

(四)不违反法律、行政法规的规定和双方的约定。

个人信息的处理包括个人信息的收集、存储、使用、加工、传输、提供、公开等。

《个人信息保护法》第14条

基于个人同意处理个人信息的,该同意应当由个人在充分知情的前提下自愿、明确作出。法律、行政法规规定处理个人信息应当取得个人单独同意或者书面同意的,从其规定。

个人信息的处理目的、处理方式和处理的个人信息种类发生变更的,应当重新取得个人同意。

【规则由来】

《民法典》第1035条规定是此次《民法典》编纂中的重要新规则。在此之前，2017年施行的《网络安全法》第41条第1款规定："网络运营者收集、使用个人信息，应当遵循合法、正当、必要的原则，公开收集、使用规则，明示收集、使用信息的目的、方式和范围，并经被收集者同意。"

【规范意旨】

告知同意规则，是指任何组织或个人在处理个人信息时，均应向其个人信息被处理的个人告知相应的事项，并在取得该个人(或者其监护人)的同意后，方可从事相应的个人信息处理活动。在法律、行政法规未作特别规定时，未取得个人同意时处理个人信息即属违法。告知同意规则的目的在于尊重和保护个人对其个人信息处理的知情权和决定权，不仅是个人信息处理中最基本的法律规则，也是判断个人信息处理活动合法与否的根本标准。

就个人同意的性质而言，从消极方面看是违法阻却事由，即排除了客观上侵入个人信息权益的处理行为的非法性；而从积极方面看，则属于个人信息处理的合法根据。个人信息处理中的个人同意既不是作为法律行为核心要素的意思表示，也不属于人格权商业化利用中权利人的许可。意思表示的瑕疵及撤销、撤回的规则不能当然适用于个人信息处理中的个人同意。

根据《个人信息保护法》第14条的规定，个人同意的生效须具备同意能力、充分知情、真实自愿及明确具体等要件。

【典型案例】

案例一："刘某诉华律网侵害个人信息权案"

刘某系执业律师，2020年6月3日刘某发现华律网员工用其律师执业证号注册华律网，遂通过微信与华律网沟通。华律网员工王某陈述"是之前一个离职的员工弄的”。因协商未果，刘某遂诉至法院，请求华律网停止侵害、消除影响、赔礼道歉（公开或书面）。

一审法院认为，华律网从湖南省司法厅公开的信息中搜集刘某律师执业证信息，未经刘某许可在华律网进行注册，致使刘某本人在华律网注册时发现其律师执业证信息已被注册，华律网的该行为存在过错，但华律网在收到刘某的通知后，采取了必要措施，删除了相关注册信息，且刘某也未举证证明其因华律网注册行为给其民事权益造成了具体而明确的损害，故对刘某的诉讼请求，一审法院不予支持。

二审法院认为，第一，华律网未经刘某许可将其律师执业证信息登记在其后台数据库中，华律网虽自述其系从湖南省司法厅主管的如法网公开信息中收集了刘某律师执业证信息，且仅用于后台数据库，未对外公开和进行商业用途，但律师执业证是律师重要的个人信息，是其从事执业活动的有效证件，公开的目的是核定律师身份。律师的律师执业证信息虽依法公开但未经其本人同意不得用于当事人查证以外的其他用途。第二，华律网系一家提供法律服务的商业网站，华律网将刘某的律师执业证信息登记在其后台数据库中，系用于律师本人在该网登记时核验之用的说法，令人难以信服。第三，华律网系专业提供法律服务的商业网站，其理应熟知个人信息保护的法律规定以及合理使用个人信息的范围。虽华律网在收到刘某的通知后，采取了必要措施，删除了相关注册信息，但其未经本人允许使用刘某律师执业证信息的行为明显缺乏必要性和正当性，确系对刘某个人信息的不当使用，存在过错，在一定程度上构成了对刘某个人信息权的侵害。鉴于华律网存在侵权行为，故法院认为，刘某要求华律网赔礼道歉的诉讼请求应当予以支持。①

案例二：“黄某某诉某信用管理有限公司个人信息保护纠纷案”

2021 年 3 月 15 日，黄某某发现其某信用账户未经其允许被擅自开通，询问某信用管理有限公司（以下简称某信用公司）客服得知系其于 2021 年 3 月 7 日开通了重庆公共交通乘车码时自动开通某信用账户所致，其中通过某应用开通重庆公共交通乘车码时需点击“同意协议并开通”，下方会有蓝色字体载明“查看《某应用重庆公

① 参见湖南省长沙市中级人民法院（2021）湘 01 民终 11420 号民事判决书。

共交通付款服务协议》《某服务协议》《用户授权协议》,授权重庆公共交通乘车码获取你的姓名、手机号、身份证用于实名领卡”。黄某某当即要求某信用公司客服关闭其某信用账户及删除账户内个人信息。2021 年 3 月 25 日,黄某某在某应用开通清远电子公交卡时,需点击“同意协议并开通”,下方会有蓝色字体载明“查看《乘车码服务协议》《用户授权协议》,授权清远市民卡有限公司获取你的姓名、手机号、身份证用于实名领卡”。黄某某未点击阅读前述协议即开通清远电子公交卡,后某信用公司将黄某某某信用账户被开通的信息通过某应用推送。黄某某查阅《乘车码服务协议》,载明“本服务协议由《清远电子公交卡服务协议》和《某公交付款服务协议》《某服务协议》协议构成……”,其中,《某公交付款服务协议》《某服务协议》均用蓝色字体标注,可点击查阅。2021 年 4 月 25 日,黄某某自行注销某信用账户。另查明,黄某某于 2015 年 2 月 3 日首次开通某信用账户,于 2020 年 12 月 25 日注销;于 2020 年 12 月 29 日第二次开通某信用账户,于 2020 年 12 月 29 日注销;于 2021 年 2 月 28 日第三次开通某信用账户,于 2021 年 3 月 16 日注销;于 2021 年 3 月 25 日第四次开通某信用账户,于 2021 年 4 月 25 日注销。

杭州互联网法院认为,开通案涉信用服务已尽到提醒注意义务,并取得黄某某同意,符合正当原则。该信用服务以最小代价即对用户进行事先信誉评估的方式,弥补了先享后付功能的短板,为信息处理者履行合同所必需,符合必要原则。案涉信用服务充分保障用户的自主决定权,未违反相关法律规定,符合合法原则。[①]

【理论阐释】

告知同意也称知情同意,是个人信息处理中最基本的法律规则,也是判断个人信息处理活动合法与否的根本标准。换言之,除非法律另有规定,否则,只要没有告知并取得个人同意而处理个人信息的活动,都是非法的。在个人信息的“全生命周期”中,知情同意是一道“闸口”,无论是信息采集、利用,还是相应转换、转移,均绕

① 参见杭州互联网法院“个人信息保护典型案例”:电子公交卡场景下的个人信息权益保护与利用——“黄某某诉某信用管理有限公司个人信息保护纠纷案”,杭州互联网法院(2021)浙 0192 民初 8058 号民事判决书。

不开“知情同意”。① 所谓告知同意规则，是指任何组织或个人在处理个人信息时，均应向其个人信息被处理的个人告知相应的事项，并在取得该个人（或者其监护人）的同意后，方可从事相应的个人信息处理活动。告知同意规则包含告知与同意两个部分，紧密联系，不可分割。一方面，处理者在处理个人信息前如果不将相应的事项如处理目的、处理方式等真实、准确且完整的告知个人的，个人事实上就无法对其个人信息被处理作出同意，即便同意也不是真实的、自愿的；另一方面，虽然个人信息处理者履行了告知义务，但是并未取得个人的同意，或者在取得个人的同意后，超出同意的范围而处理个人信息的，该处理活动也是非法的。

告知同意规则最早为1970年德国黑森州的《数据保护法》所确认，目前已经成为绝大多数国家个人信息保护法承认的基本规则。我国个人信息保护领域的法律也明确采用了这一规则。早在2012年，全国人民代表大会常务委员会《关于加强网络信息保护的决定》第2条明确要求，网络服务提供者和其他企业事业单位在业务活动中收集、使用公民个人电子信息，应当遵循合法、正当、必要的原则，明示收集、使用信息的目的、方式和范围，并经被收集者同意。2017年施行的《网络安全法》第41条第1款规定：“网络运营者收集、使用个人信息，应当遵循合法、正当、必要的原则，公开收集、使用规则，明示收集、使用信息的目的、方式和范围，并经被收集者同意。”2021年1月1日起施行的《民法典》第1035条第1款明确规定：“处理个人信息的，应当遵循合法、正当、必要原则，不得过度处理，并符合下列条件：（一）征得该自然人或者其监护人同意，但是法律、行政法规另有规定的除外；（二）公开处理信息的规则；（三）明示处理信息的目的、方式和范围；（四）不违反法律、行政法规的规定和双方的约定。”

2021年8月20日，十三届全国人大常委会第三十次会议审议通过了《个人信息保护法》，该法是我国第一部个人信息保护方面的专门法律，不仅明确地将告知同意规则作为个人信息处理活动的合法性基础，还对该规则作出了详细的规定，包括同意的效力与要件、同意的类型、同意的撤回、告知的方式与内容、免除告知义务情形、

① 参见姚佳：《知情同意原则抑或信赖授权原则——兼论数字时代的信用重建》，载《暨南学报（哲学社会科学版）》2020年第2期。

各类具体的处理中的告知与同意等。《个人信息保护法》总计 74 个条文,而直接涉及告知同意规则的条文就达 15 条之多,告知同意规则的重要性可见一斑。但是,理论界对于告知同意规则中个人同意的性质(是否属于意思表示)等问题仍有不同的认识,此外,《个人信息保护法》又新增加了单独同意这一同意的类型,应当如何理解与适用,也有不同的看法。鉴于此,笔者将对个人信息处理中个人同意的 3 个重要问题进行研究,以供理论界与实务界参考。首先,个人信息处理活动中个人同意的性质为何,是否属于意思表示或者人格权商业化利用中的许可?其次,同意的有效要件包括哪些,为什么同意能力与民事行为能力有所不同?最后,明确同意、单独同意以及书面同意之间的关系如何?

一、个人同意的性质

告知同意规则,要求个人信息处理者原则上必须取得其个人信息被处理的个人的同意后,才能对个人信息进行相应的处理活动。因此,取得个人的同意(Consent/Einwilligung)在个人信息处理中非常重要。无论个人信息处理活动的合法性根据有多少,个人的同意都是其中最重要的一类,这一点在比较法和我国法上都有鲜明的体现。我国《个人信息保护法》第 13 条第 1 款在列举个人信息处理活动的合法根据或理由时,第一个列举的就是"取得个人的同意",该条第 2 款明确规定:"依照本法其他有关规定,处理个人信息应当取得个人同意,但是有前款第二项至第七项规定情形的,不需取得个人同意。"但是,对于何为个人同意,我国《个人信息保护法》未作规定。在比较法上,大多数国家和地区的法律也并不界定什么是个人同意,而只是对于同意作出相应的要求而已。例如,欧盟 GDPR 第 4 条第 11 款在界定"数据主体的同意"(consent of the data subject)时,规定:"数据主体依其个人意愿而自由、明确、知情且清晰地通过陈述或积极行为就与其相关的个人数据的处理作出的同意。"①再如,2018 年的巴西《通用数据保护法》第 5 条第 12 款规定,同意是"数据主体同意为特定目的处理其个人数据自由、知情和明确的声明"。

---

① 该定义与 1995 年 10 月 24 日欧洲议会《关于涉及个人数据处理的个人保护以及此类数据自由流动的第 95/46/EC 号指令》(DPD)中的定义是一致的,该指令第 2 条 h 将数据主体的同意界定为"数据主体自由作出的特定与知情的指示,表示其同意对于与其相关的数据进行处理"。

在我国个人信息保护法的起草过程中,《个人信息保护法草案(征求意见)》第14条第1款第1句曾规定:“处理个人信息的同意,应当由个人在充分知情的前提下,自愿、明确作出意思表示。”从该规定可知,立法机关曾将个人信息处理中的个人同意看作一种意思表示。但是,《个人信息保护法草案(第二次审议稿)》第14条则删除了“意思表示”一词,该条第1款第1句被修改为:“处理个人信息的同意,应当由个人在充分知情的前提下自愿、明确作出。”正式颁布的《个人信息保护法》第14条第1款第1句则规定:“基于个人同意处理个人信息的,该同意应当由个人在充分知情的前提下自愿、明确作出。”由此可见,我国《个人信息保护法》不再将同意规定为意思表示,同时也对有效的个人同意的要件作出了规定。

我国理论界对于个人信息处理中的个人同意的性质,有不同的看法,主要是两种观点:第一种观点是“双重属性说”,此说认为,同意具有双重属性,一方面,它是侵权法上阻却违法的事由;另一方面,它又是法律行为。① 换言之,在合同与侵权领域中,个人同意有不同的含义。在侵权领域中,“同意”作为侵权法上的免责事由可归入“受害人同意”的范畴,在构成要件上包括必须有明确具体的内容、受害人须具有同意能力、同意必须真实自愿、加害人必须尽到充分的告知说明义务;在合同领域中,同意可能成为相关合同给付内容的一部分,因此,当事人须具备相应的行为能力。② 持“双重属性说”的学者主要是从个人信息既存在消极防御也存在积极利用的角度出发来认识同意的性质。从消极防御的角度说,同意就是违法阻却事由;从积极利用的层面看,同意就是个人在授权他人商业化利用其个人信息的许可。

第二种观点是“单一属性说”,此说又可分为“权益处分说”“意思表示说”。持“权益处分说”的学者认为,“同意”是一种对于个人信息权益的处分,但是,这种处分不能脱离商品或服务合同的语境而单独存在,只能被视为个人信息主体为了获得相应的商品或服务而必须作出的权利处分。③ 持“意思表示说”的学者认为,同意本身是自然人作出的意思表示,我国《民法典》总则编关于意思表示的规定完全可以适

① 参见刘召成:《人格商业化利用权的教义学构造》,载《清华法学》2014年第3期。

② 参见陆青:《个人信息保护中“同意”规则的规范构造》,载《武汉大学学报(哲学社会科学版)》2019年第5期。

③ 参见万方:《个人信息处理中的“同意”与“同意撤回”》,载《中国法学》2021年第1期。

用于自然人就个人信息处理所作出的同意。故此,自然人在因欺诈、胁迫或重大误解而作出的意思表示,是可以撤销的意思表示。①

笔者认为,个人信息处理中的个人同意既不具有双重属性,也并非意思表示、人格权要素商业化利用中权利人的许可或权益处分行为,从其性质来看,在消极的层面上,个人同意属于违法阻却事由即免责事由,而在积极层面上,个人同意是个人信息处理活动的合法根据或正当理由之一。具体阐述如下:

1. 在个人信息处理中的个人同意并不涉及我国《民法典》第133条以下各条款的民事法律行为。意思表示,是指表意人向他人发出的表示,表意人据此向他人表明,根据其意思,某项特定的法律后果(或一系列法律后果)应该发生并产生效力。②民事法律行为是民事主体通过意思表示设立、变更、终止民事法律关系的行为。民事法律行为可以基于双方或多方的意思表示一致成立,也可以基于单方的意思表示成立。因此,意思表示是民事法律行为的核心要素。但是,在个人信息处理中个人所作出的同意却不是意思表示,不属于民事法律行为。这是因为,个人对于个人信息处理者就其个人信息所要实施的处理活动而作出的同意,并非旨在发生民事法律后果的内心意思的外在表示,个人与个人信息处理者之间也没有就设立、变更、终止民事法律关系达成合意。也就是说,个人信息处理中作出同意的个人实施的不是民事法律行为(Rechtsgeschaeft),而是“法律行动”或“法律上的行为”(Rechtshandlung)。区分法律行为和法律上的行为的标准在于,“如果法律秩序的规定涉及形成法律关系的行为,即所涉及的是法律上的规则,则它属于法律行为的事实构成;如果法律秩序针对某一事实构成规定法律效果,就该事实构成而言,行为不以法律效果的法律发生为目的,也即它不能被视为法律上的规则,则它属于法律上行为”。③ 个人仅仅是同意他人在其个人信息权益的范围内从事某些事实上的行为而已,如个人信息的收集、存储、使用、加工、传输、提供、公开、删除等。正是有了这种同意,所以个人信息处理行为才不是非法的行为,具有了合法根据(Legal

---

① 参见陈甦、谢鸿飞主编:《民法典评注·人格权编》,中国法制出版社2020年版,第379页。

② 参见[德]卡尔·拉伦茨:《德国民法通论》(下册),王晓晔等译,法律出版社2003年版,第450~451页。

③ [德]维尔纳·弗卢梅:《法律行为论》,迟颖译,法律出版社2013年版,第124页。

Justification)。也就是说,个人同意和法律所规定的事由都属于个人信息处理活动的合法根据而已。正因如此,我国《个人信息保护法》第 13 条第 1 款才将第 1 项“取得个人的同意”,与第 2 项“为订立、履行个人作为一方当事人的合同所必需,或者按照依法制定的劳动规章制度和依法签订的集体合同实施人力资源管理所必需”至第 7 项“法律、行政法规规定的其他情形”并列为个人信息处理者处理个人信息的 7 类合法根据。

2. 将个人同意的性质理解为意思表示将导致民法中关于意思表示的法律规则被错误地适用于个人信息处理活动当中。具体表现在以下两方面:

一方面,混淆民事行为能力与同意能力。民事法律行为和意思表示的合法性判断是一致的,[①]无论是有效的法律行为还是有效的意思表示,都要求相应的民事主体具备民事行为能力。依据我国《民法典》,18 周岁以上的自然人为完全民事行为能力人,可以独立实施民事法律行为;8 周岁以上的未成年人、不能完全辨认自己行为的成年人为限制民事行为能力人,实施民事法律行为由其法定代理人代理或者经其法定代理人同意、追认;但是,可以独立实施纯获利益的民事法律行为或者与其年龄、智力相适应的民事法律行为。不满 8 周岁的未成年人以及不能辨认自己行为的成年人为无民事行为能力人,由其法定代理人代理实施民事法律行为。如果将个人同意作为意思表示,不仅意味着无民事行为能力人在个人信息的处理中不能作出同意,而且限制民事行为能力人在很多时候也不能同意其个人信息被处理,处理者必须取得限制民事行为能力人的监护人的同意。但各国个人信息保护法都未作此要求,而只是规定了某一年龄以下的未成年人的个人信息被处理时,需要取得该未成年人的监护人同意。例如,比利时、丹麦、芬兰、英国、瑞典、拉脱维亚等国家将该年龄规定为 13 周岁,奥地利、意大利、西班牙等国规定为 14 周岁,法国规定为 15 周岁,德国、匈牙利、卢森堡等国则规定为 16 周岁。[②]

我国法律则明确规定为 14 周岁,也就是说,只有 14 周岁以下的未成年人才不能就其个人信息被处理作出同意,即不具备同意能力。如果是 14 周岁以上,即便是

① 参见王利明:《民法总则研究》(第 3 版),中国人民大学出版社 2018 年版,第 508 页。
② 参见郭林茂主编:《中华人民共和国未成年人保护法释义》,法律出版社 2021 年版,第 223 页。

未成年人即限制民事行为能力人,同样具有对其个人信息被处理予以有效同意的能力。《个人信息保护法》第 31 条第 1 款规定:"个人信息处理者处理不满十四周岁未成年人个人信息的,应当取得未成年人的父母或者其他监护人的同意。"《未成年人保护法》第 72 条第 1 款规定:"信息处理者通过网络处理未成年人个人信息的,应当遵循合法、正当和必要的原则。处理不满十四周岁未成年人个人信息的,应当征得未成年人的父母或者其他监护人同意,但法律、行政法规另有规定的除外。"《儿童个人信息网络保护规定》第 2 条规定:"本规定所称儿童,是指不满十四周岁的未成年人。"第 9 条规定:"网络运营者收集、使用、转移、披露儿童个人信息的,应当以显著、清晰的方式告知儿童监护人,并应当征得儿童监护人的同意。"之所以就个人信息处理中个人同意的年龄的规定不同于民事行为能力,原因有二:其一,个人信息处理活动不是一种交易行为,而是对个人信息进行收集、存储、加工、使用、提供等活动的事实行为,客观上构成对个人信息权益的侵害,不能将适用于交易行为的民事行为能力套用在其上。其二,个人信息处理中的个人同意的有效性还受到个人信息保护法的其他规定的制约,尤其是个人信息处理者是否充分的履行告知义务的要求。也就是说,即便是完全民事行为能力人在个人信息处理中所作出的同意也并非有效的,因为个人信息处理者很可能没有真实、准确、完整地向个人进行告知,以至于该完全民事行为能力人所做的同意不是自愿的。

另一方面,错误地将意思表示的撤销和撤回适用于个人信息处理中的个人同意。依据《民法典》第 141 条的规定,行为人可以撤回意思表示。撤回意思表示的通知应当在意思表示到达相对人前或者与意思表示同时到达相对人。要约可以撤回,适用的是与意思表示撤回相同的规定(《民法典》第 475 条)。意思表示的撤销主要是指要约的撤销与法律行为的撤销。要约原则上可以撤销,但是如果要约人以确定承诺期限或者其他形式明示要约不可撤销或者受要约人有理由认为要约是不可撤销的,并已经为履行合同做了合理准备工作的,则要约是不能撤销的(《民法典》第 476 条)。依据《民法典》第 477 条的规定,撤销要约的意思表示以对话方式作出的,该意思表示的内容应当在受要约人作出承诺之前为受要约人所知道;撤销要约的意思表示以非对话方式作出的,应当在受要约人作出承诺之前到达受要约人。由于民事法律行为是基于双方或者多方的意思表示一致而成立的,还可以基于单方的意思表示而成立。故此,意思表示应当是真实自由的,不存在欺诈、胁迫、错误等瑕疵。否则,该民事法律行为就是可撤销的。由于撤销权是形成权,其长期存在不利于稳定法律关系,故此,撤销权存在除斥期间,期间届满而没有行使撤销权的,则该权利归于消灭(《民法典》第152条)。民法上关于意思表示的撤回、撤销以及撤销权的除斥期间的规定,都不能适用于个人信息处理中的个人同意。

一方面,只要是基于个人同意处理个人信息的,个人有权随时撤回同意(withdrawal of consent)。《个人信息保护法》第15条第1款规定:"基于个人同意处理个人信息的,个人有权撤回其同意。个人信息处理者应当提供便捷的撤回同意的方式。"这就是说,个人撤回同意是无条件的,只要想撤回,就可以撤回,既不需要法律上规定的理由,更无须向处理者说明理由。不仅如此,法律上不存在对个人撤回同意的权利的其他限制,撤回权不存在适用《民法典》规定的除斥期间的问题。① 同样,处理者也不能通过格式条款或其他任何方式与个人约定撤回权行使的期间等为由而限制或剥夺个人的撤回权。如果存在这些条款或约定,均属无效。② 在个人信息处理的任何阶段,个人均可以撤回同意,也就是说,不仅是在个人信息被收集的阶段,也包括加工、存储、使用、提供、公开等各个此前个人同意的处理方式的阶段,个人均可以撤回同意。之所以个人有权随时撤回同意,就是因为个人对于其个人信息处理享有决定权,其有权限制或者拒绝他人对其个人信息进行处理,除非法律、行政法规另有规定(《个人信息保护法》第44条)。个人信息上承载了法律给予保护的自然人享有的非常广泛的权益,既包括宪法上的人格尊严、人身自由等基本权利,也包括人身权益、财产权益等民事权益。如果一旦个人作出了同意,就不能撤回或者很难撤回,那么个人的同意就不可能是真正的同意,其对个人信息的处理就没有真正的决定权,如此一来,是无法充分的维护人格尊严和人身自由的。如果不能正确地认识个人同意的性质,将其理解与意思表示相混淆,就会出现将撤回同意理解为撤销同意,甚至产生要求个人承担赔偿责任的错误认识。例如,有观点认为,当同意并不直接涉及合同交易领域时,可随时撤回同意,该行为仅仅是对他人行为违法性

① 参见万方:《个人信息处理中的"同意"与"同意撤回"》,载《中国法学》2021年第1期。

② 参见《人脸识别司法解释》第11条。

的排除;当"同意"涉及具体的合同交易领域时,则应当比照适用典型合同中的任意撤销权规则,对个人信息主体的"同意撤回权"作出一定限制,当其因撤回给信息处理者造成损失时,应当承担损害赔偿责任。①

另一方面,就法律行为的撤销而言,撤销权的行使具有溯及力,即行为人因该行为取得的财产,应当予以返还;不能返还或者没有必要返还的,应当折价补偿。有过错的一方应当赔偿对方由此所受到的损失;各方都有过错的,应当各自承担相应的责任。法律另有规定的,依照其规定(《民法典》第157条)。但是,在个人信息处理中个人撤回同意则不具有溯及力。也就是说,个人撤回同意不影响撤回前基于个人同意已经进行的个人信息处理活动的效力,只要这些处理活动本身并不存在其他违法之处。我国《个人信息保护法》第15条第2款规定:"个人撤回同意,不影响撤回前基于个人同意已进行的个人信息处理活动的效力。"所谓不影响效力,是指不影响这些个人信息处理活动仍被认为是基于个人同意而进行的处理活动,个人不得以其撤回同意为由要求处理者承担侵害个人信息权益的民事责任,依法履行个人信息保护职责的机关也不得以个人已经撤回同意为由,认定撤回前基于个人同意已经进行的个人信息处理活动是违法的,进而追究处理者的行政责任或刑事责任。之所以撤回同意不影响此前处理活动的效力,目的不是要保护个人信息处理者对个人的某种信赖,因为不存在这样的信赖。但是,在允许个人可以随时撤回同意的情形下,由于处理者必须随时做好个人会撤回同意的准备,所以为了实现个人信息权益的维护与个人信息的合理使用之间的利益平衡,法律上必须作出这样的规定,这也是基于诚信原则与公平原则的要求。

3. 个人同意并非个人将自己的个人信息许可他人使用的意思表示。我国《民法典》承认人格权的商业化利用,依据《民法典》第993条的规定,民事主体可以将自己的姓名、名称、肖像等许可他人使用,但是依照法律规定或者根据其性质不得许可的除外。问题是,个人信息是否可以许可他人使用?《民法典》第993条规定只是列举了"姓名、名称、肖像",其中并未包括个人信息。但是,由于该条规定中有"等"字兜

① 参见陆青:《个人信息保护中"同意"规则的规范构造》,载《武汉大学学报(哲学社会科学版)》2019年第5期。

底。因此，有学者认为，可以将个人信息解释进去，即个人信息也可以成为许可利用的对象，这是因为“从本质上讲，个人信息本身就兼具人身属性和财产属性，绝大多数个人信息都可以进行经济利用，如将个人信息汇聚成大数据由他人共享，或者用于商业分析和用于商业规划等”。① 笔者认为，现有的个人信息处理的法律规则以及个人的权利、处理者的义务都不是建立在将个人信息权益作为兼具人格权和财产权的基础之上的，它们只是建立在个人信息权益属于人格权益的基础上的。并且，从数据利用的层面上来说，海量的个人信息构成的大数据当然具有很大的价值，但是，自然人的个人信息本身无法进行商业化的许可利用。首先，姓名、肖像也属于自然人的个人信息，其可以被商业利用，这一点毫无疑问，但是除此之外的个人信息如身份证号码、行踪轨迹、金融账户、医疗健康、家庭住址、习惯偏好等无法被商业化利用，即便是歌星影星等名人也无法许可他人使用。这是因为，许可（Lizenz）是权利人将其权利允许他人在一定时间以及一定地域范围内实施或使用的意思表示，如许可他人将自己的姓名使用在某种商品上、注册为商标或者在某项服务上使用。显然，除姓名、肖像外的个人信息无法被这样使用。其次，承认个人信息的许可使用，直接导致的后果就是，个人与个人信息处理者之间形成许可合同（Lizenzvertrag）法律关系。比较典型的许可合同，如《民法典》规定的肖像许可使用合同、技术许可合同，《著作权法》中的著作权许可使用合同，《商标法》中的商标使用许可合同等。许可合同的核心特征就在于其属于双务合同，许可人（Lizenzgeber）的主给付义务为授予许可或授予使用权，而被许可人（Lizenznehmer）的对待给付义务就是支付相应的费用。如果将个人信息处理中的个人同意理解为许可处理者对个人信息商业化利用的意思表示，或者是授权处理者对个人信息的使用权，就必然意味着二者之间形成了许可合同这一双务合同关系，双方互负义务、互享权利。至少个人信息处理者要向个人支付费用，个人许可处理者使用其个人信息。然而，事实并非如此。一方面，个人信息处理者只是需要取得个人的同意后才能处理个人信息，处理者并未因为个人的同意而取得对该个人的个人信息的专有或非专有的使用，处理者也并未向

① 参见王利明、程啸：《中国民法典释评·人格权编》，中国人民大学出版社2020年版，第59页（本部分由王利明教授撰写）。

个人支付任何的费用;另一方面,就个人而言,其也不存在因为同意了这个处理者处理其信息,就不能同意其他的处理者处理其个人信息。即便处理者有这样的约定,该约定也是无效。不仅如此,个人还有权随时撤回同意。显然这一切都说明了个人同意并没有导致个人与个人信息处理者之间成立了个人信息许可使用合同。有些学者希望未来个人信息的保护和利用能够朝着“普遍免费 + 个别付费”或“引入经济激励”的方向发展。[①] 姑且不论目前还没有国家采取这种做法,即便要采取这种模式也会面临很大的问题,就是当基于个人同意处理个人信息的活动成为个人信息的交易后,个人信息处理中处理者和个人的权利义务关系必将发生本质改变(如个人是否还有权随时撤回同意就值得怀疑了),这对于个人信息保护究竟是有利还是有害,值得怀疑。

鉴于同意与许可的区别,我国《民法典》人格权编中明确区分了人格权主体的同意和许可他人使用。作为规范人格要素商业化利用的核心条款,《民法典》第 993 条明确使用的就是“许可”他人使用的表述。不仅如此,在对能够商业化利用的人格要素的具体规定中,《民法典》更是明确区分了许可与同意。以最为典型的能够商业化利用的人格权——肖像权为例,在规定侵害肖像权的行为时,《民法典》使用的是未经肖像权人“同意”的表述,即第 1019 条规定:“任何组织或者个人不得以丑化、污损,或者利用信息技术手段伪造等方式侵害他人的肖像权。未经肖像权人同意,不得制作、使用、公开肖像权人的肖像,但是法律另有规定的除外。未经肖像权人同意,肖像作品权利人不得以发表、复制、发行、出租、展览等方式使用或者公开肖像权人的肖像。”而在规定肖像权人对肖像进行商业化利用时,《民法典》第 1018 条第 1 款采取的是“许可他人使用”的表述,同时,第 1021 条和第 1022 条还对肖像许可使用合同作出了特别的规定。

综上所述,笔者认为,个人同意性质可以从两方面加以认识。消极层面上,个人同意属于违法阻却事由,其功能在于针对那些法益侵害行为发挥正当化的效力。违法阻却事由是区分违法性与过错的立法例中采取的概念。德国法认为,违法阻却事

---

① 参见张新宝:《“普遍免费 + 个别付费”:个人信息保护的一个新思维》,载《比较法研究》2018 年第 5 期;蔡培如、王锡锌:《论个人信息保护中的人格保护与经济激励机制》,载《比较法研究》2020 年第 1 期。

由是指对暂时认定的违法性的反驳,即法律所认可的针对假定违法性的一种特殊例外,[①]具体包括正当防卫、紧急避险、自助行为、维护正当利益、同意等。我国《民法典》没有明确区分违法性与过错,学说上通常不使用"违法阻却事由"的概念,而是用"免责事由"一词来包含违法阻却事由。在我国《民法典》中,免责事由包括:不可抗力(第180条)、正当防卫(第181条)、紧急避险(第182条)、自愿实施紧急救助行为(第184条)、受害人故意(第1174条)、第三人行为(第1175条)、自甘冒险(第1176条)、自助行为(第1177条)以及同意(第1219条、第1036条)。在这些免责事由中,有些是通过排除加害行为与权益被侵害之间的因果关系以致侵权责任不成立;有些则是排除行为的违法性(或过错)而使行为人无须承担侵权责任。前者如受害人故意、第三人行为等,后者如同意、自助行为、紧急避险、正当防卫。从积极层面上看,个人信息处理中的个人同意为个人信息处理行为提供了合法根据,排除了该行为的非法性,从而使处理行为具有合法基础,不构成对个人信息权益的侵害行为。具体来说,个人的同意所引发的私法上的法律效果为:取得同意的处理者只要是在个人同意的范围(包括自然人所同意的处理主体、处理目的、处理方式和处理的个人信息种类等)之内,从事个人信息处理行为,那么该行为就不构成侵害行为,不具有非法性。[②] 自然人针对个人信息享有受法律保护的权利,也称个人信息权益。广义上的个人信息权益既包括个人信息上承载的人格尊严、人身自由等宪法权利,也包括自然人的人身权益、财产权益等民事权益。狭义的个人信息权益,则仅是指我国《民法典》《个人信息保护法》所赋予的自然人对其个人信息享有作为民事权益的人格权益。[③] 自然人享有个人信息权益意味着,其他组织或个人需要尊重该权益而不得侵犯它,承认自然人的个人信息权益就必然导致对他人行为自由的限制。处理者对个人信息进行的任何处理行为(无论是收集、存储、使用,还是加工、传输、提供、公开等),客观上就构成对个人信息权益空间的侵入或干扰,违反了法秩序,具有(暂时

---

① 参见[德]埃尔温·多伊奇、汉斯-于尔根·阿伦斯:《德国侵权法——侵权行为、损害赔偿及痛苦抚慰金》(第5版),叶名怡、温大军译,中国人民大学出版社2016年版,第44页。

② 关于侵害个人信息的民事责任中加害行为的论述,参见姚佳:《论个人信息处理者的民事责任》,载《清华法学》2021年第3期;阮神裕:《民法典视角下个人信息的侵权法保护——以事实不确定性及其解决为中心》,载《法学家》2020年第4期。

③ 参见程啸:《论我国民法典中个人信息权益的性质》,载《政治与法律》2020年第8期。

认定的)非法性。要排除这种非法性的,就必须具备法律上的正当性(Legal Justifications)。在个人信息保护法上,此种正当性要么来自个人的同意,要么来自法律、行政法规的规定即法定的许可(legal permission),二者构成了全部个人信息处理的法律基础。[①] 作为个人信息权益主体的个人,可以对自己权益进行合法的处分,其可以自行行使该权益,也可以同意他人对自己的民事权益干涉。因此,在得到民事权益所有者的同意后,被同意者实施的客观上侵害他人民事权益的行为,对于同意者而言,就不构成侵害。当然,法律、行政法规也可以基于促进个人信息的合理利用、维护公共利益、国家利益等理由而特别规定某些情形下不需要取得个人的同意就可以处理其个人信息。故此,我国《民法典》第 1035 条第 1 款第 1 项规定,处理个人信息必须"征得该自然人或者其监护人同意,但是法律、行政法规另有规定的除外"。所谓法律、行政法规另有规定的除外,如《民法典》第 1036 条规定的两种情形以及《个人信息保护法》第 13 条第 1 款第 2 项至第 7 项列举的各种情形。

事实上,《个人信息保护法》中规定的个人信息处理中的个人同意,与《民法典》第 1219 条规定的诊疗活动中患者(或其近亲属)的同意以及《民法典》第 1008 条规定的受试者或者受试者的监护人的同意,这 3 种活动都必须遵循告知同意规则,其中,个人同意的性质也是相同的。就个人信息处理者要实施的个人信息处理活动而言,如前所述,其在客观上构成了对自然人的个人信息权益的侵害,因此,必须具备合法的理由(Er muss daher gerechtfertigt werden)。告知并取得个人的同意,就是这样的一个重要的合法理由。同样,医疗机构或者医务人员实施的诊疗活动也构成对患者身体权或健康权的侵害,符合了人身伤害(Koerperverletzung)的客观事实要件,也必须具备合法的理由,即取得患者或者近亲属的明确同意。为研制新药、医疗器械或者发展新的预防和治疗方法,需要进行的临床试验,可能对受试者生命健康权造成侵害或危险。故此,必须向受试者或者受试者的监护人告知试验目的、用途和可能产生的风险等详细情况,并经其书面同意。当然,由于医疗活动和临床试验涉及自然人的生命权、身体权、健康权等最高位阶的权益,故此,除告知并取得个人同

---

① See Paul Voigt & Axel von dem Bussche, *The EU General Data Protection Regulation (GDPR): A Practical Guide*, Springer, 2017, p. 92.

意外,诊疗活动的合法事由仅有一种情形,即《民法典》第 1220 条所规定的“因抢救生命垂危的患者等紧急情况,不能取得患者或者其近亲属意见的,经医疗机构负责人或者授权的负责人批准,可以立即实施相应的医疗措施”。至于临床试验,除向受试者或者受试者的监护人告知试验目的、用途和可能产生的风险等详细情况,并经其书面同意外,没有其他的合法事由。但在个人信息处理中,由于个人信息权益的效力位阶并非如生命权、身体权和健康权那么高,且个人信息的合理利用对于整体社会福利也是非常必要的。故此,《个人信息保护法》同时以保护个人信息权益和促进个人信息合理利用为立法目的。在这一立法目的要求下,个人信息处理的合法事由,除取得个人同意外,还包括很多,对此《个人信息保护法》第 13 条第 1 款第 2 项至第 7 项作出了详细的列举。

二、个人同意的有效要件

在个人信息处理中,个人作出的同意必须符合一定的要件才是有效的。这是因为,对个人信息的处理客观上构成对自然人的个人信息权益的侵害,并且会带来各种风险,属于对个人权益影响重大的事情。为了更好地保护自然人,法律上应当明确个人同意的有效要件。欧盟 GDPR 第 4 条第 11 款规定了有效同意必须具备 4 个要件:(1)自由作出的(freely given);(2)具体的(specific);(3)被告知的(informed);(4)明确的(unambiguous)。这一标准被认为提高了有效同意的门槛,而欧盟数据保护机构也倾向严格地解释这 4 项标准。[①] 我国《民法典》《网络安全法》等法律没有对同意的有效要件作出规定。《个人信息保护法》第 14 条第 1 款第 1 句对同意的有效要件作出了规定:“基于个人同意处理个人信息的,该同意应当由个人在充分知情的前提下自愿、明确作出。”具体而言,个人信息处理中个人同意的有效要件包括以下几项。

1. 同意能力

在个人信息处理中,只有当作出同意的自然人具有同意能力(capacity to

---

① See Christopher Kuner, Lee A. Bygrave & Christopher Docksey ed., *The EU General Data Protection Regulation (GDPR):A Commentary*, Oxford University Press, 2020, p. 181.

consent)时,所作出的同意方属有效。《美国侵权行为法重述(第二次)》第 892A 条第 2 款规定,有效的同意,是指有同意能力的人或经授权代理作出同意的人所作出的同意,且该同意是就特定行为而作出的或就实质上相同的行为而作出的。同意能力不同于行为能力。在法律行为制度中,为了维护交易安全从而要求从事法律行为的当事人必须具备行为能力,无民事行为能力人必须由其法定代理人代理实施民事法律行为,其单独实施的民事法律行为属于无效的民事法律行为(《民法典》第 20 条、第 21 条;第 144 条);限制民事行为能力人实施民事法律行为要由其法定代理人代理或者经其法定代理人同意、追认,未经同意或追认的法律行为无效或者相对人可以撤销,但是,限制民事行为能力人可以独立实施纯获利益的民事法律行为或者与其年龄、智力、精神健康状况相适应的民事法律行为(《民法典》第 19 条、第 22 条;第 145 条)。

如前文所述,个人信息处理中的个人同意并非意思表示,并没有表述任何指向某个法律效果的意思表达(Willensaeusserung),而只是指向一种简单的法律行动(Rechtshandlung),故此,同意不是法律行为,不适用法律行为的特别要件。[①] 其对自己权益的处分,不能完全适用民法中关于行为能力的规定。德国民法通说认为,受害人的同意能力不能以有行为能力作为判断标准,应依据个别案件中受害人的识别能力作为标准。[②] 德国联邦最高法院的判例认为,"如果根据一名未成年人精神上和道德上的成熟程度,能够衡量侵害行为以及同意侵害的意义和后果",那么该未成年人表示同意即可。[③] 英美法系的侵权法也认为,同意能力不同于行为能力。同意能力是一个人对其决定的性质、程度以及可能产生的后果的理解能力。儿童、醉汉、神志不清的人、精神病人或者低智能者作出的同意一般是无效的。他们的同意只能由监护人作出。[④]

---

① 参见[德]埃尔温·多伊奇、汉斯-于尔根·阿伦斯:《德国侵权法——侵权行为、损害赔偿及痛苦抚慰金》(第 5 版),叶名怡、温大军译,中国人民大学出版社 2016 年版,第 48~49 页。

② Vgl. Wolfgang Siebert, in Bürgerliches Gesetzbuch mit Einführungsgesetz und Nebengesetzen: BGB, Band 12: Schuldrecht 10 § § 823-853 BGB, Produkthaftungsgesetz, Umwelthaftungsgesetz, 13 Aufl., 2005, § 823, Rn. 196f.

③ Vgl. Dieter Medicus, Allgemeiner Teil des BGB, 10. Aufl., 2010, S. 200.

④ See Vincent R. Johnson, *Mastering Torts*, Carolina Academic Press, 1995, p. 40.

依据我国《个人信息保护法》第31条第1款以及《未成年人保护法》第72条第1款的规定,个人信息处理者处理不满14周岁未成年人个人信息的,应当取得未成年人的父母或者其他监护人的同意。故此,年满14周岁的人都具有同意能力,其可以在个人信息处理中作出同意,14周岁以下人不具有同意能力。至于已经年满14周岁,但因疾病等原因而不能辨认或不能完全辨认自己行为的人,其在个人信息处理中是否具有同意能力,需要根据具体情形加以判断。

2. 同意是个人在充分知情的前提下作出的

任何有效的同意都应当在同意者充分知情的前提下作出的。如果不知情,那么这种同意不是真实的,是无效的。例如,在医疗过程中,医生在为病人从事医疗行为时,必须尽到充分的告知与说明的义务。医生必须将从事医疗行为的必要性、危险性等各方面的信息充分传达给受害人,如果受害人对此不具有充分的识别能力,那么医生须将此等信息告知给他的法定代理人。在英国、美国以及德国,法律以及法院的判例都对医生的告知说明义务作出了相应的规定。法院的判例认为,当就告知、说明义务发生疑义时,医生应当举证证明自己充分履行了该义务。① 我国《民法典》第1219条第1款明确规定:"医务人员在诊疗活动中应当向患者说明病情和医疗措施。需要实施手术、特殊检查、特殊治疗的,医务人员应当及时向患者具体说明医疗风险、替代医疗方案等情况,并取得其明确同意;不能或者不宜向患者说明的,应当向患者的近亲属说明,并取得其明确同意。"

由于个人信息处理活动中,处理者与个人之间的信息是不对称的,因此,同意规则必须与告知规则密切联系,即要求处理者必须充分的告知,从而确保个人是在充分知情的前提下而作出同意的,否则,处理者不告知或告知不充分,而个人在完全不知情或不充分的知情的情况下所作出的同意,就是无效的。简言之,个人信息处理者为处理个人信息而取得个人同意之前,应当履行告知义务,为个人提供相应的知识。例如,要告知个人,处理其个人信息的主体是谁,处理的目的是什么,处理的方式与范围如何等相关知识。这一要求也是个人信息处理中的透明原则(The

① See B. S. Markesinis & Hannes Unberath, *The German Law of Torts: A Comparative Treatise*, 4th. ed., Hart Publishing, 2002, p. 80.

transparency principle)的要求。该原则是指处理个人信息时应当采取公开、透明的方式,公开个人信息处理的规则,向信息主体明示个人信息处理的目的、处理的方式和处理的范围。之所以要确立透明原则,是因为自然人对其个人信息的处理享有知情权和决定权。如果个人信息处理者不以公开、透明的方式处理个人信息,而是采取隐秘的、"暗箱操作"的方式,那么即便个人表示同意,其同意也不是真实的同意,此种处理行为也属于非法处理行为。对此,欧盟 GDPR 在导言部分的第 39 条清晰地说明:"透明性原则要求任何有关这些个人数据处理的信息和通信都应可轻松获取且容易理解,并且使用通俗易懂的语言。这一原则特别涉及数据主体关于控制者身份的信息和处理目的以及进一步处理的信息,以确保对有关自然人的公正和透明的处理以及获得有关其正被在处理的数据的个人确认和通信的权利。应该让自然人了解与处理个人数据有关的风险、规则、保障和权利,以及如何行使与处理有关的权利。特别是,处理个人数据的具体目的应清晰且合法,并在收集个人数据时予以明确。"包括欧盟在内的许多国家或地区的数据保护和个人信息保护法都要求处理者必须遵循透明的原则。早在 1980 年的经济合作与发展组织《关于隐私保护和个人数据跨疆界流动的指导原则》中就提出了公开原则,该指导原则认为:"公开原则可能被视为个人参与原则的先决条件,后一原则要生效,获得关于个人数据的收集、储存或利用的信息在实践上必须是可能的。在自愿的基础上从数据控制者处获得的常规信息,涉及个人数据处理的活动的描述的官方登记者的出版活动和公共机构的登记,是一些(虽然不是全部)可能实现此种原则的方法。"《巴西通用数据保护法》第 6 条第 6 款规定,个人数据处理应当遵循透明原则,即"保证数据主体能够就数据处理和相应的处理代理人获得清晰、准确和易得的信息,且遵守商业和企业机密"。2018 年,美国加利福尼亚州《消费者隐私法案(CCPA)》在第 2 节"立法目的"中明确指出:"人们期许隐私和其信息的更多控制。加利福尼亚消费者应当能够就其个人信息行使控制权,并且期待防治个人信息滥用的保护措施。企业可能在尊重消费者隐私的同时,就其企业活动提供高水平的透明度。"

我国《民法典》第 1035 条要求个人信息处理者应当"公开处理信息的规则""明示处理信息的目的、方式和范围"。《网络安全法》第 41 条第 1 款规定:"网络运营者收集、使用个人信息,应当遵循合法、正当、必要的原则,公开收集、使用规则,明示收集、使用信息的目的、方式和范围，并经被收集者同意。”全国人民代表大会常务委员会《关于加强网络信息保护的决定》第2条规定：“网络服务提供者和其他企业事业单位在业务活动中收集、使用公民个人电子信息，应当遵循合法、正当、必要的原则，明示收集、使用信息的目的、方式和范围……”《个人信息保护法》第7条更是将公开透明原则作为个人信息处理中的一项基本原则加以详细规定：“处理个人信息应当遵循公开、透明原则，公开个人信息处理规则，明示处理的目的、方式和范围。”为了确保个人是在充分知情的前提下作出同意的，《个人信息保护法》第17条第1款规定：“个人信息处理者在处理个人信息前，应当以显著方式、清晰易懂的语言真实、准确、完整地向个人告知下列事项：（一）个人信息处理者的名称或者姓名和联系方式；（二）个人信息的处理目的、处理方式，处理的个人信息种类、保存期限；（三）个人行使本法规定权利的方式和程序；（四）法律、行政法规规定应当告知的其他事项。”在个人无法或难以理解个人信息处理规则时，依据该法第48条的规定，个人还有权要求个人信息处理者对其个人信息处理规则进行解释说明。此外，当个人信息处理者转移个人信息或者向他人提供其处理的个人信息，应当向个人告知接收方的身份、联系方式、处理目的、处理方式和个人信息的种类等事项（《个人信息保护法》第22条、第23条）。

3. 同意是自愿且明确的

同意必须是自愿的（voluntary），如果个人是在威胁、欺诈或胁迫的情况下而作出的同意的，那么这种同意就不是个人在有真正的选择权的情形下作出的，是不真实的、不自愿的。法律上不应当使个人承受这种不自愿的同意所产生的后果，故此，这种同意是无效。① 法律上之所以要确保个人的同意必须是自愿，根本原因在于现代网络信息时代中个人信息处理者与个人之间的关系属于持续性的信息不平等关系。② “特别是当控制者是公权力一方且基于特定情形下予以考虑的所有条件认为

---

① 《美国侵权行为法重述（第二次）》第892B条第2款规定：“如果一人就他人行为的同意，是因有关侵犯其利益的本质或者该他人行为预料的伤害程度产生重大的错误且该错误为该他人所知悉，或因他人的虚假陈述而被诱使作出的，该同意就未曾预料的侵害或伤害不产生效力。”

② 参见丁晓东：《个人信息权利的反思与重塑　论个人信息保护的适用前提与法益基础》，载《中外法学》2020年第2期；王苑：《个人信息保护在民法中的表达——兼论民法与个人信息保护法之关系》，载《华东政法大学学报》2021年第2期。

同意不可能是自愿做出的,该同意并不能成为该特定情形个人数据处理的有效法律依据。"①网络信息科技引发的处理者与个人之间的不对等关系表现在以下几个方面:其一,现代网络信息科技的发展,使个人信息以前所未有的数量和种类被产生,个人常常不知道自己产生了什么样的个人信息。其二,数据现代信息网络社会使社会生活被高度数字化,个人信息处理成为现代生产生活所必需的活动,个人缺乏拒绝或阻止个人信息被处理的能力,否则就要为此付出各种各样或大或小的代价。个人信息处理者留给个人的选项只有留下或离开。其三,算法和算力的提升使个人信息处理的目的和方式具有无限可能性,加之算法的专业性与不透明性,就会使个人信息处理可能对个人权益产生何种危险或损害,常常是个人难以了解的。正因如此,为了避免个人作出同意时受到强迫或陷入其他丧失选择自由的状态。我国《个人信息保护法》第14条明确规定,在基于个人同意处理个人信息时,个人作出的同意必须是自愿的。这就是说,个人信息处理者通过欺诈、胁迫或者误导等方式取得的个人的同意是无效。例如,最高人民法院《人脸识别司法解释》第4条规定:"有下列情形之一,信息处理者以已征得自然人或者其监护人同意为由抗辩的,人民法院不予支持:(一)信息处理者要求自然人同意处理其人脸信息才提供产品或者服务的,但是处理人脸信息属于提供产品或者服务所必需的除外;(二)信息处理者以与其他授权捆绑等方式要求自然人同意处理其人脸信息的;(三)强迫或者变相强迫自然人同意处理其人脸信息的其他情形。"

所谓同意是明确的,要求个人是以清晰、明白而非含糊的、模棱两可的方式表示同意。只要同意是明确的方式作出的即可,至于是通过纸质、电子形式等书面方式,还是通过口头方式作出的,无关紧要。例如,欧盟GDPR"导言"部分的第32条指出:"处理个人数据之前应征得数据主体的同意,通过清楚明确的行为自愿表明同意对其个人数据进行处理,例如,通过书面陈述(包括电子形式)或者口头声明。同意方式可以包括在浏览网页时在方框里打上钩,对信息社会服务进行技术设置或者其他陈述或行为以清楚表示接受对其个人数据的处理。因此,默示、预选方框或者不作为不构成同意。同意范围应当包括所有基于同一目的或者同一类目的而进行的

① 参见欧盟GDPR"导言"部分第43条。

数据处理活动。当数据处理活动存在多种目的时,每项目的都应当征得同意。如果数据主体是基于电子形式的请求而作出的同意,请求应清晰、简洁且不影响所提供服务的使用。”再如,德国《联邦数据保护法》第 51 条第 2 款规定,如果数据主体的同意是在同时涉及其他事项的书面声明中作出的,则对于同意的请求应以与其他事项明显区分的方式加以提出,且该请求应当是易于理解的方式且所使用的文字应当清晰明了。

三、个人同意的方式与类型

从理论上说,同意可以是明示的(expressly),也可以是默示的(implied)。在特殊情形下才可以是沉默。《民法典》第 140 条第 2 款规定:“沉默只有在有法律规定、当事人约定或者符合当事人之间的交易习惯时,才可以视为意思表示。”但是,由于《个人信息保护法》第 14 条第 1 款第 1 句已经明确规定,个人对于其个人信息被处理而作出的同意必须是在充分知情的前提下自愿、明确作出的。故此,同意必须是明示的,而默示、预选方框或者不作为都不构成同意。① 明示的同意,是指个人通过言语、文字等积极的行为即作为来作出对处理者实施的个人信息处理行为的同意。此种积极的行为,包括网络上关于是否同意处理其个人信息的对话框中的“同意”选项,也包括打电话给处理者口头告知同意其处理个人信息,以及通过填写电子表格、发送电子邮件或者上传包含个人电子签名的文档等积极作为的方式来表示同意。由于个人信息处理者负有举证证明取得个人同意的义务,故此,采取纸质或者电子方式的同意,对于处理者的举证责任来说更稳妥。从我国《民法典》以及《个人信息保护法》的规定来看,个人同意有以下 3 种类型:

1. 明确同意

《民法典》中有两处使用“明确同意”的表述:一是《民法典》第 1033 条第 5 项规定,除法律另有规定或者权利人明确同意外,任何组织或者个人不得处理他人的私密信息。二是《民法典》第 1219 条规定,医务人员在诊疗活动中应当向患者说明病

---

① 《App 违法违规收集使用个人信息行为认定方法》第 3 条第 4 款明确将以默认选择同意隐私政策等非明示方式征求用户同意的行为,认定为“未经用户同意收集使用个人信息”。

情和医疗措施。需要实施手术、特殊检查、特殊治疗的，医务人员应当及时向患者具体说明医疗风险、替代医疗方案等情况，并取得其明确同意；不能或不宜向患者说明的，应当向患者的近亲属说明，并取得其明确同意。从立法本意来看，《民法典》要求明确同意，也只是为了强调权利人必须是清晰、毫不含糊地作出了同意，至于同意的方式究竟是哪一种并不重要。[①]《个人信息保护法》中没有采取“明确同意”这一概念，但是，《个人信息保护法》第 14 条第 1 款要求同意应当由个人在充分知情的前提下“自愿、明确作出”。由此可见，“明确”应当是对个人信息处理中个人同意的一般性要求，即无论是书面的或非书面的，单独的或非单独的同意，都应当是明确作出的同意，即明确同意。故此，在《个人信息保护法》中明确同意本身不是一种同意的类型。

2. 单独同意

“单独同意”是我国《个人信息保护法》独创的概念，此前的法律中都没有规定，比较法上似乎也未见类似的立法例。依据《个人信息保护法》第 14 条第 1 款第 2 句的规定，在法律、行政法规规定处理个人信息应当取得个人单独同意或者书面同意的，从其规定。也就是说，除了要求同意必须基于个人在充分知情的前提下自愿、明确地作出，法律、行政法规还可以提出特别的要求即单独同意或书面同意。依据《个人信息保护法》的规定，需要取得单独同意的个人信息处理活动主要为 5 类：其一，处理者向其他处理者提供其处理的个人信息（第 23 条）；其二，处理者公开个人信息（第 25 条）；其三，将在公共场所安装图像采集、个人身份识别设备所收集的个人图像、身份识别信息用于维护公共安全之外的其他目的（第 26 条）；其四，处理敏感个人信息（第 29 条）；其五，向我国境外提供个人信息（第 39 条）。

显然，从单独同意适用的上述情形可以看出，它们都是会对个人权益产生很重大的影响的情形，故此，需要通过非常鲜明的、突出的方式来警示个人，使个人认真且慎重的权衡利弊得失后作出同意与否的决定。因此，单独同意的要求本质上就是法律强制地要求个人信息处理者将个人针对某类处理活动作出的同意与对其他的

---

① 参见黄薇主编：《中华人民共和国民法典解读 - 6 - 人格权编 · 侵权责任编》，中国法制出版社 2020 年版，第 205 页。

处理活动作出的同意予以区分、凸显出来。这就意味着,个人信息处理者在取得个人同意时,既不能将需要取得同意的个人信息处理活动的内容与其他信息混在一起,也不能将处理目的、处理方式和个人信息种类等不同的个人信息处理活动混在一起概括取得个人的同意。处理者必须就法律所规定的特定类型的个人信息处理活动专门取得个人的同意。在以往的实践中,许多网络公司将各种内容混在一起,放在所谓的隐私政策或服务条款中,[①]其中既有个人信息处理活动的内容,也有合同权利义务的约定、警示提示甚至宣传吹嘘自己服务的内容等,长篇大论,个人只需要点击最后一个同意即可。这种同意至少就需要单独同意的个人信息处理活动而言,是无效的同意。至于将需要单独同意的个人信息(如敏感的个人信息)和不需要取得单独同意的个人信息都混在一起,概括的、一揽子取得个人的同意的做法,在《个人信息保护法》施行后也是不可以的。

3. 书面同意

所谓书面同意,是指个人应当以书面的形式作出同意。依据《民法典》第 469 条的规定,书面形式是合同书、信件、电报、电传、传真等可以有形地表现所载内容的形式。以电子数据交换、电子邮件等方式能够有形地表现所载内容,并可以随时调取查用的数据电文,视为书面形式。书面形式既有助于发挥警示的作用,使当事人三思而后行,也有助于保存证据,避免和解决纠纷。在个人信息处理中,书面同意提高了对处理者的要求,其意味着个人的同意不仅应当是个人在充分知情的前提下自愿、明确地作出的,还必须采取书面形式,而处理者负有举证证明存在该书面同意的义务。如果处理者不能证明取得了个人的书面同意,即便可以证明取得了同意,该处理活动是非法的、无效的。

《个人信息保护法》颁布前,我国的一些行政法规已经对于个人信息处理活动需要取得书面同意作出了规定。《征信业管理条例》第 18 条第 1 款规定:“向征信机构查询个人信息的,应当取得信息主体本人的书面同意并约定用途。但是,法律规定可以不经同意查询的除外。”第 29 条第 2 款规定:“从事信贷业务的机构向金融信用信息基础数据库或者其他主体提供信贷信息,应当事先取得信息主体的书面同意,

① 所谓“隐私政策”(privacy policy),是指公布在网站上说明该网站如何处理个人信息的一种政策。

并适用本条例关于信息提供者的规定。"《个人信息保护法》并没有要求同意必须是书面形式,而只是规定法律、行政法规要求采取书面形式的,从其规定。但是,由于《个人信息保护法》第 14 条第 1 款已经要求同意必须是明确作出的,这就意味着个人信息处理活动中,处理者为了证明已经取得个人明确、自愿的同意,基本上都会对个人的同意采取书面形式的要求,否则难以证明这一点。

从《个人信息保护法》第 14 条第 1 款第 2 句的规定可知,单独同意、书面同意肯定是比一般的同意更高的要求。从该法第 29 条规定来看,书面同意的要求应当要比单独同意的要求更高。因为处理敏感的个人信息本身就要求取得个人的单独同意,而《个人信息保护法》第 29 条还规定,法律、行政法规规定处理敏感的个人信息应当取得书面同意的,从其规定。这就是说,法律、行政法规会要求某些敏感个人信息的处理必须取得个人的"书面的单独同意"。从这个角度来说,笔者认为,所谓"书面的单独同意"应当是指纸面的同意书,即处理者必须取得个人亲笔签名的针对某类敏感个人信息的处理表示同意的纸质同意书。

结 语

在个人信息处理中,同意并非个人信息处理行为的唯一合法基础,法律、行政法规还可以规定无须取得个人同意而处理个人信息的各种情形。但是,无论如何,告知同意是个人信息处理的基本规则。个人信息处理者充分履行告知义务并取得个人同意后处理个人信息的活动不具有非法性,而是合法的个人信息处理活动。同意的性质就是阻却了处理行为的非法性,使之成为合法行为。由于不同的个人信息处理活动的风险不同,故此,《个人信息保护法》等法律对于同意也有不同要求,如单独同意或者书面同意。这种做法提高了对处理者的个人信息处理行为的要求,有利于保护自然人的个人信息权益。当然,同意的要件与形式的明确规定,客观上也使个人信息处理者有明确稳定的预期,降低了合规成本。

专题二十六　个人信息删除权

本专题撰写人:王利明

【《民法典》及相关法律法规的新规则】

《民法典》第1037条

自然人可以依法向信息处理者查阅或者复制其个人信息;发现信息有错误的,有权提出异议并请求及时采取更正等必要措施。

自然人发现信息处理者违反法律、行政法规的规定或者双方的约定处理其个人信息的,有权请求信息处理者及时删除。

《个人信息保护法》第47条

有下列情形之一的,个人信息处理者应当主动删除个人信息;个人信息处理者未删除的,个人有权请求删除:

(一)处理目的已实现、无法实现或者为实现处理目的不再必要;

(二)个人信息处理者停止提供产品或者服务,或者保存期限已届满;

(三)个人撤回同意;

(四)个人信息处理者违反法律、行政法规或者违反约定处理个人信息;

(五)法律、行政法规规定的其他情形。

法律、行政法规规定的保护期限未届满,或者删除个人信息从技术上难以实现的,个人信息处理者应当停止除存储和采取必要的安全保护措施之外的处理。

【规则由来】

《民法典》第1037条是《民法典》编纂中的重要新增条文。在《民法典》编纂前,《网络安全法》第43条规定:“个人发现网络运营者违反法律、行政法规的规定或者双方的约定收集、使用其个人信息的,有权要求网络运营者删除其个人信息;发现网络运营者收集、存储的其个人信息有错误的,有权要求网络运营者予以更正。网络运营者应当采取措施予以删除或者更正。”《个人信息保护法》第47条依据《民法典》的相关规则,进一步规定:“有下列情形之一的,个人信息处理者应当主动删除个人信息;个人信息处理者未删除的,个人有权请求删除:(一)处理目的已实现、无法实现或者为实现处理目的不再必要;(二)个人信息处理者停止提供产品或者服务,或者保存期限已届满;(三)个人撤回同意;(四)个人信息处理者违反法律、行政法规或者违反约定处理个人信息;(五)法律、行政法规规定的其他情形……”

【规范意旨】

个人信息删除权在性质上属于个人信息的一项权能,且是人格权请求权的具体体现。个人信息删除权的行使必须满足法律规定和约定的条件,我国《个人信息保护法》第47条在《民法典》第1037条规定的基础上对此作出了细化规定,主要包括:一是处理目的已实现、无法实现或者为实现处理目的不再必要。此种情形主要适用于合法收集个人信息的情形;二是个人信息处理者停止提供产品或者服务,或者保存期限已届满;三是个人撤回同意,或者信息处理者保存个人信息的期限已经届满的情况;四是违反法律、行政法规或当事人的约定处理个人信息。在上述法定情形下,个人信息处理者应当主动删除个人信息。如果个人信息处理者未主动删除,信息主体则有权要求个人信息处理者删除其个人信息。删除权不能等同域外法中的被遗忘权。删除权虽然可以适用于搜索引擎,但应当区分不同情形作出必要限制。

【典型案例】

“罗某诉北京大生知行科技有限公司隐私权、个人信息保护纠纷案”

被告未经原告明确授权同意,收集原告尾号为“8688”和“0038”的手机号码,并为原告配置了“51Talk”产品的账号密码,发送至原告手机号码。此外,在未经原告明确授权同意的情况下,被告将其“51Talk”产品中的账号信息在其关联产品“多说英语”App和“哈沃在线外教班课”中超范围使用,也将其“51Talk”产品中的订单信息在其关联产品“多说英语”App中超范围展示和使用。

法院认为,被告确实存在未经同意收集并使用原告两部手机号、职业类型、学龄阶段、英语水平、学习目的等用户画像信息,未经同意超范围使用原告账号密码信息和订单信息等行为,违反了《民法典》第1035条关于个人信息处理应获取“知情—同意”的规定,据此,原告有权要求被告停止侵权、删除相关个人信息。庭审中,被告表示已删除原告全部个人信息,注销原告账户,对此,原告认可其账户已无法登录,并且,根据庭审中对CRM系统后台进行勘验的情况显示,输入原告手机号,显示无对应内容。因此,法院对被告已删除原告全部个人信息的事实予以确认。①

【理论阐释】

个人信息删除权(right to erasure),简称删除权,是指在符合法律规定或者当事人约定的情形下,信息主体可以请求信息处理者及时删除相关个人信息的权利。该权利旨在保障信息主体对其个人信息的自主决定。② 信息删除权是个人信息被保护权的下位概念。③《民法典》第1037条第2款规定:“自然人发现信息处理者违反法律、行政法规的规定或者双方的约定处理其个人信息的,有权请求信息处理者及时删除。”概括地确认了个人信息删除权及其产生的原因。在此基础上,《个人信息保

① 参见“罗某诉北京大生知行科技有限公司隐私权、个人信息保护纠纷案”,北京互联网法院(2021)京0491民初5094号民事判决书。

② Vgl. Nolte/Werkmeister, in: Gola, DSGVO, § 17 Rn. 8.

③ 参见余筱兰:《民法典编纂视角下信息删除权建构》,载《政治与法律》2018年第4期。

护法》第47条进一步扩张规定了应当删除个人信息的具体情形。删除权作为个人信息权利主体的一项重要权利,在《民法典》和诸多单行法中均有所规定。其行使对于保障信息的完整性与自决性都具有十分重要的意义。然而,有关个人信息删除权的性质、地位、行使要件、法律效果以及其与被遗忘权的区别依然存在争议。因此,有必要对此进行探讨。

一、删除权的性质

(一)删除权是对人格权益进行私法救济的权利

删除权首先是一个民事权益,而非公法上的权利。在我国,有学者将个人信息定位为公法上的权利。① 据此,删除权作为个人信息的组成部分,当然也具有公法的属性。但笔者认为,不宜据此将删除权认定为公法上的权利,个人信息本身是由《民法典》确立的重要人格权益,删除权也是《民法典》所确认的一项人格权益,《民法典》不止一处对删除权进行了规定:一是在《民法典》人格权编"隐私权和个人信息保护"一章中,第1037条第2款规定了个人信息权利主体的删除权;二是在"名誉权和荣誉权"一章中,第1029条规定了民事主体请求对信用评价进行删除的权利。因此,删除权理当是一项由《民法典》所确认的民事权益。的确,侵害删除权虽然可能导致行政责任,但这并不意味着删除权就是公法上的权利,因为许多民事权利在遭受侵害后都可能产生行政责任的问题,而不限于个人信息遭受侵害的情形。例如,《治安管理处罚法》第42条第6项规定了侵害隐私须承担的行政责任,但这并不意味着隐私权是公法上的权利。

个人信息删除权也是受私法救济的权利。它和其他人格权益一样,不仅要受到《个人信息保护法》的保护,也受到《民法典》关于人格权益的规范的保护。如果删除权遭受侵害无法在《个人信息保护法》中找到法律依据进行救济时,还可以通过适用《民法典》的有关规定加以救济。故此,删除权受到私法规范的全面保护。

---

① 参见周汉华:《个人信息保护的法律定位》,载《法商研究》2020年第3期。

（二）删除权是基于人格权益所产生的权利

依据我国《民法典》和《个人信息保护法》的规定，无论是从权利主体、义务主体，还是权利内容来看，其均属于私法上的一项权利。理由主要在于：

首先，从性质上看，删除权是基于个人信息权益而产生的权利。虽然《民法典》并未将个人信息确认为一项独立的人格权，但仍然是受《民法典》所保护的一项人格权利，就个人信息删除权而言，其虽然是个人信息的一项权能，但仍然可以成为一项权利。所谓权能是为权利所包含的尚不能独立的权利的功能。[①] 权能虽然是权利的下位概念，但是，我国《个人信息保护法》第四章全面确认了信息主体在个人信息处理中的权利，个人信息本身是由删除权、查阅权、复制权、携带权、更正权、补充权等一系列权能所组成的“权能束”，各项权能分别承担个人信息保护的特定功能，发挥不同的作用，在这些权能中，删除权作为一项独特的权能，承担在个人信息处理活动中保障信息主体个人信息的完整、自决等功能。而《个人信息保护法》在确认个人信息的权能时，都采用了权利的表述。尤其是在该法第四章的标题明确使用了“个人在个人信息处理活动中的权利”的表述，这表明了这些权能本身可以成为权利。还要看到，《民法典》第1037条第2款规定删除权采用的是“有权请求”的表述，可见，《民法典》已将删除权确认为一项权利。《个人信息保护法》第47条在表述个人信息删除权时，虽然采用的是“有权请求”的表述，但是该条第1款首先规定了在符合删除条件的情形下，个人信息处理者有义务主动删除，与义务相对应的，就依法删除而言，信息主体当然地享有一项权利。从这个意义上可以认为，删除权虽然在性质上应当属于人格权益，但也可以成为一项权利。

其次，从主体上看，删除权的主体是个人信息权利人，该权利的内容是在满足一定的条件下请求个人信息处理者删除其个人信息。删除权的目的是保证个人信息的自决和完整。个人信息权益可以通过订立合同等方式积极地利用，但删除权显然并非对个人信息权益的积极利用。删除权作为一种消极防御的权利，其目的在于保证个人信息的自决和完整。可以说，删除权是个人信息自决的题中应有之义，该权

---

① 参见［德］卡尔拉伦茨：《德国民法通论》（上册），王晓晔等译，法律出版社2003年版，第263页。

利的正当性基础也在于对个人信息权益主体人格尊严的维护。[①]

最后,从客体上看,删除权体现为个人信息的人格利益,而非财产利益。虽然个人信息经过处理形成的数据可能具有财产权属性,[②]但是个人信息与数据并不完全等同,个人信息权益的人格权属性并不应因此而遭受质疑。[③] 即便是对个人信息进行处理所形成的数据可能具有一定的商业价值,其也不过是人格权益的商业化利用而已。而删除权的功能在于维护个人信息的完整、自决,其并不直接指向财产利益,因此,删除权在本质上仍然是一种人格权益,以人格利益的保护为目的,其所作用的对象仍是具有彰显人格利益的个人信息。

(三)删除权是一项特殊的请求权

个人信息权益是一项绝对权、支配权,信息主体行使权利无须他人协助,即可实现对权利的行使,也即信息主体作为权利人可以按照自己的意愿支配和利用其个人信息。但是,删除权与此有所不同,其虽然属于个人信息权益的一项权能,但其又是一种特殊的权能,表现在它不得由信息主体自行实现删除个人信息的效果。从《民法典》第 1037 条第 2 款和《个人信息保护法》第 47 条的规定可以看出,信息主体只能以请求的方式实现删除个人信息的效果。据此,删除权人既不可能依据自己的意志进行利用,也不可能凭借单方的意思变更法律关系,而只能在个人信息处理者的处理行为危害个人信息自决和完整时,符合法律规定或者合同约定的条件下请求信息处理者删除个人信息。在这个意义上,删除权并非绝对权和支配权,而是一项请求权。这一权利必须借助他人的配合才能实现,在这一法律关系中,权利人是个人信息权益主体,义务人是个人信息处理者。该权利所对应的义务主体是特定的,权利人也只能针对特定的义务人行使,而不能对抗义务人之外的其他主体。[④]

删除权作为一项特殊的请求权也具有法律依据,因为《个人信息保护法》第 47

---

① See Oscar Rau'l Puccinelli, "The RTBF 2.0" in A. Von Arnauld and others (eds), *The Cambridge Handbook of New Human Rights*, Cambridge University Press, 2020, p. 300 – 302.

② 参见刘德良:《个人信息的财产权保护》,载《法学研究》2007 年第 3 期。

③ 参见梅夏英:《数据的法律属性及其民法定位》,载《中国社会科学》2016 年第 9 期。

④ 基于欧盟比较法的研究,see Margot Kaminski, *Binary Governance: Lessons from the GDPR's Approach to Algorithmic Accountability*, Southern California Law Review, Vol. 92, No. 6, p. 1586 – 1592 (2019)。

条规定的是“个人有权请求删除”。此项权利之所以特殊,一方面,是因为该权利主要是一项防御性权利,其主要针对个人信息在遭受侵害时所采取的一项措施;另一方面,该权利并不是以特定的给付为内容,而是以维护个人信息的准确、完整和有效支配为主要功能。因此,从该权利作用的方式来看,其需要通过请求个人信息处理者删除的方式实现。

(四)删除权是一种防御性权利

所谓防御性权利,是指个人信息的删除,通常不能由信息主体通过积极行为自行实现,而只有在个人信息处理者在处理个人信息过程中出现了《个人信息保护法》第47条规定或约定的情形,没有必要或不宜处理个人信息时,信息主体通过行使请求权方式,请求信息处理者予以删除。如果将个人信息从权能方面作出区分,可以将其区分为两种类型:一是发挥积极利用的权能(如利用权、知情同意权);二是发挥消极防御的权能,而删除权正是消极防御权能的体现,显然与积极利用的权能之间存在明显的区别。因为删除权的内容是在不当处理个人信息侵害个人信息自决和完整时,由权利人向个人信息处理者请求删除。且只有在符合上述条件的情形下,个人才有权行使删除权,在不具备上述条件时,个人无法积极行使该权利,这不同于对人格权益通过许可等进行积极利用的权利。

需要注意的是,删除权与“通知—删除”规则(避风港规则)中的“删除”存在显著区别,[①]也不同我国《民法典》侵权责任编“通知—删除”规则。具体而言:第一,两者适用的范围不同。《民法典》侵权责任编中的“通知—删除”规则只适用于网络环境,针对的仅是网络侵权行为,如利用互联网发布不实侵害他人权益的言论等不限于个人信息。而个人信息中的删除权针对的则是个人信息处理者的处理行为,且对于个人信息的处理不以网络环境为限。[②] 第二,两者的要件不同。“通知—删除”规则中的删除以权利人的通知为必要条件。然而,信息处理者有可能在信息主体对其

---

① 基于欧盟比较法的研究,see Aleksandra Kuczerawy, Jef Ausloos, *From Notice-and-Takedown to Notice-and-Delist: Implementing Google Spain* 14 Colo. Tech. L. J., p. 232 – 234(2016)。

② 参见程啸:《论我国〈民法典〉网络侵权责任中的通知规则》,载《武汉大学学报(哲学社会科学版)》2020年第6期。

主张删除权之前,就发现了存在法律规定应当主动删除个人信息的情形,根据《个人信息保护法》第47条第1款的规定,此时信息处理者应毫不迟延地删除相关个人信息,不以信息主体的通知为必要的前置程序。[1] 同时,在信息处理者未主动删除时,个人有权请求信息处理者删除。第三,两者所保护的权益不同。"通知—删除"规则所保护的并不限于个人信息,甚至并不限于对人格权的保护。在网络侵权中,遭受侵害的可能是民事主体的名誉权、荣誉权、姓名权、名称权,甚至可能是知识产权、商业秘密等权益。而删除权仅针对的是个人信息的自决和完整遭受侵害。因此,两种权利保护的对象并不相同。

(五)删除权是人格权请求权的组成部分

所谓人格权请求权,是指民事主体在其人格权受到侵害、妨碍或者有妨碍之时,有权向加害人或者人民法院请求加害人停止侵害、排除妨碍、消除危险、恢复名誉、赔礼道歉,以恢复人格权的圆满状态。《民法典》第995条第2句规定:"受害人的停止侵害、排除妨碍、消除危险、消除影响、恢复名誉、赔礼道歉请求权,不适用诉讼时效的规定。"该条规定实际上对人格权请求权已经作出了规定。对于删除权与人格权请求权的关系,存在不同观点。一种观点认为,删除权并非人格权请求权的组成部分。删除权作为个人信息权益的一部分,与人格权请求权具有独立的适用范围。而另一种观点则认为,删除权是人格权请求权的组成部分,其是人格权请求权的一种具体形态。[2] 笔者赞同后一种观点,主要理由在于:

第一,虽然我国《民法典》第995条将人格权请求权的适用范围限于"人格权",而不包括人格利益,而个人信息属于人格利益,似乎无法适用人格权请求权。但笔者认为,可以通过扩张解释,将个人信息认定为人格权请求权的适用对象。此外,《民法典》第1167条也一般性地规定了侵权行为危及他人人身、财产安全的,权利人可以行使停止侵害、排除妨碍和消除危险请求权。这意味着个人信息权益也可以获得绝对权请求权的保护。故此,删除权依附于人格权益,以人格权益为基础而产生。

---

① 参见程啸:《个人信息保护法理解与适用》,中国法制出版社2021年版,第368页。

② 参见张红:《论〈民法典〉之人格权请求权体系》,载《广东社会科学》2021年第3期。

删除权作为一项防御性权利，其适用对象不限于个人信息，在名誉信用等权益中，《民法典》也明确规定了删除权。①

第二，从功能上看，删除权以恢复个人对其个人信息的完满支配为目的，与人格权请求权的功能具有内在契合性。人格权请求权作为一类权利，在不同的人格权保护中可能体现为不同的形态。例如，在名誉权的侵害中，其可能体现为请求相对人在一定范围内作出说明或道歉，以恢复名誉；在以盗用方式侵害名称权的情形中，其可能体现为请求相对人停止使用某一特定的名称并公开进行说明，以避免公众混淆。这些人格权请求权的具体形态因为其所保护的人格权益不同而有不同的形式。因此，不能因为删除权仅发生在个人信息权益的保护中而否认其人格权请求权的性质。而在个人信息保护中，删除权的行使目的在于实现个人信息权益人的自决并维护个人信息的完整和有效支配，这就与停止侵害、排除妨碍、消除影响等人格权请求权一样，最终目的在于实现对人格利益的完整支配。

第三，删除权与人格权请求权具有相同的适用要件。与其他人格权请求权一样，删除权的行使也不以信息处理者有过错为要件。从《个人信息保护法》第 47 条的规定来看，在其所列举的删除权发生的情形中，前 3 项均不以个人信息处理者的过错为要件。例如，只要个人信息权益人撤回了同意，无论处理者是否有过错，个人信息权益人均可要求删除其个人信息，以实现其个人信息的自决。

总之，删除权作为个人信息的一项权能，其本身具有多重功能，发挥维护个人信息的完整、准确，保障个人对其个人信息支配的重要功能。

二、删除权的行使

（一）删除权行使的目的和行使条件

删除权虽然是个人信息的一项权能，但这并不意味着在个人信息产生之后，个人就当然享有删除权。而只有在符合一定条件下，当事人才依法享有删除权。在该权利产生之后，还需要权利人积极行使，才能达到维护信息自决的目的。删除权作

① 参见《民法典》第 1029 条。

为一种防御权,其行使的主要目的在于维护信息的完整、准确和个人信息的自决。具体而言,一是维护个人信息的完整、准确。如果信息处理者违反法律、行政法规规定或者当事人约定,导致其处理的信息不准确,甚至发生错误,信息主体有权行使更正、删除等权利。二是维护个人信息的自决。早在20世纪六七十年代,美国学者艾伦·威斯汀(Alan Westin)率先提出个人具有决定自身个人信息的权利,[①]后来德国学者克里斯托夫·马尔曼(Christoph Mall-mann)提出了"个人信息自决权",认为个人信息的本质就是个人对其个人信息的自主决定,是个人自我表现及与社会环境交流的媒介。因此,基于自决权,权利人应当享有对个人信息的知情同意等权利。[②] 该理论已经被两大法系所认可。个人信息从本质而言是一种信息自决权,法律保护个人信息,目的在于保护个人对其个人信息享有一种平等的、自主决定、自主支配的权利。我国《个人信息保护法》第47条所规定的删除权的行使情形,主要是围绕上述目的而展开的,而行使删除权的目的就在于实现上述两个目的。

基于上述目的,《民法典》第1037条第2款规定了删除权行使的条件。《个人信息保护法》第47条在《民法典》规定的基础上,作了更加细化的规定。根据《个人信息保护法》第47条的规定,在符合下列情形时,信息处理者负有删除义务,同时信息主体也相应地享有请求删除的权利:

一是处理目的已实现、无法实现或者为实现处理目的不再必要。此种情形主要适用于合法收集个人信息的情形。[③] 个人信息的处理必须遵循目的限制原则,依据这一原则,信息处理者处理个人信息需要明确、合理的目的,并且只能在实现处理目的的最小范围内处理个人信息(《个人信息保护法》第6条)。根据《民法典》第1035条第1款的规定,对个人信息的处理应当遵循合法、正当、必要的原则。一旦处理目的已经实现或者无法实现,或者为实现处理目的不再必要,那么该信息处理者继续处理个人信息就不再符合"目的限制原则"的要求。因此,为了维护对其信息的有效支配,个人有权依法请求信息处理者及时删除相关个人信息。例如,在购物时,商家要求消费者提供相关的个人信息。在购物完成后,收集消费者个人信息的目的不存

---

① See Alan Westin, *Privacy and Freedom*, Atheneum, 1967, p. 7.

② Vgl. Mallmann, Christoph, Datenschutz in Verwaltung s informations systemen, 1976, S. 54 f.

③ 参见程啸:《个人信息保护法理解与适用》,中国法制出版社2021年版,第362页。

在时,消费者应当有权请求商家及时删除其相关个人信息。

二是个人信息处理者停止提供产品或者服务,或者保存期限已届满。在实践中,信息处理者常常与信息主体之间具有某种提供产品或者服务的合同,依据该合同,信息处理者在向信息主体提供产品或者服务的过程中,基于信息主体的同意而处理其个人信息。个人为了接受相关的产品或者服务,同意信息处理者在一定期限内处理其个人信息,也是个人信息自决的重要体现。① 而在个人信息处理者停止提供产品或者服务,或者相关个人信息的保存期限已经届满的情形下,信息处理者处理其个人信息的目的已经不存在,此时,为了保护个人的信息自决,信息处理者应当删除相关的个人信息,个人也有权依法请求信息处理者删除其个人信息。

三是个人撤回同意,或者信息处理者保存个人信息的期限已经届满的情况。根据《个人信息保护法》第 13 条第 1 款的规定,对个人信息的处理是建立在告知同意原则基础上的,并且第 15 条赋予信息主体随时撤回同意的权利。一旦信息主体撤回同意,信息处理者基于同意而对个人信息的处理也丧失了合法性基础。如果是基于合同产生的处理信息的权利,则撤回意味着解除合同。同样,如果信息处理者保存个人信息的期限已经届满,这就说明该信息处理者基于信息主体的同意处理个人信息的期限已经届满;超越该期限继续处理个人信息的,也丧失了信息主体的同意,因此具有违法性。

四是违反法律、行政法规或当事人的约定处理个人信息。一方面,违反法律、行政法规的规定。依据《个人信息保护法》第 47 条第 1 款第 4 项的规定,个人信息处理者违反法律、行政法规或者违反约定处理个人信息,以及存在法律、行政法规规定的其他情形。如果超出法律、行政法规规定的职责范围处理他人个人信息,或者违反法律、行政法规规定的个人信息保护期限继续保存相关个人信息,既属于违法处理个人信息的行为,也属于未经个人同意处理其个人信息的行为,该行为即便没有影响个人信息的准确、完整,也应当构成对个人信息自决的侵害。另一方面,违反合同约定。删除权在有些情况下是以合同的存在为前提的,例如,《民法典》第 1037 条第 2 款规定,删除权是基于违反合同产生的。在基于个人同意处理个人信息的情

---

① 参见程啸:《个人信息保护法理解与适用》,中国法制出版社 2021 年版,第 363 页。

形,如果信息处理者违反约定处理个人信息,个人也有权依法请求信息处理者删除其个人信息。同时,按照私法自治原则,当事人也可以约定删除权的行使期限、行使方式等内容,从而实现删除权的具体化。当然,在基于个人同意处理其个人信息的情形,即便当事人没有约定删除权,在符合法定条件时,个人也有权依法行使删除权。

在上述法定情形下,个人信息处理者应当主动删除个人信息。如果个人信息处理者未主动删除,信息主体则有权要求个人信息处理者删除其个人信息。个人信息处理者主动删除是其所负有的法定义务,而删除权是个人信息主体所享有的权利。如果个人信息处理者在信息主体提出请求前,已经发现了存在应予删除的情形,个人信息处理者应当主动删除。此时并不涉及个人信息主体的删除权,而仅涉及个人信息处理者的主动删除义务。但是,当存在应予删除的情形,而个人信息处理者未主动删除时,个人信息主体有权请求删除,此时个人信息处理者也应当予以删除。所以,个人信息处理者的主动删除义务和个人信息主体的删除权既相互区分,又相互联系。

需要指出的是,《民法典》第1037条没有规定适用删除权的兜底条款,而《个人信息保护法》第47条第1款第5项规定的"法律、行政法规规定的其他情形"也可以删除。这就保持了一定的开放性,可以适应未来发展的新情形。当然,从我国《个人信息保护法》第47条的规定来看,对删除权的限制与欧盟GDPR相比,还存在某些不足。这尤其表现在,由于行使删除权的情形较复杂,是否违反法律、行政法规的规定或者是否违反合同约定,需要依据具体的场景来判断,但该条规定没有确认法官在相关纠纷中进行利益衡量的参考因素。欧盟GDPR第17条第3款列举了各种情形,其实质在于赋予法官或者行政机关以一定程度的自由裁量权,考虑具体场景判断是否允许信息主体的删除权。①

① See Guidelines 5/2019 on the criteria of the Right to be Forgotten in the search engines cases under the GDPR, https://edpb. europa. eu/our-work-tools/our-documents/guidelines/guidelines – 52019 – criteria-right-be-forgotten-search-engines_en.

（二）删除权的行使方式

人格权请求权既可直接向信息处理者本人主张，也可以诉讼的方式行使。如果信息主体行使删除权，而个人信息处理者拒不删除的，依据《个人信息保护法》第50条第2款的规定："个人信息处理者拒绝个人行使权利的请求的，个人可以依法向人民法院提起诉讼。"实际上就是通过公权力的救济以确保删除权的实现。在信息主体针对信息处理者通过提出请求行使删除权时，应当将删除请求告知信息处理者。之所以要求删除权人告知信息处理者，是因为在信息处理的过程中，由于信息处理者可能并不知悉已经发生了应当删除的事由，因此，删除权必须以请求的方式行使。在此需要明确删除权与《民法典》第1196条"通知—删除"规则的关系。依据《民法典》第1196条的规定，网络服务提供者在接到用户通知后，如果认为不存在侵权行为，网络服务提供者应当进行反通知。那么在删除权行使的过程中，如果信息处理者认为个人信息不应删除时，是否也应当作出反通知？事实上，《民法典》第1196条所规定的反通知是针对网络侵权中的网络服务提供者，而非直接侵权人。而删除权中，删除权人请求删除时，信息处理者并非扮演网络服务提供者的角色，此时信息处理者应当进行删除，而不存在反通知规则适用的余地。有观点认为，由于对诸如侵害人格权益的信息的删除可能涉及第三人，因此有适用反通知规则的余地。笔者认为，此时应当考察网络服务提供者是否同时构成信息处理者，在第三人提供信息的场合，信息处理者是该第三人，网络平台并非信息处理者，此时，信息主体无权依据个人信息保护法请求网络平台删除其个人信息。当然，信息主体应当有权依据侵权责任编的"通知—删除"规则向网络平台提出请求，在此情形下，即便网络服务提供者可能同时进行信息处理，其适用反通知规则，也是依据《民法典》第1196条的规定，而非依据《个人信息保护法》删除权的规定所产生的效果。

在信息主体行使删除权之后，要达到何种效果？笔者认为，在信息控制者删除信息后，应当使被删除的信息处于不被检索、不被访问和浏览的状态；如果仍然可以被检索、访问，则并没有完成删除行为。此外，依据《个人信息保护法》第47条第2款的规定，法律、行政法规规定的保存期限未届满，或者删除个人信息从技术上难以实现的，个人信息处理者应当停止除存储和采取必要的安全保护措施之外的处理。

在出现上述两种不能删除的情形下,法律规定个人信息处理者只能采取存储及其他保护措施。

(三)关于删除权中不得删除的情形

欧盟 GDPR 第 17 条第 1 款在规定了应当删除的情形之外,还在该条第 3 款规定了 5 种不得删除的情形,而这些情形对删除权的行使作出了严格的限制。[①] 从比较法来看,另外一些国家和地区的法律也对不得行使删除权的情形作出了相关规定。如澳大利亚将"删除权"的对象限制为该数据主体自己上传的数据,对于非数据主体自己上传的信息不得行使删除权。[②] 但我国《个人信息保护法》中并没有对不得删除的情形作出明确规定。正如下文将讨论的,由于删除的情形非常复杂,是否可针对搜索引擎行使删除权,法律并没有非常明确地加以规定。然而,如果没有对删除权进行限制,将不利于信息的自由流动和合理利用。有观点认为,可以从《个人信息保护法》第 47 条第 2 款的规定出发进行限制。详言之,一是保存期限未届满的。例如,《征信业管理条例》规定的 5 年期限,这意味着期限未满 5 年时,信息主体就不得随意请求删除。二是技术上难以实现的。所谓技术上难以实现,是指现有的技术根本无法删除或者删除时需要付出不合理成本的。[③] 在大数据情形下,数据库可能非常复杂,要找到一条特定的数据,并且加以删除十分不易,付出的代价很高。因而,有人认为,可以扩张解释《个人信息保护法》第 47 条第 2 款的规定,在特殊情形下限制删除权的行使。但笔者认为,此种扩张解释也存在一定的障碍。一般而言,所谓技术上难以实现,应当从客观标准进行理解,即结合当前的技术条件是否可删除进行判断,否则将导致信息处理者寻找各种理由和借口不予删除,实质上架空删除权的实效性。

---

① 就欧盟 GDPR 的立法目的而言,其对于个人数据的保护仍然主要是为了"私人信息",而非公开信息,see Paul M. Schwartz, The EU-U. S. Privacy Collision: A Turn to Institutions and Procedures, 126 Harv. L. Rev. 1966, 1971 - 1972(2013)。

② *A New Privacy Principle for Deletion of Personal Information*, Australian Government (Nov. 8, 2021), https://www.alrc.gov.au/publication/serious-invasions-of-privacy-in-the-digital-era-dp - 80/15 - new-regulatory-mechanisms/a-new-privacy-principle-for-deletion-of-personal-information/.

③ 参见程啸:《个人信息保护法理解与适用》,中国法制出版社 2021 年版,第 366 页。

笔者认为,《民法典》人格权编中的“一般规定”具有适用空间。例如,《民法典》第999条规定,为公共利益实施新闻报道、舆论监督等行为的,可以合理使用民事主体的个人信息。这一条款规定在人格权编“一般规定”的体系位置,这表明该条款属于一般条款,蕴含《民法典》对个人信息的合理使用的基本价值判断。根据该条款的规定,法官在具体个案中应当对信息主体和信息处理者以及一般公众的利益进行衡量,当新闻报道与舆论监督的公共利益优于信息主体的利益时,信息主体的删除权就应当受到限制。因此,鉴于《个人信息保护法》第47条没有对删除权作出限制,《民法典》第999条的规定作为一般条款可以发挥补充作用。

三、删除权与搜索引擎

毫无疑问,搜索引擎也大多是信息处理者,可适用《个人信息保护法》有关删除权的规则。所谓搜索引擎,是指一类自动搜索、组织网络信息资源,并提供检索服务的信息服务系统。① 在域外法中,普遍认为,搜索引擎致力信息的检索,并根据搜索词提供有组织的超链接到网页。② 搜索引擎涉及公共领域与利益,在信息分享与流通中扮演重要的角色,可以为人们的生活、生产与学习等的活动提供极大便利,并有助于提高整个社会生产效率。需要指出的是,搜索引擎的主要功能不在于生产信息或对信息的内容进行加工、修改、更新,也并非信息的最初发布者,其功能主要在于为用户提供跳转至具体信息源头或信息发布者的链接。③ 同时,搜索引擎所收集或爬取的信息一般都是互联网上已合法公开或处于公共空间的信息。互联网自从其创立,就被认为具有公共空间的性质,搜索引擎突出表现了互联网的此种属性。因此,搜索引擎与其他信息处理者的性质不同,在适用删除权规则时也应当区分对待。如果对搜索引擎一概适用删除规则,可能影响其信息汇集功能的发挥,妨害信息的自由流通,并影响社会公众对信息的利用。

---

① 参见吕维平、邓燕萍:《搜索引擎概念探析》,载《图书馆杂志》2001年第6期。

② See Julia Kerr, *What is a Search Engine? The Simple Question the Court of Justice of the European Union Forgot to Ask and What It Means for the Future of the Right to be Forgotten*, 17 Chicago Journal of International Law 217, p. 217(2016).

③ Jeffrey Toobin, *The Solace of Oblivion*, NEWYORKER, http://www.newyorker.com/magazine/2014/09/29/solace-oblivion.

欧盟GDPR也认为,搜索引擎属于信息处理者,可以适用欧盟GDPR第17条第2款关于删除权(被遗忘权)的规定。2014年,欧盟法院在"冈萨雷斯诉谷歌案"(Google-Gonzalez)中,确立了"被遗忘权"的概念,在该案判决中,欧盟法院认为,作为数据控制者的谷歌公司对于其处理的第三方发布的带有个人数据的网页信息负有责任,有义务将其删除。[①] 由此可见,欧盟法院裁决认为,谷歌等搜索引擎也属于删除权的请求对象。[②] 由此形成了"谷歌西班牙规则"(Google Spain ruling)。虽然在"谷歌西班牙案"中,法官最后的裁决结果是:与申请人有关的文件不得出现在搜索引擎的搜索列表中,但是,该文件本身(西班牙报纸的文章)仍然是可以公开访问的。当然,没有办法通过搜索信息主体的姓名搜索到该公共文件,在一定程度上减少了这些文件公开产生的影响。在这个意义上,与该信息主体有关的信息,并非真正被忘记了,而是从互联网的"积极记忆"中删除了。[③] 在这个意义上,谷歌西班牙案最终只是确定了尽管网站提供信息本身是合法的,但是搜索引擎也负有删除义务。

我国司法实践中也发生过相似的案件。例如,在"任某玉案"中,原告认为,其与陶氏公司的合作已经结束,且因该公司在业界口碑不好,因而如果有学生或合作伙伴搜索原告的名字,从百度网页搜索结果,会误以为其仍然与该公司存在合作,将影响其声誉,也会影响其工作交流和日常生活。因此,原告认为该搜索信息应当被遗忘,请求百度公司删除该信息。但在该案审理时,我国法律中并无对"被遗忘权"的法律规定,也没有"被遗忘权"的权利类型,因此,二审法院以任某玉没有证明其在该案中所主张的人格利益具有正当性和应予保护的必要性为由,驳回了任某玉的主张。[④] 但在《民法典》和《个人信息保护法》实施之后,个人信息的删除权已经作为一项重要的权利获得法律的明确确认,这就必然出现一个不可回避的问题,即删除权

---

① See Case C－131/12, Google Spain SL v. Agencia Espanola de Proteccion de Datos and Mario Costeja Gonzalez.

② See Orla Lynskey, *Control over Personal Data in a Digital Age*: *Google Spain v. AEPD and Mario Costeja Gonzalez*, 78 Modern Law Review 522 (2015), p. 522.

③ See Chris Jay Hoofnagle et al., *The European Union General Data Protection Regulation*: *What It Is and What It Means*, 28 Info. & Comm. Tech. L. 65 (2019), p. 90.

④ "任某玉与北京百度网讯科技有限公司名誉权纠纷案",北京市第一中级人民法院(2015)一中民终字第09558号民事判决书。

规则能否适用于搜索引擎？

如前所述，因为搜索引擎本身是信息处理者，依据《个人信息保护法》第 4 条第 2 款的规定，个人信息的处理本身就包括了收集、存储、使用、加工、传输、提供、公开、删除等，只要相关主体从事了上述任何一种行为，都应当属于信息处理者。据此，应当将搜索引擎归于信息处理者的范畴。然而，从《个人信息保护法》第 13 条第 1 款第 6 项的规定可以看出，信息处理者可以在合理的范围内处理个人自行公开或者其他已经合法公开的个人信息。在“任某玉案”中，与任某玉有关的搜索信息是其原来任职单位合法公开的信息，搜索引擎提供的关键词，也是基于这些合法公开的信息，并且根据过去其他用户的搜索习惯和当前搜索词之间的关联度计算产生的，因此，搜索引擎对任某玉个人信息的处理，是建立在《个人信息保护法》第 13 条第 1 款第 6 项所规定的合法性基础上。如果从这个意义上解释，则信息主体无法根据《个人信息保护法》第 47 条第 1 款第 3 项和第 4 项的规定主张删除权。

笔者认为，由于搜索引擎具有信息流通、利用的特殊功能，应当将其与其他的信息处理者进行区分。从《个人信息保护法》第 13 条第 1 款第 6 项列举的情形来看，“依照本法规定在合理的范围内处理个人自行公开或者其他已经合法公开的个人信息”，属于合法处理个人信息的行为。这就是说，对已经合法公开的个人信息，行为人原则上无须取得其同意就可以处理。比较法研究也表明，这实际上为搜索引擎提供了一种保护机制，使其可以在不一一征得信息主体同意的情形下，即可依法处理其个人信息。① 然而，这并非意味着，搜索引擎就可以不适用删除权规则，应当看到，搜索引擎是一把“双刃剑”。一方面，搜索引擎具有强大的信息汇聚功能，借助搜索引擎所收集的信息，与某个特定主体有关的所有信息汇集起来，很容易形成与该主体的人格画像。② 一旦信息处理有误，则会影响该主体的人格尊严与人格自由发

① See Stefan Kulk and Frederik Zuiderveen Borgesius, *Privacy*, *Freedom of Expression*, *and the Right to Be Forgotten in Europe*, *in Evan Selinger*, Jules Polonetsky and Omer Tene (eds), The Cambridge Handbook of Consumer Privacy, Cambridge University Press, 2018, p. 317.

② 参见丁晓东：《用户画像、个性化推荐与个人信息保护》，《环球法律评论》2019 年第 5 期。

展。[①] 另一方面,搜索引擎的信息汇聚功能使一般公众可以高效、便捷地了解与特定主体有关的所有信息。一旦这些信息与公共利益有关,搜索引擎将更好地发挥新闻报道和舆论监督的功能。[②] 搜索引擎虽然具有可以依法处理公开信息的权利,但依据《个人信息保护法》第 13 条的规定,也可能超出合理的范围而处理他人个人信息,或者在存储期限已过的情形下仍然存储相关个人信息,这就有必要对其适用删除权规则。[③]

值得注意的是,虽然根据《民法典》第 1036 条第 2 项后半句和《个人信息保护法》第 27 条第 2 句的规定,对于信息主体自行公开的或者其他已经合法公开的个人信息,个人享有明确拒绝处理的权利,但个人明确拒绝的权利只能针对一般平台行使,由于搜索引擎有其特殊性,其并不产生新的信息,而只是为信息流通发挥中介作用。只有借助搜索引擎,才能使信息的价值得以最大程度发挥。[④] 因此,如果个人一主张明确拒绝就删除相关搜索结果,则会妨害搜索引擎发挥它的应有功能,可能进一步限制信息技术的发展。因此,删除权规则对搜索引擎的适用应当受到必要的限制。笔者认为,信息主体在如下情形下可以针对搜索引擎行使删除权:

第一,在信息源已经被删除的情形下,搜索引擎继续处理相关个人信息。如果相关的信息源已经被删除,相关的个人信息就不再属于已经合法公开的个人信息,在此情形下,搜索引擎的信息处理行为就失去了《个人信息保护法》第 13 条第 1 款第 6 项的合法性基础,因此个人可以明确拒绝搜索引擎对其个人信息的处理。搜索引擎继续处理该个人信息时,信息主体即有权请求搜索引擎予以删除。

第二,基于公共利益的处理超出合理的范围。根据《个人信息保护法》第 13 条第 1 款第 5 项的规定,搜索引擎对个人信息的处理可能是为了公共利益实施新闻报

---

① See Lilian Edwards & Lachlan Urquhart, *Privacy in Public Spaces: What Expectations of Privacy Do We Have in Social Media Intelligence*, International Journal of Law and Information Technology, Vol. 24, No. 3, Autumn 2016, p. 307 – 308.

② See McKay Cunningham, *Privacy Law That Does Not Protect Privacy*, Forgetting the Right to be Forgotten, 65 Buffalo Law Review. 495 (2017).

③ 公开信息与非公开信息二元区分,近年来也受到一些学者的批评,see Woodrow Hartzog, The Public Information Fallacy, 98 Boston University Law Review 459 (2019)。

④ Helen Nissenbaum, *Privacy in Context: Technology, Policy, and the Integrity of Social Life*, Stanford: Stanford University Press, 2010, p. 197.

道、舆论监督等行为,此时,为了实现该公共利益的保护,也不得赋予个人明确拒绝的权利,否则将不利于实现新闻报道与舆论监督的功能。但如果搜索引擎对这些公开信息的处理超过合理限度,对个人权益造成重大影响的,个人可以根据《民法典》第 1036 条第 2 项后半句和《个人信息保护法》第 27 条第 2 句的规定主张删除。当然,在此情形下,如果信息主体主张搜索引擎的行为已经超出了公共利益的范围,而搜索引擎主张其行为并未超出合理的范围,此时,其应当有权提出抗辩,从而对抗信息主体的删除请求。

第三,超出合理的范围处理信息主体公开的个人信息。即便是对个人自行公开或者其他已经合法公开的个人信息,①依据《个人信息保护法》第 13 条的规定,也必须在合理的范围内处理。如果搜索引擎在搜索相关个人信息时,非法制作各种大数据,与他人共享,甚至打包销售,此情形已经超出了合理的范围。在比较法上,也有不少学者认为,对于公共领域的个人信息也应基于"合理预期"的保护。② 笔者认为,在此情形下,信息主体有权请求将已经进入数据库中的个人信息予以删除。

第四,法律、行政法规规定的存储期限届满。如果法律、行政法规规定了相关个人信息的存储期限,在该期限届满后,信息主体也有权请求予以删除,在此情形下,搜索引擎继续处理该个人信息的,信息主体也应当有权请求搜索引擎予以删除。例如,2012 年国务院《征信业管理条例》第 16 条第 1 款规定:"征信机构对个人不良信息的保存期限,自不良行为或者事件终止之日起为 5 年;超过 5 年的,应当予以删除。"因此,对超过 5 年的不良信息,个人也有权请求搜索引擎予以删除。

四、删除权和被遗忘权

所谓被遗忘权,是指如果权利人不希望其个人数据继续被数据控制者进行处理或存储,并且维持此种状态不存在任何正当理由,则该数据不应当允许公众随意查

① Michal Lavi, *Taking Out of Context*, Harvard Journal of Law & Technology, Vol. 31, p. 1(2017).

② See Shlomit Yanisky-Ravid, *To Read Or Not to Read: Privacy within Social Networks, the Entitlement of Employees to a Virtual Private Zone, and the Balloon Theory*, American University Law Review, Vol. 64: 1, p. 53 – 108(2014).

询。[①] "忘"的含义并不是说不允许搜集和存储,而是指不允许社会公众在信息发布后的很长时间内可以随意查询,[②]即权利人可以要求数据控制者删除过时或不准确的信息。[③] 欧盟 GDPR 第 17 条第 1 款规定了删除权,该条第 2 款进一步规定了被遗忘权:"如果控制者已将个人数据公开,并且根据第 1 款有义务删除这些个人数据,控制者在考虑现有技术及实施成本后,应当采取合理步骤,包括技术措施,通知正在处理个人数据的控制者以下内容,即数据主体已经要求这些控制者删除该个人数据的任何链接、副本或复制件。"在欧盟 GDPR 中,删除权也被称为被遗忘权,因为欧盟 GDPR 在规定删除权的同时,使用了括弧注明是被遗忘权,表明删除权和被遗忘权是同一个概念。但事实上,即便是在欧盟,被遗忘权的语义也在发生变化。雷丁认为,被遗忘权是数据隐私权的一项重要内容。[④] 但是自该权利产生以后,在两大法系都引发了激烈的争议。在欧洲,许多学者赞成在立法中规定被遗忘权,被遗忘权的思想根源甚至可以在法国法律中找到,法国有一项法律允许已经服刑并改过自新的罪犯反对公布其被定罪和监禁的事实。[⑤] 相比之下,在美国,公布某人的犯罪史受到第一修正案的保护。[⑥] 但是反对者认为,该项权利严重妨害言论自由,并将使互联网平台变成欧盟的审查官,而不是一个中立的平台,也会影响互联网的开放性和科技的发展。[⑦] 更何况,被遗忘权的适用范围也是存在争议的,如是否只是自己披露的数据,是否包括其他类型的数据均存在一定的认识分歧等。[⑧]

从产生和发展来看,删除权的概念要早于被遗忘权。[⑨] 我国现行法没有对被遗

---

① 参见于向花:《被遗忘权研究》,中国社会科学出版社 2020 年版,第 23 ~ 30 页。

② 参见李世刚等编著:《欧盟一般数据保护条例:文本和实用工具》,人民日报出版社 2018 年版,第 16 ~ 17 页。

③ See Michael L. Rustad & Sanna Kulevska, *Reconceptualizing the Right to Be Forgotten to Enable Transatlantic Data Flow*, 28 Harvard Journal of Law & Technology 349, 365 (2015).

④ See Viviane Reding, Vice President, Eur. Comm'n, *The EU Data Protection Reform* 2012: *Making Europe the Standard Setter for Modern Data Protection Rules in the Digital Age* 5 (Jan. 22, 2012).

⑤ See Viviane Reding, Vice President, Eur. Comm'n, *The EU Data Protection Reform* 2012: *Making Europe the Standard Setter for Modern Data Protection Rules in the Digital Age* 5 (Jan. 22, 2012).

⑥ See John Schwartz, *Two German Killers Demanding Anonymity Sue Wikipedia's Parent*, N. Y. Times, 12 Nov 2009, at A13.

⑦ See Jeffrey Rosen, *The Right to be Forgotten*, 64 Stan. L. Rev. Online 88 (2012).

⑧ See Jeffrey Rosen, *The Right to be Forgotten*, 64 Stan. L. Rev. Online 88 (2012).

⑨ 参见刘文杰:《被遗忘权:传统元素、新语境与利益衡量》,载《法学研究》2018 年第 2 期。

忘权进行具体规定,对删除权与被遗忘权的关系,学界存在两种不同的观点。一种观点认为,《个人信息保护法》第7条所规定的删除权范围相当广泛,足以将被遗忘权需要保护的情形涵盖,无须单独规定被遗忘权。① 从这个意义上说,删除权实际上已经在很大程度上发挥了被遗忘权的功能。另一种观点认为,删除权是个人信息自主权的权能,被遗忘权属于个人信息自主权的范畴。② 因此,个人信息保护法所规定的删除权与被遗忘权仍然存在区别,不能将两者完全等同。笔者赞成这一观点,主要理由在于:

第一,适用条件和功能存在区别。被遗忘权以"遗忘"(删除)为原则,以不删除为例外。而从我国《个人信息保护法》第47条的规定来看,只有在符合法定情形时,信息处理者才需要主动删除,或者按照信息主体的要求进行删除。同时,被遗忘权法律效果的发生需要同时满足客观要件和主观要件,也就是说,不仅需要法律规定的情形出现,还需要信息主体有行使被遗忘权的意愿并向信息处理者提出删除其个人信息的要求。在被遗忘权的情形下,信息处理者并无主动删除的义务,而从我国《个人信息保护法》第47条规定来看,只要法定情形出现使客观要件具备,即便个人未向信息处理者提出请求,信息处理者也负有主动删除个人信息的义务。

第二,行使对象不同。我国《个人信息保护法》第47条规定的"删除权"不同于欧盟GDPR中的"被遗忘权"。欧盟GDPR第17条中被遗忘权与删除权虽然以括号内和括号外的形式出现,其实并非完全重合,"被遗忘"说明权利行使的目的,而"删除"则说明实现权利的手段。③ 我国个人信息保护法中的"删除权"仅限于信息处理者自己删除,而不涉及信息处理者通知其他处理者进行删除的义务。删除权,是指信息主体有权要求信息处理者删除相关的个人信息,本质上是一对一的关系,仅被提出请求的信息处理者负有删除的义务。而行使被遗忘权,信息主体不仅有权要求信息处理者删除相关的个人信息,还有权要求信息处理者采取必要措施要求其他处

---

① 参见程啸:《个人信息保护法理解与适用》,中国法制出版社2021年版,第371页。

② 参见李立丰,《本土化语境下的"被遗忘权":个人信息权的程序性建构》,载《武汉大学学报(哲学社会科学版)》2019年第3期。

③ 参见刘文杰:《被遗忘权:传统元素、新语境与利益衡量》,载《法学研究》2018年第2期。

理者删除此类信息,其已经突破了一对一的关系。① 也就是说,对被遗忘权来说,数据控制者不仅要自己删除相关的个人信息,其还要在一定程度上通知其他处理者一同删除。②

第三,是否规定例外情形不同。欧盟 GDPR 第 17 条的立法模式决定了,信息主体在主张删除权时,信息处理者可以提出诸如信息自由等抗辩理由不予删除,主管机关或者法官在判定信息处理者是否存在删除义务时,应当对信息主体和信息处理者的利益以及公共利益进行衡量,方可作出判断。③ 在这样的立法模式下,可以宽泛地解释删除权或被遗忘权适用的情形。④ 但是,我国《个人信息保护法》第 47 条的规定却没有从反面对删除权的行使进行限制,这意味着,在解释上,《个人信息保护法》第47 条第 1 款中产生删除权的各类情形,不应当如同欧盟 GDPR 第 17 条第 1 款的规定一样作宽泛解释,否则由于《个人信息保护法》第 47 条没有明确赋予法官或者主管机关进行利益衡量的权力,就此而言,该规定还存在进一步完善的空间。

第四,对搜索引擎的适用不同。从前述欧盟法院的立场来看,其对搜索引擎同样适用被遗忘权规则,而依据我国《个人信息保护法》的规定,搜索引擎也属于信息处理者,其也可以适用删除权规则,但考虑搜索引擎在信息传播方面的特殊功能,对其适用删除权规则应当考虑其特殊性,即应当结合《个人信息保护法》第 13 条的规定,具体认定其删除义务。

笔者认为,《个人信息保护法》第 47 条并没有包含被遗忘权,该条所规定的删除权与被遗忘权存在明显区别,两者并非完全相同的概念,不宜认定该条所规定的删除权包含了被遗忘权。

---

① See Alexander Tsesis, *Data Subjects' Privacy Rights: Regulation of Personal Data Retention and Erasure*, 90 U. Colo. L. Rev., p. 593 – 602 (2019).

② See Elena Corcione, *The Right to Be Forgotten, Between Web Archives and Search Engines: Further Steps at the European Court of Human Rights*, 5 EDPL 2019, p. 262 – 265.

③ See David Lindsay, *The "Right to be Forgotten" by Search Engines under Data Privacy Law: A Legal Analysis of the Costeja Ruling*, J. of Media L. 6:2, p. 159 – 179 (2014).

④ See Edward Lee, *Recognizing Rights in Real Time: The Role of Google in the EU Right to Be Forgotten*, 49 U. C. Davis Law Review 1017 (2016).

五、删除权的保护

毫无疑问,在信息处理者与信息主体之间存在合同关系的情形下,如果信息处理者违反合同约定而信息主体依据合同请求删除,当事人之间的关系应受合同法调整。如果信息主体依据约定请求信息处理者删除相关个人信息时,信息处理者拒不删除的,应当依法承担违约责任。但从《民法典》与《个人信息保护法》关于此种民事责任的规定而言,主要是从人格权请求权与侵权请求权的关系而展开的,原则上并不包括违约责任。

如前所述,在一般情形下,删除权人请求删除后,信息处理者应当删除个人信息,《个人信息保护法》第 47 条还新增了信息处理者应当在符合删除权法定条件的情况下主动删除信息,即在符合法律所规定的情形时,信息处理者应当主动删除个人信息。换言之,该条款要求信息处理者承担主动删除的义务。笔者认为,违反此种义务可能产生行政责任,但是并不当然导致民事责任的产生。在信息处理者没有主动删除的情况下,并不当然地承担民事法律责任。这是因为,在大数据时代,互联网上存在海量信息,网络平台作为信息处理者,难以准确地判断哪一信息符合删除的法定情形。当然,如果网络服务提供者已经因处理用户的个人信息成为个人信息处理者,在此情形下,也应当适用个人信息保护法关于删除权的规定。尤其是如果个人信息处理者知道存在应当删除的个人信息,此时基于主动删除的义务,即使个人信息主体未提出请求,其应主动删除,否则就应承担侵害个人信息权益的损害赔偿责任。就此而言,删除义务并非不真正义务。

信息主体通过行使删除权可有效保护其个人信息权益,而删除权的保护也可以通过两种方式予以实现。

第一种方式,是保障权利人直接针对信息处理者提出删除请求或提起诉讼,有效实现删除权。如前所述,删除权本身就是一种人格权请求权的具体体现,因而信息主体行使删除权就是通过行使人格权请求权保护其权益。在直接提出请求或者通过诉讼请求删除时,信息主体是否需要证明侵权损害赔偿的构成要件?在欧洲,数据主体不需要证明损害就可以主张其数据隐私受到侵害。① 依据《民法典》和《个人信息保护法》的相关规定,通过行使删除权保护个人信息不受侵害,这时无须证明自身遭受了损害。由此,也表明了删除权是一种不同于侵权损害赔偿请求权的人格权请求权,此种请求权作为绝对权请求权的一种形态,不以损害和过错为要件。② 因此,在保护人格权益方面,人格权请求权更简便,有助于预防和制止侵害行为的发生和扩大,具有不可替代的作用。在直接针对信息处理者提出删除请求时,信息主体仅需要证明符合法律规定的条件,而不需要证明自身是否因此遭受损害,信息处理者是否具有过错。如果信息处理者拒绝删除请求,则信息主体可以通过诉讼的方式行使删除权。值得探讨的是,在直接针对信息处理者提出删除请求的情形下,是否需要证明信息处理者已经构成侵权? 笔者认为,在此情形下,并不需要证明行为人符合侵权责任的构成要件,尤其是不需要证明行为人符合侵权损害赔偿责任的构成要件,这更有利于保障删除权的有效行使。《个人信息保护法》第 47 条所明确列举的几种情形,均属于信息处理者丧失了进一步处理个人信息的合法性基础,此时继续处理个人信息时,则侵犯了信息主体的个人信息权益。③ 也就是说,在符合删除权行使的情形下,在信息主体请求信息处理者删除相关个人信息后,信息主体拒不删除的,将构成非法处理个人信息的行为,构成对信息主体个人信息的侵害,信息主体也有权依法主张人格权请求权。

应当指出,《民法典》第 997 条规定了侵害或妨碍人格权的禁令制度。该条规定虽然针对的是正在实施或即将实施的侵害"人格权"的违法行为,但可以通过扩张解释的方法,将该条规定的适用范围扩张适用于个人信息权益。因此,个人信息权利人也可以依据《民法典》第 997 条的规定,申请法院颁发禁令。禁令制度可以较为高效地避免侵害行为可能产生的损害后果,但是由于其未经过双方当事人的质证、辩论等,因此其只能暂时性地避免损害的发生和扩大,若要最终解决纠纷,还是需要通

---

① See Robert C. Post, *Data Privacy and Dignitary Privacy: Google Spain, The Right to Be Forgotten, and the Construction of The Public Sphere*, Duke Law Journal, Vol. 67:981, p. 981 – 982.

② See Danielle Keats Citron & Daniel J. Solove, *Privacy Harms*, 102 B. U. L. Rev. (forthcoming Mar. 2022).

③ See Julie E. Cohen, *Information Privacy Litigation as Bellwether for Institutional Change DePaul Law Review*, Vol. 66, No. 2(2016).

过诉讼的方式进行。

第二种方式,是信息主体在行使人格权请求权之后,信息处理者拒绝删除,如果因此造成信息主体的损害,此时信息处理者应依法承担拒绝删除的侵权损害赔偿责任。由于侵权责任以损害赔偿为主要责任形式,此种损害赔偿又包括财产损害与精神损害赔偿两种形式,其应当满足相应的要件。如果信息处理者处理的个人信息的信息已经超出了法律规定的期限,导致信息主体的名誉受损,难以从事正常的交易,由此给信息主体造成财产损害和精神损害,信息主体当然有权主张侵权损害赔偿责任。

对于损害赔偿请求权的构成要件和法律效果,学界存在不同意见。笔者认为,个人信息处理者拒绝删除承担损害赔偿责任的情形,必须满足以下要件:一是符合《个人信息保护法》第47条的情形,且信息主体已经主动要求删除。二是信息处理者无正当理由拒绝了信息主体的删除请求造成信息主体的损害。值得探讨的是,损害赔偿请求权的成立是否以损害要件为前提?可以明确的是,信息主体应当对损害的存在承担证明责任。换言之,信息主体应当证明自其提出删除权之时,信息处理者继续处理个人信息的行为给其造成了损害。这一损害既可以是财产损失,也可以是精神损害。至于具体的损害数额,根据《个人信息保护法》第69条第2款的规定,既可以按照信息主体遭受的损失,也可以按照信息处理者所获得的利益进行计算,在损失和获益都难以确定的情况下,法院还可以根据具体个案的实际情况酌定赔偿数额。三是信息处理者具有过错,依据《个人信息保护法》第69条的规定,应当采取举证责任倒置的方式,由信息处理者证明自己没有过错,否则应当承担损害赔偿的侵权责任。当然,在信息主体主张删除的情形下,如果信息处理者能够证明其存在合法处理个人信息的理由,则无须承担侵权损害赔偿责任。

上述两种方式既存在区别,又相互联系。人格权请求权和侵权损害赔偿请求权的目的、构成和法律效果方面都存在不同。此外,应当看到,我国《个人信息保护法》为保护个人信息,在第70条规定了公益诉讼以保护个人信息,但笔者认为,就侵害删除权而言,可能一般不宜适用公益诉讼。这是因为,根据《个人信息保护法》第70条的规定,检察院、法律规定的消费者组织和由国家网信部门确定的组织提起公益诉讼的条件是个人信息处理者违法处理个人信息侵害“众多个人的权益”。简言之,公益诉讼的提起仅限于大规模侵权的情形。当然,在许多情形下,信息处理者无正当理由拒绝众多信息主体的删除请求的情形比较罕见,因而适用公益诉讼可能有一定的困难。当然,如果存在《个人信息保护法》第47条第1款所规定的情形,而个人信息处理者未主动删除,或者众多的信息主体依法请求信息处理者删除,但个人信息处理者拒绝删除,此时也可能也会涉及"侵害众多个人的权益"的情形,可以适用公益诉讼。在特殊情形下,适用公益诉讼,有助于避免众多的个别请求所带来的诉讼成本问题,并有效保护众多信息的合法权益。

结　语

雷丁教授曾言:"上帝可能会宽恕和忘记我们每个人的错误,然而互联网却从来不会。"[①]维克托·迈尔-舍恩伯格也指出,互联网的永久记忆可能会给人们带来"数字圆形监狱"。[②] 因此,法律应当赋予信息主体享有删除权。我国《民法典》和《个人信息保护法》确定的删除权不仅保护信息主体对个人信息的自主控制和决定,确保了个人信息被公开和利用的完整和自决,还赋予人们退出公众视野重新开始的机会,从而避免人们的一时疏忽或者细微错误被永远地钉在互联网的"耻辱柱"上,[③]最终实现人格自由发展。但由于删除权本身是一项新型的制度,关于该制度的设计难以十分圆满,且随着互联网和数字化技术的发展,该制度也将不断发展,因此,在《民法典》和《个人信息保护法》实施之后,应当积极总结经验,使该制度不断完善。

---

① Viviane Reding, Vice President, Eur. Comm'n, *The EU Data Protection Reform* 2012: *Making Europe the Standard Setter for Modern Data Protection Rules in the Digital Age* 5 (Jan. 22, 2012).

② 参见[英]维克托·迈尔-舍恩伯格:《删除:大数据取舍之道》,袁杰译,浙江人民出版社2013年,第18页。

③ Larenz/Canaris, Lehrbuch des Schuldrechts, Bd. 2 Besonderer Teil, S. 512.

专题二十七　个人信息携带权

本专题撰写人：丁晓东

【《个人信息保护法》的新规则】

《个人信息保护法》第 45 条第 3 款

个人请求将个人信息转移至其指定的个人信息处理者，符合国家网信部门规定条件的，个人信息处理者应当提供转移的途径。

【规则由来】

在《个人信息保护法》立法过程中，是否引入个人信息携带权具有一定的争议，因此在《个人信息保护法》的一审和二审稿中都没有相关的规定。之后，全国人民代表大会常务委员会委员和社会公众、相关部门、专家提出，为方便个人获取并转移其个人信息，建议考察有关国家和地区的立法，增加个人信息携带权的规定。因此个人信息携带权的规定出现在《个人信息保护法》的三审稿中，并最终得以保留。

【规范意旨】

《个人信息保护法》第 45 条第 3 款是关于“个人信息携带权”或称“数据携带

权”这一新型权利的规定,[①]是《个人信息保护法》在《民法典》个人信息相关条文基础上的新增规定。个人信息携带权使公民能够在不同的网站与设备上自由地转移个人信息,公民对于个人信息的控制能力将达到前所未有的高度,该规定具有重要意义。[②] 具体而言,一是强化了对用户信息自主决定权的保护。因为对信息的下载、携带、介入、复制等过程,本质上都是用户实现自主决定权的重要内容。二是能便利用户对信息的控制和利用。个人信息可携带允许用户将其信息转移到其他平台,这不仅强化了用户对信息的控制,也为用户利用其信息提供了便利。三是有利于打破数据垄断,促进信息和数据的流通和利用,对增强互信和促进创新具有正面效应。但个人信息携带权的适用与边界也存在争议,有待未来实践进行进一步的界定和明确。

【典型案例】

案例一:“微博与今日头条的‘爬虫’争议案”

2017 年 8 月 10 日,微博发布公告称,“某第三方新闻平台在微博毫不知情、并未授权的情况下直接从微博抓取自媒体账号的内容”,[③]微博这里所称的第三方平台即是今日头条的产品“微头条”,“微头条”通过获取用户的授权而绕开微博的授权,直接利用“爬虫”手段获取用户的微博内容。[④] 在这一案例中,对于今日头条的行为

---

① 需要说明的是,本专题未明确区分个人信息与个人数据的概念。当今两个概念指涉的对象基本相同,都指已经识别或结合其他信息/数据可以识别个人的信息/数据。总体而言,美国更多使用“个人信息”的概念,欧洲更多使用“个人数据”的概念。而我国采用了“个人信息”的概念,但在其他情形下也越来越多地使用“数据”的概念。

② 参见王利明、丁晓东:《论〈个人信息保护法〉的特色、亮点与适用》,载《法学家》2021 年第 6 期。

③ 参见汪传鸿:《谁的用户:微博欲诉今日头条非法抓取内容》,载搜狐网 2017 年 8 月 15 日:https://finance. sina. com. cn/roll/2017 - 08 - 15/doc-ifyixcaw4855222. shtml。

④ 在进入头条号作者页面后,头条社区官方就会弹出一则邀请授权开通微博内容源的内测通知。通知显示,开通此功能后,头条号平台将提供技术能力,帮助用户将微博等平台发布的内容定期自动发表到今日头条旗下的社交媒体产品——微头条上。头条号作者只需点击授权同步页面就将直接进入绑定环节,如果之前这个账户绑定过微博,那么整个过程甚至不需要用户再去登录微博账号寻找授权。参见闫浩:《微博暴怒封掉今日头条内容抓取接口,第一场遭遇战正式打响》,载 36kr 2017 年 8 月 10 日,https://36kr. com/p/5087518。

是否合法,可以从多个不同角度进行思考,如今日头条是否违反不正当竞争法,是否侵犯微博的知识产权。① 法院主要从竞争法的角度出发,认为微博在用户提供的信息的基础上投入了经营资源和服务,增加了消费者福利,本质上属于竞争性权益,属于反不正当竞争法规定的合法权益,并且否定了今日头条方所提出的数据携带权的抗辩主张,认为该案中的数据迁移与数据携带权的规定情形有所不同。② 但实际上,用户是否具有个人信息携带权,将对案件的性质产生重要影响。

具体而言,如果赋予个人信息携带权,那么今日头条的行为就很可能属于合法行为,因为即使没有微博的授权,今日头条也可以根据个人的个人信息携带权而转移信息。事实上,根据个人信息携带权的要求,微博反而应当配合今日头条进行信息转移,当今日头条与个人签订排他性数据协议或者限制用户的个人信息携带权时,此类协议就可能涉嫌违法或无效。③ 相反,如果个人不享有个人信息携带权,仅以合同法或不正当竞争法来看待"用户—微博—今日头条"三者的关系,那么今日头条的行为就存在违法的嫌疑。

对于这一难题,初步判断是对于具有商业性质的知名认证用户,一般不宜赋予他们以个人信息携带权,因为这些用户具备与微博等企业进行平等协商的能力,他们甚至常常配备律师和顾问。在这样的背景下,知名认证用户与微博之间的协议应当被视为有效的商业合同。④ 并且,对于微博和今日头条来说,知名认证用户所发的内容更具有直接的商业价值或财产属性,根据竞争法的一般原理,一般不应当允许

---

① 参见李妙玲、岳庆荣:《我国用户生成内容的版权侵权问题治理模式研究》,《新世纪图书馆》2015 年第 5 期;刘珊、黄琴:《网络用户生成内容版权侵权自治模式的法治化探索》,《中国出版》2018 年第 12 期。

② 北京市海淀区人民法院(2017)京 0108 民初 24530 号民事判决书。

③ 2017 年,微博曾经发布一则引起广泛争议的使用协议,被认为将用户发布内容的版权界定为归属微博。此后,微博对此进行澄清,并且修改了用户使用协议。在修改后的微博使用协议中,微博仍然坚持获取用户生产内容必须获微博同意:"用户对自身拥有完全著作权等知识产权的内容可以合法使用,但是所有未经用户和微博平台共同同意,擅自直接抓取用户已经在微博平台上发布的内容的行为均属于不正当竞争。微博为维护自身权益,将采取各种手段避免遭受不正当竞争的影响。"参见《法治课|新浪微博限制用户授权第三方使用内容侵犯著作权吗?》,载澎湃新闻,https://www.thepaper.cn/newsDetail_forward_1796918,最后访问日期:2023 年 12 月 19 日。

④ 例外情形是具有公益性的个人数据或用户生产内容,如知名认证用户发的公益广告或公益信息,对于此类信息应当允许数据携带权的充分行使,以促进此类信息的流通和共享。

市场竞争主体无偿获取对方的财产。

而对于非知名认证用户的普通用户,应考虑更多地赋予他们以个人信息携带权。原因有三:其一,这些用户并不具备与微博等企业进行平等协商的能力。面对微博的排他性协议,用户个人很难有真实的选择权,用户与微博之间的关系更类似信息主体与信息控制者之间的关系,需要对信息主体进行赋权和倾斜保护。其二,此类信息属于公开信息,因此即使赋予用户以个人信息携带权,也不会影响用户的隐私期待。其三,即使赋予用户以个人信息携带权,也不会导致微博用户的整体迁徙而对微博产生整体性的影响。基于这三点理由,在技术允许的情形下应赋予用户以个人信息携带权,这符合信息和数据保护的基本原理,个人信息携带权不仅可以为用户带来更为便捷的体验,而且有利于互联网企业之间良性竞争。个人信息携带权将促使互联网企业不断改善自身的产品设计,以产品设计来留住普通用户。①

案例二:"字节跳动公司所属的抖音、多闪与腾讯公司所属产品微信的数据争议案"

2019 年,腾讯公司指责抖音违反诚信原则超范围和违规使用源于微信等软件上的用户头像、昵称等数据,并擅自将腾讯公司提供给抖音的微信账号授权登录服务提供给多闪使用。② 而字节跳动公司则指责微信关闭对抖音与多闪的"开放平台"(OpenAPI)接口,并且指出"用户的头像、昵称的权益理应归属于用户。不是腾讯授权我们使用用户的头像、昵称,而是用户授权我们使用他们的头像昵称"。③ 在这个

① 相较而言,平台对于知名认证用户的争夺常常通过支付高额报酬的方式进行。

② 以上为第一点指控,腾讯公司还提出其他3点指控:"2. 抖音违反开放平台用户协议、商业道德以及相关法律,将来源于微信/QQ 开放平台的微信/QQ 头像、昵称等数据提供给多闪使用。3. 更为严重的是,在用户仅注册了抖音、未注册多闪的情况下,多闪仍然非法从抖音获取了用户的微信/QQ 头像和昵称。4. 我们认为,用户个人信息的获取和使用必须遵循'合法、正当、必要'原则和三重授权原则。抖音和多闪的上述行为,严重侵犯了开放平台共享数据的安全,更直接侵犯了用户合法权益。"参见《多闪用户被禁用微信昵称与头像　腾讯:偷换概念的无稽之谈》,载搜狐网 2019 年 3 月 19 日,https://www.sohu.com/a/302422680_561670。

③ 参见《多闪发声明:不认同腾讯主张,昵称、头像相关权益应归属用户》,载搜狐网 2019 年 3 月 21 日,https://www.sohu.com/a/302808039_118792。

案例中,如何理解与运用个人信息携带权,无疑会对处理结果产生重要影响。

从用户的信息权利出发,个人无疑拥有对头像、昵称的控制权,而且在不同平台之间转移头像与昵称在技术上并不难实现,成本也接近于零。从这个角度讲,字节跳动公司的声明完全正确,用户头像与昵称并不属于某个公司。甚至可以说,用户头像与昵称不属于任何人,如果此类头像与昵称可以通过公共途径获取的话,那么用户头像与昵称就成为公共信息,任何人都可以获取。

但在此案中,较复杂的是用户头像与昵称背后的数据。双方的争议虽然开始聚焦用户头像与昵称,但深究之下,其实双方在乎的都是用户的关系链数据:哪个用户与哪个用户是朋友或可能是朋友。腾讯公司介意的是此类数据被字节跳动公司获取,而字节跳动公司想要获取的也正是此类数据。孤零零的用户头像与昵称,其实对双方企业都没有实质性意义。

从关系链数据出发,可以发现赋予用户头像、昵称以个人信息携带权,首先可能会面临隐私期待问题,即一个理性用户在此类场景下的合理隐私期待是否会面临严重威胁。就这一点来说,我们可以再次看到积极性的个人信息携带权与相对消极的隐私期待之间的张力。在此案中,需要结合具体场景判断个人信息转移是否可能影响用户的隐私期待。

此外,在此案中赋予用户以个人信息携带权,也需要考虑商业秘密保护。对于社交平台企业来说,关系链数据是企业的核心资产,具有重要的商业价值,而且属于企业采取技术与措施进行重点保护的数据完全符合商业秘密的条件。因此,赋予用户以个人信息携带权,不应当影响企业保护商业秘密,尤其不应当影响企业在合作关系中通过合同法保护商业秘密。①

① 参见包晓丽、熊丙万:《通讯录数据中的社会关系资本——数据要素产权配置的研究范式》,载《中国法律评论》2020 年第 2 期。

【理论阐释】

一、个人信息携带权的起源与要素

(一)个人信息携带权的起源

个人信息携带权的起源可追溯至2007年。由于网络平台的支配力逐渐变大,其对用户权益的影响也越来越大。一些专家在2007年提出"社交网络用户权利法案"的宣言,要求强化网络社会中的个人数据权利。[1]

不久后,一些社会组织、政府和企业也加入了倡导数据携带权的建议。2010年,隐私权组织"电子隐私基金会"(The Electronic Frontier Foundation)建议,数据可携带权应该是"社交网络用户隐私权法案"的一个组成部分。[2] 同年,时任美国总统奥巴马推出"我的数据"(My Data)倡议,旨在确保美国人能够轻松访问自己的个人数据。[3] 2011年,谷歌和脸书加入"数据可携带项目"。[4] 谷歌创建"谷歌外带"(Google Takeout)工具,允许用户从27个谷歌产品中下载数据。[5] 在脸书平台上,用户不仅可以下载其个人资料中共享的信息,还可以下载脸书所保存的其他不可见信息,如用户点击的广告、用于登录的IP地址等信息。[6]

经过众多专家学者、社会组织和政府机构的倡议,欧盟在起草GDPR时,正式将数据携带权列入数据主体所享有的一系列数据权利中。虽然在此之后,数据携带权面临种种怀疑和指控,并且一度在草案中被取消,但在2016年通过的最终版本中,

---

① See Dan Farber, *A Bill of Rights for the Social Web*, https://www.zdnet.com/article/a-bill-of-rights-for-the-social-web/, 2023-12-19.

② See Kurt Opsahl, *Bill of Privacy Rights for Social Network Users*, https://www.eff.org/deeplinks/2010/05/bill-privacy-rights-social-network-users, 2018-09-12.

③ See Kristen Honey, Phaedra Chrousos and Tom Black, *My Data: Empowering All Americans with Personal Data Access*, https://obamawhitehouse.archives.gov/blog/2016/03/15/my-data-empowering-all-americans-personal-data-access, 2018-09-12.

④ See Duncan Riley, *Facebook, Google and Plaxo Join The Data Portability Workgroup*, https://techcrunch.com/2008/01/08/this-day-will-be-remembered-facebook-google-and-plaxo-join-the-dataportability-workgroup/, 2018-09-13.

⑤ See https://takeout.google.com/settings/takeout, 2018-09-14.

⑥ See https://www.facebook.com/help/405183566203254, 2018-09-14.

这一新生的数据权利还是被保留了下来,作为和数据访问权、更正权、被遗忘权并列的数据权利。[①] 但同时,相较最早的版本,最终通过的法律版本中对数据携带权增加了许多的限制条件和例外规定。

而后,美国、印度、新加坡、巴西等国家纷纷在本国法律中规定数据携带权,并基本采用欧盟的立法模式。自 2018 年以来,一些大型的互联网公司包括谷歌、苹果、脸书和推特等为响应欧盟 GDPR 的要求,在行业内共同建立了一个开源的数据传输工具(Data Transfer Project),以减轻提供商和用户的基础设施负担来加强数据转移的生态系统,进而增加转移数据服务的数量[②]。

(二)个人信息携带权的要素

根据欧盟 GDPR 的"重述"(recital)以及第 29 工作组作出的进一步阐释,[③]欧盟法律规定的数据携带权具有以下基本要素:

1. 权利属性方面

数据携带权首先意味着数据主体有权下载关于个人数据的集合。就此,数据携带权可以说是对数据访问权的进一步扩张,它不仅赋予数据主体以访问个人数据的权利,[④]而且为数据主体管理和重新使用个人数据提供了更方便的途径。数据携带权赋予个体以一种"经过整理的,普遍使用的和机器可读的"方式来获取和下载个人数据。例如,数据主体如果有兴趣获取其在某个音乐网站所选择的音乐列表,或者听歌的历史记录,或者想获得网页电子邮件里的联系人列表,就都有权要求网站提

---

① 参见丁晓东:《什么是数据权利? ——从欧洲〈一般数据保护条例〉看数据隐私的保护》,《华东政法大学学报》2018 年第 4 期。

② See *Data Transfer Project Overview and Fundamentals*, Data Transfer Project, https://datatransferproject.dev/dtp-overview.pdf,2023 - 10 - 19.

③ "重述"不具有法律效力,但为欧盟 GDPR 提供补充信息,帮助相关主体理解和适用条例;第 29 工作组(29 Working Party)是一个根据 1995 年《欧盟数据保护指令》第 29 条成立的咨询机构,由欧盟成员国数据保护机构、欧洲数据保护监督员和欧洲委员会的代表组成,意在为欧盟各国的数据保护提供专业指引。2018 年 5 月 25 日以后,这个工作小组由欧洲数据保护委员会(European Data Protection Board)替代。

④ 参见欧盟 GDPR 第 15 条。

供此类下载链接。①

数据携带权还赋予数据主体以自由迁徙数据的权利。欧盟 GDPR 不仅禁止数据控制者人为设置传输障碍,妨碍数据主体传输个人数据,而且要求其在技术允许的情形下必须为数据主体传输个人数据提供便利。② 如果技术可行,那么数据控制者有义务使个人能够在数据控制者之间传输个人数据。③

2. 涉及数据范围方面

欧盟 GDPR 将权利的范围限定于"数据主体提供的与数据主体相关的个人数据"。④ 根据这一规定,匿名化的数据或与数据主体无关的数据⑤不属于数据携带权的客体范围。但同时,根据第 29 工作组发布的指南,不应对此进行过于严格的解释。在不会对第三方的权利和自由产生不良影响的情况下,可被移植的数据也应当包括涉及多人的数据,如电话、人际互动或网络通信记录等可能涉及他人的数据,当个人请求对这些数据行使数据携带权时,此类数据也应当被包括在数据携带权的范围之内。⑥

3. 下载格式方面

欧盟的有关规定,数据携带权要求的下载格式是"经过整理的、普遍使用的和机器可读的"。第 29 工作组发布的指南指出,对于什么是"普遍使用的",要视具体场景和技术共识而定,在没有约定和共识的情况下,应当使用通用的开放格式的数据,以使数据的重新利用成为可能。数据控制者不得以非通用格式为个人提供数据,因

---

① See Guidelines on the Right to Data Portability, *European Data Protection Board*, https://ec. europa. eu/information_society/newsroom/image/document/2016 – 51/wp242_en_40852. pdf,2023 – 12 – 19.

② 参见欧盟 GDPR 第 20(1)条、第 20(2)条。

③ 正如第 29 工作组发布的指南所指出的:"数据可携带性可促进用户在不同机构之间控制和有限地分享个人数据,从而丰富服务和改善用户体验。数据可携带性可促进用户在他们感兴趣的各种服务之间传输和重用与他们有关的个人数据。"See Guidelines on the Right to Data Portability, *European Data Protection Board*, https://ec. europa. eu/information _ society/newsroom/image/document/2016 – 51/wp242_en_40852. pdf,2023 – 12 – 19.

④ 欧盟 GDPR 第 20(1)条。

⑤ 能够关联个体的假名化的数据(pseudonymous data)将被视为个人数据。

⑥ See Guidelines on the Right to Data Portability, *European Data Protection Board*, https://ec. europa. eu/information_society/newsroom/image/document/2016 – 51/wp242_en_40852. pdf,2023 – 12 – 19.

为这会使用户无法便捷地重新使用数据。[①] 而对于"机器可读的"格式,欧盟的相关法律则将其定义为"使软件应用程序能够轻易地识别、认知和提取特定数据的格式",而那些限制自动处理的文件格式编码的文档将被排除在外,因为从这些文档中很难提取相应数据。[②]

第29工作组发布的指南还指出,下载格式应当符合互操作性的要求。这一要求"强烈鼓励行业利益相关者与行业协会之间进行合作,共同制定一套通用的可互操作的标准和格式,以实现数据可移植性的要求"。[③] 但是,第29工作组发布的指南也指出,这种互操作性的要求并不一定要达到兼容性要求的程度。[④] 互操作性与兼容性的区别在于,互操作性要求在用户不知道或不太清楚功能单元性能的情况下仍然可以在不同功能单元之间进行交流、运行程序或传输数据,而兼容性则要求不同的系统可以实现兼容。[⑤]

二、个人信息携带权的争议

对于是否要在法律中规定个人信息携带权,在国内外都引起了广泛的争论,具体而言,争论的焦点主要为以下两点。

(一)个人信息携带权的权利属性争议

关于个人信息携带权的争论焦点之一为个人信息携带权能否构成一项权利。

支持者认为,个人信息携带权可强化信息主体对个人信息的控制,因此,通过赋予用户以获取和移植自身信息的权利,用户可进一步强化对其信息的控制,从而获

---

① See Guidelines on the Right to Data Portability, *European Data Protection Board*, https://ec.europa.eu/information_society/newsroom/image/document/2016-51/wp242_en_40852.pdf, 2023-12-19.

② See *Amending Directive* 2003/98/*EC on the Re-Use of Public Sector Information*, http://www.national-archives.gov.uk/documents/information-management/response-open-data-user-group.pdf, 2018-09-18.

③ See Guidelines on the Right to Data Portability, *European Data Protection Board*, https://ec.europa.eu/information_society/newsroom/image/document/2016-51/wp242_en_40852.pdf, 2023-12-19.

④ 如同欧盟GDPR"重述"第68条所指出的:"数据主体具有发送或接收有关他或她的个人数据的权利,但不应当对控制者施加采用或维护技术兼容的处理系统的责任。"

⑤ 例如,基于互操作性的要求,用户在苹果Mac OS X系统上所建立的文档应当能够传输到Windows系统上,但Mac OS X系统与Windows系统并不兼容。

得更好的服务和用户体验。[①] 反对者则认为,首先,《欧洲基本权利宪章》并没有将数据携带权视为一种基本的数据权利。[②] 从《欧盟基本权利宪章》中无法推导出该项权利。且也有学者指出,对于数据权利是否包含数据携带权,还未达成共识。[③] 在未达成共识的情形下将数据携带权上升为一项基本权利并不明智。[④] 其次,此类赋权也未必有利于用户的数据隐私保护。因为目前个人信息访问权的行使已存在不少数据泄露或盗用风险,如果用户被赋予数据携带权,则此类风险将极大增加。[⑤]

具体而言,反对者的第一项反对理由站不住脚。首先,欧盟 GDPR 中确立的大量数据权利本身即是对传统数据权利的拓展,其中数据主体对个人数据的访问权、更正权、被遗忘权、限制处理权等很多都没有被传统的数据权利囊括。[⑥] 其次,从权利理论的角度来说,权利的内涵与边界本身就是随着时代而发展的,现代社会在强调以塞亚·柏林(Isaiah Berlin)所推崇的消极权利的同时,[⑦]越来越多地拥抱积极性权利。[⑧] 隐私权利与个人数据权利的历史演化就说明了这一点。1890 年,沃伦

① 如第29工作组发布的指南所指出的,数据携带权这项新权利的目的在于"赋予数据主体权利,并给予他/她对有关他或她的个人数据更多控制权"。See *Guidelines on the Right to Data Portability*, European Data Protection Board, https://ec. europa. eu/information_society/newsroom/image/document/2016 - 51/wp242_en_40852. pdf, 2023 - 12 - 19.

② See Graef, I., Husovec, M., & Purtova, N., *Data Portability and Data Control: Lessons for an Emerging Concept in EU Law*, German Law Journal, 2018, p. 19.

③ See David Krebs, *Regulating the Cloud: A Comparative Analysis of the Current and Proposed Privacy Frameworks in Canada and the European Union*, Canadian Journal of Law and Technology 10, 2012, p. 38.

④ See Peter Swire and Yianni Lagos, *Why the Right to Data Portability Likely Reduces Consumer Welfare*, Maryland Law Review 72, 2017, p. 373.

⑤ See Stefan Weiss, *Privacy Threat Model for Data Portability in Social Network Applications*, International Journal of Information Management, 2009, p. 250.

⑥ 参见程啸:《论大数据时代的个人数据权利》,载《中国社会科学》2018 年第 3 期;丁晓东:《论个人信息法律保护的思想渊源与基本原理——基于"公平信息实践"的分析》,载《现代法学》2019 年第 3 期。

⑦ See Isaiah Berlin, Liberty, *Henry Hardy ed.*, Oxford University Press, 2002, p. 30 - 54.

⑧ 此类文献非常多,具有代表性的论证如下:Henry Shue, *Basic Rights: Subsistence, Affluence, and U. S. Foreign Policy*, Princeton University Press, 1980, p. 1 - 20; Lawrence Croke, *Positive Liberty: An Essay in Normative Political Philosophy*, Kluwer Academic Publishers, 1980, p. 1 - 5; Cass Sunstein, *After the Rights Revolution: Reconceiving the Regulatory State*, Harvard University Press, 1993; Stephen S. Holmes and Cass S. Sunstein, *The Costs of Rights*, W. W. Norton, 1999; Thomas Halper, *Positive Rights in a Republic of Talk*, A Survey and a Critique, Kluwer Academic Publishers, 2003, p. 1 - 15。

(Samuel D. Warren)与布兰代斯(Louis D. Brandeis)提出了隐私权的概念。他们提出了作为防御性权利的隐私权。① 但其后,现代数据隐私法的权威阿兰·威斯丁(Alan Westin)又提出了积极性的信息权利或数据权利的概念,将数据权利界定为个人对自身信息的积极性控制。② 从强化用户控制的角度思考个人信息携带权,可以发现个人信息携带权正是数据个人控制权的逻辑终点,这种权利将使个人的数据权益从一种消极性的防御性权利转向一种积极性的控制性权利。③

但我们也需要考虑反对者的理由。因为个人信息携带权的可携带性实际上难以很好地实现。有不少学者试图从财产权或类似权利的角度来定性个人数据权,认为可携带性应当成为数据权利的重要特征,但是不同于一般财产,数据具有许多独特性,如个人数据并非独立存在的客体,其储存完全依赖其他载体;④并且个人数据常常与特定场景中的技术性载体密切结合,强行在法律上赋予个人数据可以携带的属性,特别是要求个人数据可以在不同的企业与操作系统之间自由转移,在操作上其实并不容易实现。欧盟 GDPR"重述"与第 29 工作组发布的指南所设想的互操作性,在实践中其实非常难以实现,因为现实中实现不同系统与功能单元之间的互操作性其实非常困难。⑤ 例如,有的专家曾经研究过替代微软现有文件的其他格式,⑥结果发现,这些试图实现互操作性的文件格式之间存在"非常严重的互操作性问

---

① See Samuel D. Warren and Louis D. Brandeis, *The Right to Privacy*, Harvard Law Review 4, 1890, p. 193.

② See Alan Westin, *Privacy and Freedom*, Atheneum, 1967, p. 7.

③ 这种积极数据权利也为其他很多学者所分享。See Charles Fried, *Privacy*, Yale Law Journal 77, p. 482 (1968); Arthur R. Miller, *The Assault on Privacy: Computers, Data Banks, and Dossiers*, University of Michigan Press, 1971, p. 25; W. A, Parent, *Recent Work on the Concept of Privacy*, American Philosophy Quartely 20, 1983, p. 346; Jonathan Zittrain, *What the Publisher can Teach the Patient: Intellectual Property and Privacy in and Era of Trusted Privication*, Stanford Law Review 52, p. 1203 (2000).

④ 参见梅夏英:《数据的法律属性及其民法定位》,载《中国社会科学》2016 年第 9 期。

⑤ See Peter Swire and Yianni Lagos, *Why the Right to Data Portability likely Reduces Consumer Welfare*, Maryland Law Review 72, p. 355 – 356 (2017).

⑥ 例如,开放文件(Open Document)格式,这一格式被"促进结构化信息标准组织"(Organization for the Advancement of Structured Information Standards)认为是全球领先的文件标准,2005 年被认定为国际标准。See *Open Document Format*, https://opendocumentformat. org, 2023 – 12 – 19.

题”,其较轻的后果是格式化的问题,较重的后果是导致内容的丢失。①

将个人信息携带权上升为一种基本权利,的确会带来相应的风险以及侵害其他权利的可能。如反对者所说,当用户被他人冒充,用户的个人数据就有可能被全部挪用,尤其是当某些黑色产业利用较为先进的技术手段时,这甚至可能会导致海量的个人数据被盗。对于这种风险,其实从第 29 工作组发布的指南中也可以部分看出。第 29 工作组发布的指南专门指出,数据控制者必须完全确认用户的身份,当数据控制者对用户的身份存疑时,其可以对用户的身份提出进一步验证的请求。② 这一规定表明,第 29 工作组其实意识到数据携带权可能给用户带来的数据泄露风险,只是第 29 工作组相信通过有关验证机制就可以确保用户身份的真实性。③

此外,个人信息携带权的权利边界还可能面临过窄或过宽的困境,从而使个人信息携带权失去意义或侵犯其他合法权益。一方面,当把个人信息携带权界定为只是“数据主体提供的与数据主体有关的个人数据”④时,很多数据将不能被纳入个人信息携带权的范围,如个人在云服务器上储存的与个人无关的视频文件,在电商平台上留下的用户评论。在很多情况下,其实个人更在意的是此类信息的自由下载和移植,如个人希望将此类视频文件从网易云传输到百度云,将对某个产品的差评从

---

① Semantic Scholar, https://law. depaul. edu/academics/centers-institutes-initiatives/center-for-intellectual-property-law-and-information-technology/programs/Documents/ipsc_2011/papers/KesanJ_Paper. pdf , 2023 - 12 - 19.

② See Guidelines on the Right to Data Portability, *European Data Protection Board*, https://ec. europa. eu/information_society/newsroom/image/document/2016 - 51/wp242_en_40852. pdf, 2023 - 12 - 19.

③ 从风险控制的角度来看,第 29 工作组的这种自信存在一定的疑问,毕竟面对海量的用户,企业或网站不可能对用户的身份进行一一的人工验证,并且即使能够进行人工验证,也很难保证用户身份的真实性。

④ 就“数据主体提供”这一界定而言,第 29 工作组将其限定为两类数据:一类是数据主体主动提供的数据,如邮寄、地址、用户名、年龄等;另一类是由数据对象通过使用服务或设备提供的观测数据,如个人的搜索历史、交通数据和位置数据等。但第 29 工作组也指出,此类数据不应当包括“推断数据”和“派生数据”,即通过后续分析得到的数据,如关于用户健康状况评估结果的数据、银行征信管理系统中出于风控目的创设的用户数据、网站为用户创设的用户画像数据。See Guidelines on the Right to Data Portability, *European Data Protection Board*, https://ec. europa. eu/information_society/newsroom/image/document/2016 - 51/wp242_en_40852. pdf, 2023 - 12 - 19.

京东转移到淘宝。[①] 第29工作组虽然认为不宜将个人数据作过窄解释,[②]但仍无法涵盖此类显然不是个人数据的数据类型。另一方面,个人信息携带权的行使又可能过宽,从而侵害其他企业或个人的合法权益。除像反对者所说的个人数据移植可能侵犯企业的商业秘密或数据库权益之外,个人数据的转移还可能会侵犯他人的利益。例如,在社交网络的场景中,当个人把数据成批量地从一种社交场景转移到另一种社交场景时,就可能导致个人数据所涉及的第三人数据被不恰当地获取与使用。[③] 2018年发生了脸书数据泄露事件,[④]在此事件中,剑桥分析公司通过一款应用程序收集了30万名用户的信息,并通过授权获得这30万人的朋友圈,从中获得了5000万人的信息。虽然此案涉及的是剑桥分析公司对于这5000万人信息在没有获得授权情况下的非法使用,没有涉及个人信息携带权,但此案所隐含的个人信息携带权困境却非常明显。如果用户首先行使个人信息携带权,下载其"结构化的,普遍使用的和机器可读的"信息,然后将这些信息授权给剑桥分析公司使用,此时剑桥分析公司完全可以声称此类信息是合法获得的。但是,此种情况下很多用户的信息也可能面临不正当收集与使用的威胁。

为何个人信息携带权上升为一种基本权利存在的问题,这需要分析基本权利的一般原理与个人信息携带权的特殊性。权利的赋予常常会影响其他相关主体的某些权利。在个人信息携带权问题上,这种权利所附加给数据控制者的义务比一般权利赋予相对方的责任更大,对其他权利造成的影响也更大。就其附加给数据控制者的义务来说,它不仅要求数据控制者提供数据获取与移植的便利,而且要求数据控制者提供高难度的技术支持。而就其他受其影响的权利来说,个人信息携带权不仅可能会影响数据安全,而且可能打破他人对数据隐私的合理期待。当这种附加的义

---

① 对于数据携带权与用户评论移植的讨论,see Vikas Kathuria and Jessica C. Lai, *User Review Portability: Why and How?*, https://papers.ssrn.com/sol3/papers.cfm?abstract_id=3203344, 2023-12-19.

② See Guidelines on the Right to Data Portability, *European Data Protection Board*, https://ec.europa.eu/information_society/newsroom/image/document/2016-51/wp242_en_40852.pdf, 2023-12-19.

③ See Stephan Weiss, *Privacy Threat Model for Data Portability in Social Network Applications*, International Journal of Information Management 29, p. 249-254(2009).

④ See *Facebook-Cambridge Analytica Scandal*, https://en.wikipedia.org/wiki/Facebook-Cambridge_Analytica_data_scandal, 2018-10-28.

务超过了现实可能性,当受到影响的其他权利过多时,个人信息携带权就难以上升为一种基本权利。

总之,作为一种权利,个人信息携带权面临一些争议和问题,这种新型权利可能有利于促进用户的数据权益,也可能难以落地或带来新的风险。此外,这种新型权利还可能因为场景不同而面临过宽或过窄运用的困境。如此种种,都表明个人信息携带权尚未具备成为一种成熟型权利的条件。个人信息携带权或许更接近于一种理想或目标,并且这种权利也需要在不同的场景中加以限定,以保证这种权利的行使不会侵犯其他合法利益。

(二)个人信息携带权对市场竞争的影响

关于个人信息携带权的另一争论关乎它对市场竞争的影响。[①] 个人信息携带权的支持者认为,个人信息携带权可以消除个人信息自由传输的不必要障碍,促进竞争,消除或至少部分消除"锁定效应"。[②] 而反对者则认为,个人信息携带权虽然可能对抗"锁定效应",但消除"锁定效应"并不一定符合竞争法原理,甚至可能促进不正当竞争。

支持意见在某些场景下可以成立,尤其是个人信息携带权可能会对当前的互联网竞争产生一定的促进作用。在互联网竞争中,先行者往往占据优势,[③]网络效应会导致"赢者通吃",[④]领先一点即会导致大幅领先,[⑤]互联网的这种竞争性质导致大型网络平台与超大型网络平台的出现。用户对于这些平台往往具有很强的依赖性,即使有同类平台或产品出现,用户也常常不会使用后发产品。其中,重要的原因之一

---

① 数据隐私的竞争法内涵,参见韩伟:《数字经济中的隐私保护与支配地位滥用》,载《中国社会科学院研究生院学报》2020 年第 1 期。

② See Urs Gasser and John Palfrey, *Breaking Down Digital Barriers: How and When ICT Interoperability Drives Innovation*, Berkman Klein Center, https://cyber. harvard. edu/interop/pdfs/interop-breaking-barriers. pdf, 2023 - 12 - 19.

③ See Mark A. Lemley and David McGowan, *Legal Implications of Network Economic Effects*, California Law Review 86, p. 495 (1998).

④ See Mark A. Lemley and David McGowan, *Legal Implications of Network Economic Effects*, California Law Review 86, p. 483 (1998).

⑤ See Mark A. Lemley and David McGowan, *Legal Implications of Network Economic Effects*, California Law Review 86, p. 505 (1998).

就在于,用户往往难以将个人数据转移到新的平台或产品上面。网络平台对于个人数据的这种锁定使后发互联网企业常常难以进行有效的竞争。在这一背景下,如果用户对于个人数据的获取和移植成为一种权利,那么“锁定效应”就有可能被打破,个人数据就可以实现更为有效的流动。

个人数据的自由流通与共享也可能为市场提供数据这一公共基础设施。① 对于这一点,无论是数据携带权的支持意见还是反对意见都没有提及。但毋庸置疑的是,数据具有很强的公共性价值和流通性价值,很多学者都指出数据流通的重要意义。② 即使是最为强调个人数据权利的欧盟 GDPR,也强调不能限制欧盟内部个人数据的自由流动。③ 对于市场的平等竞争和良性竞争来说,如果个人数据能够实现合理的流通和共享,那么数据的公共性价值将能得到最大限度体现,市场当中的主体都能平等地享受到数据这一公共基础设施所带来的价值。

但支持意见也只能在有限的场景下成立,反对意见所指出的许多理由也具有很强的说服力。

首先,正如反对意见所指出的,数据携带权会给中小企业带来更高的合规压力,从而在一定程度上妨碍市场竞争和创新。如上文所述,企业要满足用户对于个人信息携带权的期待并不容易,编写能够实现个人信息携带权的“导出—导入”模块,是一个很高的技术要求。对于谷歌、脸书这些大企业来说,实现此类技术要求可能并非难事。但对于中小企业而言,此类合规要求可能会带来极大的压力。面对个人信息携带权等新型权利所带来的合规要求,中小企业不得不花费更多的费用。从竞争角度来看,个人信息携带权所施加的普遍性责任无疑对中小企业更为不利。

其次,就“锁定效应”而言,个人信息携带权虽然有助于用户更为便利地将数据从大企业迁移到其他小企业或初创企业,但个人信息携带权也可能促进用户更便利

① 参见王利明:《数据共享与个人信息保护》,载《现代法学》2019 年第 1 期。

② 参见周汉华:《探索激励相容的个人数据治理之道——中国个人信息保护法的立法方向》,载《法学研究》2018 年第 2 期;高富平:《个人信息保护:从个人控制到社会控制》,载《法学研究》2018 年第 3 期;梅夏英:《在分享和控制之间——数据保护的私法局限和公共秩序构建》,载《中外法学》2019 年第 4 期;丁晓东:《数据到底属于谁?——从网络爬虫看平台数据权属与数据保护》,载《华东政法大学学报》2019 年第 5 期。

③ 参见欧盟 GDPR 第 1 条第(3)款。

地将数据从小企业迁移到大企业。例如,当某家小型超市为消费者提供用户卡并通过这种卡收集用户信息而某家大型超市发现这家小型超市对自身形成挑战时,这家大型超市就可能希望吸引这家小型商店的用户,获取这些用户的各类消费信息。如果个人信息携带权成为一种强制性的要求,那么这家大型超市只要出台优惠政策,规定只要用户提供用户卡数据就可以获得折扣优惠,这家大型超市就可以很容易地获取这些用户的信息。[①] 由此我们可以发现,个人信息携带权尽管可能有助于打破数据垄断,但也完全可能加剧数据垄断。

从竞争法的角度进行分析,我们可以发现个人信息携带权所造成的这种效应与竞争法的一般原理并不吻合。为了鼓励创新和竞争,竞争法一般不会要求市场中的创新者共享其财产,或者帮助竞争对手轻易获取另一方的财产。[②] 相反,竞争法一般更强调对创新者的财产权加以保护,以此来补偿创新者所承受的风险,激励企业进行更多的风险投资。基于此,个人信息携带权如果上升为一种基本权利,那么这种权利不但可能会对企业的财产性权益造成威胁,而且也可能影响企业在合同法上的权利。

当然,企业是否拥有对数据的财产性权利,这是一个复杂问题。有研究者主张,企业对于数据拥有财产性权利。[③] 但也有学者指出,当企业数据涉及个人数据时,个人对于自身的数据权利优先于企业,因为个人数据权利是一种人格性权利,不能被让渡于企业。[④] 还有的学者则指出,当个人数据在平台上对公众开放时,数据就位于公共领域,数据不属于任何人。[⑤] 在这里,我们不必深究企业数据权属问题的细节,

---

① See Inge Graef, Martin Husovec and Nadezhda Purtova, *Data Portability and Data Control: Lessons for an Emerging Concept in EU Law*, SSRN, https://papers.ssrn.com/sol3/papers.cfm?abstract_id=3071875, 2023-12-19.

② 正如美国汉德法官曾指出的:“为了促进竞争,成功的竞争者不应当受到谴责。”See United States v. Aluminum Co. of Am., 148 F.2d 416, 430(2nd Cir. 1945).

③ 参见龙卫球:《再论企业数据保护的财产权化路径》,载《东方法学》2018 年第 3 期。

④ 参见姚佳:《企业数据的利用准则》,载《清华法学》2019 年第 3 期。

⑤ 例如,在“上海科(HiQ)诉领英案”中,法院认为,一旦平台接入互联网,就意味着平台数据具有公共属性,不为任何私人或企业所有。作为此案上海科(HiQ)公司的顾问,哈佛大学的劳伦斯·却伯(Laurence Tribe)教授指出,数据与信息的访问权是一种言论自由的权利,受到美国宪法第一修正案的保护。根据这种观点,数据的本质其实是一种言论,而言论的本质就是流通和共享,具有公共属性。See HiQ Labs, Inc, v. LinkedIn Corp., No. 17-16783(2017).

但需要指出的是,如果将个人信息携带权上升为一种具有优先性的基本权利,那么企业不但无法通过财产权框架对其数据资产进行合理保护,而且也无法通过合同法的方式约束用户或另一企业。在数据的财产性属性越来越强的今天,这样一种制度安排存在一定的问题。因为,即使各国对于数据库的财产性保护或对集合性的数据资产权利存在质疑,①各国的法律一般也会承认双方约定合同的法律效力,通过合同法为企业数据提供保护。②

如果考虑个人信息携带权可能会对商业秘密产生影响,那么个人信息携带权对于竞争的负面影响可能更大。很多企业收集的个人信息是不公开信息,并非平台信息或公开信息。当此类信息满足一定的要件时,就受到商业秘密的保护。一般认为,商业秘密保护与不正当竞争关系密切,对商业秘密的非法获取常常被认为是一种不正当竞争,对商业秘密的保护也常常通过反不正当竞争法来实现。③ 如果一个企业可以通过用户个人信息携带权而轻易获取另一个企业的商业秘密,那么就等于在法律上承认未经对方许可获取商业秘密不属于不正当竞争。这种推论显然不符合人们对商业秘密保护与反不正当竞争的一般认知。

最后,用户黏性的降低与数据流通的加快对于竞争是好是坏,也难以进行简单判断。一方面,互联网的先行者效应、赢者通吃效应、倾覆效应固然会导致数据垄断,数据流通也因此会有利于打破用户黏性,增强市场竞争活力。另一方面,在网络与信息科技领域,市场中的竞争往往更激烈,所谓的"创造性毁灭"会接踵而至,虽然一个企业在一段时间占据主导地位,但很快就被另一个企业替代。④ 在这种背景下,网络与科技企业增加自身的用户黏性不一定会妨碍竞争,而削弱用户黏性也不一定

① 简要来说,美国的数据库保护只涉及数据库中原创性汇编的要素,对数据库中的事实部分或不具有原创性汇编的数据库,法律不加以保护。而与美国做法不同的是,欧洲除对数据库的原创性汇编部分进行保护之外,也为数据库的特殊权利(sui generis rights)提供保护。根据这一特殊权利保护的规定,当"创造数据库需要足够的人力、技术和财政资源"时,数据库就受到法律保护。一旦数据库被创造出来,他人就不得使用或复制数据库的全部数据或大部分数据。

② See Miriam Marcowitz-Bitton, *A New Outlook on the Economic Dimension of the Database Protection Debate*, The Journal of Lawand Technology 47, p. 158(2006).

③ See Yuval Feldman, *The Behavioral Foundations of Trade Secrets: Tangibility, Authorship, and Legality*, Journal of Empirical Legal Studies 3, p. 197(2006).

④ See Spencer Weber Waller, *Antitrust and Social Networking*, The North Carolina Law Review 90, p. 1800 (2012).

就有利于市场的良性竞争。

总之，从竞争效应的角度分析，可以发现个人信息携带权是一把“双刃剑”，如果运用得当，那么这种权利有可能在某些场景下促进市场良性竞争；如果运用不当或不加考虑地将其作为一种基本权利对待，那么这种权利非但无法促进竞争，反而还可能会促发短期探底竞争与不正当竞争。

三、个人信息携带权的中国适用

根据前文对个人信息携带权原理的分析，个人信息携带权作为一种新型权利的性质与类型仍在发展中，其既可能会促进市场良性竞争，也可能会造成市场的恶性竞争。但如同上文的分析所指出的，个人信息携带权所服务之目的具有很强的正当性。如果在具体场景下应用恰当，那么个人信息携带权将会为用户提供便利，促进数据的快捷流转和合理使用，还将可能促进市场良性竞争，防止数据的“锁定效应”。因此，将个人信息携带权视为一种“柔性权利”或追求目标，在具体场景中赋予个体以个人信息携带权，可以提升用户福利和促进市场与社会的公共利益①。本部分将以中国语境下企业与公共部门的数据问题为例，分析在何种场景下应当赋予个体以信息携带的权利。

（一）企业数据中的个人信息携带权

在中国语境下，对于企业数据中所包含的个人信息，首先面临的问题是，个人是否可以较为方便快捷地获取个人信息以及相关信息。对于这样一种强化版的“访问权”，笔者认为，应当将其赋予个体，要求企业在技术可行的情形下赋予个人下载个人信息与相关信息的权利。例如，各类电子公告板系统、博客、云盘和社交媒体应当提供下载选项，而且即使是非个人信息，但如果是由个人所提供，那么也应当允许个人下载。当然，这种下载必须在验证个人身份和保证信息安全的前提下进行，企业所提供的下载选项不应增加个人相关信息被泄露的风险。其次，综合前文的案例分

① 参见《汪庆华：用户对数据授权的优先级高于平台》，载搜狐网 2019 年 5 月 5 日，https://www.sohu.com/a/311920282_255783。

析结果,对于个人在不同企业之间转移或移植个人数据的权利,笔者认为,应当根据具体场景进行确定。

为此,我国的个人信息携带权应当按如下方式应用:首先,在技术可行与成本较低的情形下,企业应当满足个人下载其信息与实现信息移转的愿望。其次,个人信息携带权应当考虑隐私期待或企业的商业秘密等合法数据权益。在不涉及其他用户隐私期待与企业合法权益的前提下,企业与平台就应当努力落实个人信息携带权;但在影响用户隐私期待或企业合法权益保护的情形下,对这一权利的运用就应当保持谨慎。

（二）公共数据中的个人信息携带权

对于公共部门所收集和储存的个人数据,我国对个人信息携带权的运用应该更积极。对于这一点,本书的判断与欧盟 GDPR 刚好相反。关于个人对公共部门的个人信息携带权,欧盟 GDPR 进行了限定性规定:"对于控制者为了公共利益,或者为了行使其被授权的官方权威而进行的必要处理,这种权利不适用。"①这一规定意味着,当对个人信息的处理是为了法律需要或者为了公共利益需要时,个人将无法行使个人信息携带权。

对于这样一种限定,欧盟 GDPR"重述"或第 29 工作组发布的指南没有进行过多解释,而仅仅声称这是"其本身的性质"决定的。② 或许欧盟认为,个人信息携带权所附加的责任过重,当数据收集者或控制者为了合规需要或为了履行公共职责时,就不应对其再附加责任。③

如果将个人信息携带权视为一种刚性的权利,那么笔者同意欧盟 GDPR 对于个人信息携带权在公共部门领域的豁免。但如果将个人信息携带权仅视为一种"柔性权利"或追求的目标,那么个人信息携带权将可以促进我国政府和事业单位打破部门藩篱,消除"数据孤岛",促进数据的共享与便民化服务。

---

① 欧盟 GDPR 第 20(3)条。

② 参见欧盟 GDPR"重述"第 68 条。

③ See Guidelines on the Right to Data Portability, *European Data Protection Board*, https://ec.europa.eu/information_society/newsroom/image/document/2016 - 51/wp242_en_40852.pdf, 2023 - 12 - 19.

对于“数据孤岛”给民众带来的困扰,可能很多人都感同身受。无论是入学申请、入职申请还是办理证件,只要与公共部门打交道,就会感受到重复填写各种表单的烦扰。而具体的政府部门和事业单位也常常感到无奈,因为对于数据的收集与核验是其职责所在。造成这种困境的部分原因是,政府部门和事业单位之间的个人信息携带性非常弱,亟须通过加强不同政府部门与事业单位之间的互操作性来加强公共部门的信息共享能力。

对于这种“数据孤岛”造成的困扰,目前我国政府推行的方案是通过自上而下的改革来解决。① 例如,浙江省的“最多跑一次”改革,就是通过政府强力推动来实现政府内部的各种数据共享,以此来提高政府的办事效率,改善百姓在与政府打交道过程中的体验。②

笔者完全认同自上而下的政府改革与推动,但赋予公民以针对政府部门和事业单位的个人信息携带权,以自下而上的方式来推动政府改革,也是一条走出“数据孤岛”困境的有效途径。毕竟很多时候普通百姓对于“数据孤岛”的感受最深切,最有动力提起申诉。如果能将普通个体的申诉请求与政府自上而下的改革决心结合起来,那么将能够更有利地消除某些政府部门和事业单位的惰性,促进信息共享更合理和有效地实现。如果政府能够成立跨部门的层级较高的信息共享联合工作机构,受理个体所提出的合理的个人信息携带权请求,那么此种联动机制将可能倒逼政府不断进行改革,推动公共数据的共享与个体信息的便携性。在理想情形下,公民在一个部门所填的申请表,应该可以根据个人的请求而无障碍地移植到另一个部门。如果此种目标能够实现,那么个人信息将变得像“一卡通”那样便于携带,真正造福于民众。

四、合理预期下的个人信息携带权

作为一种新型权利,个人信息携带权虽然非常值得追求,但也面临争议。一方

① 政府数据开放也表明了此类努力,参见何渊:《政府数据开放的整体法律框架》,载《行政法学研究》2017年第6期。

② 参见《浙江省数据共享取得新突破》,载中国政府网,https://www.gov.cn/xinwen/2017-12/15/content_5247191.htm。

面,个人信息携带权可能难以实现,因为其实现需要现实中不同企业与系统之间的互操作性。并且,这种新型权利也可能面临侵犯其他合法权益的困境,甚至可能为用户的数据隐私带来新的风险。另一方面,从竞争视角来看,个人信息携带权也不一定有利于市场的良性竞争。个人信息携带权有利于消解网络平台与企业的锁定效应,但这种权利也可能给中小企业带来更多负担,可能促使个人信息从中小企业转移到大型企业。

基于以上分析,笔者认为,应当将个人信息携带权视为一种“柔性权利”或请求性权利。对于这样一种目标,应当根据不同主体与不同场景而要求数据控制者满足个体获取与转移数据的请求;同时,应当预防个人信息携带权可能带来的不正当竞争与恶性竞争,结合用户与企业的合法权益确定是否以及在何种程度上赋予个体移转个人数据的权利。

从个人信息携带权的权利属性与竞争效应出发,个人信息携带权在我国的应用需要结合具体场景,赋予企业与公共部门不同类型与程度的个人信息携带权。针对企业,个人拥有个人信息访问权,但应当注意风险的防范;同时,个人携带权的应用也应当考虑用户的隐私期待与企业的合法数据权益,避免引起市场不正当竞争。而针对公共部门,可以通过个人信息携带权的应用来推动政府打破数据孤岛,实现数据共享。

专题二十八　敏感个人信息

本专题撰写人:王利明

【《民法典》及相关法律法规的新规则】

《民法典》第1034条

自然人的个人信息受法律保护。

个人信息是以电子或者其他方式记录的能够单独或者与其他信息结合识别特定自然人的各种信息,包括自然人的姓名、出生日期、身份证件号码、生物识别信息、住址、电话号码、电子邮箱、健康信息、行踪信息等。

个人信息中的私密信息,适用有关隐私权的规定;没有规定的,适用有关个人信息保护的规定。

《个人信息保护法》第28条

敏感个人信息是一旦泄露或者非法使用,容易导致自然人的人格尊严受到侵害或者人身、财产安全受到危害的个人信息,包括生物识别、宗教信仰、特定身份、医疗健康、金融账户、行踪轨迹等信息,以及不满十四周岁未成年人的个人信息。

只有在具有特定的目的和充分的必要性,并采取严格保护措施的情形下,个人信息处理者方可处理敏感个人信息。

《个人信息保护法》第29条

处理敏感个人信息应当取得个人的单独同意;法律、行政法规规定处理敏感个人信息应当取得书面同意的,从其规定。

《个人信息保护法》第30条

个人信息处理者处理敏感个人信息的，除本法第十七条第一款规定的事项外，还应当向个人告知处理敏感个人信息的必要性以及对个人权益的影响；依照本法规定可以不向个人告知的除外。

《个人信息保护法》第31条

个人信息处理者处理不满十四周岁未成年人个人信息的，应当取得未成年人的父母或者其他监护人的同意。

个人信息处理者处理不满十四周岁未成年人个人信息的，应当制定专门的个人信息处理规则。

《个人信息保护法》第32条

法律、行政法规对处理敏感个人信息规定应当取得相关行政许可或者作出其他限制的，从其规定。

《征信业管理条例》第14条

禁止征信机构采集个人的宗教信仰、基因、指纹、血型、疾病和病史信息以及法律、行政法规规定禁止采集的其他个人信息。

征信机构不得采集个人的收入、存款、有价证券、商业保险、不动产的信息和纳税数额信息。但是，征信机构明确告知信息主体提供该信息可能产生的不利后果，并取得其书面同意的除外。

《人脸识别司法解释》第2条

信息处理者处理人脸信息有下列情形之一的，人民法院应当认定属于侵害自然人人格权益的行为：

（一）在宾馆、商场、银行、车站、机场、体育场馆、娱乐场所等经营场所、公共场所违反法律、行政法规的规定使用人脸识别技术进行人脸验证、辨识或者分析；

（二）未公开处理人脸信息的规则或者未明示处理的目的、方式、范围；

（三）基于个人同意处理人脸信息的，未征得自然人或者其监护人的单独同意，或者未按照法律、行政法规的规定征得自然人或者其监护人的书面同意；

（四）违反信息处理者明示或者双方约定的处理人脸信息的目的、方式、范围等；

（五）未采取应有的技术措施或者其他必要措施确保其收集、存储的人脸信息安

全,致使人脸信息泄露、篡改、丢失;

(六)违反法律、行政法规的规定或者双方的约定,向他人提供人脸信息;

(七)违背公序良俗处理人脸信息;

(八)违反合法、正当、必要原则处理人脸信息的其他情形。

【规则由来】

在《民法典》颁布前,我国《网络安全法》第76条第5项仅规定了个人信息的概念,未对其进行分类、分级规定:"个人信息,是指以电子或者其他方式记录的能够单独或者与其他信息结合识别自然人个人身份的各种信息,包括但不限于自然人的姓名、出生日期、身份证件号码、个人生物识别信息、住址、电话号码等。"我国《民法典》第1034条列举了健康信息、生物识别信息等敏感个人信息,但并没有对敏感个人信息作出系统、全面的规定。《民法典》第1034条第3款提出了"私密信息"这一概念,开始对个人信息内部作类型化对待。根据《民法典》第1035条第1款第1项的规定,对未成年人个人信息的处理应当征得其监护人的同意,强化了对未成年人信息的特别保护。《个人信息保护法》依据《民法典》的规定,设立专章对敏感个人信息作出了规定。

【规范意旨】

敏感个人信息是与一般个人信息相对应的概念,我国《民法典》及《个人信息保护法》规定了敏感个人信息的3项保护规则:一是对敏感个人信息的处理作出特殊要求。处理敏感个人信息的前提条件有3项:具有特定的目的、具有充分的必要性、采取严格保护措施。二是强化了对敏感个人信息的保护。《个人信息保护法》第28条明确界定了"敏感性"的核心特征,即应当根据是否容易导致自然人的人格尊严受到侵害和是否危害个人人身、财产安全两个标准,这为在实践中准确认定敏感个人信息提供了基本依据。三是界定了敏感个人信息的范围。敏感个人信息包括生物识别、宗教信仰、特定身份、医疗健康、金融账户、行踪轨迹等信息,以及不满14周岁未成年人的个人信息。

【典型案例】

“人脸识别”第一案：“郭某与杭州野生动物世界服务合同纠纷案”

2019 年 4 月 27 日，郭某向杭州野生动物世界购买“畅游 365 天”双人年卡，其以微信支付方式向野生动物世界交付卡费 1360 元。野生动物世界曾以店堂告示形式公示涉及指纹识别的“年卡办理类别”“年卡办理流程”“年卡使用说明”。“年卡办理流程”载明流程分 3 步：(1)售票窗口购买缴费；(2)至年卡中心拍照扫描指纹后激活年卡；(3)凭年卡及指纹正常使用。“年卡使用说明”记载的部分内容为：(1)年卡仅限本人使用，年卡办理时录入信息和持卡本人资料必须一致；(2)持卡人游览园区需同时验证年卡及指纹入园；(3)年卡即办即用，有效期为生效之日起一年内(365 天自然日)，不限时间、次数游园；(4)年卡一经出售，不予退换，不予更改人员。郭某与其妻叶某留下姓名、身份证号码，拍照并录入指纹，郭某还向野生动物世界登记留存电话号码等信息。野生动物世界开具的入园门票发票联显示，该年卡有效期至 2020 年 4 月 25 日。

后野生动物世界决定将入园方式从指纹识别入园调整为人脸识别入园，并以店堂告示形式公示涉及人脸识别的“年卡办理流程”和“年卡使用说明”，“年卡办理流程”载明流程分 3 步：(1)售票窗口/自助购票机缴费购买年卡；(2)年卡中心人脸注册激活领取年卡；(3)凭年卡及人脸扫描入园。“年卡使用说明”记载的部分内容为：(1)年卡仅限本人使用，年卡办理时录入信息和持卡本人资料必须一致；(2)持卡人游览园区需同时验证人脸识别及年卡入园；(3)年卡即办即用，有效期为生效之日起一年内(365 天自然日)，不限时间、次数游园；(4)年卡一经出售，不予退换，不予更改人员。

2019 年 7 月 12 日，野生动物世界向包括郭某在内的年卡持卡客户群发短信，短信的部分内容为：年卡系统已升级，用户可刷脸快速入园，请未进行人脸激活的年卡用户携带实体卡至年卡中心激活。2019 年 10 月 7 日，野生动物世界的指纹识别闸机停用。2019 年 10 月 17 日，野生动物世界向包括郭某在内的年卡持卡客户群发短信,短信的部分内容为:园区年卡系统已升级为人脸识别入园,原指纹识别已取消,即日起,未注册人脸识别的用户将无法正常入园。如尚未注册,请您携指纹年卡尽快至年卡中心办理。2019 年 10 月 26 日,郭某与同事陈某辉至野生动物世界核实人脸识别入园一事。郭某提供的当日 13 时 48 分开始在野生动物世界年卡中心录制的录像显示,年卡中心工作人员向其表示可以让其入园,但是需要先把人脸识别注册好;在郭某的追问下,年卡中心工作人员表示原指纹识别方式已无法入园,未注册人脸识别系统将进不去;郭某提出其妻子不同意人脸识别,并咨询在不注册人脸识别的情况下能否退卡费,双方未能就退卡方案达成一致。郭某提供的当日 13 时 52 分开始在野生动物世界年卡中心录制的录像显示,郭某再次提出其与妻子存在分歧,其妻子不同意注册人脸识别,并咨询后续如何处理。年卡中心工作人员向其表示若不更换人脸识别将无法入园。郭某提供的当日 13 时 59 分开始在野生动物世界检票口录制的录像显示,其再次向野生动物世界工作人员(客服)表明其妻子的态度。客服人员向其现场展示了指纹识别系统已改造成人脸识别系统的通道。郭某提出买年卡的目的是每个星期都可以过来玩,并对工作人员拿着手机对年卡客户进行人脸识别提出质疑。双方就退卡一事再次协商,但未能达成一致。野生动物世界提供的同日拍摄的录像显示,郭某表示其妻子不同意注册人脸识别,但其本人同意,并表示此行目的是升级年卡。当日郭某未提出入园申请,也未激活人脸识别入园方式。

郭某向一审法院起诉请求:判令野生动物世界退还郭某年卡卡费 1360 元,并承担本案诉讼费。一审诉讼过程中,郭某变更诉讼请求为:(1)确认野生动物世界"年卡办理流程"告示中的"扫描指纹后激活年卡""凭年卡及指纹正常使用"等内容无效;"年卡使用说明"告示中的"持卡人游览园区时需同时验证年卡及指纹入园"内容无效;(2)确认野生动物世界于 2019 年 7 月 12 日向郭某发送的短信通知中的"请未进行人脸激活的年卡用户携带实体卡至年卡中心激活"内容无效;(3)确认野生动物世界于 2019 年 10 月 17 日向郭某发送的短信通知中的"园区年卡系统已升级为人脸识别入园,原指纹识别已取消,即日起,未注册人脸识别的用户将无法正常入园"内容无效;(4)确认野生动物世界"年卡办理流程"告示中的"人脸注册激活领取年卡""凭年卡及人脸扫描入园"等内容无效,"年卡使用说明"告示中的"持卡人游览园区时需同时验证人脸识别及年卡入园”内容无效;(5)判令野生动物世界退还郭某年卡卡费1360元;(6)判令野生动物世界赔偿郭某于2019年10月26日前往野生动物世界处的往返交通费360元、于2019年10月28日前往法院立案的往返交通费400元,以及郭某因本案出庭应诉等原因前往法院产生的其他往返交通费400元;(7)判令野生动物世界在第三方技术机构见证下,删除郭某于2019年4月27日办理年卡及之后使用年卡时提交的全部个人信息(包括但不限于姓名、身份证号码、手机号码、照片、指纹识别信息),并承担相应的技术见证费用(以见证当天的实际支出为准);(8)本案诉讼费用由野生动物世界承担。

一审法院认为,野生动物世界除删除郭某的面部特征信息外还应删除其指纹识别信息。人脸识别信息相比其他生物识别信息而言,呈现敏感度高,采集方式多样、隐蔽和灵活的特性,不当使用将给公民的人身、财产带来不可预测的风险,应当作出更加严格的规制和保护。经营者只有在消费者充分知情同意的前提下方能收集和使用,且须遵循合法、正当、必要原则。本案中,野生动物世界在涉指纹识别的“年卡办理流程”中规定“至年卡中心拍照”,郭某亦同意在办卡时拍摄照片,但提供照片仅系为了配合指纹年卡的使用,不应视为其已授权同意野生动物世界将照片用于人脸识别。野生动物世界虽自述其并未将收集的照片激活处理为人脸识别信息,但其欲利用收集的照片扩大信息处理范围,超出事前收集目的,违反了正当性原则。同时,鉴于收集照片与人脸识别利用的特定关系,野生动物世界又以短信通知等方式要求郭某激活人脸识别,表明其存在侵害郭某面部特征信息之人格利益的可能与危险。故一审法院判令野生动物世界删除郭某办卡时提交的包括照片在内的面部特征信息并无不当。对野生动物世界的相关上诉意见,本院不予支持。

野生动物世界除欲将照片用于人脸识别外,其收集、使用郭某的包括指纹识别信息在内的其他个人信息,系在郭某知情同意下进行,且未有证据证实存在泄露、非法提供或者滥用等情形。至于野生动物世界向其委托诉讼代理人提供的案件材料中包括郭某的相关个人信息,系因诉讼所需,不能认定为泄露个人信息的行为。故郭某基于上述理由要求删除其他个人信息,不能成立。但鉴于野生动物世界在合同履行过程中单方变更指纹年卡的入园方式,并停止使用指纹识别闸机,致使原约定的指纹识别入园服务方式无法实现,现郭某要求删除其指纹识别信息,本院予以支持。①

【理论阐释】

敏感个人信息保护是随着互联网、高科技的发展而出现的新问题。在欧盟GDPR中,敏感个人信息被称为"特殊类型的个人数据"(special categories of personal data)。美国《联邦消费者数据隐私与安全法令》以及有关州立法将其称为"敏感个人信息"或"敏感数据"。日本《个人信息保护法》第2条将敏感的个人信息称为"需注意的个人信息"。由于敏感个人信息直接关系个人人格尊严和人身、财产安全等重大权益,因此,需要将个人信息区分为一般个人信息与敏感个人信息,并对敏感个人信息设置特殊的保护规则。我国《民法典》虽然规定了私密信息隐私的保护规则,但并没有对敏感个人信息作出明确规定;我国《个人信息保护法》设立专章规定了敏感个人信息的处理规则,从而构建了完备的个人信息保护规则,并弥补了《民法典》个人信息保护规则的不足。由于敏感个人信息保护是一项新型的制度,涉及一些重大问题。因此,笔者拟从敏感个人信息的概念出发,就敏感个人信息涉及的相关问题作出初步的探讨。

一、敏感个人信息的概念特征

所谓敏感个人信息,是指一旦该信息被泄露或者被非法使用,就容易导致自然人的人格尊严受到侵害或者人身、财产安全受到危害的个人信息。早在1970年,德国黑森邦的《个人信息保护法》中,就出现了敏感数据的概念,有德国学者将其界定为"具有极高个人属性、对建构个人身份十分重要的、有受损害或者歧视风险的信息,其标识着个人某项特定的属性"。②《1981年欧洲委员会个人数据公约》第6条规定,除非国内法提供适当的保障,否则不得自动处理有关种族、政治观点、宗教或

① "郭某与杭州野生动物世界有限公司服务合同纠纷上诉案",浙江省杭州市中级人民法院(2020)浙01民终10940号民事判决书。该案入选最高人民法院、中央广播电视总台联合发布新时代推动法治进程2021年度十大案件。

② Vgl. Paal/Pauly/Frenzel DS-GVO, Art. 9 Rn. 6-8.

其他信仰、健康或性生活的个人资料。上述规定亦适用于与刑事定罪有关的个人数据。① 欧盟GDPR第6条详细列举了敏感个人信息的类型,包括种族或民族背景、政治观念、宗教或哲学信仰、工会成员身份、基因数据、生物性识别数据,以及和自然人健康、个人性生活或性取向相关的数据。② 巴西《通用数据保护法》第5条将个人敏感数据规定为"关于种族或族裔、宗教信仰、政治观点、工会或宗教、哲学或政治组织成员身份的个人数据,与自然人有关的健康或性生活数据、基因或生物数据"。美国在联邦立法层面并未对敏感个人信息进行统一定义,而是在相关的、分别的单行立法中,对部分敏感个人信息类别作出了特别规定。如美国卫生与公众服务部制定的《个人可识别健康信息的隐私标准》(Standards for Privacy of Individually Identifiable Health Information)对健康信息隐私作出特别保护的规定。可见,比较法上普遍采纳了敏感个人信息的概念,并设置了特殊的保护规则。

我国《民法典》没有直接采用敏感个人信息的概念,《民法典》第1034条第3款对"私密信息"作出了规定,其也包含一些敏感个人信息。《民法典》第1034条第2款在《网络安全法》的"个人信息"概念基础上,增加了生物识别信息、健康信息、行踪信息,这实际上也是增强了对敏感个人信息的保护。尤其是《民法典》第1035条第1款第1项规定个人信息的处理应当征得该自然人或者其监护人的同意,其实是对未成年人信息的特别保护。可见,《民法典》已经区分了个人信息的不同类型,为《个人信息保护法》规定敏感个人信息保护规则提供了民事基本法依据。《征信业管理条例》第14条第1款规定:"禁止征信机构采集个人的宗教信仰、基因、指纹、血型、疾病和病史信息以及法律、行政法规规定禁止采集的其他个人信息。"该条实际上是对敏感个人信息的特殊保护规则。③ 最高人民法院于2021年6月8日颁布《人脸识别司法解释》,也为人脸识别信息的特殊保护提供了审判实践的依据。我国《个人信息保护法》正是在总结立法和司法实践经验的基础上,首次提出了"敏感个人信息"的概念,对敏感个人信息作了更加具体、全面的规定。

---

① Rebecca Wong, *Data Protection Online: Alternative Approaches to Sensitive Data?* Journal of International Commercial Law and Technology Vol. 2, p. 10(2007).

② 参见欧盟GDPR第9条。

③ 参见程啸:《个人信息保护的理解与适用》,中国法制出版社2021年版,第258页。

《个人信息保护法》为个人信息权益的确认和保障提供了一套专门的规则体系。该法是一个领域立法(field of law),既包括公法规则,也包私法规则,具有一定的综合性。但就个人信息保护包括敏感个人信息保护规则而言,其大部分规则属于私法规则,从这一意义上说,《个人信息保护法》中的敏感个人信息保护规则属于《民法典》制度规则的具体化,因而《个人信息保护法》和《民法典》之间的关系属于特别法与一般法的关系。在法律适用层面,如果《个人信息保护法》有特别规定的,则应当适用该特别规定;《个人信息保护法》没有作出特别规定的,则仍然应当适用《民法典》的规则。《个人信息保护法》对《民法典》关于敏感个人信息保护规则的具体化主要体现在以下几个方面:

第一,《个人信息保护法》第28条对敏感个人信息的界定采"概括+列举"的方式。一方面,该条明确界定了敏感个人信息的概念和判断标准,为实践中出现的各种新型敏感个人信息的认定提供了明确判断标准,即应当根据是否容易导致自然人的人格尊严受到侵害和是否危害个人人身、财产安全两个标准予以判断。该标准为在实践中准确认定敏感个人信息提供了基本依据;同时,概括型定义的方式具有足够的弹性和开放性,能够应对互联网时代更迭迅速、层出不穷的信息类型,从而适应社会发展需要。该概念虽然是从敏感个人信息受到侵害的认定标准出发对敏感个人信息作出的界定,但其也明确敏感个人信息是与自然人的人格尊严或者人身、财产安全具有密切联系的个人信息。另一方面,敏感个人信息的内涵虽然是确定的(与自然人的人格尊严或者人身、财产安全具有密切联系的个人信息),但其外延具有不确定性,如特定身份、行踪轨迹等个人信息在什么情形下构成敏感个人信息,需要结合特定场景来判断,而不能一概将其认定为敏感个人信息,而且也有不少信息介乎敏感个人信息和一般个人信息之间。考虑到抽象的认定标准有可能在实践中难以具体操作,立法者需要通过具体列举的方式,为敏感个人信息的判断尤其是在特定的场景下认定敏感个人信息提供了基本的判断依据。因此,《个人信息保护法》第28条具体列举了敏感个人信息的类别,包括生物识别、宗教信仰、特定身份、医疗健康、金融账户、行踪轨迹等信息,以及不满14周岁未成年人的个人信息。此种列举型定义方式保证了敏感个人信息界定范围的可操作性。

第二,明确规定了"敏感性"的核心特征,并界分了敏感个人信息与一般个人信息。依据《个人信息保护法》第28条第2款的规定,敏感个人信息的核心要素在于其敏感性,即"一旦泄露或者非法使用,容易导致自然人的人格尊严受到侵害或者人身、财产安全受到危害的个人信息"。从比较法上看,大多数国家和地区的立法采取对敏感个人信息进行具体列举的方式,而没有规定敏感个人信息的界定标准,也没有对敏感个人信息的特征作出规定,[①]只是通过具体列举的方式区分个人信息的不同种类,并提供不同层次的保护措施。[②] 我国《个人信息保护法》对敏感个人信息认定的核心要素("敏感性")作出规定。就敏感个人信息而言,其不仅仅属于已识别和可识别的与自然人有关的个人信息,而且是涉及个人人格尊严和人身、财产安全的个人信息,区分一般个人信息和敏感个人信息在很大程度上是考虑敏感个人信息涉及个人尊严与生命财产安全,一旦被泄露或非法使用,就会给个人造成难以挽回的损害。[③] 一旦认定为敏感个人信息后,就可为信息处理者设置特殊的处理义务,也对监管机构保护敏感个人信息提供了法律依据。

第三,强化了对未成年人个人信息的保护。从比较法上来看,欧盟GDPR虽然规定了对未成年人个人信息的保护,但没有将未成年人信息纳入敏感信息。[④] 美国有关未成年人个人信息的保护规定则集中于国会颁布的《儿童在线隐私保护法》,尚未采取特别严厉的个人信息保护规则。[⑤] 许多国家有关个人信息保护的法律都规定了处理未成年人的个人信息时要取得其监护人的同意,只是对未成年人的年龄标准规定并不一致。但从域外法经验来看,通常没有将未成年人的个人信息一概视为敏感个人信息的制度模式。我国《个人信息保护法》将不满14周岁的未成年人的个人信息均纳入敏感个人信息的范畴,强化了对未成年人个人信息的保护。一方面,按照《个人信息保护法》第31条的规定,处理未成年人个人信息需要取得其监护人同意。个人信息的处理者在处理未成年人个人信息时,一是需要验证个人信息被处理

---

① 参见欧盟GDPR第6条、巴西《通用数据保护法》第5条、日本《个人信息保护法》第2条、韩国《个人信息保护法》第23条。

② Vgl. Spindler/Schuster/Spindler/Dalby DS-GVO, Art. 9 Rn. 4.

③ 参见民主与法制周刊:《权威解读|立法机关权威人士解读个人信息保护法十大亮点》,载澎湃新闻,https://www.thepaper.cn/newsDetail_forward_14158927,最后访问日期:2023年12月1日。

④ 参见欧盟GDPR第9条。

⑤ See 15 U.S.C. §§ 6501 et seq.

者是否为未成年人;二是需要验证作出同意的是否为该未成年人的监护人。这就是理论上所说的“双重验证义务”。[①] 当然,该条并没有确立双重同意规则,即同时需要未成年人和监护人同意的模式。另一方面,依据该规则,需要为未成年人的个人信息处理制定专门的个人信息处理规则,这既有利于对未成年人的个人信息与其他主体的个人信息进行必要的区分,防止不同个人信息的混淆,也有利于使个人信息处理者明确其处理未成年人个人信息的义务和责任。[②] 此外,依据我国《个人信息保护法》第62条的规定,国家网信部门还应当为未成年人个人信息等敏感个人信息的处理制定专门的个人信息保护规则和标准,这不仅为监管者强化未成年人个人信息保护设置了义务,同时进一步强化了信息处理者保护未成年人个人信息的义务。

综上所述,敏感个人信息的敏感性特征是区分敏感个人信息与一般个人信息的标准,同时也揭示了法律强化对敏感个人信息保护的价值基础,即为了强化对个人人格尊严和人身、财产安全的保护。明确敏感个人信息的概念和类型,既是确定敏感个人信息特殊保护规则的前提,也是准确适用敏感个人信息保护规则的重要基础。另外,明确敏感个人信息的概念,也有助于专门为敏感个人信息制定特殊的个人信息处理标准,降低企业个人信息处理的合规成本,从而实现个人信息保护与个人信息合理利用之间的平衡。[③]

二、敏感个人信息与私密信息隐私的关系

《个人信息保护法》对敏感个人信息保护规则作出了规定,《民法典》人格权编规定了私密信息隐私的保护规则,有必要对二者进行区分。关于敏感个人信息与私密信息隐私之间的关系,学界一直存在如下观点:一是“交叉重合说”。此种观点认为,有些信息可以同时构成敏感个人信息与隐私中的私密信息,有些信息是敏感个人信息而非私密信息。[④] 英国学者瓦尔德曼(Waldman)认为,隐私具有私密性、敏感

① 参见程啸:《个人信息保护的理解与适用》,中国法制出版社2021年版,第278页。

② 参见程啸:《个人信息保护的理解与适用》,中国法制出版社2021年版,第281页。

③ 参见胡文涛:《我国个人敏感信息界定之构想》,载《中国法学》2018年第5期。

④ 参见程啸:《个人信息保护中的敏感信息与私密信息》,载《人民法院报》2020年11月19日,第5版。

性。[①] 二是“独立区分说”。此种观点认为,二者之间是相互分离的,不存在交叉重合的可能。三是“私密信息覆盖说”。此种观点认为,敏感个人信息能被私密信息完全覆盖。[②] 笔者赞同“交叉重合说”,因为诸如家庭住址、银行账户、行踪轨迹、医疗健康等信息都同时满足敏感个人信息与私密信息的要件,这些信息在两者认定上是重合的,未经同意而泄露这些信息,既侵害了他人的敏感个人信息,也侵害了他人的隐私权。严格地说,敏感个人信息与一般个人信息(非敏感个人信息)是《个人信息保护法》从规范个人信息处理行为的角度出发,对个人信息进行的一种重要分类,何种信息为敏感个人信息,原则上由法律法规规章或国家标准加以确定。而私密信息与非私密信息的区分则是为了正确区分隐私权与个人信息权益的保护方法,是《民法典》从民事权益保护的角度出发对个人信息进行的分类。然而,何为私密信息,何为非私密信息,其判断并不是由法律法规规章或国家标准加以确定,应当从一般人所具有的通常认知和价值判断的角度出发,依据个案的具体情形进行判断。有学者认为,在认定私密信息时,主要应当考虑如下因素:社会公众对该信息是否作为私密信息的认知;该信息对于维护自然人的人身财产权益、人格尊严和人格自由的重要程度;该信息对于维护社会正常交往、信息自由的重要程度如何等。[③] 显然,从这些考量的因素可知,敏感个人信息与私密信息隐私是一种交叉重合的关系。因此在侵害一些敏感个人信息的情形下,可能出现《个人信息保护法》和《民法典》的相关规则同时适用的问题。

虽然敏感个人信息保护与私密信息隐私之间存在交叉重合,但是两者的保护规则仍然存在以下区别:

第一,二者的范围并非完全等同。在某些情况下,对于部分敏感个人信息,信息主体可能出于特定的目的而愿意公开,或已经进行了公开,此类个人信息虽然仍属于敏感个人信息,但不再属于私密信息。例如,个人的行踪信息属于敏感个人信息,但如果某人已经以自拍视频的方式将自己的行踪上传到视频网站,即在网上公开了

① Ari Ezra Waldman, *Privacy as Trust*, Cambridge University Press, 2018, p. 19 – 20.

② 参见房绍坤、曹相见:《论个人信息人格利益的隐私本质》,载《法制与社会发展》2019 年第 4 期;张里安:《大数据时代下个人信息权的私法属性》,载《法学论坛》2016 年第 3 期。

③ 参见程啸:《论我国个人信息保护法中的个人信息处理规则》,载《清华法学》2021 年第 3 期。

该信息,则其就不再属于私密信息。因此,敏感个人信息并不当然是私密信息。同时,一些非敏感的个人信息,如个人的电话号码、通信地址、车牌信息等个人信息,如果个人不愿意公开,则即便个人将其在一定范围内(如某个人数很少的微信群)公开,而没有向全社会公开,其仍然属于私密信息,[①]但此类个人信息并不属于敏感个人信息。可见,私密信息也并不当然属于敏感个人信息。

第二,二者保护的侧重点不同。对于私密信息隐私的保护旨在通过禁止非法披露,以防止私密信息的对外公开。私密信息隐私强调的是私密性,依法不得非法刺探、泄露、公开以及未经明确同意擅自处理等。而敏感个人信息的保护则强调信息处理要求的特殊性。从我国《个人信息保护法》的规定来看,对敏感个人信息的保护,主要是通过规制信息处理者对敏感个人信息的处理义务,从而严格限制敏感个人信息的收集,防止信息处理者非法处理他人的敏感个人信息,造成对他人的侵害。《个人信息保护法》将敏感个人信息保护置于第二章"个人信息处理规则"之下,主要是从个人信息处理的角度对私密信息提供保护。在具体规则上,主要规定了对于敏感个人信息的处理需要取得单独的同意。以及在法律有规定的情况下,同意必须以要式的方式作出,即取得书面同意。[②] 因此,敏感个人信息处理规则侧重于对该信息的合法处理;而私密信息隐私的法律规制侧重于对非法披露他人隐私的消极防御,即要求其他民事主体不得采取某种行为来侵害隐私权,而敏感个人信息规则是对一种积极义务的设定,要求特定的个人信息处理者应当积极履行相应的法定义务。

第三,是否具有集合性不同。私密信息隐私一般不会形成集合性的集合信息(通过与其他信息结合识别特定自然人的各种信息),其本身是单个主体享有的权益。基于人权保护的原因,许多国家将隐私作为基本人权对待,故一般不允许将隐私作集合化处理。而敏感个人信息在被收集之后,则可能形成集合信息,无论是否经过匿名化处理,其都可能集合成为数据。从比较法上看,许多国家和地区的规范性文件采用的均是个人数据权(right to protection of personal data)的表述,且这一术

① 参见张里安:《大数据时代下个人信息权的私法属性》,载《法学论坛》2016 年第 3 期。

② Paal/Pauly/Frenzel DS-GVO, Art. 9 Rn. 21 – 22.

语的使用在欧盟层面的立法中已基本达成一致。经过匿名化处理之后，其可能形成纯粹的数据，从而实现数据的流通与共享。随着现代社会技术尤其是数字化技术的发展，通过数据的自动化技术处理手段，能够实现各种网络画像、精准画像的生成，并可以广泛传播，这些都是个人信息的自动化处理发展与泛滥的体现。① 当然，这种个人信息的自动化处理又可能会引发算法歧视、算法黑箱、网络画像的滥用等问题。

第四，从义务主体层面来看，私密信息隐私的义务主体是权利人之外的所有人，法律设置隐私权保护规则的主要目的即在于防止权利人之外的其他主体采用刺探、泄露等方式侵害他人的私密信息。而敏感个人信息的义务主体则主要是敏感个人信息的处理者。法律之所以将敏感个人信息从一般个人信息中区隔出来，就是为了对敏感个人信息的处理者设置特殊义务，从而强化对敏感个人信息的保护。例如，收集敏感个人信息需要取得个人的单独同意，这有利于克服传统的个人信息收集中同意规则被虚化的问题。②

第五，是否涉及监管不同。私密信息隐私的保护主要是由权利人自身寻求法律保护，一般不需要公权力的积极介入。而敏感个人信息保护则有赖个人信息保护职责部门的积极监管。《个人信息保护法》明确规定了敏感个人信息保护规则，并将其作为个人信息保护中重点的、专门的监管对象，目的也在于实现对敏感个人信息保护的有效监管。对于敏感个人信息，网信部门还应当为敏感个人信息的处理，以及人脸识别、人工智能等新技术、新应用制定专门的个人信息保护规则和标准。

鉴于敏感个人信息与私密信息隐私存在上述区别，在保护方式上应当对二者进行必要的区分。笔者认为，应当将敏感个人信息区分为敏感的私密信息和敏感的非私密信息。例如，如果将人脸识别信息确定为敏感的非私密信息，可仅适用敏感个人信息规则。敏感的私密信息，因为其既属于隐私权的保护对象，也属于敏感个人信息的保护对象，既要适用《民法典》第 1032 条、第 1033 条隐私权保护规则，又要适用《个人信息保护法》中的敏感个人信息规则。例如，健康信息、基因信息等属于此类情况。当然，虽然《民法典》第 1034 条第 3 款确认了私密信息优先适用隐私权而

---

① 参见丁晓东：《论算法的法律规制》，载《中国社会科学》2020 年第 12 期。

② 参见金耀：《消费者个人信息保护规则之检讨与重塑——以隐私控制理论为基础》，载《浙江社会科学》2017 年第 11 期。

不是个人信息保护的规定,但由于敏感个人信息保护与私密信息隐私存在交叉重合的关系,在二者发生交叉的情形,就涉及对敏感个人信息的侵害究竟应当优先适用隐私权的规则,还是优先适用《个人信息保护法》关于敏感个人信息的处理规则的问题,仍有待于进一步探讨。

三、敏感个人信息的判断标准

敏感个人信息的界定不仅涉及信息处理者的义务,监管者如何制定相应的规则、履行监管职责等一系列问题,还关涉权利人在其敏感个人信息受到侵害时的权利救济问题。敏感个人信息并非使人高度敏感,而是因为其极易导致对信息主体的权益的侵害,因此法律需要对其处理设置特别的规则、提供特别的保护,但在法律构建个人敏感信息的特殊规则时,需要先界定何为敏感个人信息,并将其与一般个人信息相区分。大多数国家的数据保护法律,都对敏感数据进行了具体列举。我国《个人信息保护法》第 28 条第 1 款界定了敏感个人信息的概念,确定了判断敏感个人信息的标准。具体而言,在判断敏感个人信息时,应当先依据法定标准,同时结合具体的场景进行判断。

(一)依据法定标准判断

此处所说的法定标准,首先是指《个人信息保护法》第 28 条第 1 款所确立的标准,其次还需要结合行政法规、司法解释的规定予以确定。例如,《征信业管理条例》第 14 条将血型等纳入敏感个人信息的范畴;再如,《人脸识别司法解释》将人脸信息作为敏感个人信息保护。这些都是行政法规、司法解释对敏感个人信息的具体规定。依据《个人信息保护法》第 28 条第 1 款的规定,敏感个人信息的界定应当采纳如下标准:

第一,人格尊严标准。严格地说,所有的个人信息都涉及个人人格尊严的保护,但敏感个人信息不同于一般个人信息之处在于,其与人格尊严的保护具有密切联系,此类信息一旦被泄露或者被非法使用,就极易导致信息主体的人格尊严受到侵害。与人格尊严的紧密联系也是认定敏感个人信息的核心标准。因此,《个人信息保护法》第 28 条特别指出了敏感个人信息与人格尊严关系密切,将敏感个人信息作为“一旦泄露或者非法使用,容易导致自然人的人格尊严受到侵害或者人身、财产安全受到危害的个人信息”,旨在通过遭受侵害会导致人格尊严损害的标准来对敏感个人信息进行识别。敏感个人信息若被不当处理对自然人的社会人格有极大的风险,对于敏感个人信息的不当处理,会导致自然人遭受损害,尤其会导致对自然人的歧视。[①] 例如,人体基因的泄露可能会造成个人在就业、保险等社会活动中遭受各种不公正的歧视。[②] 又如,个人的行踪信息若被公之于众或其人脸等生物识别信息被他人不法收集或处理的,将使信息主体的人身安全受到威胁,人格尊严受到侵害。虽然一般个人信息的保护也彰显了对人格尊严的保护,但一般个人信息不如敏感个人信息(如宗教信仰、生物识别信息等)与人格联系紧密,因而敏感个人信息保护相较一般个人信息而言,更直接和全面地反映了人格尊严保护的需求。因此,将与人格尊严的密切联系作为认定敏感个人信息的标准,将进一步强化敏感个人信息保护的人格尊严保护功能。

在实践中,有些敏感个人信息从表面上看似乎与人格尊严没有直接联系,但从本质上看,凡是列入敏感个人信息范畴的个人信息都与个人人格尊严的保护具有直接关联。例如,就财务信息而言,表面上似乎主要涉及的是个人的财产信息,主要着眼保护个人财产安全。法律保护个人的财务信息,具有防止因他人盗用或者冒用账号密码或者处置权限而直接损及个人的物质性财产权的功能,但对财务信息的特别保护并非仅仅是为了保护个人财产,也是为了维护个人的人格尊严。因为擅自处理个人的财务信息,也会导致信息主体的不安和恐惧,特别是财务信息被非法公开会对个人安全构成威胁,会造成对个人的人格性利益的侵害。因此,《个人信息保护法》对于敏感个人信息保护的规则,实际上是对《民法典》人格尊严保护的进一步强化。

第二,人身、财产安全标准。敏感个人信息的泄露或非法使用除了人格尊严可能遭受损害外,还可能导致人身、财产安全遭受威胁。因此,敏感个人信息也应当以人身、财产安全为标准,具体而言:一是人身安全。如果某些信息与自然人的生命、

① Vgl. Spindler/Schuster/Spindler/Dalby DS-GVO, Art. 9 Rn. 4.

② 参见田野等:《论敏感个人信息的法律保护》,载《河南社会科学》2019 年第 7 期。

身体、健康具有密切的联系,且一旦受到侵害,将使个人的人身安全受到损害或者面临重大的风险,则应当将其归入敏感个人信息的范畴。例如,个人的行踪轨迹一旦被披露,就可能使个人受到不法行为人的跟踪,其人身安全也将受到巨大威胁。由于生命、健康是最为重要的法益,“生命重于泰山”,因此,与生命、身体、健康有直接联系的个人信息都应当纳入敏感个人信息的范畴,受到法律的特别保护。二是财产安全。严格地说,法律保护敏感个人信息主要不是为了保护财产,而是为了保护个人的人格尊严和生命、健康的安全,欧盟 GDPR 中,保护敏感个人信息的目的是以保护个人的基本权利与自由为主,并不直接包括保护单纯的财产安全。① 这里所说的基本权利,除和人格尊严密切相关的基本人格利益(如生命、安全、尊严、不受歧视、不受迫害等)外,所涉及的财产利益主要是与维护人格尊严和安全密切联系的基本财产利益,如就业、社会保障的权利等。② 但财产安全也与个人的人身安全有密切的联系,一般而言,对财产安全的重要威胁也会损害信息主体的基本人权,例如,非法泄露他人的银行账户,可能严重威胁个人的财产安全,因而,银行账户信息应当纳入敏感个人信息的范畴。在实践中,金融账户等信息的泄露,可能导致各种电信诈骗活动不断产生,给人民群众造成巨大的财产损失。③ 因此,其也应当属于敏感性的重要组成部分。严格地说,应当将与财产安全具有联系的个人信息限缩为对个人财产安全具有重要影响的个人信息,而不能将所有与个人财产安全具有关联的信息均视为敏感个人信息。

第三,未成年人标准。《个人信息保护法》将不满 14 周岁的未成年人的个人信息均作为敏感个人信息加以对待。然而,就敏感个人信息的一般规则而言,事实上并非未成年人的所有个人信息的泄露均会导致人格尊严受到侵害或者人身、财产安全受到危害。比较法上,虽然对未成年人的信息给予特别保护,但一般没有将其纳入敏感个人信息的概念,而是另外设置独立的规范。鉴于未成年人的信息一旦泄露,即可能被不法行为人利用来对未成年人实施侵害或对家长进行诈骗,因此,我国《个人信息保护法》将不满 14 周岁的未成年人的个人信息一概作为敏感个人信息,

① 参见欧盟 GDPR 第 2 条。
② 参见欧盟 GDPR 第 9 条。
③ 参见程啸:《个人信息保护的理解与适用》,中国法制出版社 2021 年版,第 259 页。

这强化了对未成年人个人信息的保护,可以说是我国《个人信息保护法》的一大亮点。同时,依据《个人信息保护法》第31条的规定,个人信息处理者处理不满14周岁未成年人的个人信息应当取得其父母或者其他监护人的同意,并且应当制定专门的个人信息处理规则。

(二)兼采"场景理论"

依据"场景理论"对敏感个人信息的界定以及与一般个人信息的界分,应当摆脱"全有或全无"的固定思维模式,而应当根据个人信息处理行为发生的具体场景,对围绕该行为的各个元素(如行为人、信息主体的身份,处理的目的,处理的场所及其影响的后果等)进行综合评价,确定某信息处理行为的对象是否属于敏感个人信息。因为信息敏感性不是与生俱来的,任何信息基于具体的场景都有可能具有敏感性,①依据该理论,对信息的处理应尊重信息提供时的场景,信息处理者针对相应信息的后续处理行为必须与该场景相一致。② 该理论最初由美国学者尼森鲍姆(Nissenbaum)教授提出,并为许多国家和地区的学者所采纳,其基本观点认为,应当跳出对个人信息的公开与非公开、敏感与非敏感个人信息的刻板二分法的窠臼,是否构成敏感个人信息,需要考虑所处情境才能作出判断。③ 据此,判断某一信息处理行为是否属于对敏感个人信息进行处理的行为时,必须将信息处理者的目的、处理的环境等场景因素纳入考量,对整个的情景进行综合并且全面地考察。④ 正如有学者所指出的:"任何数据本质上都不是'私人的'或'敏感的',但是,它们可能在特定的语境下和在被放置到不同的用途中时变成'私人的'或'敏感的'。"⑤从比较法的角度来看,尤其是欧盟与美国的个人信息保护实践,它们对个人信息的保护接近于

---

① Wong R., *Data Protection Online: Alternative Approaches to Sensitive Data?*, Journal of Iternational Commercial Law and Technology, Vol. 2, p. 12(2007).

② See Nissenbaum H., *Respecting Context to Protect Privacy: Why Meaning Matters*, Science and Engineering Ethics, Vol. 24 (3), p. 831 – 852(2018). Date of Electronic Publication: 2015 Jul 12.

③ See Helen Nissenbaum, *Privacy as Contextual Integrity*, 79 Wash. L. Rev. 119 (2004).

④ Vgl. Paal/Pauly/Frenzel DS-GVO, Art. 9 Rn. 6.

⑤ 周汉华:《域外个人数据保护法汇编》,法律出版社2006年版,第27页。

场景化的行为主义规制。[①] 在德国,对于宗教信仰、政治观点等个人信息是否视为敏感数据,通常要根据特殊场景考量予以确定。[②]

我国对敏感个人信息的判断应当采用法定标准,还应当依据具体情形来判断敏感个人信息,并将其与一般个人信息相区分。之所以应当兼采场景理论,原因在于:

第一,敏感个人信息的外延具有一定的不确定性,且与个人信息的敏感度是不同的。敏感个人信息具有高敏感度,其泄露或者非法利用可能导致人格受损、引发歧视和妨害人格尊严,这是对其进行特殊保护的根本原因。[③] 敏感个人信息的范畴会随着社会变迁而不断发展,敏感个人信息的范围具有不确定性,需要结合具体场景判断具体范围,而且在不同的场景中,敏感个人信息的范围也存在区别。例如,将他人的家庭住址、电话号码在小范围内公开,与将这些信息放到网络上进行处理,情形是完全不同的,会对判断是否构成侵害个人敏感信息产生不同的影响。

第二,敏感个人信息的范围是不断发展的,由于法律的列举是十分有限的,大量新型的敏感个人信息在产生之后,还需要结合具体场景进行判断。敏感个人信息是一个动态的概念,其范围在不断地发展变化。《个人信息保护法》第 28 条第 1 款在对敏感个人信息的具体列举中使用了"等"字,这就意味着,敏感个人信息并不局限于生物识别、宗教信仰、特定身份、医疗健康、金融账户、行踪轨迹这几种类型,其范围具有开放性。将来随着社会发展将会出现一些新的敏感个人信息类型,敏感个人信息类型的多样化是科学技术和社会发展的必然结果,这就需要法官根据个案进行判断新类型的个人信息是否属于敏感个人信息,我国《个人信息保护法》采用开放式列举的方法规定敏感个人信息的范围,为这种适用范围的扩张创造了空间。[④]

第三,在对用户进行用户"画像"的情形下,被收集的信息碎片是否构成敏感个人信息,需要结合具体场景进行判断。所谓画像(profiling),是抓取个人的碎片化信息,然后运用自动化的信息处理技术,来评估个人的兴趣偏好与消费取向等信息。

---

① 参见丁晓东:《个人信息保护:原理与实践》,法律出版社 2021 年版,第 86 页。

② Rebecca Wong, *Data Protection Online: Alternative Approaches to Sensitive Data?*, Journal of International Commercial Law and Technology Vol. 2, p. 13(2007).

③ 参见胡文涛:《我国个人敏感信息界定之构想》,载《中国法学》2018 年第 5 期。

④ Vgl. Paal/Pauly/Frenzel DS-GVO, Art. 9 Rn. 7.

数据画像已经在实践中得到了广泛运用,但其也涉及对敏感个人信息的处理。根据欧盟 GDPR 第 4 条第 4 项的规定,即便是匿名的画像,当其被用来针对其所指涉的人群而作后续决策时,也应该被归为敏感数据。[①] 我国《个人信息保护法》并不禁止数据画像,但是对数据画像的后果仍然受到该法有关个人敏感信息规则的约束和规范。在对用户进行"画像"的情形下,信息处理者会收集个人大量的碎片化的信息,这些碎片化的信息都属于用户"画像"的组成部分,但是否涉及敏感个人信息的处理,应当根据具体场景来判断。例如,单纯了解个人的酒店住宿信息,或者购买机票的信息,可能并不构成敏感个人信息,但如果将这些信息组合在一起,则可能形成用户行为轨迹的完整链条,从而构成敏感个人信息,应当适用该法有关个人敏感信息的保护规则。

那么,如何依据场景具体判断敏感个人信息,有学者认为,判断敏感个人信息,需要考虑泄露该信息是否会导致重大伤害。信息的敏感度,是指信息内容的泄露是否容易对他人造成伤害或影响、泄露该信息给信息主体带来伤害的概率等。笔者认为,此种观点不无道理,但在判断场景时,仍应当结合法定标准,依据具体的场景考虑某种信息与个人的人格尊严、人身、财产安全存在密切关联,考虑具体场景需要特别考虑造成损害的可能性、现实性以及可能造成损害的程度。某些个人信息虽然一般情形下并不属于敏感个人信息,但此类个人信息一旦与相关的技术手段相结合,也可能对个人的人格尊严造成风险,因此,在特定场景下,其也可能属于敏感个人信息。[②] 例如,个人通信录中的好友信息,与人格尊严的关系不大密切;而个人的通信内容与通信记录则与人格尊严的关系较为密切。又如,个人的电话号码本身不能够彰显人格尊严价值,但若电话号码被泄露,很可能会导致个人的私生活安宁受到侵扰,此时就关涉信息主体的人格尊严保护问题。此外,在判断是否构成敏感个人信息时,应当结合社会公众的一般观念,而非当事人的主观感受来具体判断。

---

① See Rebecca Wong, *Data Protection Online*: *Alternative Approaches to Sensitive Data*, 2 J. INT' l COM. L. & TECH. 9, p. 10(2007).

② Vgl. Paal/Pauly/Frenzel DS-GVO, Art. 9 Rn. 7.

四、敏感个人信息处理中的“特定目的+单独同意”规则

我国《个人信息保护法》规定敏感个人信息,并不意味着要在法律责任方面将敏感个人信息与一般个人信息区别,对其实行特殊保护,而在很大程度上是要为敏感个人信息的处理确定特殊规则。依据欧盟GDPR第9条的规定,原则上禁止处理敏感数据,除非数据主体明确同意基于一项或多项具体目的而授权处理其个人数据,欧盟GDPR还列出了在不经数据主体明确同意的情况下可以处理敏感数据的几种情况,但前提是有适当的与特定的保障措施,并尊重数据最小化原则。[①] 我国《个人信息保护法》对个人敏感信息的处理设置了特殊的规则,明晰了个人信息处理者的义务,明确其在收集个人敏感个人信息时所应满足的条件、可得处理的范围。《个人信息保护法》第二章专门就敏感个人信息的处理规则作出规定,主要围绕“特定目的+单独同意”规则而展开,从而进一步强化对信息主体个人信息的保护。

(一)符合特定目的规则

根据《个人信息保护法》第28条第2款的规定,只有在具有特定的目的和充分的必要性,并采取严格保护措施的情形下,个人信息处理者才能处理敏感个人信息。这一条款规定了处理敏感个人信息的前提条件:一是具有特定的目的;二是具有充分的必要性;三是采取严格保护措施。其中,这几个要件的核心是特定目的。也就是说,只有具有特定目的,才能依法处理敏感个人信息,而充分的必要性和采取严格保护措施都是围绕特定目的的具体展开。法律之所以对敏感个人信息的处理必须符合特定目的要求,其原因在于,敏感个人信息不同于一般个人信息的重要区别是其具有敏感性,会直接关系个人的人格尊严和人身财产安全,与敏感个人信息相比,法律更加注重对一般个人信息的利用以及其经济效用的发挥,而就敏感个人信息而言,法律并不鼓励对敏感个人信息的利用。例如,依据欧盟GDPR第9条规定,原则上禁止处理个人的敏感数据,只有在该条规定的特殊情形下,才能处理个人的敏感

① Nadina Iacob, Felice Simonelli, *Towards a European Health Data Ecosystem*, Eur. J. Risk Reg, Vol. 11, p. 889(2020).

数据。一般认为，该条第 2 款所规定的第(a)项至第(j)项是有穷列举，而且对这些情形进行解释时，必须采取严格解释。[①] 因此，“特定的目的”不能泛泛而谈，而是必须由法律法规明确加以规定。依据该条规定，基于欧盟或会员国法律或集体协议授权，根据会员国法律，为数据主体的基本权利和提供适当的保障，可以处理个人的敏感个人信息。基于此种立法价值取向上的区别，法律对敏感个人信息采取的是“特定目的 + 单独同意”的规则，这也是敏感个人信息与一般个人信息的本质区别。

然而，“特定的目的”是不确定概念，其语义存在较大的解释空间，有必要进一步界定和类型化分析。我国《个人信息保护法》第 6 条规定了个人信息处理的目的限制原则，即任何个人信息的处理都应当具有明确、合理的目的。而依据我国《个人信息保护法》第 28 条的规定，对敏感个人信息的处理还应当具有特定的目的，这也是合法处理敏感个人信息的前提和基础。这也意味着，只有具有特定的目的，才存在取得个人同意，并在此基础上处理敏感个人信息。我国《个人信息保护法》第 28 条关于敏感个人信息处理的特定目的规则在广义上属于第 6 条所规定的明确、合理目的的范畴，也就是说，第 6 条关于个人信息处理应当具有明确、合理目的的规定也适用于敏感个人信息的处理。但二者之间存在一定的区别，特定目的标准要高于明确、合理目的的标准。笔者认为，应当从以下几个方面理解敏感个人信息处理中的“特定的目的”：

第一，特定的目的必须是特定化的、具体的、明确的目的，而不是泛泛的目的。例如，医疗研究机构、药品开发机构在收集个人的基因信息时，不能笼统地以符合医疗健康的目的而收集他人的基因信息，而应当明确指明其收集他人基因信息的具体目的，如为了制造某种药品防止基因突变，或者研究某种疫苗而收集他人的基因信息。信息处理者收集他人敏感个人信息的目的越具体，也就越有利于确定该目的是否具有充分的必要性。需要指出的是，此处所说的特定化的、具体的、明确的目的，主要是遵照立法机构或执法机构所确定或指定的目的处理敏感个人信息，[②]或者是个人明确同意基于某种特定目的而处理其敏感个人信息。“一揽子”授权、概括同意

---

① Christopher Kuner, Lee Bygrave & Christopher Docksey eds. , *The EU General Data Protection Regulation (GDPR): A Commentary*, Oxford University Press, 2019, p. 375.

② 参见程啸：《个人信息保护的理解与适用》，中国法制出版社 2021 年版，第 267 页。

等方式都不符合特定目的规则,容易诱使信息处理者在信息主体没有实质上知悉和同意的情况下处理敏感个人信息,有损自然人的人格尊严,或威胁其人身、财产安全。

第二,特定目的可以是立法机关和执法机关明确指定的目的。基于立法机关指定的目的,信息处理者可以依法处理个人的敏感个人信息。例如,在相关的疫苗研发中,有关医疗机构可以基于立法机关或者执法机关的授权,处理个人的敏感个人信息。从比较法上,有的立法也采取了此种立场。将此处的特定目的解释为可以是立法机关或者执法机关明确指定的目的,也有利于对处理敏感个人信息的行为进行事前监管。也就是说,立法机关或执法机关可以制定明确规则,规定基于哪些目的可以处理敏感个人信息,这就可以有效地节省信息成本。一方面,信息处理者可以清楚地知悉其处理敏感个人信息的边界,节省其在合规中的信息成本。另一方面,信息主体同样也可以明确地知道自己的敏感个人信息被处理的边界,一旦信息处理者超越这些指定的目的处理敏感个人信息的,信息主体就可以主张删除权等积极请求权,同样也具有节省信息成本处理的优势。

第三,特定目的的判断应当与充分的必要性相结合。依据《个人信息保护法》第28条第2款的规定,处理敏感个人信息应当同时具备特定的目的和充分的必要性,二者之间具有不可分割的关系,此处的充分必要性应当是为实现特定目的的必要性和不可或缺性。就一般个人信息而言,其处理具有必要性即可,而处理敏感个人信息则需要具有充分的必要性,这也体现了对敏感个人信息的强化保护。例如,微信App会收集用户的性别信息,如果将性别纳入敏感个人信息的范畴,则收集用户的性别信息就不再具有充分的必要性。又如,在银行开卡购买理财产品,银行要收集用户的宗教信仰信息,也不具有充分的必要性。充分必要性的判断也与处理个人信息的目的具有直接关联。例如,如果聘请的保姆需要与家庭成员密切接触,则需要收集保姆的健康信息;但如果只是聘请一般的保洁员,与家庭成员并没有接触,则收集其健康信息就不再具有充分的必要性。

第四,特定目的的判断不能泛化,在判断特定的目的时,还要考虑信息处理者的职业、活动性质,以及处理敏感个人信息是否出于应对突发事件,是否是为了实现公共利益等因素。在出现上述情形时,有必要对个人的信息权利进行必要的限制,即应当允许信息处理者处理个人的敏感个人信息,当然,即便在上述情形下,信息处理者也应当在必要的范围内处理个人的敏感个人信息,否则仍然构成非法处理个人信息的行为。从比较法上看,有的立法也采取了此种立场,例如,依据欧盟 GDPR 第 9 条的规定,如果是为了实现公共利益,则可以在必要的范围内处理个人的敏感个人信息。

(二)符合单独同意规则

敏感个人信息的处理与一般个人信息的不同之处在于,在符合特定目的的情形下,还应当取得个人的单独同意授权,不允许通过默示授权的方式作出同意。在日常生活中使用各类 App 时,信息处理人往往通过"一揽子"授权的方式获得信息主体的授权。许多 App 均没有逐项取得消费者单独同意,便开始收集敏感个人信息。[①] 针对此种现象,《人脸识别司法解释》已经在其第 2 条第 3 项将未取得单独同意规定为侵害人格权益的行为。个人信息的一般处理规则是基于信息主体的同意,而敏感个人信息的处理要求"只有在具有特定的目的和充分的必要性,并采取严格保护措施的情形下,个人信息处理者方可处理敏感个人信息"。并且,对于敏感个人信息的同意和告知事项,《个人信息保护法》都作出了更严格的规定,要求处理敏感个人信息应当符合单独同意规则。作出此种规定的原因在于,一方面,进一步提高了对信息处理者的义务要求,通过单独授权的方式,严格限制敏感个人信息的收集,以防止对敏感个人信息的侵害;另一方面,对信息主体而言,单独授权的方式也可以使其意识到授权所引发的风险,从而谨慎授权,并强化权利保护意识。[②]

《个人信息保护法》第 29 条规定:"处理敏感个人信息应当取得个人的单独同意;法律、行政法规规定处理敏感个人信息应当取得书面同意的,从其规定。"该条提高了个人信息保护中的知情同意原则的要求,依据该规定,对于敏感个人信息处理的同意必须是"单独同意"。那么应当如何理解"单独同意"?笔者认为,可以从以下三个方面加以理解:

---

① 参见南方都市报:《南都实测:多款 App 收集人脸等敏感信息未获单独同意》,载腾讯网,https://new.qq.com/rain/a/20210430A0AZ2F00。

② 参见程啸:《个人信息保护的理解与适用》,中国法制出版社 2021 年版,第 273 页。

第一,“单独同意规则”禁止“一揽子”授权。[①] 对于各种敏感个人信息,需要逐项取得信息主体的授权。但在实践中,信息处理人往往通过概括授权的方式,取得信息主体的同意。而在概括授权的模式下,信息主体往往并不知晓其授权的具体内容,以及是否包括敏感个人信息。依据《个人信息保护法》的规定,敏感个人信息的处理应当采用单独同意规则,信息处理者需要单独向个人告知处理敏感个人信息的必要性以及对个人权益的影响,并取得个人明确的同意。《人脸识别司法解释》第 4 条第 2 项也规定,信息处理者以与其他授权捆绑等方式要求自然人同意处理其人脸信息的,无法产生取得用户同意的效力。虽然在法律、法规没有明确要求时,并不以书面的形式为必要,但也绝不能是概括的,也不能是隐晦或者默示的。[②] 在特殊情形下,依据法律、法规的规定,不仅需要取得个人的单独同意,还应当取得个人的书面同意,这进一步表明对敏感个人信息处理的严格限制。《个人信息保护法》第 29 条同时规定,法律、行政法规规定处理敏感个人信息应当取得书面同意的,从其规定。例如,《征信业管理条例》第 14 条第 2 款规定:“征信机构不得采集个人的收入、存款、有价证券、商业保险、不动产的信息和纳税数额信息。但是,征信机构明确告知信息主体提供该信息可能产生的不利后果,并取得其书面同意的除外。”

第二,“单独同意规则”要求处理者负有明确告知义务。在单独授权中,敏感个人信息以逐项授权方式进行,信息主体可以单独就某项处理人逐项取得授权的前提是处理人应当如实告知被处理信息的范围以及用途,如此才能确保信息主体的知情同意。对于单独同意的理解应当与特定目的相结合,只有在具有特定目的这一前提条件下,才要去考虑对特定的敏感个人信息进行单独授权同意,以此避免过分加重信息处理者的负担,明确划定单独同意的界限与范围。依据《个人信息保护法》第 30 条的规定,信息处理者处理敏感个人信息的,除负有处理一般个人信息的告知义务外,还应当告知具有特定目的和充分必要性,而不是泛泛告知处理的一般目的。同时,信息处理者要告知处理敏感个人信息对个人权益产生的影响,使信息主体意识到授权的后果,从而理性地作出是否授权的决定。

---

① Vgl. Gola/Schulz, DS-GVO, Art. 9 Rn. 16 f.

② Vgl. Spindler/Schuster/Spindler/Dalby DS-GVO, Art. 9 Rn. 7.

第三,“单独同意规则”应当贯彻拒绝提供服务的限制规则。在实践中,一些App运营商虽然会弹出显眼的提示来询问用户是否同意运营商对其个人信息进行处理,但是在遭到用户的拒绝时,该App往往会强制退出,拒绝向用户提供服务。例如,拒绝提供行踪信息,就直接退出App无法使用。这种行为严重损害的信息主体的合法利益。对此,《个人信息保护法》第16条已经对信息主体不同意授权时处理人拒绝提供服务的问题进行了限制。单独同意规则将敏感个人信息以逐项授权的方式进行,而不再采用“一揽子”授权,这就可以有效实现对拒不提供服务的限制,在信息主体提供了处理人提供服务所必要的信息后,虽然对于部分敏感个人信息没有提供授权,但不影响提供服务的,处理人不能再以缺乏“一揽子”授权为由拒绝提供服务。《人脸识别司法解释》第4条第1项规定:如果信息处理者要求自然人同意处理其人脸信息才提供产品或者服务的,信息处理者以已征得自然人或者其监护人同意为由抗辩的,人民法院不予支持,但是处理人脸信息属于提供产品或者服务所必需的除外。这也进一步明确了对人脸识别信息的处理不得以拒绝提供服务为条件来强制收集他人的敏感个人信息。

结　语

《个人信息保护法》关于敏感个人信息处理规则的规定,是进一步强化个人信息保护的具体举措和重要亮点,也是对《民法典》关于个人信息保护制度的重大发展。强化对敏感个人信息的保护,需要加强企业合规、政府监管等协同治理,更有待于将敏感个人保护的规则与《民法典》的规则相互衔接、有效适用。由于《民法典》和《个人信息保护法》之间的关系是基本法与单行法的关系,因此,在涉及敏感个人信息的保护时,首先要适用《个人信息保护法》的规定,但在适用《个人信息保护法》的规则时,应当注重其与《民法典》的结合。《民法典》所确立的关于人格权请求权、禁令制度、精神损害赔偿等都为个人信息保护确立了基本的救济方法,由于这些规则在《个人信息保护法》中并没有规定。因此,《民法典》的前述规定具有对敏感个人信息实行兜底保护的作用。

专题二十九　公开的个人信息

本专题撰写人:程　啸

【《民法典》及相关法律法规的新规则】

《民法典》第 1036 条

处理个人信息,有下列情形之一的,行为人不承担民事责任:

(一)在该自然人或者其监护人同意的范围内合理实施的行为;

(二)合理处理该自然人自行公开的或者其他已经合法公开的信息,但是该自然人明确拒绝或者处理该信息侵害其重大利益的除外;

(三)为维护公共利益或者该自然人合法权益,合理实施的其他行为。

《个人信息保护法》第 13 条

符合下列情形之一的,个人信息处理者方可处理个人信息:

(一)取得个人的同意;

(二)为订立、履行个人作为一方当事人的合同所必需,或者按照依法制定的劳动规章制度和依法签订的集体合同实施人力资源管理所必需;

(三)为履行法定职责或者法定义务所必需;

(四)为应对突发公共卫生事件,或者紧急情况下为保护自然人的生命健康和财产安全所必需;

(五)为公共利益实施新闻报道、舆论监督等行为,在合理的范围内处理个人信息;

(六)依照本法规定在合理的范围内处理个人自行公开或者其他已经合法公开

的个人信息；

（七）法律、行政法规规定的其他情形。

依照本法其他有关规定，处理个人信息应当取得个人同意，但是有前款第二项至第七项规定情形的，不需取得个人同意。

《个人信息保护法》第27条

个人信息处理者可以在合理的范围内处理个人自行公开或者其他已经合法公开的个人信息；个人明确拒绝的除外。个人信息处理者处理已公开的个人信息，对个人权益有重大影响的，应当依照本法规定取得个人同意。

【规则由来】

根据最高人民法院2014年颁布的《利用信息网络侵害人身权益规定》第12条的规定，网络用户或者网络服务提供者利用网络公开自然人基因信息、病历资料、健康检查资料、犯罪记录、家庭住址、私人活动等个人隐私和其他个人信息，造成他人损害，被侵权人请求其承担侵权责任的，人民法院应予支持，但具有该款所列举的6种情形之一的除外，其中，第4种情形为“自然人自行在网络上公开的信息或者其他已合法公开的个人信息”。同时，该解释第12条第2款还规定：“网络用户或者网络服务提供者以违反社会公共利益、社会公德的方式公开前款第四项、第五项规定的个人信息，或者公开该信息侵害权利人值得保护的重大利益，权利人请求网络用户或者网络服务提供者承担侵权责任的，人民法院应予支持。”

《民法典》第1036条第2项将行为人合理处理合法公开的个人信息作为行为人不承担民事责任的免责事由。《民法典》第1036条第2项规定了两种禁止处理公开的个人信息的情形：一是处理该信息侵害自然人的重大利益的。这源于《利用信息网络侵害人身权益规定》第12条第2款，但是《民法典》没有像司法解释那样仅因行为人以违反社会公共利益、社会公德的方式公开本已公开的个人信息，就责令行为人承担民事责任。二是自然人明确拒绝的情形，这是《民法典》新增加的规定。

《个人信息保护法》不再是从免责事由的角度规定公开个人信息，而是从个人信息的特殊处理规则的角度规定公开个人信息。首先，《个人信息保护法》第13条第1款第6项规定的“依照本法规定在合理的范围内处理个人自行公开或者其他已经合法公开的个人信息”，不需要取得个人同意。其次，《个人信息保护法》第27条对公开个人信息的处理规则作出明确规定。

【规范意旨】

为了促进信息的流动与利用，推动网络信息科技与数字经济的发展，对于已经合法公开的个人信息，无论是自然人自行公开的还是其他已经合法公开的个人信息，原则上均无须告知并取得自然人的同意即可以进行合理处理。《个人信息保护法》第13条第6项和第27条对公开个人信息的处理规则作出具体规定。根据这一规定，即便是已经合法公开的个人信息依然受到《个人信息保护法》的保护，自然人对这些个人信息并不因其公开而完全失去控制的权利，其有权拒绝他人对这些信息进行处理。此外，由于个人信息的保护对于维护自然人的人格尊严和人格自由具有很重要的意义，所以即便是已经合法公开的个人信息，也不得任意进行处理，如果处理该信息将侵害自然人的重大利益的，也要承担民事责任。

【典型案例】

案例一：“征信机构处理公开裁判文书案”①

贝尔塔公司的经营范围包括企业征信服务、企业信用评估、信用管理咨询、企业管理咨询等，该公司系启信宝网站（http://www.qixin.com）的主办单位。该网站主要提供商业查询服务，公众通过该网站可以查询企业工商登记、涉讼裁判文书等信息。2017年，贝尔塔公司将中国裁判文书网上发布的（2013）闵民一（民）初字第19030号民事判决书、（2017）京03民终13693号民事判决书、（2017）京0102民初11779号民事裁定书3篇裁判文书和人民法院公告网上公开发布的（2017）京0102民初22125号案件的1篇法院送达判决的公告文书，转载至启信宝网站，任何人均

① 江苏省苏州市中级人民法院（2019）苏05民终4745号民事判决书。

可在该网站上搜索、查询到上述文书。伊某系上述文书的案件当事人，上述法律文书分别记述了伊某涉及的4起纠纷情况。贝尔塔公司转载上述文书时，未获得中国裁判文书网和人民法院公告网主办单位的授权，亦未征询伊某的意见。伊某向一审法院起诉，请求贝尔塔公司删除在启信宝网站转载的（2017）京0102民初22125号案件法院送达判决的公告文书、（2013）闵民一（民）初字第19030号民事判决书、（2017）京03民终13693号民事判决书、（2017）京0102民初11779号民事裁定书，消除不利影响，恢复伊某名誉；请求贝尔塔公司承担赔偿经济损失10,000元等损害赔偿的民事责任。

一审法院认为，首先，案涉裁判文书系由中国裁判文书网依法公开发布，伊某是案涉文书的案件当事人，文书中记述了伊某发生相关纠纷的情况，能够据以识别其身份，故不得违法使用；其次，贝尔塔公司以营利为目的转载案涉法律文书，并未获得中国裁判文书网和人民法院公告网主办单位的授权，亦未征得当事人同意，其行为已构成非法使用他人个人信息；最后，贝尔塔公司的非法使用行为，还会使当事人个人信息的传播范围被不当扩大。综上，贝尔塔公司的行为已侵犯了伊某的个人信息权，伊某要求贝尔塔公司删除启信宝网站转载的相关裁判文书并赔偿损失的主张，应予支持。

二审法院认为，首先，贝尔塔公司公开的涉案裁判文书和公告文书能够识别出伊某的个人身份，包含了伊某的个人信息；其次，在伊某联系贝尔塔公司要求删除相关文书之前，贝尔塔公司公开文书的行为应认定并未侵害伊某对其个人信息的知情同意权，尚不构成非法公开他人信息的侵权行为；最后，在伊某联系贝尔塔公司要求删除文书之后，贝尔塔公司仍以中国裁判文书网已公开诉争文书为由拒绝删除涉案文书，则构成对伊某个人信息的非法公开使用。从价值衡量上来看，个人信息主体对信息传播控制的人格权益显然高于已经合法公开的个人信息流通所产生的潜在财产权益，个人信息主体对其个人信息传播控制的权利更不因个人信息已经合法公开而被当然剥夺。因此，贝尔塔公司收到伊某要求后仍未及时删除相关裁判文书和公告文书，有悖于伊某对已公开信息进行传播控制的意思表示，违反了合法性、正当性和必要性原则，应该认为对伊某构成重大利益影响，侵犯了其个人信息权益。

案例二:"咨询机构处理公开裁判文书案"[①]

原告麦某某系广东高睿律师事务所执业律师。被告一律政公司成立于2015年2月26日,经营范围包括技术推广服务、计算机系统服务、投资咨询等,系微信公众号"法先生"的认证主体。被告二法先生公司成立于2020年7月10日,经营范围包括技术推广、法律咨询服务等。法先生公司系网站(http://www.faxiansheng.com)和微信小程序"法先生法律大数据"及"法先生"标准化在线法律服务平台(以下简称"法先生"平台)的运营主体,并为上述网站与微信小程序提供数据服务支持。

麦某某在手机通过百度搜索引擎搜索"法先生",在搜索结果中点击链接跳转至"法先生"官网(m.faxianshegn.com),麦某某在法先生网页输入"麦某某"进行搜索,网页顶部显示"法先生找律师",其下显示"麦某某:专业性强充满热情""广东高睿""知识产权、合同纠纷""执业0年/胜诉率100.0%""¥3000起""麦某某:最大限度保障当事人合法权益经验丰富""广东高睿律师事务所""执业7年/胜诉率54.05%"等包含麦某某执业信息的内容。点击链接进入详情页面,网页顶部显示"法先生律师详情"其下显示"¥1000起""麦某某:最大限度保障当事人合法权益经验丰富""胜诉率54.05%共代理109件案件""合同纠纷、劳动纠纷、其他类型""基本信息律师名称:麦某某、律所:广东高睿律师事务所、咨询时间:9:00~18:00、执业证号:14401201510××××××、法先生编号:698838、办案所在地:广州市、东莞市、揭阳市,执业年限:7年、合作方式:律所合作、线上合作,最近判例时间:2022-01-26、委托合同执业证照片:点击查看,保障:法先生平台保障"。下方还标注"请勿私下与律师达成合作,具体查看法先生用户风险提示"。下拉页面呈现有"选律师专属顾问解某某法先生平台顾问,更好帮您找到合适的律师;非常热心,专业性强,内容实用;帮助客户与律师达成合作3次"及"张某法先生平台顾问……"底部有"解某某法先生"及电话图标。点击电话图标则显示"呼叫13810××××××"的内容。

麦某某主张,因其从未在法先生公司平台上注册、授权使用麦某某本人姓名及

① 广州互联网法院(2022)粤0192民初20966号民事判决书。

其他信息,也未通过任何方式经由其平台顾问与客户达成合作。法先生公司擅自在其经营的平台上使用麦某某的姓名,将麦某某列为其平台认证律师,平台上显示的"执业年限""胜诉率"等不实信息对麦某某造成了不良影响。法先生公司虚构与麦某某的合作关系,在其建立的律师个人页面上特别注明"请勿私下与律师达成合作",页面显示律师与平台合作次数,误导消费者误以为麦某某与平台具有合作关系,将相关消费者引流到第三方,截取了麦某某与潜在客户商业合作机会,造成了麦某某经济损失。本案两名被告还存在非法收集、使用其他律师信息的行为。

审理法院认为,法先生公司存在个人信息处理行为。案涉相关信息为法先生公司通过中国裁判文书网等公共渠道爬取、分析、统计的个人信息,属于已公开的个人信息。因此,法先生公司的行为构成对麦某某已公开个人信息的处理。但是,法先生公司的行为不属于已公开个人信息处理行为合理范围。这是因为,麦某某系广州市注册执业律师,受广州市律师协会管理。根据广州市律师协会发布《严正声明》中载明内容,"法先生"平台未经律师授权公开展示广州律师的联系方式等具体信息,小程序中显示的法律顾问与律师达成合作事宜涉嫌虚假宣传。从该声明文件中可知,一方面,法先生公司为实现自身的商业目的,采取了更具有侵害性的处理方式;另一方面,该处理活动对个人权益已造成重大影响,个人信息处理者应当已取得个人同意,而法先生平台为麦某某设定"收费标准"、显示麦某某"执业年限""胜诉率""执业证照片"等信息,均未取得麦某某本人的同意。因此,法先生公司已逾越了合法、正当、必要等原则,构成了对麦某某个人信息权益的侵害行为。

【理论阐释】

一、公开的个人信息的法律规制模式

公开的个人信息,是指作为信息主体的自然人自行公开的个人信息或者其他以合法方式予以公开的个人信息。例如,某教授在学院官网上公开出生日期、民族、宗教信仰、电子邮箱、联系电话等信息;又如,人民法院依法公开的民事判决书或行政机关依法公开的信息中所包含的当事人的姓名、出生日期、性别等。在比较法上,对于公开的个人信息的处理有两种不同的规范模式。

第一种模式认为,公开的个人信息不属于个人信息,不能受到隐私权的保护。美国采取的是这种模式。美国法对个人信息主要是通过隐私权加以保护的,通过信息隐私法(information privacy law)为个人信息隐私提供保护。① 侵权法学家普罗瑟(Prosser)教授提出的4类最典型的侵害隐私权行为之一,就是“公开披露原告的令人难堪的私密信息”。该类侵权行为的核心要件为“公开披露的事实必须是秘密的事实,而不是公开的事实。显然,没有人可以抱怨自己对公众已经公开的信息,如他所居住的房子的外观或者他的职业”。② 故此,只有是私密的、未公开的个人信息才能受到隐私权的保护,如果个人信息已经是合法公开的,则不属于隐私,不能受到信息隐私权的保护。美国法上的这种“公共/私人”二分法的隐私保护模式,于联邦立法层面主要体现在1974年《家庭教育权利和隐私法》、1978年《金融隐私权法》、1988年《视频隐私保护法》、1996年《健康保险可携带性和责任法案》等法律;于州立法层面,最典型的如加利福尼亚州的两部法律——2018年《加利福尼亚州消费者隐私法》与2020年《加利福尼亚州隐私权法》,它们均明确将“公开获取的信息”排除在个人信息之外。《加利福尼亚州消费者隐私法》第1798.140条规定:“个人信息”不包括可公开获取的信息。所谓可公开获取的个人信息,是指从联邦、州或地方政府记录中合法取得的信息,但不包括企业在消费者不知情的情况下收集的有关消费者的生物特征信息。《加利福尼亚州隐私权法》第1798.140条则规定:“个人信息”不包括公开获得的信息或合法获得的、公众关注的真实信息。所谓“公开获取”,是指从联邦、州或地方政府记录中合法取得的信息;或者企业有合理理由认为是由消费者合法地向公众公布的,或从广泛传播的媒体获取的;或者如果消费者没有将信息限定于特定的受众,则是指由消费者已经向其披露了信息的人提供的信息。

第二种模式没有将公开的个人信息排除在个人信息之外,仍然适用个人信息保护法的规定,但是为协调个人信息保护与利用的关系,在处理规则上区分对待公开

---

① 美国的信息隐私法是一个范围广泛的法律体系,包括普通法、宪法、成文法和国际法。Daniel J. Solove & Paul M. Schwartz, *Information Privacy Law*, 6th. ed., Wolters Kluwer,2018,p.48. 参见[美]阿丽塔·L.艾伦、理查德·C.托克音顿:《美国隐私法:学说、判例与立法》,冯建姝、石宏等译,中国民主法制出版社2004年版,第40页以下。

② William L. Prosser, *Privacy*, California Law Review, Vol.3,p.383 -423(1960).

的和未公开的个人信息。例如,欧盟 GDPR 把个人数据区分为一般个人数据与特殊个人数据。所谓特殊个人数据,是指数据主体的民族、种族、生物识别信息等个人数据。依据该条例第 9 条第 1 款的规定,原则上禁止对于数据主体的特殊个人数据进行处理,但是同条第 2 款规定了若干可以处理特殊个人数据的例外情形,其中的第 e 项规定,如果数据主体"明显地公开"(manifestly made public)了特殊个人数据,则数据控制者也可对之进行处理。当然,如果这些特殊个人数据是被非法公开的,则控制者不得进行处理。① 又如,依据日本《个人信息保护法》第 17 条第 2 款的规定,未事先取得本人的同意,个人信息处理者不得收集敏感个人信息,但是有 6 种情形除外,其中第 5 种情形就是"相关敏感个人信息已被本人、国家机关、地方公共团体、第 76 条第 1 款各项规定的主体及《个人信息保护委员会规则》规定的其他主体公开的情形"。

我国《民法典》与《个人信息保护法》没有将公开的个人信息排除在个人信息外,并亦就公开的个人信息的处理作出了特别的规范。《民法典》第 1036 条第 2 项规定,合理处理该自然人自行公开的或者其他已经合法公开的信息,行为人不承担民事责任,但是该自然人明确拒绝或者处理该信息侵害其重大利益的除外。《个人信息保护法》第 13 条第 1 款第 6 项与第 2 款规定,依照本法规定在合理的范围内处理个人自行公开或者其他已经合法公开的个人信息的,个人信息处理者可以处理个人信息,并且无须取得个人同意。《个人信息保护法》第 27 条规定:"个人信息处理者可以在合理的范围内处理个人自行公开或者其他已经合法公开的个人信息;个人明确拒绝的除外。个人信息处理者处理已公开的个人信息,对个人权益有重大影响的,应当依照本法规定取得个人同意。"

根据上述我国法律对公开的个人信息处理的规定,有以下几个方面的问题需要加以研究:首先,我国法上公开的个人信息处理之规范目的何在?具体而言,为何我国法未将公开的个人信息排除在个人信息之外?我国法律对公开的个人信息处理的规范的特点何在?《民法典》与《个人信息保护法》对公开的个人信息处理的规范

① Paul Voigt & Axel von dem Bussche, *The EU General Data Protection Regulation(GDPR):A Practical Guide*, Springer,2017,p. 113.

之间是何关系?其次,公开的个人信息处理的合法性基础是什么?换言之,为何我国法律规定处理公开的个人信息无须取得个人同意,且只要是合理处理即不承担侵权责任?处理公开的个人信息是否也免除了处理者的告知义务?再次,我国法律上规定的不得处理公开的个人信息的情形,即个人明确拒绝即可禁止处理公开的个人信息的规定是否合理?《民法典》第1036条中的"侵害其重大利益"与《个人信息保护法》第27条中的"对个人权益有重大影响"之间是否矛盾?最后,公开的个人信息处理的合理性认定问题,即如何判断处理者是在合理范围内处理公开的个人信息?笔者将对上述问题逐一进行研究,以供理论界与实务界参考。

二、公开的个人信息处理的规范目的完善

(一)从特定的侵权行为免责事由到个人信息处理民事责任的一般免责事由

我国最早规定公开的个人信息的是2014年最高人民法院颁布的《利用信息网络侵害人身权益规定》。该解释第12条第1款规定,[①]网络用户或者网络服务提供者利用网络公开自然人基因信息、病历资料、健康检查资料、犯罪记录、家庭住址、私人活动等个人隐私和其他个人信息,造成他人损害,被侵权人请求其承担侵权责任的,人民法院应予支持,但具有该款所列举的6种情形之一的除外,其中,第4种情形为"自然人自行在网络上公开的信息或者其他已合法公开的个人信息"。从该规定可知,《利用信息网络侵害人身权益规定》将个人信息已经被合法公开作为免除网络用户或网络服务提供者利用网络公开个人隐私和其他个人信息这一特定侵权行为的免责事由。在解释为何如此规定时,起草者写道,自然人自行公开的个人信息,通常应视为权利人放弃了对该信息的保护,一般也无保护的必要。而非自然人自己在网络上公开的信息,则有非法公开和合法公开的区别,只有在合法公开的情况下,才能免责,因此其他已合法公开的个人信息也应成为免责事由。[②] 由此可见,《利用信息网络侵害人身权益规定》起草者认为已经公开的个人信息不属于隐私,故此不

① 2020年12月23日最高人民法院修订该司法解释时删除了第12条。

② 最高人民法院民事审判第一庭编著:《最高人民法院利用网络侵害人身权益司法解释理解与适用》,人民法院出版社2014年版,第185页。

再受到隐私权的保护,网络用户或者网络服务提供者利用网络再次公开该信息的,自然不属于披露他人的隐私,不构成侵害隐私权的侵权行为。但是,为了避免"挂一漏万",尤其是为规制所谓的"人肉搜索"行为,①《利用信息网络侵害人身权益规定》第12条第2款还规定:"网络用户或者网络服务提供者以违反社会公共利益、社会公德的方式公开前款第四项、第五项规定的个人信息,或者公开该信息侵害权利人值得保护的重大利益,权利人请求网络用户或者网络服务提供者承担侵权责任的,人民法院应予支持。"这就是说,即便是自然人自行在网络上公开的信息或者其他已合法公开的个人信息,如果网络用户或者网络服务提供者以违背公序良俗的方式再次公开或者公开侵害了权利人的重大利益的,依然构成侵权。

编纂《民法典》时,立法机关吸收借鉴了《利用信息网络侵害人身权益规定》的上述条文,于《民法典》第1036条第2项中对公开的个人信息的处理作出了规定。②从《民法典》这一规定可以看出:首先,《民法典》没有将公开的个人信息排除在个人信息之外,而是将其作为个人信息,适用《民法典》个人信息保护的相关规定。这是因为我国法律并未通过隐私权完全涵盖对个人信息的保护。在我国《民法典》中,隐私权与个人信息权益是既有联系也有区别的两项人格权益。多数民法学者也认为,个人信息权益是一项新型的、独立于隐私权的人格权益。③ 但考虑到隐私权与个人信息之间存在交叉的关系,《民法典》第1034条第3款规定,个人信息中的私密信息适用有关隐私权的规定;没有规定的,适用有关个人信息保护的规定。④ 而个人信息

① 参见杨临萍、姚辉、姜强:《〈最高人民法院关于审理利用信息网络侵害人身权益民事纠纷案件适用法律若干问题的规定〉的理解与适用》,载《法律适用》2014年第12期。

② 全国人大常委会法制工作委员会民法室撰写的《民法典》释义书认为,当自然人自行公开自己的个人信息就意味着其在一定程度上同意他人对这些个人信息的处理,此外还有一些是其他合法方式公开的个人信息。处理者合理处理这些已经公开的个人信息,即便对某自然人造成了影响,行为人原则上也不承担民事责任。参见黄薇主编:《中华人民共和国民法典人格权编》,中国法制出版社2020年版,第221页。

③ 参见王利明:《论个人信息权的法律保护——以个人信息权与隐私权的界分为中心》,载《现代法学》2013年第4期;程啸:《论我国民法典中个人信息权益的性质》,载《政治与法律》2020年第8期。也有部分民法学者及许多公法学者认为,个人信息权益不属于单纯的民事权益。参见王锡锌:《个人信息国家保护义务及展开》,载《中国法学》2021年第1期;张新宝:《论个人信息权益的构造》,载《中外法学》2021年第5期;周汉华:《平行还是交叉——个人信息保护与隐私权的关系》,载《中外法学》2021年第5期。

④ 参见王利明、程啸:《中国民法典释评 · 人格权编》,中国人民大学出版社2020年版,第440~443页。

中的非私密信息则适用有关个人信息保护的规定。故此,即便私密信息因为公开而不再属于私密信息、不能适用隐私权的规定,也依然可以适用个人信息保护的规定。

其次,《民法典》第1036条第2项将行为人合理处理合法公开的个人信息作为行为人不承担民事责任的免责事由。这就意味着:一方面,只要处理者是合理处理合法公开的个人信息,那么就可以不承担侵害个人信息的民事责任。由此,个人信息已经公开就不仅是适用于利用网络公开他人隐私和个人信息这一特定侵权行为的免责事由,而成为所有处理个人信息的民事责任的免责事由。另一方面,《民法典》第1036条第2项以“合理处理”作为免责的限定条件,意味着行为人不仅可以再次公开已经合法公开的个人信息,还有权对之进行收集、存储、使用、加工、传输、提供等其他处理活动,只要这些处理活动是合理的即可。如此则极大地拓宽了行为人对公开的个人信息的利用空间,也使公开的个人信息的处理规范成为了我国《民法典》中个人信息合理使用制度的有机组成部分。①

最后,《民法典》第1036条第2项规定了两种禁止处理公开的个人信息的情形:一是处理该信息侵害自然人的重大利益的。这源于《利用信息网络侵害人身权益规定》第12条第2款,但是《民法典》没有如司法解释那样仅因行为人以违反社会公共利益、社会公德的方式公开本已公开的个人信息,就责令行为人承担民事责任。二是自然人明确拒绝的情形,这是《民法典》新增加的规定。从该规定可知,立法者认为,即便是已经合法公开的个人信息,个人也没有丧失对该信息在处理上的决定权,故此,只要自然人明确表示反对,无论处理者对已合法公开的个人信息的处理是否合理,处理者都不得进行处理,否则就要承担民事责任。如此一来,立法者在鼓励对合法公开的个人信息进行处理的同时,又通过尊重个人对其个人信息的处理的决定权从实际上加强了自然人对其个人信息的控制。

(二)从民事责任的免责事由到个人信息的特殊处理规则

我国《个人信息保护法》颁布在《民法典》之后,该法“把握权益保护的立法定

---

① 《民法典》从“总则编”“人格权编”一般规定以及具体规定等三个层面对个人信息的合理使用进行了规范。《民法典》第1036条属于第三个层面的规范。参见程啸:《论我国民法典中的个人信息合理使用制度》,载《中外法学》2020年第4期。

位,与民法典等有关法律规定相衔接”,继续“细化、充实个人信息保护制度规则”。① 《个人信息保护法》于第二章“个人信息处理规则”第一节“一般规定”对公开的个人信息的处理的规范主要是第 13 条第 1 款第 6 项、第 2 款以及第 27 条。从这些规定可见,就公开的个人信息处理的规范而言,《个人信息保护法》不仅有更详细的规定,并且规范的目的有所变化。具体表现在:

首先,《民法典》第 1036 条第 2 项只是从免责事由的角度作出规定,故而其未能明确处理者在处理公开的个人信息时是否需要取得个人的同意。虽然规定“行为人不承担民事责任”客观上也起到了不需要取得个人同意的效果,但是却没有建立公开的个人信息的处理行为本身的合法性。毕竟,不承担民事责任,并不等于合法,更不等于可以免除行政责任或刑事责任。而《个人信息保护法》第 13 条是个人信息处理活动合法性根据的核心规定,依据《个人信息保护法》第 13 条第 2 款的规定,处理个人信息有前款第 2 项至第 7 项规定情形的,不须取得个人同意,即将对公开的个人信息的合理处理与为履行法定职责或者法定义务所必需等情形并列为法律、行政法规规定的无须取得个人同意的其他合法处理个人信息的情形。

其次,由于《个人信息保护法》是从个人信息处理规则的角度来规范合法公开的个人信息,故此,该法第 13 条第 1 款第 6 项将《民法典》第 1036 条第 2 项的“合理处理”细化为“依照本法规定在合理的范围内处理”,这使判断对公开的个人信息的处理是否合理的标准被转引到《个人信息保护法》中,从而更好地协调个人信息权益保护与个人信息合理利用间的关系。

最后,《民法典》第 1036 条第 2 项从民事责任的角度规定了合理处理合法公开的个人信息免于承担民事责任及两种例外情形。从民事责任角度作出规定就意味着,只有当个人与个人信息处理者间发生了处理个人信息的民事责任纠纷时,处理者才能援引合理处理公开的个人信息这一免责事由,而个人也才可以主张明确拒绝或处理行为已侵害了其重大利益这两种例外情形。自然人明确拒绝只能在其知道个人信息处理者处理其公开的个人信息之后才能作出;至于侵害自然人的重大利益

---

① 全国人大常委会法制工作委员会副主任刘俊臣:《关于〈中华人民共和国个人信息保护法(草案)〉的说明》,载中国人大网,http://www.npc.gov.cn/npc/c2/c30834/202108/t20210820_313092.html。

的事实,显然必须是已经发生的,且自然人对之负有举证责任。但是,在现代网络信息社会,由于公开的个人信息的处理具有频发性、广泛性和复杂性,自然人往往难以依据《民法典》规定的两种例外情形来保护自己,重要的是事先的或预防性的保护。因此,《个人信息保护法》第27条中规定,个人信息处理者处理已公开的个人信息,对个人权益有重大影响的,应当依照本法规定取得个人同意。这就是说,处理者在处理公开的个人信息之前,应当进行个人信息影响评估,从而确定其对公开的个人信息所进行的处理行为是否会对个人权益产生重大影响。如果会产生重大影响的,那么就必须依据《个人信息保护法》的规定取得个人同意。如此一来,《个人信息保护法》从前端即预防的角度更好地实现了对个人信息权益的保护,兼顾了个人信息的保护与利用。

(三)个人信息保护与利用关系的协调

综上所述,我国法律对公开的个人信息的处理规范具有独特之处。在我国,公开的个人信息依然属于个人信息,受到《民法典》《个人信息保护法》的保护,自然人对于其公开的个人信息享有个人信息权益。同时,对公开的个人信息的处理,法律又作出了特别的规范,此种规范经历了一个发展演变的过程,即从仅作为适用于特定类型侵权行为的免责事由,到处理个人信息的民事责任的免责事由,再到公开的个人信息的处理规则。通过这一发展演变过程,最终实现了个人信息的保护与利用间的协调。具体而言,一方面,公开的个人信息虽然丧失秘密性,更不是私密信息,无法受到隐私权的保护,却依然是个人信息,受到个人信息保护法的保护,任何组织和个人不得侵害自然人就其公开的个人信息而享有的权益,处理者处理这些个人信息还要适用个人信息处理的规则;另一方面,科技与社会的发展与法治的完善不断推动政务信息公开与公共数据的开放,通过国家企业信用信息公示系统、中国裁判文书网等各种合法方式公开的个人信息越来越多,搜索引擎、爬虫等网络技术也使人们更容易获得这些公开的个人信息。因此,无论是为了维护言论自由,还是促进数字经济、推进国家治理体系和治理能力现代化,都有必要鼓励公开的个人信息的合理处理。我国《民法典》《个人信息保护法》分别从民事责任与处理规则、事先预防与事后救济等不同的角度对公开的个人信息的处理作出了规范,它们共同协力、相得益彰,以期更好地实现个人信息权益的保护与个人信息的合理利用的协调。

三、公开的个人信息处理与告知同意规则

(一)公开的个人信息的认定

在我国法律上,公开的个人信息必须满足两个要件:第一,个人信息已经被公开。一般来说,是指个人信息在客观上已经处于可由不特定的人所获取的状态,尤其是当个人信息出现在大众媒体如网站、报纸、杂志等之上。可由不特定的人获取使个人信息的公开不同于个人信息的提供,后者只是在特定的个人信息处理者之间提供个人信息。处于公开状态的个人信息具有被不特定人获取的可能,至于事实上是否被获取,则无关紧要。在网络信息社会之前,公开的个人信息经过一段时间后为人们所遗忘,可能再次成为不公开的个人信息。但是,随着网络信息科技的发展,"今天,在广泛流行的技术的帮助下,遗忘已经变成了例外,而记忆却成了常态"。[①]因此,一旦个人信息被公开,基本上不可能重新回到不公开的状态。第二,个人信息必须是合法公开的个人信息。所谓合法公开,意味着不是通过侵害个人信息权益或隐私权等非法方式公开的,而是得到权利人的同意或者符合法律规定的条件。从《民法典》第 1036 条第 2 项与《个人信息保护法》第 13 条第 1 款第 6 项的规定可知,合法公开的个人信息是"自然人自行公开的或者其他已经合法公开的信息"。自然人自行公开是自然人作为个人信息权益主体行使权益的结果;其他已经合法公开的信息,是指通过其他合法方式公开的个人信息,如依据《个人信息保护法》第 13 条第 1 款第 3 项,公开的个人信息是履行法定职责所必需的时候,可以公开自然人的个人信息。倘若个人信息是被他人非法公开的,如个人信息本身就是通过非法买卖、窃取等方法违法取得的,或者虽然收集个人信息是合法的却在没有合法根据的情况下公开了个人信息,就不能适用《民法典》第 1036 条第 2 项以及《个人信息保护法》第 13 条第 1 款第 6 项、第 27 条的规定。

---

① [英]维克托·迈尔－舍恩伯格:《删除:大数据取舍之道》,袁杰译,浙江人民出版社 2013 年版,第 6 页。

公开的个人信息可以进行不同的分类,最重要的分类方法是将之分为主动公开的个人信息与被动公开的个人信息。主动公开的个人信息,也称为自行公开的个人信息,是指基于作为信息主体的个人的意愿而公开的个人信息,包括个人自己采取公开方式予以公开的个人信息与个人同意个人信息处理者予以公开的个人信息。强调自行公开,是要通过信息主体自己的行为来凸显是基于自然人自己的真实意愿而公开其个人信息的。换言之,作为信息主体的自然人充分认识其是在实施公开的个人信息的行为及该行为所产生的后果,并通过积极的、确定的行为将个人信息向外界披露或同意他人公开。例如,某教授为了学术交流和联系的方便,将自己的办公室电话、电子邮箱和通信地址等信息在自己的个人学术网页上加以公开,从而使这些个人信息进入公共领域,任何不特定的人均可以获得。倘若某人只是在小范围内(如一个只有3个人的聊天群)发布了一些个人信息,这并不意味其自行公开个人信息,而只是将个人信息提供给特定的几个人,即只是希望这些人获取相应的个人信息而已。① 需要特别指出的是,自然人在街道、机场、车站、银行、体育场馆等公共场所活动时,其人脸信息等往往被在公共场所安装的图像采集设备所收集,但这并不意味着自然人就已经自行公开了其个人信息。故此,在自然人不知情的情形下被采集的个人信息不能作为自然人自行公开的个人信息,否则不利于保护。欧盟数据保护委员会明确指出:“仅仅进入摄像机的范围并不意味着数据主体打算公开与他或她有关的特殊类别的数据。”②美国《加利福尼亚州消费者隐私法》及《加利福尼亚州隐私权法》也明确地将企业在消费者不知情的情形下收集的有关消费者的生物特征信息排除在“公开获取的信息”之外。在我国,依据《个人信息保护法》第26条的规定,在公共场所安装图像采集等设备所收集的个人图像、身份识别信息只能用于维护公共安全的目的,不得用于其他目的,除非取得个人单独同意。鉴于公开的个

① 在判断隐私是否公开时也存在所谓相对标准和绝对标准,其中,相对标准就是从信息主体的角度出发,认为即便是向第三方披露信息,但是只要存在特定的可信赖关系,那么被披露的信息仍然属于隐私。相关讨论,参见房绍坤、曹相见:《论个人人格利益的隐私本质》,载《法制与社会发展》2019年第4期。在个人信息公开的认定中也应当如此,即考虑信息主体对接受个人信息一方的信赖,此时不应当认定个人信息已经被权利人自行公开。

② EDPB, Guidelines 3/2019 on Processing of Personal Data through Video Devices, Adopted on 10 July 2019, p. 15.

人信息对于信息主体的权益影响巨大,《个人信息保护法》第 25 条还要求,个人信息处理者公开其处理的个人信息的必须取得个人的单独同意。① 对于 14 周岁以下的未成年人,由于其不具有同意能力,故此其不能同意他人公开其个人信息,并且 14 周岁以下未成年人的个人信息在我国法律上属于敏感个人信息,依据《个人信息保护法》第 29 条、第 31 条的规定,公开这些个人信息必须取得未成年人的父母或者其他监护人的单独同意。被动公开的个人信息,是指无须取得个人同意,由个人信息处理者依据法律、行政法规的规定而予以公开的个人信息。根据《民法典》第 999 条的规定,为公共利益实施新闻报道、舆论监督等行为的,可以合理使用自然人的个人信息,使用不合理侵害民事主体人格权的,应当依法承担民事责任。其中的"合理使用"就包括在新闻报道时公开某些个人信息,如某报纸为了揭露黑恶势力而公开报道张三、李四等人从事的欺行霸市、敲诈勒索等违法行为,其中包括了张三等人的姓名、性别等个人信息。依据《个人信息保护法》第 13 条第 1 款第 2 项至第 7 项的规定,个人信息处理者可以不取得个人同意而实施公开的个人信息这一处理活动。由于公开的个人信息对于自然人的个人信息权益、隐私权等人身财产权益将会产生巨大的影响,故此,只有在法律、行政法规有明确的规定且公开的个人信息是必需的处理行为时,才可以进行公开。国家机关只有在为履行法定职责而必须公开个人信息时,才能依照法律、行政法规规定的权限和程序进行,并且不得超出履行法定职责所必需的范围和限度。例如,《民事诉讼法》第 159 条规定,公众可以查阅发生法律效力的判决书、裁定书,但涉及国家秘密、商业秘密和个人隐私的内容除外。依据最高人民法院《关于人民法院在互联网公布裁判文书的规定》,人民法院作出的裁判文书除涉及国家秘密、未成年人犯罪等不应公开的情形外,都应当在互联网上公开。但人民法院在互联网公布裁判文书时,应当删除"自然人的家庭住址、通讯方式、身份证号码、银行账号、健康状况、车牌号码、动产或不动产权属证书编号等个人信息""家事、人格权益等纠纷中涉及个人隐私的信息"等信息。

---

① 参见张新宝主编:《〈中华人民共和国个人信息保护法〉释义》,人民出版社 2021 年版,第 206 页;程啸:《个人信息保护法理解与适用》,中国法制出版社 2021 年版,第 236 页;江必新、郭峰主编:《〈中华人民共和国个人信息保护法〉条文理解与适用》,人民法院出版社 2021 年版,第 239 页。

(二)处理公开的个人信息无须个人同意的理由

我国《民法典》和《个人信息保护法》以维护个人信息权益作为立法目标之一,而客观上,个人信息的处理就是对个人信息权益的侵害或影响,因此,只要没有合法的根据(legal justifications),处理个人信息活动就具有非法性,属于侵害个人信息权益的行为。个人信息权益的核心是个人对其(无论是公开的还是非公开的)个人信息的处理享有知情权和决定权,有权限制或者拒绝他人对其个人信息进行处理,除非法律、行政法规另有规定。故此,原则上,任何组织或个人在处理个人信息前均应向其个人信息被处理者告知相应的事项,并在取得该个人(或者其监护人)的同意后,方可从事相应的个人信息处理活动。这就是所谓的告知同意规则。该规则也是个人信息处理活动的一项最基本、最重要的合法性根据或理由。应当说,在个人信息的"全生命周期"中,告知同意是一道"闸口",无论是信息采集、利用,还是相应转换、转移,均绕不开"知情同意"。① 当然,合法的个人信息处理活动不限于取得个人同意,即基于个人同意处理个人信息的活动,还包括"基于法定许可的处理活动"(processing based on a legal permission),即直接依据法律的规定而无须取得个人同意所进行的个人信息处理。我国《个人信息保护法》第13条即规定了6种法定许可的个人信息处理活动无须取得个人同意。依据其中第1款第6项,公开的个人信息的合理处理行为无须取得个人同意。那么,该处理行为的合法性理由何在?对此,有观点认为,当个人信息被公开了就意味着其进入了社会公共领域,在某种意义上公开的信息已经具有了公有物的性质,故此,处理者可以无须取得个人的同意而加以处理。② 有观点认为,已经合法公开的个人信息的处理如果也要取得个人的同意,不利于促进信息的流动与利用。故此,免于取得信息主体的同意对于网络信息社会和数字经济的发展是有利的。③ 还有观点认为,个人信息不仅具有私人利益,也具有社会利用价值,体现为一定的公共利益属性。而且个人信息被合法公开就表明权利

① 姚佳:《知情同意原则抑或信赖授权原则——兼论数字时代的信用重建》,载《暨南学报(哲学社会科学版)》2020年第1期。

② 参见陈甦、谢鸿飞主编:《民法典评注·人格权编》,中国法制出版社2020年版,第391页。

③ 参见王利明、程啸:《中国民法典释评·人格权编》,中国人民大学出版社2020年版,第470页。

主体对自身权益的合理处分,法律上应当推定民事主体知悉此种公开行为的法律意义并愿意承担可能带来的潜在社会风险,基于信息流动和信息产业利用的目的,推定权利人允许他人在合理的范围内使用已经公开的个人信息。①

笔者认为,上述观点都有一定的合理之处,但尚欠说服力。将公开的个人信息作为公有物来看待,显非妥当。至少在我国法律上,公开的个人信息不是公有物,不能任由他人处理,否则《民法典》与《个人信息保护法》就不会规定自然人可以明确拒绝他人对其已经合法公开的个人信息的处理,并且规定处理者在处理该信息对个人权益有重大影响时还需要依法取得个人同意。至于从功利主义角度出发,以充分发挥合法公开的个人信息中潜在的价值,促进网络社会和数字经济的发展、实现公共利益为由,来论证处理合法公开的个人信息无须取得个人同意,甚至推定权利人在公开时就包含了允许他人合理使用的意思也不合理。一则,合法公开的个人信息无论是个人主动公开,还是依法被动公开的,往往都有其公开的目的,而脱离该公开目的来处理公开的个人信息,显然违背了目的限制原则;二则,公开的个人信息的合理利用当然有利于网络信息科技和数字经济的发展,但是也需要考虑信息主体合法权益的保护以及公共利益、国家利益,不可能仅仅因为有价值就可以随意处理。我国《民法典》与《个人信息保护法》之所以允许处理者无须取得个人同意即可合理处理公开的个人信息,根本原因还是在于对个人信息权益的保护与合理行为自由的维护之间关系的协调与平衡。申言之,虽然我国《民法典》将个人信息保护作为一项重要的民事权益加以规定,《个人信息保护法》更是明确承认了“个人信息权益”,并详细规定了个人在个人信息处理活动中的权利,如对其个人信息的处理享有知情权、决定权,但是个人信息保护法律制度始终需要做到的是“合理平衡保护个人信息与维护公共利益之间的关系”。② 事实上,我国几乎所有的个人信息保护的法律规范都极为关注民事权益保护与合理自由维护这一对价值的协调,既尊重和保护自然人

---

① 参见江必新、郭峰主编:《〈中华人民共和国个人信息保护法〉条文理解与适用》,人民法院出版社2021年版,第258页。

② 全国人民代表大会常务委员会副委员长王晨:《关于〈中华人民共和国民法典(草案)〉的说明》,载中国人大网,http://www.npc.gov.cn/npc/c1773/c1848/c21114/c35174/c35181/202005/t20200523_306470.html。

的人格尊严、人身自由等基本人权,也充分维护公共利益,保护言论与信息自由、商业活动的正常进行。而《民法典》《个人信息保护法》在严格保护个人信息权益的同时,也通过构建个人信息的合理使用制度来实现对个人信息的合理利用正是这一价值协调的重要体现。[①] 已经公开的个人信息不具有秘密性,故此不可能属于私密信息,不受到隐私权的保护,从价值权衡上来说,对其进行处理的利用需求的价值就更具有满足上的优先性。但是,公开的个人信息仍然受到个人信息权益的保护,故此,为了防止公开的个人信息上的个人信息权益遭受侵害,《民法典》与《个人信息保护法》又采取了一系列的事先预防和事后救济措施,包括要求对公开的个人信息的处理必须是在合理范围内的处理、自然人享有明确拒绝的权利、处理者在处理前应当评估对个人权益的影响,以及一旦侵害个人重大利益的处理者应承担民事责任等。如此一来,即便不取得个人同意,处理者对公开的个人信息的处理显然也不会损害个人信息权益,处理行为因而具有合法性,不仅不是民事违法行为,也不是行政违法或犯罪行为,处理者不会因此而承担法律责任。

(三)公开的个人信息的处理与告知义务的履行

告知同意规则由告知个人与取得同意两部分组成。要确保个人的同意是在充分知情的前提下自愿、明确作出的,就必须对处理者向个人告知的内容与告知的方式等提出相应的要求。[②] 否则,个人的同意不可能是自愿和明确的,个人信息的处理也不可能是公开透明的。《民法典》第 1035 条与《个人信息保护法》第 17 条对于个人信息处理者的告知的内容和履行该义务的方式等作出了规定。依据《个人信息保护法》第 13 条第 2 款的规定,当个人信息处理者在合理的范围内处理公开的个人信息时,无须取得个人同意。问题是,无须个人同意是否也无须告知其个人信息被处理的个人?对此,我国法律没有规定。有观点认为,如果要求处理公开的个人信息时必须履行告知义务,则强人所难,因为这些信息的来源非常广泛,难以联系到个人,不仅如此,要求处理者去向个人进行告知还可能侵扰个人的生活安宁。[③]

---

① 参见程啸:《论我国民法典中的个人信息合理使用制度》,载《中外法学》2020 年第 4 期。

② 参见程啸:《论个人信息处理者的告知义务》,载《上海政法学院学报(法治论丛)》2021 年第 5 期。

③ 这是笔者与中国人民大学法学院丁晓东教授交流时其提出的意见,在此表示感谢!

笔者认为，从我国《个人信息保护法》第13条的规定来看，法律只是规定合理处理公开的个人信息无须取得个人同意，却并未免除处理者的告知义务。① 这是因为，《个人信息保护法》的根本目的就在于通过对个人信息处理行为的规范，防止因非法的个人信息处理行为给个人的人格尊严、人身自由等基本权利及人身财产权益造成危害。在现代网络社会，个人信息被收集、储存、转让和使用已经成为社会生活的常态。无论是政府、企业还是其他组织，它们出于不同的目的以各种方式实施个人信息处理活动，极有可能会给个人权益带来各种危险或损害。例如，基于收集的个人信息而形成的大数据，通过算法等技术进行社会分选、歧视性对待，进而损害人格尊严的危险；又如，通过大数据和人工智能技术进行人格画像，将作为民事主体的自然人降格为客体并加以操控，进而损害人格自由等。② 为了消除上述各种危险，法律上必须承认自然人对个人信息具有一种防御性的利益并给予保护。如此才可能为信息社会的每个自然人筑起一道坚实的法律保护屏障，使之免于遭受上述危险现实化后所带来的损害。所以，法律需要赋予个人对个人信息处理的知情权，使其知道为实现何种处理目的，哪些个人信息被何人以何种处理方式加以处理。正因如此，公开透明原则（transparency principle）成为个人信息保护法的基本原则之一。《个人信息保护法》第7条规定："处理个人信息应当遵循公开、透明原则，公开的个人信息处理规则，明示处理的目的、方式和范围。"该法第44条还明确规定了个人对其个人信息的处理享有知情权。尽管合理处理已经合法公开的个人信息可以无须取得个人同意，但是，无须同意不等于无须告知。为了贯彻公开透明原则和保障个人对个人信息处理的知情权，在合理处理合法公开的个人信息之前，原则上处理者仍应向个

---

① 《个人信息保护法草案（征求意见）》第28条第1款曾规定，只有当个人信息处理者处理个人信息超出与个人信息被公开时的用途相关的合理范围之时，处理者才需要依法向个人告知并取得同意。该条第2款还规定，只有利用已公开的个人信息从事对个人有重大影响的活动，才需要依法向个人告知并取得同意。该规定似乎表明立法机关认为，合理处理公开的个人信息时既不需要告知个人，也不需要取得个人同意。但是，最终《个人信息保护法》删除了这样的规定，而只是在第18条第1款统一规定了免除告知义务的情形，在第35条特别规定了国家机关为履行法定职责处理个人信息时免除告知义务的情形。

② Veil & Winfried, *The GDPR: The Emperor' s New Clothes-On the Structural Shortcomings of Both the Old and the New Data Protection Law* (December 21, 2018). Neue Zeitschrift für Verwaltungsrecht 10/2018: 686 - 696.

人履行告知义务,除非符合法律规定的免予告知的情形。这样可以使个人知道自己的哪些合法公开的个人信息被何人以何种处理目的和处理方式进行处理,同时个人也可以对被处理的个人信息是否属于公开的个人信息提出挑战,[①]而且,依据我国《民法典》第1036条和《个人信息保护法》第27条的规定,即便处理者处理的是合法公开的个人信息,如果个人明确拒绝的,处理者也不得处理。如果处理者不向个人告知其公开的个人信息将要被处理,个人如何行使此种法律赋予的拒绝的权利?此外,依据作为个人信息保护法中的责任原则(accountability principle),个人信息处理活动应采取问责制,处理者是个人信息处理活动的首要的责任主体,应当对其个人信息处理活动负责(《个人信息保护法》第9条)。如果处理公开的个人信息就可以不履行告知义务,那么责任原则将形同虚设。

至于因为没有信息主体的联系方式而难以告知的担忧,实际上只是告知义务的履行方式问题。我国《个人信息保护法》第17条对于告知义务的履行方式以及告知的内容作出了规定。依据该条第3款,个人信息处理者可以通过制定个人信息处理规则的方式履行告知义务,处理规则应当公开并且便于查阅和保存。故此,在处理公开的个人信息时,个人信息处理者也可以通过制定个人信息处理规则的方式来统一履行告知义务,这样就不存在因为逐一告知而干扰信息主体生活安宁或者因为无法联络而难以履行告知义务的问题。当然,处理公开的个人信息也存在免除告知义务的情形,《个人信息保护法》第18条和第35条规定了以下3类免除告知义务的情形,即法律、行政法规规定应当保密;不需要告知;以及告知将妨碍国家机关履行法定职责的情形。如果处理公开的个人信息中有这3种情形之一的,当然可以免除告知义务。

---

① 为了确保处理行为的公开与透明,依据欧盟GDPR第14条的规定,即便数据控制者是从非数据主体处获取个人数据的,也应当向个人告知相关的信息,其中该条第2款f项专门要求数据控制者向个人告知个人数据的获取来源(from which source the personal data originate)以及是否来自公开的来源。这是为使个人可以对初始数据收集行为的合法提出质疑(包括是否属于合法公开的个人数据)。Christopher Kuner, Lee A. Bygrave & Christopher Docksey eds., *The EU General Data Protection Regulation (GDPR): A Commentary*, Oxford University Press, 2020, p. 444.

四、公开的个人信息处理的限制

（一）个人明确拒绝对公开的个人信息的处理

《民法典》第1036条第2项和《个人信息保护法》第27条第1句规定，处理者虽然可以不取得个人同意而处理公开的个人信息，但是，如果个人明确拒绝的，那么处理者也不得处理。这就是说，个人对公开的个人信息的处理仍然享有决定权，有权限制或者拒绝他人对公开的个人信息进行处理。所谓个人明确拒绝，是指个人明确作出的禁止他人处理公开的个人信息的表示，即个人必须是以清晰、明白而非含糊、模棱两可的方式表示拒绝。明确拒绝的意思表示可以是通过纸质、电子形式等书面方式，也可以是通过口头方式作出的。从理论上说，个人明确拒绝可以是在个人自行公开其个人信息的同时作出的，即表示该公开的个人信息不允许他人进行处理，也可以是个人被处理者告知公开的个人信息将被处理时作出的，或在公开的个人信息已经被他人处理后向处理者提出。

笔者认为，在《民法典》第1036条第2项已经规定了处理公开的个人信息会侵害自然人的重大利益时处理者不能免责，且《个人信息保护法》第27条要求处理公开的个人信息对个人权益有重大影响的必须依法取得个人同意的情形下，再赋予个人享有拒绝对其公开的个人信息进行处理的权利，表明立法机关强化了自然人对公开的个人信息的支配控制权。但是，这种做法等于变相承认了被遗忘权（right to be forgotten），可能不利于个人信息的合理利用，容易损害言论自由与公共利益。① 例如，网络服务提供者提供搜索引擎服务让网络用户可利用该搜索引擎搜索公开的个人信息是个人信息处理活动之一，而依据《民法典》与《个人信息保护法》的上述规定，无论此种处理活动是否合理，也无论是否侵害其个人信息权益，个人都有权予以

---

① 我国《民法典》与《个人信息保护法》之所以没有规定被遗忘权，就是因为承认该权利容易损害言论自由与公共信息的自由流动与利用。如果个人只要明确拒绝，就可以禁止他人对于公开的个人信息进行的合理的处理（不合理的处理当然可以拒绝），那么就会导致对他人合理行为自由的不正当限制。参见王利明：《论个人信息删除权》，载《东方法学》2022年第1期；丁晓东：《被遗忘权的基本原理与场景化界定》，载《清华法学》2018年第6期。

禁止,如要求搜索服务提供者不得显示对其公开的个人信息的"搜索结果"等,这就可能不利于个人信息的合理利用。鉴于此,笔者认为,今后应当通过司法解释对于《民法典》第1036条第2项和《个人信息保护法》第27条第1句中的"个人明确拒绝"的适用要件予以限缩性解释,如仅适用于个人自行公开的个人信息并在公开时就明确拒绝他人处理的情形,至于自行公开时没有明确拒绝他人处理的或者被动公开的个人信息,则只有当处理是不合理的时候,个人才可以拒绝。

(二)处理公开的个人信息侵害个人的重大利益或对个人权益有重大影响

《民法典》第1036条第2项规定了对公开的个人信息的合理处理也不能作为免责事由的两种例外情形,除前述的自然人明确拒绝外,还有一种情形就是处理该信息侵害该自然人的重大利益的。但是,《个人信息保护法》第27条没有使用《民法典》中"侵害其重大利益"的表述,而是采取"对个人权益有重大影响"的表述,并规定此时处理者应当依照本法取得个人同意。从条文表述来看,《民法典》和《个人信息保护法》的上述规定似有不同,然而,二者并不矛盾。

首先,《民法典》第1036条第2项是从处理个人信息民事责任免责事由的角度所作出的规定,适用于平等主体的自然人、法人和非法人组织因处理个人信息而产生的民事责任纠纷。该项使用的"侵害其重大利益"表述表明,只有在行为人处理公开的个人信息的行为已经对自然人的生命、身体、人格尊严、人格自由、重大财产权益或者其他的重大利益产生了侵害甚至已经造成了损害,才能基于比例原则的考虑,优先保护重大利益,认定处理者不得以此免责。处理者应当向个人承担停止侵害、排除妨碍以及赔偿损害等侵权责任。而《个人信息保护法》第27条则是从个人信息处理规则的角度对公开的个人信息的处理作出规定的,依据该条规定,个人信息处理者处理已公开的个人信息,"对个人权益有重大影响的",应当依照《个人信息保护法》的规定取得个人同意。由此可见,《个人信息保护法》第27条规范的是个人信息处理者,属于预防性或事先的规范,即处理者必须在处理合法公开的个人信息之前就必须对该处理活动是否对个人权益有重大影响作出预先的判断,从而决定是否需要取得个人的同意。[①] 事实上,由于处理合法公开的个人信息可以纳入《个人信息保护法》第 55 条“个人信息处理者应当事前进行个人信息保护影响评估,并对处理情况进行记录”规定中第 5 项的兜底性规定(“其他对个人权益有重大影响的个人信息处理活动”),故依据该条规定,处理者也应当通过个人信息保护影响评估来进行此种预判。其次,《民法典》与《个人信息保护法》的上述条款在适用范围上也不尽相同:依据《个人信息保护法》第 72 条第 1 款的规定,该法第 27 条不能适用于自然人之间因个人或者家庭事务处理个人信息的情形;但是,《民法典》第 1036 条第 2 项中的“侵害其重大利益”则可以适用之。例如,张某针对李某通过人肉搜索的方式将其公开的个人信息逐一再次公开的行为,可以依据《民法典》第 1036 条第 2 项的规定追究李某的民事责任。

要理解《个人信息保护法》第 27 条中的处理合法公开的个人信息对个人权益有重大影响的含义,首先,要明确“个人权益”的含义。在《个人信息保护法》中,“个人权益”一词共出现 8 次,除第 27 条之外,还有第 6 条(目的限制原则)、第 8 条(质量原则)、第 24 条第 3 款(自动化决策)、第 30 条(处理敏感个人信息的特殊告知事项)以及第 51 条、第 55 条、第 56 条关于个人信息处理者义务的规定。对这些条文中个人权益的含义,应当作相同的理解。“个人权益”的范围非常广泛,是指与个人有关的任何权益,既包括个人的民事权益如生命权、身体权、名誉权、隐私权、个人信息权益等人身权益,物权、债权等财产权益,也包括宪法上的人格尊严、人格自由、通信秘密等基本权利;既包括《民法典》等民事基本法规定的民事权益,也包括《消费者权益保护法》《妇女权益保障法》《未成年人保护法》《残疾人保障法》《老年人权益保障法》等法律中规定的个人享有的各种权益。例如,《消费者权益保护法》中规定的消费者的知情权(第 8 条)、选择权(第 9 条)、公平交易权(第 10 条)以及享有个人信息依法得到保护的权利(第 14 条)等都属于“个人权益”的范畴。

其次,要明确“重大影响”的含义。所谓重大,是指对自然人的个人权益造成的

---

① 该观点受到清华大学法学院助理研究员王苑博士的启发,在此表示感谢!

具有法律效力的影响或者其他类似的具有严重不利后果的影响。[①] 换言之,处理者对合法公开的个人信息的处理将会导致信息主体的个人权益难以或无法行使,或者个人权益被侵害、妨碍等重大的不利后果。例如,A 公司通过从人民法院依法公开的裁判文书中收集个人信息,并对之进行加工分析,从而给予信用评价和性格分析,并提供给有需要者进行查询。张某合法公开的个人信息被 A 公司以上述方式处理,结果张某正在求职的单位因为查询 A 公司提供的信息而认为张某将会无法安心本职工作,便拒绝了张某的求职;又如,B 银行正准备给张某贷款,结果看到 A 公司提供的张某的信用评价显示张某信用最近恶化,故此,B 银行拒绝张某的贷款申请,除非张某能提供担保。显然这些都属于对个人权益有重大影响的情形。重大影响,不仅包括对个人的法律地位、经济地位的影响,还包括对个人的求职、升职、读书出国、申请社会福利、参加社团活动等社会地位、文化地位、政治地位等方面的影响。例如,如丧失儿童福利或住房福利、保险公司拒绝支付医疗费保险赔偿金,拒绝入境或公民身份被否等。[②] 需要特别指出的是,《个人信息保护法》第 27 条是对个人信息处理者的要求,故此应当由处理者通过个人信息保护影响评估来确认是否对个人权益有重大影响,不涉及由个人来举证的问题。[③]

五、公开的个人信息处理的合理性判断

就如何认定《民法典》第 1036 条第 2 项中规定的对公开的个人信息的"合理处理",目前理论界尚缺乏深入的探讨,在实践中已产生问题。例如,对公开的个人信

---

① 欧盟 GDPR 第 22 条第 1 款规定:"数据主体有权不受仅基于自动化处理(包括识别分析)行为作出的决定的制约,以避免对个人产生法律上的影响或与之类似的显著影响。"(The data subject shall have the right not to be subject to a decision based solely on automated processing, including profiling, which produces legal effects concerning him or her or similarly significantly affects him or her.)

② Guidelines on Automated Individual Decision-making and Profiling for the Purposes of Regulation 2016/679 (wp251rev. 01)

③ 《个人信息保护法》第 27 条与第 24 条存在竞合的关系。依据该法第 24 条第 3 款的规定,"通过自动化决策方式作出对个人权益有重大影响的决定的,个人有权要求个人信息处理者予以说明,并有权拒绝个人信息处理者仅通过自动化决策的方式作出决定"。自动化决策中所利用的个人信息就包括了已经合法公开的与未公开的个人信息。因此,当处理者处理合法公开的个人信息时,如果其通过自动化决策方式作出对个人权益有重大影响的决定的,那么处理者不仅要依法取得个人同意,个人还可以依据第 24 条第 3 款的规定,要求处理者说明并拒绝其仅通过自动化决策作出决定的权利。

息的合理处理是否意味着处理行为必须是为了公共利益或社会经济利益的目的?如果处理者是出于营利的目的,就不构成合理处理?[①] 在《个人信息保护法》起草过程中,就如何细化合理处理的判断标准有不同的看法。该法草案的第一次审议稿曾作出了非常细致的规定,其第 28 条规定:“个人信息处理者处理已公开的个人信息,应当符合该个人信息被公开时的用途;超出与该用途相关的合理范围的,应当依照本法规定向个人告知并取得其同意。个人信息被公开时的用途不明确的,个人信息处理者应当合理、谨慎地处理已公开的个人信息;利用已公开的个人信息从事对个人有重大影响的活动,应当依照本法规定向个人告知并取得其同意。”《个人信息保护法草案(第二次审议稿)》第 28 条也保持了相同的规定,只是删除了其中的“向个人告知”。但是,在草案的审议过程中,“一些常委会组成人员和地方、部门、企业、专家建议,进一步做好草案有关条款与民法典规定的衔接”,故此,全国人大宪法和法律委员会经研究后决定,将《个人信息保护法草案(第二次审议稿)》第 28 条修改为“个人信息处理者可以在合理的范围内处理已合法公开的个人信息,个人明确拒绝的除外;对个人权益有重大影响的,应当取得个人同意”。[②] 修改后的这一条最终成为正式颁布的《个人信息保护法》第 27 条。显然,立法机关考虑到问题的复杂性而对此采取了模糊处理的做法。但是,对于履行个人信息保护职责的部门以及司法机关来说,迫切需要一定的标准来认定处理者是否在“合理的范围内处理”公开的个人信息。对此,笔者认为,可以分为以下两个阶段依次加以判断。

(一)合理处理的前提在于处理活动的合法性

所谓对公开的个人信息的合理处理,其前提在于该处理必须是合法的处理。《个人信息保护法》第 13 条第 1 款第 6 项也明确规定,只有依照《个人信息保护法》的规定,在合理的范围内处理合法公开的个人信息的,个人信息处理者方可处理个

---

① 参见“梁某冰与北京汇法正信科技有限公司网络侵权责任纠纷案”,北京市第四中级人民法院(2021)京 04 民终 71 号民事判决书;“苏州贝尔塔数据技术有限公司与伊某人格权纠纷案”,江苏省苏州市中级人民法院(2019)苏 05 民终 4745 号民事判决书。

② 全国人民代表大会宪法和法律委员会:《全国人民代表大会宪法和法律委员会关于〈中华人民共和国个人信息保护法(草案)〉审议结果的报告》,载中国人大网,http://www.npc.gov.cn/npc/c2/c30834/202108/t20210820_313090.html。

人信息。无论处理者是否属于国家机关,也无论对公开的个人信息所为的处理活动是收集、存储、使用、加工,还是传输、提供、公开、删除等,只要不属于《个人信息保护法》第72条第1款的排除情形,就必须遵循关于个人信息处理的法律规定。换言之,除了不需要取得个人同意外,公开的个人信息的处理与其他个人信息的处理,并没有本质上的区别,即处理行为必须是合法的。根据《民法典》第111条第2句、《个人信息保护法》第10条以及《网络安全法》第44条的规定,任何组织或者个人需要获取他人个人信息的,应当依法取得并确保信息安全,不得非法收集、使用、加工、传输他人个人信息,不得非法买卖、提供或者公开他人个人信息。《数据安全法》第32条规定:"任何组织、个人收集数据,应当采取合法、正当的方式,不得窃取或者以其他非法方式获取数据。法律、行政法规对收集、使用数据的目的、范围有规定的,应当在法律、行政法规规定的目的和范围内收集、使用数据。"具体而言,处理者在处理公开的个人信息时,除非符合《个人信息保护法》第18条与第35条规定的免于告知的情形,否则处理公开的个人信息的是应当告知其个人信息被处理的个人;处理者对于公开的个人信息所采取的收集手段必须是合法的,如果处理者采用的是非法手段来收集公开的个人信息,则后续的其他处理行为也就不可能是合法处理,更不可能是合理处理;①倘若公开的个人信息属于敏感的个人信息的,则要符合《个人信息保护法》第2章第2节"敏感个人信息的处理规则"的规定;如果个人信息的处理者是国家机关,还需要适用《个人信息保护法》第2章第3节"国家机关处理个人信息的特别规定";如果是跨境提供公开的个人信息的,应当适用《个人信息保护法》第3章的规定;处理公开的个人信息的,个人信息处理者同样负有《个人信息保护法》第5章所确定的各种义务。自然人在其公开的个人信息处理中也享有《个人信息保护法》第4章规定的各项权利,如查阅权、复制权、更正权、补充权、删除权、解释说明权等。

---

① 所谓违法收集,包括采取法律所禁止的手段或者当事人明确禁止使用的手段收集个人信息,例如,通过使用提供镜像等技术。通过"爬虫"手段来获取的合法公开的个人信息,目前尚无法律予以明确禁止。在"梁某冰与北京汇法正信科技有限公司网络侵权责任纠纷案"中,法院认为,涉案文书属于法院依法向社会公开的司法数据,被告公司使用通用的"爬虫"技术收集不属于违法收集。北京市第四中级人民法院(2021)京04民终71号民事判决书。

(二)处理是在合理范围内进行的

《个人信息保护法》第 13 条和第 27 条将《民法典》第 1036 条第 2 项的“合理处理”具体化为“在合理的范围内处理”。所谓合理的范围,应当在权衡个人信息权益保护与个人信息的合理利用这一对不同利益冲突的基础上,依循必要原则与目的限制原则,运用动态系统论,结合具体的处理场景加以判断。

第一,认定是否在合理的范围内处理时应当遵循必要原则。所谓必要原则,是指处理个人信息的活动应当是对于实现个人信息处理目的而言是必要的,凡是不必要的个人信息处理活动都不应当开展。① 该原则是比例原则在个人信息保护法中的体现。就认定公开的个人信息的处理是否合理而言,必要原则体现在:(1)处理者采取合法手段收集公开的个人信息时,应当遵循必要的原则,限制在实现处理目的所需要的最小范围,不得过度地收集这些个人信息;(2)对于公开的个人信息中的敏感个人信息,处理者在处理时应当具有充分的必要性并采取严格的保护措施,否则不得处理,不过由于该敏感的个人信息是已经公开的,故此在必要性是否充分的认定上应当比没有公开的敏感个人信息更加宽松;(3)对于公开的个人信息的保存期限应当有所限制,即限制于为实现处理目的所必要的最短的时间,除非法律、行政法规另有规定。

第二,合理与否的认定必须遵循目的限制原则。目的限制原则是个人信息保护法的“帝王条款”,贯穿于整个处理活动全过程,无论处理者是谁,处理的是哪些个人信息,也不管采取的是何种处理活动,都必须受到该原则的拘束。《个人信息保护法》第 6 条对目的限制原则作出了详细的规定,即“处理个人信息应当具有明确、合理的目的,并应当与处理目的直接相关,采取对个人权益影响最小的方式。收集个人信息,应当限于实现处理目的的最小范围,不得过度收集个人信息”。在判断对公开的个人信息的处理是否在合理的范围内时,目的限制原则具有极为重要的作用,一方面,处理公开的个人信息应当具有明确、合理的目的,如果是不合理的、不明确的目的,不应当允许处理;另一方面,处理公开的敏感个人信息时,依据目的限制原

① 参见张新宝:《个人信息处理的基本原则》,载《中国法律评论》2021 年第 5 期。

则的要求及《个人信息保护法》第28条第2款的规定,处理者必须具有特定的目的,否则不能处理。就合法公开的个人信息的处理目的是否特定、明确与合理的判断,笔者认为,可以参考《个人信息保护法》草案的第一、第二次审议稿中的标准,即个人信息公开时有明确用途的,处理者处理时应符合该等信息被公开时的用途;如果个人信息被公开时的用途不明确的,那么个人信息处理者应当合理、谨慎地处理已公开的个人信息。具体阐述如下:

1. 个人信息公开时有明确用途的,是指合法公开的个人信息的主体在实施公开行为时确定的公开的个人信息的目的、被公开的个人信息的使用范围与适用方式等。个人信息被公开时有明确用途的情形包括:其一,如果是个人自行公开的个人信息,那么个人在公开信息时,明示的、公开的目的或者从公开时的具体因素可以判断出其公开的用途就是明确的用途。例如,A教授在学院网站上的个人主页时,提及"欢迎联系课题合作事宜",随后公开了其联系电话、电子邮箱等个人信息。应当认为,"联系课题合作事宜"就是明确的公开的用途。其二,如果是个人信息处理者取得个人的单独同意而公开其处理的个人信息,那么在取得个人同意前,该处理者必须告知公开的个人信息的用途即处理目的,此时该处理目的就是个人信息被公开时的明确用途。其三,对国家机关依据法律、行政法规公开的个人信息,则应当依据法律法规等规定来确定其明确用途。例如,最高人民法院《关于人民法院在互联网公布裁判文书的规定》规定,最高人民法院之所以在互联网公布裁判文书是为了"贯彻落实审判公开原则,规范人民法院在互联网公布裁判文书工作,促进司法公正,提升司法公信力"。也就是说,其明确用途在于"审判公开""促进司法公正,提升司法公信力",当处理公开的个人信息有助于实现公众对司法程序的监督,促进司法公开,则该处理目的是符合公开的目的,是合理的。[①] 总之,合法公开的个人信息的主体包括作为信息主体的个人(自行公开),也包括其他有权机关如立法机关、行政机

① 美国法院认为,如果公开司法信息有助于确保司法程序的完整性,则应当公开。但是,如果公开的目的与此无关(如无法促进公众对司法程序的审查),而只是为了将司法记录中的信息用于商业目的或其他目的的,那么就不应当公开,而应当侧重保护隐私(包括个人信息)。Peter A. Winn & Symposium, *Online Court Records*: *Balancing Judicial Accountability and Privacy in an Age of Electronic Information*, 79 Wash. L. Rev. 307, p. 311(2004).

关、司法机关等(依法公开)。如果他们公开的个人信息时确定了用途,则该用途就限定了处理者对公开的个人信息的处理目的和处理方式,也同时表明不符合或者超越该用途的处理行为是不被允许的,个人信息主体是要明确拒绝的。故此,依据《民法典》第1036条第2项和《个人信息保护法》第27条的规定,处理者不得处理该等个人信息。如果要超越该用途处理公开的个人信息的,处理者必须重新取得个人的同意。

2. 个人信息被公开时的用途不明确的,则应当合理、谨慎地处理已公开的个人信息。这也是目的限制原则的要求,具体而言,虽然个人信息被公开时没有明确的用途,但是从公开的机关等其他因素可以合理推断出公开的目的的,则处理者不能超出或违反该目的;即便是公开时的用途不明确且无法推断出合理的公开的目的,合理、谨慎也要求处理者决定对合法公开的个人信息采取何种处理方式,尤其是进行加工、使用时要更加谨慎,严格遵循合法原则、必要原则和目的限制原则,以防对个人信息权益造成侵害或损害。

第三,由于个人信息权益也属于人格权益,故此,《民法典》第998条所引入的动态系统论,[①]也可以在判断对公开的个人信息的处理是否合理中加以运用。依据动态系统论,对于法律的理解和阐释不应仅依据某个单一的理念。法院在裁判中需要根据案件的具体情况和内在于某法律领域的原则之间的相互作用情况予以考虑,即需要对各个因素进行综合考量。某个具体案件的法律后果取决于各个因素相互比较后的综合权衡,这些因素在法律后果的确定上会呈现自己的权重,而在原则彼此发生冲突的情形下,需要通过确定何者优先而实现一种妥协。这种妥协不仅要考虑在可能发生的法律后果中各个相关因素的位阶,而且要考虑可能产生的各种不同法律后果的位阶情况。[②] 以对公开的个人信息的处理为例,信息主体的利益(如隐私权、个人信息权益、人格尊严等)与处理者的利益(如处理活动的自由、经济利益)以及公共利益(如国家安全)之间几乎总是会发生冲突。因此,认定处理行为是否合理,实际上就要是综合权衡各种因素,其中就包括《民法典》第998条列举的"行为人

① 参见王利明:《民法典人格权编中动态系统论的采纳与运用》,载《法学家》2020年第4期。
② 参见[奥]海尔穆特·库齐奥:《动态系统论导论》,张玉东译,载《甘肃政法学院学报》2013年第4期。

和受害人的职业、影响范围、过错程度，以及行为的目的、方式、后果等因素”，从而得出一个能够使各方利益最大化的解决办法。

结　语

在我国，公开的个人信息虽然不受隐私权保护，但仍然是个人信息，受到个人信息保护法的保护。为了协调个人信息权益保护和个人信息的合理利用，《民法典》与《个人信息保护法》对于公开的个人信息的处理作出了专门的规范。其中，《民法典》第 1036 条第 2 项是从个人信息纠纷的民事责任的角度对公开的个人信息的处理作出的规定，《个人信息保护法》第 13 条第 1 款第 6 项、第 27 条则是从公开的个人信息的处理规则的层面作出了规定。它们之间不是一般法与特别法的关系，也不存在矛盾冲突，而是旨在兼顾个人信息的保护与利用，从免责事由与个人信息处理规则、事后救济与事先预防等不同角度对公开的个人信息处理的规范。各法条合力协作、相辅相成，共同构成了我国法上公开的个人信息的保护与处理的规范体系。

专题三十　个人信息合理使用

本专题撰写人:程　啸

【《民法典》及相关法律法规的新规则】

《民法典》第1036条

处理个人信息,有下列情形之一的,行为人不承担民事责任:

(一)在该自然人或者其监护人同意的范围内合理实施的行为;

(二)合理处理该自然人自行公开的或者其他已经合法公开的信息,但是该自然人明确拒绝或者处理该信息侵害其重大利益的除外;

(三)为维护公共利益或者该自然人合法权益,合理实施的其他行为。

《个人信息保护法》第13条

符合下列情形之一的,个人信息处理者方可处理个人信息:

(一)取得个人的同意;

(二)为订立、履行个人作为一方当事人的合同所必需,或者按照依法制定的劳动规章制度和依法签订的集体合同实施人力资源管理所必需;

(三)为履行法定职责或者法定义务所必需;

(四)为应对突发公共卫生事件,或者紧急情况下为保护自然人的生命健康和财产安全所必需;

(五)为公共利益实施新闻报道、舆论监督等行为,在合理的范围内处理个人信息;

(六)依照本法规定在合理的范围内处理个人自行公开或者其他已经合法公开

的个人信息；

(七)法律、行政法规规定的其他情形。

依照本法其他有关规定,处理个人信息应当取得个人同意,但是有前款第二项至第七项规定情形的,不需取得个人同意。

【规则由来】

《民法典》第1036条是对处理个人信息的免责事由的规定,实质上也是对个人信息合理使用制度的规定。该条第1项是《民法典》第993条“民事主体可以将自己的姓名、名称、肖像等许可他人使用”关于人格权许可使用的一般规定在个人信息权益中的具体化。该条第2项来自2014年《利用信息网络侵害人身权益规定》第12条规定。该条第3项则是《民法典》第999条“为公共利益实施新闻报道、舆论监督等行为的,可以合理使用民事主体的姓名、名称、肖像、个人信息等”的具体化规定。

《个人信息保护法》第13条在《民法典》第1036条的基础上,对处理个人信息的合法性基础作出规定。该条第1款第2项至第7项对不需要取得个人同意就可以处理个人信息的合法性基础,即个人信息的合理使用制度作出了规定。

【规范意旨】

《民法典》第1036条和《个人信息保护法》第13条第1款第2项至第7项规定了个人信息的合理使用制度。个人信息处理者处理个人信息的前提条件,原则上是取得个人的同意。但是,告知并取得个人的同意并非个人信息处理活动的唯一合法性基础。为了维护他人的合法权益、公共利益或者国家利益,在特定的情形下,法律允许处理者无须取得个人同意就实施个人信息处理行为。这些情形是法律对于个人信息权益的限制,也是个人信息的合理使用的行为。个人信息的合理使用制度使客观上属于“侵害”个人信息权益的处理行为,不被评价为不法行为,法律上不认为它是对法律秩序的破坏,从而合理平衡保护个人信息与维护公共利益之间的关系。

【典型案例】

案例一："江某与滨江神奇大药房有限公司滨城泰山名郡店个人信息保护纠纷案"①

2020年9月30日,滨州市市场监督管理局作出《关于启用疫情防控药品追溯系统的紧急通知》,要求零售药店销售发热、咳嗽、腹泻药品时采取实名登记工作。如果零售药店不在指定的登记系统上进行实名登记就擅自销售药品,那么市场监督管理局将会同医保等相关部门采取惩治措施。该登记系统的数据信息存储于市政务大数据平台,仅用于此次疫情防控。2022年1月2日,江某因治疗鼻炎病症前往被告神奇大药房泰山名郡店购买药品时,根据药店店员的要求,江某用手机扫描被告在"疫情防控药品追溯系统"申请到的二维码,填写了个人及购买信息并提交,后江某以被告出售的"曲安奈德"价格高为由没有付款购买。因原告江某要求被告将其个人及购买信息删除,而被告无法在用户(药店)电脑登录端删除,产生本案争议纠纷。原告江某请求人民法院判令被告滨州神奇大药房有限公司滨城泰山名郡店立即停止侵害,删除被告处留存的原告江某所有个人信息,并且赔偿损失若干。

一审法院认为,被告在原告江某购买疫情防控药品时要求江某扫描"滨州疫情防控药品追溯系统"二维码并输入个人信息,符合《个人信息保护法》第13条第1款第4项的规定,不需要取得个人同意即可处理个人信息,因此该行为不属于侵害原告江某个人信息的情形。根据《个人信息保护法》第13条第1款第4项的规定,符合下列情形之一的,个人信息处理者方可处理个人信息:为应对突发公共卫生事件,或者紧急情况下为保护自然人的生命健康和财产安全所必需。在新型疫情防控期间,根据我国新冠疫情防控的现状,为应对突发公共卫生事件,被告按照政府市场监督管理部门的部署要求和启用"滨州疫情防控药品追溯系统"的紧急通知,在原告江某购买涉疫情防控药品时,落实发热、咳嗽、腹泻药品实名登记的规定,并无不当,不属于侵权行为。二审法院维持原判。

① 山东省滨州市中级人民法院(2022)鲁16民终1457号民事判决书。

案例二："任某某与华夏银行股份有限公司北京分行隐私权、个人信息保护纠纷案"①

2021年11月10日,任某某与华夏银行因理财产品投资损失之事提起诉讼。在诉讼过程中,华夏银行出示了一份关于任某某在该行的3个账号的银行交易明细的证据,证据目的是证明任某某与第三人存在大额、多次的经济往来,说明二者之间关系亲密,任某某的亏损不是因为信任华夏银行推荐的理财产品而导致的,而是任某某与第三人之间本来就存在大量的经济往来。任某某认为,华夏银行出示银行交易明细的证据的行为,未经任某某的同意,也没有向法院申请调查令,属于擅自查询并打印任某某的账户信息的行为,侵害了任某某的隐私权和个人信息权益。

一审法院认为,华夏银行在诉讼的举证环节,为证明自己提出主张的合理性,提交关于任某某账户信息明细,证据来源合法,不属于违法向第三方提交个人储户账户信息的行为。

二审法院认为,华夏银行在另案诉讼中查询任某某的银行账户信息,系为证明与该案争议焦点有关联的事项的举证行为。根据相关法律规定,当事人对反驳对方诉讼请求所依据的事实,应当提供证据加以证明,华夏银行在另案中为反驳任某某的诉讼请求而进行举证,目的具有合理性;并且,本案中任某某未能提供证据证明华夏银行将查询到的其银行账户信息用于另案诉讼之外的用途,亦无证据证明危害到任某某的个人信息安全,抑或给任某某造成实际损失。因此,华夏银行的举证行为不构成对任某某的隐私权或者个人信息权益的侵害。

【理论阐释】

现代社会的个人信息保护越来越受到重视。个人信息的保护,不仅关涉每一个自然人的人格尊严和人身、财产权益,也与数字经济的健康发展以及国家利益、社会公共利益等息息相关。正因如此,2020年5月28日第十三届全国人民代表大会第

① 北京市第二中级人民法院(2023)京02民终8736号民事判决书。

三次会议审议通过的《民法典》人格权编专设"隐私权和个人信息保护"一章(第六章),对个人信息的含义、自然人个人信息权益的内容与行使、个人信息处理规则、个人信息的合理使用、保护个人信息安全的义务等重大基本问题作出了规定。2021 年 8 月20 日第十三届全国人民代表大会常务委员会第三十次会议审议通过的《个人信息保护法》专门对个人信息权益以及个人信息处理活动作出规定。

《民法典》调整平等主体的自然人、法人和非法人组织之间的人身关系和财产关系,是民商事领域的基本法。我国《民法典》对于个人信息保护作出规定,具有重要的意义。通过在《民法典》人格权编中对个人信息保护作出规定,立法者明确了自然人对个人信息享有的是民事权益,属于人格权益,从而体现了我国民法典的编纂以人民为中心的基本立场,彰显了民法典对自然人的人格尊严和人格自由的尊重,落实了我国《宪法》关于"中华人民共和国公民的人格尊严不受侵犯"的要求。《民法典》颁行后,在解释适用《网络安全法》《电子商务法》《个人信息保护法》《数据安全法》等现行法律中的个人信息保护规范时,应以充分尊重和保护自然人个人信息权益为前提。任何与此偏离的观念或立法,都与《民法典》的规定背道而驰。

我国《民法典》在确认自然人个人信息权益并对其内容、行使等作出规定的同时,也高度关注自然人个人信息权益与信息自由、言论自由以及商业活动之间关系的协调,"合理平衡保护个人信息与维护公共利益之间的关系"。① 换言之,《民法典》中的个人信息保护制度不仅是对自然人的个人信息权益的保护,也是对信息自由、言论自由和商业活动自由的保护。② 正因如此,《民法典》虽然明确规定自然人的个人信息受法律保护,自然人对个人信息享有人格权益,但并未确认自然人对其个人信息享有排他的、绝对的支配与控制。无论是从个人信息本身的属性抑或域外

① 全国人民代表大会常务委员会副委员长王晨:《关于〈中华人民共和国民法典(草案)〉的说明》,载中国人大网,http://www.npc.gov.cn/npc/c1773/c1848/c21114/c35174/c35181/202005/t20200523_306470.html。

② 平衡自然人权益的保护与个人信息或个人数据的合理利用是我国公法学界与民法学的共识。相关论文,参见蔡培如、王锡锌:《论个人信息保护中的人格保护与经济激励机制》,载《比较法研究》2020 年第 1 期;周汉华:《探索激励相容的个人数据治理之道——中国个人信息保护法的立法方向》,载《法学研究》2018 年第 2 期;王利明:《论个人信息权的法律保护——以个人信息权与隐私权的界分为中心》,载《现代法学》2013 年第 4 期。

立法来看,没有任何国家或地区立法将自然人的个人信息权利或个人数据权利规定得如同生命权、所有权那样,是一种绝对的、排他的权利以及不可克减的权利。几乎所有国家或地区在保护个人信息的法律规范中,都要关注民事权益保护与合理自由维护这一对价值的协调,既尊重和保护自然人的人格尊严等基本人权,也充分维护公共利益,保护言论与信息自由、商业活动的正常进行。例如,欧盟 GDPR 在作为导言性质的"鉴于条款"中首先明确了自然人在个人数据处理方面获得保护是一项基本权利,受到欧盟《基本权利宪章》第 8 条第 1 款和欧盟《运行条约》第 16 条第 1 款的保护。紧接着,欧盟 GDPR 在"鉴于条款"第 2 条和第 4 条中就明确指出,"本条例致力于实现自由、安全、公平和经济联盟,致力于经济和社会进步,加强并聚集内部市场的经济,实现个人的幸福","保护个人数据的权利不是一项绝对权利,必须考虑其在社会中的作用并应当根据比例性原则与其他基本权利保持平衡。本条例尊重所有基本权利,并奉行欧盟《运行条约》基于欧盟《基本权利宪章》承认的自由和原则,尤其是在以下方面:个人和家庭生活、家庭和通信、个人数据保护、思想自由、意识和宗教、言论和信息自由、商业活动自由、获得有效救济和公正审判的权利、文化、宗教和语言多样性"。日本于 2015 年大幅修订的《个人资料保护法》第 1 条就明确规定,"本法的立法目的在于,在高度信息通信社会的深化所带来的对个人信息的利用显著扩大的背景下,通过对个人信息之正当处理的基本理念、由政府制定基本方针及采取其他保护个人信息的措施等基本事项作出规定,明确国家和地方公共团体的职责等,并对个人信息处理业者应遵守的义务等作出规定,从而重视个人信息的正当且有效利用在促进新兴产业的创造、实现充满活力的经济社会和富足的国民生活上的作用以及其他个人信息的作用,保护个人的权利或利益"。

为了能够科学有效地协调个人信息的保护与合理利用,①我国《民法典》和《个人信息保护法》在确认个人信息权益性质、内容及其保护规则的同时,也规定了完善的个人信息合理使用制度。为帮助理论界与实务界准确理解并适用个人信息合理使用制度,本专题将对我国《民法典》和《个人信息保护法》中个人信息合理使用的

① 笔者认为,个人信息与个人数据并不等同;其中,信息是数据的内容,数据是信息的形式。为行文方便,文中不再区分个人信息与个人数据。

含义、规范层次及具体适用情形等问题进行详细探讨，以供理论界与实务界参考。

一、个人信息合理使用的含义

（一）个人信息合理使用无须取得自然人的同意

我国《民法典》第 111 条与第 1034 条第 1 款规定，自然人的个人信息受法律保护。这种保护主要表现在：一方面，自然人的个人信息遭受侵害后，其有权要求侵害人承担停止侵害、排除妨碍、消除危险以及赔偿损失等民事责任；另一方面，自然人有权对其个人信息进行积极的支配和利用。《民法典》第 993 条规定："民事主体可以将自己的姓名、名称、肖像等许可他人使用，但是依照法律规定或者根据其性质不得许可的除外。"这是《民法典》关于人格权的商业化利用，即人格权主体许可他人使用某些人格权客体的规定。[①] 虽然该条仅列举了"姓名、名称、肖像"3 项，但是，因其规定于《民法典》人格权编的第一章"一般规定"中，属于在法律没有相反规定的情况下可以普遍适用于所有人格权益的共通性规定。加之，该条在列举后使用了"等"字兜底。故此，从解释论上说，只要不属于"依照法律规定或者根据其性质不得许可的除外"情形，自然人当然可以将其个人信息许可他人使用。如果认为这种理解还不具有说服力的话，那么《民法典》第 1035 条和第 1036 条则从正反两方面非常明确地肯定了自然人有权同意（许可）处理者处理自己的个人信息。依据《民法典》第 1035 条第 1 款第 1 项的规定，处理自然人的个人信息，必须"征得该自然人或者其监护人同意，但是法律、行政法规另有规定的除外"。这说明，自然人或者其监护人的同意是个人信息处理行为合法性的基础。同时，依据《民法典》第 1036 条第 1 项的规定，如果行为人处理个人信息的行为属于"在该自然人或者其监护人同意的范围内合理实施的行为"，那么行为人不承担民事责任。这意味着，自然人或者其监护人的同意阻却了处理者处理个人信息行为的非法性。

---

① 人格权不仅保护民事主体的人格利益，也保护民事主体针对人格权客体享有的经济利益，故此，人格权可以进行商业化利用。详细论述，参见王利明：《人格权法研究》（第 3 版），中国人民大学出版社 2018 年版，第 221 页以下；王泽鉴：《人格权法：法释义学、比较法、案例研究》，台北，2012 年自版发行，第 300 页以下。

由此可见,自然人完全可以在不违反法律的规定或者个人信息性质的情形下,许可他人使用自己的个人信息。然而,个人信息的合理使用与自然人同意他人处理其个人信息完全不同,前者的根本特征在于:处理者可以不取得自然人或者其监护人的同意就对个人信息进行包括收集、存储、使用、加工、传输、提供、公开等处理行为。具体而言,一方面,个人信息合理使用中,处理行为的合法性不是建立在自然人同意的基础上的,不是基于自然人行使个人信息权益的意思表示或者处理者与自然人之间达成的合意而实施的行为,而是直接依据法律的规定所从事的行为,该行为在性质上属于民事法律事实中的合法事实行为,①而法律的规定赋予了此种未经自然人同意而处理个人信息的行为合法性。另一方面,由于个人信息的合理使用是合法的行为,不具有违法性,故此,其产生的法律效果是免除处理者的民事责任。在作为个人信息主体的自然人请求处理者承担民事责任时,处理者可以以此为由主张免责。此外,在行政法和刑法上,由于个人信息的合理使用是得到法律允许的,不是违反个人信息保护法律的违法行为或犯罪行为。故此,个人信息保护机构以及公安机关等有权机关也不得追究处理者的行政违法行为或犯罪行为,不产生行政责任或刑事责任的问题。

需要注意的是,个人信息的合理使用与匿名化信息处理行为之间存在的联系和区别。根据《民法典》第 1038 条第 1 款第 2 句、《个人信息保护法》第 4 条第 1 款以及《网络安全法》第 42 条第 1 款的规定,对于经过处理无法识别特定个人且不能复原的信息,可以不经被收集者同意而向他人提供个人信息。所谓经过处理无法识别特定个人且不能复原的信息就是指信息的匿名化,即被匿名化处理的信息。② 个人信息的合理使用与匿名化信息的处理行为既有联系又有差异。二者的共同之处在于,均无须得到自然人的同意即可实施,属于合法的信息处理行为,处理者无须承担法律责任。区别在于,一方面,二者的适用范围不同。个人信息的合理使用涉及对

---

① 参见吴汉东:《著作权合理使用制度研究》(第 3 版),中国人民大学出版社 2013 年版,第 125 页。

② 个人信息或个人数据的匿名化不同于“假名化”,后者是指对个人数据处理后,在没有特定信息参考(该特定信息被安全地单独保存)的情况下,不能指向特定个人。假名化数据与匿名化数据最大的不同是,前者仍然属于个人数据,仍要适用个人数据保护法。参见王融:《数据匿名化的法律规制》,载《中国征信》2017 年第 3 期。

个人信息的各种处理行为,包括收集、存储、加工、使用、传输、提供、公开等;而匿名化信息的处理仅限于向他人提供信息的情形,不包括其他情形。另一方面,行为合法的理由不同。个人信息的合理使用之所以是合法的行为,是因为法律基于公共利益等利益考量而对自然人的个人信息权益作出了限制。匿名化信息的处理之所以合法,是因为匿名化信息不属于个人信息。因为个人信息的本质特征在于可识别特定自然人(无论直接识别还是间接识别),然而,信息或数据匿名化处理后,已经无法识别特定的自然人且不能复原。故此,不属于个人信息。为了促进大数据的发展和应用,法律上有必要规定,将匿名化信息作为向他人提供个人信息时无须经过自然人本人的同意。①

(二)个人信息合理使用是法律基于公共利益等对人格权益进行的限制

个人信息合理使用的理论基础在于民事权益限制理论。② 所谓民事权益的限制,是指立法者基于价值考量通过法律对民事权益作出的正当与合理的限制。此种限制可以发生在两种或者多种的民事权益存在冲突的情形中,如相同属性的权益或不同属性的权益之间发生冲突时。相同属性的权益冲突,依据《民法典》第456条的规定,同一动产上已设立抵押权或者质权,该动产又被留置的,留置权人优先受偿。这主要就是考虑:留置权一般是由于留置权人就标的物提供了材料或劳务却未得到适当补偿而产生的。为了保证留置权人为标的物提供材料或劳务而使标的物增加的价值能得以收回,应当承认留置权优先。否则,不仅不公平,还会使承揽人因害怕自己投入的劳务和材料得不到确有保障的回报而拒绝任何加工、承揽服务,这对于社会是不利的。不同属性的权益冲突,《民法典》第1019条第2款规定:"未经肖像权人同意,肖像作品权利人不得以发表、复制、发行、出租、展览等方式使用或者公开肖像权人的肖像。"依据该规定,肖像权属于人格权,保护的是自然人的人格尊严等

① 参见杨合庆主编:《中华人民共和国网络安全法解读》,中国法制出版社2017年版,第95~96页。

② 关于权利冲突与限制的研究,我国法学界成果尚少,已有文献,参见汪太贤:《权利的代价——权利限制的根据、方式、宗旨和原则》,载《学习与探索》2000年第4期;郑成思:《私权、知识产权与物权的权利限制》,载《法学》2004年第9期;张翔:《公共利益限制基本权利的逻辑》,载《法学论坛》2005年第1期;张平华:《私法视野里的权利限制》,载《烟台大学学报(哲学社会科学版)》2006年第3期;丁文:《权利限制论之疏解》,载《法商研究》2007年第2期。

人格利益,而肖像作品上的权利是著作权或邻接权,虽然也有精神性权利,但更侧重于保护权利人的财产利益。为了更好保护自然人的人格利益,法律特别规定了肖像权以构成对肖像作品权利的限制。当然,对民事权益的限制也可以发生没有民事权益的冲突,而是出于维护公共利益、国家利益等理由对民事权益所作的限制。例如,《民法典》第245条第1句规定:"因抢险救灾、疫情防控等紧急需要,依照法律规定的权限和程序可以征用组织、个人的不动产或者动产。"抢险救灾、疫情防控等紧急需要,当然属于公共利益的需要,故此,以该理由可以对私人财产权利加以限制,无须其同意即可依照法定权限和程序强制使用其不动产或动产。又如,《民法典》第1025条规定:"行为人为公共利益实施新闻报道、舆论监督等行为,影响他人名誉的,不承担民事责任,但是有下列情形之一的除外:(一)捏造、歪曲事实;(二)对他人提供的严重失实内容未尽到合理核实义务;(三)使用侮辱性言辞等贬损他人名誉。"该规定的理由在于:为了公共利益而进行新闻报道或舆论监督,不仅涉及宪法层面的言论自由、出版自由的保护,还涉及对人民的知情权、监督公权力等公共利益的尊重和保护。故此,基于公共利益实施新闻报道、舆论监督行为而影响名誉时,要对民事主体的名誉权加以限制。

个人信息的合理使用是立法者对自然人的个人信息权益的限制,此种限制并非因为自然人的个人信息权益与其他民事权益之间存在效力位阶上的冲突,而是立法者基于价值权衡,为了维护公共利益对自然人的个人信息权益所作出的限制,其性质上属于对人格权益而非财产权益的限制。具体阐述如下:

1.个人信息上存在的是自然人的民事权益。① 所谓个人信息,是指以电子或者其他方式记录的能够单独或者与其他信息结合识别特定自然人的各种信息,包括自然人的姓名、出生日期、身份证件号码、生物识别信息、住址、电话号码、电子邮箱、健康信息、行踪信息等(《民法典》第1034条第2款或者《个人信息保护法》第4条第1款)。由此可见,个人信息的根本特征在于识别性(直接识别与间接识别),其与特定的自然人直接或间接联系。不能识别特定的自然人的信息也是信息,但不属于个

---

① 个别观点认为,自然人针对个人信息享有的不是民事权益,而是需要通过个人信息保护法确立的一项新型公法权利。参见周汉华:《个人信息保护的法律定位》,载《法商研究》2020年第3期。

人信息，不受《民法典》个人信息保护制度的规范。正是由于个人信息与特定的自然人密切相关，故此，才产生了保护个人信息的需要。除了能够被直接或间接识别的自然人，其他民事主体针对该自然人的个人信息本身并不享有任何民事权益（这一点不同于数据企业针对数据资产的权益）。

2. 自然人对其个人信息享有的民事权益属于人格权益，而非财产权益。关于自然人对个人信息享有的究竟是民事权利，抑或是民事利益，①是人格权还是财产权等问题，②一直存在较大争议。尽管在我国《民法典》的编纂过程中，有学者不断呼吁《民法典》中应当明确规定“个人信息权”，③而不应当仅使用“个人信息保护”表述。然而，《民法典》最终还是没有使用“个人信息权”的概念。《民法典》人格权编在规定具体人格权的各章（第二章至第六章）都以“某某权”为章名，如第二章“生命权、身体权和健康权”，第三章“姓名权和名称权”，第四章“肖像权”，第五章“名誉权和荣誉权”。但是，唯独在第六章使用了“隐私权和个人信息保护”这样的表述，之所以如此，根本原因在于，就是否规定“个人信息权”的问题争议较大。特别是部分人担心将自然人对个人信息的权益直接确定为“个人信息权”，会导致自然人对其个人信息享有过于绝对的支配权和控制权，以致影响信息自由流动，不利于网络信息社会和数字经济的发展。

虽然《民法典》没有规定个人信息权，但是，其非常明确地肯定了自然人的个人信息权益是民事权益，属于人格权益，而非财产权益。一方面，《民法典》总则编第五章“民事权利”在列举了自然人的生命权、身体权、健康权、姓名权、肖像权、名誉权、荣誉权、隐私权、婚姻自主权等具体人格权后，于第111条对个人信息的保护作出了宣示性规定。这说明立法者认为，自然人就其个人信息享有的是应当受到保护的人格利益，而非单纯的财产利益。否则，立法者就会在规定物权、债权、知识产权、股权等财产权利的部分宣示自然人的个人信息受法律保护。另一方面，《民法典》明确地

---

① 参见张新宝：《〈民法总则〉个人信息保护条文研究》，载《中外法学》2019年第1期。

② 多数学者认为，个人信息权是人格权。参见杨立新：《个人信息：法益抑或民事权利——对〈民法总则〉第111条规定的“个人信息”之解读》，载《法学论坛》2018年第1期；程啸：《民法典编纂视野下的个人信息保护》，载《中国法学》2019年第4期。少数学者认为，个人信息权属于财产权。参见刘德良：《个人信息的财产权保护》，载《法学研究》2007年第3期。

③ 例如，王利明教授在《民法典》编纂讨论的多个场合呼吁，《民法典》中应当明确规定个人信息权。

将个人信息保护的内容放在人格权编中,并与隐私权合并在第六章。由于我国《民法典》的人格权编不仅调整人格权的享有与保护产生的民事关系,也调整自然人享有的基于人身自由、人格尊严产生的其他人格权益(《民法典》第990条第2款)。所谓其他人格权益,既包括其他人格权,也包括其他人格利益(《民法典》第126条中的"其他民事权利和利益")。这就更加明确了自然人对其个人信息享有的民事权益属于人格权益。

3.既然自然人的个人信息权益属于人格权益,那么个人信息的合理使用在本质上就是对自然人的人格权益的限制,而非对其财产权益的限制。这一点与著作权的合理使用有很大的区别。著作权的合理使用也属于对于著作权进行的权利限制,[①]但其本质上是对著作权中财产权利的限制,而非对作者精神权利的限制(虽然对著作权人的发表权、保护作品完整权等精神权利也存在相应限制)。[②] 有观点从著作权合理使用制度的角度出发认为,"数据保护领域的合理使用也应当是对他人个人信息权中财产权部分的利用,表现为使用人对他人的数据所享有的不经同意,而加以使用的某种利益"。[③] 显然,这种看法不符合《民法典》对自然人个人信息权益的性质的规定,也不符合事实。在大数据时代,自然人个体既无法了解自己总共产生了什么样的及多少数量的个人数据,也根本没有就其个人数据的价值与处理者进行协商的空间和议价的能力。实践中出现的极个别自然人给自己的个人数据定价的情形也只是一个吸引眼球的噱头而已。[④] 事实上,单个自然人的个人数据本身并无价值,"普通人恐怕永远无法真正地靠出售个人数据赚钱。一条个人信息连一分钱都卖不了。除非被收集后与其他来自相近社会经济类别的个人资料汇总在一起加

---

① 著作权的限制包括合理使用、法定许可与强制许可,我国《著作权法》第24条、第25条、第35条、第42条、第46条列出了12种合理使用及5种法定许可的情形,但没有规定强制许可。参见吴汉东:《著作权合理使用制定研究》(第3版),中国人民大学出版社2013年版,第131页以下;王迁:《知识产权法教程》(第5版),中国人民大学出版社2016年版,第216页以下。

② 参见李扬:《著作权法基本原理》,知识产权出版社2019年版,第226页以下。

③ 江波、张亚男:《大数据语境下的个人信息合理使用原则》,载《交大法学》2018年第3期。

④ 2013年4月,一位名叫费德里希·扎内尔(Federico Zannier)的美国程序员在Kickstarter网站上发起了一个有趣的众筹项目,决定挖掘自己的隐私数据,然后看看能值多少钱。他记录了自己的所有在线活动,包括鼠标指针的位置、网络监控探头的图像资料和每天2美元的GPS定位数据,最后得出的结果是这些信息价值2700多美元。See Joseph W. Jerome, *Buying and Selling Privacy: Big Data's Different Burdens and Benefits*, 66 Stanford Law Review Online,47, p.48(2014).

以利用,否则无名之辈的个人资料并不值钱”。① 真正蕴含巨大经济价值的是,政府以及数据从业者即数据企业所收集和储存的海量的个人数据。需要指出的,由于我国对于人格权利益采取“一元化保护”模式,②人格权不仅保护民事主体的人格利益也保护其经济利益。故此,我国法律允许人格权的商业化利用(《民法典》第 993 条)。因此,将自然人的个人信息权益规定为人格权益,既不妨碍自然人在许可他人使用其个人信息时收取费用,也不影响企业通过各种经济激励机制来取得自然人的同意进而处理其个人信息。③

4. 对自然人个人信息权益的限制必须是基于维护公共利益等正当理由,同时要符合法律保留原则和比例原则。法律保留原则最早是由德国法学家奥托 · 迈耶提出的,他认为,所谓法律保留意味着“通过对基本权利的明示或默示保留,保证公民个人自由、财产不可侵犯和其他权利不受侵犯,除非有法律对此作出规定或基于法定理由才可以对上述权利进行干涉”。④ 法律保留原则是建立在民主原则和法治国原则基础上,限制公权力,保护私权利的重要原则。我国《立法法》第 10 条关于只能制订法律的事项的规定就是法律保留原则的体现,依据该条第 8 项的规定,民事基本制度只能制订法律。自然人的个人信息保护涉及自然人的人格尊严,属于自然人人格权益的范畴,属于民事基本制度。包括个人信息合理使用在内的个人信息保护的规则和制度必须制订法律。因此,我国《民法典》中才对个人信息的合理使用作出了规定。

比例原则有广义、狭义之分。狭义的比例原则主要适用于负担行政行为以及所有的行政领域,不仅约束行政,也约束立法,同时被适用于一般性确定基本权利的界

---

① See Joseph W. Jerome, *Buying and Selling Privacy: Big Data's Different Burdens and Benefits*, 66 Stanford Law Review Online 47, p. 52(2014).

② 关于人格权保护的模式的论述的相关论文,参见姚辉:《关于人格权商业化利用的若干问题》,载《法学论坛》2011 年第 6 期;王叶刚:《人格权中经济价值法律保护模式探讨》,载《比较法研究》2014 年第 1 期。

③ 对于如何通过经济激励有效平衡个人信息保护与信息的合理流通和利用的关系,王锡锌教授有深入的阐述,可资参考。参见蔡培如、王锡锌:《论个人信息保护中的人格保护与经济激励机制》,载《比较法研究》2020 年第 1 期。

④ [德]奥托 · 迈耶:《德国行政法》,刘飞译,何意志校,商务印书馆 2004 年版,第 72 页。

线,"即作为个人自由请求权和限制自由的公共利益之间的权衡要求适用"。[①] 在民法中,比例原则意味着"只有在以下情形当中,个人自由及其私法自治才能受到干预,即对于维护更高的利益而言这是必要的,且此种干预既适于实现预期的目标,也是实现该目的的最缓和的方式"。[②] 个人信息处理中应遵循的必要原则也是比例原则的体现。个人信息合理使用作为基于公共利益等正当理由对自然人个人信息权益的限制,当然要符合比例原则。合理使用中的"合理"一词,本身就是比例原则的要求。所谓合理使用,是指无论是收集、加工、使用,抑或是提供、公开个人信息,都是在服务于法律规定合理使用所希望达到的目的的范围内且手段和方式也没有超过为实现该目的而可以采取的最缓和的方式。使用不合理侵害民事主体人格权的,应当依法承担民事责任(《民法典》第999条第2句)。

二、个人信息合理使用的规范层次

《民法典》是成文法的最高形式,具有高度的体系性和逻辑性。作为一部符合中国国情和社会生活实际,体例科学、结构严谨、规范合理、内容协调一致的法律,我国《民法典》既具有内部体系性,也具有外部体系性。所谓内部体系性,是指贯穿于我国《民法典》并决定民法规范的价值、理念与原则是统一与和谐的,而外部体系性是指依据形式逻辑规则建构的抽象、一般概念式的体系。[③]《民法典》及《个人信息保护法》对于个人信息的合理使用构建了一套全面系统的规范体系,具体来说,可将之分为以下3个规范层次。

(一)总则编的抽象规范

对个人信息合理使用的第一个规范层次在《民法典》总则编中,这是在最一般也是最抽象层面对个人信息合理使用的规范。我国《民法典》第6条至第8条确立了

---

① [德]哈特穆特·毛雷尔:《行政法学总论》,高家伟译,法律出版社2000年版,第238~239页。

② Larenz/Wolf, Allgemeiner Teil des Buergerlichen Rechts, 9 Aufl., Beck, 2004, §1, Rn. 4.我国学者对民法中比例原则的详细讨论,参见郑晓剑:《比例原则在民法上的适用及展开》,载《中国法学》2016年第2期。

③ 参见[德]卡尔·拉伦茨:《法学方法论》,陈爱娥译,商务印书馆2003年版,第316页。

民事活动应当遵循的3项基本原则,即公平原则、诚信原则、公序良俗原则。同时,《民法典》第131条规定:"民事主体行使权利时,应当履行法律规定的和当事人约定的义务。"第132条规定:"民事主体不得滥用民事权利损害国家利益、社会公共利益或者他人合法权益。"民法的基本原则贯穿全部的民事法律规范之中,是指导各种民事行为、民事立法和司法活动的根本准则,[①]虽然基本原则并不直接涉及当事人的具体权利义务,但它是"指导和协调着全部社会关系或某一领域的社会关系的法律调整机制"。[②] 故此,无论是自然人行使个人信息权益,还是信息处理者依法或依约处理个人信息,以及个人信息的合理使用,在性质上都属于民事活动,应当遵循上述民法的基本原则,履行法律规定的和当事人约定的义务,不得损害国家利益、社会公共利益和他人的合法权益。虽然民法的基本原则并不能直接作为个人信息合理使用的理由,但是,在对于个人信息是否构成合理使用发生理解上的分歧或产生纠纷,且法律没有规定或者规定不明确时,应当遵循上述民法的基本原则加以判断。此外,《民法典》总则编第八章关于"民事责任"的规定中对于不可抗力、正当防卫、紧急避险等免责事由的规定,原则上也适用于包括个人信息权益在内的所有民事权益,从而构成对个人信息权益的限制,除非《民法典》或者其他法律另有规定。

(二)人格权编的共通性规范

对个人信息合理使用的第二个层面的规范是从人格权共通性或一般性法律规范角度作出的关于人格权限制的规定。这些法律规范主要规定在《民法典》人格权编第一章"一般规定"中。该章属于人格权法的总论或总则部分,是对人格权益的共性问题以及通用规则的规定。故此,凡是在《民法典》人格权编第二章至第六章以及其他法律中没有特别规定的情形下,都可以适用人格权编第一章。该章主要规定了以下两项非常重要的人格权限制性规范。

1.《民法典》第998条规定:"认定行为人承担侵害除生命权、身体权和健康权外的人格权的民事责任,应当考虑行为人和受害人的职业、影响范围、过错程度,以及

① 参见王利明:《民法总则研究》(第3版),中国人民大学出版社2018年版,第89页。

② [美]迈克尔·P.贝勒斯:《法律的原则》,张文显等译,中国大百科全书出版社1995年版,第468页。

行为的目的、方式、后果等因素。”该规范目的在于:其明确了生命权、身体权、健康权这 3 项人格权不得任意限制和克减的原则,体现了对这 3 类人格权的充分尊重和严格保护。申言之,在侵害生命权、身体权与健康权这 3 类人格权的民事责任(无论是侵权责任还是违约责任)的成立和民事责任的承担这两大问题上,不应当考虑行为人和受害人的职业、影响范围、过错程度及行为的目的、方式、后果等因素,而应当严格依据法律的相应规定判定。生命权、身体权和健康权与自然人的生命安全与生存息息相关,是最基本的人的生存的权利,是不得限制和克减的权利。我国《宪法》明确规定“国家尊重和保障人权”,同时,我国政府也在 1998 年 10 月 5 日签署了《公民权利和政治权利国际公约》。① 因此,《民法典》这一规定是对宪法尊重和保障人权的精神的贯彻落实。其次,除生命权、身体权、健康权外的人格权(包括人格利益),在认定侵害人格权益的民事责任时,应当考虑行为人和受害人的职业、影响范围、过错程度,及行为的目的、方式、后果等因素。立法者在《民法典》第 998 条中采取了“动态系统论”的观点。由于人格权几乎总会涉及相互之间的冲突以及与公共利益等的冲突。故此,如何在相互对立的利益之间划出一条明显界限,必然需要综合权衡所有的利益,以得到一个得以使各方利益最大化的解决办法。②《民法典》第 998 条通过明确需要考虑的各种因素,既为涉及人格权益冲突与限制的相关立法,也为法官裁判解决人格权益纠纷案件提供了参考因素,最终做到人格尊严与个人合理自由的协调。具体而言,考虑行为人和受害人的职业以及行为的目的、方式,就意味着法院在认定侵权责任时,要考虑保护为了公共利益而进行的新闻报道与舆论监督,从而协调言论自由与权益保护的关系;考虑受害人的职业,实际上就是采用了公众

① 《公民权利和政治权利国际公约》第 4 条第 1 款、第 2 款规定:“一、在社会经济状态威胁到国家的生命并经正式宣布时,本公约缔约国得采取措施克减其在本公约下所承担的义务,但克减的程度以紧急情势所严格需要者为限,此等措施并不得与它根据国际法所负有的其他义务相矛盾,且不得包含纯粹基于种族、肤色、性别、语言、宗教或社会出身的理由的歧视;二、不得依据本规定而克减第六条、第七条、第八条(第一款和第二款)、第十一条、第十五条、第十六条和第十八条。”该公约第 6 条规定的是生命权,第 7 条是禁止酷刑,第 8 条第 1 款、第 2 款是禁止奴隶制度和规定任何人不应被强迫役使,第 11 条是禁止因债务原因而被监禁,第 15 条是对溯及既往的刑法的禁止,第 16 条是对法律人格的承认,第 18 条是关于思想、良心、宗教和信仰自由的规定。由于《公民权利和政治权利国际公约》的一些规定,如对死刑适用范围的规定等,与我国现行法律有诸多冲突,故此我国虽然加入该公约,但迄今尚未批准实施。

② [奥]海尔穆特·库齐奥:《动态系统论导论》,张玉东译,载《甘肃政法学院学报》2013 年第 4 期。

人物的概念，从而对公众人物包括个人信息在内的人格权益加以必要的限制，以便更好地维护公共利益。

2.《民法典》第999条规定："为公共利益实施新闻报道、舆论监督等行为的，可以合理使用民事主体的姓名、名称、肖像、个人信息等；使用不合理侵害民事主体人格权的，应当依法承担民事责任。"该条明确规定了可以合理使用的人格权的客体，实际上是对这些人格权益作出限制。就自然人的个人信息权益而言，一方面，只有基于公共利益而实施新闻报道、舆论监督等行为时，才可以使用自然人的个人信息；另一方面，即便是基于新闻报道、舆论监督等行为，此种对自然人的个人信息的使用也应当是"合理"使用。如果使用不合理而侵害了民事主体的人格权（如隐私权、名誉权、姓名权、肖像权等）的，依然要承担民事责任。在判断使用是否合理时，可以依据《民法典》第998条规定的因素——"行为人和受害人的职业、影响范围、过错程度，以及行为的目的、方式、后果等"——加以判断。

（三）针对个人信息权益限制的专门规范

《民法典》对个人信息合理使用的第三个层次的规范，是直接作出的、专门针对个人信息作出的限制性规定。在法律上，规定权利的限制或者合理使用有两种方法：一种是从正面的、积极的角度规定，民事权益主体之外的组织或个人可以在没有取得民事权益主体同意的前提下，使用民事权益的客体或干涉其权益的行使，如《民法典》第999条、《著作权法》第24条等；另一种是从反面的、消极的角度以免责事由的方式规定，即便行为人未经民事权益人同意而实施了某种客观上构成对民事权益侵害、妨碍或造成损害的行为，也不需要承担民事责任。例如，《民法典》规定的正当防卫、紧急避险（第181条至第182条）以及自甘冒险、自助行为（第1176条至第1177条）等免责事由。上述两种方式都是权利的限制或合理使用，没有本质差异。一般来说，采取合理使用的方法来限制民事权益往往是在更一般或抽象的层面上，因此，受到限制的民事权益的范围也较广。而免责事由则是比较具体的，直接针对某个特定的民事权益作出的相应规定。我国《民法典》第1036条直接采取了规定处理个人信息免责事由的方式，以实现个人信息合理使用的目的。该条列举了三大类免责事由：其中第一类"在该自然人或者其监护人同意的范围内合理实施的行为"，在性质上属于自然人或者其监护人行使个人信息权益的行为,属于权利的自愿限制,[①]只有第二类、第三类即“合理处理该自然人自行公开的或者其他已经合法公开的信息”以及“为维护公共利益或者该自然人合法权益,合理实施的其他行为”,属于法律限制,为个人信息的合理使用。由于我国《民法典》专设“侵权责任编”,作为分则的最后一编,用以保护所有的人身权益和财产权益,因此,《民法典》侵权责任编中关于侵权责任免责事由的规定,如第1174 条规定的受害人故意、第1177 条规定的自助行为也可以适用于自然人的个人信息权益,构成相应的权利限制。

此外,《个人信息保护法》第13 条第1 款第2 项至第7 项规定了6 类无须取得个人同意即可处理个人信息的情形,分别是:(1)为订立、履行个人作为一方当事人的合同所必需,或者按照依法制定的劳动规章制度和依法签订的集体合同实施人力资源管理所必需;(2)为履行法定职责或者法定义务所必需;(3)为应对突发公共卫生事件,或者紧急情况下为保护自然人的生命健康和财产安全所必需;(4)为公共利益实施新闻报道、舆论监督等行为,在合理的范围内处理个人信息;(5)依照本法规定在合理的范围内处理个人自行公开或者其他已经合法公开的个人信息;(6)法律、行政法规规定的其他情形。笔者认为,这一规定是非常科学合理的,它充分考虑了我国国情,兼顾现实与未来的发展,与《民法典》等现行法律规定保持一致,并参考了比较法上的优秀成果,值得肯定。

三、个人信息合理使用的具体情形

从比较法上来看,各国或各地区的个人信息保护立法中,都有对个人信息合理使用或者免责事由的规定。欧盟 GDPR 分别在第 6 条“处理的合法性”、第 9 条“特殊类型的个人数据处理”、第 23 条“限制”中对个人信息合理使用的情形作出规定。日本《个人信息保护法》第 16 条至第 18 条、第 28 条则分别对可以事先不取得自然人的同意而获取、处理自然人的个人信息的情形,不将个人信息利用目的通知本人或者予以公布的情形以及即便本人请求要求公开个人信息但个人信息处理业者也不应公开的情形等问题作出规定。

---

① 参见张平华:《私法视野里的权利限制》,载《烟台大学学报(哲学社会科学版)》2006 年第 3 期。

各国或各地区个人信息保护立法中所规定的个人信息合理使用的情形具有很多共通之处,即主要是出于以下几类原因对自然人的个人信息权益作出限制:其一,维护公共利益,如国家安全、国防、公共卫生、公共安全、学术自由以及其他公共利益中的重要目标(如经济或财政利益)等;其二,保护民事权益,包括保护个人信息主体以及其他自然人等民事主体的生命、身体、自由、财产或其他重要民事权益的需要;其三,合法公开的个人信息,即自然人自行公开或者通过其他方式已经合法公开的个人信息。我国《民法典》及《个人信息保护法》所规定的个人信息合理使用的情形与比较法上的规定基本一致,下面分别对此予以论述。

(一)为订立或者履行个人作为一方当事人的合同所必需

依据《个人信息保护法》第 13 条第 1 款第 2 项和第 2 款的规定,为订立或者履行个人作为一方当事人的合同所必需时,个人信息处理者不需要取得个人同意即可处理个人信息。所谓为订立或履行个人作为一方当事人的合同所必需,是指当个人作为一方当事人与作为另一方当事人的处理者正在订立合同或者履行已经成立的合同时,处理者只有处理该个人的某些个人信息才能与之缔结或履行合同。这种例外情形仅适用于处理者与个人作为平等的民事主体之间订立或履行合同的场合,即处理者向个人提供产品或者服务而与个人之间订立或履行合同。依据《民法典》第 464 条第 1 款的规定,合同是“民事主体之间设立、变更、终止民事法律关系的协议”。例如,A 公司经营一家网店销售食品,顾客 B 浏览该网站后想向 A 公司购买某些食品。此时,A 公司为了向 B 交货,就必须收集 B 的收货地址、姓名和必要的联系方式。如果采取通过银行转账或信用卡支付的方式,那么 A 公司就需要处理顾客 B 的银行账户或信用卡信息。当然,如果采取的是货到付款方式,则 A 公司无须处理此等信息。

对于哪些个人信息的处理属于为订立或履行合同所必需,应当在合同订立或履行前基于全部的具体情形加以分析评估。具体而言,一方面,应当符合比例原则,也就是说,需要考虑是否存在可以比处理个人信息的侵入性更小的方式。如有此种方式,则该处理行为就不满足《个人信息保护法》第 13 条第 1 款第 2 项的要求。另一方面,要从处理者与信息主体等双方当事人的角度来考虑合同的目的,即就实现合同的目的而言,信息的处理是否属于必不可少的。处理个人信息的主体依据本项而处理个人信息的,处理者负担证明责任,其必须证明如果有关个人信息的特定处理活动不能在不取得个人同意的情形下就进行,那么个人作为一方当事人的该等合同就无法订立或者予以履行。当然,依据《个人信息保护法》第 13 条第 1 款第 2 项的规定,处理者虽然可以不取得个人的同意就从事处理特定的个人信息的处理行为,但是,处理者在个人信息处理中应当负有相应义务。对此,不仅《个人信息保护法》有明确的规定,《民法典》等其他法律也有规定。例如,《民法典》第 509 条第 2 款规定:"当事人应当遵循诚信原则,根据合同的性质、目的和交易习惯履行通知、协助、保密等义务。"第 558 条规定:"债权债务终止后,当事人应当遵循诚信等原则,根据交易习惯履行通知、协助、保密、旧物回收等义务。"这两条中规定的"保密"义务,就包括了对个人信息的保密义务。

(二)按照依法制定的劳动规章制度和依法签订的集体合同实施人力资源管理所必需

《个人信息保护法》的草案一审稿和草案二审稿都没有规定这一情形。在《个人信息保护法》起草过程中,就是否应当规定为了人力资源管理所必需的情形,存在争论。

一种观点认为,人力资源管理涉及的内容非常广泛,所谓人力资源管理所必需的范围可能无法限制,不利于个人信息的保护。事实上,所谓人力资源管理所必需的个人信息处理活动完全可以通过告知同意规则以及其他法定事由分别解决。例如,在招聘时处理应聘者的个人信息可以以告知并取得个人的同意作为合法根据;对于准备签订劳动合同或已经签订了劳动合同的员工,处理其个人信息的合法性根据可以是"为订立、履行个人作为一方当事人的合同所必需"。此外,依据《劳动合同法》《社会保险法》《工伤保险条例》等法律、行政法规的规定,雇主即用人单位有法定义务为员工办理社会保险,此时处理个人信息完全可以用履行法定义务作为根据。由此可见,完全没有必要规定"人力资源管理所必需"作为处理个人信息的合法性根据。

另一种观点认为,应当增加"人力资源管理所必需"这一合法性根据,这也属于用人单位为了自身合法利益而无须取得同意的情形。用人单位尤其是公司、企业处理员工的个人信息的情形越来越普遍，所涉及的场景非常多，并不是依靠取得个人同意、履行合同所必需和履行法定义务就可以解决的。从招聘新员工时处理应聘者的简历，到员工入职后办理社保、支付薪水、提供福利、绩效考评、业务培训，工作场所使用信息和通信监控技术，工作中使用单位车辆和各种记录仪，单位向第三人披露员工信息，公司集团内部员工信息的转移甚至是跨国提供等，都是对个人信息的处理。如果每一个个人信息的处理行为都要逐一取得同意，那么人力资源管理活动将无法正常进行。用人单位与员工之间的关系本来就是不对等的，在用人单位取得员工同意时，员工几乎不可能自愿地同意或拒绝、撤回同意。而且，仅是履行合同所必需和履行法定义务也不足以解决问题。故此，应当明确单位可以基于人力资源管理这种合法利益所必需而处理员工的个人信息。

在《个人信息保护法》起草过程中，有人提出，现实中有关企业、用人单位在人力资源管理工作中需要处理个人信息，建议在草案中将此类情况作为允许收集和处理个人信息的情形。全国人大宪法和法律委员会经研究，建议采纳上述意见。故此，《个人信息保护法》草案三审稿第 13 条第 1 款第 2 项规定了“人力资源管理所必需”可以处理个人信息。但是，在讨论的过程中，不少人认为，人力资源管理所必需的范围还是过于宽泛，应当加以限制。最终正式颁布的《个人信息保护法》第 13 条第 1 款第 2 项增加了一个限制，即“按照依法制定的劳动规章制度和依法签订的集体合同实施人力资源管理所必需”。

从《个人信息保护法》这一规定可知，首先，处理个人信息必须是实施人力资源管理所必需的。其次，也不是所有出于人力资源管理工作的需要都意味着可以不取得个人同意就处理个人信息，只有在“按照依法制定的劳动规章制度和依法签订的集体合同”而实施的人力资源管理中必须处理个人信息的情形中，才可以不取得个人同意而处理其个人信息。这就排除了企业依据自身制定的不合理的劳动规章制度而以实施人力资源管理所必需为由处理职工的个人信息，也防止企业随意扩大解释人力资源管理的范围，任意处理员工的个人信息。依据《劳动法》第 4 条和《劳动合同法》第 4 条的规定，用人单位应当依法建立和完善劳动规章制度，保障劳动者享有劳动权利、履行劳动义务。用人单位在制定、修改或者决定有关劳动报酬、工作时间、休息休假、劳动安全卫生、保险福利、职工培训、劳动纪律以及劳动定额管理等直接涉及劳动者切身利益的规章制度或者重大事项时,应当经职工代表大会或者全体职工讨论,提出方案和意见,与工会或者职工代表平等协商确定。在规章制度和重大事项决定实施过程中,工会或者职工认为不适当的,有权向用人单位提出,通过协商予以修改完善。用人单位应当将直接涉及劳动者切身利益的规章制度和重大事项决定公示,或者告知劳动者。

所谓集体合同,是工会或职工代表代表全体职工与用人单位之间根据法律、法规的规定,就劳动报酬、工作时间、休息休假、劳动安全卫生、保险福利等事项,在平等协商一致的基础上签订的协议。《劳动法》第33条规定,"企业职工一方与企业可以就劳动报酬、工作时间、休息休假、劳动安全卫生、保险福利等事项,签订集体合同。集体合同草案应当提交职工代表大会或者全体职工讨论通过。集体合同由工会代表职工与企业签订;没有建立工会的企业,由职工推举的代表与企业签订"。《劳动合同法》第51条规定,企业职工一方与用人单位通过平等协商,可以就劳动报酬、工作时间、休息休假、劳动安全卫生、保险福利等事项订立集体合同。集体合同草案应当提交职工代表大会或者全体职工讨论通过。集体合同由工会代表企业职工一方与用人单位订立;尚未建立工会的用人单位,由上级工会指导劳动者推举的代表与用人单位订立。

(三)为履行法定职责或者法定义务所必需

从比较法上来看,各国的数据保护法和个人信息保护法都将履行法定职责和法定义务作为不适用告知同意规则的典型情形。例如,欧盟GDPR第6条第1款(c)项和(e)项就分别规定了"处理是控制者履行法律义务之必要"以及"处理是为了执行公共利益领域的任务或行使控制者既定的公务职权之必要"这两种不适用告知同意规则的情形。又如,韩国《个人信息保护法》第15条第1款第2项、第3项规定,"法律上有特别的规定或者为了遵守法律上的义务而不可避免的情形"以及"公共机关为执行法令等规定的所管业务而不可避免的情形",个人信息处理者可以收集个人信息,并在其收集目的范围内使用。我国《个人信息保护法》第13条第1款第3项明确规定,为履行法定职责或者法定义务所必需的,个人信息处理者可以不取得个人同意而进行个人信息的处理。具体阐述如下。

1. 履行法定职责所必需

所谓法定职责，包括法定职权和法定责任，是指立法机关、行政机关以及司法机关等公权力机关依据法律法规的规定而享有的职权以及必须履行的义务。履行法定职责是依法治国原则的体现，一方面，公权力机关的职权来自法律法规的授权，不得任意扩张其职权，否则就是超越职权范围的违法行为；另一方面，公权力机关依法行使职权是其法定的责任，不依法履行职责也属于违法行为，应当承担法律责任。《中共中央关于全面推进依法治国若干重大问题的决定》指出："依法全面履行政府职能。完善行政组织和行政程序法律制度，推进机构、职能、权限、程序、责任法定化。行政机关要坚持法定职责必须为、法无授权不可为，勇于负责、敢于担当，坚决纠正不作为、乱作为，坚决克服懒政、怠政，坚决惩处失职、渎职。行政机关不得法外设定权力，没有法律法规依据不得作出减损公民、法人和其他组织合法权益或者增加其义务的决定。推行政府权力清单制度，坚决消除权力设租寻租空间。"

为确保公权力机关能够履行法定职责，《个人信息保护法》第 13 条第 1 款第 3 项规定，为履行法定职责所必需的，不需要取得个人同意。例如，《道路交通安全法》第 19 条第 1 款、第 2 款规定，"驾驶机动车，应当依法取得机动车驾驶证。申请机动车驾驶证，应当符合国务院公安部门规定的驾驶许可条件；经考试合格后，由公安机关交通管理部门发给相应类别的机动车驾驶证"。故此，自然人在向公安机关交通管理部门申请机动车驾驶证时，必须提供相应的个人信息，公安机关交通管理部门可以无须取得个人的同意。又如，《刑事诉讼法》第 132 条第 1 款规定："为了确定被害人、犯罪嫌疑人的某些特征、伤害情况或者生理状态，可以对人身进行检查，可以提取指纹信息，采集血液、尿液等生物样本。"显然，在这种情形下，公安机关或检察机关为侦查犯罪而强制收集的个人生物识别信息等，就属于履行法定职责，无须取得个人同意。

需要注意的是：首先，法定职责中的"法"是广义的法，既包括全国人大及其常委会颁布的法律，也包括行政法规、地方性法规、部门规章和地方政府规章等规范性法律文件。其次，国家机关等为履行法定职责而处理个人信息时，只有为履行法定职责所必需的，才可以不需要取得个人同意。这就是说，并非只要是国家机关为履行法定职责而处理个人信息的,就一定是不需要取得个人同意的情形,只有为履行法定职责所必需即不处理个人信息就无法履行法定职责的情形,才可以不取得个人的同意。最后,国家机关履行法定职责而处理个人信息并非一定伴随具体的行政行为。以行政机关为例,其有时是在作出行政许可、审批、申报、征税、处罚等具体的行政行为时处理个人信息,有时则是专门以收集信息为目的而进行活动。例如,国家统计机关依据《统计法》《全国经济普查条例》《全国人口普查条例》等法律法规的规定进行统计调查对个人信息的处理,就并不伴随具体地针对特定个人的行政行为。但是,统计机构是在履行法定职责,故此,依据《统计法》第7条的规定,国家机关、企业事业单位和其他组织以及个体工商户和个人等统计调查对象,必须依法真实、准确、完整、及时地提供统计调查所需的资料,不得提供不真实或者不完整的统计资料,不得迟报、拒报统计资料。

2. 履行法定义务所必需

法定义务,是指信息处理者依据法律法规的规定而负有的义务。法定义务不同于法定职责,法定职责仅限于公权力机关,即国家机关以及法律法规授权的具有管理公共事务职能的组织,而法定义务限于普通的民事主体,即自然人、法人和非法人组织。我国法律中规定了很多法定义务,例如,我国《社会保险法》《劳动合同法》《劳动法》《工伤保险条例》等法律法规要求,职工应当参加工伤保险,由用人单位缴纳工伤保险费,职工不缴纳工伤保险费。故此,用人单位在为职工投保工伤保险时,就必须收集职工的相关个人信息,否则就无法履行该义务。又如,依据我国《反洗钱法》的规定,金融机构负有反洗钱的法定义务,该义务就包括必须从事某些个人信息处理行为。依据《反洗钱法》第16条的规定,“金融机构应当按照规定建立客户身份识别制度。金融机构在与客户建立业务关系或者为客户提供规定金额以上的现金汇款、现钞兑换、票据兑付等一次性金融服务时,应当要求客户出示真实有效的身份证件或者其他身份证明文件,进行核对并登记。客户由他人代理办理业务的,金融机构应当同时对代理人和被代理人的身份证件或者其他身份证明文件进行核对并登记。与客户建立人身保险、信托等业务关系,合同的受益人不是客户本人的,金融机构还应当对受益人的身份证件或者其他身份证明文件进行核对并登记。金融机构不得为身份不明的客户提供服务或者与其进行交易,不得为客户开立匿名账户或者假名账户。金融机构对先前获得的客户身份资料的真实性、有效性或者完整性有疑问的,应当重新识别客户身份。任何单位和个人在与金融机构建立业务关系或者要求金融机构为其提供一次性金融服务时,都应当提供真实有效的身份证件或者其他身份证明文件”。当然,金融机构在履行反洗钱的法定义务中获取的个人信息,其负有保密的义务,非依法律规定,不得向任何单位和个人提供(《反洗钱法》第 5 条第 1 款)。此外,《网络安全法》第 21 条规定,“国家实行网络安全等级保护制度。网络运营者应当按照网络安全等级保护制度的要求,履行下列安全保护义务,保障网络免受干扰、破坏或者未经授权的访问,防止网络数据泄露或者被窃取、篡改:(一)制定内部安全管理制度和操作规程,确定网络安全负责人,落实网络安全保护责任;(二)采取防范计算机病毒和网络攻击、网络侵入等危害网络安全行为的技术措施;(三)采取监测、记录网络运行状态、网络安全事件的技术措施,并按照规定留存相关的网络日志不少于六个月;(四)采取数据分类、重要数据备份和加密等措施;(五)法律、行政法规规定的其他义务”。因此,当作为网络运营者的个人信息处理者,出于防范计算机病毒和网络攻击而采取相应技术措施的必要处理个人信息时,也可以认为属于为履行法定义务所必需。

(四)为应对突发公共卫生事件所必需

所谓突发公共卫生事件,是指突然发生,造成或者可能造成社会公众健康严重损害的重大传染病疫情、群体性不明原因疾病、重大食物和职业中毒以及其他严重影响公众健康的事件。突发公共卫生事件属于突发事件的一类。依据《突发事件应对法》第 3 条第 1 款的规定,突发事件是指突然发生,造成或者可能造成严重社会危害,需要采取应急处置措施予以应对的自然灾害、事故灾难、公共卫生事件和社会安全事件。依据《传染病防治法》《突发事件应对法》《突发公共卫生事件应急条例》的规定,在发生突发公共卫生事件时,为了疫情防控,保护广大人民群众的生命财产安全,政府将依法采取相应的应急处置措施,包括:组织营救和救治受害人员,疏散、撤离并妥善安置受到威胁的人员以及采取其他救助措施;迅速控制危险源,标明危险区域,封锁危险场所,划定警戒区,实行交通管制以及其他控制措施;立即抢修被损坏的交通、通信、供水、排水、供电、供气、供热等公共设施,向受到危害的人员提供避难场所和生活必需品,实施医疗救护和卫生防疫以及其他保障措施;禁止或者限制使用有关设备、设施,关闭或者限制使用有关场所,中止人员密集的活动或者可能导致危害扩大的生产经营活动以及采取其他保护措施;采取防止发生次生、衍生事件的必要措施等。在现代信息社会,借助大数据分析手段,位置信息、行动轨迹等个人信息在疫情预测预警、人员流动监控、物资调配分发等方面发挥了重要作用。故此,《个人信息保护法》第 13 条第 1 款第 4 项明确,为应对突发公共卫生事件所必需时,可以不取得个人同意而处理个人信息。当然,虽然不需要取得个人的同意,但是相关部门对于处理的个人信息必须依法采取保密措施,保护相关人员的隐私权和个人信息权益。

(五)紧急情况下为保护自然人的生命健康和财产安全所必需

依据《民法典》第 1036 条第 3 项的规定,为了作为个人信息主体的"该自然人合法权益",可以不经过自然人或其监护人的同意而合理实施个人信息的处理行为,行为人不承担民事责任。所谓维护该自然人的合法权益,是指为了维护作为个人信息主体的自然人的人身财产权益。例如,甲突发疾病而生命垂危,急需在掌握其既往病史等个人信息的基础上进行对应的抢救治疗,而又无法取得其本人或近亲属的同意。此时,为了挽救甲的生命,可以实施个人信息的处理行为。在比较法上许多国家或地区的个人信息保护立法中也有相同的规定。欧盟 GDPR 第 23 条第 1 款(i)项规定,为了"对数据主体或其他人的权利与自由的保护",根据数据控制者或处理者应遵守的欧盟或成员国的法律规定,可以通过立法措施限制该条例第 12 条至第 22 条,第 34 条及第 5 条的权利与义务的范围,只要该限制符合该条例第 12 条至第 22 条规定的权利和义务,且实质符合基本权利和自由的本质,且是民主社会应采取的必要的适当的措施。日本《个人信息保护法》第 17 条第 2 款第 2 项以及第 23 条第 1 款第 3 项规定,"为保护人的生命、身体或财产而有必要,却又难以取得本人同意的情形",个人信息处理业者可以未事先取得本人的同意而获取自然人的个人数据或者将其个人数据提供给第三人。

事实上,不仅为了维护个人信息或个人数据主体自身的合法权益,可以实施对个人信息的合理使用,为了维护自然人之外的其他民事主体的合法权益时,也可以针对该自然人的个人信息实施合理使用行为。我国《民法典》第1036条第3项仅规定了维护作为个人信息权益主体的“该自然人”合法权益，没有规定维护其他民事主体合法权益时的合理使用。这并不意味着我国《民法典》对此存在缺漏。因为，如果是为了维护其他民事主体的合法权益而需要合理使用个人信息的话，那么该等情形属于紧急避险，完全可以适用《民法典》第182条，而无须重复规定。

为了明确此种情形，《个人信息保护法》第13条第1款第4项后半句作出了规定。依据该句之规定，只要是在紧急情况下为了保护自然人的生命健康和财产安全所必需的，不需要取得个人同意，处理者即可实施个人信息处理行为。相较《民法典》第1036条第3项，本句规定的特点在于：一方面，明确了维护的法益是自然人的生命健康和财产安全。自然人的生命健康和财产安全是对于自然人而言更重要的利益，故此，在位阶上，对这些利益的保护应当优先于对个人信息的保护。另一方面，由于本句规定并未限定被保护的自然人，故此，无论是保护作为信息主体的自然人的生命健康和财产安全，还是保护其他自然人的生命健康和财产安全，都可以无须取得个人同意而实施个人信息处理行为。

（六）为公共利益实施新闻报道、舆论监督等行为，在合理的范围内处理个人信息

依据《民法典》第999条的规定，为公共利益实施新闻报道、舆论监督等行为的，可以合理使用自然人的个人信息，使用不合理侵害民事主体人格权的，应当依法承担民事责任。所谓新闻报道，是指对新近发生的事实进行的报道。在我国，能够进行新闻报道是依法设立的新闻单位，如报纸出版单位、新闻性期刊出版单位、通讯社、广播电台、电视台、广播电视台、新闻网站、网络广播电视台等。舆论监督是从功能或作用意义上使用的概念，简单地说，是通过形成公众言论而对于公共事务、热点事件等与公共利益、国家利益相关的事情予以监督并加以评论的活动。以往，舆论监督一般就是指新闻单位所做的新闻报道中的批评性报道。然而，在社交媒体时代，不仅仅是新闻单位，自媒体上的普通用户的言论集合也可以形成舆论监督。一般的社会大众也可以很容易地通过网络（如微信、微博、博客、个人网站等）途径向外发布、分享某些事实与观点，评论公共事务，从而发挥舆论监督作用。

《民法典》之所以专门规定,为公共利益实施新闻报道、舆论监督等行为可以合理使用个人信息,是因为在为公共利益而实施的新闻报道、舆论监督中不可避免地要涉及特定的自然人,会使用自然人的姓名、性别、家庭住址等一些个人信息,如果使用这些个人信息都要逐一告知并征得自然人的同意,在自然人不同意的情况下就不能使用,新闻报道就无法正常进行。尤其是为了维护公共利益的舆论监督,本来就是要揭露各种不道德的、违法和犯罪的人与事情,打击邪恶,监督公权力,维护社会正义,这是自由与法治的社会所不可或缺的。故此,更有必要合理使用自然人的个人信息。总之,为公共利益而实施新闻报道、舆论监督的行为,对于维护广大民事主体的合法权益,保护表达自由,具有不可替代的重要作用,故此,《民法典》第 999 条专门就新闻报道、舆论监督中合理使用个人信息等人格权客体的行为作出了规定。当然,并非所有的新闻报道、舆论监督等行为都有权合理使用个人信息,必须是为了公共利益,一些只是单纯娱乐性的新闻报道或者仅仅是对某个人的不道德或违法行为的舆论监督,因为与公共利益无关,此时行为人也不得未经同意而使用他人的个人信息,否则就构成侵权。①

(七)在合理范围内处理个人自行公开或者其他已经合法公开的个人信息

依据《民法典》第 1036 条第 2 项的规定,合理处理该自然人自行公开的或者其他已经合法公开的信息,即便没有得到该自然人的同意,行为人也不承担民事责任,但是该自然人明确拒绝或者处理该信息侵害其重大利益的除外。所谓合法公开的个人信息有两个特征:其一,合法性,包括自然人自行公开(行使个人信息权益而针对个人信息进行处分),也包括依据法律、行政法规的规定被公开(如法院公开裁判文书中涉及的个人信息)。至于那些因他人泄露或非法公开的个人信息,虽然客观上确实处于公开的状态,但因不属于合法公开的个人信息,故此不适用《民法典》上述规定。其二,公开性,即个人信息被公之于众,不特定的人可以通过合法的途径而获悉。例如,接受记者的采访报道中公开个人信息,他人皆可通过网络搜索合法的

① 我国《民法典》第 999 条中“为公共利益”的限制是在十三届全国人大三次会议审议民法典草案时加上的,此前的草案并无此规定。笔者认为增加这一限制是合理的。

获得。如果只是在很小的亲友圈内公开,如在微信朋友圈中公开,只有特定的人才可以获得的个人信息,不应认为是公开的个人信息。

合法公开的个人信息包括两大类:其一,自然人自行公开的个人信息,如某教授将自己的办公室电话、手机号、电子邮箱、通信地址等在自己的个人网页上加以公开,从而使这些个人信息进入了公共领域,任何人都可以获得;其二,其他已经合法公开的个人信息。这主要包括两种情形:一是依据行政行为而公开的个人信息,即因政府机关履行职责而依法加以公开的个人信息。例如,依据《企业信息公示暂行条例》第 8 条的规定,企业通过企业信用信息公示系统向工商行政管理部门报送上一年度年度报告,并向社会公示。企业的年度报告中涉及自然人的个人信息的内容,如"企业为有限责任公司或者股份有限公司的,其股东或者发起人认缴和实缴的出资额、出资时间、出资方式等信息""有限责任公司股东股权转让等股权变更信息"等。二是依据司法行为而公开的个人信息,即因为法院的司法行为而公开法律文书,其中也会涉及合法公开的个人信息。例如,依据最高人民法院《关于人民法院在互联网公布裁判文书的规定》第 4 条的规定,人民法院作出的裁判文书除涉及国家秘密、未成年人犯罪等不应公开的情形外,都应当在互联网上公开。人民法院在互联网公布裁判文书时,虽然应当删除"自然人的家庭住址、通讯方式、身份证号码、银行账号、健康状况、车牌号码、动产或不动产权属证书编号等个人信息""家事、人格权益等纠纷中涉及个人隐私的信息"等信息,但是,有些个人信息仍然应当在裁判文书中保留。对此,该司法解释第 11 条第 1 项有相应规定,即人民法院在互联网公布裁判文书,"除根据本规定第八条进行隐名处理的以外,当事人及其法定代理人是自然人的,保留姓名、出生日期、性别、住所地所属县、区……"

《民法典》第 1036 条第 2 项的规定来自 2014 年《利用信息网络侵害人身权益规定》第 12 条,依据该条第 1 款第 4 项,如果网络用户或者网络服务提供者利用网络公开的自然人基因信息、病历资料、健康检查资料、犯罪记录、家庭住址、私人活动等个人隐私和其他个人信息是自然人自行在网络上公开的信息或者其他已合法公开的个人信息,则不构成侵权行为,不承担侵权责任。但是,依据该条第 2 款,如果网络用户或者网络服务提供者以违反社会公共利益、社会公德的方式公开这些的个人信息,或者公开该信息侵害权利人值得保护的重大利益,权利人请求网络用户或者网络服务提供者承担侵权责任的,人民法院应予支持。对于已经合法公开的个人信息,无论是自然人自行公开的还是其他已经合法公开的个人信息,原则上是可以无须告知并取得自然人的同意即能够自由的进行处理。因为,这有利于促进信息的流动与利用,对于网络信息社会和数字经济的发展是有利的。但是,如果该自然人明确拒绝对已合法公开的个人信息的处理或者处理该信息侵害其重大利益的除外。这就是说,一方面,即便是已经合法公开的个人信息依然受到法律的保护,自然人对这些个人信息并不因其公开而失去控制的权利,其有权拒绝他人对这些信息进行处理。另一方面,由于个人信息的保护对于维护自然人的人格尊严和人格自由具有很重要的意义,所以即便是已经合法公开的个人信息,也不得任意进行处理,如果处理该信息将侵害自然人的重大利益的,也要承担民事责任。所谓"侵害自然人重大利益"的情形,是指处理将有害于自然人的生命、身体、自由、财产或其他重大利益。例如,通过对各种合法公开的信息的处理而对自然人进行人格画像,从而导致该自然人将会在接受商品或服务的过程中遭受种族、性别的歧视等侵害人格尊严的行为的,则该处理行为侵害了自然人的重大利益,是非法的。

在我国《个人信息保护法》的起草过程中,草案一审稿并没有在第 13 条单列对已合法公开的个人信息的合理处理行为,草案二审稿才增加了本项规定。这一修改是正确的,一则可以使本法与《民法典》保持一致,二则也与比较法上立法例相一致。例如,欧盟 GDPR 第 9 条第 2 款规定,在处理被数据主体明显公开的个人数据时,不适用本条第 1 款禁止处理的规定。但是,如果该自然人明确拒绝对已合法公开的个人信息的处理或者处理该信息侵害其重大利益的除外。日本《个人信息保护法》第 17 条第 2 款第 5 项规定,当"该需注意的个人信息已经被本人、国家机关、地方公共团体、第七十六条第一款各项规定的主体及《个人信息保护委员会规则》规定的其他主体公开的情形",则个人信息处理业者可以无须事先取得本人的同意。

关于《个人信息保护法》第 13 条第 1 款第 6 项的适用,需要注意以下几点:

首先,个人信息处理者处理的必须是已经合法公开的个人信息。一方面,该个人信息必须是客观上已经公开的个人信息。所谓公开,是指信息主体向不特定的人公开,即不特定的人都可以通过合法的途径获取该信息。例如,接受记者的采访中公开自己的个人信息,他人皆可通过网络搜索而合法获得。但是,如果信息主体只是在很小的亲友圈内公开，如在微信的朋友圈中公开，那么无论该朋友圈中的人数是数人还是数百人，由于只有特定的人才可以获得该个人信息，只能认为信息主体是向该朋友圈中的特定人公开，而不能认为其已经公开个人信息。另一方面，已经公开的个人信息必须是自然人自行公开的或者其他已经合法公开的信息，也就是说，如果他人通过实施侵权行为甚至犯罪行为而非法披露或公开的个人信息，也不属于已经公开的个人信息，不能适用本条规定。

其次，即便是对于已经公开的个人信息进行处理，也必须是在合理的范围内，即遵循正当、必要、限制等原则。如果使用不合理，依然会构成对自然人的个人信息权益的侵害行为。这是因为，由于个人信息的保护对于维护自然人的人格尊严和人格自由具有很重要的意义，所以即便是已经合法公开的个人信息，也不得任意进行处理。合理与否必须考虑两个方面：一是处理的目的是否合理；二是处理的方式是否合理，即如果有侵害性更小的处理方式时，就不能采取侵害性更大的处理方式。

最后，即便是合理处理已经公开的个人信息，但如果该自然人明确拒绝，或者处理该信息侵害该自然人重大利益的除非取得其同意，否则也不得进行处理。《民法典》第 1036 条第 2 项规定："合理处理该自然人自行公开的或者其他已经合法公开的信息，但是该自然人明确拒绝或者处理该信息侵害其重大利益的除外。"《个人信息保护法》则从被公开的个人信息的用途以及是否对个人有重大影响的角度进行了限制。该法第 27 条最后一句规定："个人信息处理者处理已公开的个人信息，对个人权益有重大影响的，应当依照本法规定取得个人同意。"

（八）维护公共利益

根据《民法典》第 1036 条第 3 项的规定，为维护公共利益而合理实施的个人信息的处理行为，行为人不承担民事责任。该规定明确了维护公共利益是合理使用个人信息的情形。公共利益是很抽象的概念，具有很大的不确定性，因此，由法律来确认或者形成客观的公共利益成为法治社会的普遍做法。① 例如，《土地管理法》第 45

① 胡锦光、王锴：《论我国宪法中"公共利益"的界定》，载《中国法学》2005 年第 1 期。

条第1款,就明确地将征收农民集体所有的土地时的公共利益界定为6种类型。①

基于哪些公共利益可以合理使用个人信息,对此,比较法上进行明确列举的国家或地区比较少。欧盟GDPR是为数不多进行了详细列举的立法例,其第23条第1款列举的公共利益主要有:国家安全;防卫;公共安全;刑事犯罪的预防、调查、侦查、起诉或者刑事处罚的执行,包括对公共安全威胁的防范和预防;欧盟或成员国一般公共利益的其他重要目标,特别是欧盟或成员国的重要经济或财政利益,包括货币、预算和税收等事项、公共卫生和社会保障;违反职业道德规范的预防、调查、侦查和起诉;监督、检查或相关的监管职能等。我国《民法典》没有界定个人信息合理使用中的公共利益的含义和类型。从《民法典》第132条的规定来看,公共利益可以分为国家利益与社会公共利益两类。我国现行法律如《国家安全法》《反间谍法》《国家情报法》《突发事件应对法》《传染病防治法》《网络安全法》等,对于国家利益、社会公共利益的含义也有相应的规定。依据这些法律的规定,笔者将可以合理使用个人信息的公共利益分为以下类型。

1. 国家利益,主要包括国家的安全利益、外交利益、军事利益以及意识形态利益等,②具体又分为国家安全、经济安全、文化安全与环境安全。狭义的国家安全仅指军事安全,但是广义的国家安全既包括军事安全,也包括经济安全、文化安全和环境安全等。我国《国家安全法》采取的就是广义的国家安全,其第2条将国家安全界定为"国家政权、主权、统一和领土完整、人民福祉、经济社会可持续发展和国家其他重大利益相对处于没有危险和不受内外威胁的状态,以及保障持续安全状态的能力"。该法具体列举的国家安全包括:军事安全、重大经济利益安全、金融安全、能源安全、粮食安全、意识形态安全、重大技术和工程的安全、网络与信息安全等。为了维护上

① 2019年《土地管理法》第45条第1款规定:(1)军事和外交需要用地的;(2)由政府组织实施的能源、交通、水利、通信、邮政等基础设施建设需要用地的;(3)由政府组织实施的科技、教育、文化、卫生、体育、生态环境和资源保护、防灾减灾、文物保护、社区综合服务、社会福利、市政公用、优抚安置、英烈保护等公共事业需要用地的;(4)由政府组织实施的扶贫搬迁、保障性安居工程建设需要用地的;(5)在土地利用总体规划确定的城镇建设用地范围内,经省级以上人民政府批准由县级以上地方人民政府组织实施的成片开发建设需要用地的;(6)法律规定为公共利益需要可以征收农民集体所有的土地的其他情形。

② 参见胡锦光、王锴:《论我国宪法中"公共利益"的界定》,载《中国法学》2005年第1期。

述国家安全，可以对个人信息进行合理使用。例如，《国家情报法》第15条规定："国家情报工作机构根据工作需要，按照国家有关规定，经过严格的批准手续，可以采取技术侦察措施和身份保护措施。"第16条规定："国家情报工作机构工作人员依法执行任务时，按照国家有关规定，经过批准，出示相应证件，可以进入限制进入的有关区域、场所，可以向有关机关、组织和个人了解、询问有关情况，可以查阅或者调取有关的档案、资料、物品。"显然，国家情报工作机构依据上述法条采取的技术侦察措施包括处理个人信息，查阅、调取的相关资料中也包括获取个人信息等。

2. 社会公共利益，也称社会利益，不同于国家利益。社会利益主要侧重社会这一既与国家紧密联系又独立于国家的自治共同体本身需要的安全利益、经济利益、文化利益和道德利益。① 笔者认为，基于社会公共利益而合理使用个人信息的情形具体包括：(1)基于社会治安即公共安全而合理使用个人信息，如为了预防、制止、侦查、起诉或处理违法犯罪行为，公安机关、检察机关、监察机关等国家有权机关在依法履行职责过程中合理使用个人信息。例如，依据《刑事诉讼法》第150条第1款的规定，公安机关在立案后，对于危害国家安全犯罪、恐怖活动犯罪、黑社会性质的组织犯罪、重大毒品犯罪或者其他严重危害社会的犯罪案件，根据侦查犯罪的需要，经过严格的批准手续，可以采取技术侦查措施。显然，所谓技术侦查措施也包括对个人信息的收集等处理行为。(2)基于维护其他社会安全利益如公共卫生安全等合理使用个人信息。例如，当出现公共卫生安全事件时，为了保护广大人民群众的生命健康，依据《突发事件应对法》《传染病防治法》的规定，有关部门可以依照法律、法规、规章的规定采取应急处置措施，其中包括自行或授权有关组织强制收集自然人的个人信息，如身份证号码、住址、行踪轨迹等。(3)确保社会资源公平合理地分配与使用而合理使用个人信息。例如，依据《政府信息公开条例》第15条的规定，"涉及商业秘密、个人隐私等公开会对第三方合法权益造成损害的政府信息，行政机关

---

① 我国学者将社会利益界定为6种类型：(1)公共秩序的和平与安全；(2)经济秩序的健康、安全及效率化；(3)社会资源与机会的合理保存与利用；(4)社会弱者利益（如市场竞争社会中的消费者利益、劳动者利益等等）的保障；(5)公共道德的维护；(6)人类朝文明方向发展的条件（如公共教育、卫生事业的发展）等。参见孙笑侠：《论法律与社会利益——对市场经济中公平问题的另一种思考》，载《中国法学》1995年第4期。

不得公开。但是,第三方同意公开或者行政机关认为不公开会对公共利益造成重大影响的,予以公开”。依据最高人民法院《关于审理政府信息公开行政案件若干问题的规定》第5条第2款的规定,因公共利益决定公开涉及商业秘密、个人隐私政府信息的,被告应当对认定公共利益以及不公开可能对公共利益造成重大影响的理由进行举证和说明。在一起案件中,原告依据《政府信息公开条例》要求被告房管局公开经适房、廉租房的分配信息并公开所有享受该住房住户的审查资料信息(包括户籍、家庭人均收入和家庭人均居住面积等),被告以这些信息涉及他人隐私为由拒绝公开。一审法院支持被告的观点认为,原告要求公开的政府信息包含享受保障性住房人的户籍、家庭人均收入、家庭人均住房面积等内容,此类信息涉及公民的个人隐私,不应予以公开,判决驳回原告的诉讼请求。二审法院则认为,虽然申请人申报的户籍、家庭人均收入、家庭人均住房面积等情况属于个人隐私,但这些信息属于申请人能否享受保障性住房的基本条件。只要申请经适房就必须要向主管部门提供符合相应条件的个人信息,以接受审核。“当涉及公众利益的知情权和监督权与保障性住房申请人一定范围内的个人隐私相冲突时,应首先考量保障性住房的公共属性,使获得这一公共资源的公民让渡部分个人信息,既符合比例原则,又利于社会的监督和住房保障制度的良性发展。”因此,被告房管局以涉及个人隐私为由拒绝公开是违法的,二审判决被告自判决生效之日起15个工作日内对申请人的信息公开申请重新作出书面答复。[①] (4)基于学术科研、文化艺术及公共教育发展的公共利益合理使用个人信息。需要注意的是,此种对个人信息的合理使用与我国《著作权法》第24条第1款第1项、第2项、第6项、第8项规定的合理使用以及第25条规定法定许可是存在差别的。如前所述,著作权的合理使用本身是对财产权的限制,而个人信息的合理使用是对人格权益的限制。因此,并非任何出于学术研究或文化艺术的需要都可以合理使用自然人的个人信息,必须是这种学术研究或文化艺术是有利于实现公共利益的。仅仅是个人进行科研,就允许未经同意而使用个人信息,显然是不可以的。(5)维护社会公共道德的需要合理使用个人信息。我国《民法典》第8

① 参见“杨某权诉山东省肥城市房产管理局案”,2014年9月13日最高人民法院公布全国法院政府信息公开十大案例之一,载中国法院网,https://www.chinacourt.org/article/detail/2014/09/id/1437620.shtml。

条确立了公序良俗原则。所谓公序良俗,包括公共利益和公共道德,自然人行使个人信息权益不得违反公序良俗,同样基于公序良俗也可以对个人信息进行合理使用。(6)为了其他的社会公共利益而合理使用个人信息,如为了保护社会的弱者如残疾人、劳动者、消费者,或者为了维护公平合理的市场竞争秩序合理使用个人信息。当然,这些合理使用的具体情形应当由法律加以规定。

(九)法律、行政法规规定的其他情形

这属于兜底性规定。例如,肖像既受到肖像权的保护,也因属于个人信息(敏感的个人信息)而适用《个人信息保护法》。我国《民法典》第 1020 条对肖像的合理使用作出了规定,即合理实施下列行为的,可以不经肖像权人同意:(1)为个人学习、艺术欣赏、课堂教学或者科学研究,在必要范围内使用肖像权人已经公开的肖像;(2)为实施新闻报道,不可避免地制作、使用、公开肖像权人的肖像;(3)为依法履行职责,国家机关在必要范围内制作、使用、公开肖像权人的肖像;(4)为展示特定公共环境,不可避免地制作、使用、公开肖像权人的肖像;(5)为维护公共利益或者肖像权人合法权益,制作、使用、公开肖像权人的肖像的其他行为。上述情形有些与《个人信息保护法》第 13 条的规定是重合或交叉的,如第 2 种、第 3 种、第 5 种情形,但是,第 1 种、第 4 种情形则是《个人信息保护法》第 13 条所没有规定的。

专题三十一　死者个人信息保护

本专题撰写人:程　啸

【《民法典》及相关法律法规的新规则】

《民法典》第992条

人格权不得放弃、转让或者继承。

《民法典》第994条

死者的姓名、肖像、名誉、荣誉、隐私、遗体等受到侵害的,其配偶、子女、父母有权依法请求行为人承担民事责任;死者没有配偶、子女且父母已经死亡的,其他近亲属有权依法请求行为人承担民事责任。

《个人信息保护法》第49条

自然人死亡的,其近亲属为了自身的合法、正当利益,可以对死者的相关个人信息行使本章规定的查阅、复制、更正、删除等权利;死者生前另有安排的除外。

《人脸识别司法解释》第15条

自然人死亡后,信息处理者违反法律、行政法规的规定或者双方的约定处理人脸信息,死者的近亲属依据民法典第九百九十四条请求信息处理者承担民事责任的,适用本规定。

【规则由来】

我国法律一直以来对于死者的名誉、姓名、肖像、隐私等均给予保护。2001 年《精神损害赔偿司法解释》第 3 条第 1 项、第 2 项就明确规定,自然人死亡后,其近亲属因下列侵权行为遭受精神痛苦,向人民法院起诉请求赔偿精神损害的,人民法院应当依法予以受理:(1)以侮辱、诽谤、贬损、丑化或者违反社会公共利益、社会公德的其他方式,侵害死者姓名、肖像、名誉、荣誉;(2)非法披露、利用死者隐私,或者以违反社会公共利益、社会公德的其他方式侵害死者隐私。这一规定被《民法典》第 994 条所采纳并予以完善。

【规范意旨】

自然人死亡(仅是指生理死亡) 后, 就丧失了民事权利能力, 不是民事主体, 不享有民事权利, 也不承担民事义务。在我国法律上,自然人就其个人信息享有的是人格权益,该权益不得继承。《民法典》第 994 条虽然只列举了死者的姓名、肖像和隐私,但是个人信息可以解释到该条中的“等”。然而,这种保护属于事后的救济。《个人信息保护法》第 49 条明确规定了死者的近亲属可以针对死者的个人信息行使查阅、复制、更正、删除等权利,这是一种更积极、主动的保护。

《个人信息保护法》第 49 条的目的仅在于保护死者的近亲属“自身的合法、正当利益”。一方面,该利益是属于死者近亲属的,而非死者或者其他人的;另一方面,死者近亲属要维护的是符合法律规定且不违反公序良俗、诚信原则的利益,即合法、正当的利益。该条通过“为了自身的合法、正当利益”“死者的相关个人信息”“死者生前另有安排的除外”3 项限制要件,以及对死者近亲属可以行使的权利加以列举,又在一定程度上限制了死者近亲属对死者个人信息的权利,从而尊重了死者的隐私和生前意愿,保护了与死者交往之人的隐私、通信秘密。

【典型案例】

“郭某等诉上海某科技公司等个人信息保护纠纷案”

李某为4名原告的近亲属,生前从事某平台北京地区的相关业务。被告一北京某公司为该平台北京地区业务运营主体,被告二深圳某公司与被告三上海某科技公司分别为该平台员工端与用户端App的运营主体,被告四上海某人力公司根据北京某公司提供的业务统计数据为李某结算薪资。

2021年李某意外去世。4名原告为维护自身合法权益,尝试登录李某在员工端App上的账号查阅李某的考勤记录等个人信息,但发现该账号已被深圳某公司停用,相关信息无法查阅。4名原告认为,被告二深圳某公司停用李某账号的行为导致其无法查阅李某的个人信息,进而严重阻碍其维护自身合法权益,侵犯了其享有的个人信息权利请求权。另外,4名原告认为,4名被告基于各自的业务需要,均曾处理李某的上述个人信息。因此,4名原告将4名被告起诉到法院,请求法院判令4名被告提供其主张的李某相关个人信息,并承担相应的侵权责任。

被告二深圳某公司辩称,在李某去世后停用其账号属于正常管理活动,虽然深圳某公司停用了李某的账号,但在员工端App的隐私政策中对于用户及近亲属调取个人信息有清晰指引,已经提供了供4名原告调取李某个人信息的其他合理途径。另外,4名被告共同辩称,其均未控制4名原告主张的个人信息,4名被告的行为不构成侵权,不应承担侵权责任,也无法向4名原告提供其主张的个人信息。

根据《个人信息保护法》第49条的规定,在李某死亡的前提下,4名原告作为李某的近亲属,主张李某的个人信息权益应当满足以下条件:针对李某的相关个人信息;为维护4名原告自身的合法、正当利益;李某生前未另有安排。首先,4名原告要求4名被告提供李某的考勤记录等特定个人信息,属于对李某的相关个人信息行使权利;其次,经查上述个人信息可能涉及李某死亡原因,4名原告已经据此另案起诉,4名原告系通过对李某的个人信息主张权利来维护自身利益,并且不违反法律规定和公序良俗;最后,本案并无证据显示李某生前对其死后近亲属如何行使对其个人信息的权利作出相应安排。因此,4名原告有权对李某相关个人信息主张权利。

4名原告直接登录李某账号行使权利不符合合法、正当、必要的原则。《个人信息保护法》虽然规定死者近亲属可以对死者相关个人信息主张权利，但是该法第 5 条规定，处理个人信息应当遵循合法、正当、必要和诚信原则。因此，网络服务提供者在处理死者个人信息时应合法、必要、正当，不应不加任何限制地允许近亲属以一切手段对死者的相关个人信息主张权利。

就死者生前个人网络账号而言，该账号内还可能涉及第三人的隐私、个人信息，直接允许近亲属登录死者账号查看相关内容可能侵犯第三人的相关权利，而这与《个人信息保护法》具体规定和立法宗旨相违背。本案中，李某的账号还涉及案外第三人的个人信息、商业信息等内容，因此深圳某公司作为网络服务提供者不允许 4 名原告直接登录李某账号行使权利并无不妥。

个人信息处理者未排除 4 名原告通过其他合理途径行使权利，不构成侵权。经查，深圳某公司确已在员工端 App 的隐私政策中规定了就个人信息保护问题行使权利的联系部门及具体联系方式，深圳某公司不存在拒绝 4 名原告行使权利的情况。因此，深圳某公司已为 4 名原告行使权利提供了其他合理途径，其停用李某账号的行为并未直接排除 4 名原告就李某相关个人信息行使权利。此外，4 名被告确未控制 4 名原告主张的个人信息，4 名被告不构成侵权，也无法提供李某个人信息。综上，4 名原告全部诉讼请求缺乏事实和法律依据，法院不予支持。①

【理论阐释】

自然人死亡（仅是指生理死亡）后就丧失了民事权利能力，不再是民事主体，不享有民事权利，也不承担民事义务。数字时代之前，自然人死亡后，除按照风俗埋葬或火化其遗体外，需要处理的主要是死者遗留的财产，如汽车、房产、现金、债权、股权、知识产权中的财产性权利等。这些财产依据我国《民法典》继承编的相关规定，由死者的继承人继承。死者生前所负担的债务，也仅以遗产为限由继承人承担。人类社会早已进入信息时代，在网络科技高度发达的今天，自然人一生中几乎每天都

① 北京互联网法院："郭某等诉上海某科技公司等个人信息保护纠纷案"——死者个人信息案：个人信息处理者应当承担死者个人信息权利保护的义务，"网络权益保护十大典型案件"之四，2023 年 8 月 31 日发布。

会接发电子邮件,在社交平台发布视频照片或留言评论,上网购物或接受服务,浏览搜索相关信息,利用即时通信工具与他人进行交流,被各种 App 收集行踪轨迹等信息。因此,“你一定会留下数字足迹。除非你付出相当大的努力去消除它,否则总有一天,无论好坏,这些足迹都会成为你的数字遗产。”自然人的数字资产范围非常广泛,它包含了所有与在线或数字世界相关的一系列的无形信息产品,①例如,社交网络上的个人信息,电子邮箱账号及其中的电子邮件、微博或推文、数据库,各种虚拟财产(如比特币、以太坊、网络游戏中的虚拟资产、数字音乐作品、电子图书等),视频、音频、图片等数字化的文本、图像、音乐或声音,各种购物、服务或社交网站上的网络账户及其密码,网络域名,与人格相关的二维、三维图像或图标以及其他类型的数字资产。这些数字资产具有极大的经济价值。2013 年普华永道的一项调查发现,某用户数字资产的估价为 250 亿英镑。② 信息安全公司迈克菲的调查显示,全球消费者平均每人拥有 37,438 美元数字资产,包括互联网、电脑和云存储中的各种数据。③

自然人死后,其留存的数据资产能否作为“个人合法财产”为继承人所继承,成为国内外非常关注的法律问题。2018 年德国联邦最高法院对“Facebook 案”作出判决后,④更是进一步引发理论界对该问题的广泛讨论。在我国民法典编纂时,数字遗产问题备受关注。立法机关考虑到“数据和网络虚拟财产的权利性质存在争议,需要对数据和网络虚拟财产的权利属性作进一步深入研究,进一步总结理论和司法实践的经验,为以后立法提供坚实基础”,⑤故此,《民法典》未就数据和网络虚拟财产的权利归属和继承等问题作出具体规定。但是,《民法典》第 127 条也明确认可了数据、网络虚拟财产受到法律保护。

自然人数字资产涉及的民事权益的范围极为复杂,既有资金账户债权、数字作

---

① Lilian Edwards & Charlotte Waelde eds. , *Law and the Internet*, 3rd. ,Hart Publishing,2009,p. 687 – 690.

② PwC, UK Consumers Value Their Digital Lives at £ 25 Billion, Published on 16 December 2013, https://pwc. blogs. com/press_room/2013/12/uk-consumers-value-their-digital-lives-at – 25 – billion – . html.

③ 张旸:《“数字遗产”成难题》,载《人民日报》2014 年 6 月 3 日,第 21 版。

④ Giorgio Resta,*Personal Data and Digital Assets after Death: a Comparative Law Perspective on the BGH Facebook Ruling*, EuCML,Vol. 5,p. 201(2018).

⑤ 黄薇主编:《中华人民共和国民法典总则编解读》,中国法制出版社 2020 年版,第 408 页。

品著作权、商业秘密、虚拟财产等财产性权益，也有自然人针对其个人信息享有的姓名权、肖像权、隐私权、个人信息权益等人格权益。就财产性权益而言，只要是个人的合法财产，自然人死后就可以被继承，不存在争议。存在争议的是，死者的个人信息能否被继承、是否受到法律保护以及应当如何保护？从法律上来说，死者个人信息的保护有3种路径：一是继承法的路径，即死者的个人信息可以被继承并据此得到保护；二是侵权法的路径，即只有当他人侵害死者个人信息时，方可由死者的近亲属提起侵权诉讼；三是个人信息保护法的路径，即规定自然人死后，其近亲属依然可以针对死者的个人信息行使某些权利。我国分别采取第二种、第三种路径，《民法典》第994条对死者的姓名、名誉、隐私等人格权益的侵权法保护作出规定，《个人信息保护法》第49条采取了第三种路径。笔者将围绕着我国《民法典》《个人信息保护法》的上述规定，分别对3种死者个人信息的保护路径加以分析研究。

一、死者个人信息的继承

死者个人信息能否被继承？这一问题在实践中典型的表现形式是：某一自然人死亡后，其父母等近亲属希望登录死者生前使用的电子邮箱或其他社交账户，以便查阅复制其中的信息，但被网络服务提供者所拒绝，由此引发死者的近亲属是否有权继承死者的个人信息及其他数字资产的争议。例如，2005年美国密歇根州的"Ellsworth案"中，在伊拉克服役的美国士兵Justin Ellsworth曾在雅虎上开通电子邮箱账户。2004年11月13日，Ellsworth去世，享年20岁。他没有结婚，也没有孩子，去世时也没有遗嘱。在他死后，其父作为继承人希望访问该邮箱，理由是该账户中可能包含与遗产管理、结算和内部事务有关的信息，如可能有助于确定资产和负债情况，或为遗产准备纳税申报表及其他文件的相关信息。由于没有该账户的密码，故此，Ellsworth的父亲要求雅虎公司提供密码，但雅虎公司以会侵害用户的隐私为由加以拒绝。Ellsworth的父亲向法院起诉，2005年4月20日，密歇根州奥克兰县遗嘱法院的尤金·阿瑟·摩尔法官发布命令，要求雅虎公司通过光盘和书面形式向其父亲发送所有存储在已故雅虎用户Justin Ellsworth账户中的电子邮件、文件和照片的内容。[①] 2018 年,德国联邦最高法院判决了著名的"Facebook 案"。该案中一名15岁的女孩死于柏林地铁事故,她可能是自杀。死者的父母试图进入女儿的脸书账户查看其个人通信,以了解更多关于她在事故发生时的精神状态。同时,他们还打算收集证据供法庭使用,以防地铁公司针对他们(作为侵权人的继承人)提起损害赔偿诉讼。他们知道正确的登录账号和密码,但访问被拒绝。因为在得到女孩死亡的通知后,该账户已被设置为"纪念"状态。因此,依据平台政策,任何人都不能访问该账户。死者父母请求法院判令被告脸书公司允许他们访问该账户。此项请求被一审法院支持,但上诉法院依据保护电子通信秘密的法律予以驳回。德国联邦最高法院撤销了上诉法院的决定,认为社交网络账户和大多数合同一样可由继承人继承,因此,女孩的父母有权访问该账户及其数字内容。[②]

死者个人信息能否被继承的问题仅是指个人信息(或个人数据)这一无形物及其上的权利能否被继承,而非指信息存储于其中的有体物能否被继承。如果死者的个人信息存储在手机、电脑等有体物上,死者对这些有体物本身享有所有权,继承人当然有权继承该有体物的所有权,进而获取其中存储的死者个人信息。倘若死者的个人信息本身已经构成作品(如文字作品、摄影作品、视听作品等),那么死者对之享有著作权,而著作权中的复制权、发行权、出租权等财产性权利是可以继承的(《著作权法》第 21 条第 1 款)。只有当死者的个人信息既不存在于有体物之上,也没有产生著作权等其他可以依法继承的权利,而是存在于电子邮箱、网络社交账户或被个人信息处理者所收集并存储时,才会发生这些个人信息的继承问题。对于死者个人信息的继承问题,可以从死者生前享有的个人信息权益及死者生前与网络服务提供者之间的网络服务合同债权这两个角度加以分析。

(一)从个人信息权益的角度看死者个人信息的继承

自然人对于其个人信息享有相应的权利。此种权利在欧盟《一般数据保护条

---

① In re Estate of Ellsworth, 310 Ⅲ. App. 223, 33 N. E. 2d 887.

② Giorgio Resta, *Personal Data and Digital Assets after Death: a Comparative Law Perspective on the BGH Facebook Ruling*, EuCML, Vol. 5, p. 201(2018). 2011 年我国也出现过一位女士向腾讯公司要求继承其已故丈夫 QQ 号码的事件。参见《老公去世沈阳女子想找回 QQ　腾讯:QQ 不能继承》,载北方网,http://news. enorth. com. cn/system/2011/10/13/007938592. shtml。

例》中被称为“就其个人数据受到保护的权利”，该条例序言部分第1条第1款明确将权利作为一种“基本权利”（fundamental right），这也是源于欧盟《基本权利宪章》第8条第1款和欧盟《运行条约》第16条第1款的规定。在我国，自然人就其个人信息享有的权益被称为“个人信息权益”，多数学者认为，该权益性质上属于民事权益。尽管就个人信息权益究竟是一种民事权利还是民事利益存在争议，但主流观点认为，个人信息权益性质上属于不同于隐私权、名誉权等具体人格权的一种新型人格权益。

首先，从《民法典》对个人信息保护的规定来看，个人信息权益属于人格权益。一方面，《民法典》总则编第五章“民事权利”遵循从人身权益到财产权的排列顺序，对民事权益进行了列举并留出了未来新型民事权益的空间。关于个人信息保护的规定，即第111条，紧接在第109条和第110条对人格尊严和人身自由这两项一般人格权以及对生命权、身体权、姓名权、隐私权等具体人格权的规定之后，在第112条对基于婚姻家庭关系产生的身份权利的规定之前。这说明个人信息权益属于人身权益，而非如同物权、债权那样属于财产权益。另一方面，《民法典》人格权编第6章专章对“隐私权和个人信息保护”作出规定，虽然该编并未确立“个人信息权”，但是在作为“调整因人格权的享有和保护产生的民事关系”（《民法典》第989条）的人格权编中规定个人信息保护，足以说明立法者将自然人针对个人信息享有的权益认定为人格权益而非财产权益。

其次，个人信息权益保护的是自然人的人格权益。个人信息权益保护的根本问题是对自然人的人格尊严和人格自由的保护。因此，无论将自然人对其个人信息的权益界定为权利还是利益，都不影响其属于人格权益。因为个人信息是能够识别特定自然人的信息，这种可识别性就体现了人格特征。[①] 个人信息与自然人的人格利益息息相关。无论是基因数据等隐私信息，还是姓名等一般信息，均与人格形成与发展有关，为人格要素，构成个人整体人格之一部分。[②] 个人信息“既是自然人参与社会交往的载体，也是个人人格表现和人格发展的工具”。因此，“信息主体对个人

① 参见王利明：《论个人信息权在人格权法中的地位》，载《苏州大学学报》2012年第6期。

② 参见齐爱民：《论个人信息的法律属性与构成要素》，载《情报理论与实践》2009年第10期。

信息流转范围和流转方式的掌握,和个人人格的发展密切联系,这也是在现实社会中保护个人信息相关权益的价值基础"。[①] 法律对自然人个人信息予以保护,本质上是保护其人格利益,包括人的尊严和自由。

最后,我国民事立法和司法实践一直以来采取的是人格权"一元保护主义"模式,即通过人格权制度同时实现对精神利益和经济利益的保护。[②] 作为人格权益的个人信息权益,能够同时保护自然人就个人信息享有的精神利益与经济利益。这一点在《民法典》第993条、第1035条、第1036条、第1183条第1款以及第1182条中都有鲜明的体现。故此,在我国,只要明确自然人针对其个人信息享有的是人格权益,即可同时保护自然人对此享有的精神利益和经济利益,无须分别针对个人信息的精神利益和经济利益分别设立单独的人格权和财产权。

综上所述,我国法律上自然人对个人信息享有的个人信息权益属于人格权益而非财产权益。《民法典》第992条明确规定,人格权不得放弃、转让或者继承。故此,自然人死后,其个人信息不能作为财产而由继承人加以继承,自然人也不能通过遗嘱对其死后的个人信息进行处分。

(二)从合同债权的角度看死者个人信息的继承

死者个人信息存储在电子邮箱、网络社交账户中,或者被个人信息处理者所处理(收集并储存),这是基于死者生前与网络服务提供者之间的网络服务合同而发生的。死者生前是该网络服务合同的一方当事人,享有基于合同产生的债权和债务。按照继承法的基本规则,合同关系属于继承法上遗产的核心内容。当被继承人死亡时,继承人取代前者成为合同关系的主体。故此,继承人可以如同被继承人一样,享有对账户服务方的履行请求权,这一请求权首先指向对网络账户的登录许可。[③] 然而,从合同债权的角度来论证死者的个人信息可以被继承,需要解决以下几个问题:

---

① 参见王利明主编:《中华人民共和国民法总则详解》(上册),中国法制出版社2017年版,第456页。

② 参见程啸:《论〈民法典〉对人格权中经济利益的保护》,载《新疆师范大学学报(哲学社会科学版)》2020年第6期。

③ 参见王琦:《网络时代的数字遗产・通信秘密・人格权——以社交、通信网络账户的继承为焦点》,载《财经法学》2018年第6期。

第一,电子邮箱、网络社交账户等网络服务合同关系是否属于具有人身专属性的债权债务关系?如果是,那么就无法继承。《民法典》第 545 条第 1 款第 1 项规定,根据债权性质不得转让的,债权人不得将该债权的部分或全部转让给第三人。所谓根据债权性质不得转让,主要包括以下类型:(1)当事人基于信任关系订立的委托合同、赠与合同等产生的债权。(2)债权人的变动必然导致债权内容的实质性变更,如要求医院进行手术或者要求律师提供咨询的债权,不作为债权一般也不可被单独转让。(3)债权人的变动会危害债务人基于基础关系所享有的利益,实质性地增加了债务人的负担或风险,或实质性地损害了债务人的利益。[①] 对此,理论界认为,电子邮箱、网络社交账户等网络服务合同并非具有人身专属性的合同。这是因为,此类合同都是由网络服务提供者面向不特定公众而制定的标准化合同,其主要目的在于提供通信平台的技术基础设施,不是专门为某个自然人而订立的,不存在特定的信任关系,合同债权的转让也并不会导致债权内容的实质性变更或者危及债务人的利益或增加其负担。

第二,网络服务提供者可否通过格式条款或者设定纪念状态来排除对网络服务合同债权债务关系的继承?这是实践中许多网络服务提供者采取排除死者数据被继承的主要方式。德国“Facebook 案”就是因为女孩死亡后,脸书公司将其账号设定为“纪念状态”,于是女孩的父亲即便有账号和密码也无法登录账户查看死者的个人数据。德国联邦最高法院认为,脸书公司既不能在合同中通过标准条款,也不能通过设定纪念状态来排除继承人的继承权。脸书公司设定的纪念状态已经违反了德国《民法典》第 307 条第 2 款第 1 句的规定,因为它溯及地改变了主要的合同义务,损害了继承人的利益,导致继承人的继承权丧失,同时,该纪念状态也违反了德国《民法典》第 307 条第 2 款第 2 句,危及合同目的的实现,并鼓励创造所谓的“数据坟墓”(data graveyards)。我国《民法典》对格式条款进行了全面的规范,其第 497 条规定:“有下列情形之一的,该格式条款无效:(一)具有本法第一编第六章第三节和本法第五百零六条规定的无效情形;(二)提供格式条款一方不合理地免除或者减轻其责任、加重对方责任、限制对方主要权利;(三)提供格式条款一方排除对方主要权

---

① 参见黄薇主编:《中华人民共和国民法典合同编解读》,中国法制出版社 2020 年版,第 285 ~ 286 页。

利。”有学者认为,在自然人与网络服务提供者之间的用户协议中即便规定了“虚拟财产禁止继承”,也可以利用格式条款的效力规则宣称相关条款的无效,以最大限度地保护用户权益。

第三,个人社交账号或电子邮箱中的信息往往没有什么经济价值(除非涉及商业秘密或知识产权等),这里的信息基本上是个人信息,包含了死者的隐私,具有精神价值。如果社交账号或电子邮箱像普通的财产那样可以由继承人继承,很可能会违反死者的意愿。然而,反对者认为上述理由并不成立。一方面,既然具有高度个人性或私密性的个人物品,如日记、私人信件等,也属于遗产,可以由继承人所继承并加以阅读,数字日记、数字信件或其他电子信息无非载体不同,不应区别对待。另一方面,网络服务提供者占有虚拟财产的事实仅说明其应处于积极协助者的位置,而非错误地成为保护隐私的主导者。从我国《民法典》第994条的规定来看,有权利维护死者的姓名、肖像、隐私的,只有死者的配偶、子女、父母等近亲属,而非网络服务提供者。这就是说,只有与死者关系密切的人即近亲属才是维护死者隐私的最合适的人选。

第四,允许对电子邮箱、社交账号的合同债权进行继承,是否会侵害第三人的隐私权或违反宪法和法律关于保护公民通信秘密的规定?死者在生前通过电子邮箱或者即时通信工具等而与他人进行各种社会交往,相当部分的内容属于死者和与第三人的隐私。同时,他们通过电子信息进行的通信也属于通信秘密,受到宪法和法律的保护。我国《宪法》第40条规定:“中华人民共和国公民的通信自由和通信秘密受法律的保护。除因国家安全或者追查刑事犯罪的需要,由公安机关或者检察机关依照法律规定的程序对通信进行检查外,任何组织或者个人不得以任何理由侵犯公民的通信自由和通信秘密。”在电子通信领域中,通信秘密保护制度的目的在于保护借助电信网络以非实体化的方式传递给特定受领人的信息的秘密性,保护的信息既包括通信的“本身内容”,如电子邮件、即时聊天的正文、附件等,还包括通信的“周边事实”,如是否发生了特定通信以及特定人是否参与了通信等。① 因此,只有法律

① 参见王琦:《网络时代的数字遗产·通信秘密·人格权——以社交、通信网络账户的继承为焦点》,载《财经法学》2018年第6期。

特别规定例外以及明确得到与死者进行电子通信的第三人的同意，死者的近亲属才有权利知悉这些通信的内容，如果允许近亲属继承电子邮箱和社交账号的债权，就会导致死者的近亲属会知道这些隐私，侵害他人的通信秘密。在德国的"Facebook 案"中，二审法院柏林高等法院之所以驳回原告的请求，就是因为其认为，如果允许原账户所有人的继承人访问脸书账户将违反保护电信秘密的法律规定。①

然而，以保护第三人的隐私权和通信秘密为理由来否定死者个人数据的继承也受到学者的批评和反驳。首先，诚如德国联邦最高法院在"Facebook 案"的判决中所指出的那样，通信中的人格化要素已被匿名以及与账户相关的消息和内容的交换所取代。因此，与账户有关的通信本身并未留出任何可以从用户协议中解释出继承人应当对与账户进行了通信的第三方的内容做保密处理的余地。换言之，德国联邦最高法院认为，由于没有一个有效的方法来验证登录账户的人是否与发送给相应账户的消息和其他内容的预期收件人是否相同，故此，即便是账户的用户在活着的时候也不可能完全控制与其进行通信的伙伴的身份。因此，通过继承而访问账户的规则不应当比账户使用者活着的时候的规则更加严格。其次，保护通信秘密的原则是有适用范围的，其保护的是通信过程的机密性，这是因为进行通信的当事人只能在有限的程度上控制该通信过程。但是，保护通信秘密并不能保证收到通信的人对该消息进行机密的处理。也就是说，消息的发送者不能依据有关通信秘密的原则来防止消息的接收者将消息传递给第三方。② 如果接受消息的人未经允许公开该消息，可以通过隐私权加以保护，不需要依据宪法关于保护通信秘密的规定，保护通信秘密本身也不能成为限制社交账户或网络账户被继承的理由。

综上所述，在自然人与网络服务提供者之间成立网络服务合同关系的情形下，自然人死后，其继承人是否可以继承该合同关系，尚存在疑问，尤其是这种继承可能会违背死者的意愿和侵害宪法规定的通信秘密。正因如此，我国《民法典》对此未作

---

① See Mark-Oliver Mackenrodt, *Digital Inheritance in Germany*, 7 Journal of European Consumer and Market Law 41, p. 42(2018).

② See Mark-Oliver Mackenrodt, *Digital Inheritance in Germany*, 7 Journal of European Consumer and Market Law 41, p. 46(2018).

规定。此外,仅依靠继承法也不足以解决全部的问题,因为即便是允许继承账户、电子邮箱等合同关系,还会存在问题,特别是在个人信息处理者并非基于与自然人的合同关系来处理个人信息的情况下,如依据法律、行政法规的规定或者为履行法定职责或法定义务而强制处理个人信息,此时自然人与处理者之间没有合同关系,死者的近亲属无法通过合同债权的继承而取得死者的个人数据。

二、死者个人信息的侵权法保护

(一)侵权法保护死者个人信息的正当性

如果死者的个人信息无法被继承,那么对于死者的个人信息还应当给予保护吗?或者说,这种保护的正当性何在?就活着的自然人而言,保护其个人信息的主要目的是为自然人的人身财产等民事权益建立起法律上的防御屏障,从而有效地维护自然人的人格自由和人格尊严。现代信息社会中的个人信息或个人数据的处理行为,极有可能会给自然人带来各种前所未有的侵害其人身财产权益、损害人格尊严和人格自由的危险。这些危险包括:其一,因个人信息被非法收集、非法买卖或使用而使犯罪分子有机会对自然人既有的生命权、健康权、名誉权、隐私权等人格权以及债权、物权等民事权利实施侵害的危险;其二,基于被合法收集的个人信息而形成的大数据,通过算法等技术进行社会分选、歧视性对待,进而损害人格尊严的危险;其三,通过大数据和人工智能技术进行人格画像,将作为民事主体的自然人降格为客体并加以操控,进而损害人格自由的危险。

有学者认为,保护死者个人数据或个人信息的正当性在于以下三个方面的理由:第一,保护死者财产利益的需要。自然人虽然已经死亡,但是其死后留存的数据上有相应的财产利益仍应受到法律保护。即便是死者的个人数据也属于死者的财产,因为数据属于无形财产,现代社会中财产的范围早已不限于动产、不动产等有体物,也包括诸多的无形财产。只要同时满足竞争性、永久性、互联性特征的信息资源就构成一项完整的"虚拟财产"。鉴于财产是所有权、债权和其他具有金钱价值权利的综合,无论将虚拟财产界定为物权、债权,还是知识产权或其他新型权利,均应在财产范畴之内。德国联邦最高法院在2018年的"Facebook案"的判决中就认为:无形资产如个人数据和高度个人化的资产属于是个人财产的一部分，因此，根据德国《民法典》第1922条第1款所确立的总括继承的原则，完全是可以继承的。在美国法上，公开权理论认为，自然人有权对其姓名、肖像等人格要素进行商业化的利用，这种权利即所谓的公开权，它是指对一个人的姓名或肖像进行商业化利用的控制权。该权利保护的是肖像、姓名、声音等人格要素上的经济利益，可以转让、继承，并在被侵害时具有可诉性。①

第二，人死之后的尊严利益应当受到法律保护。衡量文明社会的一个标准是他们如何对待死者。正如"一个人死前无须具体说明其死后应如何被埋葬，他（她）也应当得到体面的安葬"那样，一个人也不需要在生前表示希望死后免受羞辱，才可以在死后享受不受羞辱的尊严利益。保护死者个人信息就是要保护死者死后的尊严利益以及其近亲属的尊严利益，即便就死者而言，其永远不可能知道其尊严是否受到侵犯，也应给予尊重和保护，因为法律并不以侵害被受害者所感知作为违法的要件。例如，一个人未经土地所有权人的许可进入他人的土地时，无论土地所有者是否意识到这种侵犯，土地所有者的权利客观上都被认定遭受了侵犯。

第三，死后的隐私权仍然应当得到尊重和保护。死后的隐私权（posthumous privacy rights），是指一个人在死后维护和控制自己的名誉、尊严、完整性、秘密或记忆的权利。自然人死亡后遗留下来的数字资产通常具有个人和私密的性质，并且这些数据资产是大量的、可共享的，而依据当前的法律规范很难加以删除和分类。所以，人们应当如同死者生前那样尊重其死后的隐私权。

在我国，理论界与实务界认为，自然人已经死亡的，不再享有姓名权、肖像权、隐私权等人格权，自然人的人格权也不能继承。但是，死者的姓名、肖像、名誉、隐私等依然受到法律保护，不能任意加以侵害。理论界就此提出了"死者权利保护说""死者法益保护说""近亲属权利保护说""人格利益继承说""延伸保护说"等不同的学说加以解释。② 主流观点认为，法律上之所以保护死者的名誉、荣誉、隐私、肖像等，不是因为死者死后其人格权继续存在，而是因为对死者的名誉、荣誉、隐私等的侵害

---

① Nimmer, *The Right of Publicity*, Law & Contemp. Probs., Vol. 19, p. 216 (1954).

② 参见葛云松：《死者生前人格利益的民法保护》，载《比较法研究》2002年第4期。

会给死者近亲属的权益或者社会公共利益造成损害,也违反了公序良俗原则。倘若任由他人随意侵害死者的名誉、荣誉等,不仅会直接影响人们对死者的评价,更会对死者近亲属的人格尊严造成损害。① 对死者的人格利益的保护"体现了法律对民事主体权益保护的完整性",有利于"引导人们重视个人生前和身后的声誉,尊重主流社会的价值观"。

笔者认为,保护死者个人信息的正当性在于:一方面,保护死者个人信息的主要目的是维护死者近亲属的人格尊严和人身财产权益。《宪法》第 38 条第 1 句规定:"中华人民共和国公民的人格尊严不受侵犯。"《民法典》第 109 条规定:"自然人的人身自由、人格尊严受法律保护。"第 990 条第 2 款规定:"除前款规定的人格权外,自然人享有基于人身自由、人格尊严产生的其他人格权益。"自然人虽然已经死亡,侵害死者的个人信息构成对死者近亲属的人格尊严以及其他人身财产权益的侵害,故此,法律上应当禁止对死者个人信息的不法侵害行为。另一方面,保护死者的个人信息也有利于弘扬社会主义核心价值观,贯彻诚信原则和公序良俗原则。《民法典》第 1 条将"弘扬社会主义核心价值观"作为立法目的之一。其中,诚信、友善是公民基本道德规范,《民法典》第 7 条及第 8 条也明确将诚信原则和公序良俗原则作为民事活动应当遵循的两项基本原则。《个人信息保护法》第 5 条规定:"处理个人信息应当遵循合法、正当、必要和诚信原则,不得通过误导、欺诈、胁迫等方式处理个人信息。"如果自然人死后,其个人信息就可以随意被处理,被他人任意侵害,显然违反了诚信原则与公序良俗原则,不符合文明社会和我国传统伦理道德的要求。

(二)我国侵权法对死者个人信息的保护

2001 年《精神损害赔偿司法解释》第 3 条第 1 项、第 2 项规定,自然人死亡后,其近亲属因下列侵权行为遭受精神痛苦,向人民法院起诉请求赔偿精神损害的,人民法院应当依法予以受理:(1)以侮辱、诽谤、贬损、丑化或者违反社会公共利益、社会公德的其他方式,侵害死者姓名、肖像、名誉、荣誉;(2)非法披露、利用死者隐私,或

---

① 参见魏振瀛:《侵害名誉权的认定》,载《中外法学》1990 年第 1 期;张新宝:《名誉权的法律保护》,中国政法大学出版社 1997 年版,第 36 ~ 37 页;葛云松:《死者生前利益的民法保护》,载《比较法研究》2002 年第 4 期;王利明:《人格权法研究》(第 3 版),中国人民大学 2018 年版,第 176 ~ 177 页。

者以违反社会公共利益、社会公德的其他方式侵害死者隐私。这一规定被《民法典》所采纳并予以完善，《民法典》第 984 条规定："死者的姓名、肖像、名誉、荣誉、隐私、遗体等受到侵害的，其配偶、子女、父母有权依法请求行为人承担民事责任；死者没有配偶、子女且父母已经死亡的，其他近亲属有权依法请求行为人承担民事责任。"此外，《民法典》第 185 条还就英雄烈士的姓名、肖像等的保护作出了特别规定。

依据上述法律及司法解释的规定，死者个人信息保护中属于姓名、肖像和隐私的部分，当然受侵权法保护。《民法典》第 1032 条第 2 款将作为隐私权保护客体的隐私分为两大类：一是自然人的私人生活安宁；二是自然人的私生活秘密，即不愿为他人知晓的私密空间、私密活动、私密信息。《民法典》第 1033 条还列举了 6 类侵害他人隐私的行为。就死者而言，显然不存在侵扰私人生活安宁、侵害私密空间、私密活动或私密部位的问题。因此，保护死者的隐私主要就是保护死者个人信息中的私密信息。由于《民法典》第 1034 条第 3 款规定："个人信息中的私密信息，适用有关隐私权的规定；没有规定的，适用有关个人信息保护的规定。"据此，对于死者的私密信息，死者的配偶、子女和父母等近亲属可以依据《民法典》第 994 条请求行为人承担民事责任。

问题是，死者的个人信息中那些并非死者的姓名、肖像或隐私的个人信息，是否受到侵权法的保护？笔者认为，这些个人信息也可以适用《民法典》第 994 条的规定。因为，《民法典》第 990 条第 2 款规定："除前款规定的人格权外，自然人享有基于人身自由、人格尊严产生的其他人格权益。"当死者的个人信息被侵害进而损害死者近亲属的人身财产权益时，死者的近亲属可以依据《民法典》第 990 条第 2 款规定的一般人格权而请求保护。同时，由于《民法典》第 994 条在列举死者的人格要素时并未穷尽，而使用了"等"字兜底，故此，可将死者的个人信息中并非姓名、肖像、隐私的个人信息包括进去，即在这些个人信息遭受侵害时，死者的配偶、子女、父母等近亲属，也可以依据该条请求行为人承担民事责任。《人脸识别司法解释》也采取了该观点，其第 15 条规定："自然人死亡后，信息处理者违反法律、行政法规的规定或者双方的约定处理人脸信息，死者的近亲属依据民法典第九百九十四条请求信息处理者承担民事责任的，适用本规定。"

三、个人信息保护法对死者个人信息的规定

(一)比较法上的规范模式

目前,多数国家或地区的个人信息保护法或数据保护法仅适用于活着的自然人,而不适用于死者。以欧盟 GDPR 为例,该条例"导言"部分第 27 条规定:"本条例不适用于已故人士的个人数据。成员国可以对已故人士个人数据的处理进行规定。"这就是说,欧盟 GDPR 关于个人数据处理和个人数据权利等规定,不适用于死者的个人数据,欧盟各成员国可以自行作出相应的规定。欧盟成员国中,奥地利、比利时、荷兰、瑞典等国家的数据保护法没有对死者个人数据的保护问题作出任何规定,而捷克、芬兰、德国、爱尔兰、波兰等国家的数据保护法明确规定不适用于死者的个人数据。2018 年的英国《数据保护法》第 1 章第 3 条第 2 款明确将"个人数据"界定为"与已识别或可识别的活着的个人有关的任何信息"。

在欧盟成员国中,只有丹麦、法国、意大利、西班牙、匈牙利和斯洛文尼亚 6 个国家的数据保护法对于死者个人数据的保护问题作出了规定。例如,2018 年丹麦《数据保护法》第 2 条第 5 款规定,该法与欧盟 GDPR 适用于死者死后十年内的个人数据的保护。法国于 2016 年 10 月通过了关于"数字死亡"的法律,该法律是法国《数字共和国法》的组成部分,其旨在通过新增第 40 - 1 条以填补 1978 年 1 月 6 日第 78 - 17 法案即法国《数据保护法》的一个空白。修改后法国《数据保护法》第 40 - 1条规定,原则上数据主体死亡后,其数据权利随之消失,但在符合以下条件时,权利可以暂时保留:其一,数据主体对其死后的个人数据的保存、清除和传递作出了一般性或特殊性的指示;其二,如果当事人没有作出指示或者不违反已有的指示。其继承人可以在数据主体去世后行使相应的数据权利,包括因为死者遗产继承的安排而了解有关死者遗产继承的安排或规定的个人数据;要求关闭死者的账号并拒绝处理这些账号的个人数据等。[①] 在实践中,法国的法院往往倾向驳回继承人和

---

① 该条的中文译本,参见李爱君、苏桂梅主编:《国际数据保护规则要览》,法律出版社 2018 年版,第 102 ~ 103 页。

近亲针对死者个人数据提出的任何诉讼。2019 年匈牙利修改了《信息法》,增加了对处理死者的个人数据的规定。该法规定,数据主体在其生前可以选任一人或一位近亲属在自己死后行使其个人数据权利。西班牙《数据保护法》不适用于已故者的个人数据,但该法第 3 条规定,继承人有权从数据控制者和处理者处访问死者的个人数据,并有权请求删除和更正相关数据,除非死者生前予以禁止或者法律禁止删除或更正。遗嘱执行人也可以如同继承人那样采取相同的措施。如果继承人是未成年人或残障人士的话,那么检察官可以代表他们。最值得注意的是意大利,该国依据欧盟 GDPR 于 2018 年通过了第 101 号法令修订了《数据保护法》。修改后的意大利《数据保护法》规定,欧盟 GDPR 第 15 条至第 22 条中规定的数据主体的权利,可以在自然人死后由对该数据之保护享有利益的数据主体、死者的代理人或者基于值得保护的理由的家庭成员作为代表来行使。但是,在法律有规定的情况下,或者在数据主体以书面形式明确予以禁止或者向数据控制者发出了明确禁止表示的除外。此时,不允许前述主体代表死者行使权利。①

在欧盟之外的其他国家或地区的个人数据保护或个人信息保护立法中,多数没有规定死者个人数据的保护及其权利行使问题,或者明确规定个人数据或个人信息仅指活着的自然人的个人数据或信息,如日本《个人信息保护法》第 2 条第 1 款、韩国《个人信息保护法》第 2 条、泰国《个人数据保护法》第 6 条。在美国,加利福尼亚州《消费者隐私法案》也没有对死者个人数据的保护问题作出任何规定;在联邦层面的立法上,美国《健康保险携带与责任法》《经济与临床健康信息技术法》对死者健康信息的管理作了规定,即自然人死后的 50 年内,死者的代理人或遗嘱执行人有权查询、授权使用或披露姓名、地址、生物信息、医疗记录、保险信息等在内的死者健康信息。如果死者生前没有指定代理人或遗嘱执行人,则根据各州法律规定的遗产继承顺序,由相关继承人行使查询权。此外,美国医疗机构还可以向死者生前已经知悉相关信息的死者亲属、朋友和照看人员提供死者的健康信息。在自然人死亡超过 50 年后,医疗机构有权决定死者健康信息的处理方式。此外,亚洲的一些国家还允

---

① Francesco Paolo Patti & Francesca Bartolini, *Digital Inheritance and Post Mortem Data Protection: The Italian Reform*, European Review of Private Law, Vol. 5, p. 1182(2019).

许数据主体的权利被继承。例如,菲律宾《个人信息保护法》第 17 条规定:“数据主体的权利可转让。数据主体的合法继承人和受让人可以在数据主体死亡后或数据主体丧失行为能力或无法行使时随时行使数据主体的权利,即作为继承人或受让人行使前一条中列举的权利。”新加坡《个人数据保护法》第 4 条规定,该法不适用于已故的个人的数据,但是死亡时间在 10 年以内的个人的数据适用有关个人数据披露的规定以及该法第 24 条关于个人数据保护的规定。新加坡个人数据保护委员会对这一规定作了细化,即死者生前指定的代理人或遗嘱执行人作为死者个人信息处理活动的联络人,有权作出或撤销处理死者个人信息的同意,并对泄露或侵犯死者个人信息的处理者提起投诉或诉讼。死者生前未指定代理人及遗嘱执行人,或代理人及遗嘱执行人无法行使权利的,由死者的近亲属行使。

(二)个人信息保护法草案三次审议稿的规定

我国《个人信息保护法草案(征求意见)》并未就死者个人信息的问题作出任何规定。审议该草案时,有常委委员和专家、社会公众提出,“民法典中规定,死者的姓名、肖像、名誉等受到侵害的,其近亲属有权依法请求行为人承担民事责任。建议参照上述内容对死者的个人信息保护问题作出规定”。故此,全国人民代表大会宪法和法律委员会经研究,建议增加一条规定,《个人信息保护法草案(第二次审议稿)》第 49 条规定:“自然人死亡的,个人在个人信息处理活动中的权利由其近亲属行使。”①所谓“个人在个人信息处理活动中的权利”指的是该草案第 4 章“个人在个人信息处理活动中的权利”,包括知情权、决定权、查阅复制权、更正补充权、删除权等。这就意味着,除《民法典》第 994 条对死者个人信息的侵权法保护外,《个人信息保护法》赋予了死者近亲属针对死者的个人信息可以行使相应的权利。这种立法模式对于保护死者的个人信息,维护死者的尊严以及死者近亲属的人格利益具有重要作用,它解决了前述关于死者个人数据尤其是死者的隐私数据无法继承进而受到保护的问题,同时,相比《民法典》第 994 条事后的侵权法保护方法,又提供了一种积极、

---

① 全国人民代表大会宪法和法律委员会:《关于〈中华人民共和国个人信息保护法(草案)〉修改情况的汇报》,第十三届全国人民代表大会常务委员会第二十八次会议,2021 年 4 月 29 日。

主动的保护。也就是说,死者的近亲属无须在死者的隐私被侵害后才能提起侵权诉讼,而是可以直接行使自然人在个人信息处理中的权利。并且,在侵害死者的个人信息但未侵害死者的隐私、肖像、姓名,而是对死者近亲属的合法权益造成危险的时候,允许近亲属对死者的个人信息行使删除权,也能很好地保护其权益。

因此,《个人信息保护法草案(第二次审议稿)》第49条的规定总体上是值得赞同的,但是,该条不作任何限制地允许近亲属针对死者的个人信息行使权利,则有所不妥。首先,这可能会明显违背死者生前的意愿或侵害第三人的隐私权。死者的个人数据,尤其是隐私数据,可能是不愿意为他人所知悉的,即便是自己的近亲属也不例外。在网络信息时代之前,死者这种生前的隐私可能记载在日记中,那么他(她)可以在死前通过销毁日记或者通过遗嘱作出相应的安排,以防隐私被公开或为他人知晓。但在网络信息时代,这些隐私数据存储在网络上(社交账户、电子邮箱或网络日记),死者生前通过设置秘密或将状态设置为仅自己可见,其实就明确表达了不愿公开的意愿。如果法律完全不顾及死者生前的意愿,直接规定死者的近亲属可以行使死者生前在个人信息处理中的权利,就意味着近亲属可以获得账户的秘密而知晓这些隐私。其次,这不利于保护第三人的隐私权。因为死者以及第三人可能不愿意他们之外的任何人知晓某些信息,如果允许近亲属不受任何限制地请求查阅、复制死者的个人数据,就可能在完全违背死者意愿的同时,侵害第三人的隐私权。最后,不作任何限制地允许近亲属行使死者对个人信息的权利,也等于变相认可近亲属可以继承死者对个人信息处理的权利,这显然与个人信息权益属于人格权益、不能继承相违背的。

(三)《个人信息保护法》第49条的规定

立法机关接受了对《个人信息保护法草案(第二次审议稿)》第49条的批评意见,对该条进行了修改完善,《个人信息保护法》第49条规定:"自然人死亡的,其近亲属为了自身的合法、正当利益,可以对死者的相关个人信息行使本章规定的查阅、复制、更正、删除等权利;死者生前另有安排的除外。"从这一规定可知:

1.《个人信息保护法》第49条的立法目的已经发生改变,从《个人信息保护法草案(第二次审议稿)》第49条保护死者的个人信息转为保护死者的近亲属"自身的合法、正当利益”。换言之,《个人信息保护法》第 49 条之所以赋予死者的近亲属可以针对死者的相关个人信息行使查阅、复制、更正、删除等权利,目的是保护死者的近亲属自身的合法、正当利益,而不是保护其他人的利益。这就从另一个角度说明,我国《个人信息保护法》上的个人信息仅仅是活着的自然人的个人信息,不包括死者的个人信息。

所谓近亲属自身的合法、正当利益意味着:一方面,该利益是属于死者近亲属的,而非死者的或者其他人的;另一方面,死者近亲属要维护的是符合法律规定的且不违反公序良俗、诚信原则的利益,即合法、正当的利益。合法、正当的利益范围比合法权益更广泛,包括但不限于死者的合法权益。之所以有这一要件的要求,理由在于:死者已经去世,不属于民事主体,已丧失民事权利能力,其既不能享有民事权利,也无须履行民事义务,因此,不存在死者自身来行使针对个人信息的权利的问题;然而,虽然死者已经去世,其近亲属仍在,而所谓的近亲属是指与死者存在非常密切的自然或法律意义上的关系的人,如父母、子女、配偶、兄弟姐妹、祖父母、外祖父母、孙子女和外孙子女,此时,近亲属为了维护其自身的合法、正当利益,有必要行使其对死者个人信息的权利。例如,近亲属为了解死者生前是否对死后的财产分配作出相应的安排,或者为了知道死者生前的所思所想,了解死因等,需要登录死者的电子邮箱查阅、复制死者的个人信息;又如,当死者个人信息存在不准确或者不完整的地方,而导致死者的名誉存在受损的危险,进而损害死者的近亲属对死者的崇敬之情、敬慕追思之情这一合法、正当的利益时,其当然有权要求个人信息处理者对死者的个人信息进行更正。

2. 近亲属只能针对死者的相关个人信息行使相应的权利。首先,近亲属只有在针对死者的个人信息要求行使查阅权、复制权、删除权等权利时,才需要适用《个人信息保护法》第 49 条的规定。如果近亲属是针对自己的个人信息,自然不存在适用该条之必要。因此,必须区分死者的个人信息与死者的近亲属的个人信息。其次,近亲属针对的是死者的相关个人信息而非全部个人信息,这就是说,近亲属也不可以对死者的所有个人信息行使权利。所谓相关个人信息,是指与维护死者近亲属自身的合法、正当的利益具有直接的、密切关系的死者个人信息,如果不具有密切关系,则不能对该个人信息行使权利。例如,为了查明死者生前对遗产的安排，可以查阅、复制死者生前的电子邮件等个人信息。作此规定，主要就是考虑死者生前与他人交往中形成的个人信息不单纯是死者的个人信息，还包括他人的信息或隐私。故此，通过“相关”一词限制了近亲属可以行使相关权利的死者的个人信息的范围。

3. 死者生前另有安排的除外。这主要是为了尊重死者的意愿和保护其隐私而作出的例外性规定。死者生前另有安排的情形主要包括：其一，死者生前通过遗嘱等方式明确表示自己死后，任何人包括近亲属在内都不得查阅、复制其个人信息，而是要求个人信息处理者在自己死后将个人信息全部予以删除。在此种情形下，因为个人信息处理者已经删除了死者全部的个人信息，那么死者的近亲属就不可能再去要求行使查阅、复制的权利。其二，死者生前通过遗嘱等方式指定了特定的人来行使对其个人信息的权利，例如，死者生前明确指定其配偶或者子女来行使查阅、复制、更正、删除等权利。在这种情形下，其他的近亲属即便为了自身正当、合法的利益，也不得行使对死者的个人信息的权利。当然，如果是他人侵害死者的个人信息，死者的近亲属仍可依据《民法典》第 994 条的规定要求侵害行为人承担侵权责任。

4. 近亲属能够对死者相关个人信息行使的权利是有限制的，仅限于《个人信息保护法》第四章规定的“个人在个人信息处理活动中的权利”，这一章规定的权利，包括知情权、决定权、查阅权、复制权、可携带权、更正权、补充权、删除权、解释说明权。《个人信息保护法》第 49 条列举了死者的近亲属可针对死者的相关个人信息行使本章规定的“查阅、复制、更正、删除等权利”。立法机关之所以采取“等权利”兜底，是考虑不能预料未来的发展，是否会出现需要赋予死者的近亲属针对死者相关个人信息的其他权利的必要。不过笔者认为，死者的近亲属享有查阅、复制、更正和删除的权利，就足以维护自身的正当、合法利益了。因此，完全可以将“等权利”修改为“的权利”。

结　语

死者的个人信息不属于个人财产，不能被继承。在他人侵害死者的个人信息时，死者的近亲属有权依据《民法典》第 994 条的规定提起侵权诉讼，获得救济。但是,《民法典》第994条只是事后救济,保护力度不足。故此,我国《个人信息保护法》第49条承认在一定条件下死者的近亲属可以针对死者的相关个人信息行使查阅、复制、更正、删除等权利。这为死者近亲属维护自身合法、正当利益提供了积极主动的方法,是非常必要的。同时,该条通过"为了自身的合法、正当利益""死者的相关个人信息""死者生前另有安排的除外"3项限制条件,以及对死者近亲属可以行使的权利加以列举,又在一定程度上限制了死者近亲属对死者个人信息的权利,从而尊重死者的隐私和生前意愿,保护了与死者交往之人的隐私、通信秘密。从总体上来说,这一规定是非常值得肯定的,当然,具体的效果还需要实践的检验。

专题三十二　多方处理个人信息的侵权法保护

本专题撰写人:阮神裕

【《民法典》及相关法律法规的新规则】

《民法典》第 1034 条

自然人的个人信息受法律保护。

个人信息是以电子或者其他方式记录的能够单独或者与其他信息结合识别特定自然人的各种信息,包括自然人的姓名、出生日期、身份证件号码、生物识别信息、住址、电话号码、电子邮箱、健康信息、行踪信息等。

个人信息中的私密信息,适用有关隐私权的规定;没有规定的,适用有关个人信息保护的规定。

《个人信息保护法》第 20 条

两个以上的个人信息处理者共同决定个人信息的处理目的和处理方式的,应当约定各自的权利和义务。但是,该约定不影响个人向其中任何一个个人信息处理者要求行使本法规定的权利。

个人信息处理者共同处理个人信息,侵害个人信息权益造成损害的,应当依法承担连带责任。

【规则由来】

《民法典》和此前颁布的全国人民代表大会常务委员会《关于加强网络信息保护的决定》、《网络安全法》、《消费者权益保护法》以及原《民法总则》等法律及司法解释虽然明确了个人信息受到法律保护,但是没有具体规定个人信息权益遭受侵害时的侵权责任,尤其是没有针对多方处理个人信息的侵权法保护作出具体规定。

《个人信息保护法》第 20 条对共同处理个人信息的损害赔偿责任作出规定。欧盟 GDPR 第 82 条第 4 款规定:"当不止一个控制者或处理者,或控制者与处理者同时涉及同一处理,而且它们对第 2 款和第 3 款规定的处理所引起的所有损失承担责任,每个控制者或处理者都应当对损失负有连带责任,以便保证对数据主体的有效赔偿。"我国《个人信息保护法》第 20 条没有照抄照搬欧盟 GDPR 第 82 条的规定,而是结合《民法典》侵权责任编的相关规定,将多方处理个人信息的侵权责任规定为:"个人信息处理者共同处理个人信息,侵害个人信息权益造成损害的,应当依法承担连带责任。"

【规范意旨】

《个人信息保护法》第 20 条第 2 款规定中"依法"二字表明,该条款本身不是独立的请求权基础,而是应当结合《民法典》关于数人侵权的规定,即《民法典》第 1168 条至第 1171 条关于数人侵权的连带责任的规定,对多方处理个人信息的侵权责任作出教义学阐释。

在实践中,由于不同的机构与平台的数据交换既可以服务于相互协作的共享经营模式,又能够降低数据收集成本、实现数据开发的社会效益最大化。因此,数据共享越来越成为互联网经济的普遍现象。[①] 但是,数据共享也额外产生了一种可称为"事实不确定性"的风险:信息主体对于其哪些个人信息将被收集、收集之后如何处理以及这些数据将在哪些机构与平台间共享的情形往往难以知悉,更无法参与到信

① 参见王利明:《数据共享与个人信息保护》,载《现代法学》2019 年第 1 期。

息的收集与处理当中。当个人信息发生泄露时,受害人更是无法得知谁是具体的加害人。于此情形,《民法典》第1170条的共同危险行为制度为信息主体提供了救济途径。

【典型案例】

"庞某某与北京趣拿信息技术有限公司等隐私权纠纷案"①

2014年10月11日,庞某某委托鲁某通过去哪儿网平台(北京趣拿软件科技有限公司,以下简称趣拿公司)订购了一张中国东方航空公司(以下简称东航)的机票,所选机票代理商为长沙星旅票务代理公司。去哪儿网订单详情页面显示该订单登记的乘机人信息包括原告庞某某的姓名及身份证号,而联系人、报销信息为鲁某及其尾号1858的手机号。

2014年10月13日,庞某某尾号9949手机号收到短信:"您预订2014年10月14日16:10起飞19:10抵达的MU5492次航班(泸州—北京首都)由于机械故障已取消,请收到短信后及时联系客服办理改签业务,以免耽误您的行程,服务热线4008-129-218(注:改签乘客需要先支付20元改签手续费,改签成功后每位乘客额外得到补偿200元)……"上述号码来源不明,未向鲁某发送类似短信。鲁某知晓上述短信后拨打东航客服电话"95530"予以核实,客服人员确认该次航班正常,并提示庞某某收到的短信应属诈骗短信。

庞某某主张,趣拿公司和东航泄露的隐私信息包括其姓名、尾号9949手机号、行程安排(包括起落时间、地点、航班信息),要求趣拿公司和东航承担连带责任。庞某某主张诈骗短信对其行程安排造成困扰,进而影响其工作,故要求精神损害抚慰金。

一审法院认为,庞某某委托鲁某通过去哪儿网购买机票时未留存庞某某本人尾号9949手机号,本案机票的代理商星旅公司未获得庞某某手机号,星旅公司向东航购买机票时亦未留存庞某某号码,故法院无法确认趣拿公司及东航在本案机票购买

① 参见北京市第一中级人民法院(2017)京01民终509号民事判决书。

过程中接触到庞某某手机号。即便庞某某此前收到过趣拿公司或东航发送的通知短信,但现无证据显示趣拿公司和东航将庞某某过往信息与本案机票信息关联,且趣拿公司未向庞某某号码发送过本案机票信息,东航在鲁某致电客服确认庞某某手机号前亦未向庞某某号码发送过本案机票信息,故法院无法确认趣拿公司和东航将庞某某过往留存的手机号与本案机票信息匹配,更无法推论趣拿公司和东航存在泄露上述信息的行为。涉案航班最终因飞机故障多次延误直至取消,该情形虽与诈骗短信所称"由于机械故障取消"的内容雷同,但不排除"因故障取消"系此类诈骗短信的惯用说辞,故仅凭航班状态与诈骗理由的巧合无法认定东航与诈骗短信存在关联。综上,趣拿公司和东航在本案机票订购时未获取庞某某号码,现无证据证明趣拿公司和东航将庞某某过往留存的手机号与本案机票信息匹配予以泄露,且趣拿公司和东航并非掌握庞某某个人信息的唯一介体,法院无法确认趣拿公司和东航存在泄露庞某某隐私信息的侵权行为,故庞某某的诉讼请求缺乏事实依据,法院不予支持。

二审法院认为,从机票销售的整个环节看,庞某某本人、鲁某、趣拿公司、东航、中国民航信息网络股份有限公司(以下简称中航信)都是掌握庞某某姓名、手机号及涉案行程信息的主体。但从本案现有证据及庞某某、鲁某在整个事件及诉讼中的表现看,庞某某和鲁某的行为并未违背一名善意旅客所应有的通常的行为方式。在没有相反证据予以证明的情况下,法院确信庞某某、鲁某在参加购买机票的民事活动及本案民事诉讼活动时具备诚实、善意的通常状态,不属于自己故意泄露个人信息而进行虚假诉讼。在排除了庞某某和鲁某的泄露可能性之后,趣拿公司、东航、中航信都存在泄露信息的可能。而从收集证据的资金、技术等成本上看,作为普通人的庞某某根本不具备对东航、趣拿公司内部数据信息管理是否存在漏洞等情况进行举证证明的能力。因此,客观上,法律不能也不应要求庞某某确凿地证明必定是东航或趣拿公司泄露了其隐私信息。从逻辑上讲,任何第三人在已经获知庞某某姓名和手机号的情况下,如果又查询到了庞某某的行程信息,也可以将这些信息匹配在一起,但这种可能性却非常低。而与普通的第三人相比,恰恰是趣拿公司、东航、中航信已经把上述信息掌握在手。此外,一个非常重要的背景因素是,在本案所涉事件发生前后的一段时间,东航、趣拿公司和中航信被多家媒体质疑存在泄露乘客信息的情况。这一特殊背景因素在很大程度上强化了东航、趣拿公司和中航信泄露庞某某隐私信息的可能。综上,本院认定东航、趣拿公司存在泄露庞某某隐私信息的高度可能。

本案中,东航和趣拿公司作为各自行业的知名企业,一方面因其经营性质掌握了大量的个人信息,另一方面亦有相应的能力保护好消费者的个人信息免受泄露,这既是其社会责任,也是其应尽的法律义务。诚然,对个人信息的保护是一个逐步的过程,从社会现实来讲不宜苛责过甚。但从法院现有证据看,东航和趣拿公司在被媒体多次报道涉嫌泄露乘客隐私后,即应知晓其在信息安全管理方面存在漏洞,但是,该两家公司却并未举证证明其在媒体报道后迅速采取了专门的、有针对性的有效措施,以加强其信息安全保护。而本案泄露事件的发生,正是其疏于防范导致的结果,因而可以认定趣拿公司和东航具有过错,理应承担侵权责任。

【理论阐释】

一、事实不确定背景下的个人信息保护难题

随着互联网与大数据技术的发展,个人信息被收集、处理(包括使用、存储、加工、传输、提供、公开等)已经成为不可逆转的趋势。这一趋势在促进数据产业发展、网络经济增长的同时,也给自然人的隐私权、名誉权等人格权以及财产权带来了新的风险。[①] 鉴于此,《民法典》第 111 条和第 1034 条至第 1039 条特别规定了个人信息保护的基本制度,防范个人信息的收集与处理给自然人所带来的现代风险。《个人信息保护法》第二章规定了“个人信息处理规则”,第四章规定了“个人在个人信息处理活动中的权利”,第五章规定了“个人信息处理者的义务”,第七章规定了“法律责任”,其中第 69 条第 1 款规定:“处理个人信息侵害个人信息权益造成损害,个人信息处理者不能证明自己没有过错的,应当承担损害赔偿等侵权责任。”该条款更是通过过错推定的方式加强对个人信息权益的侵权法保护。

① 参见程啸:《民法典编纂视野下的个人信息保护》,载《中国法学》2019 年第 4 期;程啸:《论大数据时代的个人数据权利》,载《中国社会科学》2018 年第 3 期;杨芳:《个人信息保护法保护客体之辨——兼论个人信息保护法和民法适用上的关系》,载《比较法研究》2017 年第 5 期。

信息产业实践往往导致消费者无法认识到他们在互联网上的行为是否受到监控,也无法认识到他们的信息是否安全,或者在多大程度上处于私密状态。这种不可感知与不可预测是自然人与信息处理者之间明显的“信息不对称”所造成的。① 由于这种信息不对称,信息主体在面对信息处理者时,其既不知道自己的个人信息如何被处理,更无从对自己的个人信息加以控制,而只能被动地等待潜在损害的忽然降临。②

这种事实不确定性的产生,主要是因为:首先,在个人信息的收集阶段,告知同意原则的实际运作面临困境,信息处理者并未真正保障信息主体的知情权。一方面,信息处理者制定的隐私政策通常以极其抽象的方式表明收集和处理的目的、方式和范围,③或者虽然声明与第三方共享个人信息,却没有明确告知究竟会与哪些机构进行共享。④ 极为模糊的表述无法让信息主体真正知悉自己的个人信息将流往何处、被如何处理。另一方面,信息处理者时常有意在隐私政策中掺杂冗长烦琐的无关内容,进而干扰信息主体的认知。有关研究表明,自然人倘若要阅读其一年中所使用的网络服务的隐私条款总共需要花费 244 个小时。⑤ 人们不可能花费如此多的时间去阅读这些条款。况且,即便阅读了,也难以理解这些条款的真正意义。⑥ 更何况,大部分信息主体根本都不阅读这些条款就点击同意进入下一步骤。⑦ 因此,当个人信息被收集时,自然人很难知悉自己的个人信息将如何被处理。

---

① See Orla Lynskey, *The Foundations of EU Data Protection Law*, Oxford University Press, 2015, p. 211; 李勇:《论消费者个人信息之保护——以告知后同意为中心》,载《理论月刊》2014 年第 8 期。

② See Daniel J. Solove, *Privacy and Power: Computer Databases and Metaphors for Information Privacy*, Stanford Law Review, Vol. 53, p. 1421(2001).

③ 参见万方:《隐私政策中的告知同意原则及其异化》,载《法律科学》2019 年第 2 期。

④ 有学者在 2015 年对 49 家网站的隐私政策进行分析,研究结果表明,92% 的网站声明与第三方共享个人信息,但却没有说明与哪些具体的机构进行共享。参见申琦:《我国网站隐私保护政策研究:基于 49 家网站的内容分析》,载《新闻大学》2015 年第 4 期。

⑤ Aleecia M. Mcdonald & Lorrie Faith Cranor, *The Cost of Reading Privacy Policies*, I/S: A Journal of Law and Policy for the Information Society, Vol. 4, p. 563(2008).

⑥ Daniel J. Solove, *Introduction: Privacy Self-Management and the Consent Dilemma*, Harvard Law Review, Vol. 126, p. 1888(2012).

⑦ 参见范为:《大数据时代个人信息保护的路径重构》,载《环球法律评论》2016 年第 5 期;任龙龙:《论同意不是个人信息处理的正当性基础》,载《政治与法律》2016 年第 1 期;林洹民:《个人信息保护中知情同意原则的困境与出路》,载《北京航空航天大学学报(社会科学版)》2018 年第 3 期。

其次,信息安全技术标准的专业性与科学性使自然人客观上也不具备分析信息处理者是否满足相关标准的能力。德国社会学家乌尔里希·贝克在阐释20世纪的现代化进程时就曾指出,由于工业与技术的发展,事实真相已经被科学裁决所垄断。人们在日常生活中既看不到也感知不到风险的现实意涵,如放射性物质、污染物的长期影响等是无法简单地通过感官认识到的。倘若科学家不承认某一产业的风险,那么就意味着风险"不存在"。① 同理,信息处理者的信息安全技术是否符合相关标准,也需要通过专业的信息技术鉴定才能加以判断。不仅如此,更复杂的情况在于:个人信息泄露呈现了一个从直接化向间接化、从简单化向复杂化、从显性信息泄露向隐性信息泄露转变的趋势,简单的污点跟踪技术已经无法有效地识别出个人信息泄露和造成损害的潜在风险。②

当潜在损害的风险现实化之后,关于信息处理行为的事实不确定性又进一步妨碍了信息主体获得法律救济。例如,在著名的个人信息侵权案件——"庞某某与北京趣拿信息技术有限公司等隐私权纠纷案"(以下简称"庞某某案")中,③信息主体在网络平台上预订机票时,提交了身份信息、联系信息以及行程信息,其虽然可以根据网络预约订票的经营模式大致知悉网络平台(如去哪儿网)、中航信公司和航空公司(如东航)之间必然存在数据共享。但是,受害人无法准确地了解其个人信息在各个机构或平台之间何时以及如何传输。因此,当信息主体因个人信息的泄露而遭受损害时,只知道哪些机构与平台曾经收集了其个人信息,也知道自己之所以遭受损害(如诈骗)就是因为这些个人信息的泄露所致。此外,以下事实均是不确定的:(1)泄露行为,即哪个或哪些具体的机构或平台泄露了个人信息;(2)主观过错,即造成泄露的机构或平台是否已经尽到相应的注意义务;(3)因果关系,如果有数个机构或者平台均泄露了个人信息,那么,犯罪分子利用了谁泄露的个人信息实施诈骗或者其他犯罪行为?

---

① 参见[德]乌尔里希·贝克:《风险社会》,张文杰、何博闻译,译林出版社2018年版,第79页。

② 例如,对于移动端的软件信息泄露,现有的检测方法主要基于污点跟踪分析技术,即对敏感私密信息进行跟踪:从一个敏感源(如设备ID、地理位置信息等)跟踪敏感污点数据流动,直接数据到达一个给定接收点,据此定位泄露的关键对象。参见过辰楷等:《面向移动应用软件信息泄露的模型检测研究》,载《计算机学报》2016年第11期。

③ 参见北京市第一中级人民法院(2017)京01民终509号民事判决书。

我国民事诉讼法对于证明责任的分配采取大陆法系证明责任分配的通说,即法律要件分类说。故此,在侵害个人信息的侵权案件中,信息主体对侵权责任法律关系存在的基本事实承担举证证明责任。根据《民事诉讼法解释》第 91 条的规定,①除非法律对个人信息侵权的加害行为、过错和因果关系要件的举证证明责任存在特别的规定,否则信息主体对加害行为、权益侵害、因果关系以及过错要件承担客观证明责任。就该案而言,信息主体庞某某作为原告所能证明的只有权益侵害要件,至于加害行为、过错以及因果关系,均具有事实不确定性。因此,在实践中,许多法院认为信息主体没有提出证据证明被告泄露了个人信息,并据此以原告所主张的损害赔偿请求权欠缺事实依据为由,驳回了其诉讼请求。②

因此,问题就在于:如果坚持证明责任分配的基本规则,那么自然人将因无法证明侵权责任的成立要件而无法获得救济。这种结果显然有违侵权法的权益保护功能。可是,如果仅仅为了救济受害人,在受害人无法证明责任成立的要件事实的情况下,也要求信息处理者承担责任,这种做法又势必妨碍信息处理者的营业自由。因此,在事实不确定性背景下,是否以及如何为个人信息提供侵权法保护,本质上就是协调信息主体的权益保护与信息处理者的行为自由之间紧张关系的问题。③ 现有实务与学说主要从程序法角度解决前述问题,但这些方法无法达到各个观点所期待的目标。《民法典》第 1170 条所规定的共同危险行为制度,从实体法角度为前述问题提供了一种新的进路。本文将首先从解释论的角度,论证《民法典》第 1170 条的规定在大数据时代个人信息的侵权法保护领域中所具有的关键性作用。

---

① 参见王亚新、陈杭平、刘君博:《中国民事诉讼法重点讲义》,高等教育出版社 2017 年版,第 105 页。

② 在以下案件中,由于原告只能证明损害事实,但无法证明谁泄露了个人信息,因此法院驳回了原告的诉讼请求。以侵权纠纷为案由提起的案件参见:广东省阳江市江城区人民法院(2016)粤 1702 民初 1098 号民事判决书,广东省深圳市南山区人民法院(2016)粤 0305 民初 8160 号民事判决书,云南省昆明市盘龙区人民法院(2015)盘法民初字第 936 号民事判决书,以合同纠纷为案由提起的案件参见:广州铁路运输中级人民法院(2017)粤 71 民终 11 号民事判决书,广州铁路运输第二法院(2016)粤 7102 民初 385 号民事判决书。

③ 参见程啸:《侵权责任法》,法律出版社 2015 年版,第 20 页。

二、司法实践中减轻信息主体证明责任的方法及其弊端

（一）转换证明责任欠缺法律依据

依据证明责任理论，如果原告无法提供证据证明其主张的事实符合高度盖然性标准，则其应当承担由此造成的事实真伪不明的不利后果，①但是，由于科技与工业的迅猛发展带来的对消费者权益的结构性侵害等问题，加害者与受害者的社会结构层次基本固定，证据以及必要的科学技术知识往往掌握在加害者的手中。故此，法律上有必要对证明责任的分配加以转换，②具体而言，包括由法院根据具体个案裁量和法律加以明文规定两种不同的类型。③ 同样，相较信息处理者，自然人对个人信息的收集、处理的实际情况和相关技术知识的掌握程度非常有限，所以司法实践和学说上有一种观点认为，在个人信息泄露的案件中应当转换当事人的证明责任。然而，笔者认为，无论是法院根据具体个案进行裁量，还是通过法律加以明文规定，两种做法均存在缺陷。

其一，由法院根据具体个案裁量转换当事人的证明责任欠缺合法依据。2008 年《证据规定》第 7 条提供了法官根据“公平原则和诚实信用原则”，综合“当事人的举证能力”等因素确定证明责任承担的可能性。例如，在“申某与支付宝（中国）网络技术有限公司等侵权责任纠纷案”（以下简称“申某案”）中，一审判决认为，“个人相对于具有一定数据垄断地位的公司实体在证据搜集和举证能力上处于弱势地位。因此，应顾及双方当事人之间实质公平正义进行举证责任的分配。本案中，申某已举证证明其将个人信息提供给携程公司，后在较短时间内发生信息泄露，已完成相应合理的举证义务。携程公司应就其对申某的个人信息泄露无故意或过失之事实负举证责任。”④上述裁判理由不仅提出“应当顾及双方当事人之间实质公平正义进行举证责任的分配”，实质上还混有证明标准降低的方法，来确保遭受损害的信息主

---

① 参见[德]莱奥·罗森贝克：《证明责任论》（第 5 版），庄敬华译，中国法制出版社 2018 年版，第 15 页。
② 参见王亚新、陈杭平、刘君博：《中国民事诉讼法重点讲义》，高等教育出版社 2017 年版，第 108 页。
③ 参见姜世明：《举证责任与证明度》，厦门大学出版社 2017 年版，第 48 页以下。
④ 参见北京市朝阳区人民法院（2018）京 0105 民初 36658 号民事判决书。

体获得相应的赔偿。根据上述裁判理由,法院认为,由于原告所提供的证据已经证明了泄露行为与因果关系的因果关系要件(下文将指出这一观点也是错误的),那么只要转换过错要件的证明责任,即可对受害人进行救济。

但是,转换过错要件的证明责任是否合理,却有待商榷。上述案件裁判理由没有说明“顾及双方当事人之间实质公平正义进行举证责任的分配”的法律依据。可供考虑的法律依据只能是2008年《证据规定》第7条。然而依据该条,法院根据自由裁量权确定证明责任分配的前提条件是“在法律没有具体规定,依本规定及其他司法解释无法确定举证责任承担”。但根据《民法典》第1165条第2款和第1166条的规定,无论是过错要件的推定还是无过错责任,均应当由法律明确规定。如果法律没有对此加以规定的,则均属于第1165条第1款的过错责任。故此,对于过错要件的证明责任,在没有法律进行具体例外规定的情况下,均应由受害人承担证明责任,法院不享有将过错要件的证明责任转换给被告的自由裁量权。

其二,采用法律明文规定的方式转换证明责任的观点本身也欠缺合理性。有学者认为,由于信息处理者掌握了个人信息收集与处理的相关事实情况,因此,应由信息处理者对个人信息泄露造成损害的因果关系承担证明责任,以便对受害人进行救济。① 笔者认为,从表面上看,在事实不确定背景下,个人信息侵权的案件似乎符合证明责任转换的条件,毕竟相比自然人,信息处理者更有能力证明其行为与损害之间无因果关系。然而,细加研究后可以发现,证明责任转换并不足以解决信息主体难以获得救济的局面,因为该观点忽略了个人信息侵权案件事实的特殊之处。一方面,该观点只讨论了因果关系要件的证明责任转换,却没有说明泄露行为与过错这两个要件的事实不确定性应如何处理。另一方面,因果关系证明责任的倒置确实会在一定程度上降低信息主体的证明难度,但是个人信息泄露的案件有不同的类型。一些个人信息泄露案件中存在数个信息处理者,这些信息处理者均参与了同一个人信息的处理,故皆有可能泄露个人信息,自然人无法证明谁泄露了个人信息,因此也无法证明自己的损害是谁造成的,“庞某某案”就属于此种类型;还有一些个人信息

① 参见刘海安:《个人信息泄露因果关系的证明责任——评庞某某与东航、趣拿公司人格权纠纷案》,载《交大法学》2019年第1期。

泄露案件中,实际上只有一个信息处理者,自然人同样无法证明该信息处理者是否泄露了个人信息。前者涉及侵权法上“择一的因果关系”(alternative causation)的证明难题,后者只是单纯的原告难以完成其证明责任。前述观点认为,应当由法律或司法解释明确规定信息处理者承担因果关系的证明责任,却没有对前述两种案件类型进行必要的区分。该观点仅从“庞某某案”这类存在择一的因果关系证明难题的特殊案件出发,就得出一般性结论认为由信息处理者承担因果关系的证明责任,显非妥当。

(二)降低证明标准不具合理性

持“证明标准降低说”的学者和法官认为,在信息主体已经提出相当的证据,证明其主张事实具有“较大可能性”,但是因为客观条件限制无法继续举证时,就可以认为信息主体已经完成了证明责任。[①] 换言之,该观点是将《民事诉讼法解释》第108条的“高度可能性”标准降低为“优势证据标准”或者其他较低的证明标准,即从85%以上的确信度降低为51%或者其他较低的确信度。

证明标准降低说在信息主体起诉某个唯一收集了其个人信息的信息处理者的场合具有适用余地。例如,自然人甲上午在A银行开户并留存了手机信息,下午就收到了垃圾短信或者推销电话的,此时甲只要提出这些证据,就可以完成银行非法泄露个人信息的证明责任。[②] 在“申某案”中,法院之所以认为携程公司具有泄露涉案个人信息的高度可能性,就是因为携程公司是消费者所直接面对的第一手完整信息保管者,而且发生诈骗的时间非常短暂(凌晨0点55分订票,该日上午10点15分遭受诈骗),故此很有可能是携程公司泄露的。[③] 但是,除携程公司收集了涉案个人信息外,中航信公司、东航公司也共享了相同的个人信息,而且携程公司与中航信、东航的数据共享基本上是瞬时间完成的。一般而言,消费者在携程网上预订机票后几分钟之内,即可得到详细的机票信息。这说明预订机票的个人信息已经在这些机构之间实现了传输与共享。故此,短时间泄露的时空背景不足以说明携程公司泄露

① 参见杨立新:《侵害公民个人电子信息的侵权行为及其责任》,载《法律科学》2013年第3期。
② 参见崔聪聪:《个人信息损害赔偿问题研究》,载《北京邮电大学学报(社会科学版)》2014年第6期。
③ 参见北京市朝阳区人民法院(2018)京0105民初36658号民事判决书。

个人信息的可能性就高于同样获得了个人信息的中航信和东航。倘若从抽象概率的角度来讲,在没有更加确切的证据的情况下,携程公司、中航信与东航至少是各有33.3%的泄露原告个人信息的可能性。

在"庞某某案"中,法院采取的也是"证明标准降低说",即法院首先通过原告庞某某的庭审表现,确信庞某某本人处于诚实、善意的通常状态,不属于自己故意泄露个人信息而进行虚假诉讼的情形。之后,法院认为相比于第三人,趣拿公司、东航和中航信掌握了更多关于庞某某的身份信息和行程信息,"而第三人即便已经获知庞某某姓名和手机号,也很难将庞某某的订单号、身份证号都掌握在手,从而很难查询到庞某某的航班信息。而与普通的第三人相比,恰恰是趣拿公司、东航、中航信已经把上述信息掌握在手"。再加上涉案事件发生前后的一段时间,东航、趣拿公司和中航信都被多家媒体质疑存在个人信息泄露的情况。据此,法院认定,东航、趣拿公司存在泄露庞某某隐私信息的高度可能性。①

在上述裁判理由中,隐含了一个未经检验的前提,即将趣拿公司、东航和中航信视为一个整体,来与第三人进行比较,进而认定相比第三人,这3家公司已经掌握了庞某某的身份信息和行程信息。可问题在于,为什么可以将趣拿公司、东航以及中航信视为一个整体加以分析?这3家公司是3个独立的民事主体,不能当然地将它们作为一个整体,进而分析这个整体泄露个人信息所具有的高度可能性。在"庞某某案"中,法官并未说明这一关键性预设的理由是什么。倘若剥离掉将趣拿公司、东航和中航信作为一个整体的预设,那么由于在"庞某某案"中,信息主体没有提供额外的证据,故而在概率上,曾经收集了涉案个人信息的趣拿公司、中航信公司和东航泄露个人信息的可能性(抽象概率)也可能是各33.3%。

由此可见,如果采用降低证明标准的方法,来缓和信息主体面对事实不确定性而无法获得救济的困境,除非法官大幅降低证明标准,如将证明标准降低到33.3%以下,否则原告将无法证明是谁泄露了个人信息。但如此大幅降低证明标准却显然是不合理的,因此降低证明标准的方法也难以解决事实不确定性的难题。

---

① 参见北京市第一中级人民法院(2017)京01民终509号民事判决书。

三、共同危险行为的类推适用

（一）《民法典》第 1170 条的语义范围与理论基础的限制

由于“庞某某案”以及其他类似的案件涉及因果关系等要件事实的不确定性，故理论界也有学者提出，可以适用共同危险行为制度的观点。[①] 然而，个人信息泄露案件中的事实不确定性却超出《民法典》第 1170 条的规定所涵摄的语义范围。因此，直接适用共同危险行为的路径存在一定的障碍。

一方面，《民法典》第 1170 条的要件事实之一，是“二人以上实施危及他人人身、财产安全的行为”，按照文义解释，原告应当证明各个被告已经实施了危及他人人身、财产安全的行为。[②] 因此，倘若要在“庞某某案”中直接适用共同危险行为，原告必须证明各个被告均实施了危及他人人身、财产安全的行为，即他们均泄露了个人信息。但从该案判决书可以看出，尽管法院可以确信 3 名被告作为整体存在泄露庞某某信息的高度可能性，但各个被告各自“是否泄露个人信息”却属于无法查明的事实。因此，既然连各个被告是否实施了“危及他人人身、财产安全的行为”这一事实都无法查明，直接适用《民法典》第 1170 条就存在明显困难。

另一方面，考虑到在大数据时代背景下，个人信息的收集与处理方式发生了根本性变化，这些行为产生了各种侵害自然人人身财产权益的特殊危险。[③] 那么，是否可以据此直接认定收集与处理个人信息的行为构成《民法典》第 1170 条的“危及他人人身、财产安全的行为”？从语义上说，这种认定也不是不可以，但却不符合现行学说对共同危险行为制度理论基础的认识。对于共同危险行为的理论基础，比较有力的一种观点认为，法律之所以对受害人进行特殊保护，推定危险行为与损害之间的因果关系成立，是因为行为人所实施的危险行为非指代一般性的危险，而是具有

---

① 参见叶名怡：《个人信息的侵权法保护》，载《法学研究》2018 年第 4 期。

② 参见王利明：《论共同危险行为中的加害人不明》，载《政治与法律》2010 年第 4 期；程啸：《论共同危险行为的构成要件》，载《法律科学》2010 年第 2 期；曹险峰：《数人侵权的体系构成》，载《法学研究》2011 年第 5 期。

③ 参见程啸：《民法典编纂视野下的个人信息保护》，载《中国法学》2019 年第 4 期。

造成损害的高度可能性的风险。[①] 还有一种观点认为,共同危险行为人之所以承担连带责任,是因为他们的行为形成了一种客观的、"只要尽到足够的注意义务就可以预防发生的一般危险",故无论行为人是否实际造成了损害,均要对这种危险活动所造成的损害后果承担赔偿责任。[②] 这两种观点均将法律评价的重心放在了行为的危险性上,这种危险性要么必须是具有"高度的造成损害的可能性",要么必须"不合理"。

的确,在大数据时代,个人信息的收集与处理行为带来了一定的风险,故法律有必要承认个人信息之上承载一种防御性利益。[③] 但是,这些风险毕竟只是一种抽象危险,它不属于"只要尽到足够的注意义务就可以预防发生的一般风险",而是由于当前信息安全技术的限制而难以完全避免的风险。另外,此种抽象危险只有在个人信息被非法收集、泄露、买卖或利用时才会现实化,进而侵害自然人的人格尊严与财产安全。也就是说,如果没有第三人的不法行为,正常的个人信息收集与处理行为本身并不具有"造成损害的高度可能性"。据此,合法地收集与处理个人信息的行为,不构成《民法典》第 1170 条所规定的"危及他人人身、财产安全的行为"。

综上所述,共同危险制度的直接适用必须以各个被告实施了特定危险行为为前提条件,但是"庞某某案"等案件的特殊之处恰恰体现在,受害人只能证明各个被告曾经收集其个人信息,但无法证明究竟是谁泄露了个人信息。因此适用共同危险行为制度的思路,似乎进入了"死胡同"。但是值得深思的是,是否存在一些特殊情况,即便受害人没有证明各个被告实施了危及他人人身、财产安全的行为,也可以类推

① Vgl. Wagner, Kommentar zum § 830, in: München Kommentar zum BGB, 8. Aufl. München: C. H. Beck, 2019, Rn. 55.

② 参见王竹:《再论共同危险行为——以客观关联共同侵权行为理论为视角》,载《福建师范大学学报(哲学社会科学版)》2010 年第 4 期。

③ Danielle Keats Citron, *Reservoirs of Danger: The Evolution of Public and Private Law at the Dawn of the Information Age*, Southern California Law Review, Vol. 80, p. 241 (2007).

适用《民法典》第1170条获得救济?[①]

(二)共同危险行为理论基础的重构及个人信息侵权案件中的类推适用

从《民法典》第1170条的字面规定来看,该条款实际上仅规定了因果关系的推定,以便减轻受害人的举证难度。[②] 但是,为什么要如此减轻,共同危险行为制度的法律思想是什么?还有可以争辩的余地。

笔者认为,共同危险行为制度之所以在举证上对受害人加以特殊的保护,根本原因在于,各个行为人所实施的行为相互联结,从而使受害人陷于无法辨别谁是真正的加害人的困境,这一举证困境不能由无辜的受害人承担,而应当由造成这种困境的行为人来承担。因此,立法者允许受害人将所有行为人所实施的行为视为一个整体,只要证明各行为人的"整体行为"与权益侵害的因果关系成立,即可推定"个别行为"与权益遭受侵害之间存在因果关系。[③]

一方面,各个行为人所实施的行为相互联结,造成了"证据损害现象"(evidential damage),受害人难以证明数个行为人中谁是具体的加害人,由此产生了择一的因果关系的难题。例如,在"猎人案"中,两个人在打猎时朝着同一个方向开枪,结果不知道该方向有一个第三人,导致第三人眼睛中了一枪,现在无法查明这一枪究竟是谁开的。[④] 按照传统观点,这两个开枪的猎人之所以要承担连带责任,是因为他们所实施的行为具有"不合理的危险"或"具有高度造成损害的可能性"。但是笔者认为,"猎人案"中真正重要的事实是:两个猎人在同一时间朝着相同方向开枪的行为,造成受害人无法辨别哪一枪击中了他。在这种情况下,受害人明明知道各行为人均有

---

① 对此,司法实践中有一些是否实施危险行为不明的案件适用了共同危险行为制度:例如,数辆货车在运载混凝土过程中发生了遗撒,引发了交通事故,法院没有查明是否各个车辆均有遗撒行为就适用了共同危险行为。参见靖江市人民法院(2015)泰靖民初字第142号民事判决书。又如,受害人在公路上被机动车撞伤,从监控录像上可以确定该时段通行的车辆,法院往往就要求这些车辆按照共同危险行为承担连带责任。参见淮安市中级人民法院(2013)淮中民再终字第0027号民事判决书。

② 参见任重:《民事诉讼视野下的共同危险行为》,载《法制与社会发展》2015年第6期。

③ 参见阮神裕:《共同危险行为理论基础的重构与阐释》,载《法学评论》2018年第3期。Also see Ariel Porat & Alex Stein, *Tort Liability Under Uncertainty*, Oxford University Press, 2002, p. 166; Mark A. Geistfeld, *The Doctrinal Unity of Alternative Liability and Market-Share Liability*, University of Pennsylvania Law Review, Vol. 155, p. 467 (2006).

④ See Summers v. Tice, 33 Cal. 2d 80, 199 P. 2d 1 (Cal. 1948).

一定的可能性造成损害,而且这些行为人中的一人或者数人确实实施了加害行为并且造成了损害。但是,由于这些行为本身的相似性及其在时空上的相互联结,行为人可以推脱称损害是其他人造成的而逃避责任,最终让无辜的受害人承担损失。这样的结果显然不合理。因此,行为人需要对其行为所造成的证据损害现象承担法律上的不利益。

另一方面,受害人可以享受的举证上的优待措施,或者行为人应当承担的法律上的不利益,须与后者造成"证据损害现象"的程度相当。在涉及共同危险行为制度的案件中,受害人所遭受的举证上的不利状态是择一的因果关系不明。此时,法律减轻受害人证明难度的方法,只要能够恰好消除这种择一的因果关系不明状态即可。因此,法律只要允许受害人通过证明数个行为人所实施的整体行为与权益侵害之间的因果关系成立,从而推定个别行为人所实施的个别行为与权益遭受侵害具有因果关系,就可以正好符合比例地消除择一的因果关系不明的状态。这种"证据整体化"(evidential grouping)的方法,仍然要求受害人证明整体行为与权益侵害之间的因果关系成立,由此至少表明权益侵害的结果,是由于数个行为人所组成的整体之中的一人或数人造成的,防止受害人不当地转移自己所遭受的损害,避免对受害人的过度保护;另外,却不再要求受害人探析数个行为人所实施的整体行为内部的具体细节,即受害人不再需要证明个别行为与权益侵害之间的因果关系,避免受害人无法获得救济。① 至于数个行为人的整体行为内部究竟是什么情况,则交由行为人提出相应的证据进行证明。如果行为人可以提出证据,以本证的方式证明权益侵害的后果确实不是由自己引起的,那么其可以从整体行为中脱离出来从而免责。这样的证明责任分配方式对于法院查明案件事实也有一定的助益。

简言之,共同危险行为人之所以承担连带责任,根本性的原因在于,各个被告所实施的行为造成了证据损害现象。例如,"猎人案"中的各个被告所实施的危险行为彼此相似、相互联结,很容易造成证据损害现象,因此构成最常见和典型的共同危险行为,《民法典》第1170条对此种典型情形有明确的规定。因此,在一些特

① 参见阮神裕:《共同危险行为理论基础的重构与阐释》,载《法学评论》2018年第3期。

殊情况下，即便行为人没有实施具体的作为或者不作为，但是行为人所从事的活动本身就会造成证据损害现象的，也可以类推适用共同危险行为制度。[①] 其中，证据损害现象可能是行为人所从事的行为或活动本身，就使得受害人与行为人之间存在明显的、结构性的信息不对称，只有行为人掌握与权益侵害相关的信息。例如，在美国的"Ybarra v. Spangard 案"中，原告在接受麻醉后被推进手术室后，由数个被告医师共同诊治和手术，在接受手术过程中，其肩膀因为垫上了两块硬物而受伤。由于原告在手术过程中处于昏迷状态，无法查明究竟是谁放置这两块硬物。法院要求各个被告证明自己没有放上这两块硬物，各个被告均没有提供这方面的证据，因此被告承担连带责任。从判决理由中可以推断出，法院之所以如此要求，主要是因为相比于被告，原告明显处于举证上的不利地位，各个被告更有机会和能力说明在手术室里所发生的具体情况。[②]

在这样的理论背景下，大数据时代中的个人信息收集与处理行为却结构性地蕴含不可知性和事实不确定性，在自然人和信息处理者之间存在明显的信息不对称。[③] 一方面，在收集与处理个人信息时，由于告知同意原则缺乏实效性，自然人往往难以感知与理解信息收集与处理行为的细节，自然人对自己的个人信息是否被匿名化、如何存储以及如何进行开发利用，往往难以知悉。另一方面，当自然人的个人信息在数个不同的信息处理者之间共享，或者这些信息处理者均参与同一个人信息的处理行为时，自然人更无从知悉自己的个人信息正在被哪个信息处理者所处理。此时，一旦发生个人信息泄露，自然人根本无从发现泄露发生在哪个环节。因此，当数个信息处理者参与同一个人信息的收集与处理时，这一经营活动本身就蕴含证据损

---

① 根据本文所重新阐释的理论基础，共同危险行为不仅可以适用于典型的案件（如"猎人案"），因此不会对共同危险行为制度造成冲击，同时也可以解决下列原来的理论基础无法圆满解释的问题：(1)受害人参与的案件，由于受害人对事实不确定性亦有责任，不能将举证上的不利后果推给其他行为人，不适用共同危险行为；(2)自然因素参与的案件，如果没有任何证据证明行为人对事实不确定性的产生有责任时，受害人须自行承担举证上的不利益，就像只有一个侵权人场合受害人无法证明因果关系要件一样；(3)不具时空同一性的案件，如果事实不确定性是由于时间流逝或者受害人自身引起的，而非行为人造成的，同样不适用共同危险行为；(4)是否实施危险行为不明的案件，这取决于各行为人所从事的活动是否造成了信息不对称，即本文所讨论的情形。对此的详述论证，参见阮神裕：《共同危险行为理论基础的重构与阐释》，载《法学评论》2018 年第 3 期。

② See Ybarra v. Spangard, 25 Cal. 2d 486, 154 P. 2d 687 (Cal. 1944).

③ See Orla Lynskey, *The Foundations of EU Data Protection Law*, Oxford University Press, 2015, p. 211.

害现象。在这样的案件中,也许受害人确实无法证明信息处理者是否实施特定的作为或者不作为,但是数个信息处理者所实施的信息共享或者共同处理的经营活动,造成了受害人无法识别谁是具体加害人的举证困境。因此,数个信息处理者共享或者共同参与同一个人信息的处理的行为,与其他典型的共同危险行为在证据损害现象上具有实质上的相似性。故在这类案件中,可以类推适用共同危险行为制度:自然人可以将共享个人信息或者共同参与同一个人信息处理的数个信息处理者视为一个整体,证明该行为整体与权益侵害之间的因果关系成立,即可推定各个信息处理者的个别行为与受害人的权益遭受侵害之间存在因果关系。

同样地,在"庞某某案"中,法官不自觉地将各个被告视为一个整体加以分析:相比该整体,无论是原告本人还是第三人泄露其个人信息的可能性均非常低,因此,趣拿公司、东航与中航信这一整体存在泄露庞某某隐私信息的高度可能性。法官没有说明为什么可以将各个被告作为一个整体加以分析,而前文的论证结论恰恰为这一整体化提供了正当性的理由。这是因为各个被告共同参与了庞某某的身份信息与行程信息的收集、传输与使用,由于个人信息收集与处理行为的结构性特点,各个被告对相关个人信息的处理过程是庞某某所无法知悉的,这种举证上的不利益不应当由庞某某承担,而应当由各个被告承担。而这种举证上的不利益,在这类案件中恰恰表现为择一的因果关系的事实不确定性。因此,各个被告也只要对此种事实不确定性承担责任。故法官将各个被告视为一个整体,分析其与损害后果之间的因果关系。

结　语

尽管通过类推适用《民法典》第1170条的规定,可以解决"庞某某案"等案件。但是,这样的类推适用论证思路较复杂,而且在当前的司法实践背景中,法官采用类推适用的法律解释方法可能会带来"错案"风险。此外,随着公众对个人信息保护的意识逐渐增强,因个人信息泄露引发的民事诉讼案件将会逐渐增多,类似于庞某某案的案件数量也将增加。因此有必要通过具体的立法,对本文所探讨的,因数个信息处理者参与同一或者相互关联的个人信息处理而泄露个人信息,而自然人无法查明谁实际泄露了个人信息的情形,加以特别的规定。

从现在域外的个人信息保护立法中也可以发现，数个信息控制者或处理者参与信息处理引发个人信息泄露侵权责任的，应当对信息主体承担连带责任。例如，欧盟 GDPR 第 82 条第 4 项规定："当不止一个控制者或处理者，或控制者与处理者同时涉及同一处理，而且它们对第二段和第三段规定的处理所引起的所有损失承担责任，每个控制者或处理者都应当对损失负有连带责任，以便保证对数据主体的有效赔偿。"德国《联邦数据保护法》第 83 条第 3 项规定："在个人信息的自动化处理场合，如果无法查明数个参与处理的控制者中谁造成了损害，则每一控制者或者权利行使者均负有责任。"德国学者倾向认为，德国《联邦数据保护法》第 83 条第 3 项与共同危险行为具有相同的理论基础。① 原则上，信息主体有义务证明责任成立的构成要件，但由于无法指明造成损害的因果关系或者加害人，这对于信息主体来说是一个较大的负担，因为他们无法了解到自动化处理的过程，也不知道数个控制者之间是如何分工与合作的。② 因此，有必要在数个信息处理者之间创设一个连带责任，在信息主体无法证明究竟是谁造成了个人信息的泄露而引发损害时，由数个信息处理者共同对信息主体承担连带责任。通过这样的责任，也有助于信息处理者维持较高的信息安全技术措施，记录个人信息的处理过程。③

我国《个人信息保护法》第 20 条第 2 款以及《网络安全法》、《电子商务法》、全国人民代表大会常务委员会《关于加强网络信息保护的决定》虽然对个人信息保护作出了规定，但是都没有对本文所讨论问题加以特别规定。对此，笔者认为，在将来我国个人信息保护的司法解释起草中，可以特别规定下述条款："数个信息处理者参与同一处理行为造成损害，自然人无法查明谁具体造成损害的，各个信息处理者承担连带责任。信息处理者可以证明损害确实不是由自己引起的，不承担赔偿责任。"理由如下。

该规定的理论基础与共同危险行为一致，均是由于信息处理者所实施的行为造

---

① Vgl. Gola/Reif, Kommentar zum § 83, in: Gola/Heckmann Bundesdatenschutzgesetz, 13 Aufl., München: C. H. Beck, 2019, Rn. 11.

② Vgl. Quaas, Kommentar zum § 83, in: BeckOK Datenschutzrecht, 24. Edition, 2017, Rn. 33.

③ Vgl Frenzel, Kommentar zum § 83, in: Paal/Pauly DS-GVO/BDSG, 2. Aufl., München: C. H. Beck, 2018, Rn. 11.

成证据损害现象,因此信息处理者对此承担举证上的不利益。所谓同一处理行为,既可能是数个信息处理者共同参与同一个处理行为。例如,服务平台与平台签约商家,①它们在运行过程中可能共同收集和处理相同的个人信息;也可能是数个信息处理者因为数据产品开发的需求而共享个人信息数据库;②还有可能是诸如"庞某某案"一样,数个信息处理者因为预订航班机票信息的业务需求而传输个人信息。总之,正是这些个人信息的收集与处理行为的相互联合,使处于信息劣势地位的自然人无法辨别谁具体泄露了个人信息。因此应当将这些信息处理者视为一个整体,评价该整体行为与损害之间的因果关系。

一方面,虽然自然人不必确切地证明谁泄露了其个人信息,但是自然人仍然必须证明数个信息处理者收集和处理了与泄露事件有关的个人信息,否则自然人不得根据这一条款获得救济。详言之,自然人必须证明数个被告曾经收集与处理其个人信息,同时还需要证明自然人所遭受的实际损害,必须是由于这些信息处理者所收集和处理的个人信息的泄露造成的。这两个条件在庞某某案中均得到了满足。相反,如果自然人只是接到诈骗电话,但却无法指出不法分子所使用的个人信息是哪个信息处理者曾经收集过的,那么自然人也就无法找到合适的被告提起诉讼,因此也无适用本条的余地。

另一方面,信息处理者可以通过证明自己没有泄露个人信息而免责。就共同危险行为人的免责事由是什么,理论界有不同的看法。一种观点认为,被告需要证明谁是真正的行为人方可免责;③另一种观点则认为,只要行为人证明自己没有过错或者不是造成损害的人就可以免责。④ 笔者赞同后一观点,因为就算被告证明了其他人的行为造成了损害后果,也无法排除自己同时造成损害后果的可能性。况且,共同危险行为的理论基础在于,通过行为整体与损害之间的因果关系,推定了个别行为与损害因果关系的成立。因此,被告只要提供证据证明自己没有泄露个人信息,就足以推翻前述行为整体的推定,而不必证明谁是具体的加害人。当然,信息处理

① 国家标准化管理委员会《信息安全技术　个人信息安全规范》GB/T 35273－2017。

② 参见王利明:《数据共享与个人信息保护》,载《现代法学》2019 年第 1 期。

③ 参见王利明:《论共同危险行为中的加害人不明》,载《政治与法律》2010 年第 4 期。

④ 参见程啸:《论共同危险行为的构成要件》,载《法律科学》2010 年第 2 期。

者应当如何提供证据，证明自己没有泄露个人信息或没有存在泄露的风险，则需要将来的研究和立法更进一步明确信息处理者收集、存储与利用个人信息的信息安全技术标准，方可为信息处理者提供明确指引。

后　　记

随着2021年1月1日《民法典》的贯彻实施，广大民法学者在习近平法治思想的指导下，以《民法典》为核心展开我国民法理论体系的建构工作，将《民法典》的解释论进一步细致化、全面化，特别是针对《民法典》中的许多新规则进行解释，回应了《民法典》全面贯彻实施所需解决的重大问题，促进了民法学的发展。可以说，一个解释《民法典》的时代已经来临。为了配合《民法典》的贯彻实施，我们邀请国内部分民法学者撰写了本书。

本书是中国人民大学重大规划项目"《民法典》新规则适用要旨研究"(批准号：22XNLG01)的阶段性成果。书稿形成后，由王利明教授负责统一修改。本书在统稿过程中，得到了上海交通大学凯原法学院李潇洋副教授、中国人民大学法学院助理教授阮神裕、中国人民大学法学院博士后边琪等人的帮助，法律出版社法治与经济出版分社长沈小英编审等同志为本书的出版提供了大量帮助，在此一并致谢！由于时间仓促，作者水平有限，敬请广大读者批评指正。